AF617737

PRINCIPIOS Y CRITERIOS DE GOBIERNO CORPORATIVO EN EL NOMBRAMIENTO DE CONSEJEROS DE LA SOCIEDAD COTIZADA

Colección doctorado

ENRIQUE FERNÁNDEZ-SORDO LLANEZA

PRINCIPIOS Y CRITERIOS DE GOBIERNO CORPORATIVO EN EL NOMBRAMIENTO DE CONSEJEROS DE LA SOCIEDAD COTIZADA

Colección doctorado

CIVITAS

Esta obra es fruto de la investigación llevada a cabo para la realización de la Tesis Doctoral presentada por el Dr. D. Enrique Fernández-Sordo Llaneza y dirigida por la Catedrática de Derecho Mercantil Dra. D.ª Ana Belén Campuzano Laguillo, bajo el título «La mejora del gobierno corporativo en el nombramiento de consejeros de la sociedad cotizada».

Dicha Tesis Doctoral fue presentada dentro del Programa de Doctorado en Derecho y Economía de la Escuela Internacional de Doctorado CEINDO, fue calificada con Sobresaliente Cum Laude por unanimidad del Tribunal, y ha sido reconocida con el Premio Extraordinario a la mejor Tesis Doctoral presentada en el curso 2022-2023.

Editorial Aranzadi, S.A.U.
C/ Collado Mediano, 9
28231 Las Rozas (Madrid)
Tel: 91 602 01 82
e-mail: clienteslaley@aranzadilaley.es
https://www.aranzadilaley.es

Primera edición: 2024

Depósito Legal: M-14732-2024
ISBN versión impresa: 978-84-1162-268-4
ISBN versión electrónica: 978-84-1162-269-1
Incluye soporte electrónico

Diseño, Preimpresión e Impresión: Editorial Aranzadi, S.A.U.
Printed in Spain

A José y Enriqueta, de vosotros empezó todo.
A Marce, nunca habría sido posible sin ti.
A Patricia, sencillamente, por todo.
A mi madre, a mis hermanos, y a Lola.
A todos mis amigos.
A Ana Campuzano, por toda la paciencia y ayuda.
A Fernando y a Juan Carlos, por la oportunidad y el aprendizaje.
A mis compañeros de despacho.
A la parroquia de Loredo, Mieres (Principado de Asturias)
Y a todos de los que tanto aprendo cada día.

Índice General

Página

Página

Prólogo

-I-

La obra que el lector tiene en sus manos, *Principios y criterios de gobierno corporativo en el nombramiento de consejeros de la sociedad cotizada*, constituye la culminación del magnífico trabajo de investigación doctoral realizado por su autor. Las inquietudes jurídicas de Enrique Fernández-Sordo Llaneza, abogado y jurista, que aúna entre sus cualidades investigadoras la constancia, el esfuerzo y el trabajo ordenado y sistemático, le llevaron al inicio de sus estudios de Doctorado en CEU Escuela Internacional de Doctorado (CEINDO). En ese período elaboró, bajo mi dirección, su Tesis Doctoral sobre *La mejora del gobierno corporativo en el nombramiento de consejeros de la sociedad cotizada*, materia de creciente relevancia y que atraía el interés investigador del Doctorando, al adentrarse en los numerosos problemas y dificultades que el gobierno corporativo planteaba en el marco del derecho de sociedades y, en particular, en las sociedades cotizadas. De entre los múltiples temas que dicha materia propiciaba, Enrique Fernández-Sordo Llaneza se decantó para el desarrollo de su Tesis Doctoral, con notable acierto, por el estudio de la evolución del gobierno corporativo respecto al nombramiento de consejeros de las sociedades cotizadas.

La redacción de una tesis doctoral es el resultado de una decisión meditada, pero, siempre, conforma una tarea compleja a la que el investigador ha de dedicar tiempo y esfuerzo. Más aún cuando el tema que la conforma presenta un elevado nivel de complejidad y de incertidumbre por su permanente evolución legal y consiguiente interpretación. En esta circunstancia, el autor ha abordado con constancia y dedicación la labor de exégesis legal y documental, al hilo de las modificaciones e interpretaciones que han ido sucediéndose, sin descuidar los estudios doctrinales que han abordado la materia.

Además, el tema elegido reunía así, también, la característica de conformar una realidad viva, de innegable relevancia práctica y susceptible de interés para los profesionales del Derecho. La elaboración de una Tesis

Doctoral no sólo supone la culminación de un exigente período formativo e investigador, sino que, además, debe implicar un avance en la investigación jurídica, que redunde en la resolución de cuestiones controvertidas. Era, por tanto, plenamente consecuente que el trabajo de investigación doctoral se realizara en este ámbito en el que el Doctorando tenía tanto por profundizar y que aportar. Era y es, también, un tema que procuraba la formación intrínseca a toda Tesis Doctoral y se centraba en el estudio de una figura útil, de relevante uso y alcance tanto en el ámbito nacional como en el internacional.

La culminación de los años de dura y ardua investigación realizada supuso la defensa de la Tesis Doctoral en mayo de 2023, en CEU Escuela Internacional de Doctorado, obteniendo la máxima calificación por parte del tribunal, integrado por los Doctores Jesús Quijano González —Catedrático de Derecho Mercantil—, María Enciso Alonso-Muñumer —Catedrática de Derecho Mercantil—, María Isabel Huerta Viesca —Catedrática de Derecho Mercantil—, Carmen Calderón Patier —Catedrática de Economía Aplicada— y Cecilio Molina Hernández —Profesor Titular de Derecho Mercantil—. El resultado alcanzado responde a un trabajo bien hecho, fruto del esfuerzo y de la disciplina, con análisis crítico y aportes de relevancia. Meses después de la lectura de esa Tesis Doctoral, ve la luz la obra que recoge sus principales aportaciones y que ahora tengo la satisfacción de prologar. Estamos, pues, nada más, pero también nada menos, que ante una obra universitaria, resultado de un largo y decidido período de investigación.

El libro que el lector tiene en sus manos es el fruto de ese trabajo de investigación doctoral, centrado en el análisis y valoración de los principios y criterios del gobierno corporativo en el nombramiento de consejeros de la sociedad cotizada, desde una perspectiva tanto nacional como internacional. Como el autor destaca, el análisis que se pretende respecto del nombramiento de consejeros de la sociedad cotizada se realiza tanto desde una perspectiva procedimental —poniendo en contexto la competencia general de la junta con los nombramientos especiales de consejeros en la sociedad anónima con la práctica de las sociedades cotizadas— como desde la óptica del ejercicio del derecho de voto por parte de los accionistas, especialmente, en la relación entre las cláusulas limitativas al derecho de voto y su incidencia respecto del nombramiento de consejeros, en comparación y contextualización a las acciones sin voto y al nombramiento por el sistema de representación proporcional. Ello sin olvidar la cuestión de la idoneidad para el desempeño del cargo —atendiendo a aspectos tales como la clase de consejero, la comisión a integrar, los cargos dentro del consejo, la propia naturaleza subjetiva del consejero, la prohibición de nombramiento de administradores suplentes o de administradores persona jurídica en el caso de sociedades cotizadas y la diversidad de género en el consejo— así como el equilibrio de poderes respecto a la presencia de consejeros independientes y no ejecutivos en un sistema monista como es el que siguen todas las compañías de nuestro país.

Los referidos aspectos son objeto de investigación desde la perspectiva de su regulación legal —en constante evolución— sin perjuicio del análisis de los códigos de cumplimiento voluntario que tradicionalmente afrontaban esta cuestión. La determinación legal de la estructura y composición del órgano de administración en las sociedades cotizadas y su mejora en sede de gobernanza empresarial pone de manifiesto la dimensión regulatoria y el —cada vez más escaso— alcance de las potestades de autorregulación de las sociedades cotizadas que, sin embargo, mantienen su carácter de entes privados. En todo caso, como se resalta en la obra, el avance de las premisas del gobierno corporativo ha de realizarse desde la debida contextualización geográfica y de los concretos usos, costumbres y sectores de actividad de las grandes compañías de nuestro país, pues si bien el movimiento del *corporate governance* fue importado de los mercados anglosajones, no todas sus disposiciones han de resultar necesariamente aplicables a nuestro modelo, máxime cuando buena parte de nuestras grandes compañías tienen por actividad sectores regulados o de interés público, a diferencia de otros modelos comparados.

-II-

La obra se inicia con el estudio de la sociedad cotizada, desde la óptica de la problemática que plantea en la actualidad su órgano de administración. En efecto, se destaca que, a la hora de estudiar el régimen jurídico de las sociedades de capital, los órganos sociales de las mismas representan el elemento central sobre su propia configuración estructural, siendo de sumo interés los problemas a los que en este sentido ha debido de enfrentarse nuestro Derecho societario, muy especialmente en el ámbito de las sociedades cotizadas. De entre las diversas cuestiones que podrían ser objeto de análisis en este punto, el autor presta singular atención a los aspectos principales de la relación entre accionista y sociedad y al estatuto jurídico del administrador de la sociedad.

A continuación, la obra se centra en el examen del gobierno corporativo. Destaca el autor que el análisis de una regulación normativa exige, en todo caso, la revisión de los hechos motivantes y del contexto socio-económico e incluso político en que se promulgaron las normas en cuestión, máxime cuando, como sucede en el caso de los principios del buen gobierno corporativo, éstos constituyen una normativa internacionalmente extendida, que los mercados, los organismos reguladores e incluso las propias entidades han reconocido como de incuestionable importancia en lo que al modelo de gestión empresarial y relación entre los distintos agentes intervinientes e interesados se refiere. El análisis cobra especial relevancia si se atiende a que el conjunto normativo elaborado bajo los principios del buen gobierno se caracteriza por su cumplimiento voluntario, aunque algunas de estas normas de *soft law* han terminado por formar parte de algunos ordenamientos jurídicos, como el español, con carácter imperativo. Desde esta óptica, se lleva a cabo una revisión sistemática de los hechos principales que motivaron el nacimiento del modelo de buen gobierno y de su evolución posterior, en el entendimiento de que el estudio de las debilidades y fortalezas de los sistemas ensayados han conducido a la actual consideración de la adecuada gobernanza empresarial como un parámetro esencial en la organización de las empresas, lo que se manifiesta en la inclusión de este elemento en la agenda de legisladores y organismos reguladores a nivel internacional, comunitario y local. Es, en definitiva, la evolución y revisión de este sistema el que ha propiciado la actual conceptualización y delimitación del *corporate governance*.

A partir de aquí se afronta el análisis del gobierno corporativo desde la dimensión de su incorporación a la legislación española de sociedades de capital. La amplitud tipológica que en materia de sociedades contempla nuestra normativa, además de las evidentes dificultades de consolidación de tipos sociales en atención a las necesidades empresariales, ha supuesto un reto añadido en sede de gobierno corporativo, en particular, en las sociedades cotizadas. Por ello, se presta especial atención a los conflictos surgidos, en ocasiones más éticos que jurídicos, respecto a la dimensión de estas entidades y a la dispersión de los mecanismos de control. Así, el autor considera que la historia de los diferentes conflictos societarios en las grandes compañías responde a un curioso patrón: el aumento de poder de los administradores societarios ha sido directamente proporcional a una amplia base accionarial a mayor capital y fondos a gestionar. O dicho de otra manera, que curiosamente un administrador podría ver su margen de actuación más limitado y fiscalizado en el caso de gestionar pequeños patrimonios representados en un grupo muy cerrado de personas, que a la inversa. Esta situación, como se resalta, se ha traducido en la práctica en infinidad de conflictos, de intereses opuestos, e incluso de situaciones tan dispares como el abuso de poder del consejo de administración ante una junta prácticamente inoperativa, el trasvase de información privilegiada, el aprovechamiento de oportunidades de negocio, o los resultados negativos como consecuencia de la falta de preparación y/o dedicación de los consejeros y altos ejecutivos.

Estas situaciones, y otras que se evidencian a lo largo de la obra, conforman algunas de las cuestiones a las que pretenden enfrentarse los principios del gobierno corporativo y, en buena medida, se encuentran en la base de las modificaciones que se han realizado en la legislación societaria y que en la actualidad tienen reflejo en la búsqueda de la ética y la sostenibilidad de las grandes corporaciones. En este proceso, la posición del órgano de administración ha sido —y continúa siendo— central.

Por último, la obra se detiene en el nombramiento de consejeros y en la estructura del consejo de administración en nuestra legislación de sociedades de capital, como manifestación del debate y evolución legal en materia de mejora del buen gobierno societario. Las facultades de nombramiento y cese del órgano de administración adquieren singular importancia cuando se trata de sociedades cotizadas, en cuanto, por imperativo legal, ha de ser necesariamente un consejo de administración, lo que, como se destaca, restringe la posibilidad de que la junta general, a diferencia de las sociedades anónimas no cotizadas o de las sociedades de responsabilidad limitada, pueda optar por el sistema de administración única, solidaria o mancomunada. La naturaleza de la sociedad cotizada y su significación, volumen y tamaño son motivos más que suficientes para aconsejar tal obligatoriedad. Además, en el caso de sociedades cotizadas el desempeño del cargo de consejero se sujeta a determinadas restricciones —las sociedades cotizadas no pueden designar consejeros persona jurídica— y a la concurrencia de requisitos de idoneidad. En efecto, como se destaca, el consejo de administración de la sociedad cotizada ha de estar necesariamente conformado por una concreta tipología de consejeros para asegurar las funciones de supervisión y control que tienen asignadas, tarea encomendada muy especialmente a los consejeros independientes y, para ser considerados de tal categoría, habrán de cumplirse determinados requisitos. De forma que el nombramiento de consejeros se somete a ciertos requisitos que trascienden a la cualificación o experiencia para el desempeño del cargo, impactando también en la propia vinculación del potencial consejero con la sociedad, pues, en función de la misma, un consejero podrá ser investido de la condición de independiente, o no.

-III-

En suma, con un sólido aporte bibliográfico y documental, Enrique Fernández-Sordo Llaneza realiza un detallado estudio de la evolución y soporte legislativo de los principios y criterios de gobierno corporativo en el nombramiento de consejeros de la sociedad cotizada, en particular, en la legislación española de sociedades de capital.

La obra pretende ser útil para el conocimiento profundo de la realidad del gobierno corporativo en sede societaria y el análisis de las ventajas e inconvenientes que los diferentes sistemas de gobernanza empresarial han planteado en nuestro Derecho y, en concreto, en nuestra diversidad tipológica societaria. Con especial atención al ámbito de las sociedades cotizadas, habida cuenta de las distintas modificaciones legales que se han realizado con este objetivo y de las diversas interpretaciones que las mismas han procurado. El panorama conceptual que se ofrece del gobierno corporativo no está exento de análisis crítico, que se proyecta sobre la evolución producida, pero, sobre todo, por los aspectos que aún deben de ser abordados. La interdisciplinariedad latente en el fenómeno de la mejora del gobierno corporativo no siempre ha venido acompañada de una regulación sustantiva completa y eficaz, a pesar de que la voluntad legislativa se haya mostrado con frecuencia favorable a ello.

Consideramos, en definitiva, que estamos ante una excelente monografía que, sin descuidar los aspectos más prácticos y actuales del gobierno corporativo, se adentra en un análisis crítico y en una construcción coherente de su evolución, delimitación conceptual y alcance. Se trata de un libro serio, sugerente, sistemático, en el que se encuentra perfectamente delimitada la complejidad del fenómeno de la gobernanza empresarial y la evolución de su concepto en la diversidad tipológica societaria, lo que satisfará por igual al teórico y al práctico, aspectos por lo demás cada día más difícilmente escindibles.

Se alcanza, con ello, el objetivo que se buscaba: proporcionar un estudio monográfico en una materia de interés que se traduzca en una utilidad inmediata para los operadores económicos. Corresponde al lector el juicio definitivo sobre la obra.

Madrid, diciembre de 2023

Ana Belén Campuzano

Catedrática de Derecho Mercantil

Universidad San Pablo CEU

Introducción

El estudio y análisis de la sociedad anónima cotizada ofrece una pluralidad de ámbitos de lo que resultaría imposible acotar y simplificar en un único trabajo. En primer lugar, por la confluencia de normas de Derecho público y privado, esto es, la normativa reguladora del mercado de valores, junto a las instituciones societarias, con las especificaciones que este tipo social entraña; en segundo lugar, por la compleja estructura y significación económica que suponen estas grandes corporaciones; y en tercer lugar por el interés que suscitan a nivel doctrinal y normativo, este último aspecto separado a su vez en normas legales y de cumplimiento voluntario. En este trabajo, nos pretendemos centrar en la estructura de su órgano de administración, desde la perspectiva del nombramiento de sus consejeros, habida cuenta que conforme establece de forma imperativa la Ley, el órgano de administración de las sociedades cotizadas ha de estar necesariamente estructurado en la forma de consejo. Por ello, el motivo del interés sobre el régimen de nombramiento de consejeros de la sociedad cotizada se basa en que tal procedimiento excede en la práctica de la competencia orgánica general de la junta general de accionistas conforme al artículo 160 de la Ley de Sociedades de Capital, pues tanto las circunstancias concretas de la entidad en cuestión como las sucesivas reformas legislativas al respecto, evidencian que el referido régimen se halla en continua actualización. Nos referimos en concreto a dos cuestiones. Por un lado, la práctica parece evidenciar que, de forma genérica, tiende a ser el propio consejo de administración quien designa a los consejeros que formarán parte de su propio órgano, sometido no obstante al escrutinio y ratificación por parte de la junta general de accionistas quien no pierde sus competencias de nombramiento. Dicha designación, bien sea por el ejercicio del sistema de cooptación o bien sea por propuesta de la comisión de nombramientos y retribuciones elevada a la junta, supone que sea el propio consejo quien de una forma u otra intervenga en el nombramiento de sus componentes. Y por otro lado, hemos de hacer necesaria mención al contenido de la norma respecto de la estructura y composición del propio consejo de administración, tanto en la tipología de consejeros como en la organización del propio consejo por medio de comisiones, obligaciones a las que no se someten, en cambio, el resto de sociedades mercantiles de capital cuyas acciones no se hayan admitidas a negociación en un mercado secundario de valores.

Esto es, que el análisis que se pretende respecto del nombramiento de consejeros de la sociedad cotizada se realiza: (i) desde una perspectiva procedimental, como ya hemos dicho, poniendo en contexto la competencia general de la junta, con los nombramientos especiales de consejeros en la sociedad anónima, con la práctica de las sociedades cotizadas; (ii) desde la cuestión del ejercicio del derecho de voto por parte de los accionistas, especialmente en la relación entre las cláusulas limitativas al derecho de voto y su incidencia respecto del nombramiento de consejeros, en comparación y contextualización a las acciones sin voto y al nombramiento por el sistema de representación proporcional; (iii) desde la cuestión de la idoneidad para el desempeño del cargo, atendiendo a circunstancias tales como la clase de consejero, la comisión a integrar, los cargos dentro del consejo, o la propia naturaleza subjetiva del consejero, como la prohibición de nombramiento de administradores suplentes o de administradores persona jurídica en el caso de sociedades cotizadas, a la diversidad de género en el consejo; (iv) y desde la cuestión de equilibrios de poderes, respecto a la presencia de independientes y no ejecutivos en un sistema monista como es el que siguen todas las compañías de nuestro país.

Todo ello ha de ponerse en contextualización con la concreta normativa legal, además de la contemplada en los códigos de cumplimiento voluntario, sobre la concreta estructura y composición del órgano de administración, lo que ha resultado un cierto choque con las potestades de autorregulación de esta clase de entidades que, no olvidemos, son entes privados. Sin embargo, el estudio del gobierno corporativo ha de realizarse desde la debida contextualización geográfica y de los concretos usos, costumbres y sectores de actividad de las grandes compañías de nuestro país, pues si bien el movimiento del *corporate governance* fue importado de los mercados anglosajones, no todas sus disposiciones han de resultar necesariamente aplicables a nuestro modelo, máxime cuando como veremos a lo largo del presente trabajo, buena parte de nuestras grandes compañías tienen por actividad sectores regulados o de interés público, a diferencia de otros modelos comparados.

Es así como llegamos a la Ley 31/2014, de 3 de diciembre, por la que se modifica la Ley de Sociedades de Capital para la mejora del gobierno corporativo, que supuso la incorporación al régimen legal imperativo de buena parte de las disposiciones que hasta entonces resultaban de cumplimiento voluntario para las sociedades cotizadas bajo el principio del *«cumple o explica»* a través del entonces Código Unificado de Buen Gobierno. Esta Ley supone en esencia el punto de referencia del presente trabajo, pues trajo consigo una muy amplia reforma de la Ley de Sociedades de Capital, pero no sólo en lo relativo a las sociedades cotizadas, sino a todas las sociedades mercantiles en general, incluso armonizando normas que hasta entonces sólo se contemplaban para las sociedades anónimas. Por ello, nos hemos pretendido centrar en el régimen de nombramiento de consejeros de la sociedad cotizada desde los citados aspectos procedimentales, de voto, de idoneidad, y de equilibrio, a fin de determinar si el nuevo régimen legal imperativo en materia de nombramiento, estructura y composición del consejo de administración puede contribuir a una efectiva mejora de los principios del gobierno corporativo como de la norma se pretende.

Pero para ello, consideramos necesario en primer lugar realizar una visión amplia y general de la situación. Primero, de las sociedades mercantiles en general y de su composición; segundo, de la sociedad cotizada en particular; y tercero, de los principios del gobierno corporativo. Con ello nos centramos en el sistema de nombramiento de consejeros bajo el prisma de la competencia general de la junta de accionistas así como de los sistemas especiales de nombramiento, para analizar las concretas disposiciones normativas en materia del proceso de selección de consejeros, tipología, estructura, idoneidad y composición, poniéndolo en contexto con otros modelos comparados, de los que se tratará de extraer conclusiones sobre lo que pueda resultar aplicable al modelo de nuestro país.

Porque más allá de una mera cuestión estructural, el hecho de que la sociedad cotizada deba contar necesariamente con un consejo de administración tiene unas connotaciones que exceden de la mera lógica de organizar una gran compañía en una pluralidad de integrantes. En concreto, nos referimos a la cuestión del modelo monista, a diferencia de otros modelos comparados que han optado por la dualidad de órganos, teniendo en cuenta que, a diferencia del resto de sociedades mercantiles no cotizadas, el consejo de administración de las sociedades cuyas acciones sí se hallan admitidas a negociación en un mercado secundario de valores, tiene encomendadas funciones más allá de las genéricas de gestión y administración del artículo 209 de la Ley de Sociedades de Capital. En concreto, nos referimos a las funciones de supervisión y control, encomendadas al propio consejo, a ejercer sobre el propio consejo, esto es, una supervisión de sus propios actos. Es lo que se ha conocido como el monismo orgánico con dualidad de funciones, que se concreta en la distinta tipología de consejeros, especialmente en la presencia de independientes y otros no ejecutivos, funciones que en cambio en el sistema dual se ven más delimitadas y diferenciadas. En este sentido, se ha apreciado a su vez un cierto desplazamiento competencial dentro del consejo de administración monista, por lo que si se reformulado y renovado el consejo desde el sistema gerencial hacia el híbrido competencial de gerencia y supervisión, ello afecta igualmente al nombramiento de consejeros, ya que se habrá de adaptar el sistema a esa nueva realidad del consejo, ya sea por tipo, funciones, o vinculación con los accionistas.

En consecuencia, en el presente trabajo trataremos de ofrecer una visión global de tales cuestiones, su incidencia en el nombramiento de consejeros de la sociedad cotizada, y una visión analítica sobre si ello puede contribuir de forma efectiva a la mejora del gobierno corporativo de esta clase de entidades.

Capítulo I

La sociedad cotizada: una visión global de la problemática actual

1. IDEAS SOBRE EL RÉGIMEN ESPECÍFICO DE COMPOSICIÓN DE ÓRGANOS SOCIALES DE LA SOCIEDAD COTIZADA

A la hora de estudiar el régimen jurídico de las sociedades mercantiles de capital, los órganos sociales de las mismas representan el elemento neutro o central sobre su propia configuración estructural, siendo de sumo interés los problemas a los que en este sentido ha debido de enfrentarse nuestro Derecho societario, muy especialmente en el ámbito de las sociedades cotizadas. Cuestiones tales como la relación entre accionista y sociedad nos han llevado a un abanico subyacente de elementos a analizar tales como el derecho de información (disponer de las cuentas anuales ante la celebración de una Junta General, informes de idoneidad ante posibles decisiones como una modificación estructural, o documentos relevantes sobre la retribución y sistemas de incentivos de los administradores de la sociedad), otros de carácter más político-económico, que se traducen principalmente en el derecho de voto y participación en beneficios, continuando por los puramente orgánicos en cuanto al funcionamiento de la Junta General, y finalmente en cuanto al conjunto global de los socios que conforman la totalidad del capital social en relación a la consideración de lo que es el interés social como elemento casi dogmático de justificación de determinadas decisiones societarias y/o empresariales[1].

---

1. Sobre la cuestión del interés social, ha sido un tema estudiado tanto en vía jurisprudencial como por diversos autores. De estos últimos, podemos destacar algunas obras como ARROYO MARTÍNEZ, I.: «Reflexiones en torno al interés social» en AA.VV.: *Derecho de sociedades: Libro homenaje al profesor Fernando Sánchez Calero.* Vol. 2. Ed. McGraw-Hill. Madrid, 2008. Pág. 1845. ALFARO ÁGUILA-REAL, J.: *Interés social y derecho de suscripción preferente. Una aproximación económica.* Ed. Civitas. Navarra, 1995. SÁNCHEZ-CALERO GUILARTE, J.: «Creación de valor, interés social, y responsa-

Por otro lado, tenemos múltiples cuestiones de suma relevancia acerca del estatuto jurídico del administrador de la sociedad. Su configuración le instituye de forma tan simple como compleja al mismo tiempo, como el gestor y representante de la sociedad. Decimos simple y complejo porque a priori sus funciones según el artículo 209 de la Ley de Sociedades de Capital no revisten especial dificultad en cuanto a la explicación de su posición: el administrador es la cabeza visible de una sociedad, quien gestiona el negocio contenido en el objeto social para obtener un aumento del valor patrimonial que suponga beneficios a quienes invirtieron en esa empresa, a través de un poder de representación y contratación necesario para dicha obtención. Ahora bien, su posición ante la sociedad y terceros ha llevado a discernir otras múltiples cuestiones como la retribución por su cargo, el grado de responsabilidad por determinados actos que hayan supuesto un perjuicio igualmente a la sociedad o a terceros y que enlaza con un régimen específico de deberes fiduciarios, o la propia vinculación del administrador con la sociedad, no en el ámbito contractual o incluso laboral (referido a la consideración de administrador como un puesto de trabajo, con independencia de que su relación no tenga el carácter estrictamente laboral) sino sobre la posible cuota accionarial que pueda tener el administrador, que si bien es totalmente irrelevante para su nombramiento a tenor del artículo 212.2 de la Ley de Sociedades de Capital (sin perjuicio de cláusulas estatutarias que así lo exijan), puede en ocasiones dar lugar a situaciones de conflictos de interés.

Obviamente existe otra gran pluralidad de situaciones de interés en el estudio de las sociedades mercantiles de capital, bien desde un prisma económico (como su relevancia en el mercado, o la relación con acreedores) estructural, ante posibles fusiones o escisiones en las que participe junto a otras sociedades, o incluso desde su propia naturaleza como persona jurídica, tanto en el ámbito civil a nivel por ejemplo de contratación, como incluso sobre su posible responsabilidad penal[2]. Sin embargo, el punto de

bilidad social corporativa» en AA.VV.: *Derecho de sociedades anónimas cotizadas*, Tomo II. Ed. Aranzadi. Navarra, 2006. Pág. 870.

2. Las personas jurídicas son susceptibles de incurrir en responsabilidad penal tras la reforma del Código Penal en 2010, modificado y ampliado sobre esta cuestión en 2015. En este sentido ha adquirido especial trascendencia la figura denominada «Compliance» surgida del artículo 31 bis del Código Penal como el sistema que las empresas deben establecer en aras de prevenir la comisión de actos y conductas ilícitas, lo que podría determinar no sólo un efectivo control sino la exoneración o atenuación de la referida responsabilidad penal de las personas jurídicas. Sobre esta figura, la Doctrina ha realizado interesantes estudios tales como PÉREZ-CRUZ MARTÍN, A.J. / NEIRA PENA, A.: *Proceso penal y responsabilidad penal de personas jurídicas.* Ed. Thomson Reuters-Aranzadi. Navarra, 2017, y FEIJOO SÁNCHEZ, B.: *El delito corporativo en el Código Penal español,* Ed. Civitas. Navarra, 2016.

partida nace de sus propios sujetos internos intervinientes, que se organizan en la forma de los dos principales órganos de la sociedad: la junta general y los administradores. Su relación, su configuración, su funcionamiento, lo consideramos como hemos dicho el elemento neutro en el estudio de las sociedades, opinión que argumentamos primariamente tanto en las sucesivas modificaciones legislativas que se han preocupado de su regulación, como en el planteamiento de diferentes cambios o sucesos determinantes de incidencia directa o indirecta en nuestro Derecho societario.

Llegados a este punto, entendemos que queda acreditada la importancia de los órganos de la sociedad y por tanto su estudio. Pero tratando de profundizar más hacia la justificación del objeto del presente trabajo, la distinción según la propia tipología de las diferentes clases de sociedad mercantil de capital ha planteado distintas necesidades, comenzando por un régimen propio según el carácter abierto o cerrado de una sociedad. De ahí a que el régimen de transmisión de acciones y de participaciones sea bien diferente. Incluso, la organización de los propios órganos de la sociedad presenta importantes distinciones según hablemos de una sociedad limitada o de una sociedad anónima, ya que mientras en la primera no se contempla una segunda convocatoria para una Junta y sí en la anónima, en ésta el nombramiento de administradores del Consejo tiene algunas facultades especiales, que son la cooptación y el sistema de representación proporcional.

Al respecto, en el ámbito de esta distinción, aparece la sociedad cotizada como un tipo especial englobada en las anónimas con sus propias notas características, siendo su principal esencia la configuración de sus acciones como valores admitidos a negociación en un mercado bursátil, lo que no sólo da inicialmente acceso a su capital a un gran conjunto de interesados, sean inversores minoristas, institucionales o grandes corporaciones, sino que conlleva una calificación exponencial de empresa de gran tamaño. Todo ello nos abre un inmenso abanico de sujetos relacionados directa o indirectamente con la actividad de la sociedad, comenzando ya no sólo por sus socios, administradores y acreedores, sino por el conjunto de la comunidad social, bien sea por los numerosos puestos de trabajo que conlleve o por su peso en la economía nacional, hasta el punto de ser parte de un gigantesco castillo de naipes que en mayor o menor medida haga las funciones de pilar de uno de los sectores de nuestra economía.

Porque cuestiones de tamaño aparte, la incidencia de nuestras grandes compañías traspasa lo exclusivamente referente al negocio. Es decir, hablamos de entidades cuyo modelo de gestión ha reportado grandes beneficios a sus accionistas, así como de aquellas cuya actividad principal guarda una cierta relación con el consumo, necesario o no, de la comunidad ciudadana.

Por ello anteriormente nos referíamos a algunos diferentes sucesos de incidencia directa o indirecta en nuestro Derecho societario, es decir, hechos externos pero condicionantes que han requerido una respuesta normativa, desde una crisis económica global, a la aparición de nuevas necesidades en la ciudadanía que conlleva que determinadas empresas vayan adquiriendo cada vez más relevancia en detrimento de otras. Esto es, si en el pasado podían tener mayor peso en la economía nacional las empresas automovilísticas por las necesidades de la época, hoy por ejemplo vivimos en una era preeminentemente tecnológica. La cuestión por tanto está en determinar qué relación o qué interés puede tener un estado nacional con sus grandes corporaciones en la teórica búsqueda del bien del conjunto de la ciudadanía, pues, por ejemplo, hoy en día, podemos ver cómo algunas de nuestras entidades más representativas del IBEX 35 son constructoras (cuya buena parte de negocio es obra pública) empresas energéticas (que es un bien concesionado) o de telecomunicaciones (igual que el anterior). Todo ello sin contar a las entidades financieras, cuya relevancia y necesidad social es incuestionable, que en los últimos años ha sufrido un enorme proceso de reestructuración, eliminando casi cien de ellas, que no dejaban de ser entidades competidoras las unas con las otras[3].

Por tanto, en el estudio de la sociedad cotizada, consideramos que tiene igualmente un amplio interés la incidencia social de las grandes compañías, junto a los aspectos puramente económicos en cuanto a su influencia social. No estamos hablando por tanto de la dificultad de gestión de grandes patrimonios o activos, sino del interés del legislador en establecer determinadas normas, a veces de contenido incluso ético, dada la relevancia social y práctica de estas sociedades en el conjunto de la ciudadanía.

Decía Jovellanos: «*¿No es la sociedad el conjunto de elementos que buscan el bien común?*»[4]. A los efectos de nuestro trabajo, el concepto de sociedad alcanza su sentido más amplio, y la identidad entre sociedad como conjunto de la ciudadanía, y sociedad como conjunto de personas que aportan un capital, es absoluta, pues las grandes corporaciones tienen un amplísimo grupo de interés subyacente, comenzando por el propio Estado, que quizás tiempo atrás era además el único accionista. No ha de perderse el prisma de «bien común» de la sociedad como ciudadanía, que parta de la sociedad como unidad económica. Y quizás al respecto la frase de Jovellanos sirva como el mejor ejemplo gráfico posible, pues fue en su época cuando apa-

3. La crisis financiera iniciada en 2007 generó en los años sucesivos una reestructuración completa del mapa financiero español con una continua sucesión de fusiones, que redujo muy sensiblemente el número de entidades financieras.
4. Frase atribuida a Gaspar de Jovellanos, jurista y político asturiano, fallecido en 1811, que tuvo gran relevancia en la España de la Guerra de la Independencia.

recieron las denominadas «Sociedades económicas de amigos del país»[5], que tenían el objetivo de sacar a España del atraso económico e incrementar sus beneficios, por lo que los terratenientes, entre ellos magistrados, burgueses, comerciantes, militares y clérigos, crearon estas sociedades afanadas en incorporar las nuevas reformas y en enseñar un oficio a los campesinos.

Esa sería a priori la inicial justificación del presente trabajo, es decir, que al tratarse de sociedades cuya relevancia o ámbito de actuación excede de los intereses básicos de los accionistas, hasta traspasar fronteras que afectan al conjunto comunitario, y por tanto, vinculadas a un interés de personas supuesta o inicialmente ajenas a la actividad, lleva a considerar que el funcionamiento de los órganos sociales de las cotizadas requiera de un régimen especial o ciertamente diferenciado del general de las sociedades mercantiles de capital en cuanto a su nombramiento y composición, tratando de buscar en la medida de lo posible un equilibrio que suponga adecuar a la persona con el cargo y responsabilidad que ostenta. Pues bien, ese régimen especial que ya tienen las sociedades cotizadas es el objeto de estudio del presente trabajo. Y en ese régimen es donde se plantean algunas dudas o cuestiones problemáticas que han despertado nuestro interés, y que pasamos a exponer a continuación.

El primer problema que se nos plantea nace de la propia configuración del régimen legal de nombramiento de administradores, que no es otro que el que otorga a la junta la competencia exclusiva. No obstante, para el caso de las sociedades anónimas, y por tanto también de las cotizadas, existe una excepción que permite al consejo nombrar a sus propios miembros, y que en la práctica de nuestras grandes compañías, ha terminado casi siendo el vehículo habitual. Esta, y otras cuestiones, ha llevado a una paulatina pérdida de poder de la junta general de la sociedad cotizada, presumiblemente impulsada por su propia configuración en cuanto a la pluralidad de accionistas integrantes del capital flotante, que lleva siendo desde hace años motivo de preocupación para los principios del gobierno corporativo. Sin embargo, esta preocupación parece que continúa en el tiempo hasta considerarse como una continua crisis de la junta, lo que ha llevado a tratar de

5. La primera fue fundada en Azcoitia (Guipúzcoa) creada por el conde de Peñaflorida diez años antes de que en 1775 se fundara la de Madrid y un año después, en 1776, la aragonesa. Estas cuestiones fueron expuestas por María Dolores Albiac, en el seno de la conferencia «*Intereses estamentales, patriotismo y bien común. Las sociedades económicas de amigos del país*», del ciclo «El patriotismo de la razón», organizado por Ibercaja en Zaragoza en mayo de 2014. La noticia ha sido extraída del enlace http://www.elconfidencial.com/ultima-hora-en-vivo/2014-05-06/maria-dolores-albiac-si-jovellanos-levantara-la-cabeza-se-horrorizaria_250709/

revitalizar sus funciones e incluso ampliarlas inicialmente en la obligatoriedad de contar con su aprobación en la vigilancia de las operaciones vinculadas, como medida de contrapeso dentro de la configuración del sistema monista español. En este sentido, caminamos hacia la nueva adopción de medidas que doten a la junta de más competencias, hasta el punto de otorgarle la facultad de impartir instrucciones al órgano de administración, competencia hasta ahora sólo destinada a las sociedades de responsabilidad limitada, en el artículo 161 de la Ley de Sociedades de Capital[6]. Por ello nos planteamos si es posible en la práctica su aplicación, que resuelva en cierto modo los problemas de agencia de los que adolece la sociedad cotizada.

Y es que la cuestión del nombramiento de consejeros según el régimen legal ha de nacer de la propia junta, por lo que habremos de determinar si en la práctica su aplicación es posible y real dentro de esas medidas de revitalización de la misma. No es únicamente la cuestión de quién nombra un consejero, si junta o consejo, sino que el propio nombramiento requiere de otros requisitos que conllevan que la composición del órgano de gestión requiera igualmente de especiales consideraciones.

Por ejemplo, la figura en este sentido que más interés ha suscitado, la del consejero independiente, cuyo estatuto jurídico parece haber sido un quebradero de cabeza para el legislador, pues no resulta ni mucho menos sencillo explicar o asegurar «la independencia del independiente». Pero no sólo hablamos de una condición o calificación determinada que ha de ostentar un miembro del órgano de administración, sino de la aplicación práctica de sus funciones, porque tal vez lo más relevante y a su vez interesante sobre el estudio del consejo de administración de la sociedad cotizada es que a éste se le otorga principalmente la función de supervisión, como ya establecía el Código Olivencia, lo cual resulta muy curioso ante sus legales funciones de gestión y representación del artículo 209 de la Ley de Sociedades de Capital. Y aún en mayor medida en una sociedad como la cotizada cuya actividad requiere de una gestión diaria, compleja y exhaustiva, ya sea por parte de los administradores o de la alta dirección. Pero la función de supervisión de sus propios actos requiere de un régimen legal que trate de asegurar precisamente esa función, habida cuenta de que en España nuestras grandes corporaciones siguen el sistema monista, lo que con independencia de sus ventajas e inconvenientes, supone todo un reto al tener que reunir bajo una misma unidad a diferentes consejeros, de diferente tipología, y con diferentes funciones.

6. La ampliación de esta facultad a las sociedades anónimas vino introducida por la reforma contenida en la Ley 31/2014 tras el Informe de expertos para la mejora del gobierno corporativo.

Porque ya no sólo hablamos de consejeros independientes, ni tan siquiera de ejecutivos o no ejecutivos, sino del examen de la procedencia del consejero, incluso la vía por la que ha sido nombrado. Bien, como hemos dicho antes, sistemas como el de cooptación o el de representación proporcional han acabado siendo vehículo habitual de nombramiento de consejeros en las cotizadas, pero ello nos lleva a plantearnos más dudas. Que un grupo accionarial designe a un consejero no sólo se trata de un derecho en el sentido estrictamente legal, sino que resulta absolutamente razonable que un accionista o accionista con un porcentaje significativo deseen tener a alguien en el Consejo que en cierto modo vele por sus intereses, lo que el propio Código Unificado no ha dudado en definir como representante, calificación que a priori y a estas alturas del trabajo nos hace mostrarnos especialmente cautos si atendemos a los deberes de un consejero para con toda la sociedad y sus socios, con independencia de cómo ha sido nombrado. No obstante, esas dudas plantearían de igual manera el sistema de cooptación, puesto que la vacante o vacantes serán cubiertas teóricamente al dictado de las mayorías en el Consejo, presumiblemente dominado por los mayores accionistas.

Es en esta tesitura donde a lo largo de los años se han ido estableciendo las diferentes comisiones del consejo, siempre en sede monista, donde aquella dedicada a los nombramientos presenta algunas notas características que son vitales en general para el gobierno corporativo, y en especial para el presente trabajo, especialmente en cuanto a la valoración de los posibles futuros miembros del consejo y sus designaciones, además de la parte de competencias dedicada al régimen de retribución, cuestión que parece requerir de constantes evoluciones normativas, si bien esta función puede ser externalizada en una comisión aparte.

Entrando en más interrogantes en cuanto al nombramiento de consejeros sobre los diferentes tipos, está la cuestión de la distinción más primaria y natural del ser humano, que es el equilibrio de sexos en el Consejo, la diversidad de género, que dice el propio Código Unificado de Buen Gobierno. Sin embargo, esta recomendación en realidad esconde una situación muy típica en el conjunto de la ciudadanía desde que el mundo es mundo, puesto que la presencia de mujeres en los consejos es sensiblemente minoritaria, actualmente en torno al 10,8%[7] en las sociedades del IBEX 35, un dato además que se sitúa por debajo de la media europea, enmarcada en torno al 13%, lo que ha dado lugar a numerosas medidas tanto por vía

7. Datos según el Informe Anual de Gobierno Corporativo de la CNMV, año 2013.

de recomendación[8] como de carácter legislativo, como veremos más adelante.

Y quizás con el objetivo de que sean establecidas diversas pautas que prevean en cierto modo la problemática de la naturaleza de los consejeros en su sentido más amplio, aparece la figura del Reglamento del consejo de administración, como una representación inequívoca de la convergencia entre autorregulación e intervención legislativa, la cual en el estudio del gobierno corporativo parece en ocasiones como la lucha entre dos grandes bloques, dos enemigos íntimos que en realidad se complementan, como sucede en el caso del Reglamento, puesto que si bien su elaboración responde a una exigencia que estableció la Ley de Transparencia del año 2003, su contenido es redactado por la propia sociedad, lo que ha de entenderse como una facultad de autorregulación. Ahora bien, parémonos a pensar en la figura del Reglamento en cuanto a su contenido y alcance. Lo primero que subyace es su redacción, no en el sentido lingüístico sino en cuanto a su autoría, lo que nuevamente supondría entrar en el juego de mayorías *versus* consejeros supervisores. En segundo lugar, si su contenido lo decide la propia sociedad (en este caso, el consejo), ¿puede decirse que es libre? Es decir, ¿puede regular específicamente ciertas situaciones especialmente conflictivas como por ejemplo el nombramiento de independientes y no entrar a valorar otras como la diversidad de género? Y sea cual sea la respuesta a la pregunta anterior, ¿cuál es su alcance jurídico? Y no nos estamos refiriendo solamente a su posición con respecto a los estatutos sociales o incluso a la voluntad de la junta, sino en cuanto a la situación jurídica en caso de incumplimiento por parte del consejo, acerca de si su infracción legitima para su impugnación, y en caso afirmativo, quién podría ostentar la legitimación activa en sentido procesal.

Situación paralela aparece con el Reglamento de la Junta, si bien su contenido en la práctica se ha referido más a un desarrollo de las formalidades en torno a su celebración, como convocatoria, contenido del orden del día o normas de asistencia y representación, no es menos cierto que podría ser un interesante vehículo que dotara de más competencias o mayor peso a este órgano social. El problema es que su redacción también corresponde al consejo (con independencia de que su aprobación sí corresponda a la propia junta), lo que podría interpretarse como una vía por la que el consejo obtenga aún mayor autonomía y evite precisamente la revitalización de la junta, empequeñeciendo en la práctica sus facultades de control. Nosotros en cambio consideramos que el Reglamento de la Junta a los efectos de

8. Recomendación 15 del Código Unificado de Buen Gobierno.

nombramiento de consejeros puede resultar muy útil, por lo que su estudio y configuración merece sin duda nuestra atención.

Y esta situación nos lleva a plantearnos si existe un exceso de poder en los consejos de nuestras grandes sociedades, y en caso afirmativo, qué medios se han establecido como contrapeso, cuya vía nos da a parar nuevamente al elemento central del presente trabajo: el nombramiento de consejeros, atender a la configuración de su régimen para dotar al consejo de un sistema efectivo de supervisión, es decir, buscar el equilibrio de consejeros ejecutivos y no ejecutivos, diseñar efectivas comisiones del consejo para asegurar la efectiva supervisión de los propios actos del órgano de administración, a través de la convivencia de normas legislativas con las diferentes recomendaciones de los diferentes códigos de buen gobierno, potenciar las funciones de la junta como órgano soberano para el nombramiento y cese de administradores, y establecer unos parámetros de coexistencia entre la autorregulación y la intervención legislativa. Resumido de esta manera se establece el régimen legal de nombramiento de consejeros en la sociedad cotizada, sin embargo como hemos visto, todas las cuestiones que giran en torno a su alrededor plantean diversas dificultades que trataremos de analizar junto a las aportaciones de nuestra Doctrina más autorizada, sin perder de vista las diversas soluciones que han aportado los sistemas comparados, que ofrecen alternativas muy interesantes, si bien algunos de sus sistemas han optado por el modelo dual cuya aplicación en nuestro país a día de hoy parece improbable, no tanto en cuanto a alguno de sus elementos y notas características.

Esta es por tanto la justificación de la elaboración del presente trabajo, pues existen diversos interrogantes en la construcción del buen gobierno que a día de hoy continúan sin resolverse. Si el movimiento del *corporate governance* fue una consecuencia de algunos escándalos financieros acontecidos en los primeros años de la década de los 90, su evolución ha tratado de dar algunas respuestas a la sociedad, sin embargo, cuando éstas no se produjeron, como algunos casos destacables de la crisis económica iniciada en 2007, la intervención legislativa se hace necesaria. Es decir, que la construcción del régimen ya no sólo de nombramiento de consejeros sino también en cuanto a la relación inter orgánica de la sociedad, parece en continua evolución, razón por la cual nos hemos centrado en este tema para la elaboración del presente estudio.

Todo ello cuando además en la elaboración de este trabajo se están sucediendo casi continuamente los diferentes cambios legislativos en la materia que, con independencia de la existencia y beneficio o no de un régimen asentado, no hacen sino demostrar la especial preocupación del legislador en la mejora del buen gobierno de nuestras sociedades, ya que actualmente existe una confluencia de normas objeto de estudio, estén en vigor o no, que sin duda despiertan todo nuestro interés. Sirva como ejemplo que al momento de escribir estas líneas, continúa vigente el Texto Refundido de la Ley de Sociedades de Capital de 2010, si bien ha ido sufriendo diversos cambios legislativos mientras se debate la Propuesta de Código Mercantil. Pero sin duda, y en cuanto a la referida Ley de Sociedades de Capital, ha resultado de gran importancia la Ley de reforma de la Ley de Sociedades de Capital para la mejora del Gobierno Corporativo, que introduce algunas novedades interesantes, y que ha sido consecuencia a su vez del Informe de Expertos de Gobierno Corporativo. Finalmente, y de forma posterior, se ha procedido a la promulgación de un nuevo Código de Buen Gobierno en sustitución al anterior Código Unificado de Buen Gobierno que la Comisión Nacional del Mercado de Valores publicó en 2006. Por tanto, diversa normativa que estudiar, permaneciendo atentos a sus continuos cambios y tramitaciones, para la elaboración del presente trabajo.

Para ello hemos separado el trabajo en el análisis de la sociedad cotizada y su estatuto jurídico en relación a la principal problemática que presenta, qué respuesta ha dado el movimiento del gobierno corporativo y su aplicación teórica y práctica en los órganos sociales. Cuestiones todas ellas de actualidad y relevancia que esperemos sirvan para que, humildemente, podamos realizar alguna aportación que pueda resultar de interés práctico.

2. LA SINGULAR DIMENSIÓN ESTRUCTURAL Y ECONÓMICA DE LA SOCIEDAD COTIZADA

A) LA SOCIEDAD COTIZADA COMO SOCIEDAD ANÓNIMA

1. La consideración de la sociedad anónima con la cuestión de su tamaño económico

La sociedad anónima tiene su origen en dos pilares fundamentales que a día de hoy siguen configurando la razón de ser de las cotizadas actuales: abrirse a inversores y obtener así financiación para el gran comercio. Nace como como hemos dicho como el vehículo de constitución de empresas comerciales que buscaban grandes rutas de comercio con las Indias, y que las tradicionales compañías familiares no podían asumir, por lo que se abría el negocio a pequeños inversores privados para repartir el riesgo de esas participaciones alícuotas en acciones. Este origen decíamos que se ve ciertamente reflejado en la forma estructural de la actual sociedad cotizada en cuanto a que la misma se sitúa en el mercado con el fin de captar la atención del inversor, que al entrar a formar parte del capital de la sociedad, ofrece a la misma la financiación necesaria para acometer grandes proyectos, diversificando en cierto modo el riesgo al existir previsiblemente un amplio grupo accionarial frente a sociedades con mayor concentración de participaciones.

Sin embargo, en aquellas primeras sociedades de comercio con las Indias Orientales y occidentales existían ciertos problemas que hoy en día se reproducen, en cuanto al control de la propiedad sobre los gestores[9]. Y ello considerando no obstante que no es hasta el siglo XIX cuando desaparece el férreo control gubernativo, que imponía su autorización en cuanto a la constitución de esta clase de sociedades.

Legislativamente, la sociedad anónima ha sufrido en nuestro país diversas modificaciones desde que se promulgó la Ley de 19 de octubre de 1869, hasta el Código de Comercio, para asentarse posteriormente en la Ley de Sociedades Anónimas de 1951, vigente hasta 1990, y que finalmente fue refundida de forma posterior en la Ley de Sociedades de Capital. Pero con independencia de las muchas y muy interesantes modificaciones que los distintos cuerpos normativos han aportado, nos llaman especialmente la atención las diferentes disposiciones de la Ley de Sociedades Anónimas de 1989 en cuanto a las diferentes ramas sectoriales de la sociedad anónima según el tipo de actividad, tales como entidades financieras, de seguros, o clubes deportivos, naciendo la obligación legal de constituirse como sociedad anónima según el tipo de actividad, lo que sin duda nos ofrece más pistas sobre el régimen legal que el legislador quiere adoptar a según qué tipo de empresas por su importancia en el tejido productivo del país, lo que se complementa además con la obligatoriedad de que algunas de estas sociedades deban ser administradas en la forma de consejo, si bien es cierto que al fin y al cabo, según el tipo concreto de actividad, serán normas reglamentarias las que desarrollen y complementen aspectos concretos, como por ejemplo el capital mínimo o la limitación al objeto social, pero lo que es evidente es que modificaciones o diferenciaciones aparte, esas grandes compañías tienen un elemento común en cuanto a su propio núcleo, que es la forma jurídica de sociedad anónima.

Por ello, la sociedad cotizada, sea cual sea la rama de su actividad, su porcentaje accionarial de capital flotante, o su presencia o no en el IBEX 35, no deja de ser una sociedad anónima, por lo que, en el estudio de los problemas suscitados entre la elección de los gestores por parte de la propiedad,

9. GOMÁ LANZÓN, I.: *Poder y dinero en las grandes sociedades: vuelta a los principios.* (2014). Documento depositado en el archivo institucional EPrints Universidad Complutense de Madrid. http://eprints.ucm.es/24123

requiere de un examen de la configuración legal del núcleo de las sociedades anónimas.

No pueden obviarse no obstante las particularidades propias de la sociedad cotizada frente al régimen general, pero al respecto, parece un hecho pacífico entre nuestra Doctrina que esas particularidades son formas de desarrollar o completar imperativamente determinados elementos de la sociedad anónima sin que por ello suponga un régimen contrario o enfrentado, motivo por el que se habla más de derogaciones o limitaciones que de régimen contrapuesto, cuestión que sí sucede por ejemplo en la diferenciación tipológica entre las sociedades anónimas con respecto a las de responsabilidad limitada, que encuentran notas contrapuestas en cuestiones como la transmisión de la propiedad o en cuanto a la naturaleza jurídica del título de la misma. Por ello no nos resulta del todo plausible considerar a la sociedad cotizada como un tipo propio y autónomo en la enumeración de las diferentes clases de sociedad mercantil de capital, sino como una forma característica de la anónima, con un propio desarrollo imperativo dada la naturaleza de su estructura.

En cuanto a la configuración en sí de la sociedad anónima, no puede evitarse vincular en cierto modo a las anónimas con empresas de mayor envergadura frente a la consideración de las sociedades limitadas, de dimensiones aparentemente más modestas. Y es posible que en su origen así fuese precisamente por esa búsqueda de financiación para proyectos de gran envergadura frente a las compañías tradicionales agrupadas en torno a las familias.

Huelga decir que nada impide encontrarnos casos de limitadas de tamaño mayor a una anónima, aunque sólo sea en cuanto a la aportación de capital (*v.gr.* una SL de capital social de cien mil euros) puesto que no existe la obligación de convertir una sociedad limitada a sociedad anónima en el momento de superar la cifra de capital social mínimo de esta última, cuestión que sí sucede a la inversa. Sin embargo, no es menos cierto que esa consideración popular de sociedad anónima equivalente a gran empresa se refleja en las actuales estadísticas de constitución de sociedades[10], donde la inmensa mayoría de nuevas sociedades creadas se constituyen en la forma de sociedades de responsabilidad limitada con la aportación mínima de capital en tres mil euros, por lo que con independencia de la posterior marcha del negocio, el punto de partida al momento de nacimiento ya vincula a las sociedades anónimas con un mayor envergadura con respecto a las limitadas por la cuestión del capital mínimo, incluso con la aportación de

10. Estadísticas del Registro Mercantil Central que pueden consultarse en su página web www.rmc.es

la cuarta parte del capital al momento de constituirse, facultad de la que no gozan las sociedades limitadas.

No obstante, es preciso advertir que la consideración de «gran empresa» a menudo peca de vicio pues son numerosos los factores que han de considerarse, ya sean de ámbito puramente mercantil (en cuanto al capital suscrito y desembolsado) económico (por sus números contables o facturación) o incluso laborales (por su número de trabajadores).

2. El concepto jurídico de SA hacia la cotizada

A. *Una aproximación a la delimitación técnica de la sociedad anónima cotizada*

Conocemos el tipo, su estructura, su función e incluso sus clases, pero en el debate acerca de la contextualización de sociedad anónima, lo cierto es que la Ley no nos ha definido con claridad su concepto, viniendo a manifestarnos «cómo es» pero no «qué es». Y así ha sucedido desde la primera Ley de Sociedades Anónimas de 1951 hasta el Texto Refundido de la Ley de Sociedades de Capital, que nos manifiesta cómo está repartido el capital, como también hace tanto con la sociedad de responsabilidad limitada como con la comanditaria, pero no su tipo en sí. Quizás se eche en falta un concepto más dogmático y sustantivo en cuanto al contrato de sociedad, a la voluntad de asociación de personas que ponen en común bienes y servicios con el fin de obtener un beneficio económico, al son del artículo 1665 del Código Civil, pero ni tan siquiera hay una remisión expresa o tácita a la legislación civil, absolutamente obsoleta en dicha materia. Y ello obviamente alcanza de igual manera a la sociedad cotizada.

Y a priori puede resultar un tanto innecesaria una definición completa en la Ley del concepto de sociedad mercantil de capital para el caso general, y anónima en el particular. Sin embargo, es habitual que toda regulación normativa enfoque una aplicación objetiva, que en este caso se impulsa por la autonomía de la voluntad que emana del contrato de sociedad. Y sea por actualizarse con respecto al contexto en que se mueve el Código Civil, o sea por la necesidad de informar de una concepción básica en nuestro Derecho privado, la falta de conceptualización de la sociedad anónima en la Ley supone, en nuestra opinión, perder la oportunidad de expresar el hecho más relevante que una sociedad aporta en las relaciones entre particulares: su personalidad jurídica[11].

11. VALPUESTA GASTAMINZA, E.: *Sociedades anónimas y de responsabilidad limitada: Legislación concordada, jurisprudencia y bibliografía.* Ed Thomson Civitas. Madrid. Madrid, 2007. Pág. 34.

Quizás por ello ha sido la Jurisprudencia la que nos ha aproximado al concepto de sociedad anónima, que en STS de 12 de diciembre de 1961 la define como *«un capital con personalidad jurídica que dividido en acciones fija la responsabilidad del accionista frente a la sociedad, limitada a la cuantía de su aportación, por lo que aquella goza de autonomía patrimonial frente a sus acreedores, asumiendo una responsabilidad separada y distinta de la de sus socios»*.

Es evidente que, con el paso de los años, los diferentes estudios científicos así como la realidad económica y social, amplían o modifican los conceptos, y es que en el caso de «capital con personalidad jurídica» en sentido más estricto a día de hoy nos lo encontramos en una Sociedad de Inversión como un mecanismo de las llamadas Instituciones de Inversión Colectiva, diferenciándose del Fondo de Inversión en que ésta en cambio no ostenta la citada personalidad jurídica propia. Por ello la personalidad en sede de anónimas no la otorga como tal el capital en sí, sino el contrato de unión de voluntad de las partes plasmado en un ánimo de beneficio en este caso, ya que otras figuras civiles como las asociaciones o las comunidades de bienes no se encuadran en el ánimo económico, en ocasiones ni tan siquiera requiere la aportación de bienes o derechos, pero sí responden frente a terceros como entidad autónoma. Cuestiones todas ellas que hacen que en cierto modo echemos en falta una revisión legislativa del concepto de sociedad anónima en particular, o mercantiles en general[12].

Y ello ha sido objeto de una ligera mención en la Propuesta de Código Mercantil elaborada por la Sección de Derecho Mercantil de la Comisión General de Codificación que además realiza una separación en cuanto a «empresa» y «sociedad», distinción que se asemeja en cierto modo a alguno de los manuales de la asignatura que utilizan estudiantes de Grado o Licenciatura. Y sinceramente, nos parece correcto que el Código lo incluya a los efectos de, como decíamos, la conceptualización y determinación del objeto de la sociedad, aunque no bajo una diferenciación tipológica frente a la anónima de forma especial.

En tal sentido, la Propuesta de Código nos define a la empresa como *«el conjunto de elementos personales, materiales e inmateriales organizados por el empresario para el ejercicio de una actividad económica de producción de bienes o prestación de servicios para el mercado»* siendo esos elementos los bienes y derechos afectos a la actividad empresarial, las relaciones jurídicas y el fondo de comercio[13]. Es decir, que tiene una consideración más aplicativa

12. ARROYO MARTÍNEZ, I. y MERCADAL VIDAL, F.: *Comentarios a la Ley de Sociedades Anónimas*. Ed. Tecnos. Madrid, 2001. Pág. 36.
13. Artículo 131-1 de la Propuesta de Código Mercantil elaborada por la Sección de Derecho Mercantil de la Comisión General de Codificación.

que jurídica como una forma organizativa de recursos tendentes a una consecución económica en sentido de gestión, frente a una concepción más contractual de suma de voluntades agrupadas en la forma de sociedad. Por el contrario, la sociedad mercantil sería aquella que tenga por objeto la producción o el cambio de bienes o la prestación de servicios para el mercado, enumerando las diferentes clases conocidas[14].

Lo cierto es que apreciamos una mayor dedicación al concepto de empresa, más práctico que teórico, que en el de sociedad, pues únicamente el Código se limita a manifestar la división del capital en acciones, considerando valores admitidos a negociación en un mercado oficial para el caso de las cotizadas.

Por ello, a los efectos del presente trabajo, nos parece de especial relevancia el concepto de sociedad anónima cotizada en cuanto a la estructura corporativa, la transmisión de acciones o la toma de decisiones mediante un acuerdo según la mayoría representada en su participación equivalente en el capital social.

No obstante, esa falta de definición técnico-jurídica en los anteriores y vigentes cuerpos legales se puede explicar en la amplia polivalencia funcional de una sociedad anónima[15], que se multiplica en la cotizada, lo que nos invita a buscar su concepto en su aplicación práctica más allá del ámbito legal. Y es que como decíamos, no existe ninguna referencia ni a su estructura corporativa ni a la participación alícuota de los socios propietarios del capital[16]. Por ello, siendo la sociedad cotizada un subtipo de la sociedad anónima, creemos que la conceptualización debe nacer de ésta, a la que consideramos como una asociación contractual con personalidad jurídica de personas físicas y/o jurídicas que aportan un capital tendente a la consecución de un beneficio económico mediante la organización de los elementos materiales e inmateriales gestionados por un órgano de administración que es elegido y censurado por los propietarios del capital, agrupados en un órgano soberano que decidirá por régimen de mayoría según el nivel de participación que hayan desembolsado o adquirido los socios inicialmente o de forma posterior mediante la transmisión de derechos sobre el capital, el cual se divide en acciones que fijan la responsabilidad del accionista frente a la sociedad, limitada a la cuantía de su aportación.

14. Artículo 211-1 de la Propuesta de Código Mercantil elaborada por la Sección de Derecho Mercantil de la Comisión General de Codificación.
15. VALPUESTA GASTAMINZA, E.: «*Sociedades anónimas...*» cit. Pág. 35.
16. MENÉNDEZ MENÉNDEZ, A. y VAQUERIZO ALONSO, A. «Concepto, denominación y carácter mercantil de la sociedad anónima» en AAVV: *Comentario al régimen legal de las sociedades mercantiles*. Ed. Thomson Civitas. Madrid, 2010. Pág. 21.

Y de dicha definición partimos hacia la sociedad cotizada, considerándola como un tipo de sociedad anónima abierta que, guardando la misma estructura organizativa con ésta, sus acciones son valores admitidos a negociación en un mercado oficial, y que debido a su especial y compleja magnitud, su órgano de administración tendrá necesariamente carácter colegiado.

Por ello consideramos que debíamos insistir en el concepto de sociedad anónima cotizada, toda vez que representa, evidentemente, mucho más que «un capital dividido en acciones que son valores», ya que lo especialmente relevante en su consecuencia, y que a los efectos de composición de los órganos sociales, en el caso de la sociedad cotizada alcanza unas cotas mucho más amplias. Por ello remarcábamos en la sociedad anónima la gestión de la misma mediante un órgano de administración, que en el caso de las cotizadas se exige que sea en la forma de consejo, *ex* artículo 529 bis de la Ley de Sociedades de Capital, es decir, de forma colegiada. Y la elección de los diferentes miembros del consejo, su funcionamiento interno, sus deberes o su régimen de retribución ha sido constantemente objeto de estudio tanto por el legislador como por la doctrina, y lo que empezó siendo como una serie de recomendaciones contenidas en cuerpos normativos de *soft law* paulatinamente parece que asistimos a una continua elevación a rango de Ley de lo que antes era norma voluntaria.

Pero igual sucede en el órgano supremo de reunión de los socios propietarios, pues debido a su previsible amplia masa accionarial, su organización resulta determinante que, respetando los acuerdos de mayorías, no supongan una vulneración de derechos de la minoría. Pero por otro lado, tampoco puede paralizarse la maquinaria de un enorme buque como es una sociedad cotizada, donde no existe en términos generales una igualdad de accionistas, que no manifestamos en un sentido negativo, sino refiriéndonos por ejemplo a las diversas clases de acciones que pueden existir (como por ejemplo acciones sin voto) o a los requisitos que exigen un determinado número mínimo de acciones para tener derecho de asistencia a la junta, normativa autorreguladora que se contiene en los estatutos sociales de aquellas sociedades que lo hayan acordado.

Todo ello nos hace vincular de manera evidente a la sociedad cotizada como un tipo de sociedad anónima abierta, cuestión sobre la que profundizaremos, pero que viene a plasmar a gran escala lo que resulta del *leitmotiv* de la sociedad anónima, cuya naturaleza se abre a los sucesivos cambios de socios. Pero más allá de la consideración de tipo o subtipo, la sociedad cotizada ostenta un régimen propio no sólo plasmado en su propia naturaleza o en las diferentes recomendaciones de buen gobierno, sino evidenciado en la propia intención del legislador, el cual ha ido plasmando sus diferentes cambios normativos a través de la Ley del Mercado de Valores, si bien muchas de sus disposiciones fueron finalmente adheridas a la Ley de Sociedades de Capital. Y es precisamente la estructura de la sociedad cotizada la que requiere un régimen propio, estructura como decimos que en primer lugar se basa en su amplia dimensión económica como hecho que determina primordialmente la necesidad de un régimen legislativo diferenciado, que en determinados casos puede restringir la autonomía de la voluntad por protección a terceros, pero que en cambio goza de un régimen propio de autorregulación. Por tanto, en el estudio de la sociedad cotizada nos encontramos ante una doble vertiente normativa singularmente chocante entre sí: por un lado, su margen de actividad se encuentra en mayor medida más atado debido a la influencia sobre diversos sectores económicos, pero en cambio ostentan una facultad de autorregulación de sus órganos y funcionamiento interno que permite dar cabida a las diferentes «corrientes» accionariales que conforman el núcleo de la sociedad. En cuanto a la primera, parece obvio que a menor tamaño de una sociedad y mayor carácter cerrado de su estructura, exista una mayor libertad contractual en el diseño de su régimen, cuestión que por motivos opuestos, se corta en cambio en aquellas que se proyectan a la financiación mediante la entrada de nuevos inversores[17].

Cuestiones de tamaño que llevan a un régimen legal aparte, el hecho de que la sociedad cotizada se configure como clase o subtipo de la anónima nos lleva a la plena identificación de los elementos tipo entre ambas, cuyos rasgos característicos encuadrados en capital, acción y responsabilidad, nos transmite los mismos paralelismos que hasta ahora hemos estudiado, de ahí a que sigamos partiendo de la configuración de la sociedad anónima hacia su aplicación en la sociedad cotizada en cuanto a la estructura de sus órganos sociales.

B. *El capital social como elemento identificativo*

Conceptualizado como la cifra monetaria representativa de las aportaciones de los accionistas y que figura en los estatutos sociales[18], el capital social de la sociedad anónima, y muy especialmente de la sociedad cotizada, tiene una representatividad más identificativa en los datos registrales que objetivamente real en cuanto a su valoración económica, ya sea a los efectos de valorar una propia sociedad en su conjunto o el precio de mercado de

17. MENÉNDEZ MENÉNDEZ, A. y VAQUERIZO ALONSO, A.: «*Concepto, denominación...*» *cit.* Pág. 42.
18. ARROYO MARTÍNEZ, I. y MERCADAL VIDAL, F.: «*Comentarios...*» cit. Pág. 39.

las acciones, no siendo tampoco valor de referencia como cálculo del patrimonio neto, salvo en el momento de su constitución.

En un sentido más práctico, hablamos de la valoración de las aportaciones realizadas o pendientes de realizar por los accionistas, la cuantía que éstos invierten con el fin de alcanzar el fin económico mediante los actos encuadrados en el objeto social. Pero como decimos, en la práctica se trata más de un elemento que se identifica en la sociedad en los propios estatutos, y que por tanto, su ampliación o reducción requieren de una modificación estatutaria con el procedimiento que ello conlleva, esto es, celebración de junta general, aprobación mediante mayorías especiales, e inscripción en el Registro Mercantil. Es en consecuencia una «seña de identidad» que no supone una predisposición sobre cualquier tipo de valoración económica de la sociedad en conjunto o de las acciones. Y es que en determinadas sociedades quizás de carácter más cerrado, es habitual determinadas aportaciones o préstamos por parte de los socios a la sociedad sin que esto se compute como capital social, sin perjuicio de la posibilidad de que posteriormente se amplíe capital mediante compensación de esa deuda, lo que en ocasiones ha planteado diversos conflictos societarios a cuenta de si cabe la posibilidad que se anule el derecho de suscripción preferente del resto de socios o no, ampliando en consecuencia la participación accionarial del socio prestamista[19]. Pero con independencia del derecho de suscripción preferente del resto de socios, vemos cómo se está produciendo una separación entre el concepto de inversión del accionista en la sociedad con la cuantificación del capital social, cifra que consta en el pasivo del balance como deuda de la sociedad con sus socios.

Y ello se deduce de igual manera en las sociedades cotizadas, en las cuales se producen diariamente desembolsos económicos en las mismas, no sólo entre accionistas de referencia, sino especialmente en las diversas transacciones de pequeños inversores con la sociedad, mediante la adquisición de valores de la parte del capital flotante como en las acciones en autocartera de la propia sociedad, compraventa realizada normalmente a precio que opera en el mercado, siendo completamente diferente al valor nominal de las acciones.

No obstante, si bien de forma posterior estudiaremos de forma concreta el capital flotante de la sociedad cotizada dentro de la diferente tipología

19. Situación que fue estudiada en la Resolución de la Dirección General de los Registros y del Notariado de 6 de febrero de 2012 que interpretando el artículo 304 de la Ley de Sociedades de Capital, concluía un mismo régimen para la sociedad de responsabilidad limitada, denegando la inscripción del aumento de capital tras el recurso presentado por el socio al que le fue negado el derecho de suscripción preferente.

de accionistas que puede encuadrar la misma como parte de la amplia y compleja combinación de intereses presentes y los problemas de agencia, sí nos parecen relevantes distintos puntos identificativos del capital social tanto de las sociedades anónimas en general como de las cotizadas en particular, y sus diferentes ramificaciones en cuanto a la relación de los accionistas, e incluso no accionistas, con la propia sociedad.

En primer lugar, porque por muy identificativa y estatutaria que pueda resultar la cifra de capital social por encima de la valoración económica, la citada cifra del capital resultará determinante a los efectos de calcular si la sociedad ha incurrido en causa de disolución o no, tal y como establecen los supuestos contemplados en el artículo 363.1 de la Ley de Sociedades de Capital. Dicho artículo, no obstante, manifiesta que es causa de disolución reducir el capital social por debajo del mínimo legal, lo que fruto de la refundición de las antiguas Ley de Sociedades Anónimas y Ley de Sociedades de Responsabilidad Limitada, no es completamente imperativo en todos los casos, puesto que un caso típico es de la sociedad anónima que reduce su capital por debajo de sesenta mil euros, lo que puede no llevar consigo su disolución sino su transformación, que no es automática, en sociedad limitada, lo cual nos plantea la pregunta de si una sociedad cotizada que vea reducido su capital por debajo del mínimo legal, en este caso si se convierte automáticamente en una sociedad anónima más. Porque la sociedad cotizada también tiene un capital social mínimo, el cual no consta en la Ley de Sociedades de Capital pero sí en el Decreto 1506/1967 aún vigente, que en su artículo 32, establece un *«capital mínimo de doscientos millones de pesetas cuando pretenda su admisión a cotización oficial» si* bien de dicha cifra habrá de descontarse la parte del capital correspondiente a los accionistas que de forma directa o indirecta, posean un 25% o más de la sociedad.

Esta cifra parece quedar obsoleta, no sólo por aún constar en pesetas, sino por la cuantía, ya que la Propuesta de Código Mercantil, que sí apuesta por incorporarla, eleva el capital social mínimo de la sociedad cotizada hasta los diez millones de euros[20], descontando en este caso la participación del accionista que directa o indirectamente represente el 10% de la cifra de capital.

Sin duda se trata de una importante actualización, pues convirtiendo la cifra vigente en euros, hablamos de un salto desde 1.250.000 € hasta los

20. Artículo 281-5 de la Propuesta de Código Mercantil elaborada por la Sección de Derecho Mercantil de la Comisión General de Codificación.

10.000.000 €[21], estableciéndose asimismo la obligatoriedad de repartir el capital en un mínimo de doscientas mil acciones, debiendo estar íntegramente desembolsadas en el momento de su admisión a cotización.

Pero como manifestábamos anteriormente, en la práctica, la cifra de capital social como elemento identificativo se ha configurado más como un criterio más informativo[22] que recuerda que, en sintonía con el sistema norteamericano, el capital social no tiene por sí una función garantizadora como mecanismo eficiente de protección de acreedores, entre otras cuestiones porque a un acreedor comercial poco o nada debe importarle la cifra del capital suscrito sino la liquidez y solvencia de la sociedad, la que podrá presumir más en la valoración de los activos y de las cuentas, que del capital en sí. Al fin y al cabo, el capital social en cuanto a acreedores mostraría el nivel de compromiso que los socios tienen con el proyecto, lo que se traduce que a mayor capital, mayor desembolso y por tanto supuesta mayor confianza de los socios a la par que mayor riesgo.

Por ello, la crítica de la doctrina del capital social tiende a tratar de dejar el concepto de garantía del capital para llegar más hacia una conceptualización de límite de determinadas operaciones en protección de acreedores, como por ejemplo la imposibilidad de repartir dividendos según la propia cifra del capital, o la obligación imperativa de recapitalizarse o disolverse si el patrimonio neto se ve reducido a la mitad del capital. Pero como decimos, ello se configura más como un límite a determinadas operaciones con el fin de proteger los intereses de los acreedores, a por el contrario decir que ello supone una garantía para los mismos, criterio que no compartimos toda vez que entendemos como garantía en sentido jurídico el derecho real de un acreedor que le trate de asegurar la satisfacción de su crédito, situación que con independencia de los mecanismos de cobro que ostente el acreedor frente a la sociedad, en nada se relaciona con la cifra de capital social que conste en los estatutos[23].

Por otro lado, consideramos la segunda vertiente relevante del capital social la que determina el nivel de participación y/o poder de los accionistas en la sociedad, lo que nos lleva al siguiente punto, que es a las acciones, toda vez que el capital se divide en acciones representativas de la partici-

21. Cifra a la que a día de hoy, sólo 3 empresas del IBEX no alcanzarían, concretamente Amadeus, Caixabank y Técnicas Reunidas.
22. ALFARO ÁGUILA-REAL, J.: *La doctrina del capital social: recuerdos de una discusión lamentablemente cerrada* en http://derechomercantilespana.blogspot.com.es/2014/01/la-doctrina-del-capital-social.html
23. FERNÁNDEZ DE LA GÁNDARA, L.: *Derecho de sociedades*. Volumen I. Ed. Tirant lo Blanch, 1.ª edición. Valencia, 2010. Pág. 274.

pación de los socios. Ahora bien, existen mecanismos de aportación en la sociedad que en la práctica no se traduce en aumento o participación en el capital social, y por tanto, recibir un determinado número de acciones de la sociedad, puesto que como hemos visto, existen los casos de préstamos de socios a la sociedad que, aumentando su riesgo y aportación en el negocio, no implica un aumento de sus derechos políticos si no existe conversión en capital o acciones de ese préstamo. Por otro lado, y ya en una órbita completamente distinta, los créditos de los que gozan los acreedores en ocasiones se configuran como si de acciones se tratara en sentido de ejercicio político societario pues acaban convirtiéndose en una suerte de administradores de hecho al entender que tienen capacidad coercitiva sin que sea un poder decisorio en sentido societariamente estricto, sino más como una medida de ejercicio de control por protección de un elevado crédito a su favor[24].

C. *Las acciones como elemento estructural*

Al igual que hemos visto en cuanto a la definición de sociedad anónima, la Ley no nos ha ofrecido un concepto delimitado de acción sino que ya dispone citarlas como el tipo configurador en que se divide el capital social, no ofreciéndonos mayor información, al contrario que en otras leyes matriz de otras ramas del ordenamiento. En cualquier caso, la relación entre el capital y acción efectivamente resulta íntima por ser una consecuencia de la otra, si bien no obstante la doctrina se ha encargado de recordarnos que ni el capital es sólo un conjunto de acciones, ni las acciones son sólo las partes alícuotas en que se divide el capital[25], pues la acción se configura como el vehículo de ejercicio de los derechos políticos cuya transmisión adquiere un régimen muy abierto que permita un constante movimiento en

24. Para explicar situaciones así, un caso típico nos lo encontramos cuando una entidad financiera es acreedora de un importante crédito frente a una sociedad que no puede hacer frente al gasto, pero que trata de negociar una salida mediante un acuerdo de refinanciación preconcursal, lo que genera que en ocasiones las entidades financieras impongan una serie de condiciones de gestión empresarial más allá de lo que se refiere a los pagos del crédito, como por ejemplo, que la sociedad tenga que realizar un expediente de regulación de empleo, como ha sucedido, por citar un caso, en la negociación que Abengoa tuvo en 2016 con sus acreedores bancarios para evitar el concurso. Y es por ello por lo que decimos que esa aportación económica en la sociedad, que es el crédito del acreedor, se convierte en la práctica en una suerte de ejercicio de derecho político de gestión toda vez que ostenta el poder de decisión de determinados aspectos de la sociedad, la cual sólo tendrá tres opciones: o acepta las condiciones, o recapitaliza, o insta el concurso o disolución.

25. MENÉNDEZ MENÉNDEZ, A. y VAQUERIZO ALONSO, A.: «*Concepto...*» *cit.* Pág. 99.

cuanto a posibles cambio de titularidad[26]. Ahora bien, ello no nos puede hacer perder de vista que la práctica, más allá de su estudio científico, nos lleva a considerar la acción como la parte o fracción de un fondo patrimonial, lo que determinará el límite de la responsabilidad por un lado, de la cuota de beneficio si lo hubiere, por otro, y del grado o peso del poder político decisorio en cuanto a la gestión, organización y representación de ese patrimonio que goza de personalidad jurídica.

Pero tal es la autonomía propia de la acción con respecto al capital, que determinados autores consideran que el precepto de que «el capital se divide en acciones» como un único concepto integrador, se queda un tanto escaso, considerando que dicha conceptualización es únicamente válida en el momento de constitución como expresión del valor nominal de las acciones, que sí tiene relación directa e idéntica con la cifra de capital social, pues no se trata más, al fin y al cabo, que de una sencilla operación aritmética. Por ello se le reconoce a la acción una autonomía propia cuya configuración va mucho más allá de la mera división del capital social, pues en la práctica hablamos de valores mobiliarios, que en el caso de la sociedad cotizada se representa si cabe de forma más gráfica en su aspecto negociable.

Y es que, situados en sentido puramente semántico, podríamos considerar si tal vez el capital se defina correctamente en cuanto a su división en acciones en el sentido de que el capital es un único, no como cifra divisible sino reducible (o ampliable) ya que lo que sí es divisible es el conjunto total o parcial de las acciones totales de la sociedad cuyo número exacto consta en los estatutos de la sociedad, cuyo conjunto, eso sí, y en función del valor nominal de cada acción, conforma la cifra de capital social. La no consideración del capital simplemente como un conjunto dividido de acciones se refleja en que no todas las acciones constituyen una misma posición jurídica debido a los tipos y clases existentes, como las acciones sin voto, que si bien suponen una reducción o anulación de determinados derechos políticos, no así de los económicos, pues el porcentaje de beneficios repartibles, si los hubiere, no sufre alteración, lo que justifica la relación entre el concepto de capital y de acción, no pudiendo existir por ello acciones que no vayan a representar una parte de la cifra de capital.

Y es que la acción como elemento autónomo e independiente del capital social entendido en su conjunto se justifica en su naturaleza jurídica propia, pues cada acción, de forma individual, colectiva o conjunta, es susceptible de ser objeto de diversos negocios o actos jurídicos que, sin variar su ope-

26. SÁNCHEZ CALERO, F.: «La división del capital en acciones» en AAVV.: *Derecho de sociedades anónimas. Libro Homenaje a José Girón Tena.* Ed. Civitas. Madrid, 1991. Pág. 18.

ratividad, puede entrañar una modificación de su eficacia frente a terceros. Porque la acción, como título patrimonial o bien mueble, está sujeto al Derecho de la propiedad, susceptible de transmisión, pero también de que se constituya prenda sobre la acción, se trabe embargo sobre la misma o forme parte de un usufructo, lo que no variará el efecto de la acción frente a la sociedad desde un punto de vista jurídico-societario, pero sí en las relaciones de su titular con terceros.

Y es que precisamente la propiedad de la acción es quizás su elemento más relevante, no por su titularidad, sino precisamente por los derechos inherentes a la misma, y el más significativo en cuanto a la razón de ser de la acción es el derecho político-económico que en la sociedad se entrega al titular de la acción. Es la relación entre propiedad y gestión la que guía buena parte de nuestro Derecho de sociedades y de los principios del gobierno corporativo, y ello sucede porque como hemos dicho, es la titularidad de la acción la que se configura como vehículo de ejercicio de los derechos políticos en una sociedad, esto es, el nombramiento y cese de los gestores del patrimonio, la censura de su administración, la aprobación de la contabilidad, la modificación de la estructura social e incluso, la impartición de determinadas órdenes o recomendaciones en asuntos de gestión, lo que resultará como el ejercicio del derecho político tendente a obtener el derecho económico del beneficio empresarial.

Pero además la acción se separa conceptualmente de la participación de la sociedad limitada en sus diversas formas de representación que precisamente buscan una mayor transmisibilidad de las mismas, pues si bien acción y participación vienen a representar ambas el porcentaje sobre el capital social que un socio ostenta, sus diferencias radican precisamente en la tipología societaria. Y es que más allá, la acción de la sociedad cotizada posee un régimen de transmisión abierto que genera un movimiento accionarial de cambio de titularidad, que a su vez dificulta el ejercicio político, dada la magnitud o envergadura de la entidad, y la escasa participación de los pequeños núcleos accionariales, que no obstante encuentran en las asociaciones de accionistas un contrapeso a su escasa fuerza que tendrían de actuar de manera aislada.

D. *La responsabilidad como elemento configurador*

El régimen de responsabilidad societaria es objeto de un pormenorizado estudio científico cuya significación viene a tratar de asegurar los derechos del acreedor societario. Pero en su régimen se distinguen diferentes ámbitos de aplicación en función del sujeto interviniente, pues es la más común la cuestión de la responsabilidad de los administradores por los actos u omisiones realizados en el ejercicio de su cargo. Sin embargo, no hemos de olvidar que en la configuración del régimen de responsabilidad en cuanto a la conceptualización de la sociedad anónima, no nos estamos refiriendo en cuanto a su funcionamiento y operativa habitual a través de los actos de gestión de los administradores, sino en cuanto a la responsabilidad de los socios de la mercantil para con los acreedores, siguiendo el estudio que hemos iniciado en el capital social y continuado con las acciones.

El planteamiento de la responsabilidad del socio es aparentemente sencillo: su responsabilidad se limita al importe desembolsado en el capital social, de ahí a que se hable de una responsabilidad limitada en esa cuantía, no respondiendo los socios de forma personal de las deudas sociales contraídas por la sociedad, según el artículo 1 de la Ley de Sociedades de Capital aplicado tanto a sociedades anónimas como limitadas.

Y precisamente la consideración de la responsabilidad limitada de los socios se contrapone a la responsabilidad ilimitada de la propia sociedad frente a esas deudas, lo que es consecuencia directa de la personalidad jurídica propia de la sociedad, respondiendo la misma con sus bienes presentes y futuros de dichas deudas, *ex* artículo 1911 del Código Civil. Por ello, desde el estatuto jurídico del socio, su posición político-económica vendrá determinada por su participación accionarial, la que limitará sus derechos políticos al porcentaje de capital que ostente, así como su responsabilidad frente a terceros en la cuantía desembolsada para la adquisición de acciones, no estableciendo límite alguno en cuanto a la posibilidad de obtener beneficios acumulados, esto es, limita su porcentaje en el reparto anual, pero su acumulación no viene en cambio limitada, o dicho de otra manera, se puede obtener un beneficio ilimitado, pero una pérdida sólo hasta lo desembolsado. Y esa limitación cifrada en la cuantía se traduce en que el socio no responda de las deudas de la sociedad, lo que supone una clara separación entre las figuras de socio y sociedad, que implica que el legislador reconozca la responsabilidad de los actos propios de la sociedad en su conjunto como ente con personalidad jurídica propia[27].

No obstante, existe una excepción al principio general, que es la aplicación de la «Doctrina del levantamiento del velo»[28], como el mecanismo por el que los Jueces y Tribunales ostentan la facultad de penetrar en el *substratum* de la sociedad a fin de evitar un fraude de Ley y un abuso del Derecho

27. FERNÁNDEZ DE LA GÁNDARA, L.: *«Derecho de sociedades...»* cit. Pág. 288.
28. Doctrina cuyo origen proviene de la jurisprudencia norteamericana, que posteriormente en Italia se conocería como la doctrina del empresario oculto, y en España, de forma previa a la promulgación de la Constitución de 1978, como la «doctrina de terceros».

contemplados en los artículos 6.4 y 7.2 del Código Civil, respectivamente. La aplicación de dicha doctrina, preeminentemente casuística, exige un ánimo de defraudar en el devenir de la sociedad con el fin de eludir responsabilidades en el cumplimiento de las obligaciones y contratos, o simular un ente a fin de confundir externamente el patrimonio social con el personal operado mediante un trasvase de capitales en perjuicio de terceros. No obstante, la jurisprudencia señala que su aplicación ha de resultar una medida excepcional o *«en último caso»*, pues al fin y al cabo choca con la libertad de empresa consagrada en la Constitución, cuya personalidad jurídica propia es uno de los elementos básicos de la constitución societaria[29]. Pero, advirtiendo que cada caso ha de estudiarse separadamente, esto es, que no existe una fórmula completa de aplicación, sino que precisamente al no tener un sustento en Derecho positivo, la jurisprudencia otorga la facultad a los tribunales mediante unas pautas en las que deja claro los límites: debe aplicarse excepcionalmente y sólo si se acredita que dolosamente se han tratado de eludir responsabilidades defraudando a acreedores en uso de la personalidad jurídica de la sociedad[30].

No obstante, la responsabilidad del socio limitada a su participación no supone un punto de «no retorno» en el sentido de que una vez adquiridas las acciones, ya no hay marcha atrás en la asunción del riesgo, pues al fin y al cabo la suscripción o compra de acciones es un negocio contractual que, además de poder enajenar las mismas, deben darse los requisitos del artículo 1261 del Código Civil en cuanto al consentimiento, causa y objeto. Esto viene a colación en sede de cotizadas en la suscripción de acciones en primario de determinados inversores minoristas cuya operación se pueda ver condicionada por elementos externos que anulen dicha operación, como algunos casos que en el seno de la crisis económica se han producido con determinadas entidades financieras, lo que ha supuesto que los inversores vean íntegramente recuperada su inversión por condena a la propia sociedad y/o a sus administradores[31].

29. Un caso comúnmente estudiado en cuanto a la aplicación de la Doctrina del levantamiento del velo lo encontramos en sociedades unipersonales de escasa actividad mercantil, o cuando el socio único y administrador único rige toda su vida personal a cuenta de la sociedad, esto es, que sus gastos personales como vivienda, vehículo, comidas... etc. son abonadas por la propia sociedad, lo que genera esa confusión de patrimonios que la Jurisprudencia hacía referencia.

30. Especialmente relevante es la Sentencia del Tribunal Supremo de 28 de mayo de 1984 al dictarse en vigencia de la Constitución, que ha servido de modelo a otras como la Sentencia del Tribunal Supremo de 28 de enero de 2005 o la Sentencia del Tribunal Supremo de 28 de febrero de 2008.

31. En concreto nos referimos al caso de la salida a Bolsa de la entidad Bankia, que en el momento de escribir estas líneas, se encuentra siendo objeto de instrucción penal por falseamiento de las cuentas anuales contenidas en el folleto informativo depositado

3. Sociedad cotizada como sociedad anónima abierta y permeable

La amplia funcionalidad operativa que permite el hecho de adoptar la forma de sociedad anónima, en contraposición a la de responsabilidad limitada, conlleva una variedad en la posibilidad de estructurar la propiedad de la sociedad en cuanto a facilitar o no la entrada y salida libre de accionistas, o dicho de otro modo, la sociedad anónima es un modelo tipológico aparente o inicialmente propenso a favorecer los cambios accionariales, pero que otorga a sus socios la facultad de restringir en la medida de lo posible dichos cambios, y ello es lo que se diferencia entre sociedades anónimas abiertas o cerradas.

No obstante, por mucho que se trate de acotar la entrada de nuevos accionistas, la Ley nos advierte que la restricción no puede ser excesivamente férrea. Si bien el artículo 123.2 de la Ley de Sociedades de Capital se limita a considerar como nulas *«las cláusulas estatutarias que hagan prácticamente intransmisible la acción»*, entendemos que trata de instruir en que no cabe la opción de convertir una sociedad anónima en prácticamente una suerte de sociedad limitada en el ámbito de la transmisión de las acciones, esto es, que una sociedad anónima cerrada no debería ser tan «cerrada» como al menos en esencia es una sociedad limitada en términos del régimen de transmisión de las participaciones, cuyo procedimiento y plazos facilita o propicia mantener la propiedad del capital entre los mismos socios o personas vinculadas.

Ahora bien, existen situaciones en las que adoptándose la forma de sociedad anónima, los socios desean restringir la entrada de terceros teóricamente ajenos, como es el caso de una sociedad familiar.

Pero a pesar de ello, la sociedad anónima conceptualmente hablando, y sin contar la enorme casuística que nos puede proporcionar su práctica, es posible que se aproxime más hacia sociedades de capital más abierto que a aquellas de carácter cerrado, no sólo por su configuración originaria, ni por su diferenciación con la sociedad limitada en el régimen de transmisión, sino porque el hecho de limitar la transmisibilidad de acciones ha de ser un

---

ante la Comisión Nacional del Mercado de Valores. Esta situación ha provocado un sinfín de demandas judiciales en vía civil donde los inversores reclamaban la devolución de la inversión efectuada en la adquisición de acciones, a lo que la representación procesal de Bankia contestaba solicitando la suspensión del curso de la *Litis* por prejudicialidad penal, ya que las demandas civiles se basaban en un error en el consentimiento por no ser fiel la imagen que arrojaban las cuentas anuales en el momento de la salida a Bolsa, cuya valoración estaba siendo precisamente objeto de instrucción en la Audiencia Nacional, argumentación que le ha sido constantemente desestimada a la entidad financiera, finalmente asentado por la Sentencia del Tribunal Supremo de 27 de enero de 2016 (STS 92/2016).

pacto expreso entre los socios que ha de constar en los estatutos, cuya modificación del régimen requerirá por tanto de mayorías especiales. A sensu contrario, y prudentemente, podríamos decir que la sociedad anónima tiene un carácter naturalmente abierto salvo que se disponga lo contrario.

Ese carácter abierto o cerrado es la que determinará la permeabilidad de su capital, y nos dará alguna indicación sobre la posición de la sociedad frente al mercado en cuanto al valor económico de las acciones en las operaciones de transmisión, pero sobre todo generará una mayor masa accionarial que se traduce principalmente en los problemas derivados de la estructura propiedad-gestión, ya que a mayor índice de propiedad, mayor número de intereses presentes, y sobre todo mayor dificultad de control. Es decir, el carácter cerrado lo representa no sólo su régimen de transmisión sino la aparente reducción del número de socios, donde existe un nexo no sólo entre los socios sino también en la estructura de propiedad y gestión, siendo los administradores fiel reflejo del porcentaje accionarial de participación. Pero en el lado contrario, las sociedades anónimas abiertas tienen en la sociedad cotizada su mayor reflejo, su subtipo más significativo, pues en la práctica estamos hablando de una amplia heterogeneidad del capital, disperso en pequeños «reductos» minoritarios pero con capacidad de cierto control, que precisamente genera una despersonalización de la condición de socio al favorecer la financiación de la sociedad mediante la inversión y desinversión de las acciones al existir un habitual flujo de intercambio de la propiedad[32].

Y es que a nuestro juicio, la diferenciación entre sociedades abiertas o cerradas implica la decisión valorada que los socios hayan realizado sobre el análisis del coste/beneficio en el caso de decantarse por una u otra figura, ya que por ejemplo las sociedades familiares, una de las que mejor exponen la sociedad cerrada, trata de buscar el control de la gestión y administración, esto es, sus motivos exceden más allá de lo puramente económico traducido en beneficios, sino que tratan de mantener una estructura de propiedad que asegure un ejercicio directo sobre la gestión, pues habitualmente coinciden ambos prismas, no reproduciéndose los denominados problemas de agencia, pues el número de socios suele ser bajo, opción que el legislador contempla expresamente pues por muy teóricamente abierta que podamos considerar de inicio una sociedad anónima, nada impide la constitución o conversión en una sociedad anónima unipersonal, *ex* artículo 12 de la Ley

32. TAPIA HERMIDA, A.J.: *Sociedades anónimas cotizadas y ofertas públicas de adquisición*. Ed. Wolters Kluwer España, 1.ª edición. Madrid 2012. Pág. 36.

de Sociedades de Capital[33]. Pero a cambio de este férreo control, la sociedad cerrada renuncia a la posibilidad de financiarse en el mercado, siendo ésta la primaria intención de las sociedades que pasan a tener acciones admitidas a negociación en un mercado secundario de valores.

¿Ello quiere decir que una sociedad anónima abierta aspira a convertirse en una sociedad cotizada? Algunos autores sostienen que es notorio que no[34], pues a la postre hablamos de una envergadura social que determinadas sociedades no pueden (o no quieren) alcanzar. Cuestión diferente es que determinadas sociedades, por razón de su actividad u objeto social, necesariamente deban constituirse como sociedad anónima frente a otros tipos societarios, sean mercantiles o no. Es el caso por ejemplo de las entidades financieras o de las compañías de seguros, sobre las que versa igualmente una amplia casuística, pues con independencia de su evidente gran tamaño económico, algunos de esos tipos societarios sí cotizan en Bolsa, frente a otras que tienen un carácter más cerrado[35]. Pero ello por ejemplo se contrapone a los casos de sociedades pertenecientes a sectores regulados, que en cambio han adoptado la forma de sociedad limitada, lo que obviamente descarta la posibilidad de acudir al mercado de valores[36]. Finalmente, en un tercer grupo, tenemos sociedades anónimas que sin ser pertenecientes a un sector regulado, ni tampoco cotizadas pues no tienen interés en ello, en cambio debido a su especial envergadura, adoptan o tratan de adoptar un modelo de administración según los preceptos del gobierno corporativo, esto es, adaptar sus estatutos a la fortalecer los mecanismos de supervisión y control mediante el fortalecimiento de las competencias de la junta, fomentar la transparencia o implantar en el seno del consejo el comité de auditoría o tratar de evitar que la figura de presidente y primer ejecutivo recaiga sobre la misma persona [37].

33. Ello no obstante no se asemeja con que en la teoría, la Ley no menciona expresamente la posibilidad de una «sociedad cotizada unipersonal», cuestión que carece de sentido toda vez que si las acciones están admitidas a negociación en un mercado secundario de valores, no podría existir esa unipersonalidad. Cuestión completamente diferente es cuando se plantea una OPA sobre el 100% del capital social, con independencia de la aceptación o no de la oferta por los accionistas de la vendedora.
34. ARROYO MARTÍNEZ, I. y MERCADAL VIDAL, F.: *«Comentarios...»* cit. Pág. 37.
35. Por ejemplo, OCASO S.A. es una entidad aseguradora pero considerada «familiar».
36. El caso por ejemplo de E.ON (Ahora Viesgo), entidad alemana que entró en el mercado español a raíz de la OPA sobre Endesa.
37. El caso por ejemplo de El Corte Inglés, que en 2015 modificaba sus estatutos sociales con el fin de «modernizar el régimen de gobierno corporativo de la sociedad, incrementando la transparencia e introduciendo reglas de buen gobierno más acordes con la actual realidad social y normativa y las recomendaciones de los reguladores, a lo que debe tender una sociedad de la importancia y reputación de El Corte Inglés». La

En cualquiera de los casos, la consideración de la sociedad cotizada como subtipo de la sociedad anónima abierta se representa en la adquisición de las acciones o valores de la sociedad, cuya operación resulta más accesible y directa sin necesidad de especiales formalismos que demoren el contrato, constando representadas mediante anotaciones en cuenta. Esa accesibilidad es la que hace que se trate de una oportunidad apetecible para los inversores minoristas o para los pequeños accionistas. Sin embargo, y a gran escala, el ánimo de todo socio que va a realizar un importante desembolso, no en cuanto al importe económico del desembolso sino más en cuanto al porcentaje de capital adquirido, es que obviamente tiene un ánimo e interés de control de la gestión o del nombramiento de los miembros del consejo, hasta tal punto que en la actualidad tenemos la figura del consejero dominical como un «representante» de un determinado paquete accionarial, y ello tendría una piedra en el camino a través de las cláusulas estatutarias limitativas del derecho de voto, lo que se ha conocido como el «blindaje anti OPA» con el fin de disuadir a posibles adquirentes de la totalidad de la sociedad, haciéndoles saber que su porcentaje accionarial no se traducirá de forma directamente proporcional en sus derechos políticos. No obstante, estas cláusulas limitativas del derecho de voto han sufrido diversos cambios legislativos, siendo posibles y lícitas en la actualidad a tenor de lo dispuesto en el artículo 527 de la Ley de Sociedades de Capital, que simplifica ciertamente el 233-40 de la Propuesta de Código Mercantil.

B) LA RELEVANCIA DE LA SOCIEDAD COTIZADA EN EL SISTEMA ECONÓMICO

1. Algunos datos económicos de interés

Para entender *«la singular dimensión de la sociedad cotizada» como* rezaba el Informe de la Comisión de Expertos en materia de gobierno corporativo, es necesario conocer algunos datos económicos que definan e identifiquen a esta clase de sociedades, así como su incidencia o relevancia que las mismas tienen sobre nuestro sistema económico, a fin de valorar qué peso real pueden llegar a tener sobre el mercado español. Porque curiosamente las cotizadas cuentan más por lo que valen que por lo que son, pues hablamos de aproximadamente únicamente 160 entidades que a día de hoy cotizan en el mercado continuo, y que apenas suponen el 0,1% del total de socie-

---

noticia completa puede leerse en http://www.elmundofinanciero.com/noticia/45478/empresas/el-corte-ingles-moderniza-sus-estatutos-para-adaptarlos-a-las-nuevas-normas -de-gobierno-corporativo.html. Existen otros casos como Mutua Madrileña, quien rebajó la duración del mandato de los consejeros y acordó el nombramiento de la figura del consejero independiente coordinador como contrapeso a la situación que se da cuando el presidente y el primer ejecutivo son la misma persona.

dades[38]. Cifra obviamente ínfima en el número de entidades, pero que en cambio suponen el 40% del valor total de todas las empresas españolas[39], lo que supone una amplísima desproporción pero que evidencia la dimensión que sólo unas pocas de estas sociedades pueden llegar a suponer.

Ese valor de mercado tiene a su vez el indicativo del índice de capitalización de las sociedades cotizadas, que en la actualidad asciende a un billón de euros[40], cifra que si bien el último año ha descendido ligeramente, se ha mantenido últimamente en torno a esa barrera del billón, habiéndose captado 41.636 millones de euros sólo en 2015 en operaciones como ampliaciones de capital, nuevas admisiones a cotización y ofertas públicas de venta[41].

Ese valor de mercado y capitalización es consecuencia en parte de la facturación que estas entidades obtienen, y que en 2015 se elevó hasta los 412.000 millones de euros[42].

En cuanto a lo que estas sociedades suponen económicamente para sus socios, hablamos de 43.200 millones de euros distribuidos en dividendos en 2014 por nuestras cotizadas[43], resultando una seña de identidad de la Bolsa española con respecto al ámbito mundial el alto rendimiento que las acciones de nuestro mercado suponen, ya que se estima una rentabilidad por dividendo del 5,2% en el año 2015, cifra realmente significativa si se compara con otros índices bursátiles[44].

Asimismo, hay que destacar la importante internacionalización de nuestro mercado de valores y en concreto de las sociedades cotizadas españolas más representativas, tanto por su negocio exterior como por su estructura de propiedad, y es que si antes hacíamos referencia al importe de la facturación, resulta que el 64% de la misma proviene del exterior[45], que implica no sólo el amplio negocio que nuestras cotizadas generan más allá de nuestras fronteras, sino también la importante entrada de capital extranjero en nuestra economía, que se ve fortalecida en la balanza de pagos. Consecuen-

38. Nota informativa de BME de 2 de julio de 2015: «Las empresas cotizadas dinamizan el impulso exterior de la economía española».
39. DE CARLOS BELTRÁN, L.: «La sociedad cotizada» en *Revista Actualidad Jurídica Uría Menéndez,* n.º 39. Madrid, 2015. Pág. 32.
40. Datos del Informe de Mercado 2015 de Bolsas y Mercados Españoles, pág. 5, disponible en http://www.bolsasymercados.es
41. Informe de Mercado... *cit.* Pág. 6.
42. Nota informativa de BME... *cit.* Pág. 1.
43. DE CARLOS BELTRÁN, L.: *«La sociedad...» cit.* Pág. 32.
44. Informe de Mercado... *cit.* Pág. 5.
45. Nota informativa de BME... *cit.* Pág. 1.

cia o no del negocio exterior es el amplio porcentaje de propiedad de los inversores extranjeros en las cotizadas españolas, alcanzando el 44% de las acciones cotizadas en nuestro país, siendo Estados Unidos el país que más accionistas extranjeros aporta a nuestras sociedades, cifras que suponen un fortalecimiento de la imagen económica de España y sus entidades en el exterior, pues las acciones de las compañías españolas actualmente forman parte de cerca de 8.700 fondos mundiales[46].

Finalmente, resulta imprescindible acercarse a los datos de empleo en relación a las sociedades cotizadas, no sólo por el contexto de la crisis económica de nuestro país iniciada en 2008 que tuvo como consecuencia la pérdida de cientos de miles de puestos de trabajo, sino también a los efectos de la denominada responsabilidad social corporativa como entidades que tratan de ofrecer un elemento positivo a la sociedad en el sentido del conjunto de la ciudadanía, pues las cifras de empleo con respecto a nuestras cotizadas nos revelan datos muy interesantes, pues en contra de lo que pudiera parecer, algunas empresas no cotizadas suelen encontrarse en las posiciones más altas de los rankings de empleo en nuestro país[47], además de otras empresas públicas o entidades del Estado[48].

Los datos de los que actualmente disponemos nos indican que las empresas cotizadas españolas dan empleo directo aproximadamente a un millón setecientas mil personas[49]. No obstante, esta cifra hay que leerla con cierta prudencia pues se refiere al número de empleados en todo el mundo, y no sólo en nuestro país[50], estimándose que con datos actualizados, podría-

46. Informe de Mercado... *cit.* Pág. 4.
47. En concreto nos referimos a casos actuales como Mercadona o El Corte Inglés, que sin ser empresas cotizadas, lideran por ese orden el ranking de empresas con mayor número de empleados en España.
48. Caso como por ejemplo Correos, si bien la institución que emplea a mayor número de personas en nuestro país no es ninguna empresa pública o privada, sino que es el Ejército Español, de acuerdo a la información contenida en: http://www.tiempodehoy.com/economia/los-20-mayores-empleadores-de-espana
49. Página 23 del Informe 2015 «Posición internacional de la empresa cotizada española» publicado por Bolsas y Mercados Españoles el 2 de julio de 2015, cuyo contenido completo puede leerse en http://publicaciones.bolsasymercados.es/otras/ipice2015/index.html
50. Dato a su vez que exige un estudio diferenciado de cada caso, pues si bien la mayor parte de dichas sociedades concentran en España a la mayoría de su plantilla, otras entidades multinacionales y sobradamente internacionalizadas tienen el dato a la inversa, como el caso de Telefónica, que tras su privatización concentraba a sus 67.000 trabajadores en España, y sin embargo, quince años después, en España sólo trabajaban 47.000 de los 291.000 totales, según http://www.tiempodehoy.com/economia/los-20-mayores-empleadores-de-espana Estos datos han variado tras la crisis económica, situándose actualmente en torno a 125.000 empleados en el mundo, siendo de la marca española unos 30.000 según información de la propia entidad.

mos hablar de unos quinientos mil empleos directos en España sólo de las compañías del IBEX 35[51], cifra que ha de ampliarse si consideramos al resto de entidades que cotizan en el Mercado Continuo o en el MAB, pues varias de éstas también se encuentran en algunos rankings de empleo en nuestro país, lo que concluye que podríamos hablar de una cifra entre setecientos y novecientos mil empleados en España de todas las cotizadas[52].

Esta cifra no obstante requiere de algunas notas que resulta importante destacar, como los diferentes movimientos empresariales que provocan unas sensibles modificaciones en los datos de empleo, tales como absorciones o integraciones de entidades de un mismo grupo, o adquisiciones de otras empresas que pasan a formar parte del balance de la matriz, lo que evidencia que cada caso ha de estudiarse en profundidad, pues en la práctica podríamos incluso hablar de un mayor número de empleados que el oficialmente registrado[53]. Por otro lado, esta cifra se refiere a empleos directos, no contabilizándose, quizás por resultar imposible, cuántos empleos indirectos generan las sociedades cotizadas, ya que por poner algunos ejemplos con algunas de las entidades más representativas del IBEX, son de sobra conocidas las subcontratas a las que acuden determinadas constructoras, las empresas denominadas de recobro en la que algunas entidades financieras delegan la reclamación de algunos saldos debidos, o las pymes en las que las empresas tecnológicas derivan su negocio de instalación o mantenimiento, lo que evidencia que hablamos en la práctica de un importante porcentaje de empleos sobre la población activa española.

Y es que es tal la relación directa entre empleo y sociedad cotizada, que un estudio determina que las empresas que salen a Bolsa incrementan su nivel de empleo en un 13,81% de media a lo largo del primer año de cotización, mientras el crecimiento del empleo en el período de 10 años posterior a la salida al mercado bursátil es del 309,53% resultando que los datos muestran cómo el crecimiento del empleo es paralelo al incremento de

51. Información extraída de: http://www.expansion.com/empresas/2015/05/04/5547c1f522601df9628b4588.html
52. Prosegur, Meliá Hoteles, Elecnor, NH Hoteles, Logista o Liberbank son algunas de las entidades cotizadas no pertenecientes actualmente al IBEX que más empleados tienen en nuestro país. Información en: http://www.expansion.com/empresas/2015/09/11/55f3368fe2704e77618b4587.html
53. El caso de ACS, que al integrar a su filial Clece, pasó de 43.000 a 110.000 empleados, caso diferente al de Ferrovial, que no contabiliza los empleados de su filial Cespa, ya que de lo contrario, estaríamos hablando de 45.000 empleados en lugar de 37.000 sólo en España, aumentándose la cifra de 67.000 a 121.000 si hablamos en cómputo mundial. Información en: http://www.expansion.com/empresas/2015/09/11/55f3368fe2704e77618b4587.html

ingresos de la entidad tras iniciarse su cotización bursátil[54]. Sin duda se trata de porcentajes muy altos como consecuencia de la salida al mercado de valores de una entidad, cuya incidencia en los datos de empleabilidad de nuestro país resulta muy relevante[55]. Y estos datos no son únicamente significativos desde el prisma de la sociedad cotizada española, sino también de entidades extranjeras, principalmente europeas, que sin cotizar en nuestro mercado de valores, sí tienen implantadas sus filiales, las cuales contabilizan 1,2 millones de empleos creados en España por las mismas, mientras que a nivel global se destaca que las multinacionales, con independencia de su cotización o no, cuentan 77 millones de empleos directos, lo que supone un 3,3% del empleo mundial[56].

Todos estos datos no hacen sino evidenciar la dimensión de las sociedades cotizadas, no sólo en cuanto a su contabilidad o número de trabajadores, sino sobre todo por su incidencia tan marcada en la política socioeconómica de un país, en este caso España, lo que a los efectos del presente trabajo, justifica sobradamente a nuestro juicio la promulgación de una serie de normas y principios reguladores de esta clase de sociedades en sus mecanismo de control, habida cuenta que como veremos a continuación, una parte importante de las entidades cotizadas más representativas de nuestro país se dedican a un negocio de especial incidencia pública, lo que justifica una mayor regulación si cabe de estas sociedades.

2. El perfil de la sociedad cotizada española con respecto a otros mercados

A. *Las categorías o sectores*

Las aproximadamente ciento setenta sociedades que actualmente cotizan en el mercado español se dividen en seis categorías o sectores diferentes en función de la actividad de cada una de esas sociedades, categorías que a su vez se dividen en subgrupos, como un modo de identificar o codificar de una manera más específica a las entidades en función de su objeto social, como sucede actualmente en el momento de constituir una nueva sociedad

54. ÁLVAREZ OTERO, S.: «Cotización bursátil y creación de empleo: un análisis empírico para el mercado de valores español» en *Cuadernos de Economía de la Universidad de Oviedo*. N.º 103. Pág. 4.
55. Por poner al respecto un ejemplo gráfico de gran magnitud, el Informe de BME establece que sólo «en la red aeroportuaria de Aena operan más de 700 compañías aéreas comerciales que conectan con cerca de 150 países, y prestan sus servicios 6.200 empresas generando 140.000 empleos directos y 440.000 empleos totales, lo que equivale al 2% de la población activa española». Datos de Informe 2015 «Posición internacional de la empresa...» Cit. Pág. 103.
56. Informe 2015 «Posición internacional de la empresa...» *Cit*. Págs. 12 y 200.

mercantil de capital a través del denominado Código CNAE (Clasificación Nacional de Actividades Económicas) el cual figura en el momento de la constitución a los efectos del posterior devengo del Impuesto de Actividades Económicas. En el caso de las sociedades cotizadas, sucede algo muy similar para unificar los criterios del Sistema de Interconexión Bursátil de Madrid, Barcelona, Valencia y Bilbao, que desde enero de 2005 establece esos segmentos sectoriales diferenciadores de la actividad de cada una de las compañías con valores admitidos a negociación.

Estos seis sectores son i. Petróleo y energía; ii. Materiales básicos, industria y construcción; iii. Bienes de consumo; iv. Servicios de consumo; v. Servicios financieros e inmobiliarios; vi. Tecnología y telecomunicaciones.

A los efectos de la especial trascendencia o incidencia para el interés público que tienen las sociedades cotizadas según el sector al que pertenecen, de una u otra manera más directa o no, los seis sectores en los que se dividen las actividades que categorizan a las grandes compañías de nuestro país tienen relación con segmentos de especial regulación estratégicos a los efectos del Derecho público. Lo relevante es cuántos pertenecen a según qué sector pues, como veremos más adelante, podrá determinar si en nuestro país se justifican mayores medidas de control de estas sociedades y de una mayor intervención legislativa en detrimento de la autorregulación.

B. *La actividad de las sociedades cotizadas españolas*

Una vez realizada la división sectorial de actividades, podemos clasificar a cada sociedad en función de su actividad u objeto social, categorización que igualmente consta como información de fácil acceso[57]. No obstante, hablamos de la actual clasificación en el momento de redactar estas líneas, pues son datos que pueden variar, muy especialmente los de aquellas empresas que ocupan las últimas posiciones del selectivo IBEX 35, si bien y en términos generales, hablamos de datos que resultan actualmente como fiables en el contexto socioeconómico en el que nos encontramos. Por ello hemos realizado esta clasificación en función del grupo sectorial, desglosando el número de entidades tanto del IBEX como cotizadas en general que pertenecen a cada segmento:

1. Petróleo y energía: 6 del IBEX, 16 en general.

2. Materiales básicos, industria y construcción: 7 del IBEX, 42 en general.

57. Información de Bolsas y Mercados Españoles en: http://www.bolsamadrid.es/esp/aspx/Empresas/EmpresasPorSectores.aspx

3. Bienes de consumo: 3 del IBEX, 34 en general.
4. Servicios de consumo: 6 del IBEX, 23 en general.
5. Servicios financieros e inmobiliarios: 9 del IBEX, 46 en general.
6. Tecnología y telecomunicaciones: 4 del IBEX, 10 en general.

¿Por qué nos parece relevante esta clasificación a los efectos del presente trabajo? Pues como anteriormente hacíamos referencia, la relevancia de la sociedad cotizada en España es muy alta no sólo por los datos macroeconómicos que hemos expuesto, sino por el sector de su actividad, esto es, por la relevancia que los intereses del Estado puedan tener sobre dichas entidades. Explicado de un modo más gráfico, tenemos el ejemplo de dos sociedades, una empresa tecnológica y una constructora, ambos con parecidos números contables, y de estructura parecida. a priori ambas sociedades son similares y su regulación debería ser idéntica. Sin embargo, cuando nos referimos a esa incidencia pública, es que mientras la facturación de la empresa tecnológica va a ser muy mayoritariamente de consumidores y entidades privadas, resulta que la constructora factura principalmente a la administración pública por ser una entidad principalmente enfocada a la obra pública. ¿Quiere decir esto que como el Estado es el principal cliente, se justificaría un absoluto intervencionismo? No es nuestra intención manifestarnos en ese sentido, pero como reflexionaremos a continuación, en función de la clase de este tipo de sociedades y su relación con eso que hemos llamado incidencia pública más allá de los datos meramente económicos, que no hay que dejar de lado, se podrá justificar o no un mayor control legislativo sobre estas entidades.

C. *La relación de las sociedades cotizadas con el interés público*

Anteriormente hemos visto cómo económicamente las sociedades cotizadas representan un pilar fundamental de nuestro sistema económico por los números que representan en el mercado. Sin embargo, la importancia e incidencia que éstas representan para el conjunto de la sociedad trasciende más allá de lo puramente económico, pues varios de los seis sectores en que se clasifican las cotizadas, tienen una relación más o menos próxima según qué casos con lo que podríamos denominar como de interés público.

En primer lugar, ¿qué entendemos como interés público? Hay que tener en cuenta que no disponemos de una definición legal en nuestra legislación administrativa si bien se alude al mismo en numerosas ocasiones, como también hace la Constitución Española. Trasladado al ámbito del Derecho societario en cuanto a la consideración del interés social como el interés de los socios en su conjunto, la definición de interés público resultaría similar. No obstante, nos ha resultado muy interesante y acertada una definición de un autor uruguayo que lo define como «*el resultado de un conjunto de intereses compartidos y coincidentes de un grupo mayoritario de individuos, que se asigna a toda la comunidad como consecuencia de esa mayoría, apareciendo con un contenido concreto y determinable, actual, eventual o potencial, personal y directo respecto de ellos, que pueden reconocer en él su propio querer y su propia valoración, prevaleciendo sobre los intereses individuales*»[58].

Parece razonable pensar que el conjunto de la sociedad tenga un interés cívico en la buena marcha de las grandes compañías por el empuje que éstas pueden aportar a la economía y al empleo, pero nos referimos a un interés directo, en algunos casos casi en la posición de usuarios, pero no como meros consumidores sino como receptores de un bien necesario, útil o de cierta importancia para la vida cotidiana, lo que implica y obliga a una regulación específica si el Estado de forma directa o a través del consumo ciudadano tiene una especial relación con este tipo de sociedades en función de su actividad.

Por ejemplo, en primer lugar tenemos lo que de forma muy amplia se conoce como sectores regulados, tales como el energético y el de hidrocarburos, actividad de especial regulación por tratarse de un bien necesario para la ciudadanía, que además resultan algunos de ser bienes concesionados o resultantes de una venta anterior del Estado al ser entidades que en el pasado estaban nacionalizadas[59], lo que implica que parte de la estructura de la que nacían estas grandes corporaciones, anteriormente pertenecían al conjunto de la ciudadanía al ser actividades que únicamente podía monopolizar el Estado, lo que finalizó con las normas de competencia de la Comunidad Económica Europea, antecesora de la Unión Europea.

Tenemos por otro lado sectores en los que el Estado participa de una manera muy activa al ser la entidad que paga un alto porcentaje de la facturación emitida por las cotizadas, como aquellas dedicadas a las infraestructuras públicas como autopistas[60], o como las empresas constructoras que tienen un alto porcentaje de obra pública en su actividad[61]. En estos casos no se habla de una participación directa del Estado, pues no se mani-

58. ANDRÉS DE CORES, C.: «El concepto de interés público y su incidencia en la contratación administrativa» en *Revista de Derecho. Universidad de Montevideo.* N.º 11, Montevideo (Uruguay) 2007. Pág. 132.
59. Casos como Cepsa o Red Eléctrica.
60. Caso de Abertis.
61. Además de las entidades constructoras conocidas como OHL o ACS, son habituales las noticias en las que el Estado ha de hacer frente a la indemnización a esta clase de

fiesta a efectos accionariales, pero sí en el sentido de que es el contribuyente quien sostiene buena parte de estas sociedades a través de la adjudicación de contratos del sector público. No obstante, bien es cierto que este sector ha experimentado una gran internacionalización en los últimos tiempos, dándose la circunstancia que en la actualidad, la mayor parte de la facturación proviene del exterior[62].

Más casos los encontramos en empresas anteriormente de capital público cuya infraestructura, conviene recordarlo, partía de la ya existente anterior a su privatización[63]. Y finalmente, compañías cuya actividad tiene una especial trascendencia en la vida cotidiana como son las entidades financieras, donde no existe participación directa del Estado pero sí una obvia y necesaria regulación de los mecanismos de control habida cuenta que en la práctica hablamos del bien primordial sobre el cual se segregan todos los bienes susceptibles de adquisición, que es el dinero. Siendo la vivienda, por citar un ejemplo, un bien necesario, su adquisición a través de un préstamo hipotecario requiere que el Estado regule ciertos aspectos de los mismos que impidan una posición de abuso sobre el cliente[64]. Otro ejemplo derivado de las mismas son las normas que obligan a estas entidades a superar ciertos controles contables que aseguren la liquidez de los clientes, llegando a asegurar el Estado una cuantía mínima por depósito mediante un fondo de garantía. Por tanto, la relación entre interés público con las entidades financieras es más que evidente, no sólo por la importancia en términos económicos que éstas puedan llegar a ostentar, sino porque al fin y al cabo son las depositarias del ahorro del ciudadano, de los negocios jurídicos y de la suscripción de adquisición de vivienda, lo que exige una regulación específica que tras la crisis económica ha desembocado en una amplia reestructuración del sector mediante varias fusiones que han cambiado por completo el anteriormente extenso mapa financiero español.

Y consecuencia o no de lo anterior, lo cierto es que el sector más numeroso de los seis en que se dividen las actividades de las sociedades cotizadas

---

entidades si finalmente la obra no puede llevarse a cabo, como recientemente ha ocurrido con ACS y los estados de España y Francia por la obra del tren de alta velocidad entre ambos países.

62. Noticia en http://www.eleconomista.es/vivienda/noticias/7421152/03/16/Las-grandes-constructoras-recortan-a-la-quinta-parte-su-negocio-en-Espana-.html

63. Por ejemplo, Telefónica, Iberia (ahora IAG) o AENA. En el primer caso, toda la instalación de la red telefónica es un activo evidentemente de importancia.

64. Y es que a raíz de la crisis económica, la cuestión de la vivienda es un tema de actualidad diaria en lo relacionado a las entidades financieras, ya sea por la prohibición de las denominadas «cláusulas suelo» como por los medios que traten de evitar un desahucio de la vivienda, o mediante formas alternativas de saldar la deuda como la dación en pago.

es precisamente el relativo a los servicios financieros e inmobiliarios, dos términos aparentemente diferentes que sin embargo la crisis económica ha evidenciado su equiparación. Y es que como decimos es el sector que actualmente cuenta con más sociedades, tanto en el selectivo del IBEX como en el cómputo global en general[65]. Pero si vemos el número de entidades que integran el resto de los grupos, observamos precisamente que aquellos más concurridos son precisamente los que tienen cierta relación con el interés público de una u otra manera, ya sea por los efectos que sobre la ciudadanía puedan tener o por el uso que ésta pueda necesitar de las mismas. Ello no quiere decir que todas las sociedades tengan relación alguna con el interés general, pero sí que a la vista de los datos actuales, entendemos que un importante porcentaje de sociedades cotizadas en general, y especialmente las pertenecientes al IBEX, son sociedades que por la naturaleza de su actividad en relación al interés del conjunto de la ciudadanía, requieren de unos ciertos mecanismos de control o regulación que minore en cierto modo la autorregulación de esta clase de entidades en sus modelos internos de gestión[66].

D. *El caso de las grandes corporaciones en otros países*

Que en España, un importante porcentaje de las grandes sociedades cotizadas tiene mayor o menor relación con el interés general de la ciudadanía por su actividad, acabamos de verlo, pero ¿es igual en otros mercados?

En primer lugar, acudimos a Estados Unidos, básicamente porque según una información aparecida en prensa, las diez mayores sociedades cotizadas estadounidenses lo son también del mundo, monopolizando el ranking mundial las compañías americanas[67]. Y según esta clasificación, cinco de las diez primeras, incluyendo los tres primeros puestos del ranking

65. Y eso que del IBEX recientemente han salido tres sociedades que habitualmente ocupaban esa posición, como Sacyr, OHL y FCC, no siendo descartable su próximo reingreso.
66. No obstante, y como hemos dicho, ello no vincula a todas las sociedades pues no todas tienen una actividad que directa o indirectamente incida en las relaciones con el conjunto de la ciudadanía puesto que, poniendo el ejemplo más gráfico, tenemos a la que actualmente es la mayor sociedad española por capitalización, que es INDITEX, cuya actividad textil no tiene relación alguna con los sectores que hemos relacionado con el interés general.
67. Información de: http://economia.elpais.com/economia/2016/01/01/actualidad/1451681862_633046.html. No obstante, volvemos a hacer mención que no ha de confundirse mayor sociedad cotizada con mayor empresa en términos económicos, ya que en este segundo caso, la clasificación variaría y estaría liderada por algunas empresas de China, según la información de Forbes: http://www.forbes.es/actualizacion/5795/las-mayores-empresas-del-mundo-en-2016

actual (sin perjuicio de posteriores variaciones), lo ocupan compañías tecnológicas, actividad alejada en cuanto a la relación con el interés público[68]. El resto de las compañías se dedican a la inversión, energía, consumo y servicios financieros. No obstante, hay que advertir que no todas las clasificaciones son idénticas, ya que algunas incorporan otras sociedades que el primer ranking al que hacíamos mención no incluía[69], si bien sí podemos hacernos una idea con todas esas clasificaciones. En cualquier caso, podemos ver cómo en el mercado norteamericano la situación es diferente a España, ya que en Estados Unidos dominan y predominan las compañías tecnológicas. Ello no quiere decir que no existan compañías con relación al interés público, ya que según la clasificación de Expansión que hemos citado, las entidades financieras estadounidenses ocupan siete de veinte sociedades sólo entre el puesto 21 y el 40 de la clasificación mundial.

China, en cambio, sí tiene una mayor presencia de entidades financieras. Pero el caso de Alemania en cambio resulta algo más heterogéneo, si bien del selectivo DAX extraemos una fuerte presencia de entidades pertenecientes a los denominados sectores regulados, pues actualmente contabilizamos hasta once sociedades que tienen mayor o menor relación con los sectores de especial regulación, siendo cinco del sector químico o farmacéutico, y dos tanto en servicios públicos, una del sector energético y otra del sanitario, grupo que se ampliaría en la consideración de entidades relacionadas con el interés público si sumamos a las tres entidades financieras que actualmente integran el DAX. Fuera de esta clasificación se aprecia una amplia representación de la industria del automóvil o relacionada con ella, hasta cinco entidades, si bien se da la circunstancia que las actualmente de mayor capitalización son del sector tecnológico[70] como también sucede en Estados Unidos según hemos visto. Por tanto, entendemos que Alemania se trata de un mercado similar a España en cuanto a la incidencia pública de la actividad de estas sociedades, frente al modelo anglosajón con gran presencia de las empresas tecnológicas.

3. ¿Necesidad legislativa en España?

Todo el presente punto con el examen del peso económico de las compañías cotizadas en España, la actividad de las mismas en nuestro país, muy especialmente las de mayor capitalización, y su comparación con otros

68. Concretamente Apple, Google, Microsoft, Amazon y Facebook.
69. Por un lado, http://www.expansion.com/2013/06/18/mercados/1371555216.html Por otro lado, http://www.elconfidencial.com/multimedia/album/mercados/inversion/2015-02-15/la-corte-de-apple-las-20-empresas-cotizadas-mas-grandes-del-mundo_708339#0
70. En concreto, SAP y Siemens.

modelos, venía a tratar de dirimir si en el modelo de gobierno corporativo de nuestras grandes compañías se exige una mayor intervención legislativa, o si por el contrario debe facilitarse mayor autorregulación bajo el principio no obstante del «cumple o explica».

Han sido diversos los estudios en materia de gobierno corporativo a lo largo de los últimos años que venían a analizar la eficacia de la regulación no vinculante o de *soft law*, frente al intervencionismo legislativo, y no sólo en nuestro país sino también a nivel mundial, y lo cierto es que difícilmente existe una respuesta global al planteamiento sobre el debate entre autorregulación y legislación porque como hemos visto, según el mercado, la composición de los mismos por razón de la actividad de las sociedades es diferente. Pero partiendo de la base de la experiencia española, parece que determinados acontecimientos acaecidos en algunas grandes compañías en el seno de la crisis económica, como una falta de control de riesgos o sistemas de retribución inapropiados, tal vez podrían haberse aminorado con eficaces sistemas de transparencia y máximo respeto a los principios del gobierno corporativo, y es que el preámbulo de la Ley 31/2014, de 3 de diciembre, por la que se modifica la Ley de Sociedades de Capital para la mejora del gobierno corporativo, no duda en afirmar que tanto líderes de la Unión Europea como del G-20 *«coinciden en señalar que la complejidad en la estructura de gobierno corporativo de determinadas entidades (...) se encuentran entre las causas indirectas y subyacentes de la reciente crisis financiera»*. No obstante, hay una obviedad, y es que la Ley habitualmente va por detrás de los acontecimientos, y las regulaciones empiezan a partir de la experiencia de un determinado suceso del que se espera no vuelva a ocurrir. Pero esto es precisamente lo que ocurrió al inicio del movimiento del gobierno corporativo con los primeros códigos continentales y posteriormente españoles, regulaciones que según transcurrían los acontecimientos se iban paulatinamente modificando. Pero si hay un elemento que entendemos ha distinguido a los principios del gobierno corporativo en España ha sido la cierta incorporación a la legislación de lo que inicialmente eran principios no vinculantes[71], como por ejemplo sucedió con la obligatoriedad de contar en el seno del consejo de administración con un comité de auditoría, o la promulgación de los reglamentos de la junta y del consejo. Y esta evolución ha continuado por la misma senda, refrendada por la citada Ley 31/2014 que ha incorporado al ordenamiento algunas de las recomendaciones del antiguo Código Unificado de Buen Gobierno, dejando algunas de las del actual

71. Lo que dicho de una forma coloquial y casi inventada, como el que suscribe tuvo ocasión de escuchar en una mesa redonda, se trata de una «legislalización» de los principios del gobierno corporativo.

Código de Buen Gobierno de 2015 en prácticamente obvias o repetitivas de las disposiciones actualmente contenidas en la Ley.

Es vano por tanto defender o no la idoneidad de una mayor intervención legislativa frente a la autorregulación, si en la práctica ya es lo que ha sucedido, ya que en el contexto de la reciente crisis económica, buena parte de las entidades que se han encontrado en el foco de la noticia eran las cajas de ahorro, que con independencia de los modelos corporativos que se les pudieran exigir, no eran entidades de valores. Quizás su actual conversión a bancos y fundaciones bancarias y su equiparación con el resto de entidades financieras del mapa español justifique la adopción de ciertas normas de gobierno corporativo, pero es cierto que las mismas se aplican a todas las sociedades cotizadas en su conjunto, y no a unas u otras en función de su actividad.

Y precisamente por razón de la actividad es por la que entendemos justificada la promulgación legislativa de determinadas normas de gobierno corporativo ante lo que podríamos denominar un deficiente o mal gobierno en algunos casos, muy especialmente en el de las entidades financieras, sujetas en la actualidad a determinados sistemas de control de riesgos y transparencia. Precisamente los actuales bancos que anteriormente eran cajas de ahorro se han tenido que adaptar a diversas normas de composición de órganos, como el caso de la incompatibilidad de cargo entre el consejo del propio banco y su fundación bancaria.

Por tanto, a los efectos del presente trabajo, consideramos que en el caso español, por razón del peso económico que las sociedades cotizadas suponen en nuestro sistema, por la vinculación del interés público con la actividad de un amplio número de nuestras actuales cotizadas especialmente las más significativas, y por la experiencia derivada de la crisis financiera, es justificable, entendible y defendible la incorporación a nuestra legislación de lo que anteriormente eran meras recomendaciones de *soft law* en materia de composición de órganos sociales, además de otras cuestiones de igual importancia que exceden del ámbito del presente estudio.

Es evidente que estas medidas pueden no evitar sucesos posteriores puesto que, como hemos dicho, la Ley tiende a ir detrás de los hechos, pero en la construcción de un eficaz sistema de gobierno de las grandes compañías, hemos de ir avanzando partiendo de la experiencia en la mejora de los elementos que han podido resultar ineficaces, y es que el preámbulo de la Ley 31/2014 al que anteriormente hacíamos referencia, reconoce que las cotizadas se han visto afectadas por «*la deficiente composición de los órganos de dirección y administración*» para lo cual, motivo por el que la presencia de un determinado número de consejeros de un tipo especial ha ido pasando de la idoneidad a la obligatoriedad. Ello no quiere decir como hemos dicho que esta «mejora», utilizando la misma palabra que motiva la Ley 31/2014, sea ni plenamente efectiva ni tampoco perfecta. Sin embargo, sí entendemos motivado el paulatino camino hacia la legislación en nuestro país de este tipo de cuestiones, sin perjuicio de la facultad de autorregulación que aún mantienen las sociedades en otros y determinados aspectos de su organización.

Y en este sentido nos gustaría citar unos ejemplos muy significativos. La Ley 31/2014 introduce el artículo 529 bis de la Ley de Sociedades de Capital, el cual establece la obligatoriedad de constituir el órgano de administración en la forma de consejo, lo que anteriormente no era imperativo legal de forma explícita, pese a que todas las sociedades cotizadas estaban gobernadas por consejos de administración. Pero decimos que no era imperativo explícito pero sí implícito, pues la Ley de Transparencia del año 2003 que modificaba el artículo 115 de la Ley del Mercado de Valores, hoy recogido por el 528 de la Ley de Sociedades de Capital, establecía la obligatoriedad de que las sociedades promulgasen su propio reglamento del consejo de administración. Puede resultar repetitivo, pero, si es obligatorio un reglamento del consejo, es que necesariamente ha de haber consejo.

Otro ejemplo sucede con las comisiones de nombramiento y retribuciones, que al igual que pasó anteriormente con el comité de auditoría, han pasado a ser de carácter obligatorio, cuando la experiencia demuestra que ya formaban parte de los consejos de las cotizadas españolas. Y es que pese a que la Ley no se establecía su obligatoriedad, de nuevo de forma explícita, sí exigía por ejemplo que el comité de auditoría fuese presidido por un consejero independiente, el cual a su vez debía ser nombrado consejero por la comisión de nombramientos, lo que nos lleva a la popular expresión de *«la pescadilla que se muerde la cola»* ya que al final, de una manera u otra sí se establecía esa obligatoriedad que ahora ya es expresa.

Pero más allá de lo que ha sido rizar el rizo legislativamente hablando e incorporar elementos o que eran obvios o que eran frecuentes en el funcionamiento de nuestras sociedades cotizadas, la mejora del gobierno corporativo tanto las disposiciones introducidas por la Ley 31/2014 como por los diferentes estudios, efectivamente han evolucionado hacia una mayor intervención legislativa en asuntos de composición de órganos, aportando interesantes novedades que anteriormente ni tan siquiera eran objeto de recomendación, como por ejemplo la figura del consejero coordinador del artículo 529 septies de la Ley de Sociedades de Capital, elementos sobre los que entraremos en profundidad, pero que vienen a reafirmar esa tendencia legislativa frente a la autorregulación en el ámbito de la composición de órganos.

3. LA CONFLUENCIA DE INTERESES

A) EL INTERÉS SOCIAL

1. Cuestiones en torno al concepto de interés social

Mucho se ha dicho y escrito acerca del concepto del interés social a los efectos de justificar o no determinados actos tanto en el contexto interno societario como en el externo de acción empresarial, quizás provocado por la carencia de una definición legal concreta al efecto. Y lo cierto es que siendo necesaria o no su conceptualización legal, es cierto que bajo el paraguas de su evocación se ha pretendido imponer en algunas sociedades determinadas operaciones que a la postre beneficiaban principalmente a uno de los agentes de la misma, básicamente el sector accionarial mayoritario. Esto se traslada fácilmente a la vida política de nuestro país, ya sea a nivel municipal, autonómico o nacional, donde los dirigentes gobernantes con independencia de su afiliación política, han adoptado una serie de decisiones que quizás no siendo del todo populares, se han justificado en su idoneidad por el interés general de la ciudadanía. Y es que al fin y al cabo la vida política no dista tanto de la societaria de las grandes compañías, donde hay unos gobernantes, Gobierno en un caso, consejo de administración en otro, que rinden cuentas al órgano soberano, Parlamento en el primero y junta general en el segundo, dependiendo éstos de las mayorías que se obtengan bien por los votos de los ciudadanos o bien por el capital suscrito. Y es precisamente por ello por lo que en consecuencia no dista tanto el concepto de interés general del país con el de interés social de la compañía, pues ambos podrían resumirse coloquialmente en una unilateral interpretación de *«lo que es mejor para todos o al menos para la mayoría»*. Y a colación de esto es por lo que el interés social se ha considerado como el interés común de los accionistas en su conjunto.

Ahora bien, esta definición puede resultar incompleta o incluso inexacta, pues precisamente siendo la sociedad un ente con personalidad jurídica propia, no puede desviarse el interés de la misma hacia el de terceros, que son socios, pero ajenos a la responsabilidad de la propia sociedad, por tanto es ésta quien tiene su propio interés por sí misma representando en los actos tendentes hacia la consecución del objeto social.

Esta problemática acerca de si el interés social se representa en el conjunto de los socios o en el de la sociedad como ente no obstante acaba no pasando una «prueba de resistencia» basada en la aritmética de las mayorías accionariales, pues en una sociedad por ejemplo con un socio con un ochenta por ciento de capital frente a otro con el veinte, el interés del conjunto de los socios será el del interés del mayoritario precisamente por su posición, mientras que si nos enfocamos hacia el interés de la sociedad como ente único, aunque diste de lo que el socio mayoritario entienda como interés, acabará realizándose lo que éste diga en el noventa y nueve por ciento de los casos. Cuestión muy diferente es la posible impugnación de determinados acuerdos por resultar abusivos o lesivos al interés de la sociedad, que ello ya lo determinará cada casuística, cuando estamos ahora sólo en la parte teórica. Pero precisamente a consecuencia de esto último es por lo que consideramos al interés social como el general de la sociedad y no del de sus socios en el conjunto, como así indicaba el artículo 226 de la Ley de Sociedades de Capital previo a su modificación por la Ley 31/2014, ya que señalaba que *«los administradores desempeñarán su cargo como un representante leal en defensa del interés social, entendido como interés de la sociedad»*, como recogía el artículo 127 bis de la antigua Ley de Sociedades Anónimas. Ello se contrapone a la justificación de la Recomendación 7 del Código Unificado de Buen Gobierno, el cual considera al interés social *«en el interés común de los accionistas o, si se prefiere, en el interés del accionista común» si* bien lo reconoce en la propia recomendación como un ánimo de maximizar el valor de la compañía.

Esta consideración del interés de la propia sociedad es la que se conoce como la tesis contractualista, pues si el interés social es conseguir o ejecutar el objeto social, y éste consta debidamente expresado en el contrato de sociedad en la escritura de constitución con los estatutos, estaríamos hablando por tanto de realizar actos conforme al contrato. Esta tesis contractualista se opone a la llamada tesis institucionalista, que se refiere a la sociedad desde el prisma especialmente de las grandes compañías en cuanto a los determinados grupos de interés presentes, no sólo socios y administradores, sino también acreedores, proveedores, trabajadores, consumidores e incluso ciudadanos de la localidad en que radica la sociedad. Sobre la posición de la sociedad ante estos grupos de interés llamados *stakeholders* entraremos posteriormente, pero sí nos parece relevante determinar si su posición es relevante o no a fin de concretar los actos englobados dentro del interés social. Sobre esta cuestión se ha pronunciado el Tribunal Supremo haciendo mención a una Sentencia que resultó muy relevante[72]:

«Es frecuente, en este sentido, la cita de la sentencia de la Sala Primera de este TS de 19 de febrero de 1991, donde leemos que «en torno a la idea o concepto del interés social existen dos teorías completamente opuestas: la institucionalista, que

72. Sentencia del Tribunal Supremo de 19 de febrero de 1991.

considera a la Sociedad Anónima como una «institución-corporación», en la que el interés social que allí se persigue, es distinto del de sus socios, viniendo a coincidir con los intereses de los componentes de la empresa (accionistas, administradores, acreedores, trabajadores, etc.); y la teoría contractualista, consagrada en nuestra legislación, según la cual el interés social no es otro que la suma de los intereses particulares de sus socios, de forma que cualquier daño producido en el interés común del reparto de beneficios, o en cualquier otra ventaja comunitaria, supone una lesión al interés social. Ahora bien, este daño o lesión no es necesario que efectivamente se haya producido, para deducir la pretensión impugnatoria, la doctrina de esta Sala tiene declarado «que es suficiente para acudir al proceso especial impugnatorio que exista el peligro potencial de que dicho daño se produzca, sin tener el demandante que esperar a que la lesión ocurra, para poder ejercitar la acción» —sentencias de 2-7-1963; 11-5-1968; 11-11-1980—».

> *«No obstante, en recientísima sentencia de 7 de marzo de 2006, la Sala primera ha ratificado su constante doctrina sobre esta materia al decir que los intereses sociales "no han de ser los de los socios en particular... sino los de la sociedad, por más que éstos resulten de la suma de todos aquellos"».*

Bien es cierto que el Tribunal Supremo, al igual que el legislador, deja la puerta abierta al debate pues reconoce, como anteriormente decíamos sobre la prueba de resistencia, que a la postre el interés de la sociedad coincidirá con el de la suma del interés de los socios, lo que habrá de valorar no obstante la casuística en función de su por muy mayoritario que resulte, el acuerdo pueda ser lesivo o abusivo. En lo que sí parece decantarse con cierta rotundidad es por la teoría contractualista, lo que comparte el Profesor Jesús Alfaro[73], pues considera que *«la protección de los intereses de terceros no es la tarea del derecho de sociedades»* afirmación que ha de entenderse sin perjuicio de los mecanismos de protección de acreedores, pero viniendo a manifestar, entendemos que con razón, que la esencia del Derecho societario es el contrato por el que un determinado conjunto de personas se obligan a poner en común dinero, bienes o industria con ánimo de partir entre sí las ganancias, *ex* artículo 1665 del Código Civil, lo que motiva que el interés social ha de restringirse internamente dentro de la personalidad de la propia sociedad.

Pero nos interesa volver de nuevo al debate del interés social, si de la sociedad o de los socios en su conjunto, pues entendemos que tiene más importancia de la que aparenta una simple cuestión semántica, y para ello

73. ALFARO ÁGUILA-REAL, J.: «El interés social: planteamiento» en Blog *«Derecho Mercantil»*. 22/10/2010. http://derechomercantilespana.blogspot.com.es/2010/10/el-interes-social-planteamiento.html

nos planteamos: ¿Quién es el titular del patrimonio social, los socios o la sociedad? Esto se plantea precisamente porque si consideramos la personalidad jurídica propia de la sociedad como un pilar fundamental del Derecho societario, no podemos despersonalizar a la misma desposeyéndola de su propia capacidad de obrar, actuar, obligarse y responsabilizarse. Al respecto, un interesante y reciente estudio del Profesor Martínez-Echevarría considera que los accionistas no son propietarios de la empresa (que no sociedad) ni del patrimonio social, sino que lo es la propia sociedad consecuencia de su personalidad y propia configuración[74], afirmación que compartimos. Y por ello entran en acción los administradores, pues al ser representantes de la sociedad lo son por tanto también del patrimonio social y en consecuencia, garantes del interés de la sociedad, lo que convierte a los administradores en agentes activos respecto a los grupos de interés en torno a la sociedad, habida cuenta del tipo de remuneración que puedan tener, que podría resultar por ejemplo en la adjudicación de acciones, lo que les convierte en sumos interesados en la buena marcha de la sociedad. Es decir, que en nuestra opinión, el interés social parte de la denominada tesis contractualista, pero que de forma más concreta se corresponde con el interés de la sociedad como anteriormente señalaba el artículo 226 de la Ley de Sociedades de Capital previa a su reforma, y no de sus socios de forma particular o conjunta, pues los socios no son propietarios de la sociedad ni de su patrimonio sino que son personas jurídicas diferentes que en todo caso se configuran como acreedores de la propia sociedad por el capital suscrito y desembolsado, pero no como propietarios del patrimonio social, sí de las acciones pero no de los activos, y por ello, traspasar el interés social de la sociedad hacia los socios implicaría desnaturalizar y despersonalizar a la propia sociedad. Por ello, los administradores tienen unos deberes legales de lealtad a la sociedad, no a los socios, artículo 227 de la Ley de Sociedades de Capital. Por eso los administradores son representantes de la sociedad, no de los socios, artículo 233 de la Ley de Sociedades de Capital. Por eso deben ser garantes del citado interés social en beneficio de la sociedad. Otra cosa es que de una manera implícita representen a un grupo determinado de accionistas, o de forma incluso explícita en la definición de consejero dominical, pero ello no obvia sus obligaciones y responsabilidades frente a la sociedad.

No obstante, en la construcción del régimen o idea dogmática del interés social, ya no son sólo varios los grupos o conjuntos de personas cuyos inte-

74. MARTÍNEZ-ECHEVARRÍA Y GARCÍA DE DUEÑAS, A.: «La defensa del interés social y la titularidad del patrimonio social como elementos determinantes del gobierno corporativo» en AAVV: *Gobierno Corporativo: la estructura del órgano de gobierno y la responsabilidad de los administradores.* Dir. Alfonso Martínez-Echevarría y García de Dueñas. Ed. Aranzadi. Navarra, 2015. Pág. 133.

reses confluyen en la sociedad, sino también nos encontramos con que son varias las diferentes ramas de la legislación las que de una manera u otra inciden en la vida societaria, pues partiendo del Derecho privado societario como el regulador del contrato de sociedad, los diferentes grupos de interés se manifiestan a través de otras ramas del Ordenamiento, como la legislación civil contractual en el caso de acreedores, el Derecho público a través de la normativa del mercado de valores en el caso de las entidades cotizadas, el Derecho laboral sobre la regulación e incidencia de estas sociedades sobre la política de empleo, la legislación tributaria, el Derecho medioambiental, o de una forma especial, la normativa administrativa en el marco de las ayudas públicas. Asimismo, podrá entrar en juego otra normativa reguladora en función de la actividad concreta de la sociedad, ya sea por ejemplo del sector financiero, energético o constructor. Pero hacíamos referencia a la importancia de las ayudas de estado pues a la postre se convierte en un nuevo acreedor de la sociedad, convirtiéndose así en un tercer bloque de financiación tras los accionistas y los presumibles créditos bancarios, y es lo que de nuevo genera la problemática acerca de los intereses presentes en la sociedad, pues en el caso de las ayudas públicas, en ocasiones terminan por convertirse en una práctica nacionalización de la entidad, siendo el Estado el accionista de la sociedad[75], lo que dará mayor sentido si cabe a la unión del interés social con el de interés general en el ámbito de la ciudadanía, al ser ésta de manera implícita la propietaria de la sociedad.

Y es que en el examen de los actos justificados bajo el paraguas del interés social, al fin y al cabo se trata de conocer qué intereses priman los unos sobre los otros, y llegamos a la conclusión que no todos los casos pueden englobarse en una situación común, ya que cada sociedad tiene una estructura accionarial diferente. Su actividad, y por tanto su incidencia sobre el interés público, es diferente, pues algunas generan un mayor impacto que otras en la comunidad, ya que unas por razón de su objeto tienen relación directa con el Derecho público frente a otras cuya actividad no guarda relación alguna, y más casos que se podrían enunciar que evidencian que cada sociedad tiene sus diferentes vicisitudes, por lo que la defensa del interés social en cuanto al respeto de los diferentes grupos de interés supondrá una casuística diferente en cada caso. Y esta imposibilidad de englobar un punto común es la que dificulta precisamente una noción legal de interés social[76], pues de existir se convertiría en una obligación legal cuya sola

75. Como ha ocurrido con alguna entidad financiera que fue intervenida en España como consecuencia de la crisis económica iniciada en 2008.

76. SÁNCHEZ-CALERO GUILARTE, J.: «El interés social y los varios intereses presentes en la sociedad anónima cotizada» en *Revista de Derecho Mercantil*, n.º 246. Madrid, 2002. Pág. 1661.

redacción ya podría resultar problemática habida cuenta de los diferentes tipos societarios, pues no podemos hablar de los mismos grupos de interés al menos en número en el caso de una sociedad cotizada con respecto a una de responsabilidad limitada. E igualmente, y considerando la amplia casuística existente en el caso de las cotizadas, podría no resultar aplicable la misma definición en según qué casos. Quizás por ello, eludiendo una definición legal de interés social, el legislador ha optado por imponer a los administradores los deberes de lealtad con la debida diligencia del buen padre de familia.

Por ello, al final acabamos llegando a la conclusión que de una forma más o menos legal, el interés social acaba siendo el de la sociedad al imponer a los administradores ese deber de lealtad a la sociedad, que no a los socios. Otra cosa es la aplicación práctica, y es que son los socios quienes eligen y nombran a los administradores, a quienes se les encarga y encomienda maximizar el valor de la sociedad, lo que es la creación de valor para el accionista. Ahora bien, la tendencia de los últimos años del movimiento del gobierno corporativo solicita una mayor atención al resto de grupos de interés de la sociedad más allá de sus accionistas, lo que su participación en los actos englobados en el objeto social determinará en buena medida lo que conozcamos o queramos conocer como interés social. Es decir, y a modo de conclusión, que si resulta difícil plantear una noción legal de interés social, sólo partiendo de un debate más semántico sobre si prima el interés de la sociedad o se refiere al de los socios en común, mucho más se dificultará ante la posición frente a aquellos grupos con los que no se tiene una vinculación contractual en sede societaria pero que sí tienen un indudable interés en la sociedad, por lo que los administradores deberán encajar todas esas confluencias en las proporciones que exija cada caso en la realización de actos tendentes a la consecución del objeto social.

2. Creación de valor social. La «shareholder value»

A. La gestión social para un beneficio económico

El ejercicio del cargo de administrador se podría enfocar primero desde una perspectiva más funcional, como la organización y gestión profesional de actos tendentes a la producción empresarial, y segundo, desde una visión más jurídica, donde hablamos además del poder de representación, de los deberes propios del cargo enunciados en la Ley en los artículos 225 y siguientes de la Ley de Sociedades de Capital, tales como el deber de diligencia y el de lealtad. Este primero se enmarcaría quizás más en la perspectiva funcional a la que hacíamos referencia, pero el segundo se vincularía con lo que vimos en el punto anterior acerca de la comisión de actos encuadrados o no en la justificación del interés social. Y es que la realidad económica cambiante de los últimos años en un modelo de mercado global ha introducido en la legislación conceptos o tendencias propias del ámbito empresarial a fin de adaptar la normativa a la realidad social, conceptos o situaciones emanadas del nacimiento de los principios del gobierno corporativo, pues se plantean situaciones donde planteamos la conveniencia o no de enfocar los actos societarios bien hacia los intereses de los accionistas, o bien hacia los del resto de grupos de interés. Legalmente, el deber de lealtad del artículo 227 de la Ley de Sociedades de Capital se refiere para con la sociedad, lo que se advierte de la frase *«con la lealtad de un fiel representante»* como lo que consideramos una suerte de guiño inequívoco al poder de representación. Sin embargo, volvemos de nuevo a la discusión del punto anterior acerca de si esos actos se realizan como obligación hacia la sociedad, o en la práctica, hacia los accionistas, lo que nos lleva precisamente al camino de la creación de valor para el accionista. Fuera del ámbito de los derechos políticos, de un ánimo profesional o incluso sentimental (como por ejemplo, mantener una participación accionarial en una empresa familiar) parece obvio que el interés primario de un accionista es el económico, representado en el momento en que realiza un desembolso del que espera obtener un rendimiento. No se trata de una apreciación que realicemos mediante un estudio empírico o incluso lógico, sino al calor del propio objeto del contrato de sociedad consagrado en el artículo 1665 del Código Civil. Y ese ánimo es el que vinculará al administrador al tratar de maximizar el valor social que luego repercutirá al accionista, siempre dentro de aquellos actos tendentes a la consecución del objeto social, que no es un fin en sí mismo, sino un estado constante[77].

B. *La «shareholder value» como obligación contractual*

Emanando del citado artículo 1665 del Código Civil nace la teoría contractualista del interés social, frente a la institucionalista, como ya hemos visto. Por tanto, enfocar los actos de gestión de la sociedad hacia maximizar el valor bursátil de la compañía para satisfacción económica del accionista, que es precisamente la *«shareholder value»*, parece encontrar sobrada justificación en el objeto y razón jurídica de ser de la propia sociedad, o lo que es lo mismo, la tesis contractualista, vigente a los efectos de determinar el

77. Apreciación que realizamos desde un criterio temporal, al considerar que la sociedad se constituye por tiempo indefinido, como así constará en la Escritura de constitución de la misma. Y es que el objeto social no marcará sino un estado permanente de continuo ánimo de crecimiento, pues so el objeto de una sociedad es, por ejemplo, la promoción inmobiliaria, no implicará en modo alguno que con una primera y única promoción, dicha sociedad haya visto satisfecho su objeto, sino que sus actos estarán tendentes a la continuidad y al crecimiento mediante nuevas promociones.

interés social, que protege y justifica que los actos societarios creen valor económico para el socio. Y es que en el ámbito del Derecho privado por la autonomía de la voluntad de las partes, prevalece precisamente el vínculo contractual. Por ello, el actual Derecho societario de las grandes corporaciones a menudo se enfrenta a la problemática de la diversidad normativa a la que atender, dispar incluso entre sí, pues en nuestra época confluyen normas de Derecho privado (societario contractual), público (relativa al mercado de valores), en incluso de *soft law* (recomendaciones de conducta). Es lo que nos hace pensar en el gobierno corporativo como un conjunto de principios que en pos de una mejor gobernanza de las grandes compañías, que aglutina preceptos de las diferentes ramas jurídicas. La cuestión problemática vendrá en determinar si la creación de valor para el accionista se configura como una obligación legal o no. Si atendemos a la prevalencia de la teoría contractualista en la concepción del interés social, entenderemos que al administrador le vinculará entonces dicha relación, y su obligación para con el ánimo económico del accionista pasará a ser contractual. Cuestión diferente es la actual tendencia de los principios del gobierno corporativo en tratar de otorgar mayor peso a los *stakeholders* a través de la responsabilidad social corporativa. Sin embargo, y desde la perspectiva del Derecho privado al que pertenece el societario sobre el cual estamos trabajando, la relación contractual, siempre que se enmarque en nuestro Ordenamiento, prevalecerá sobre la legal en atención a la autonomía de la voluntad, lo que implicaría que en tal caso prevalecerían los intereses de los *shareholders* frente a los de los *stakeholders*. Sin embargo, ya antes hemos advertido que el actual régimen jurídico de las sociedades cotizadas excede de los límites del Derecho privado, lo que implica que no ha de prevalecer necesariamente el vínculo contractual, sino que el gobierno corporativo construye y debe seguir construyendo un régimen jurídico que aglutine los diversos principios normativos sobre la gobernanza de las grandes compañías, siendo este el reto al que se enfrenta.

C. *El origen de la «shareholder value»*

En el estudio de los actos tendentes a maximizar el valor social, nos encontramos con un problema a la hora de determinar qué objeto temporal se establece, si es a corto plazo o más bien con vista a futuro, lo que en el caso de las sociedades cotizadas adquiere mayor interés. Y es que maximizar el valor de la sociedad puede interpretarse desde obtener un determinado EBITDA al final de cada ejercicio contable, aumentar el patrimonio neto de la sociedad en el mismo momento, tratar de obtener unos resultados que permitan el reparto de dividendos, o de forma cortoplacista, aumentar el actual valor de la acción reflejado en la cotización bursátil, siendo aquí donde nos encontramos el problema, pues ¿ha de entenderse que se cumple la creación de valor social con el simple hecho de aumentar la cotización? [78]. De ser así, correríamos el riesgo de fomentar una gestión poco responsable que podría provocar diferentes cambios bursátiles donde el uso de información podría verse ciertamente comprometido. Ello no quiere decir no obstante que el aumento de la cotización no sea un elemento a tener obviamente en consideración, pues sustantivamente cumple de forma muy gráfica con la obligación de creación de valor.

Pero en la construcción del concepto, no sólo ha de interpretarse el criterio temporal como el momento cierto en que se haya considerado maximizado el valor, sino igualmente es de valorar un criterio económico en lo que suponga un rendimiento o beneficio positivo para el inversor. Dicho de otra manera, nos parece muy interesante la reflexión de Mateu de Ros al considerar que *«la creación de valor se produce cuando la empresa proporciona a sus accionistas una rentabilidad superior a la exigida en función del riesgo soportado»* [79].

Lo que sí parece claro es la íntima relación entre la creación de valor y los administradores, de quienes dependerá no sólo la maximización del valor social sino también los actos de gestión tendentes a tal fin. Por eso, cuando los administradores pasan a ser también protagonistas como beneficiarios de la creación de valor se abre un nuevo escenario, ya que en palabras del profesor Sánchez-Calero, *«la creación de valor se verá incentivada si quienes pueden llevarla a cabo participan en los efectos positivos de esa actuación»* [80], afirmación que compartimos habida cuenta de la motivación que resulta para cualquier trabajador del sector que sea, tener una remuneración o parte de ella enfocada a resultados [81], que en el ámbito societario se reconoce expresamente para los administradores en los artículos 217 y siguientes de la Ley de Sociedades de Capital. Esta situación alcanza si cabe mayor

---

78. Se trata de casos aislados, pero en ocasiones nos encontramos situaciones de un aumento tremendamente significativo del valor de cotización, como es el caso de la entidad Tecnocom, que en el año 2016 ha visto su cotización revalorizada en un 200%, finalizando en una OPA lanzada por Indra para hacerse con la totalidad de su capital. Noticia en: http://www.expansion.com/mercados/2016/09/13/57d8236e46163ff8648b463f.html
79. MATEU DE ROS CEREZO, R.: *El Código Unificado de Gobierno Corporativo.* Ed. Aranzadi. Navarra, 2007. Pág. 174.
80. SÁNCHEZ-CALERO GUILARTE, J.: «Creación de valor, interés social y responsabilidad social corporativa» en AA.VV.: *Derecho de sociedades anónimas cotizadas,* Tomo II. Ed. Aranzadi. Navarra, 2006. Pág. 870.
81. Desde un plus de venta, una retribución variable por la ejecución de determinadas operaciones o por el nivel de facturación, o incluso determinadas primas por la consecución de determinados objetivos.

dimensión toda vez que resulta habitual que los propios administradores ya ostenten de forma anterior la condición de accionistas, lo que resultaría como consecuencia del interés de control de la gestión por parte de la propiedad, y que en el ámbito de las cotizadas se traduce en que nos encontramos cómo de media las entidades del IBEX tienen un consejo de administración que es propietario de un 11% del capital de la sociedad[82], cifra que aumenta hasta el 22% si consideramos a la totalidad de las entidades que cotizan en un mercado de valores[83].

D. *La «shareholder value» en los códigos de buen gobierno*

Resulta ciertamente complicado afirmar con rotundidad que la creación de valor para el accionista representa una obligación legal o contractual para los administradores, pues no existe disposición alguna que de forma concreta se exprese en dicho sentido. Diferente es que lo extraigamos de la lógica consecuencia de la consecución del objeto social siempre bajo el prisma del lucro económico del artículo 1665 del Código Civil. Pero ¿y desde la perspectiva de las normas de *soft law* de gobierno corporativo? Hacemos un repaso a alguna de sus alusiones.

1. El Informe Olivencia. Resulta relevante pues se trata de un código centrado más en el ámbito del consejo de administración el cual denota una posición esencialmente contractualista en la vinculación con los socios, afirmando con rotundidad que el consejo tenía, entre otros, el objetivo de crear valor para el accionista, justificado en que supone una *«directriz clara que facilita la adopción de decisiones, la formación de capital y el diseño de la organización»*. Bien es cierto no obstante que el Informe hace referencia al resto de obligaciones y deberes de los administradores, algunos incorporados hoy a nuestra legislación, pues hay que poner en el contexto histórico este Informe, consecuencia de la adopción en nuestro país de los principios del *coporate governance* de los primeros informes y códigos anglosajones, pero es igualmente cierto que el principio económico, y por tanto contractualista, era el que presidía el régimen en esos años, tendencia que a día de hoy ha sufrido un viraje muy significativo enfocado hacia los denominados grupos de interés.

No obstante, resulta un tanto llamativo que lo que estaba destinado a ser un código de conducta con connotaciones éticas, se convierta en algunas

82. Informe Anual de Gobierno Corporativo de las compañías del IBEX 35. Ejercicio 2013. Publicado por la Comisión Nacional del Mercado de Valores.

83. Informe de Gobierno Corporativo de las entidades emisoras de valores admitidos a negociación en mercados secundarios oficiales. Ejercicio 2015. Publicado por la Comisión Nacional del Mercado de Valores.

partes en un desarrollo reglamentario de la entonces Ley de Sociedades Anónimas, al menos en lo que se refiere a aventurarse en buscar una definición de interés social o de deberes de los administradores, y quizás por ello encontramos algunas críticas al mismo especialmente por su escasa regulación del papel de la junta general o de su grado de cumplimiento[84]. Pero hemos de decir que resulta ahora más fácil desde la perspectiva del tiempo, pues ni la realidad económica ni las exigencias del mercado son ahora las mismas, y prueba del éxito del informe se acredita como hemos dicho en el actual rango de Ley de lo que entonces eran meras recomendaciones, habida cuenta que se trata de un estudio pormenorizado del consejo de las sociedades cotizadas, entrando en asuntos que hasta entonces no habían sido regulados, y abriendo la puerta en nuestro país de los primeros códigos de gobierno corporativo.

2. El Informe Aldama. En opinión de algún autor, más que un código sustitutivo del anterior, pretendió ser uno complementario entrando en aquellos aspectos en los que el Código Olivencia no entró, como especialmente lo relativo a la junta general[85], motivo por el cual no modifica la consideración de la creación de valor para el accionista, si bien reformula su contenido en una suerte de suavizar una posición tan próxima al interés del accionista. No obstante, hay que destacar la advertencia que realiza alegando que la maximización de valor no se circunscribe únicamente a la cotización bursátil del momento[86].

3. El Código Unificado de Buen Gobierno. Si el Informe Olivencia optaba por establecer expresamente la creación de valor para el accionista como una de las misiones del consejo, el Código Unificado de 2006 se aventura a plantear la cuestión bajo el título inequívoco de «interés social», y decimos aventura porque ya el propio Informe Olivencia destacaba que algunas definiciones de interés social tienen *«interpretaciones más amplias, pero también más confusas»* lo que hay que reconocer ahora al Código Unificado, que al menos en sede de cotizadas apueste por posicionarse ante tal controvertido concepto. Y no decepciona, pues en el texto explicativo previo de la séptima Recomendación del Código, se posiciona expresamente en la tesis contractualista del interés social como el *«interés común de los accionistas, o si se prefiere, en el interés del accionista común»*, y lo que nace como un juego

84. SÁNCHEZ ÁLVAREZ, M.: «Fundamentos y antecedentes del régimen de información y transparencia en las sociedades cotizadas» en VIVES, F / PÉREZ ARDA, J.: *La Sociedad Cotizada*, Ed. Marcial Pons. Madrid, 2006. Pág. 104.

85. OLCESE SANTOJA, A. *Teoría y práctica del buen Gobierno Corporativo*. Ed. Marcial Pons. Madrid, 2005. Pág. 142.

86. Siguiendo las notas de SÁNCHEZ-CALERO GUILARTE, J.: *«Creación de valor...» cit.* Pág. 876.

de palabras realmente implica una posición media y moderada entre accionistas mayoritarios, quienes presumiblemente buscarán una mayor permanencia en el tiempo frente a aquellos que han entrado a formar parte del capital como meros inversores sin aspiraciones políticas, pues no duda en designar al propio accionista sea de la clase que sea como el destinatario de los actos enmarcados en torno al interés social, pues al fin y al cabo es *«a quien ha de rendir cuentas el consejo»*. Es más, adopta incluso algunas expresiones del Informe Olivencia sobre que esta interpretación facilita al consejo la adopción de decisiones. Queda no obstante lugar para hacer mención al resto de grupos de interés de la sociedad que sinceramente, y si se nos permite la licencia, parece que son meramente mencionados sin mucho convencimiento, más como un ejercicio de resultar políticamente correcto, lo que extraemos de la frase en que *«se recomienda (...) que la empresa respete las leyes y reglamentos, y cumpla de buena fe sus obligaciones y contratos»* pues resulta tan obvia como innecesaria, ya que es evidente que el cumplimiento de la Ley y de los contratos no es objeto de ningún tipo de recomendación sino precisamente una obligación de carácter imperativo.

Y a colación de esto, parece cuanto menos significativo que el hecho de instar a las sociedades a actuar conforme al interés social, sea objeto de una recomendación que deba cumplirse o explicar su hipotético incumplimiento, pues sinceramente desconocemos qué tipo de sociedad emitiría un informe manifestando que no ha cumplido una recomendación concerniente a velar por el interés social, entre otras cosas porque actuar de forma contraria al propio interés de la sociedad podría interpretarse como desleal, irresponsable o incluso como una modificación *de facto* del objeto social, lo que facultaría al socio a separarse de la sociedad, *ex* artículo 346 de la Ley de Sociedades de Capital. Prueba de ello es que la totalidad de las sociedades cotizadas en sus respectivos informes anuales de gobierno corporativo manifiestan cumplir la citada Recomendación 7 sobre el interés social[87].

No obstante, no hay que perder de vista que para el Código Unificado de Buen Gobierno se remarca especialmente el concepto de unidad, no sólo en cuanto a la unidad de trato igualitario al accionista sino también desde la actuación de los integrantes del consejo *«con independencia de cuál sea el*

87. Lo que se obtiene de los datos resultantes tanto del Informe Anual de Gobierno Corporativo de las compañías del IBEX 35del ejercicio 2013, como Informe de Gobierno Corporativo de las entidades emisoras de valores admitidos a negociación en mercados secundarios oficiales, del ejercicio 2015, ambos publicados por la Comisión Nacional del Mercado de Valores. En el caso del IBEX, el cumplimiento de esta Recomendación 7 es del 100%. En el caso del conjunto de sociedades cotizadas, el número es igual salvo contadísimas ocasiones, como el propio ejercicio 2015, donde nos encontramos con una única sociedad que manifiesta no cumplir dicha Recomendación, justificado en que se encuentra en liquidación.

origen o la causa de su nombramiento» como una forma de fusionar un criterio de actuación a fin de aglutinar las diferentes corrientes en una única dirección tendente hacia el interés social. Se trata por tanto el principio de unidad de uno de los pilares de un nuevo gobierno corporativo al que este Código presta especial atención[88].

4. El Código de Buen Gobierno. Finalmente, el Código de Buen Gobierno de 2015 establece una recomendación que aglutina en un solo punto varios de los principios del buen gobierno. Así, la Recomendación 12, junto al texto y desarrollo que le precede, llega a hablar en pocas líneas de asunción de responsabilidad (suponemos que en base al artículo 237 de la Ley de Sociedades de Capital), de unidad de propósito, igualdad de trato a accionistas, concepto y vigencia del interés social, y conciliación con el resto de grupos de interés. No es objeto de estas líneas realizar un comentario pormenorizado del Código, si bien sí queremos advertir la abundancia de principios que enumera esta Recomendación 12, lo que dificulta en modo alguno no sólo su análisis sino también el informe que la sociedad haya de emitir sobre el mismo. En cualquier caso, y centrándonos en la posición del Código sobre la creación de valor, se mantiene la postura de vincular interés social con la creación de valor para el accionista si bien establece claramente un criterio temporal al hablar de un negocio *«sostenible a largo plazo, que promueva su continuidad»*. Es cierto que ya el anterior Código Unificado mencionaba la sostenibilidad, pero es este nuevo Código el que remarca la continuidad en el tiempo de la vida societaria. Lo que anteriormente otros códigos advertían sobre que la creación de valor para el accionista no podía realizarse a cualquier precio, el nuevo Código de Buen Gobierno incide especialmente en la sostenibilidad a futuro de la sociedad, lo que entendemos que acertadamente reflexiona Mateu de Ros al afirmar que *«no se trata sólo de crear valor, sino también de mantenerlo»*[89]. Ello nos lleva a plantear si en el caso en que lleguen a contraponerse ánimo económico con sostenibilidad en el tiempo, qué criterio prevalece. En nuestra opinión, el Código creemos que de forma acertada ha querido significarse expresamente del lado de la sostenibilidad, pues como hemos visto anteriormente, el objeto social no es una meta final sino un estado en permanente proceso de maximización. Y es que a la postre implica indirectamente un guiño a los grupos de interés a quienes posteriormente cita de manera literal, pero con respecto a este punto, porque con independencia de que los intereses económicos de los accionistas se vean satisfechos o no (por el reparto de dividendos o por el aumento de la cotización bursátil) los grupos de interés estarán directamente beneficiados de la continuidad del negocio empresarial, y es que

88. MATEU DE ROS CEREZO, R.: *«El Código Unificado...»* cit. Pág. 173.
89. MATEU DE ROS CEREZO, R.: *«El Código Unificado...»* cit. Pág. 174.

como dice el propio Código, *«no es posible desconocer que en toda actividad empresarial confluyen otros intereses a los que se debe dar respuesta»*, grupos a los que ya de forma expresa cita como un intento de conciliar el interés social reflejado en los accionistas, con los de los denominados *stakeholders*.

Lo que es evidente es que este Código refleja el evidente cambio de tendencia en los principios del gobierno corporativo desde los primeros códigos a la actualidad, pues si bien anteriormente se posicionaban sin disimulo alguno en el interés económico de los socios, en la actualidad las nuevas tendencias y exigencias tanto legislativas como del mercado generan un especial hincapié en los intereses del resto de grupos presentes en torno a la sociedad. No se niega el ánimo económico del accionista, pues ello iría en contra de la propia naturaleza jurídica de este tipo de entidades, pero parece que se trata de rebajar o suavizar un lenguaje excesivamente económico y llevarlo más hacia lo que se ha configurado como la responsabilidad social corporativa.

E. La «shareholder value» y el artículo 348 bis

En la modificación de la Ley de Sociedades de Capital del año 2011 se introdujo el artículo 348 bis sobre el derecho de separación del socio en caso de falta de distribución de dividendos, cuyo contenido consideramos que tiene una especial relación con la *«shareholder value»* desde la perspectiva de los intereses o criterios que debe seguir la sociedad. Con independencia de su vigencia o no, pues pasó previamente un tiempo suspendido, las consecuencias de su aplicación pueden generar un debate interesante en torno a la confluencia de intereses.

El motivo del precepto está claro, se configura como un mecanismo de protección del minoritario ante posibles abusos de la mayoría que tratan de ahogar societariamente hablando a la minoría. Su planteamiento es merecedor de un estudio pormenorizado a la espera de la interpretación que pueda entender la Jurisprudencia, si bien al menos en apariencia trata de constituirse como un mecanismo semiautomático una vez cumplidos los hitos del mismo. Y es que esta forma de protección al minoritario se instrumenta como una forma de primar en cierto modo el reparto de dividendos a los accionistas, lo que encuadraría en el sentido o razón de ser de las sociedades de capital. No obstante, se advierte que al final podría resultar un arma de doble filo en la utilización de los mecanismos legales para acabar por imponer una decisión, y es que si el sentido del 348 bis pretende contraponer el abuso de la mayoría en no repartir beneficios para aislar al minoritario, este artículo podría acarrear lo contrario al generar que sea la minoría quien pueda imponer indirectamente el acuerdo de reparto de dividendos, apercibiendo de que en caso de no realizarse, obligará a la sociedad a reducir su capitalización mediante la separación de estos socios, lo que al final podría acabar por considerarse igualmente como abusivo[90].

Por ello acudimos de nuevo a la noción del interés social, pues la decisión de no repartir dividendos es posible que sí entrañe un intento de aislamiento al minoritario. Pero por otro lado, también es cierto que pueda acordarse en beneficio del interés del conjunto de la sociedad, con independencia de que siempre se aducirá dicho motivo sea cierto o no. Pero casos en que efectivamente se justifique podríamos encontrarlos por ejemplo en provisionar reservas voluntarias, constituir un fondo o mayor tesorería ante la previsión de un futuro económico-financiero más gravoso, la suscripción de un aumento con cargo a esos beneficios, la inversión en inmovilizado, o el destino de fondos hacia la ampliación del objeto social. La cuestión vendrá en determinar en qué casos prevalecerá el interés social (representado en el no reparto de beneficios) o el efectivo reparto de los mismos. El artículo 348 bis de la Ley de Sociedades de Capital se posiciona claramente en el segundo caso, pues no contempla excepción alguna a este mecanismo en lo que es su aplicación[91], y eso es precisamente lo que nos llama la atención pues parece que se trata de priorizar el reparto de ganancias frente a lo que se pueda interpretar como interés de la sociedad. Es por tanto un nuevo capítulo de la tesis contractualista, pues al fin y al cabo el reparto de las ganancias emana de la propia naturaleza de la sociedad de capital, aunque sin embargo, en el ámbito del gobierno corporativo choca frontalmente con ese modelo de «*negocio sostenible a largo plazo*» como una nueva actualización del concepto de interés social, confrontación que en nuestra legislación no se produce pues el propio artículo 348 bis establece en su apartado tercero que no resulta de aplicación para las sociedades cotizadas.

Y es que en la construcción del concepto de interés social, difícilmente podemos afrontar una definición legal habida cuenta de la pluralidad de tipos societarios, no sólo de los legales existentes como la sociedad de res-

90. Opinión que se extrae de la noticia publicada por Josep Verdaguer bajo el título «El 1 de enero entra en vigor el art. 348 bis LSC; derecho de separación de los socios en caso de ausencia de reparto de dividendos» publicada en Economist & Jurist, que puede consultarse en:
http://www.economistjurist.es/ultima-hora-noticias-juridicas/el-1-de-enero-entra-en-vigor-el-art-348-bis-lsc-derecho-de-separacion-para-los-socios-en-caso-de-ausencia-de-reparto-de-dividendos/

91. Excepción como tal sí contempla al establecer que el artículo no se aplica en sociedades cotizadas. Nos referimos como excepción a que no establece ningún precepto del tipo «*salvo que se acuerde en interés de la sociedad*» o se establezcan unas mayorías reforzadas concretas para su aplicación.

ponsabilidad limitada o la anónima, sino funcionalmente, representadas en las abiertas y cerradas, pues el ánimo e interés de los socios, cuya suma en conjunto representará el interés social, dista enormemente en función de cada tipo societario según del que hablemos, pues mientras un socio de una sociedad cerrada, por ejemplo de ámbito familiar, buscará protegerse de posibles injerencias de terceros, el de una sociedad abierta tendrá en apariencia un perfil más inversor y por ende más económico y menos político. Es decir, que cada uno tendrá su propia idea de interés social. En el caso de las sociedades cotizadas, como sociedad anónima abierta, el interés se relacionará íntimamente con la creación de valor para el accionista, si bien debido a su especial trascendencia económica, será preciso promover una gestión que, sin olvidar el compromiso económico de creación de valor, sea sostenible a largo plazo como una forma de conciliación con los diferentes grupos de interés.

3. La posición ante los stakeholders

A. *Alcance del concepto*

Debido a la especial envergadura de la sociedad cotizada en términos de política económica, financiera o incluso laboral, el conjunto de personas, entidades y organismos que de un modo u otro podrían beneficiarse de la misma, es por lo que existe una creciente tendencia a revisar los modelos de gestión de las grandes compañías con el fin de tratar de implicarse a satisfacer a dichos posibles receptores de la actividad empresarial. Y lo cierto es que todo parte de conceptos puramente semánticos, pues al hablar de beneficiarse o lucrarse no se manifiesta necesariamente en términos económicos sino en otros de mucha y mayor amplitud. En esencia, se habla de tener un interés en el desarrollo del negocio, directo o indirecto, que puede ser objeto de beneficio o satisfacción en según qué casos[92]. Esto ya genera ciertos problemas de interpretación, pues aunque se hable de grupos de

92. En algunos casos, se habla de «interés legítimo». Sin embargo, esta definición nos plantea serias dudas desde el prisma jurídico, pues ese interés legítimo se desarrolla en nuestra Legislación como una cierta identidad de parte. Por citar algunos ejemplos, en el ámbito del Derecho procesal civil, durante la celebración de una vista o juicio, antes de comenzar con el interrogatorio de los testigos el juzgador le pregunta al testigo acerca de los requisitos legales para dicha condición, tales como si tiene conocimiento de los hechos, si tiene relación con las partes, o si tiene algún tipo de interés en el pleito en el sentido de poder beneficiarse en modo alguno de la posible Sentencia que pudiera dictarse, como que el testigo sea accionista de una sociedad demandante, lo que en el fondo podría asimilarle a la condición de parte y no de testigo, que nos lleva precisamente al concepto de legitimación activa en la *Litis*. Es evidente que cualquier accionista tiene un interés legítimo en la sociedad, pero al hablar de los *stakeholders* nos referimos también al resto de grupos de interés que no tengan necesariamente

interés o *stakeholders*[93] en un apartado aparte de los accionistas, es evidente que estos constituyen el primer grupo de interés de la sociedad, por lo que no hablamos de dos grupos contrapuestos, sino de uno único donde se integran los accionistas, encontrándose el debate en la forma de establecer un sistema de gestión sostenible que concilie el interés del accionista con el del resto de grupos que de un modo u otro se ven afectados por la actividad empresarial.

Al diferenciar entre interés directo o indirecto, no nos referimos a si el destinatario de ese beneficio es el ente interesado, o si bien dicho beneficio se obtiene pasando por varias fases como consecuencia de la actividad, sino sobre la vinculación del interesado con la sociedad, y el orden de prioridad de todos ellos. Bien, decíamos que el primer grupo de interés de una sociedad son sus accionistas como legítimos propietarios de la misma, al ser destinatarios directos de la actividad empresarial y cuya vinculación es contractual. Sin embargo, existen otros grupos que siendo también destinatarios de la actividad empresarial desde otro concepto, no tienen vinculación contractual, como los clientes. Y a la inversa, que contrato mediante, la sociedad no funciona con el fin de satisfacer sus intereses, como los trabajadores. Cuando nos referimos a clientes como destinatarios de la actividad desde otro prisma, no nos referimos a que sus intereses sean contrapuestos a los de los accionistas, sino a la diferenciación jurídico-económica entre sociedad (actividad para los socios) y empresa (actividad para los clientes), lo que le da un perfil ciertamente institucional, concepto que es precisamente el que nos encontrábamos anteriormente en la confrontación de las diferentes tesis acerca del interés social. Por ello, el concepto de grupo de interés es muy amplio a la par que ambiguo, pues de forma *«omnicomprensiva»* engloba a una pluralidad genérica[94], dado que en los grupos de interés se encuentran en primer lugar los accionistas, pero por otro lado

esa vinculación societaria. Claro, que siguiendo la línea del vínculo contractual, entendemos que un trabajador de la sociedad tiene interés que también podríamos considerar legítimo pues si bien no tiene por qué beneficiarse necesariamente del aumento de valor social, sí podría traducirse en el mantenimiento de su puesto de trabajo. Los proveedores o acreedores también tienen una relación contractual, pero no en el mismo camino que la societaria o laboral. Ya fuera del ámbito contractual, la comunidad en sentido amplio, los gobiernos o los organismos, no tienen en cambio ese vínculo contractual, sin embargo no se discute su «cuota de interés». Por ello decíamos que añadir legítimo al concepto de interés, en este caso nos plantea algunas dudas, para lo cual somos partidarios de, al igual que en sede de Derecho procesal civil, considerar que la legitimidad se asocia con la identidad de parte.

93. Expresión atribuida a Edward Freeman de su obra *«Strategic Management: A Stakeholder Approach»*.

94. MARTÍNEZ-ECHEVARRÍA Y GARCÍA DE DUEÑAS, A.: *«La defensa del interés social...»* cit. Pág. 133.

cuando al hablar de atención hacia los grupos de interés, los códigos de buen gobierno se refieren más al resto de grupos ajenos a los accionistas. Y por ello es por lo que diferenciamos entre grupo de interés contractual societario, y entre grupo de interés extracontractual institucional.

Resulta preciso aclarar que en este segundo caso no nos referimos desde el prisma de la ausencia de vinculación contractual en sentido estricto a los efectos de responsabilidad civil, pues ya hemos visto numerosos casos de vinculación contractual entre la sociedad y otros grupos de interés no accionistas, sino ajenos al contrato de sociedad y por ende al interés primario del accionista como legítimo propietario de la sociedad. Pero del resto, del amplio abanico de grupos con cierto interés o afectos en cierto modo a la actividad empresarial, lejos de realizar un estudio pormenorizado de todos ellos pues no es el objeto del presente trabajo, nos gustaría destacar a cuatro en concreto: los trabajadores, la comunidad (englobando ciudadanía y gobierno), los clientes y los acreedores. Sobre los dos primeros, hemos aportado anteriormente algunos datos tanto del mercado laboral como de política económica que evidencian que la magnitud e incidencia de las grandes corporaciones en nuestro país justifican en buena medida la preocupación del legislador en atender a estos sectores, bien como grupos de interés o bien en el propio interés de la economía nacional, por lo que a dichos datos nos remitimos a fin de compartir la necesaria atención que la sociedad cotizada ha de prestar a estos grupos de interés. En cuanto a los clientes y acreedores, queremos aportar algunas notas.

1. Los clientes como grupo de interés. Partiendo de esa vinculación institucional y extracontractual de la sociedad con algunos grupos de interés, nos encontramos en algunos casos con auténticos mecanismos de protección y defensa de sus intereses, como el caso de los clientes, que exceden más allá del mero concepto de consumidor final. En concreto, la protección del cliente de algunas sociedades cotizadas, se ha visto legalmente muy regulada a consecuencia de la especial actividad desarrollada por la sociedad, como por ejemplo las entidades financieras o las compañías eléctricas, pues como hemos señalado anteriormente, se tratan de sectores regulados o de especial incidencia en la política económica nacional, bien sea por su relevancia a efectos prácticos, o bien por la necesidad para la vida cotidiana que supone alguno de sus servicios prestados.

En el caso de las entidades financieras, la crisis económica iniciada en 2008 ha provocado una absoluta reestructuración del mapa financiero, con un continuo proceso de fusiones que no sólo ha reducido cuantitativamente el número de estas entidades, sino que ha cambiado por completo su propia naturaleza jurídica, quedando las antiguas cajas de ahorro como un elemento casi residual, pues las más importantes y relevantes han sufrido un proceso de transformación o bancarización, que es como operan en la actualidad. Pero más allá de la estructura, número o naturaleza jurídica de estas entidades, el cliente ha jugado un papel destacado en todo este proceso en lo referido a sus derechos, si bien en determinados casos también ha sido protagonista en los procesos de transformación[95]. En cuanto a sus derechos, consideramos especialmente relevantes dos situaciones concretas. En primer lugar, el Real Decreto-ley 16/2011, de 14 de octubre, por el que se crea el Fondo de Garantía de Depósitos de Entidades de Crédito, el cual garantiza los depósitos en dinero hasta un límite de cien mil euros por cliente, promulgado en un momento especialmente crítico para la economía española y para las entidades financieras, que ante el riesgo de insolvencia de alguna de ellas, el Gobierno se vio obligado a intervenir y a garantizar los ahorros de los españoles. Y en segundo lugar, las Sentencias tanto del Tribunal Supremo como del Tribunal de Justicia de la Unión Europea en materia de «cláusula suelo» y de gastos generales en el préstamo hipotecario, pues con independencia de las reclamaciones que puedan producirse, ha provocado una modificación en la redacción de estos contratos que protejan en mayor medida los derechos de los clientes desde el prisma de consumidor.

El caso de las compañías eléctricas por otro lado es especialmente significativo, pues son varios los aspectos de relevancia. En primer lugar, porque se trata de un bien necesario para la vida cotidiana tanto de ciudadanos como de empresas, lo que exige y justifica una especial regulación de las mismas, siendo grupo interesado no solo el cliente en sentido consumidor, sino la comunidad en general. En segundo lugar, por la íntima relación entre las principales eléctricas de nuestro país con los consumidores, pues las 3 principales compañías eléctricas españolas, que en la actualidad están en el selectivo del IBEX, comprenden ellas solas el 88% de la cuota de mercado en la Península[96]. Y en tercer lugar, porque desde el prisma del gobierno

95. Como ya ha sido mencionado en varias ocasiones a lo largo del presente trabajo, el caso de la salida a Bolsa de la entidad BANKIA, S.A., resultante de la fusión de, entre otras, antiguas cajas de ahorro como Caja Madrid o Bancaja. En este caso, la Oferta Pública de Venta podría haberse basado en datos contables que no reflejaban una imagen fiel (pues al momento de escribir estas líneas, el asunto se encuentra en fase de instrucción en la Audiencia Nacional), pudiendo ser la consecuencia que el valor de la acción cayese en picado en un escaso margen de tiempo, lo que supuso importantes pérdidas para los que suscribieron dichas acciones. Sin embargo, la inmensa mayoría de los accionistas que solicitaron la nulidad de dicha adquisición han visto judicialmente recuperada su inversión.

96. Informe «*El consumo eléctrico en el mercado peninsular y nacional. Año 2012*». Comisión Nacional de los Mercados y la Competencia. Pág. 8. Puede consultarse en: https://www.cnmc.es/Portals/0/Ficheros/Energia/Publicaciones_Anuales/Consumo%

corporativo y de la idoneidad de los consejeros, se da la circunstancia que un buen número de personas que han estado en la primera línea política, actualmente forman parte de los organigramas de algunas de estas compañías, desde ex presidentes de Gobierno, Ministros, Diputados y demás, lo que en ocasiones es objeto de un debate más político que societario[97]

2. Los acreedores como grupo de interés. La protección de los acreedores es un conjunto normativo bien asentado en nuestro ordenamiento a través de la legislación contractual, y especialmente en la concursal. Sin embargo, más allá de los mecanismos de aseguramiento del crédito, el acreedor ostenta una posición muy relevante en la vida societaria, pues su posición en función del tipo del crédito es privilegiada frente a otros agentes societarios, empezando por los propios accionistas, lo que en la práctica se traduce como que la dirección que ha de seguir la gestión es tendente hacia la consecución de su objeto y lucro, pero satisfaciendo por el camino los créditos a los que ha de hacer frente, provocando que su posición de prevalencia afecte al propio interés social, que se representa precisamente en las fases de insolvencia de la sociedad, donde se aprecia que quien ha de atender es a los intereses de los acreedores y no a los de los accionistas, siendo aquellos verdaderos propietarios *de facto* de la sociedad en ese momento, pues lo que reste de patrimonio irá destinado a su satisfacción[98] Incluso el propio Profesor Alfaro plantea la posibilidad de iniciar un estudio acerca de la inclusión de los mismos en los órganos de la sociedad en aplicación del artículo 428 de la Ley de Sociedades de Capital, en semejanza a la participación de los trabajadores en el consejo de vigilancia del Derecho alemán, hipótesis que en este segundo caso no resulta aún aplicable en nuestro país a consecuencia de la residual aceptación del modelo dual en los consejos de administración. No obstante, es cierto que hablamos de situaciones próximas a la insolvencia, donde los acreedores efectivamente se convierten en dueños del destino de la sociedad, o de incumplimiento en el citado caso del artículo 428, y no de una situación habitual o común, que sí sucedería en el caso de los trabajadores en el consejo de vigilancia. Por ello, a día de hoy nuestra legislación establece resortes de protección de acreedores que

202012%20elec.pdf. Dicho informe muestra que dicha cuota de mercado se reparte en un 48% Iberdrola, un 26% Endesa, y un 14% Gas Natural. No obstante, se tiene constancia de que dicha cuota es incluso superior en los años siguientes a la emisión de este informe.

97. En el año 2014, el Diario El Mundo cifraba en 43 los políticos o expolíticos que formaban parte del organigrama de las compañías eléctricas. La noticia puede consultarse en: http://www.elmundo.es/cronica/2014/02/23/530881d922601da2168b456c.html.

98. ALFARO ÁGUILA-REAL, J.: «Los acreedores financieros a largo plazo». *Blog Almacén de Derecho,* de 2/09/2016. http://almacendederecho.org/interes-social-acreedores-financieros.

parecen suficientes en lo que a atención a los grupos de interés en sede de gobierno corporativo se refiere.

B. La Responsabilidad Social Corporativa

Dentro del amplio estudio que puede requerir la Responsabilidad Social Corporativa, hemos considerado necesario hacer una sucinta referencia a la misma como un elemento considerable en la política de gestión de las grandes compañías sobre los varios intereses presentes en la misma en cuanto a la forma de actuar de los administradores y directivos, pues en la actual tendencia del gobierno corporativo de atender en mayor medida al resto de grupos de interés además de los accionistas, la de nominada «RSC» juega un papel principal.

1. Concepto. La Responsabilidad Social Corporativa se ha definido como una forma de conducta, actitud o actuación de las empresas en cuanto a la función de las mismas, no desde la perspectiva del contrato de sociedad, sino como agente activo en la comunidad, desde una perspectiva social (en sentido de la colectividad y también desde un punto de vista laboral) económico (por su relevancia en la comunidad, su inversión responsable siendo beneficiada la ciudadanía, y su impacto fiscal) y medioambiental, con especial atención al respeto y fomento de recursos naturales o energías limpias. Sin embargo, pese a ser un concepto muy asentado en el mundo empresarial actual, sin que España sea una excepción al respecto, no existe una definición legal, lo que al igual que sucede con el interés social, está sujeto a la interpretación en según qué casos, y a resultar recurrente justificar ciertos actos en base a dicho interés o sentido social corporativo, por lo que su significado nace de los propios actos que las entidades realicen, y de la valoración de los mismos por el mercado, los organismos pertinentes y los diferentes grupos de interés.

Estas prácticas cada vez más extendidas canalizaron en el año 2010 en el Libro Verde de la Comisión Europea para *«fomentar un marco europeo para la responsabilidad social de las empresas»* tratando de aglutinar el Pacto Global de las Naciones Unidas del año 2000, y las directrices en tal sentido de la Organización para la Cooperación y el Desarrollo Económicos. Este trabajo ofrece una definición de la responsabilidad social vinculándolo íntimamente con la voluntariedad de adhesión a sus principios para el fomento de unas prácticas respetuosas con los principios básicos de los derechos humanos, como por ejemplo en materia laboral, del respeto al medio ambiente y de la inversión en capital humano, todo ello sin pretender sustituir la normativa aplicable en cada caso. De forma más concreta, el Libro Verde pide a las empresas un plus en el cumplimiento de sus obligaciones jurídicas, pero no sólo a las grandes corporaciones, sino a «*todos los tipos de empresa y todos los sectores de la actividad, desde las PYME a las empresas multinacionales*». Resulta significativo por otro lado que el Libro Verde relacione la práctica de estas conductas, con una mejora de los resultados y beneficios de las empresas, esto es, que la reputación favorece la venta del servicio; afirmación, o más bien consideración, que realiza sin un estudio que lo sustente sino basándose en los indicativos que ofrecen estas empresas, lo que como veremos más adelante, ha sido en ocasiones criticado por los que consideran que la responsabilidad social ha sido a la postre el marketing en algunas empresas.

No obstante, el Libro Verde establece una clara identificación de los diferentes agentes a los que ha de atender la empresa, esto es, los grupos de interés ajenos a los propios accionistas, citando a tal efecto a las comunidades locales, los socios comerciales, proveedores y consumidores, los trabajadores y la ciudadanía en sentido mundial[99]. Esta identificación no ha sido ajena a los principios del gobierno corporativo, pues el Código de Buen Gobierno de las sociedades cotizadas promulgado en febrero de 2015 por la Comisión Nacional del Mercado de Valores ya incluye una regulación expresa de la responsabilidad social corporativa, concretamente en su Recomendación 54, identificando a los *stakeholders* como sujetos beneficiarios de la responsabilidad social en los accionistas, empleados, clientes y proveedores, para atender cuestiones sociales, de medio ambiente, diversidad, responsabilidad fiscal, respeto de los derechos humanos y prevención de conductas ilegales, dando entrada así a lo que se conoce como la figura del *Compliance*. Este Código, en la Recomendación siguiente, plantea la elaboración de un informe anual específico sobre la responsabilidad corporativa como un ejercicio de transparencia «*tanto sobre los aspectos financieros como sobre los aspectos no financieros de negocio*».

2. Voluntariedad. En nuestro país, actualmente la adhesión a las conductas socialmente responsables de las empresas, como a los principios del gobierno corporativo de los códigos de conducta, resulta voluntaria, sin que a diferencia de esta última resulte preciso explicar su incumplimiento o no seguimiento, pues como hemos visto antes, la ausencia de una conceptua-

99. Al hablar de ciudadanía en sentido mundial nos referimos al respeto a los derechos humanos, no sólo en el ámbito del funcionamiento de la propia empresa, sino también con los colectivos integrantes de la cadena de producción, prestando especial atención a los casos de explotación infantil o sexual, pues algunas entidades en ocasiones son acusadas de favorecer indirectamente la misma, por ejemplo en la industria textil según el origen de fabricación de las prendas de alguna determinada marca. Igual sucede por ejemplo al referirse a la política laboral, la cual se examina no sólo desde el número de trabajadores, sino de las condiciones laborales en el país de origen de la empresa o fuera, así como la facilidad para la conciliación familiar.

lización jurídica de la responsabilidad social toda vez que se trata de una conducta sin seguir un patrón determinado, impide en modo alguno establecer un mecanismo no sólo de obligatoriedad, sino de vigilancia de su cumplimiento. Pero obviamente nos referimos a las conductas que exceden más allá del mero cumplimiento de la ley, pues como hemos dicho anteriormente sobre las diferentes recomendaciones de los códigos de buen gobierno, que instan a las empresas a «cumplir la ley y los reglamentos», resulta obvio que no se requiere de ningún conjunto de principios, por muy socialmente responsable que pretenda ser, para advertir que la ley ha de cumplirse, ya sea en materia fiscal, laboral, o por supuesto de derechos humanos. Al fin y al cabo se trata de promover un conjunto de prácticas que a las empresas, dicho sea en términos coloquiales, «se las vende» como una mejora de su reputación que puede repercutir beneficiosamente en sus resultados, con el objetivo de la que comunidad y el conjunto global se vean igualmente beneficiados.

No obstante, el hecho de que sea voluntario al menos en apariencia no ha de confundir que la actual tendencia del mercado impone o aconseja el establecimiento de unos resortes socialmente responsables, que se manifiesta a través de su publicidad y transparencia mediante la emisión del correspondiente informe, hasta el punto que otros ordenamientos comparados sí exigen obligatoriedad legal de al menos el susodicho informe de responsabilidad corporativa, lo que en cierto modo fuerza a grandes corporaciones de nuestro país a seguir el ejemplo entre otras cosas porque a los efectos de reputación, muchas de ellas tienen una importante presencia internacional, aconsejando al menos asimilarse a dichas conductas[100].

Por otro lado, que la Recomendación 55 del Código de Buen Gobierno aconseje la elaboración de un informe de responsabilidad social, hace que no sea de extrañar que en un futuro corra la misma suerte que el informe anual de gobierno corporativo y su emisión pase a ser una obligación legislativa. Esto no lo decimos como un ejercicio imaginativo en base al citado caso anterior, sino que en la actual Ley de Sociedades de Capital ya nos encontramos con una pista al respecto, pues el artículo 529 ter establece como facultad indelegable del consejo de administración, *«la política de responsabilidad social corporativa»*, enunciado resultante tras la modificación que introdujo la Ley 31/2014. Esto evidencia que la responsabilidad social en nuestro país ya ha traspasado la mera recomendación de los códigos de conducta, y que el legislador le presta una especial atención, pues ya la cita en la Exposición de motivos como una Ley configurada para mejorar, entre otros, estos principios.

100. SÁNCHEZ-CALERO GUILARTE, J.: *«El interés social...»* cit. Pág. 903.

Por tanto, consideramos que el carácter voluntario de adhesión, en la práctica resulta más bien como una recomendación de cumplimiento, bien sea por la atención que ya le presta el legislador, por la recomendación del Código Unificado o por la tendencia del mercado. En términos prácticos, un 65% de las sociedades cotizadas españolas tienen establecido un contenido mínimo sobre política de responsabilidad social corporativa, realizando a tal efecto un informe. Esto es, hay bastante similitud del grado de cumplimiento entre la Recomendación 54 (establecer la política de responsabilidad social) con la 55 (la elaboración del informe). Por el contrario, un 35% de las cotizadas, o bien no siguen esta recomendación, o bien la cumplen parcialmente, explicando en ambos casos que la responsabilidad social *«está integrada en su estrategia general y en la gestión diaria de la compañía, por lo que todavía no han considerado necesario definir una política»* al respecto[101]. Hay que ver la evolución que paulatinamente va teniendo el seguimiento de esta recomendación, sin embargo sí se considera que la responsabilidad social va teniendo un reconocimiento cada vez mayor, atendiendo a los esfuerzos que las compañías han ido estableciendo sobre ello especialmente en lo que al informe se refiere[102].

3. Elementos integradores e indicadores. Dentro de los diversos aspectos a los que la responsabilidad social presta atención, tanto en la identificación de los grupos de interés como elementos de consideración, existen estándares internacionales que codifican y cuantifican este tipo de conductas, ya sea por ejemplo el *Dow Jones Sustainability Index* (DJSI) como el índice de sostenibilidad más relevante en el ámbito internacional, en el que cotizan diariamente 342 compañías, 27 de las cuales son españolas, o el *Global Reporting Initiative* (GRI), más asemejado a los certificados ISO, siendo ambos indicadores conceptos totalmente diferentes pero que se citan a los efectos de mencionar dichas tendencias internacionales. Este último por ejemplo es utilizado en varios informes de compañías de nuestro país[103], cuyos informes algunos son incluso verificados[104]. Finalmente, a los efectos de indicador, los diversos informes de responsabilidad social son examinados por el Observatorio de Responsabilidad Social Corporativa, que evalúa la calidad de la información aportada, no la conducta en sí, estable-

101. Informe de Gobierno Corporativo de las entidades emisoras de valores admitidos a negociación en mercados secundarios oficiales. Ejercicio 2015. Publicado por la Comisión Nacional del Mercado de Valores.
102. SÁNCHEZ-CALERO GUILARTE, J. / FUENTES NAHARRO, M. / FERNÁNDEZ TORRES, I.: *«La primacía de los accionistas y la RSC: ¿Una compatibilidad posible?»*. Documento depositado en el archivo institucional EPrints Universidad Complutense de Madrid. http://eprints.ucm.es/
103. Por citar algunos ejemplos, Gas Natural Fenosa, NH o Iberdrola.
104. El caso de Iberia, cuyo informe de responsabilidad social se verifica por AENOR.

ciendo para ello una calificación que puede oscilar de cero a cuatro, esto es, de inexistente a exhaustiva. Dicho informe establece una calidad pobre de los informes en la media resultante del conjunto de entidades del selectivo IBEX, pues la calificación del último informe es de 1,21 puntos[105]. Resulta asimismo tremendamente significativo especialmente en el ámbito de la política fiscal, pues arroja unos datos demoledores: la absoluta totalidad de las entidades del IBEX tiene presencia en paraísos fiscales, ni una sola de ellas es transparente sobre el negocio, planes, subvenciones ni exenciones que tienen en estos paraísos, y solo una de ellas ha publicado los impuestos que paga en estos países.

Pero a los efectos de este trabajo en lo que a gobierno corporativo y composición de los órganos sociales se refiere, este informe recoge también información al respecto, tales como la presencia máxima de consejeros en otros consejos, o la identificación como consejero independiente. Antes de entrar en los números que se han recogido, parece evidente que en este caso asistimos a una duplicidad de informes, pues las mencionadas son cuestiones objeto de publicación en el informe anual de gobierno corporativo de cada una de las sociedades cotizadas, lo que además de resultar un tanto innecesario, consideramos que podría favorecer a la confusión de conceptos entre los principios del gobierno corporativo y la responsabilidad social corporativa. De los diez puntos que el informe del Observatorio de Responsabilidad Social Corporativa dedica al gobierno corporativo de la entidad, queremos especialmente distinguir tres de ellos que son objeto del otrora informe: «*¿El reglamento del consejo establece el número máximo de consejos de sociedades de los que pueden formar parte sus consejeros? ¿Se explica que se pretende un número adecuado de mujeres en el consejo? ¿Al menos la mitad de sus consejeros son realmente independientes?*». Hay que recordar que este informe presta especial atención no sólo al cumplimiento o no de determinados principios «sociales», sino a la calidad y transparencia de la información facilitada, y ese es precisamente el nexo entre la responsabilidad social y el gobierno corporativo, la información ofrecida, la veracidad, la transparencia. Pero ello no ha de confundir precisamente el ánimo y objeto de ambos informes pues sinceramente siendo un tanto interpretadores de la literalidad de los objetivos de la responsabilidad social, la presencia de un número determinado de consejeros independientes no guarda aparentemente ningún tipo de relación con el respeto a los derechos humanos o de los trabajadores, pues ni tan siquiera tiene por qué asegurar que a mayor

---

105. Informe «*La responsabilidad social corporativa en las memorias anuales de las empresas del IBEX 35*» publicado por el Observatorio de Responsabilidad Social Corporativa. Ejercicio 2014. Puede consultarse en: http://observatoriorsc.org/Informe_memoriasRSC_ibex_2014_completo_def.pdf

número de consejeros independientes, mayores probabilidades habrá de una inversión responsable, pues hemos de reconocer que del punto dedicado a esta tipología de consejeros, nos ha llamado especialmente la atención de «realmente» independientes, como si quisiera decir que pese a lo que se haya manifestado en el informe anual de gobierno corporativo, se esperase una respuesta diferente o «más sincera» en el de responsabilidad corporativa. A lo que nos referimos es que no entendemos esta duplicidad sobre esta información en concreto, pues la presencia de consejeros independientes, de favorecer una cuota femenina en el consejo o de la limitación del número máximo de consejos a los que pertenecer, actualmente son objeto de recomendación por parte del Código de Buen Gobierno (Recomendaciones 17, 14 y 25 respectivamente), lo que implica que las sociedades ya están informando sobre su aplicación, no descartando que en el futuro alguna de ellas pase a ser obligación legislativa. Y si ya emiten un informe sobre las mismas, no parece razonable que se mezcle con la responsabilidad social, pues en cierto modo alimentaría la tesis de aquellos críticos de la aplicación de la responsabilidad social que entienden que ésta al final se configura como simple marketing empresarial por los supuestos datos que aseguran que por imagen, aquellas entidades que promueven a conciencia una mayor responsabilidad empresarial obtienen mejores resultados. Por citar un ejemplo, si una entidad hace públicamente especial hincapié en la diversidad de género de la composición de su consejo, por un mismo y único hecho, estaría obteniendo un resultado triple, pues da cumplimiento a la Recomendación 14 del Código de Buen Gobierno, al artículo 540 de la Ley de Sociedades de Capital, que sin resultar imperativo sí lo insta, y al indicativo I.C.49 de los principios de responsabilidad social corporativa. Triple cumplimiento cuyo uso de dicha información favorecería la imagen de la sociedad, pero que hay quien dudaría si se trata de un dato más estratégico-comercial que societario[106]. Por ello, a fin de evitar que el cumplimiento ya no sólo de las Recomendaciones del Código, sino de la propia

106. No es objeto de este trabajo valorar la veracidad o no de dicho dato, y si el cumplimiento de la diversidad de género, por citar un ejemplo, se haría en cumplimiento de los principios del gobierno corporativo, por responsabilidad social, o bien por puro marketing como sostienen algunos críticos. Sin embargo, hemos querido destacarlo pues en la presentación del *«IV informe de las mujeres en los Consejos del Ibex 35»* publicado por IESE y Atrevia, la Presidenta de esta entidad, Doña Nuria Vilanova, destacó la *«anomalía del hecho que ahora hay más mujeres en los consejos de administración que en los comités de dirección de las empresas. Lo normal sería que el primer paso fuera el comité de dirección»* lo que desde luego es valorable tanto en un sentido como en otro. En cualquier caso, dicho informe destaca el paulatino aumento de presencia de mujeres en los consejos de administración del IBEX 35, situándose en la actualidad en el 19,83%, lo que supone un incremento del 71,7% desde el año 2010. Puede consultarse la noticia completa en http://www.expansion.com/empresas/2016/03/02/56d6fcd222601dc33d8b462d.html

Ley como establece el citado artículo 540, pueda ser objeto de utilización comercial, consideramos que los principios del gobierno corporativo en cuanto a la composición de los miembros del consejo ha de ser exclusivamente objeto del informe anual de gobierno corporativo, principios que entendemos no deben relacionarse con las conductas socialmente responsables que espera promover la responsabilidad social. Es cierto que promover la diversidad de género efectivamente puede considerarse socialmente responsable, pero al ser objeto de regulación en los códigos de buen gobierno, digamos que aumenta su rango normativo dejando por tanto de ser un principio de responsabilidad social para serlo entonces de gobierno corporativo, de la misma manera que sucede cuando una recomendación de los códigos de buen gobierno pasa a tener rango de Ley, dejando en este caso de ser un principio de *soft law* para pasar a serlo de Derecho imperativo. Es decir, que si normativamente la Ley ostenta un rango superior sobre las recomendaciones de los códigos de buen gobierno, igual sucede con éstas con respecto a los principios de la responsabilidad social corporativa, básicamente porque en aquellas, su incumplimiento ha de explicarse, lo que no sucede con éstas. Por ello consideramos que al formar parte de los códigos de gobierno corporativo, aumenta su rango, y que por tanto deja de ser necesario que se regule como principio de responsabilidad social.

4. Crítica a la Responsabilidad Social Corporativa. A colación de todo lo anterior sobre la utilización de la información que las entidades ofrecen sobre su política de responsabilidad social, hemos querido dedicar un punto aparte a determinadas críticas que la misma recibe, no en cuanto a sus principios, pues difícilmente puede haber manifestación en contra del respeto a los derechos humanos o el medio ambiente, sino todo lo que el concepto implica en sí, pues tener cierta responsabilidad social entendida como interés en el crecimiento, formación y respeto a determinados valores en el fondo puede confundirse con una «obra social». Bien es cierto que hay que distinguir, pues la obra social se refiere a la política activa en el cumplimiento de determinados fines sociales, para lo cual muchas entidades del IBEX 35 y demás cotizadas canalizan a través de una fundación, obligatoria para el caso de los bancos, y voluntaria aunque extendida en empresas de otra rama de la actividad, mientras que la responsabilidad social se refiere a la conducta de la empresa en sí. No obstante, el hecho de tener una fundación con plena vinculación a la sociedad en sí favorecería justificar que la política de responsabilidad social ya se efectúa por medio de la corres-

pondiente fundación, y es que en la actualidad existe un alto grado de relación interna entre estas fundaciones con respecto a su sociedad «matriz», salvando las distancias de esta denominación[107]. Por ello, existen también estudios doctrinales acerca de la aplicación de los principios del gobierno corporativo en el modelo de funcionamiento y composición del patronato de las fundaciones[108]. Pero su funcionamiento, precisamente por su vinculación con las grandes compañías, también es evaluado por los correspondientes informes que alertan sobre la falta de transparencia de algunas de las más representativas de las compañías cotizadas[109].

Por ello al fin y al cabo hay voces que se preguntan si realmente se está creando un marketing alrededor de la responsabilidad social, más aún si la efectiva práctica de estos principios efectivamente tiene un reflejo en aumento de la reputación y especialmente de los resultados contables, que al final es el objeto de la propia sociedad[110]. Y es que lo que en ocasiones se torna como una política social, por otro lado encuentra ciertas contradicciones, como advierte el artículo de Ramón Jáuregui que acabamos de citar al pie, en el caso de la fiscalidad, ya que resultaría muy gráfico que las grandes empresas paguen únicamente un tipo reducido del Impuesto de Sociedades como sostiene el artículo, que sería inferior al de las PYMES y

107. Informe *«Fundaciones corporativas. El alma de las empresas»* publicado en 2016 por la Fundación PricewaterhouseCoopers, que puede consultarse en https://www.pwc.es/es/fundacion/assets/fundaciones-corporativas-alma-empresas.pdf

108. EMBID IRUJO, J. M. / EMPARANZA SOBEJANO, A.: «El gobierno corporativo de entidades no mercantiles. Especial referencia a las cooperativas y las fundaciones» en AAVV: *Gobierno Corporativo: la estructura del órgano de gobierno y la responsabilidad de los administradores*. Dir. Alfonso Martínez-Echevarría y García de Dueñas. Ed. Aranzadi. Navarra, 2015. Pág. 1045.

109. La Fundación Compromiso y Transparencia elaboró el «Informe Construir Confianza 2013» donde advierte que algunas fundaciones pertenecientes a sociedades del IBEX como Abertis, BBVA, ACS o Banco Popular tienen una información muy poco transparente, siendo el número que engloba esta lista el doble de las que sí se consideran como transparentes. La noticia se recoge en http://www.elconfidencial.com/empresas/2014-03-19/ocho-de-cada-diez-fundaciones-empresariales-ocultan-sus-resultados_103780/

110. En este sentido, encontramos una demoledora crítica en el Diario El País por parte de Ramón Jáuregui, quien ostentara entre otros los cargos de Ministro o Delegado del Gobierno, en un artículo titulado *«Responsabilidad Social Corporativa: ¿Una experiencia frustrada?»*. Se recoge en http://economia.elpais.com/economia/2014/11/13/actualidad/1415915651_828767.html

los particulares[111], lo que no impide por otro lado la buena reputación, al menos en determinados aspectos, de alguna de estas grandes entidades[112].

Otro aspecto criticable es lo que se conoce como la reinversión en la sociedad, en capital humano y en el crecimiento sostenible, pues a la postre se trata de conceptos muy ambiguos que pueden ser objeto, bien de una política empresarial, o bien desde una social, para lo que en este caso operarían las correspondientes fundaciones. Pero ¿qué ocurre cuando es la comunidad la que, de forma obligada, es la que invierte en la propia sociedad? Nos referimos, siguiendo al artículo mencionado, al caso de las ayudas de estado, y muy especialmente a los rescates bancarios durante la crisis económica, que provocó la intervención estatal cuya factura ha sido asumida por el contribuyente. Difícilmente puede hablarse de reinversión en la comunidad en tal caso, pues ha sido el conjunto de la ciudadanía quien ha asumido el coste del daño causado por una mala praxis empresarial que requirió de la intervención estatal para no poner en riesgo el sistema financiero. Y esta última reflexión sobre «daño» como si se tratara de la obligación de reparación del daño causado según el artículo 1902 del Código Civil, esto es, la responsabilidad civil, nos invita precisamente a cuestionar la propia denominación de responsabilidad social[113]. Porque al hablar de responsabilidad no puede vincularse a la protección coercitiva extracontractual de los intereses de los grupos de interés, ni tampoco generar una obligación extra más allá de la que supondría el incumplimiento de la Ley en materia laboral o medioambiental, pues si hablamos de responsabilidad y se junta con un hipotético incumplimiento, que en este caso es más bien un no seguimiento, ¿quién sería acreedor legitimado para reclamar dicha responsabilidad? Se trataría de un debate sin salida, pues en sede societaria los actos de los administradores han de valorarse en el estricto ejercicio de su cargo en base al interés social, con lo que el Profesor Sánchez-Calero duda de la posibilidad de iniciar una acción de responsabilidad contra los admi-

111. Ello llevó al actual Ministro de Hacienda a reconocer que *«no se entiende ni se puede aceptar»* este tipo impositivo, declaraciones que constan en la noticia. http://www.expansion.com/economia/2017/01/25/588858e1ca4741331a8b45ec.html. Sin embargo, las mismas fueron desmentidas por la Confederación Española de Organizaciones Empresariales (CEOE), asegurando que el tipo ascendía al 20%, según consta en la noticia: http://www.elmundo.es/economia/2017/02/07/5899afb922601da1038b460e.html

112. Un artículo de la página web de la EAE Business School cita a IKEA, Inditex y Mercadona como tres buenos ejemplos positivos de Responsabilidad Social Corporativa, por su trato a clientes, trabajadores y resultados contables, habida cuenta que estas dos últimas, de indudable peso económico, son dos entidades que no invierten en publicidad.

113. Crítica del Profesor Sánchez-Calero que compartimos, la cual sostiene en SÁNCHEZ-CALERO GUILARTE, J.: *«El interés social...»* cit. Pág. 907.

nistradores por el mero incumplimiento de una práctica de responsabilidad social.

B) LOS ACCIONISTAS

El accionista, como propietario de la sociedad, representa el primer grupo de interés de la misma al ser destinatario del objetivo lucrativo. Sin embargo, la diversidad de intereses que uno u otro pueda defender influirá directa o indirectamente en los propios actos societarios y empresariales que irán hacia la tendencia mayoritaria de los accionistas. Hemos visto ejemplos de que considerando un mismo perfil del accionista común, cada uno de ellos puede entender de diferente forma qué es el interés social, para lo que se hará uso de las mayorías accionariales para, si no imponer un órgano de administración a la carta, sí ejercer un férreo control del mismo. Esta situación habitualmente se desarrolla en mayor medida en la sociedad anónima habida cuenta del carácter aparentemente abierto de la misma, multiplicándose su problemática en sede de cotizadas por su muy amplia heterogeneidad accionarial.

Por ello a la hora de estudiar al accionista como primer grupo de interés de la sociedad cotizada, resultaría estéril referirnos al mismo desde un punto de vista medio o común, como sugiere el Código de Buen Gobierno a la hora de definir el interés social, pues la diferencia entre los diferentes tipos accionariales de las cotizadas ya nace en función de diversos elementos, ya sea por el número de acciones de las que directa o indirectamente se sea portador, en función de la propia naturaleza jurídica del accionista diferenciando entre simple persona física o fondos de inversión, o por el objetivo o rédito que se pretende obtener de la participación en el capital social, para lo cual incluso será valorable el plazo estimado de consecución esperada. En tal caso, trataremos de hacer un repaso en torno a los grupos accionariales de cierta significación con el fin de entender sus diferentes objetivos que generará por tanto una diversa confluencia de intereses en el seno de la junta general, la cual a su vez llevará a tratar de descifrar qué actos estarían encuadrados dentro del interés social, para a su vez plantear los diferentes casos de conflicto de intereses que pudieran suscitarse y que influirán asimismo en la noción de interés.

1. Clases de accionistas

A. *Núcleos significativos*

La conceptualización de núcleos accionariales de referencia, más allá de una obvia posición porcentual relevante, tiene una propia definición normativa conocida como «participaciones significativas». Sin embargo, se trata de un concepto un tanto ambiguo por equívoco[114], pues no se refiere a un umbral concreto que nos permita catalogar una porción de capital concreta como significativa, sino más bien en función de los diferentes porcentajes que se vayan alcanzando a los efectos de la publicidad de la modificación de los diferentes pactos parasociales que puedan suscribirse. Se trata por tanto más de una obligación de transparencia para el ejercicio del derecho de voto que de una consideración matemática sobre el número de acciones que ostente el socio.

En la actualidad, el concepto y umbrales de las participaciones significativas se regulan en el artículo 23 del Real Decreto 1362/2007, de 19 de octubre, por el que se desarrolla la Ley 24/1988, de 28 de julio, del Mercado de Valores, en relación con los requisitos de transparencia relativos a la información sobre los emisores cuyos valores estén admitidos a negociación en un mercado secundario oficial o en otro mercado regulado de la Unión Europea. Dicho artículo establece como umbrales el 3% y los sucesivos múltiplos del 5% de las acciones que atribuyan derechos de voto[115]. Nos referimos como decíamos a la publicidad de las modificaciones de dichas cuotas, debiendo ser notificado a la propia sociedad y a la Comisión Nacional del Mercado de Valores la adquisición o transmisión de acciones que confieran derecho de voto cuando el resultado de esa operación tenga como consecuencia superar o rebajar los umbrales indicados en la nota al pie. Esta actual redacción a la que se remite el artículo 125 del actual Texto Refundido de la Ley del Mercado de Valores (Real Decreto Legislativo 4/2015, de 23 de octubre) ha supuesto una doble modificación en lo que hasta entonces conocíamos, pues el artículo 1 del Real Decreto 377/1991, de 15 de marzo, sobre Comunicación de Participaciones significativas en Sociedades Cotizadas y de Adquisiciones por éstas de acciones propias, que desarrollaba el artículo 53 de la derogada Ley 24/1988, de 28 de julio, del Mercado de Valores, establecía su umbral a partir del 5%, y no del 3% como actualmente, pero sobre todo, la anterior redacción se refería a las acciones en su conjunto con independencia de su clase, mientras que actualmente la norma se refiere de forma concreta a acciones que otorguen derecho de voto a su titular. En nuestra opinión, nos parece una modificación acertada toda vez que el sentido de la norma precisamente se refiere a la publicidad de los pactos parasociales que pudieran derivarse de las diferentes sumas accionariales para precisamente emitir el voto en un sentido o en otro. Hay que tener en cuenta

114. SÁNCHEZ CALERO, F.: *La junta general en las sociedades de capital.* Ed. Thomson-Civitas. Navarra, 2007. Pág. 723.
115. De forma concreta, se establecen en el 3%, 5%, 10%, 15%, 20%, 25%, 30%, 35%, 40%, 45%, 50%, 60%, 70%, 75%, 80% y 90%.

además que en dicha cuantificación se incluyen los derechos de adquisición, esto es, a través de los instrumentos financieros que permitan obtener el porcentaje determinado establecido para la consideración de significativo. Por ello, y al referirse a los derechos de voto, esta reglamentación se sustenta ante la posibilidad real de que la suma accionarial comporte un ánimo de ejercer una influencia notable[116].

La posición de los accionistas significativos se refleja de manera gráfica a través del Informe Anual de Gobierno Corporativo, que extraemos de los informes publicados por la Comisión Nacional del Mercado de Valores:

- En el caso de las entidades del IBEX 35 en el informe del ejercicio 2013, se extrae una media del 28,4% del capital social en manos de accionistas significativos no consejeros, mientras que el 10,8% corresponde a participaciones en manos del consejo de administración. Como dato curioso, añadir que en 6 entidades, que representan el 17,1% del total, existe alguna persona física o jurídica que posee la mayoría de los derechos de voto. Sobre los no consejeros, la mayoría se tratan de entidades privadas residentes o no, seguidas de entidades financieras y fondos de inversión[117].
- En el caso de la generalidad de las sociedades cotizadas, según el informe del ejercicio 2015, el porcentaje de accionistas significativos no consejeros alcanza el 33,2% del capital, quedando en manos del consejo el 22,2%. Un total de 25,5% de las sociedades cotizadas tiene un accionista que posee la mayoría de los derechos de voto[118].

Todos estos datos hay que analizarlos con la prudencia de las diferentes fluctuaciones que pudieran derivarse en los años siguientes a la emisión de dichos informes, si bien resultan cuanto menos orientativos de los datos

116. MATEU DE ROS CEREZO, R.: «Bloques accionariales, núcleos duros y accionistas significativos» en *Gobierno Corporativo* de «Cuadernos de Derecho para Ingenieros». Ed. La Ley, Madrid 2009. Pág. 120.
Los «Cuadernos de Derecho para Ingenieros» es una publicación editada por La Ley para Iberdrola y la Asociación de Ingenieros del ICAI dentro de una amplia colección de textos jurídicos, que dedica un cuaderno completo al Gobierno Corporativo, coordinado por Cándido Paz-Ares, y que cuenta con los textos de autores como Alcolea Santos, Alonso Ureba, Alfaro Águila-Real, Mateu de Ros, Quijano González o Vives Ruíz.
117. Datos recogidos en el Informe anual de Gobierno Corporativo de las compañías del IBEX 35, ejercicio 2013, publicado por la Comisión Nacional del Mercado de Valores.
118. Datos recogidos en el Informe anual de Gobierno Corporativo de entidades emisoras de valores admitidos a negociación en mercados secundarios oficiales, ejercicio 2015, publicado por la Comisión Nacional del Mercado de Valores.

medios que se manejan en la actualidad en nuestras grandes compañías[119].

B. *Accionistas institucionales*

1. Acercamiento a su concepto. Nuestra legislación carece de una definición concreta y específica de inversor institucional, si bien las diferentes normas reglamentarias y las contribuciones de parte de nuestra Doctrina más autorizada nos han acercado a una idea global que ha posibilitado que las diferentes normas societarias le sean también de alcance a este importante grupo accionarial de la sociedad. Y es que por un lado algunas normas nacionales y comunitarias realizaban más que una conceptualización en sí, una lista de todas aquellas clases de entidades que podrían catalogarse como inversores institucionales. De esta manera, el derogado Real Decreto 291/1992, de 27 de marzo, sobre emisiones y ofertas públicas de venta de valores, se refería a fondos de pensiones, entidades aseguradoras, de crédito y las instituciones de inversión colectiva. Más adelante, la Directiva comunitaria 2003/71/CE, que se canalizó en España a través del Real Decreto 1310/2005, aumentaba los supuestos en una amplísima conceptualización, refiriéndose a la especial «*cualificación*» de estas entidades. Es decir, ya no se refiere de forma especial a su naturaleza jurídica, sino que emanando de la misma se les presume a estas entidades una especial capacitación[120]. Y a raíz de los ejemplos normativos, la Doctrina nos los define como rasgos característicos a todos ellos aquellas entidades con especial cualificación, que gestionan la inversión de una pluralidad de sujetos, que entran en el

---

119. Ello resulta por la gran diversidad tipológica que existe en algunas de las entidades más representativas del IBEX. Por ejemplo, si observamos el caso de la primera cotizada actual, INDITEX, se da la circunstancia de un único accionista, Don Amancio Ortega, con casi un 60% del accionariado, que aumenta en cinco puntos si consideramos a su hija Doña Sandra. Situación radicalmente opuesta a la siguiente de la clasificación, el BANCO SANTANDER, donde el 80% del capital está formado por el denominado *free float*. Su actual máximo accionista, el fondo BlackRock, ostenta un 5,10%. Datos ciertamente similares en TELEFÓNICA, IBERDROLA, BBVA y AMADEUS. Otra cuestión de cierta relevancia son las «participaciones cruzadas» que se reflejan en que la mitad de las entidades del IBEX tienen en común a algún accionista con más de un 5% de participación. Noticia que puede consultarse en http://www.eldiario.es/economia/MAPA-Ibex-comparte-accionista-relevante_0_448655627.html

120. De forma muy reciente a escribir estas líneas, hemos tenido conocimiento de una Sentencia dictada en primera instancia que se refiere a esta cualificación especial de los inversores institucionales. A lo largo de este trabajo se ha citado en numerosas ocasiones el caso de la salida a Bolsa de la entidad Bankia, por ser una cuestión que consideramos que ha generado un especial interés jurídico y judicial, habida cuenta de la enorme cantidad de pleitos que ello ha conllevado. Sin temor a equivocarnos,

capital de una sociedad separándose de la gestión, y diversificando sus participaciones como una forma de control del riesgo[121], recordando Tapia Hermida que no tienen por qué ostentar personalidad jurídica propia, pues por citar un ejemplo, los fondos de inversión son instituciones de inversión colectiva sin personalidad jurídica propia a diferencia de las sociedades de inversión, con independencia de que ambos tipos de entidades sean administradas por sociedades especializadas[122].

2. La inicial pasividad de los inversores institucionales. El constante cambio y movimiento de los mercados generan modificaciones continuas en la forma de entender a los agentes actuantes, y fruto de esta globalización se ha destacado un igual cambio en la actitud de los inversores institucionales en relación a las sociedades cotizadas de las cuales ostentan participación. Incluso ha sido objeto de regulación legal su propio posicionamiento, promovido principalmente por las sucesivas modificaciones legislativas que han desembocado en elevar a rango de Ley lo que anteriormente eran meras modificaciones de los Códigos de Buen Gobierno. Pero lo que parece pacífico es que en el momento inicial del «desembarco» de los inversores institucionales en el capital de las grandes compañías en nuestro país[123], la actividad de éstos con respecto a la sociedad en la que participan era más bien limitada o escasa, esto es, que apenas tenían incidencia en la

podemos decir que la inmensa mayoría de las demandas judiciales planteadas han tenido como resultado la condena a Bankia a devolver a los inversores la cuantía desembolsada en la oferta pública de suscripción. Sin embargo, hubo un pleito en concreto que suscitó un especial interés, que fue el iniciado por Iberdrola con idéntico *petitum*, si bien a diferencia de un accionista minorista, hablábamos de una inversión de 12 millones de euros. Pues bien, el Juzgado de Primera Instancia n.º 89 de Madrid acaba de fallar desestimar la demanda, absolviendo a Bankia al entender que Iberdrola disponía de *«información notabilísimamente superior a la que tenían los inversores minoristas»* por lo que no puede apoyarse en la falsedad de las cuentas para considerar que cometió un error excusable al comprar acciones de la entidad. Si bien esta Sentencia no es firme, y previsiblemente Iberdrola la recurrirá, a los efectos de este trabajo nos parece interesante precisamente la valoración que hace el juzgador de primera instancia, que sin que entremos a valorar el fallo en sí, consideramos que su argumento principal para desestimar la demanda radica en la posición de inversor institucional de la parte actora, al tratarse de una entidad con especial cualificación para la toma de decisiones. La noticia de la Sentencia se extrae de: http://www.expansion.com/empresas/banca/2017/03/24/58d572e8468aeb74768b45e0.html

121. HERMOSILLA GIMENO, R.: «Inversores institucionales y su papel en el gobierno corporativo» en AAVV: *Gobierno Corporativo*. Ed. La Ley, 2009. Pág. 141.

122. TAPIA HERMIDA, A.: «Concepto y tipología de inversores institucionales» en AAVV: *«Accionistas institucionales, inversores y agencias externas»*. Ed. La Ley, 2011. Pág. 51.

123. Hay que advertir que cuando hablamos de «desembarco» no nos referimos a un momento puntual en que este tipo de entidades pasaran a formar parte del capital de

vida societaria en el ejercicio práctico de los derechos y facultades que ostenta su posición. Esta situación se justificaba en que la participación accionarial realmente tenía índices bajos, no por falta de confianza o incluso de liquidez, sino como una manera de minorar el riesgo del capital mediante la diversificación, como actualmente sigue ocurriendo, por citar un ejemplo, en fondos de inversión que precisamente reparten sus inversiones en varios negocios, mercados o empresas como una evidente forma de «no jugar» todo el patrimonio, dicho coloquialmente, a una sola carta[124]. Pero aun con baja participación accionarial, lo cierto es que los inversores institucionales tampoco parecían tener especial interés en ejercer sus derechos accionariales, y mucho menos, pasar a formar parte del órgano de administración o en su defecto realizar un efectivo control del mismo, y es que incluso el Informe Olivencia, texto que dio paso al primer código de gobierno corporativo en nuestro país, reconocía que los inversores institucionales *«preferían la liquidez al control»* evidenciándose así la cierta pasividad a la que hacíamos referencia.

Fruto de esta pasividad desembocó en lo que algunos autores[125] han calificado como la «teoría pesimista» sobre los inversores institucionales, que se refiere a lo que varios autores sostienen al considerar que esta tipología de accionista no va a ayudar a separar la propiedad y control, precisamente por su baja participación y su escaso activismo[126]. Frente a ellos, los integrantes de la «teoría optimista» consideran que la presencia de inversores institucionales en el accionariado sí facilitará esa separación puesto que un paulatino aumento de la participación forzaría a los inversores a interesarse cada vez más por el devenir societario[127].

3. Hacia un mayor activismo del inversor institucional. La denominada teoría optimista no estaba muy desencaminada al predecir un paulatino aumento del porcentaje accionarial en manos de los inversores institucionales, si bien el informe anual de gobierno corporativo de la Comisión

las sociedades cotizadas españolas, pues ello ya sucedía con anterioridad, sino más bien al momento en que se comenzó a tener la noción jurídica de inversor institucional, situación que sucedía de forma más habitual en alguno de los mercados internacionales más relevantes.

124. SÁNCHEZ CALERO, F.: «*La junta general...*» cit. Pág. 733.

125. Algunos estudios sobre ésta y otras teorías las encontramos en HERMOSILLA GIMENO, R.: «*Inversores institucionales...*» *cit.* Pág. 140; y SÁNCHEZ CALERO, F.: «*La junta general...*» cit. Pág. 734.

126. RONCERO SÁNCHEZ, A.: «Inversores institucionales y el denominado gobierno corporativo» en AAVV: *El gobierno de las sociedades cotizadas*. Ed. Marcial Pons. Madrid, 2009. Pág. 485.

127. MARTÍ LACALLE, R.: *El ejercicio de los derechos de la minoría en la sociedad anónima cotizada*. Ed. Aranzadi. Navarra, 2003. Pág. 214.

Nacional del Mercado de Valores no realiza un desglose de su participación, se deduce parcialmente de los datos ofrecidos por las participaciones significativas declaradas, pues el informe sí separa estas en función de los diferentes titulares de estas participaciones, para lo cual bastaría con aunar aquellas entidades que están consideradas como inversores institucionales. Y fruto de este aumento se comenzó a percibir un mayor interés de éstos en el ejercicio de los derechos del socio, si bien no de forma uniforme, pues en la práctica hablamos de una clase de inversor bastante dispar y heterogéneo que ni mucho menos cumple unos patrones preestablecidos en las diferentes sociedades en las que participan. Este es el motivo que justifica la promulgación de diferentes normas reguladoras, tanto sobre la relación de los inversores institucionales con respecto a la sociedad en la que participan y viceversa, como en lo referente a la publicidad que han de dotar a dicha relación, lo que se ha significado como un mayor activismo accionarial de esta tipología de accionistas.

Ahora bien, con respecto a este mayor activismo, nos encontramos con dos posturas doctrinales no necesariamente opuestas, que aprecian ciertas particularidades en esta participación efectiva de los inversores institucionales con respecto a la posición que como accionistas ostentan. Por un lado, Sánchez Calero considera que si los inversores institucionales ejercen su derecho de voto en el seno de la celebración de una junta general, lo más comprensible sería pensar que votarán a favor de las propuestas de los administradores, puesto que se presume una investigación previa sobre la compañía que va a resultar participada, y que en caso de entrar en el accionariado de la misma, al no tener aspiraciones políticas sino más económicas, es porque existe una cierta confianza en el equipo de gestión[128]. Por otro lado, Trías Sagnier no resulta tan optimista al considerar que la apatía accionarial se justificaba en el alto coste que para los inversores institucionales implicaba ejercer el voto en el sentido de valorar la información societaria y votar en consecuencia para defender los intereses de los partícipes del fondo, si bien reconoce que las modificaciones comunitarias y legislativas en torno a facilitar el voto electrónico y transfronterizo, simplifica en cierto modo esta problemática, aunque de forma similar a Sánchez Calero, termina entendiendo que habrá una delegación del voto en los administradores[129].

128. SÁNCHEZ CALERO, F.: «*La junta general...*» cit. Pág. 736.

129. TRÍAS SAGNIER, M.: «Los inversores y accionistas institucionales en relación con la junta general de accionistas y el consejo de administración de las sociedades cotizadas» en AAVV: *Accionistas institucionales, inversores y agencias externas*. Ed. La Ley. Madrid, 2009. Pág. 72.

En lo que sí parece ser pacífica la doctrina es en considerar que cada vez existe un mayor activismo accionarial por parte de los inversores institucionales como consecuencia de su paulatino aumento de participación, que se justifica no sólo en lo porcentual sino especialmente en lo cuantitativo, habida cuenta de las cifras que maneja la capitalización de una sociedad cotizada. Y esa mayor participación en la toma de decisiones del órgano soberano de la sociedad encuentra su justificación en la defensa del interés de los partícipes, pues por citar un ejemplo, la política de reparto de dividendos de una compañía es uno de los elementos de mayor interés para los inversores institucionales, pues de ahí obtiene el rendimiento neto, para lo cual será habitual que voten a favor de la distribución de beneficios frente a provisionar la tesorería. Otro ejemplo lo encontraríamos ante una oferta pública de adquisición, donde el interés de los accionistas pueda verse confrontado con el de los administradores, si se trata de una OPA hostil.

Bien es cierto que en este tipo de situaciones nos encontramos con habituales asesores de voto. Sin embargo, este tipo de agente, cuyo estudio excede del ámbito del presente trabajo, es objeto de una especial supervisión pues en ocasiones pueden darse situaciones de conflicto de interés si estos asesores de voto también lo son de la propia sociedad participada, o de otras entidades presentes en la misma o especialmente vinculadas[130]. Sea como fuere, siendo residual la participación de los inversores institucionales en el órgano de administración de las sociedades, su mayor implicación y activismo ayudaría a promocionar el ejercicio del control del consejo a través de accionistas no vinculados al mismo, lo que indudablemente ayuda a la regeneración de la propia sociedad[131].

4. Inversores institucionales y gobierno corporativo

a. ¿Protagonismo privilegiado o revitalización de la junta? Remontándonos unos años atrás, el Informe Olivencia en su epígrafe 9.4 no disimuló mucho a la hora de tratar de captar a los inversores institucionales como adeptos a «la causa» de los principios del gobierno corporativo, reconociéndoles su importancia y animándolos a participar cada vez de forma más activa en los órganos de la sociedad. Pero de igual manera, también invitaba a las propias sociedades a mantener una comunicación directa, fluida y

130. Un famoso ejemplo es el del *Institutional Shareholders Services*, cuya amplísima cuota de mercado fue objeto de mención como un aspecto preocupante en el documento publicado por la OCDE el 24 de febrero de 2010 bajo el título de «*Corporate Governance and the Financial Crisis*». Puede verse información sobre esta entidad en su página web https://www.issgovernance.com/

131. ENCISO ALONSO-MUÑUMER, M.: «Los inversores institucionales en las reglas de gobierno corporativo de las sociedades cotizadas» en AAVV: *Accionistas institucionales, inversores y agencias externas*. Ed. La Ley. Madrid, 2011. Pág. 180.

habitual con estos inversores. Ello buscaba un fin, pero también un reconocimiento, y que debido a su especial importancia, reproducimos con exactitud: «*El consejo debe propiciar un contacto regular con dichos inversores para intercambiar puntos de vista y establecer un cauce que les permita proporcionar información valiosa a la dirección de la compañía para articular sus estrategias empresariales y de gobierno. No ignoramos que la puesta en marcha de estas iniciativas entraña siempre el riesgo de acceso a información sensible*».

Este texto ha sido considerado como un evidente trato de favor o privilegiado a los inversores institucionales con respecto al resto del capital social[132]. La pregunta es si ello choca o vulnera el principio de igualdad de trato de los accionistas, o si por el contrario se trata de una medida aconsejable con un fin beneficioso para la propia sociedad en el sentido más amplio de fomento de los principios del gobierno corporativo. El propio Informe Olivencia, aun a sabiendas del peligro que entrañaba esa política de aproximación, confiaba en que ello pudiera paliarse con las normas de conducta. Actualmente, el vigente Código de Buen Gobierno en su Recomendación 4 promueve «*una política de comunicación y contactos con accionistas, inversores institucionales y asesores de voto que sea plenamente respetuosa con las normas contra el abuso de mercado y dé un trato semejante a los accionistas que se encuentren en la misma posición*», lo que sin duda alguna rebaja cuantitativamente el tono quizás excesivamente cómplice del Informe Olivencia.

Pero lo que sí es evidente, y en ello la Doctrina más autorizada está de acuerdo, es que se buscan de forma habitual mecanismos que traten de revitalizar el poder de la junta general, otorgándole mayores poderes y fomentando su participación. Existen numerosos estudios sobre ello, que veremos en capítulos posteriores, y que en la actualidad se han plasmado en la Ley 31/2014 para la mejora del gobierno corporativo. Este es uno de los constantes objetivos de los principios del buen gobierno, y es precisamente este ánimo el que justifica que se haya promovido un mayor contacto, privilegiado o no, con los inversores institucionales, pues la elaboración de un conjunto de normas imperativas sobre ellos resulta más sencilla que frente a un accionista medio en el sentido de, por ejemplo, una persona física con una ínfima participación. No hay que olvidar además que los inversores institucionales son en la práctica instrumentos canalizadores de la inversión de otros inversores, que son sus propios partícipes, lo que hace que resulte más sencillo, en atención a la defensa de éstos, la elaboración de un conjunto normativo que les haga implicarse en mayor medida en la actividad de la sociedad participada, cuyo resultado final tiene como consecuencia precisamente el objetivo esperado: mayor control de la junta sobre el órgano de

132. HERMOSILLA GIMENO, R.: «*Inversores institucionales...*» cit. Pág. 145.

administración a través de una mayor implicación, activismo accionarial y ejercicio de los derechos inherentes a la condición de socio.

b. La obligación de ejercer el voto. Ese ánimo de tratar de atraer a los inversores institucionales hacia el ejercicio de los derechos de socio ha evolucionado de una manera tan significativa, que ha pasado a ser un imperativo legal, si bien en este caso nos referimos de forma específica a las Instituciones de Inversión Colectiva que, sin representar la totalidad de la consideración de los inversores institucionales, sí representan una importante parte.

De esta manera, la Ley 35/2003, de 4 de noviembre, de Instituciones de Inversión Colectiva, en su artículo 46.1 apartado d) establece que *«la sociedad gestora estará obligada a ejercer todos los derechos inherentes a los valores integrados en el fondo en beneficio exclusivo de los partícipes, especialmente el derecho de asistencia y voto en las juntas generales»*. De forma más amplia, se manifiesta el Real Decreto 1082/2012, de 13 de julio, por el que se aprueba el Reglamento de desarrollo de la Ley 35/2003, de 4 de noviembre, de instituciones de inversión colectiva, que en su artículo 115.1 apartado i) solicita ejercer la totalidad de los derechos inherentes a la condición de socio, con especial atención al de asistencia y voto, siendo en este caso obligatorio siempre que la sociedad participada sea española, en la que se lleve participada un mínimo de un año, y sobre la que se posea al menos un 1% del accionariado. El incumplimiento de dicha obligación deberá ser motivo de explicación en el correspondiente informe anual.

Esta redacción de la Ley es cierto que nos suscita algunas dudas, ya que inicialmente nos planteamos la idoneidad de imponer con carácter obligatorio el ejercicio del voto, concepto que choca con los principios democráticos precisamente del derecho de voto, entendido como la facultad de poder emitir un voto, como de no hacerlo. Y en segundo lugar, porque al tratarse de una norma legal, nos preguntamos qué consecuencias podría tener su incumplimiento, es decir, ¿se puede plantear una sanción o indemnización como consecuencia de no haber ejercido el derecho de voto en una junta general? Es evidente que ello resultaría tremendamente difícil, y más aún en el segundo caso, pues la indemnización sería como consecuencia de un daño efectuado, pero ya ello nos surge la duda si el sujeto dañado sería la sociedad participada, o en cambio los partícipes de la institución de inversión colectiva. A ello la propia Ley ofrece la solución únicamente estableciendo que su incumplimiento sea objeto de explicación en el informe anual, es decir, alineándose con el principio fundamental del gobierno corporativo del *«cumple o explica»*. Sin embargo, este principio está configurado precisamente como el elemento principal de las recomendaciones del denominado *soft law*, por lo que en modo alguno entendemos que tenga rango de Ley esta disposición, perdiendo precisamente el carácter imperativo y coercitivo de una norma legal de obligado cumplimiento. Por dicho motivo consideramos un tanto excesivo que el ejercicio del derecho de voto para una institución de inversión colectiva sea obligatorio por vía de Ley, para sin embargo perder toda su fuerza imperativa al equipararlo a mera recomendación de un código de conducta, por lo que no nos parece del todo comprensible su inclusión en la Ley y en su norma reglamentaria. Ahora bien, ello no es óbice para que se sigan fomentando medidas de reactivación de las competencias de la junta general, para lo cual la vía de los inversores institucionales siempre será útil para el legislador precisamente por la especial protección de los partícipes de esa institución colectiva, cuya regulación traerá consigo el fortalecimiento de la junta y la adopción de medidas de control del órgano de gestión.

C. *El capital flotante o «free float»*

La Comisión Nacional del Mercado de Valores lo define como la parte del capital social en manos de pequeños inversores con nula capacidad de influir en la compañía, a no ser que se actúe de forma agrupada[133]. Resulta interesante que a los efectos inversores, este folleto manifieste que *«en principio, las empresas de mayor tamaño y con mayor capital flotante ofrecen más liquidez»*, cuestión que resultará de especial interés precisamente a los pequeños inversores que al no tener capacidad de ánimo político alguno, consideran la adquisición de acciones como una operación de ánimo económico, no sólo en una esperada revalorización de los títulos, sino especialmente por la política de distribución de dividendos que tenga la compañía.

No se trata de una figura que suscite por sí misma un especial interés jurídico sino más bien a través de los diversos usos o utilidades que del mismo se den. Por ejemplo, por la existencia de las asociaciones de accionistas, cuya figura estudiaremos más adelante, al ser el vehículo de canalización de un activismo accionarial que de forma separada resultaría inútil y estéril. O por otro ejemplo, porque la variación de los porcentajes de capital flotante es inversamente proporcional a la adquisición o desinversión de participaciones significativas. Igualmente resulta interesante valorar los porcentajes del *free float* en relación a los indicativos sobre participación de los accionistas en la junta, ya que contribuye un tanto a la idea de la pasi-

133. Guía informativa de la Comisión Nacional del Mercado de Valores «*Las preguntas que debe hacerse todo accionista de una compañía cotizada*». Madrid, 2009. Pág. 11.

vidad del socio minorista por reflejar porcentajes similares[134], pues de una forma concreta, en el Informe Anual de Gobierno Corporativo de la Comisión Nacional del Mercado de Valores en el Ejercicio 2015, se establece un porcentaje de capital flotante en el 43,4% (página 31 del Informe) a la par que indica que el porcentaje medio de participación en las juntas celebradas, se encuentra en el 69,6%. ¿Significa que el 30% que no acude a la junta está formado mayoritariamente por ese 40% de capital flotante? Aparentemente sí, pues el Informe en su página 37, mediante un cuadro explicativo reconoce que *«la existencia de mayor porcentaje de accionistas minoritarios se traduce en una menor participación en las juntas, que aumenta a medida que disminuye el promedio de capital flotante»*. Es cierto que se hace mención a la política de fomentar la participación en la junta, si bien hablamos de recomendaciones del Código de Buen Gobierno que apenas han tenido recorrido por su escasa vigencia temporal, por lo que será muy interesante comprobar el comportamiento que desarrollen estas sociedades en los próximos años a fin de evaluar si existe un aumento paulatino de la participación de los socios minoritarios en la junta, con independencia del porcentaje de capital flotante. Por citar un último ejemplo, nos interesa el estudio del capital flotante en cuanto al conjunto de la estructura de propiedad de una sociedad en función de su concreta rama o actividad, ya que nos encontramos con algunos datos significativos: Por un lado, la evidente diferencia que existe de capital flotante entre el conjunto de las sociedades cotizadas con respecto a aquellas que integran el selectivo del IBEX 35. Si en el global de las cotizadas hacíamos referencia al 43,4% de capital flotante, en el de las sociedades del IBEX alcanza el 60,4%, si bien se trata de un Informe en dos años anterior al general[135]. Ahora bien, el propio Informe de 2015 de las cotizadas en conjunto, reconoce que de las 45 sociedades que tienen un capital flotante superior al 50% (y por tanto superior a la media), 22 de ellas pertenecen al IBEX, lo que evidencia que en la práctica se mantiene esta tendencia. Y realmente sigue resultando significativo más que desde un prisma jurídico, desde uno económico, pues precisamente viene a confirmar lo que establecía el folleto de la Comisión Nacional del Mercado de Valores sobre que en principio, a mayor capital flotante, mayor liquidez. Y es que varias de las entidades del IBEX son las que suelen liderar o por lo menos conformar mayoritariamente los rankings de mayor rentabilidad por dividendo[136]. Ello se traduce en que los inversores buscan una rentabilidad más inmediata

---

134. Informe Anual de Gobierno Corporativo de la Comisión Nacional del Mercado de Valores del Ejercicio 2015.
135. El último Informe Anual de Gobierno Corporativo de las sociedades del IBEX 35 publicado por la Comisión Nacional del Mercado de Valores data del ejercicio 2013.
136. En este estudio y previsión del Diario económico «Cinco Días» se muestran las 17 sociedades con mayor índice de rentabilidad por dividendo previsto en 2017, de las

sin preocuparse tanto de los asuntos más políticos, generando una confianza aquellas entidades de mayor volumen de capitalización, confianza precisamente ganada a base de la rentabilidad por dividendo. Eso sí, como dato significativo resulta que en el caso de las entidades del IBEX, el aumento de capital flotante con respecto al conjunto global de las cotizadas, no se traduce en cambio en una menor participación de los accionistas en la junta, situándose en números muy similares a los del resto de cotizadas.

D. *El accionista minoritario*

1. Ideas previas. En el contexto de las sociedades cotizadas, la concepción de accionista minoritario adquiere una cierta connotación con respecto del resto de entidades mercantiles de capital que requiere de alguna puntualización. Obviamente seguimos hablando del mismo caso en términos de porcentaje de participación accionarial refiriéndonos a ellos como aquellos que ostentan menor índice sobre el capital en comparación a otros accionistas. Pero a lo que nos referimos es que en sociedades cerradas o de escaso número de socios, el accionista mayoritario habitualmente es identificado no sólo como aquel que ostenta mayor porcentaje de capital, sino que además es quien detenta la mayoría del mismo, o por lo menos de los derechos de voto, esto es, al menos el 51%, mientras que un socio que en esa misma sociedad ostente por ejemplo un 20%, que es una cifra importante sin duda alguna, es considerado como un accionista minoritario. Esta situación en cambio en las sociedades cotizadas es muy diferente por la amplia heterogeneidad del capital social al estar abierto al mercado, y donde existen unos porcentajes amplios de *free float* que acabamos de estudiar. En estos casos, a mayor índice de capital flotante, menor porcentaje tendrán el resto de socios, que no tendrán quizás la concepción de accionistas mayoritarios, pues aunque sean la persona física o jurídica que mayor número de títulos posea, se encuentra muy lejos de la mayoría de los derechos de voto, y es en estos casos en los que se les inviste de la condición de accionistas de referencia o significativos. Por citar un ejemplo, tenemos una importante entidad financiera del IBEX 35 que detenta un *free float* del 82,67%, y donde el accionista con mayor número de valores representa el 4,51% del capital[137]. El siguiente grupo de accionistas ya desciende hasta un 2,90% del capital, es decir, que ni tan siquiera llegarían al umbral mínimo del 3% de

cuales 12 pertenecen al IBEX al momento de escribir estas líneas. La noticia puede consultarse en: http://cincodias.elpais.com/cincodias/2016/07/22/mercados/1469205334_216962.html

137. Nos referimos al caso del BBVA al momento de escribir estas líneas, según un gráfico de «Europa Press» que puede consultarse en: http://www.europapress.es/turismo/nacional/noticia-quienes-son-accionistas-diez-empresas-mas-grandes-ibex-35-20160113105447.html

participaciones significativas que establece el artículo 23 del Real Decreto 1362/2007, de 19 de octubre, por el que se desarrolla la Ley 24/1988, de 28 de julio, del Mercado de Valores. ¿Significa que este socio que posee un 2,90% es un accionista minoritario? Porcentualmente, atendiendo a que tiene menor cuota de propiedad que el mayor accionista, sí. Pero jurídicamente a los efectos de la figura del socio minoritario, no, ya por muy reducido que pueda resultar un 2%, cuantitativamente hablamos de aproximadamente una capitalización de unos novecientos millones de euros, en el caso concreto del ejemplo aportado, según la cotización del momento.

El accionista minoritario en sede de cotizadas, y como objeto de estudio del gobierno corporativo, se refiere a aquellos con ínfima participación con respecto al global de la cifra de capital social, y que conforman la parte del denominado capital flotante, que son precisamente aquellos que requieren de una especial protección, pero también de los que se trata de generar cierta motivación para reforzar el papel de la junta general como órgano soberano de control, más aún en aquellas sociedades con alto índice de porcentaje susceptible de ser negociado en mercados secundarios oficiales. Por ello precisábamos de realizar la diferenciación con respecto a sociedades no cotizadas o muy especialmente de las denominadas cerradas, a los efectos de separar en nuestro caso la concepción de minoritario con lo porcentual.

2. El accionista minoritario en los inicios de los principios del gobierno corporativo. Se trata de una figura que precisamente por la necesidad de protección a la que hacíamos referencia, y especialmente por el ánimo de revitalizar a la junta general otorgándola de mayor poder como efectiva forma de control sobre la gestión societaria, ha sido y es especialmente destacada en las diferentes normas de gobierno corporativo, ya sea en los códigos de conducta o incluso en la legislación societaria, refiriéndonos en este punto al primer caso. Y qué mejor que la reflexión del Profesor Olivencia, cuya presidencia de la Comisión Especial para el estudio de un Código Ético de los Consejos de Administración de las Sociedades precisamente otorga su nombre al primer código de buen gobierno en nuestro país, para advertir la extraordinaria importancia que la figura del accionista minoritario tiene en los objetivos a lograr por el gobierno corporativo. En ella, Olivencia destaca como fin garantizar la defensa de los minoritarios como *«los más necesitados de defensa, porque los mayoritarios disponen de fuerza para protegerse y el buen gobierno consiste, esencialmente, en ser contrapeso del exceso de ese poder»*[138]. Es una reflexión interesante pues define y delimita de forma clara

138. OLIVENCIA RUÍZ, M.: «El gobierno corporativo como instrumento al servicio del accionista minoritario» en AA.VV.: *Accionistas minoritarios*. Ed. La Ley. Madrid, 2011. Pág. 57.

la razón de ser de los principios del gobierno corporativo, que es tratar de buscar equivalencia entre la gestión societaria y su control en el caso de las sociedades cotizadas, por cuestiones tales como su envergadura económico-financiera, tal y como hemos visto en puntos anteriores. Y dentro de las medidas de control o de contrapeso a la acumulación de poder, el gobierno corporativo ha ofrecido diferentes soluciones tales como la supervisión del consejo, el nombramiento de consejeros externos o las normas imperativas sobre transparencia, y en todas ellas, el socio minoritario juega un papel central, no por su poder por sí mismo, que es insignificante, sino por la posibilidad de agrupación que puede generar importantes cuotas de poder, como ya hemos visto en determinadas sociedades con altos índices de capital flotante. Por ello requiere de una especial protección al tratarse de accionistas que por sí mismos no tienen apenas poder de actuación, y es que al fin y al cabo, el objetivo o ánimo económico de inversión de un pequeño accionista no le obsta al ejercicio de sus derechos políticos en el seno de la celebración de la junta general, a la que se trata de dotar de mayores competencias que supongan un efectivo control al órgano de administración. Ahora bien, el gobierno corporativo, comenzando por el Informe Olivencia, no esconde que por mucho que se quiera animar al socio minoritario a ejercer sus derechos políticos, éste tiene principalmente intereses económicos, y a los mismos se refiere el Informe al fijar como fin la creación de valor para el accionista. Resulta importante porque en el ámbito de sociedades cerradas, son múltiples los casos en que la mayoría trata de «ahogar» societariamente hablando al minoritario mediante el no reparto de dividendos, forzando a una salida de la sociedad que no siempre resulta airosa, motivo por el cual el legislador ha dispuesto el anteriormente referido artículo 348 bis de la Ley de Sociedades de Capital sobre la facultad de separación del socio minoritario. Sin embargo, en sede de cotizadas, se reconoce el ánimo económico del accionista mediante la necesaria creación de valor, que si bien ya hemos manifestado que entendemos que se refiere a la propia sociedad como la privilegiada destinataria del aumento de valor, los socios como legítimos titulares de la misma se ven directamente beneficiados. Ese es por tanto un mecanismo de protección de los minoritarios, como lo fue en su momento la idea del consejero independiente como una premisa de que si el consejero dominical representaba directamente a un determinado paquete accionarial, el independiente debería velar por el interés de la sociedad en su conjunto como un inequívoco guiño a los socios minoritarios, pues éstos no tienen capacidad, o no se les presume, de poder nombrar un consejero por vía del sistema de representación proporcional, *ex* artículo 243 de la Ley de Sociedades de Capital. No obstante, Olivencia sí solicitaba una cierta representatividad proporcional del consejo de administración compuesto por ejecutivos y externos, con respecto a la estructura del capital social dividido entre accionistas significativos y capital flotante, como una forma de asemejar el órgano de gobierno a la heterogeneidad o pluralidad del capital[139]. ¿Se cumple esta premisa? Lo cierto es que aparentemente sí, pues atendiendo a la media actual de capital flotante de las sociedades cotizadas, 43% en el cómputo general, y 60% en las integrantes del IBEX 35, las primeras cuentan con un 36% de consejeros independientes en sus consejos, añadiéndose un porcentaje cercano al 6% de aquellos externos no considerados independientes ni dominicales, mientras que en el IBEX la cifra alcanza el 47% sólo de independientes. En líneas generales podemos decir que los consejos de administración de las sociedades cotizadas están formados en una horquilla entre el 80 y el 85% por consejeros externos, esto es, dominicales, independientes y otros. Ahora bien, existe un importante número de entidades que no cumplen con la recomendación de llegar a la mitad de independientes en el consejo, y ni tan siquiera al tercio recomendado en diversos casos, lo que nos plantea la conveniencia de establecer con carácter imperativo un número mínimo de consejeros independientes en función de la determinada cifra de capital flotante, a fin de aunar esa representatividad del consejo en función de la estructura del capital que señalaba el Informe Olivencia, pues un 30% de las sociedades cotizadas ni tan siquiera llega al tercio de independientes (si bien es cierto que es una cifra en continuo descenso ya que cuatro años antes alcanzaba el 48%), por un 37% que tienen una cifra entre el tercio y la mitad de miembros del consejo. En tal caso se exigiría la necesidad de un estudio pormenorizado de sociedad por sociedad a fin de evaluar la cuota de capital flotante de cada una de ellas determinando así si existiría una imagen ciertamente representativa con respecto a la categoría de los miembros del consejo[140].

La tendencia en los posteriores códigos de buen gobierno hasta su incorporación a la legislación societaria en cuanto a los accionistas minoritarios ha ido desarrollando un conjunto de principios encaminados a dos cuestiones principales, que son la transparencia y la participación efectiva del socio. La primera, no obstante, tiene por destinatario una pluralidad de sujetos que, si bien el primer grupo de interés seguirán siendo los socios, el mercado, acreedores, proveedores o trabajadores también se beneficiarán de la mayor publicidad de cuestiones internas societarias tales como por ejemplo la retribución de los miembros del consejo. La segunda tiene por

139. OLIVENCIA RUÍZ, M.: «*El gobierno corporativo...*» cit. Pág. 61.
140. Todos los datos contenidos en el párrafo han sido extraídos del «Informe de Gobierno Corporativo de las entidades emisoras de valores admitidos a negociación en mercados secundarios oficiales, del Ejercicio 2015», publicado por la Comisión Nacional del Mercado de Valores.

misión hacer de la junta un efectivo órgano de control, para lo que se necesita la participación activa de los socios, a quienes se les ha de facilitar el ejercicio de sus derechos políticos mediante elementos como el acceso a la información y documentación, la representación en junta, o el voto telemático. Ahora bien, todo ello podrá ser efectivo toda vez que los estatutos de la sociedad permitan al socio minoritario tal ejercicio, pues no son infrecuentes algunas disposiciones estatutarias que limiten estos derechos a la posesión de un determinado número mínimo de acciones.

3. Cuestiones en torno al derecho de asistencia. Se reconoce como un derecho propio del accionista consagrado en el artículo 179 de la Ley de Sociedades de Capital, el cual diferencia la posición del socio en una sociedad de responsabilidad limitada, en la cual no podrá exigirse un número mínimo de participaciones para permitir la asistencia, con respecto a las anónimas, que sí podrán hacerlo con el límite cuantitativo del 0,1% del capital social, si bien el artículo 189.1 permite la agrupación de acciones con el fin de alcanzar la cuota mínima establecida, en caso de existir. Este derecho propio no va necesariamente unido al de voto, pues el artículo 102 de la misma Ley faculta la asistencia a los titulares de acciones o participaciones sociales sin voto, los cuales podrán participar en la formación del órgano e incluso intervenir en los debates producidos en torno a los puntos del orden del día. Sin embargo, la existencia de esta cláusula nos parece interesante en el caso de las sociedades cotizadas al objeto de este trabajo, pues reconociendo precisamente los principios del gobierno corporativo como aquellos entre otros tendentes a fomentar la participación de los socios minoritarios en la junta general para facilitar el control societario, el hecho de imponer en cambio un número mínimo de acciones para poder asistir a la junta podría interpretarse como una contradicción con dichos principios. Es cierto que en las grandes sociedades, especialmente en aquellas con una importante cifra de capital flotante, la asistencia de prácticamente la totalidad de los socios es una quimera pues además implicaría una enorme aglomeración que exigiría unos importantes costes logísticos a la sociedad, pero ello no quiere decir que la medida esté justificada o que el Derecho no pueda dar respuesta a esta problemática, pues el establecimiento de este tipo de cláusulas estatutarias favorece que los grandes accionistas se hagan con el control de la junta general[141]. Es igualmente cierto que existe un cierto absentismo de una parte de socios minoritarios no especialmente interesados en las cuestiones propias de la celebración de la junta, como también lo es que la cifra máxima de porcentaje sobre el capital exigido por el artículo 179 de la Ley de Sociedades de Capital es extraordinariamente alta en lo

141. ENCISO ALONSO-MUÑUMER, M.: «La junta general» en AA.VV.: *Accionistas minoritarios*. Ed. La Ley. Madrid, 2011. Pág. 142.

cuantitativo en el caso de las sociedades cotizadas, pero ello no obsta para que en algunos casos hablemos de un cuanto menos significativo desembolso para pequeños inversores a fin de poder asistir a la junta[142].

A día de hoy la cuestión de la limitación estatutaria al derecho de asistencia parece suscitar un cierto interés, sin que ello suponga excesiva preocupación, pero sí al menos en apariencia pues si bien no existía referencia al mismo en el anterior Código Unificado de Buen Gobierno, o *Código Conthe*, el actual Código en su Principio 7 establece que *«la sociedad debe facilitar el ejercicio de los derechos de asistencia y participación en la junta general de accionistas en igualdad de condiciones»*. No obstante, su recomendación se refiere más a que la sociedad facilite los procedimientos para acreditar la titularidad de las acciones y no en tanto al derecho de asistencia en sí[143].

Tal y como decíamos, en nuestra opinión, que las sociedades cotizadas limiten el ejercicio del derecho de asistencia supone una contradicción con los principios del gobierno corporativo en cuanto al interés en reactivar las competencias de la junta general para dotarla de un poder que suponga un efectivo control sobre el órgano de administración, y es que a mayor capital flotante y por tanto mayor dispersión del accionariado, mayores posibilidades de absentismo accionarial, ecuación que ya hemos visto que precisamente se cumple a raíz de los datos arrojados por los diferentes informes anuales de gobierno corporativo, lo que facilitará el dominio de los grupos accionariales significativos, e impedirá la separación entre propiedad y control. Ahora bien, es cierto que tampoco puede ni debe pretenderse una afluencia masiva de asistencia entre otras cosas por la dificultad logística que ello entrañaría, y por ello se han puesto de manifiesto algunas prácticas conocidas como «primas de asistencia» en la que alguna de las más importantes entidades ofrecen algún tipo de obsequio a los accionistas, con total independencia de su participación accionarial, en caso de asistencia, delegación o voto electrónico, medidas que en cumplimiento de los requisitos de transparencia del Principio 8 del Código de Buen Gobierno, pueden

142. Ponemos un ejemplo concreto. El artículo 26 de los Estatutos Sociales de ACS, perteneciente al IBEX 35, establece que *«La Junta General se compone de todos los poseedores a lo menos de cien acciones, presentes o representadas»*. Al momento de escribir estas líneas, la cotización de ACS es de 33,43 euros por acción, lo que implicaría un desembolso (en caso de realizarse ahora) de 3.343 euros, cifra que sin duda es absolutamente insignificante para la magnitud del total del capital en una sociedad como la nombrada, pero posiblemente importante para un pequeño accionista, superando incluso el mínimo legal establecido para una sociedad de responsabilidad limitada.

143. EMPARANZA SOBEJANO, A.: «El derecho de asistencia e intervención en la junta general» en PEINADO GRACIA, J. I. / CREMADES GARCÍA, J.: *El accionista minoritario en la sociedad cotizada. (Libro Blanco del Accionista Minoritario)*. Ed. La Ley. Madrid, 2012. Pág. 220.

suponer un interesante medio de participación. Es decir, consideramos que en un momento de continuos intentos de promoción de participación de los socios, tanto minoritarios como institucionales, a los efectos de control efectivo, no parece coherente que como mínimo no se establezca como regla de *soft law* el hecho de que se recomiende que las sociedades no contengan cláusulas estatutarias limitativas del derecho de asistencia. No debe confundirse ni mucho menos con la cuestión de las limitaciones estatutarias al derecho de voto, pues los destinatarios de ambas limitaciones son sujetos completamente diferentes. Por ello, en cuanto a los mecanismos de protección del accionista minoritario, parecería más lógico fomentar y permitir la asistencia, sea presencial o no, del mayor número posible de accionistas. Otra cosa es que se dote a las sociedades de propia autorregulación, y sean ellas mismas las que regulen internamente esta recomendación de no limitar el derecho de asistencia, pero con algunos matices.

Por ejemplo, que no exista limitación de un número mínimo de acciones o de porcentaje accionarial, sino que la limitación sea únicamente temporal en el sentido de que podrán tener derecho de asistencia y voto aquellos accionistas minoritarios que posean hasta un máximo de acciones, que lleven un plazo mínimo en la sociedad, acreditando una vocación de permanencia, no siendo aplicable para otros accionistas que adquieran un mínimo y ya pasen a exceder del mero inversor minorista. Otro ejemplo, que a fin de evitar aglomeraciones, aquellos accionistas que ostenten un mínimo de participaciones y hasta un máximo determinado, podrán asistir y votar pero únicamente de forma telemática, lo que ya de por sí implicaría una mínima participación. O cualquier otra forma que cada una de las sociedades en su facultad autorreguladora considere, pero que fomente y permita la asistencia de los socios a la junta a fin de generar una efectiva sinergia de participación.

4. El derecho de la sociedad a conocer la identidad del socio.

a. Motivación del precepto. Se trata de un derecho consagrado en el artículo 497 de la Ley de Sociedades de Capital, cuya redacción ha sido modificada en varias ocasiones, incluida la introducida por la Ley 31/2014, de 3 de diciembre, por la que se modifica la Ley de Sociedades de Capital para la mejora del gobierno corporativo, que añade y amplía el derecho tanto a las asociaciones de accionistas como a los propios socios, en determinados supuestos. Pero con independencia de ello, la norma pretende dotar a la sociedad de la mayor información posible sobre el accionista a los efectos de contacto para las cuestiones que se pudieran suscitar, tales como convocatoria de la junta general, envío de información, asistencia a la junta, voto telemático o cualquiera concerniente a los derechos económicos, habida cuenta de la constante informatización a la que las grandes sociedades se adaptan, donde el correo electrónico particular de cada socio ha resultado como un medio idóneo de contacto tanto por su inmediatez como especialmente por el bajo coste que ello implica en comparación a los correos ordinarios de antaño. Es importante destacar que se reconoce el derecho de las sociedades a obtener la identidad *«en cualquier momento»* no restringiéndose de forma exclusiva a una circunstancia puntual de índole societaria, lo que emanando de este derecho se traduce en una obligación para la parte contraria del precepto, que en este caso no es el propio socio, sino las entidades encargadas de la llevanza del registro de valores. Ello no obsta a que el socio deba facilitar datos de contacto que resulten fiables y habituales, sin embargo serán las entidades de registro las que deberán ostentar y facilitar dichos datos al tratarse de acciones representadas mediante anotación en cuenta. Por otro lado, este derecho también se configura en obligación para el accionista en aportar sus datos debidamente como el propietario del conjunto de acciones adquiridas, lo que ha llegado a plantearse si no estaríamos ante un tipo de acción nominativa *de facto* al identificarse las acciones con un titular concreto, cuestión que no creemos que tenga relación si no que más bien se muestra como una prohibición de anonimato, o si se prefiere, una necesidad de identificación, tanto para el ejercicio de los derechos inherentes a la condición de socio, como para las posibles obligaciones fiscales que ello entraña[144].

Sea como fuere, este derecho viene a ser considerado como una efectiva forma de mejora del gobierno corporativo, como un intento de que la sociedad tenga un contacto directo con los accionistas, tal vez con una intención de animar a la participación activa en la junta en un momento del debate con propuestas sobre revitalizar las competencias de este órgano social. Ello desde luego facilitará un mayor conocimiento del estado de la sociedad para una toma de decisiones más responsable, pero también que la propia sociedad pueda comprobar la legitimidad de aquellos con quien se relaciona, sea por vía de facilitar la asistencia a la junta, o sea por el de fomentar el voto electrónico[145].

144. DÍAZ MORENO, A.: «Derecho a conocer la identidad de los accionistas: nuevo régimen en el Real Decreto 878/2015» en *Análisis GA&P*, n.º Noviembre 2015. Madrid, 2015. Pág. 2. Disponible en http://www.gomezacebo-pombo.com/media/k2/attachments/derecho-a-conocer-la-identidad-de-los-accionistas-nuevo-regimen-en-el-real-decreto-878-2015.pdf

145. CUENCA MIRANDA, S.: «El derecho de las sociedades cotizadas a conocer la identidad de sus accionistas» en PEINADO GRACIA, J. I. / CREMADES GARCÍA, J.: *El accionista minoritario en la sociedad cotizada. (Libro Blanco del Accionista Minoritario).* Ed. La Ley. Madrid, 2012. Pág. 444.

b. La ampliación del derecho. Una de las novedades que aporta la modificación del artículo 497 de la Ley de Sociedades de Capital a través de la Ley 31/2014 es que el derecho a conocer la identidad de los accionistas se amplía también para las asociaciones de accionistas que representen al menos un 1% del capital social, y para los socios que de forma individual o colectiva representen al menos un 3% del capital. Sin embargo, tal y como advierte Nájera Pascual[146], este derecho ya se reconocía ciertamente implícito en el artículo 22.3 del derogado Real Decreto 116/1992 de 14 de febrero, sobre representación de valores por medio de anotaciones en cuenta y compensación y liquidación de operaciones bursátiles, el cual establecía que *«cualquier información de que dispongan las emisoras en relación con la identidad de sus accionistas deberá estar permanentemente a disposición de cualquiera de ellos»*. Bien es cierto que se trataba de un precepto tan amplio como ambiguo, del que no conocemos una aplicación práctica real, y que ha motivado que precisamente el ahora artículo 497 de la Ley de Sociedades de Capital tenga su desarrollo reglamentario en el Real Decreto 878/2015, de 2 de octubre, sobre compensación, liquidación y registro de valores negociables representados mediante anotaciones en cuenta, sobre el régimen jurídico de los depositarios centrales de valores y de las entidades de contrapartida central y sobre requisitos de transparencia de los emisores de valores admitidos a negociación en un mercado secundario oficial. Esta nueva norma que deroga al anterior Real Decreto desarrolla de manera más extensa el ejercicio de este derecho, en consonancia a lo dispuesto en la Ley.

Entrando en el contenido del precepto, y entendiendo que el porcentaje sobre el capital social no distingue entre clases de acciones, resulta sin duda un elemento que suscita un gran interés por dos cuestiones primordiales, que son el uso que se pretenda dar a los datos del accionariado, y la finalidad que se pretende alcanzar con la norma. Sobre esto último, el legislador se refiere a la intención de facilitar la comunicación entre accionistas para ejercitar sus derechos y defender sus intereses comunes, advirtiendo que un uso fraudulento o abusivo le hará responder de los daños ocasionados, por ejemplo en materia de protección de datos. Esto nos lleva precisamente a plantear la idoneidad de su uso como un medio de reforzamiento del papel del socio, una invitación del legislador a participar de forma activa en la toma de decisiones. Si bien los porcentajes parecen bajos, ante la magnitud de una sociedad cotizada se traduce en cuantitativamente un número de acciones muy alto, pero por ello se reconoce a las asociaciones de accionistas un derecho en un porcentaje incluso inferior al de los propios socios agru-

146. NÁJERA PASCUAL, A.: «Derecho a conocer la identidad de los accionistas» en *Comentario práctico a la nueva normativa de gobierno corporativo*. Ed. Dykinson. Madrid, 2015. Pág. 151.

pados o de forma individual, lo que viene a reforzar el papel que tanto la Doctrina más autorizada como parece ahora el legislador, pretenden dar a estas asociaciones. Y es que mantener una relación fluida y comunicativa no sólo entre sociedad y socios, sino de forma interna entre estos últimos entre sí, puede ayudar a facilitar y fomentar una mayor participación y activismo accionarial, lo que ha generado algunas críticas positivas por algunos autores[147]. No obstante, no hemos de perder de vista que como decíamos, en esencia aunque porcentualmente bajo, es un número cuantitativamente muy importante, por lo que se ha llegado a plantear si no sería más lógico que estas asociaciones de accionistas ya dispusieran de dicha información con porcentajes menores precisamente a los efectos de formar una masa asociativa, y por tanto societaria, mayor, o incluso que la propia sociedad fuera la que facilitara la constitución de estas entidades pudiendo contar ya con una porción del capital un tanto significativa y no residual, pues su actividad en tal caso tendría nula eficacia. Y es que si comparamos este precepto con lo dispuesto para las sociedades anónimas en general, es decir, sin que sus acciones se hallen admitidas a cotización, el artículo 116.3 de la Ley de Sociedades de Capital dispone que cualquier accionista que lo solicite podrá examinar el libro registro de acciones, donde habrá de constar la identidad de todos los socios que forman el capital social. Bien es cierto que en este caso la literalidad nos señala un examen entendido como una revisión o comprobación, más que como un derecho de ejercicio de uso de esos datos, como es el caso de la cotizada. Sin embargo, también lo es que como se ha dicho, el fomento de las relaciones entre socios con el fin que persigue la norma de fomentar una defensa de los intereses comunes es una medida de la que difícilmente podríamos extraer un sentido negativo a fin de mejorar el gobierno corporativo de la sociedad.

5. Apuntes sobre el derecho de información del socio. Se trata de un derecho fundamental del socio inherente a dicha condición por ser inderogable, que desemboca de forma posterior en el ejercicio del derecho de voto, pues desde un punto de vista contractual civilista, la emisión de un voto en cualquiera de sus sentidos se vería viciado en el consentimiento si la información previa facilitada para su emisión fuese errónea, incompleta o directamente se impidiera el acceso a ella. La información deviene en pertinente y necesaria en el contexto de la celebración de una junta general como el momento de adopción de dichas decisiones, si bien no obstante como hemos visto en el punto anterior, cabe un derecho de información fuera del contexto de la adopción de decisiones por el órgano soberano, como por ejemplo en la consulta del libro registro de socios.

147. DÍAZ MORENO, A.: «*Derecho a conocer...*» *cit.* Pág. 2.

En el ejercicio del derecho de información, la Ley distingue diversos hitos en función de la tipología tanto de sociedad de la que se trate como de junta o incluso del acuerdo particular que haya de adoptarse, pues de forma acertada no establece un procedimiento y plazo igual para, por ejemplo, la aprobación de una determinada enajenación de activos en una sociedad de responsabilidad limitada, artículo 196 de la Ley de Sociedades de Capital, que la consulta del informe del auditor para la posterior aprobación de las cuentas anuales en una sociedad anónima cotizada, artículo 520 de la misma Ley. Si bien a los efectos de este trabajo nos enfocamos en el derecho de información en la sociedad cotizada, lo que sí tienen en común todos los procedimientos de ejercicio sea cual sea su tipología, es que la ausencia de posibilidad de ejercitarlo o su impedimento posibilitan la interposición de la acción de impugnación de acuerdos sociales. En este punto, cabe destacar la modificación de la legislación societaria introducida por la Ley 31/2014 donde se da una *vuelta de tuerca* al régimen de impugnación de acuerdos, desapareciendo la distinción entre lo que antes eran los acuerdos nulos frente a los anulables, cuestión sobre la que un interesante artículo del Profesor Alfaro venía a cuestionar si el ejercicio de la impugnación de acuerdos por el socio no se trataba más que de una acción de nulidad, una acción de cumplimiento[148]. Efectivamente, desde un punto de vista contractualista de la sociedad, el fin del socio que se ha visto privado de un derecho inherente a su condición es la de poder ejercitarlo, para lo cual el artículo 1124 del Código Civil contempla la posibilidad que la parte del contrato perjudicada pueda instar su cumplimiento de forma ejecutiva, junto a una indemnización si así lo considera y prueba. Sea como fuere, la experiencia jurisprudencial acredita la especial protección en este sentido, pues las diferentes posibilidades de las que goza el socio en el seno de la celebración de una junta general han de constar de forma expresa en la convocatoria a continuación del orden del día, pues determinados acuerdos exigen de la elaboración de una documentación específica, necesaria para la posterior emisión de un voto de aprobación o no, no sólo por ejemplo la documental contable, sino por ejemplo los informes relativos a una modificación estatutaria como una ampliación de capital, pues la junta puede delegar de forma expresa en el órgano de administración el establecimiento concreto de la forma y plazo de ejecución.

Por otro lado, en el caso de la sociedad cotizada, el derecho de información adquiere una dimensión un tanto diferente. Si bien se reduce incluso

148. ALFARO ÁGUILA-REAL, J.: «Las acciones de impugnación de acuerdos sociales son acciones de cumplimiento, no acciones de nulidad» en Blog *Derecho Mercantil*. 28/11/2014.
http://derechomercantilespana.blogspot.com.es/2014/11/las-acciones-de-impugnacion-de-acuerdos.html

el plazo de solicitud de información o aclaración previsto para la sociedad anónima en general, hasta siete días antes en este caso por cinco de la cotizada, hay que tener en cuenta que los determinados requisitos de transparencia a los que se ven sometidos las cotizadas advierte que determinada información no llega sólo al accionista común sino al mercado en general, incluso a aquellos que sin ostentar aún la condición de socio puede llegar a serlo en un futuro, por lo que no se trata en este caso de un derecho del socio sino de un deber de la sociedad[149]. No obstante, en el seno de la sociedad cotizada resulta relevante legislativamente hablando el reconocimiento de la necesidad de fomentar el uso de las nuevas tecnologías en la relación entre socio y sociedad, que ha desembocado en el artículo 539 de la Ley de Sociedades de Capital, el cual fue ya introducido por la Ley 25/2011, de 1 de agosto, de reforma parcial de la Ley de Sociedades de Capital y de incorporación de la Directiva 2007/36/CE, del Parlamento Europeo y del Consejo, de 11 de julio, sobre el ejercicio de determinados derechos de los accionistas de sociedades cotizadas, junto a algunas modificaciones introducidas por la Ley 31/2014. Este artículo no obstante se configuraba más en un inicio como un elemento de Derecho público en cuanto a la obligación de la sociedad con los diversos grupos de interés presentes en la misma, pues nace de la normativa del mercado de valores. Pero en el mismo precepto, incluye determinadas obligaciones en su relación con el socio mediante el fomento de las nuevas tecnologías, mecanismo que no sólo es ya muy habitual, sino que se reconoce para la generalidad de las sociedades mercantiles de capital con independencia de su naturaleza, mediante la regulación de la página web de la sociedad desde una perspectiva societaria, no empresarial, o del uso del correo electrónico como una forma válida de comunicación o incluso convocatoria. Para las cotizadas, de forma específica se regula el acceso al foro electrónico de accionistas con el fin de fomentar y facilitar la comunicación y el ejercicio común de determinados derechos, especialmente a través de las asociaciones de accionistas, sobre cuyo contenido entraremos más adelante. En este sentido, resulta un tanto chocante que el legislador haya optado por una regulación específica sobre este tipo asociativo en un artículo de la Ley que representa una diversidad de preceptos y principios, sin que exista un apartado específico para las mismas, ya que difícilmente puede comprenderse que los requisitos específicos de constitución y funcionamiento de una asociación, aunque sea de accionistas de una cotizada, pueda encontrarse en un mismo artículo que el que dispone la necesidad

149. VALENZUELA GARACH, F. / VALENZUELA GARACH, J.: «Derecho de información del socio» en PEINADO GRACIA, J. I. / CREMADES GARCÍA, J.: *El accionista minoritario en la sociedad cotizada. (Libro Blanco del Accionista Minoritario)*. Ed. La Ley. Madrid, 2012. Pág. 185.

de una página web, facultando a las instituciones públicas a desarrollar su contenido.

Por último, y a los efectos del derecho de información del socio con los diferentes principios del gobierno corporativo en la composición de órganos sociales, hay que advertir que el socio en principio no goza de un estatus privilegiado pues el informe anual de gobierno corporativo no se somete a votación de la junta, y su contenido es público al ser objeto de comunicación a la Comisión Nacional del Mercado de Valores como un hecho relevante, *ex* artículo 540.3 de la Ley de Sociedades de Capital. Sin embargo, determinadas cuestiones en cuanto a composición de órganos sí nos parecen relevantes, tales como por ejemplo la preparación profesional de aquellos que han sido propuestos para su nombramiento como consejeros, cuestión que sí es objeto de votación en junta, a los efectos de determinar si el futurible administrador cumple con los requisitos que exige una determinada categoría, como dominical o independiente. Esta información también resulta pública, no obstante sí se reconoce al socio el derecho a solicitar mayor información o aclaración sobre dicho extremo al ser un asunto reservado al sometimiento de la consideración de la junta.

6. Sucinta referencia al 348 bis. El artículo de la Ley de Sociedades de Capital que faculta al socio minoritario a separarse de la sociedad en caso de que no se repartan beneficios, siempre que se cumplan los requisitos legalmente establecidos, es un precepto tan interesante como polémico, que incluso ha sido objeto de una casi perenne suspensión desde su promulgación en el año 2011, pues exceptuando unos pocos meses en el año 2014, no ha sido hasta comienzos del 2017 en que aparentemente el artículo tiene plena vigencia. Decimos aparentemente pues algún autor no ha descartado una nueva suspensión, la cual si bien no aconseja, ha hecho referencia a la propuesta de modificación legislativa[150].

Si bien el precepto de forma expresa establece en su apartado tercero que no resulta de aplicación para las sociedades cotizadas, nos referimos muy brevemente al mismo en cuanto a la interpretación que pueda deri-

150. La referida propuesta de modificación, que ha sido presentada por el Grupo Parlamentario Popular, pretende «encontrar un equilibrio entre la sostenibilidad financiera de la sociedad y la legítima aspiración de los accionistas a participar de los beneficios cuando ello sea posible y razonable» cuyo texto puede encontrarse en http://www.congreso.es/public_oficiales/L12/CONG/BOCG/B/BOCG-12-B-184-1.PDF. Noticia comentada en SÁNCHEZ-CALERO GUILARTE, J.: «Entrada en vigor del artículo 348 bis LSC» y «Artículo 348 bis LSC: Proposición de Ley para su modificación» en Blog *El Blog de Juan Sánchez-Calero Guilarte*. 02/02/2017 y 13/12/2017, respectivamente. http://jsanchezcalero.com/

varse su uso con respecto a la interpretación del interés social[151]. Y es que en el debate en torno a este precepto, se han evidenciado posiciones a favor o en contra de su promulgación pues si bien parece un hecho pacífico que se trata de un mecanismo especialmente ideado por el legislador para proteger los intereses del minoritario, más dudas ofrece su aplicación o el uso que del mismo pueda darse. Parece claro que el propio contrato de sociedad contempla como fin el reparto de las ganancias, sin embargo la imposición de una decisión u otra puede resultar abusivo por igual. Es muy común encontrar situaciones societarias en las que el mayoritario trata de aislar en lo posible a los minoritarios pretendiendo arrebatarles el acceso a los dividendos, lo que ha dado origen a situaciones de auténtico abuso que han llegado a dirimirse en los tribunales. Sin embargo, parte de la doctrina critica el 348 bis al objeto de indicar que ello puede resultar igual de abusivo a una suerte de coacción del minoritario al establecer un «o se reparten beneficios, o hay separación» con la consiguiente descapitalización. No sería de extrañar que en la votación de la aplicación del resultado, a fin de evitar esa separación, el mayoritario acuerde un reparto de dividendos que desactivaría el mecanismo del 348 bis, pero no en la cuantía que satisfaga al minoritario, para lo cual existe un límite cuantitativo mínimo en la Ley. Uno de los argumentos que pueden esgrimirse es el típico de invocar al interés social, pero quizás por tratar de aproximarse al concepto, y a los efectos del límite cuantitativo que decíamos, el legislador se refiere a *«beneficios propios de la explotación del objeto social»* lo que nos lleva a plantear si no pueden ser incluidos aquellos rendimientos financieros diferentes de la actividad ordinaria. Quizás precisamente en pos del interés social se ha producido la suspensión del artículo durante estos años que han coincidido precisamente con la crisis económica, tal vez como un intento de evitar una descapitalización de las sociedades en una época financiera tan difícil. De ser así, serviría al mayoritario como motivo, o casi como excusa, el negarse a repartir dividendos al considerar o poder acreditar que la situación financiera de la sociedad o las perspectivas a futuro no son lo suficientemente boyantes como para aconsejar el repartir las ganancias en lugar de recapitalizar la sociedad, aumentar reservas, o fomentar inversiones.

151. Sobre este asunto nos hemos referido de forma más concreta en un artículo: FERNÁNDEZ-SORDO LLANEZA, E.: «El artículo 348 bis LSC y el interés social» en *Legal Today*. 08/02/2017. http://www.legaltoday.com/practica-juridica/mercantil/societario/el-articulo-348-bis-lsc-y-el-interes-social

2. Conflictos de interés entre socio y sociedad

A. *Acercamiento a su concepto*

La cuestión del conflicto de interés en una sociedad ha sido tradicionalmente un asunto puramente casuístico resuelto en vía jurisprudencial en lo referente a posibles conflictos entre socios en su condición como tal, pues de una manera un tanto más identificada, la naturaleza jurídica de la posición del administrador sí permitía establecer ciertos parámetros que delimitasen diversas situaciones en que se produjera el citado conflicto de interés. Dadas las obligaciones propias del administrador para con la sociedad, aspectos como el aprovechamiento de un negocio para sí mismo pero actuando en nombre de la sociedad, o la posibilidad de dedicarse con igual cargo a otra sociedad con el mismo o similar objeto social son posibilidades que la ley contempla, donde exige al administrador una especial diligencia y lealtad en beneficio de la sociedad. Sin embargo cuando el supuesto conflicto de interés nace de la disyuntiva entre socios la cuestión resulta completamente diferente, pues a priori es común pensar que el interés de los socios como fin último sin ser relevante su porcentaje de participación, es la consecución del objeto social para la obtención de ganancias y su posterior reparto. Sin embargo, efectivamente suceden situaciones donde un socio puede ostentar un interés diferente al del resto de socios o al de la sociedad en su conjunto, pero desde una perspectiva doble o bilateral, esto es, la suya propia y la que representa en el conjunto de la sociedad. Por eso, consideramos una manera acertada de definir al conflicto de intereses como «*aquella situación que se produce en una relación jurídica bilateral en la que se ventilan intereses contrapuestos en la que una misma persona ostenta cierta capacidad de influencia en dos o más lados de la decisión*»[152]. Cuestión diferente es, como decimos, que el socio ostente al mismo tiempo la condición de administrador, y que la emisión de un voto en un sentido o en otro se vea condicionado por esa doble situación. Por ejemplo, que la sociedad someta a votación de la junta la interposición de la acción social de responsabilidad contra el administrador, que a su vez también ostenta la condición de socio. ¿Incurriría el socio-administrador en conflicto de interés al votar, previsiblemente en contra, sobre una acción de responsabilidad contra sí mismo? Y en consecuencia de lo anterior, ¿sería procedente impedirle el ejercicio del derecho de voto? Es evidente que el citado socio tiene como decíamos anteriormente un interés directo y a la vez doble en el resultado de esa votación, y que su interés personal en que no se apruebe la interposición de la acción

152. USANDIZAGA USANDIZAGA, P.: «Conflicto de intereses y derecho de voto en la junta general» en VÁZQUEZ ALBERT, D. / CALAVIA MOLINERO, J.M.: *Reforma de las sociedades de capital y mejora del gobierno corporativo. Revista Jurídica de Catalunya.* Barcelona / Ed. Aranzadi. Navarra, 2015. Pág. 44.

de responsabilidad puede chocar tal vez con el interés de la sociedad en su conjunto de que se depuren ciertas responsabilidades de un acto concreto. Por ello, la misión y objetivo del estudio del conflicto de interés entre socios y la propia sociedad será el de delimitar en qué situaciones resultaría procedente impedir el ejercicio del voto a un socio que se halle en esa situación de doble interés, y en qué casos no[153].

B. *El artículo 190*

La reforma de la Ley de Sociedades de Capital a través de la Ley 31/2014 ha conllevado también una revisión de la regulación sobre el conflicto de interés mediante una nueva y amplia redacción de su artículo 190 cuya novedad más relevante es la ampliación de los supuestos contemplados en el citado artículo antes de la reforma hacia las sociedades anónimas, pues dicho artículo provenía en exclusiva de la derogada Ley de Sociedades de

153. En el caso concreto del socio-administrador sobre el que se va a votar la interposición de la acción social de responsabilidad, consideramos que el socio no puede verse privado de ejercitar dicho voto, que será previsiblemente en contra. Ello supone que aflore la problemática del conflicto de intereses pues, resultando evidente que sí se produce el citado conflicto de intereses al ostentar el socio uno por sí mismo tal vez diferente a la sociedad en conjunto, en cambio no consideramos procedente que al mismo se le impida el ejercicio del voto. Nos basamos principalmente en varias explicaciones al efecto. En primer lugar, porque en caso de sí impedir el voto, y realizando una interpretación muy amplia de ello, supondría que el socio tampoco podría votar sobre su propio nombramiento o cese como administrador, ni tampoco sobre la censura de la administración en el seno de una junta general ordinaria anual. El acceso al cargo de administrador es un derecho más del socio en virtud de su participación accionarial que ni tan siquiera necesariamente ha de ser mayoritaria, pues podría acceder al órgano a través del sistema de representación proporcional del artículo 243 de la Ley de Sociedades de Capital. Si no pudiese votarse a sí mismo no tendría más el mayoritario que votar a una suerte de representante, convirtiéndose el socio en administrador de hecho. Y es que hay que tener en cuenta que la aprobación de la interposición de la acción social de responsabilidad lleva aparejado el cese del administrador, *ex artículo* 238.3 de la Ley de Sociedades de Capital, por lo que impedir al socio-administrador votar sobre ella, en caso de ser el mayoritario, generaría un continuo cese de administradores que dejaría paralizada a la sociedad, siendo esta causa de disolución de la misma. Además ha de tenerse en cuenta que el hecho de que la junta no acuerde la interposición de dicha acción no afecta para que de forma posterior, los socios minoritarios la ejerciten igualmente en su propio nombre. En este sentido igualmente lo interpretó el Profesor Alfaro al considerar que *«no hay prohibición de votar en el caso de que el socio incurra en un conflicto de interés posicional (por ejemplo, el socio puede votar cuando se trata de elegirle a él como administrador o puede votar en contra del ejercicio de la acción social de responsabilidad)»* en ALFARO ÁGUILA-REAL, J.: «La reforma del gobierno corporativo de las sociedades de capital (V). Conflictos de intereses y juntas especiales: el futuro artículo 190 LSC y la modificación del art. 293.2 LSC (I)» en Blog *Derecho Mercantil*. 27/06/2014. http://derechomercantilespana.blogspot.com.es/2014/06/la-reforma-del-gobierno-corporativo-de_27.html

Responsabilidad Limitada. El motivo se debía principalmente a que la Ley destacaba como principal conflicto de interés la votación por la junta por la que se autorizaba o no a un socio a transmitir sus participaciones sociales a un tercero ajeno a la sociedad, por estar éstas sujetas a un régimen restrictivo de transmisión a las que las acciones de la sociedad anónima no se hallan. Sin embargo, la práctica jurisprudencial evidenció la necesidad de ampliar los supuestos casuísticos de conflicto de interés dando como resultado el citado nuevo artículo 190.

Este artículo viene a establecer dos grupos principales, dividiendo los supuestos en casos de posible conflicto de interés en que sí procede la privación del derecho de voto al socio afectado, y en casos en que no debe producirse dicha privación per se estableciendo en dicho caso reglas conforme a la carga de la prueba en una eventual impugnación del acuerdo social adoptado con los votos del socio afectado.

No siendo objeto de este trabajo el estudio del primer grupo, sí queremos destacar la nueva redacción del artículo en sus apartados primer y segundo, no sólo por la ampliación del régimen a las sociedades anónimas sino también de los supuestos, donde se enumeran el régimen de transmisión de acciones siempre que las cláusulas estatutarias así lo contemplen, la exclusión de la sociedad, la concesión o liberación de un derecho que puede ser de contenido económico, y la dispensa del deber de lealtad si el socio también ostenta el cargo de administrador, esto es, hablamos en la práctica de impedir el ejercicio del voto en casos de una suerte de autocontratación entre el socio y la sociedad que controla o administra[154]. Dichos acuerdos serán excluidos del cómputo de quorum y mayorías necesarias.

Ahora bien, la reforma del artículo ha traído consigo un nuevo apartado tercero que resulta de especial interés tanto a los efectos del presente trabajo como desde una perspectiva procesal para el caso de impugnación del acuerdo:

1. Conflicto de interés e impugnación del acuerdo. Lo que la Ley ha venido a establecer es que fuera de los supuestos enumerados del apartado primero del artículo 190, que entendemos como *numerus clausus*, no puede existir una privación del derecho de voto al socio afectado o incurso en posible situación de conflicto de interés. Ello ni mucho menos obstaría al socio o socios digamos de parte contraria al socio afectado, a ejercitar la acción de impugnación de acuerdos sociales si consideran que los mismos no han sido adoptados dentro del marco legal establecido por ser, por ejemplo, un abuso de la mayoría. La posibilidad de ejercitar la impugnación

154. USANDIZAGA USANDIZAGA, P.: «*Conflicto de intereses...*» *cit.* Pág. 45.

puede darse en cualquiera de los supuestos, no sólo los contemplados en el apartado primero del artículo, sino en cualquiera que los socios impugnantes consideren, si bien lo que ocurre es que si hablamos de algunas de las situaciones contempladas en el apartado primero, y el socio afectado aun así ha ejercitado su voto (por ejemplo porque al ser el mayoritario así lo impone) parece claro que la acción de impugnación estará destinada al éxito al ser el acuerdo nulo de pleno Derecho. Lo que la experiencia deberá determinar es si el socio impugnante deberá no sólo votar en contra sino hacer constar su expresa oposición al acuerdo al considerar que el socio afectado no puede ejercer su voto, o bien este requisito no será necesario. En nuestra opinión, no existiendo mención expresa a ello en la Ley, y tratándose de supuestos donde legalmente se impide el voto, el acuerdo ya sería nulo con independencia de los actos del resto de socios.

Pero fuera de los supuestos del apartado primero, pueden darse multitud de situaciones que igualmente sean consideradas como de una incursión en un conflicto de interés, situaciones en que la Ley en cambio sí reconoce el derecho de voto al socio afectado, no sin dejar al resto de socios contrarios la opción de ejercer igualmente la acción de impugnación del acuerdo, con alguna salvedad. Es decir, que parece que a juicio del legislador, las causas enumeradas en el apartado primero gozan de una importancia superior al resto de múltiples situaciones, sin perjuicio no obstante que los socios contrarios al afectado puedan valerse de medios de defensa en interés de la sociedad mediante la impugnación del acuerdo. Ahora bien, para esas otras causas, el éxito de la impugnación variará en función de la denominada «prueba de la resistencia».

2. Impugnación del acuerdo y prueba de resistencia. Procedente del Derecho italiano, la llamada prueba de resistencia viene a determinar el grado real de importancia que supongan los votos emitidos por el socio teóricamente afectado sobre el total del resultado, de manera que, en una redacción que consideramos un tanto mejorable, se viene a establecer que si en una revisión a posteriori del acuerdo, restamos al total los votos emitidos por el socio en supuesto conflicto, y el resultado sigue siendo el mismo, la norma establece que el acuerdo no es impugnable, o que su impugnación estaría condenada al fracaso. Pero si en cambio, los votos del socio en conflicto han sido decisivos para el resultado del acuerdo, sí cabría en tal caso una revisión del mismo.

Por tanto, en la práctica se considera como un mecanismo disuasorio a posibles socios impugnantes mediante una sencilla revisión aritmética. En el examen de este test de resistencia se entiende que se computan los votos válidamente emitidos en esa junta en concreto y no sobre la totalidad del capital social. Cuestión diferente es como decimos, que los votos del socio en supuesto conflicto sí hayan decidido el acuerdo en un sentido o en otro.

3. La carga de la prueba. Yéndonos al supuesto de superada la prueba de resistencia, la Ley establece unas normas concretas a efectos procesales del artículo 217 de la Ley de Enjuiciamiento Civil sobre quién ostenta la carga de probar en el procedimiento de impugnación de acuerdos sociales, según sobre qué haya versado el acuerdo:

a. Acuerdos sobre situación posicional del socio. Como nos hemos referido en una nota anterior, partimos de la base que como un puro ejercicio democrático, el socio tiene igual derecho a votarse a sí mismo para el nombramiento del cargo de administrador, como votar en contra de su cese, o incluso, de la interposición de la acción de responsabilidad contra él. Son acuerdos llamados posicionales o que afectan a la posición del socio de una manera externa, pues a efectos internos sí tiene en cambio restringido el voto para el acuerdo de exclusión. Pero para los que nos hemos referido como posicionales, habiendo ejercido el socio su derecho de voto, y siendo éste decisivo para la opción del acuerdo, si otro socio considera el acuerdo nulo por hallarse aquel en situación de conflicto de interés, el socio impugnante tendrá la carga de probar que se ha producido un perjuicio al interés social, por lo que en este caso no se establece excepción alguna a la obligación del actor en sede procesal de probar su petitum. A priori, es cierto que puede resultar un tanto complicado pensar en situaciones de conflicto de interés y consecuente perjuicio al interés social en casos en que el socio teóricamente afectado haya ejercido su derecho a votarse a sí mismo, por ejemplo, para el cargo de administrador, de ahí a que la carga de probar corresponda al impugnante en tan ardua labor.

b. Resto de acuerdos. En este caso se englobarían todos aquellos acuerdos que no tengan por objeto ni los contenidos en el apartado primero del artículo 190 de la Ley de Sociedades de Capital, ni aquellos referidos a la posición del socio, que hayan sido adoptados de forma decisiva con los votos del socio supuestamente afectado por el conflicto de interés, estableciéndose una excepción al principio general de la carga de la prueba, pues en este caso, se produciría una suerte de doble carga: al socio impugnante como parte actora, le corresponderá probar la existencia de un conflicto de interés, mientras que a la sociedad *«y, en su caso»* al socio afectado, les corresponderá probar que el acuerdo ha sido adoptado conforme al interés social.

El asunto tiene cierta enjundia pues, partiendo de la carga al socio impugnante, acreditar la existencia de un conflicto de interés en la adopción de un acuerdo que no está entre los contemplados en el apartado primero del artículo 190 se presume ciertamente complicado, pues si la Ley en dicho apartado establece una lista cerrada de situaciones taxativamente consideradas como de conflicto de interés, invita a pensar en que todo aquel acuerdo que exceda del mismo requerirá de un encaje probatorio que quedará a la consideración del Juez. Bien es cierto que la casuística societaria y los conflictos internos son muy amplios, y por ende las distintas resoluciones que se produzcan en aplicación de este artículo generarán un interés especial. Pero no menos complicado resulta la carga de la sociedad y del socio. ¿O más bien sería «de la sociedad o del socio»? Esto ya supone un planteamiento procesal, pues la legitimación pasiva en un procedimiento de impugnación de acuerdos sociales la ostentará necesariamente la sociedad *ex* artículo 206.3 de la Ley de Sociedades de Capital. ¿Y el socio afectado y a la vez beneficiado del acuerdo? En este caso no parece haber una respuesta concreta, sin perjuicio de que el actor dirija la demanda también frente al socio afectado, además de frente a la sociedad. Bien es cierto que la Ley de Sociedades de Capital faculta a los socios a personarse a su costa en el procedimiento de impugnación, y parece evidente que el socio supuestamente afectado es parte interesada, de la misma manera que el actor, sin dirigir la demanda contra el socio afectado, puede solicitar la intervención provocada de éste a tenor de lo dispuesto en el artículo 14 de la Ley de Enjuiciamiento Civil. Pero cuando el artículo 190 de la Ley de Sociedades de Capital impone la carga de la prueba *«a la sociedad, y en su caso, al socio o socios afectados»*, parece claro que su intención es considerar a este socio como parte demandada en el procedimiento junto a la propia sociedad. Cuestión aparte será que en sede de una posición mayoritaria, el socio afectado ostente también la condición de administrador y por tanto de representante de la sociedad, por lo que nos encontraríamos ante una posible dualidad de condición para ser dos partes diferentes en el proceso, la de sociedad y la de socio. Ha de entenderse no obstante que al tratarse de acuerdos en los que en principio no queda restringido el ejercicio del voto, la responsabilidad sobre la decisión de sí permitir el voto quedaría o bien repartido en la propia sociedad si ello ha sido adoptado mayoritariamente, o bien en la persona del presidente de la junta que será habitualmente el administrador, tal y como establece el artículo 191 de la Ley de Sociedades de Capital. En caso de que exista dicha dualidad, entendemos que el socio-administrador puede comparecer en calidad de ambas partes, o por el contrario, el juez podría nombrar a un representante de la sociedad según el artículo 206.3 de la misma Ley, que habrá de designarse previsiblemente entre el bloque que votó junto al socio supuestamente afectado.

4. Sobre el nombramiento y composición de órganos. Si bien partimos como hemos dicho que el socio está legitimado para votarse a sí mismo para acceder al órgano de administración, que la Ley contemple la posibilidad de impugnar ese acuerdo en el marco de un hipotético conflicto de interés, lo cierto es que puede despistar un tanto acerca del sentido de lo que entendemos por tal conflicto. Al fin y al cabo entendemos que lo que de una manera quizás mejorable pretende establecer el legislador es un sometimiento expreso de todos los socios al interés general. Pero ello nos lleva nuevamente a los puntos anteriores de este trabajo sobre qué entendemos por interés social o cómo ha de interpretarse, cuestión que en el marco de una impugnación de acuerdos sociales quedará en manos de la consideración del Juez. Sucede igual con la consideración del carácter abusivo de un acuerdo adoptado por la mayoría sobre si el mismo supone un detrimento injustificado a la minoría. Pues en relación a esta cuestión, de forma anterior estudiábamos cómo de una forma práctica el Tribunal Supremo sigue la teoría contractualista del interés social. Ahora bien, nos planteamos el caso de un grupo de minoritarios que acceden al órgano de administración a través del sistema de representación proporcional ejerciendo para ello de forma obvia su porcentaje de votos. ¿Se hallan estos minoritarios en situación de conflicto de interés? Difícilmente puede considerarse, pues precisamente se trata de un derecho específico e inderogable de la minoría. Por ello es lo que en parte nos suponía un cierto extraño la inclusión del nombramiento, cese y votación sobre la acción de responsabilidad como posibles causas de impugnación por conflicto de intereses, si bien con expreso otorgamiento de la carga de la prueba. Pero volviendo al sistema de representación proporcional relacionándolo con la teoría contractualista del interés social, si a ésta la consideramos como el interés común de los socios, que acaba interpretándose en el sentir mayoritario, puede en cambio no verse reflejado con la posibilidad de impugnar el nombramiento de un administrador por el citado sistema del artículo 243 de la Ley de Sociedades de Capital. En este caso hablaríamos más de un interés social institucionalista, aquel que precisamente reconoce más intereses que los de los socios, y concretamente, que los de los mayoritarios. Al fin y al cabo, igual derecho ostenta el mayoritario a nombrarse a sí mismo como administrador, que el minoritario a través del sistema de representación proporcional pueda acceder al consejo de administración de una sociedad anónima[155]. Al fin y

155. Y al parecer, también del consejo de administración de una sociedad de responsabilidad limitada, siempre y cuando ello conste expresamente en los estatutos de la sociedad, a raíz de la Sentencia del Tribunal Supremo de 6 de marzo de 2009, referenciada por SEGURA DE LASSALETTA, R.: «Conflictos entre socios (y, en especial, derecho al dividendo)» en VÁZQUEZ ALBERT, D. / CALAVIA MOLINERO, J. M.: *Reforma de las sociedades de capital y mejora del gobierno corporativo. Revista Jurídica de Catalunya*. Barcelona / Ed. Aranzadi. Navarra, 2015. Pág. 55.

al cabo, la pretendida exclusión del derecho de voto se basa en la percepción de un interés común y colectivo, que en ocasiones puede chocar con el individual, tratando el legislador de establecer en qué casos para cada socio puede o ha de prevalecer uno u otro. Sin embargo, en lo que es el hecho de participar activamente en la sociedad, no sólo en el ejercicio de los derechos políticos en el seno de una junta general sino también en el acceso al órgano de gestión, supone en la práctica un derecho fundamental cuya restricción deberá estar especialmente motivada. Esa búsqueda del interés común en detrimento de los intereses individualizados se basa en una suerte de «deber de diligencia» del socio, que ni mucho menos se vincula con idéntico deber del administrador del artículo 225 y siguientes de la Ley societaria, pues aquel no requiere de dispensa para participar en otras sociedades de mismo objeto social, pero que sí se somete a un concepto dogmático de interés del conjunto de todos los socios por el bien de la sociedad[156].

C) LAS INSTRUCCIONES DE LA JUNTA AL ÓRGANO DE ADMINISTRACIÓN Y LOS PROBLEMAS DE AGENCIA

1. Consideraciones en torno a los problemas de agencia

La «Comisión de Expertos en materia de Gobierno Corporativo» creada por Acuerdo del Consejo de Ministros, de 10 de mayo de 2013, tuvo por objetivo la elaboración de un estudio que analizara la situación del buen gobierno de las sociedades en España, y que propusiera una serie de medidas destinadas a mejorar la eficacia de la gestión buscando un significativo cumplimiento de los principios de los códigos de recomendación. Esta Comisión ya señaló a los problemas de agencia y la combinación de intereses afectados, junto a la singular dimensión de estas entidades con su apertura al mercado de valores, como uno de los motivos que exigían un régimen propio y diferenciado. Ciertamente, los denominados problemas de agencia son casi intrínsecos a la naturaleza de la sociedad anónima desde su origen, lo que motiva la promulgación de diversas normas que vengan a paliar esta patología[157]. Por ello resulta significativo que varios lustros después de los primeros códigos de buen gobierno, los diversos estudios científicos y doctrinales, así como los informes de grupos de expertos, sigan

156. LÓPEZ SÁNCHEZ, M. A.: «Los supuestos de conflicto de intereses sin privación del derecho de voto: la distribución de la carga de la prueba en casos de impugnación de los acuerdos sociales (art. 190.3 LSC)» en AA.VV.: *Junta general y consejo de administración en la sociedad cotizada*, Tomo I. Ed. Aranzadi. Navarra, 2016. Pág. 126.

157. ESTEBAN VELASCO, G.: «¿Una nueva manera de entender e impulsar la evolución del sistema de gobierno de las sociedades cotizadas?» en ESTEBAN VELASCO, G. (coord.): *El gobierno de las sociedades cotizadas*. Ed. Marcial Pons. Madrid, 1999. Pág. 25.

citando a los problemas de agencia como uno de los retos a los que ha de seguir enfrentándose el Derecho de sociedades.

Pero ¿qué consideramos como un problema de agencia en el ámbito societario? Precisamente, y como hemos visto, en la sociedad cotizada confluyen una serie de intereses distintos y diferenciados, no necesariamente contrapuestos aunque en ocasiones suceda. Y en esa confluencia se distinguen dos grupos o bandos, no por estar enfrentados, sino por la diferente posición que ocupan, esto es, los accionistas y los administradores. De forma anterior, vimos como en el Código de Comercio francés de 1807, la relación entre socio y administrador se configuraba en la forma de un contrato de mandato, hoy regulado en nuestro Código Civil en los artículos 1709 y siguientes por no tener una forma necesariamente comercial, y lo cierto es que esta forma hoy en día la consideramos vigente en un sentido muy amplio, pues a la postre, la revisión posterior por parte del socio de los actos de gestión tiende a imponer al administrador la comisión de los actos necesarios tendentes a la consecución del objeto social que tendrá un ánimo económico al tratarse de una sociedad de capital. Por tanto, considerando al contrato de agencia como una variante mercantilizada del contrato de mandato, la controversia surge en el modo en que el mandante o socio se asegura que el agente o administrador cumple sus instrucciones, realiza una representación leal y una gestión diligente. Esta situación puede producirse por ejemplo en el ámbito de una relación laboral donde el empleador trata de que el empleado tenga unos intereses alineados a los suyos como una forma de implicación, si bien ello no se asemeja a un mandato *per se*, mientras que en el contrato de agencia existe una autonomía del agente que en ocasiones puede exceder del entorno de su poder de representación. El problema de agencia se produce, por tanto, cuando existe una separación entre propiedad y gestión, que en el caso de una sociedad cotizada por la previsible amplitud de su masa accionarial estará prácticamente asegurada, donde los miembros del órgano de administración podrán tener unos intereses diferenciados a los del conjunto de accionistas. Por ejemplo, en la obligación de creación de valor, las diversas operaciones empresariales que puedan producirse de la derivada ordinaria podrán determinar, bien una rentabilidad rápida o inmediata, o bien un aseguramiento financiero a un plazo más largo. De ocurrir el primer caso, y mediante el uso de la información que ofrece conocer las operaciones con exactitud, un administrador podría verse tentado a adoptar la vía rápida si por ejemplo su sistema de retribución se produce bien conforme a resultados contables periódicos, o bien mediante *stock options*, pudiendo liquidar las acciones adjudicadas en un momento en que conozca que su valor sea superior. Al fin y al cabo, el valor del mandato se cuantifica en el riesgo o responsabilidad asumido por el socio en el desembolso de sus aportaciones para el capital social, riesgo (que no responsabilidad) que a priori no asume el administrador.

Por ello nuestra legislación establece diversas medidas de fiscalización de la actuación de los administradores, situándose uno de sus filtros en el seno de la celebración de una junta general, órgano que vendrá a suponer el mecanismo de control intrasocietario. Ello nos lleva a valorar la naturaleza tanto del órgano de administración como de la junta general pues la Ley de Sociedades de Capital delimita de forma muy clara las competencias de ambos, siendo fácilmente diferenciables. De forma amplia y resumida, mientras la junta ostenta la de aprobación de las cuentas y de la gestión de los administradores a quien puede libremente nombrar y cesar, artículo 160, éstos tienen atribuidos la gestión y la representación, según el artículo 209 de la misma Ley. Por tanto, la junta está diseñada como un órgano de revisión de actos a posteriori de que éstos se hayan producido, donde únicamente su capacidad de decisión se produce en la evaluación de los actos ordinarios. Fuera de éste ámbito, hay que considerar que la junta también tiene la capacidad de decisión sobre cualquier aspecto que implique una modificación tanto del objeto social como de la propia estructura, si bien es cierto que una modificación estatutaria o una fusión o transformación no son actos propiamente empresariales en cuanto a gestión ordinaria, sino situaciones que pueden afectar de lleno a la posición de propiedad que el socio ostenta, motivo por el que, aun pudiendo responder a una estrategia de negocio, se requiere de la aprobación de la junta. Por lo demás, en el ámbito del día a día, la autonomía del administrador se ve limitada en el alcance de sus facultades legales o estatutarias, y es aquí donde afloran los problemas de agencia si existe un cierto desapego por parte del socio a las cuestiones más empresariales, por lo que remitiéndonos a un estudio específico sobre la cuestión[158], se determinan principalmente seis problemas de agencia: i. El esfuerzo insuficiente, manifestado o bien como nulo interés de crecimiento, o bien como la adopción de una postura de puro conservadurismo del puesto de trabajo; ii. El *cash flow* libre, pues mientras el gestor optará por una autofinanciación, el socio demanda el reparto de los beneficios; iii. La miopía directiva, donde los administradores se enfocan en el negocio cortoplacista, por una visión más a futuro de los propietarios; iv. El riesgo, representado por el grado de asunción del mismo que estén dispuestas a asumir las partes, que rara vez coinciden toda vez que el administrador gestiona un patrimonio ajeno; v. La seguridad laboral, que emana del primer punto y del anterior, en cuanto a si el puesto de administrador

158. LOZANO GARCÍA, M. B. / DE MIGUEL HIDALGO, A. / PINDADO GARCÍA, J.: «El conflicto accionista-directivo: problemas y propuestas de solución» en *Revista ICE Tribuna de Economía*, n.º 813. Madrid, 2004. Pág. 226.

se enfoca desde una perspectiva asimilada a la de un creativo refiriéndonos a ello como un esfuerzo diario diferenciado, o bien como una posición más administrativa de mera gestión ordinaria; vi. Los intereses privados, representados por aquellos grupos diferentes de los accionistas pero con legítimo interés. Este estudio acaba proponiendo medidas que vinculen al administrador con los intereses de los socios y de la propia sociedad, con sistemas de retribución hoy ya contemplados en el otorgamiento de acciones de la entidad, lo que en cierto modo supondrá superar la separación entre propiedad y gestión, que también sucede cuando aquella accede a ésta.

Pero estos seis puntos desarrollados pueden acabar desembocando precisamente en un nuevo problema de agencia, que es el excesivo poder que acaban concentrando los administradores, pues el aumento de éste es inversamente proporcional a la pérdida de eficacia de los sistemas de control[159]. Es decir, que primero se producen como problemas de agencia unas situaciones en las que se busca implicar a los administradores, cuyas soluciones proponen casi tener un especial cuidado y condescendencia, para que posteriormente afloren abusos de poder frente a lo que se proponen ciertas medidas de control, lo que determinará que quizás sitiados por la situación, los gestores vuelvan a la posición anterior de especial conservadurismo del puesto o «miopía directiva», y en tal caso se volverían a producir los primarios problemas de agencia, entrando así en un bucle infinito. Por situaciones así surgen los principios del gobierno corporativo a fin de establecer un conjunto normativo que tenga por objeto la maximización de la eficacia.

Hoy en día, la situación está más próxima a la segunda parada de los problemas de agencia, es decir, a la concentración de poder de los administradores, que a la primera, motivo por el cual las diversas disposiciones normativas pretenden el establecimiento de nuevas y mayores medidas de control, sin que ello suponga necesariamente volver a la situación anterior primaria. No obstante, las constantes exigencias de transparencia, de dedicación y profesionalización, o de sometimiento al control tanto de los accionistas como del mercado podría disuadir a los administradores de entrar a formar parte de los consejos. No obstante, habida cuenta de la envergadura de esta clase de sociedades, se imponen una serie de principios y responsabilidades que han de ser asumidos por quienes ostentarán la gestión ordinaria, estableciéndose a tal efecto nuevas medidas de control, no ya en el seno de una junta, sino diariamente en el propio consejo, que a la postre

159. SÁNCHEZ ÁLVAREZ, M. M.: «Fundamentos y antecedentes del régimen de información y transparencia en las sociedades cotizadas» en VIVES RUIZ, F. / PÉREZ ARDA, J.: *La Sociedad Cotizada*, Ed. Marcial Pons, Madrid, 2006. Pág. 79.

y actualmente en sede de cotizadas se le reconoce principalmente como un órgano de supervisión, de sus propios actos, sí, pero sujeto a una especial composición que precisamente permita ese modelo dual de gestión y vigilancia. A ello hay que sumarle los constantes intentos de revitalización de las competencias de la junta general, a la que de forma paulatina se le ha otorgado un cada vez mayor poder de decisión, incluso en asuntos de gestión como veremos ahora. Tanto esto como la consideración del consejo como un órgano de supervisión ha supuesto una cierta desnaturalización de ambos órganos sociales, asumiendo quizás algunas funciones la una de la otra. Ello no consideramos que haya de entenderse como un hecho negativo o contrario a los más elementales principios del Derecho de sociedades, sino al contrario, como medidas que tienden a superar los problemas existentes en la relación entre socio y administrador en una sociedad cotizada, teniendo asimismo en cuenta la pluralidad de otros y diversos intereses presentes. Precisamente nos centraremos a continuación en las medidas de reforzar y estimular las competencias de la junta general, para evitar no sólo la pasividad accionarial, sino la excesiva asunción de poder por parte de los administradores, quienes han de estar aquietados a la decisión de la junta en determinados asuntos de gestión. Si ello va a suponer un contrapeso a los problemas de agencia o no, será difícil determinarlo dado que se trata de medidas comunes tanto a las sociedades cotizadas como las mercantiles de capital en general. Sin embargo la cuestión radica en los diferentes modelos accionariales existentes pues, aun teniendo una parte del capital libremente negociado en mercados oficiales de valores, no todas las entidades lo tienen igual de disperso o concentrado, por lo que las medidas de participación y control accionarial no podrán devenir igual de eficaces o procedentes en según qué casos. Sea como fuere, las medidas impulsadas por los principios del gobierno corporativo para fomentar una mayor relación de comunicación fluida entre propiedad y gestión, así como el establecimiento de sistemas de control, vienen a suponer una novedad que, como decíamos, implican que entre la junta y el consejo, se vengan a asumir competencias cada una de la inversa, y viceversa.

2. Instrucciones de la junta al órgano de administración

A. El origen del precepto

El actual artículo 161 de la Ley de Sociedades de Capital, reformado por la Ley 31/2014, de 3 de diciembre, por la que se modifica la Ley de Sociedades de Capital para la mejora del gobierno corporativo, contempla la posibilidad que la junta general imparta determinadas instrucciones al órgano de administración en asuntos de gestión. Esta modificación de la Ley amplió el precepto a las sociedades anónimas, pues anteriormente sólo se contemplaba para las de responsabilidad limitada, cuyo uso nos puede ayudar a comprender tanto la importancia como la utilidad de la norma, con carácter previo a su estudio en el ámbito especialmente de las cotizadas. Efectivamente, de forma previa a la reforma, la Ley de Sociedades de Capital adoptó lo dispuesto por el artículo 44.2 de la derogada Ley 2/1995, de 23 de marzo, de Sociedades de Responsabilidad Limitada.

B. *Análisis de la norma*

1. Competencia legal. Centrándonos en este caso en el origen, el derogado artículo 44.2 de la Ley de Sociedades de Responsabilidad Limitada contenía dos competencias añadidas y diferentes a las generales e inderogables que ya de por sí ostentaba la junta general, y en concreto eran la facultad de impartir instrucciones al órgano de administración, y la posibilidad de someter a su consideración determinados acuerdos propios de la gestión ordinaria. Al estar englobado en el artículo específico de las facultades de la junta, evidencia que el legislador lo contempla como una competencia de rango legal[160]. No obstante, y a diferencia del resto de facultades de la junta, las de impartir instrucciones y someter a su votación determinados acuerdos puede ser modificable o incluso derogable por vía estatutaria, pero ello no es óbice para considerar su contenido como una especial facultad que la junta mantiene y de la que puede hacer uso frente a los administradores. Cuestión diferente será su utilidad, especialmente en sociedades de responsabilidad limitada donde la naturaleza jurídica de la misma invitará a pensar en un grupo cerrado de socios donde el mayoritario ejercerá su control tanto en la junta como en el órgano de administración.

2. ¿Intrusismo orgánico? En la elaboración de la norma, no parece que el legislador trate de disimular en modo alguno que la junta pudiera estar inmiscuyéndose en facultades propias del órgano de administración, pues ello se aprecia cuando el citado artículo se refiere claramente a *«determinados asuntos de gestión»*, toda vez que precisamente la gestión es competencia exclusiva de los administradores, *ex* artículo 209 de la actual Ley de Sociedades de Capital. De la misma manera que hemos visto anteriormente en el punto relativo a los problemas de agencia, podría tratarse de una cierta desnaturalización del órgano, al atribuir a la junta de competencias añadidas o incluso excesivas, si dichas instrucciones se tornan en la práctica en una suerte de gestión teledirigida con el objetivo de salvaguardar la posible responsabilidad derivada del ejercicio del cargo transmitiéndola toda ella al administrador, habida cuenta del contenido del artículo 236.2 de la Ley de Sociedades de Capital, que establece que *«en ningún caso exonerará de*

160. SÁNCHEZ CALERO, F.: *«La junta general...»* cit. Pág. 454.

responsabilidad la circunstancia de que el acto o acuerdo lesivo haya sido adoptado, autorizado o ratificado por la junta general». Si bien trataremos la cuestión de la responsabilidad a continuación, no creemos que se trate de un intrusismo de competencias por parte de la junta, si el uso del citado artículo se realiza de una manera tan diligente como ecuánime, precisamente a los efectos de resolver los problemas de agencia a fin de asegurarse los socios como legítimos propietarios de la sociedad, que no del patrimonio, el cumplimiento del mandato otorgado a los administradores como responsables de la creación de valor mediante los actos encuadrados en el objeto social.

3. Derecho de la mayoría. Al no existir una regulación específica sobre su uso o procedimiento, ha de entenderse que tanto la impartición de instrucciones como el obligar a los administradores a someter a la consideración de la junta determinados acuerdos, es una facultad que se seguirá mediante mayoría ordinaria en la junta general, y que siendo el precepto originario de la sociedad limitada, debido a su naturaleza jurídica con un previsible número bajo de socios, a la postre se configura como un derecho que la mayoría podrá ejercer. Cuestión diferente es, como decíamos antes, no sólo la utilidad si hablamos de un caso de socio mayoritario que también hace las veces de administrador, sino también la posibilidad de impugnación del acuerdo por parte del minoritario si lo considera abusivo. En cualquier caso, tampoco parece necesario que su ejercicio requiera de especialidades formales ni de que conste previamente en el orden del día de la convocatoria, sino que pueda producirse en cualquier momento de la celebración de la junta, de existir un punto reservado a los denominados ruegos y preguntas».

4. Modificación o derogación estatutaria. Más dudas en cambio nos produce el proceso ante la posibilidad que el precepto sea modificado, limitado o incluso derogado por los estatutos sociales. En primer lugar, y desde una perspectiva sobre el sentido de la norma, no parece especialmente lógico que se trate de otorgar a la junta de un poder especial que fomente su mayor participación en la vida social, para que a la postre pueda ser derogado por los mayoritarios sin más limitación que la modificación estatutaria. Pero por otro lado, y sobre ésta, la Ley no especifica qué mayoría se requerirá para el acuerdo de modificación o supresión. Siendo una modificación de estatutos, entendemos que el acuerdo necesitará de una mayoría reforzada del artículo 199 de la Ley de Sociedades de Capital, por encima de la ordinaria del artículo anterior. La cuestión es que el propio 199 se divide en acuerdos que requieren del voto favorable de más de la mitad de los votos correspondientes a las participaciones en que se divida el capital social, apartado primero, o de acuerdos que requieren de dos tercios, apartado segundo. Siendo este último una lista cerrada de acuerdos concretos, a falta

de mención expresa ha de entenderse que se encuadraría en el primer caso, esto es, de la mitad más uno. Sin embargo, no consideramos que ello tenga mucho sentido toda vez que viene a acreditar precisamente el uso que puede darle el socio mayoritario a esta facultad de la junta, que sería ejercitarla cuando considere imponiendo su criterio al minoritario, o bien derogar esa facultad por vía estatutaria cuando lo considere oportuno. En tal caso, si precisamente se trata de buscar una mayor participación y activismo de la junta, quizás su supresión sería más coherente que requiriese de una mayoría reforzada en los términos del segundo apartado del artículo 199. Ahora bien, de poco o nada serviría el mantenimiento del derecho de la junta a impartir instrucciones si las mismas van a seguir dependiendo de la voluntad del mayoritario. Por tanto, nos encontraríamos en un callejón sin salida, pero como decíamos, cuestión diferente es el uso que se le otorgue a este derecho, sin perjuicio de que consideremos que su derogación deba ser objeto de una mayoría especial que exceda de la mitad más uno de los votos correspondientes a las participaciones en que se divida el capital social. En tal caso, es posible que deba ser objeto de debate la imperatividad que puedan tener las citadas órdenes. Si tiene fuerza ejecutiva de obligado cumplimiento, o si por el contrario tienen carácter potestativo donde cualquier socio con un mínimo de participación, pueda dirigir una instrucción concreta al administrador, quedando a su consideración la realización o ejecución de la misma. En ambos casos se plantearía de nuevo la disyuntiva acerca de aquellos actos que puedan ser considerados conforme al interés social lo que representado comúnmente por el sentir mayoritario, acabaría la controversia desembocando de nuevo en la voluntad que exprese la mayoría. Igual planteamiento sucedería con los acuerdos sometidos a la voluntad de la junta, sobre si éstos suponen un filtro anterior o posterior al acuerdo por el órgano de administración en uso de sus facultades de gestión, o sobre si dichos actos son en cualquier caso eficaces frente a terceros o quedan en suspenso hasta su ratificación por parte de la junta. En este caso, parece que pocas dudas ofrece el hecho que siendo actos comprendidos en el ámbito del poder de representación, los mismos vinculan a la sociedad con el tercero de buena fe[161]. Otra situación diferente sucede a la inversa, cuando son los administradores los que, con cierto temor a ejecutar una operación de cierta enjundia por el impacto que pueda tener sobre el patrimonio social, decidan realizar una consulta a la junta. Esta situación ha sido limitada por la Ley 31/2014 delegando en la junta aquellos acuerdos que supongan la adquisición o enajenación cuya operación superen el veinticinco por ciento del valor de los activos del último balance aprobado, lo que no impide que los administradores sometan a la junta operaciones por

161. SÁNCHEZ CALERO, F.: «*La junta general...*» *cit.* Pág. 459.

debajo de ese umbral, pero en ambos casos vuelve a resultar de aplicación la no exoneración de responsabilidad del artículo 236.2 de la Ley de Sociedades de Capital.

5. Régimen de responsabilidad. Precisamente partiendo del último punto, se plantea el debate acerca de la responsabilidad sobre aquellos acuerdos que han resultado una orden o instrucción directa por parte de la junta. Si el acuerdo ha resultado lesivo para la sociedad o para terceros, la responsabilidad de los socios no alcanza más allá que la limitada por su aportación al capital social, no así en el caso de los administradores. Pero realizando a su vez un análisis del artículo 236.2 de la Ley de Sociedades de Capital, éste habla de un acuerdo *«que haya sido adoptado, autorizado o ratificado por la junta general»*, por lo que ciñéndonos a su literalidad, no habla de acuerdos que hayan sido impartidos u ordenados por la propia junta, y eso es lo que consideramos que podría ser causa sino de exoneración, sí de un cierto atenuante, sin perjuicio del deber de diligencia que debe desplegar el administrador en no ejecutar un acuerdo que, aun habiendo sido ordenado por la junta, sea consciente de la lesividad que puede llegar a suponer[162]. En este caso podría negarse a su realización, si bien su destino en la sociedad podría quedar marcado. No obstante, consideramos varias excepciones. Por un lado, como decíamos que se produzca una suerte de gestión teledirigida, lo que en tal caso podría vincularse con la figura del administrador de hecho con las implicaciones que ello conlleva. Pero por otro lado, y a la inversa, el socio mayoritario y administrador que utiliza su mayoría para hacer uso de la junta e impartirse a sí mismo una concreta instrucción, a fin de salvaguardar su responsabilidad como administrador, lo que obviamente no consideramos que sea el sentir de la norma.

3. La ampliación a sociedades anónimas

A. *Apuntes previos*

En relación a cuanto considerábamos de forma anterior en el debate acerca de si la facultad de impartir instrucciones al órgano de administración por parte de la junta podría considerarse como cierta injerencia por parte de ésta, el asunto adquiere mayor relevancia en sede de anónimas por la naturaleza jurídica que una sociedad así entraña por ostentar una forma

162. En esta línea se manifiestan GARCÍA VIDAL, A.: *Las instrucciones de la Junta General a los administradores de la sociedad de responsabilidad limitada*. Ed. Aranzadi. Navarra, 2006. Pág. 133, PAZ-ARES RODRÍGUEZ, C.: *Responsabilidad de los administradores y gobierno corporativo*. Ed. Colegio de Registradores de la Propiedad y Mercantiles de España. Madrid, 2007. Pág. 127, y SÁNCHEZ CALERO, F.: «La junta general...» cit. Pág. 456.

de accionariado más amplio y abierto, donde no necesariamente estén perfectamente definidos los bloques accionariales como sí ocurre en sociedades cerradas de escaso número de socios. Por otro lado, hay que tener en cuenta que si la impartición de instrucciones es una competencia de la junta, pero en cambio es el órgano de administración el que decide el contenido y puntos de debate de la misma, el ejercicio de esa competencia puede verse ciertamente atenuado. Es cierto eso sí que a lo anterior tenemos excepciones tales como la convocatoria a instancia de la minoría, que puede derivarse en judicial si los administradores no atienden el requerimiento, o el complemento de convocatoria sólo para el caso de las anónimas, ejemplos ambos donde el socio puede elegir en todo o parte el contenido del orden del día. En otros casos podría entenderse menguado el derecho de la junta a impartir instrucciones si la orden específica no consta previamente en el orden del día, salvo que pudiera entenderse como una facultad implícita dentro de los ruegos y preguntas como antes decíamos, para lo cual existe un debate acerca de si el mismo puede contener nuevos acuerdos o no. Y es que sobre la facultad de la minoría de solicitar la convocatoria de una junta general, cuyo umbral mínimo actualmente el artículo 162 de la Ley de Sociedades de Capital establece en el 5%, puede ser útil en sociedades de responsabilidad limitada, de capital más concentrado, pero más difícil en anónimas, por no decir imposibles en sede de cotizadas[163].

La trasposición o ampliación del precepto a las anónimas por tanto adquiere especial trascendencia. Hay que decir que el precepto no exceptúa de su regulación a las sociedades cotizadas como sí ocurre con otras cuestiones, sin perjuicio de que su aplicación resulte muy difícil. Pero en anónimas en general resulta interesante pues si en las sociedades limitadas nos referíamos a la posibilidad que podía entrañar el uso de esa facultad para que el mayoritario, frecuentemente también administrador o por lo menos miembro de control efectivo de éste, pudiera autorizarse sus propios actos como una forma de posible exención de responsabilidad, el hecho de aplicarlo en anónimas de capital abierto tiene un especial interés precisamente por la misma problemática que veíamos en los puntos anteriores sobre la eficacia de las instrucciones, el intrusismo o el régimen de responsabilidad, con el añadido de una posible dispersión accionarial en relación a los miembros del órgano de administración acerca de si se ha producido una separación entre control y gestión. En tal caso, y a los efectos de nuevo del régimen de responsabilidad, nos preguntamos sobre el alcance o vinculación

163. ALFARO ÁGUILA-REAL, J.: «Competencias de la Junta e instrucciones a los administradores (I)» en Blog *Derecho Mercantil*. 18/06/2014. http://derechomercantilespana.blogspot.com.es/2014/06/competencias-de-la-junta-e.html

que para los administradores y para la sociedad pueden tener las citadas instrucciones: un administrador, por voluntad propia o por imperativo de los socios vía convocatoria efectuada por la minoría (donde establecen el orden del día) o vía de complemento de convocatoria, somete a la consideración de la junta la suscripción de un contrato con un tercero, y el resultado resulta contrario a la actuación final del administrador, esto es, que la junta no lo aprueba pero el administrador aun así lo suscribe, o que el administrador se niega pese a la aprobación de la junta. En ambos casos, habrá de atenderse a si el acuerdo supone o pudo suponer un daño a la sociedad, lo que en buena medida determinará si la actuación del administrador ha sido diligente o por el contrario lesiva para el interés social. Pero fuera del ámbito de la responsabilidad, nos preocupa más su eficacia frente a terceros. ¿Qué un administrador haya suscrito un contrato sin la autorización de la junta cuando ésta lo debatió, resultaría ineficaz frente a terceros? En tal caso, habría de valorarse si el acuerdo era competencia exclusiva de la junta, o meramente potestativa. En el primer caso tendríamos situaciones como por ejemplo que una sociedad contrate con una entidad bancaria (tercero) una asistencia financiera en favor de uno de los socios o administradores, competencia ésta que resulta inderogablemente propia de la junta según el artículo 162 de la Ley de Sociedades de Capital. Por otro lado, si en cambio no se trata de una competencia exclusiva de la junta, y el administrador actúa igualmente en sentido contrario al voto mayoritario de los socios ¿para qué iba a consultar entonces? ¿tal vez buscando un intento de proteger una decisión que previamente ya había adoptado, a fin de sortear la posible responsabilidad?

Lo cierto es que se trata de preguntas que evidencian que la casuística puede ser tremendamente amplia, para lo que el legislador quizás no haya dado una respuesta contundente sino, muy al contrario, ha generado mayor enjundia al ampliar el precepto a las sociedades anónimas. Y es que de forma anterior, la respuesta rápida y sencilla parecía encontrarse siempre en el 236.2 de la Ley de Sociedades de Capital sobre la no exención de responsabilidad por el mero hecho que el acuerdo fuese aprobado por la junta. Sin embargo, la Ley 31/2014 ha traído también consigo la trasposición a nuestro Ordenamiento de la conocida como la «*business judgement rule*» a través de la nueva redacción del artículo 226 bajo la denominación de «protección de la discrecionalidad empresarial» como presunción del buen hacer del administrador, siempre que no se pruebe en contrario. Por tanto, sea cual sea el resultado de las decisiones, concuerde la del administrador o no con las instrucciones de la junta, parece que el límite se traspasará en el momento en que pueda ser acreditada la comisión de un ilícito que haya causado un daño en el patrimonio social.

B. *Sentido*

Del estudio del precepto en cuanto a su aplicación también en anónimas, cabe preguntarse qué se pretende con la misma, para lo cual hemos advertido los siguientes motivos que consideramos justifican su promulgación:

i. mayor protagonismo de la junta. Una de las tendencias más destacadas del gobierno corporativo es la de dotar a la junta general de un mayor protagonismo y activismo en las decisiones de la sociedad, tratando de configurarse como un auténtico mecanismo de control del órgano de administración habida cuenta del sistema monista presente en nuestro país, lo que permitiría una plena libertad de movimiento al consejo de administración si no cuenta con un órgano con verdadera vocación de control. Son muchos los estudios en tal sentido, que han ido desembocando en sucesivas modificaciones normativas, desde el Informe Aldama, que vino a suplir las carencias del Código Olivencia sobre el órgano soberano de la sociedad, a la última modificación de la Ley de Sociedades de Capital a través de la Ley 31/2014. Se trata por tanto de un nuevo impulso al interés del legislador de dotar a la junta de socios de un poder especial que anime y motive a hacer uso de sus competencias, inmiscuyéndose de hecho en algunos asuntos que son propiamente competencia de los administradores. El hecho de ampliarlo a sociedades anónimas incluyendo las cotizadas, pues no se manifiesta en contrario, dada su naturaleza más abierta y de aparente mayor dispersión accionarial, precisamente bien a demostrar el interés existente en hacer de los socios no de referencia, como protagonistas y baluartes del control societario.

ii. Paralelismo al artículo 160.1.f. Por los mismos motivos que los expresados en el punto anterior, una de las mayores novedades que aportó la Ley 31/2014 fue la nueva redacción del artículo 160.1.f de la Ley de Sociedades de Capital, estableciendo como competencia propia de la junta la aprobación de la adquisición enajenación, o la aportación a otra sociedad de activos esenciales, considerándose por éstos a operaciones que superen el 25% de los activos del último balance aprobado. Por ello no consideramos casualidad que la modificación de la Ley haya traído consigo ambos preceptos pues vienen a acreditar el ánimo del legislador de dotar a la junta de mayores competencias, más allá de las propias palabras e intentos por vía de recomendaciones a través de los códigos de buen gobierno. Más allá del debate que ha producido este nuevo artículo en cuanto a su interpretación, lo que sí parece pacífico es que es una medida acertada en favor de la mejora de los principios del gobierno corporativo que, unido al nuevo artículo 161 sobre la intervención de la junta en los asuntos de gestión, ésta se encuentra llamada a jugar un papel destacado en las decisiones que afecten a la sociedad incluso en el ámbito de su operatividad ordinaria. No obstante, y sin pretender entrar en el debate, sí nos gustaría hacer una referencia a este artículo sobre la relación que pueda guardar la mera transmisión de bienes o derechos por importe superior al 25% de los activos de la sociedad, con lo que se configura como una efectiva reducción del objeto social, lo que, recordemos, daría lugar al derecho de separación del socio *ex* artículo 346.1 de la Ley de Sociedades de Capital. Pongamos el ejemplo de una sociedad dedicada a la comercialización al por menor de prendas textiles, contando con una pequeña cadena de cinco tiendas repartidas en una ciudad concreta, desarrollando su actividad en inmuebles que son propiedad de la propia sociedad. En el objeto social consta dicha actividad, y asimismo una cita a cuestiones relacionadas con el negocio inmobiliario. En esta tesitura, el administrador, con independencia de los motivos, cesa en la actividad comercial y destina los locales a ser arrendados a terceros con el fin de que la sociedad, ya sin actividad, acabe «*viviendo de las rentas*» dicho coloquialmente, lo que le convertiría probablemente en una sociedad patrimonial. La pregunta es si ello requiere de la aprobación de la junta. Desde un punto de vista de sentido estricto legal, la operación no ha supuesto una adquisición o enajenación de activos, por lo que no quedaría sujeta al artículo 160.1, y por otro lado, tampoco existiría modificación o reducción en sentido legal del objeto social, pues el negocio inmobiliario ya estaba contemplado. Sin embargo, precisamente consideramos que el sentido de la norma viene a proteger no sólo los activos en sentido contable del balance sino la propia esencia de la sociedad, donde son los socios los que precisamente en su conjunto decidieron unánimemente en el contrato de sociedad destinar sus esfuerzos a una actividad concreta, o por lo menos principal. Así lo interpreta la SAP de Navarra[164], de fecha anterior a la modificación legislativa, que entiende que «*la venta de la totalidad de los activos sociales excede las competencias del administrador e implica una liquidación de hecho que ha de ser acordada por la Junta, por lo que los contratos correspondientes son nulos si el comprador en tales compraventas era uno de los socios y, por tanto, no un tercero de buena fe. En el caso de la STS de 8 de febrero de 2007, "se declara la nulidad del acuerdo del Consejo por el que se cedía el conjunto de activos de la compañía dedicados a una actividad concreta y dice el TS que en modo alguno pueden los administradores acordar una reducción de actividades principales que implique un cercenamiento del objeto social, lo que sólo podrá ser efectuado por la Junta General en los términos establecidos en la Ley y en los Estatutos. Aplicando la normativa y doctrina expuesta al caso de autos, resulta que el acuerdo mayoritario del Consejo de Administración de Carbónica Murciana SA no supone una simple interrupción coyuntural de una de las actividades principales que integran la actividad... relativa*

164. Sentencia de la Audiencia Provincial de Navarra, de 18 de diciembre de 2002.

a productos alimentarios, sino una auténtica modificación limitativa del ámbito de operatividad de la actuación societaria que trasciende al objeto social estatutario"».

iii. Administrador e interés social. Igualmente quizás como consecuencia de la resolución anterior, se impone de hecho al administrador la carga de hacer una interpretación del interés social en el sentido de, con pleno cumplimiento de sus deberes de lealtad y diligencia, someter a la consideración de la junta aquellos asuntos que, aun sin estar contemplados en sus competencias legales, entrañen una extraordinaria decisión que requiera o aconseje que por razones de interés social el acuerdo deba ser adoptado por el órgano soberano.

C. *Crítica*

Finalmente, a los efectos de aunar lo que la doctrina más autorizada ha considerado, entendemos argumentos que invitan a valorar la ampliación a las sociedades anónimas de la posibilidad que la junta general imparta instrucciones al órgano de administración en asuntos de gestión. Y en línea con los estudios que han tratado la cuestión, la valoración es positiva en lo teórico, pesimista en lo práctico. Es de loar el ánimo del legislador en que la junta general se convierta como ya hemos dicho en un auténtico resorte de control al órgano de administración, más allá de las propias labores de supervisión que tengan encomendadas los consejeros no ejecutivos en un sistema monista como el español, y más aún con una reforma tan ambiciosa como importante que ha traído consigo la Ley 31/2014. Pese a que la experiencia evidencie que la junta general, en este caso de las cotizadas, no tenga un amplio poder de fiscalización del consejo por la dispersión de su accionariado, que de media supone aproximadamente la mitad de todo el capital social, no se ha desistido de los intentos de fomentar la participación de los socios a través de modificaciones legislativas que faciliten su concurrencia a través de los medios telemáticos de voto, asociaciones de accionistas y demás mecanismos, con el fin de que los mismos sean a la postre utilizados en una junta general a la que se le ha investido de mayores competencias. Por ello, la valoración en dicho sentido es positiva[165]. Incluso algún destacado autor acentúa la flexibilidad del precepto, si bien considera que, en línea con lo que hemos manifestado, se requiere una completa revisión del régimen de responsabilidad, o al menos, una mayor conexión y sentido lógico entre el nuevo artículo 161 con el 236.2 de la Ley de Sociedades de

165. ALFARO ÁGUILA-REAL, J.: «Competencias de la Junta e instrucciones a los administradores (II)» en Blog *Derecho Mercantil*. 18/06/2014. http://derechomercantilespana.blogspot.com.es/2014/06/competencias-de-la-junta-e_18.html

Capital[166], en los términos vistos sobre si este último no exonera de responsabilidad al administrador por el hecho de que el acto lesivo haya sido aprobado por la junta, qué sucede cuando el acto responde a una instrucción concreta de ésta.

Eso en cuanto a su valoración teórica. Ahora bien, en el caso de las sociedades cotizadas, que es lo que nos interesa a los efectos de este trabajo, su operatividad parece que es nula, como así se ha pronunciado también algún autor[167]. Resulta a priori tremendamente difícil imaginar que en la celebración de una junta general de una de las grandes sociedades, con una amplia dispersión accionarial, la junta general haga uso de forma mayoritaria de dicha facultad. Ello considerando que su aplicación requiera de una mayoría ordinaria de votos, o si por el contrario se debiera dotar una reforzada. Pero más allá de su operatividad, lo que en nuestra humilde opinión supone un importante desacierto es que la nueva redacción del artículo 161 mantenga la referencia *«salvo disposición contraria en los estatutos»* por un motivo muy sencillo: lo que de forma anterior a la reforma, para las sociedades cotizadas, era una recomendación cuyo incumplimiento debía explicarse, ahora en cambio cabe la posibilidad de su completa derogación por vía estatutaria. Insistimos en que en este caso no nos referimos a que en la práctica su posibilidad de ejecución sea nula o por lo menos muy difícil, pero lo que en esencia se configuraba como el interés de dotar a la junta de mayores competencias con el fin de responder a una mejora de los principios del gobierno corporativo, la situación puede tornarse en todo lo contrario si los mayoritarios deciden eliminar esta competencia de la junta a través de una modificación estatutaria. Antes se debía explicar su incumplimiento, y ahora en cambio puede derogarse. Bien es cierto que el Código Unificado de Buen Gobierno en su Recomendación 3 no establecía una redacción paralela o remitida al anterior artículo 161 de la Ley de Sociedades de Capital únicamente para limitadas, ni tampoco se refería a asuntos de gestión, sino más bien a operaciones que pudieran resultar *de facto* una modificación estructural. Sin embargo, consideramos que dicha Recomendación debía interpretarse en su sentido amplio, y que cuando se refería a *«que, aunque no lo exijan de forma expresa las Leyes mercantiles (se recomienda que) se sometan a la aprobación de la Junta General de Accionistas»* determinados asuntos de especial importancia, el Código estaba manifestando implícitamente su interés en que la junta participara de la aprobación de determi-

166. ESTEBAN VELASCO, G.: «Distribución de competencias entre la Junta General y el órgano de Administración, en particular las nuevas facultades de la Junta sobre activos esenciales» en AA.VV.: *Junta General y Consejo de Administración de la Sociedad cotizada*, Tomo I. Ed. Aranzadi. Navarra, 2016. Pág. 78.

167. MATEU DE ROS CEREZO, R.: *Práctica de gobierno corporativo. La reforma de la Ley de Sociedades de Capital y del Código de Buen Gobierno*. Ed. Aranzadi. Navarra, 2015.

nados asuntos, más allá de los que tiene propiamente atribuidos por Ley. Pero precisamente, tanto por la complicada operatividad *per se* como por la posibilidad de derogación, en consecuencia supone un hito de difícil ejecución[168].

168. GARCÍA-RENEDO, C.: «Las nuevas competencias de la junta general y la intervención de ésta en asuntos de gestión» en GARCÍA DE ENTERRÍA, J.: *La reforma de la Ley de Sociedades de Capital en materia de gobierno corporativo*. Ed. Thomson Reuters Aranzadi. Navarra, 2015. Pág. 19.

Capítulo II

El gobierno corporativo como respuesta

1. EL MOVIMIENTO DEL GOBIERNO CORPORATIVO

A) EL CONTEXTO DE ALGUNOS SUCESOS QUE MOTIVAN SU NACIMIENTO

1. La necesaria revisión de los hechos motivantes

El análisis de una regulación normativa exige en todo caso la revisión de los hechos motivantes y del contexto socio-económico e incluso político en que se promulgaron las normas en cuestión, máxime cuando en el caso de los principios del buen gobierno corporativo, constituyen una normativa internacionalmente extendida, que los mercados, los organismos reguladores en incluso las propias entidades han reconocido como de incuestionable importancia en lo que al modelo de gestión empresarial y relación entre los distintos agentes intervinientes e interesados se refiere. Ello alcanza un mayor valor si el conjunto normativo promulgado bajo los principios del buen gobierno tiene un carácter de voluntario cumplimiento, sin perjuicio que como ya hemos visto, algunas de dichas normas de *soft law* hayan terminado por formar parte de algunos ordenamientos jurídicos, como el español, con alcance imperativo.

Y es que como es habitual en la elaboración y construcción de un régimen legal, el sistema normativo se crea a partir de los hechos y circunstancias acaecidas, pues la ley muy difícilmente puede adelantarse a los hechos, lo que se torna en imposible si son novedosos o de inexistencia anterior. Con el caso de los principios del gobierno corporativo sucede algo similar, pues se trataba de establecer un conjunto de normas para la gestión y modelo de relación de las grandes compañías que evitaran situaciones puestas de manifiesto en determinadas compañías, cuyo peso y valor de mercado resultaba muy significativo. Por ello, antes de entrar en la conceptualización y delimitación concreta del sentido y significación del *cor-*

porate governance, entendemos procedente hacer una revisión sobre aquellos hechos que motivaron el nacimiento del modelo como un ejercicio de análisis de lo que entonces se consideraba como de necesaria regulación, cómo ello ha influido en las reformas posteriores, qué prevalece de aquello, y si se continúan replicando o no los defectos de los que se consideraba que adolecía. Entendemos que, con ello, se justifica la contextualización como un ejercicio de aprendizaje, ya que cerca de unas tres décadas después del inicio del modelo y de la aparición de los primeros códigos de buen gobierno, la cuestión no sólo sigue siendo vital en la regulación de las empresas, sino que ha pasado a formar parte importante de la agenda de legisladores y organismos reguladores a nivel internacional, comunitario, y local. En este punto, hemos optado por hacer un breve repaso de concretos sucesos, algunos de los cuales fueron conocidos por la opinión pública como «escándalos corporativos» como sucesos motivadores de la exigencia de reformulación de los modelos de gestión de las grandes compañías, cuya importancia, significación e influencia en la economía de mercado de un país hemos razonado en el capítulo anterior. Pero no sólo la revisión de tales sucesos enmarcados especialmente en torno a finales del siglo anterior y comienzo del presente, sino también respecto al otro gran acontecimiento a nivel internacional, que fue la crisis económico-financiera iniciada entre 2007 y 2008, y cómo ello afectó no sólo al funcionamiento de los mercados y de la solvencia y viabilidad de un importante número de sociedades, sino cómo ello afectó de manera especialmente significativa al nuevo modelo de gobierno corporativo en el caso de las entidades financieras, con independencia de su grado de responsabilidad en la citada crisis, lo que nos parece relevante tanto por el propio modelo en sí como por el hecho de su influencia en el interés público, a lo que en numerosas ocasiones en el presente trabajo hemos aludido como de especial aplicabilidad en el modelo español toda vez que buena parte de sus compañías cotizadas más representativas, a diferencia de otros mercados, tienen una actividad directa o indirectamente relacionada con el interés público.

2. Un repaso a algunos concretos sucesos corporativos

A. *Consideración previa*

Al hablar de hechos motivantes del nacimiento de los principios del gobierno corporativo, no se puede focalizar en uno o varios concretos, pues en toda elaboración de un régimen legal confluyen elementos de muy diversa índole. En el ámbito del presente trabajo, sin perjuicio de otros sucesos motivantes, hemos optado por reseñar unos específicos casos siguiendo un importante estudio y análisis del movimiento del gobierno corporativo, su contexto y sus propuestas de mejora[169], que consideramos de especial interés por su claridad expositiva, análisis científico y contextualización internacional, sobre el cual basamos el presente apartado; y también por lo que dichos casos o sucesos afectaron o tuvieron incidencia en la composición de los órganos de gestión, administración y supervisión de las grandes entidades. No pretendemos ni exponer con todo detalle los concretos hechos ni tampoco entrar a pronunciarnos a modo de enjuiciamiento, no sólo porque ello trascendería por completo del ámbito del presente trabajo amén de resultar competencia ajena, sino porque por otro lado, como hemos defendido, la heterogeneidad de las grandes compañías cotizadas por razón de su actividad, estructura de propiedad, modelo de gestión, o contexto geográfico, es muy amplia, no resultando asimilable ni los defectos ni las virtudes de una concreta entidad al resto de todas ellas, y mucho menos al ámbito internacional donde las propias normas de buena gobernanza sean por vía legislativa o por vía de códigos de conducta, ponen de manifiesto tales distancias. Al contrario, lo que pretendemos con la exposición de concretos hechos, siguiendo el análisis del autor, es exponer concretas cuestiones puestas de manifiesto a nivel global en lo que a la composición del órgano se refiere. Para ello, hemos optado por destacar tres concretos sucesos relatados por el citado autor: el «caso "ENRON"», por ser uno de los que consecuencia de su magnitud, seguramente originó una sucesión de normas reguladoras relativas a la estructura, composición y funcionamiento de los órganos sociales tanto en vía legislativa como por códigos de voluntario cumplimiento; el «caso "World.com"», por ser un reflejo del caso anterior que puso de manifiesto las deficiencias del modelo de gobierno corporativo y originó la promulgación de las primeras propuestas; y el «caso "PARMALAT"», por resultar de especial incidencia en el mercado comunitario así como por la diferencia de estructura de propiedad respecto de otros modelos.

B. El «Caso ENRON»

Se trata de una compañía energética estadounidense resultado de la fusión de dos importantes empresas, convirtiendo a la resultante en la primera comercializadora del mundo. Si bien inicialmente su negocio era la distribución de gas natural, coincidiendo con la liberalización del mercado pronto pasó a intermediar en la producción y venta de energía como actividad principal, hasta tal punto que ésta llegó a suponer el 90% de sus ingresos anuales. Pero no era la única actividad, pues bajo la apariencia de

169. El presente apartado sigue la misma estructura y comentarios, a los que nos remitimos, del estudio de OLCESE SANTOJA, A. *Teoría y práctica del buen Gobierno Corporativo*. Ed. Marcial Pons. Madrid, 2005. Pág. 241 y siguientes.

pretender proteger a sus clientes de las fluctuaciones de precios y del mercado, comercializó complejos productos financieros basados en derivados sobre opciones en petróleo, gas, plásticos e incluso el clima. En primer lugar, y antes de entrar en más detalles, sorprenden tales actividades por resultar ajenas a lo que a priori constituiría la actividad principal u objeto social de la compañía en cuestión, especialmente por la comercialización de productos que, siendo muy diferentes al ámbito energético, conllevan a su vez una compleja connotación por razón de la naturaleza de los derivados financieros. Y es que, como veremos más adelante, realizar ciertas actividades distintas a la principal (como el caso conocido de algunas entidades financieras españolas y su participación en el mercado inmobiliario) ha sido una nota que en años posteriores se ha evidenciado como definitorio de mal gobierno corporativo. La cuestión es que para la comercialización de tales derivados, dicha actividad se halla sujeta a un requisito normativo, que es la observancia por los organismos reguladores; y a otro operativo, que es la importante necesidad de liquidez. Las dos fueron solventadas.

Con respecto a la primera, la presión del *lobby* al que pertenecía la compañía permitió que algunas de sus actividades quedaran al margen del radar de vigilancia de la *Securities Exchange Commission (SEC) que* viene a equivaler, salvando las distancias, con la Comisión Nacional del Mercado de Valores, pues como posteriormente se evidenció en las distintas comisiones de investigación del asunto, existieron varias reuniones entre representantes de la compañía y destacados miembros del Gobierno federal[170], con lo que ello pueda implicar, pues no procede en este trabajo tratar cuestiones de influencia política. Con respecto a la segunda, que es la que generó los hechos que acontecieron el escándalo en sí, la estrategia de la compañía se basó en la creación de hasta tres mil quinientas *Special Purposes Entities (SPE) que* son sociedades instrumentales constituidas al objeto de sacar del balance determinados activos y deuda. Dichas SPE eran constituidas por un tercero, pero con participación de ENRON, que por una excepción contenida en la legislación norteamericana, no resultaba necesario que contabilizaran dichas participaciones en su balance consolidado (pues la consolidación contable trata de reflejar una imagen fiel del patrimonio del grupo, como también sucede con la consolidación contable e incluso fiscal en España), lo que en realidad distorsionaba la imagen patrimonial, pues se

170. Incluso, quedó patente que el presidente y CEO de la compañía había realizado importantes donaciones, en concreto, a la campaña del Presidente George W. Bush, siendo asimismo muy significativas las aportaciones que la propia compañía había realizado tanto al Partido Demócrata como al Partido Republicano. En realidad, parece que era una tónica habitual, ya que en la época se estimó que el 75% de los senadores del país (con independencia de su signo político) habían recibido alguna donación de ENRON.

constituían con activos de la propia ENRON, de modo que contablemente, ésta tenía un activo que era la participación en estas entidades instrumentales, las cuales a su vez su activo era titularidad de la propia matriz, lo que genera un círculo de modo que, como eres deudor y acreedor de un mismo bien, el resultado neto es de cero, lo cual no venía recogido en el balance de la matriz, que se contabilizaba un activo inexistente. No fue el único caso, pues la investigación posterior evidenció que la compañía declaraba como ingresos todo el valor de una operación concreta sin deducir los gastos asociados y las amortizaciones, o lo que es lo mismo, sin contabilizar el beneficio real. Ello supuso que los números relativos a sus ingresos estuvieran significativamente inflados, lo cual curiosamente, no era del todo una práctica prohibida sino restringida a las entidades financieras. Como resultado de todo ello, el valor de cotización bursátil de la compañía llegó a alcanzar los 85 dólares por acción en su momento de mayor esplendor, valor que se redujo hasta los 0,10 dólares tras la bancarrota de la entidad. Finalmente, cuando la situación se tornó en insostenible, la compañía anunció una reformulación contable de prácticamente seiscientos millones de dólares, lo que generó la desconfianza del mercado y la consiguiente pérdida de valor, desembocando todo ello a su vez en la declaración de pérdidas millonarias, la suspensión de pagos, y el despido masivo del sesenta por ciento de una plantilla que, entonces, contaba con unos siete mil empleados. Así es como comenzó la comisión de investigación (que arrastró también a su entidad auditora) y que en Estados Unidos tuvo un notable impacto y que supuso un cambio del modelo legislativo referenciado especialmente en la posterior promulgación de la *Sarbanes-Oxley Act*, sobre cuyo contenido analizaremos en el apartado dedicado al Derecho comparado.

Expuestos los hechos, procede su contextualización en lo que a gobierno corporativo y composición del órgano de administración se refiere, de lo que extraemos principalmente tres conclusiones:

La primera, el exceso de poder del presidente junto a la ausencia de control en el seno del consejo de administración consecuencia de su estructura. Y es que tras la fusión que dio origen a la compañía, el cargo de presidente del consejo de administración recayó sobre quien, a su vez, era el *Chief Executive Officer (CEO)* o primer ejecutivo, una función ciertamente similar a lo que en el caso de la legislación española representa el consejero delegado. Con ello, es muy importante advertirlo, no venimos a manifestar que la confluencia en una misma persona de los cargos de presidente y primer ejecutivo hayan causado a esa situación, y decimos que resulta muy importante advertirlo ya que la cuestión de la idoneidad o no de la separación de cargos por lo que podría constituir una excesiva asunción de poder, ha sido y todavía es una cuestión objeto de debate en los principios del gobierno corporativo, tanto a nivel nacional como internacional. De hecho, en Estados Unidos la tendencia, aunque decreciente, sigue siendo la de apostar por la integración de ambas condiciones en una única persona. Por ello, la cualidad simultánea de presidente y CEO no es una muestra de mal gobierno corporativo, si bien sí lo es si ello no lleva aparejado consigo el establecimiento de resortes de contrapeso y control, que es justo de lo que adoleció la gestión de ENRON, ya que de dicho caso se evidenció un consejo de administración inoperante en lo que a los consejeros no ejecutivos se refiere. No existía ningún tipo de control ni supervisión y, en esencial no ejercían función alguna más allá de aquellas que por ley resultan indelegables a la totalidad del consejo de administración en su conjunto. Por ello, de este caso se puso de manifiesto la necesidad de establecer normas de comunicación, información y participación de los consejeros ejecutivos, cuyo estatuto jurídico ha sido el que más interés ha suscitado y más objeto de regulación normativa ha sufrido en los últimos años, desembocando en las ya conocidas figuras del consejero independiente, y en la del consejero coordinador si, como el caso explicado, existe confluencia de cargos. Por ello, con el tiempo se terminó en determinar que, en sede de modelos de administración monistas (es decir, un único consejo de administración como el modelo estadounidense o el español, a diferencia del sistema dual alemán) la misión esencial del consejo de administración era la supervisión de sus propios actos.

La segunda, se refiere a la política de retribuciones de los consejeros ejecutivos, cuestión que, hoy en día, todavía continúa generando importantes *quebraderos de cabeza* a nuestro legislador, a la doctrina científica, y a la jurisprudencia mayor. En concreto nos referimos, dentro del caso de ENRON, a la retribución basada en entrega u opciones sobre acciones de la compañía, denominadas en el mercado anglosajón como *stock options*, y a la falta de control y regulación específica sobre las mismas. En concreto, el sistema consiste en reconocer a los administradores como parte de su retribución, y como se ha dicho, la entrega u opciones sobre acciones de la propia entidad, basándose en un intento de motivación y de alineamiento de intereses. Como concepto, el objeto es incuestionable, ya que ante la tendencia (y casi obligación legal) de crear valor y maximizar la participación del accionista, con este sistema el administrador hace suya la compañía (entiéndase en el buen sentido de la palabra) y alinea sus intereses, de modo que cuanto más productiva económicamente resulte la gestión, mayor será el beneficio del administrador al verse recompensado con acciones de una entidad que, gracias a su labor, ha aumentado su valor de cotización. Sin embargo, el modelo evidenció dos importantes defectos. El primero, consistía en la maximización de valor a corto plazo, es decir, la comisión de actos de aumento de valor pero de forma cortoplacista, de modo que los resultados de incremento eran casi inmediatos, es decir, al momento del devengo de la retribución, pero que en cambio no conllevaban una política sostenible a largo plazo, de modo que se producían inflaciones más ficticias que reales, lo que motivaba que algunos administradores hicieran uso de este tipo de gestión para obtener una rápida y mayor retribución, terminando por decrecer más adelante el valor de la compañía cuando alguno de estos consejeros ya habían cesado, con ingentes retribuciones ya percibidas. El segundo, consecuencia del anterior, era la falta de control, supervisión y regulación de este tipo de retribuciones por parte de un órgano supervisor que, dentro de los límites y facultades delegadas por la junta general, estableciera un control de las mismas, una evitación de abusos, y una política de contención que equilibrara el importe de la retribución con los estándares de mercado, las responsabilidades asumidas, la efectiva dedicación prestada, y la marcha de la compañía. Así es como, años más tarde, los códigos de buen gobierno recomendaron a las grandes compañías designar en el seno del consejo de administración un comité de retribuciones, cuya instauración ha terminado por ser de obligado cumplimiento. En el caso de ENRON, además, afloraron determinadas transacciones por parte de los consejeros ejecutivos y de la alta dirección que, consecuencia del aumento de valor, procedieron a la venta de títulos por un valor significativamente superior al real, lo que les reportó ingentes beneficios. La política de control también se refiere a estas operaciones, pues en algunos ordenamientos continentales incluso se obliga a los administradores salientes a mantener su participación accionarial hasta un determinado tiempo después del cese.

Y la tercera se refiere a la política de control e independencia del auditor externo de la compañía, habida cuenta de las cuestionables prácticas contables de la entidad a las que hemos hecho anteriormente referencia, hasta el punto que la responsabilidad derivada de la investigación por la quiebra de la compañía alcanzó a su auditor de cuentas, de quien le unía además otro tipo de relaciones contractuales con la entidad, lo que supone una suerte de conflicto de interés en la emisión de los dictámenes por los auditores consecuencia de esas otras relaciones conexas. Estas cuestiones fueron en el futuro tratadas por los principios del gobierno corporativo mediante la creación en el seno del consejo de administración del comité de auditoría, el primero que ha sido en prácticamente todos los países del entorno de obligado cumplimiento. Y es que se hacía latente la necesidad de contar con consejeros que supervisaran la elección, nombramiento y control del auditor externo, y que a su vez, revisaran los estados y políticas contables de la compañía de forma previa a su presentación a la junta general de accionistas para su aprobación, siendo éstas alguna de las competencias reconocidas a este comité del consejo, cuya regulación normativa ha sido sucesivamente reformada en los últimos años. Por ello, algunos ordenamientos internacionales exigen que esta comisión esté integrada y presidida por consejeros independientes, y que asimismo sus miembros cuenten con especiales conocimientos en contabilidad.

C. *El «caso World.com»*

Nos referimos a una de las mayores operadoras a larga distancia de Estados Unidos, que guarda ciertas similitudes con el caso anterior, y que además se produjo escasos meses después, pues la entidad sujeto de los hechos que motivaron la atención pública también fue resultante de una fusión, que a través de sus prácticas contables quedó expuesta al «agujero» económico que sus actos causó. Pero tiene una muy relevante diferencia con el modelo anterior especialmente en lo que al sistema de gobierno corporativo se refiere, y es que tras la fusión, no se produjo una concentración de poder en una única persona, sino que al contrario, los entonces máximos dirigentes de las entidades fusionadas pasaron a ostentar respectivamente el cargo de presidente no ejecutivo, por un lado, y de CEO, por otro lado, siendo éste a quien se le han achacado las conductas típicamente fraudulentas.

Se trata de una entidad que vivió su mayor auge en la época de la denominada burbuja tecnológica, momento en el cual proliferaron las denominadas *puntocom* cuando internet comenzaba a instaurarse de forma genérica en la mayor parte de los hogares del mundo occidental. Pero cuando esta burbuja llegó a su fin para dar entrada a otros elementos del mundo de la tecnología, la informática y la telefonía digital, comenzaron los problemas para esta entidad, que, entre otras prácticas, tras unos usos indebidos de sus reservas, terminó por reconocer una sobreestimación en sus ganancias (que algunos informes cuantificaron en once mil millones de dólares), el afloramiento de un 75% de los activos como ficticios, y unas pérdidas de más de siete mil millones de dólares. La cuestión radica en determinar cómo influyó su sistema de gobierno corporativo, o más bien de mal gobierno, en el acaecimiento de tales sucesos.

Amén de cuestiones retributivas que en este concreto caso también se han reproducido, la primera conclusión parte de la excesiva concentración de poder por parte del primer ejecutivo, siendo en cambio muy relevante como ya hemos dicho, que en este caso dicho consejero ejecutivo no ostentaba a su vez la condición de presidente del consejo de administración, cargo que ostentaba sin condición ejecutiva otro miembro, lo que viene a reafirmar como hemos indicado que en realidad, no existe evidencia empírica que demuestre que optar por la concentración de poderes constituye por sí un elemento de mal gobierno, ni que al contrario, separar ambas figuras fortifique automáticamente los mecanismos de control y supervisión. En este caso concreto, la excesiva concentración de poder se materializaba en ausencia de control y oposición y en la total falta de trasvase de información al resto de consejeros. Es cierto que las sesiones conjuntas del consejo de administración las dirigía el presidente del mismo, si bien de la documentación obrante en la investigación resultó que dichas sesiones, más que de control, eran de práctica ratificación, pues el resto de consejeros, además de lo que entendemos que constituyeron otros incumplimientos, cometieron el grave error de asimilar la marcha de la compañía al valor de cotización bursátil, de modo que, viendo el aumento del mismo (tal vez influenciado por las cuestiones retributivas variables anteriormente mencionadas) consideraron que el negocio discurría correctamente.

La segunda conclusión, relacionada con la anterior, parte del aparente correcto sistema de gobierno corporativo de la entidad, y decimos aparente porque resultaba que dicha entidad daba cumplimiento al 80% de las recomendaciones de buen gobierno que fueron aprobadas por la SEC tras el caso corporativo anteriormente citado. En concreto, además de la separación de las figuras de presidente y primer ejecutivo, dicha compañía había prestado especial atención a la cualificación profesional de los miembros del consejo de administración, y contaba en su seno con algunas comisiones recomendadas que, además, tenían reuniones periódicas, si bien posteriormente quedó latente que les daban más importancia a aquellas con facultades retributivas que a las de control y contención del riesgo. Por ello, el cumplimiento de las normas de buen gobierno, al menos en ese momento, demostró que ello no es necesariamente signo de un buen gobierno corporativo si no existe voluntad de cumplimiento, seguramente más desde un prisma ético. Tal vez por ello, y por no entrar en la esfera privada de entidades mercantiles, los códigos de gobierno corporativo nacen como una forma de *soft law*, reconociendo la capacidad de autorregulación propia por parte de las entidades[171]. Cuestión distinta será establecer los medios y mecanismos que complementen tal voluntad, o que en ausencia de la misma, obliguen a los consejeros a adoptar una actitud proactiva o les facilite su labor ante situaciones de conflicto o dificultad, en cumplimiento de sus distintas obligaciones, ya sean las de facilitar la información, por parte

171. En los años 90, decía un conocido anuncio publicitario de neumáticos que «*la potencia sin control no sirve de nada*», frase que aplicada de forma analógicas a tales consideraciones, nos parece muy acertada.

de los ejecutivos, o de hacer por recibirla, disponer de ella, analizarla y obrar en consecuencia, en caso de los consejeros de control.

Y la tercera, igualmente consecuencia de cuanto antecede, se refiere a la propia estructura del consejo de administración y su funcionamiento interno, pues como hemos dicho, la compañía sí pareció atender los requisitos de idoneidad y cualificación en la selección de sus consejeros, de los cuales el autor sostiene que, de haber conocido las prácticas contables del primer ejecutivo, habrían tenido capacidad suficiente para frenarlas, pero que si no lo hicieron, fue por la escasez de información que les era suministrada, lo que como hemos dicho convertía las sesiones del consejo de administración en una práctica ratificación en lugar de supervisión. Al respecto, como ya hemos defendido a lo largo del presente trabajo y a buen seguro haremos más veces referencia, en nuestra opinión la falta de información o la escasez de la misma que un consejero de control recibe, no puede constituir por sí mismo argumento de elusión de responsabilidad, esto es, no cabe excusarse en la falta de información respecto de un concreto hecho para pretender aludir su grado de participación directa o indirecta en el daño causado, sin perjuicio obviamente de todos los matices que puedan rodear a la concreta casuística particular, sino que a lo que nos referimos es que como tal, no lo entendemos como argumento válido. Sostenemos tal consideración en la opinión de que en ningún caso cabe asimilar las funciones de un consejero no ejecutivo encargad de la supervisión y control, a un mero accionista, pues éstos tienen derecho a ser informados respecto de determinadas cuestiones de la entidad consecuencia de los derechos inherentes a su condición, mientras que aquellos, en atención a sus deberes fiduciarios, tienen en contra el deber de cumplir con su cometido, y si éste es el de supervisar, en tal caso adoptar una conducta proactiva en la solicitud, obtención y análisis de información o documentación, opinión que fundamentamos en la responsabilidad solidaria de todos los miembros del consejo de administración consagrada en el artículo 237 de la Ley de Sociedades de Capital, que si bien es cierto que contiene como excepción literal (sin perjuicio de la interpretación que de dicho artículo cabe entender tanto jurisprudencialmente como de la doctrina científica más especializada) el desconocimiento, además de la oposición y el intento de evitación, entendemos que ello no obsta a dicha interpretación que de la norma hacemos, si dicho desconocimiento parte de una dejación de las funciones propias de control.

D. *El «caso PARMALAT»*

Hablamos de la que, en los años marco de los concretos sucesos, era la mayor entidad alimentaria en Italia y una de las mayores a nivel europeo.

En primer lugar, cabe destacar que los sucesos que generaron un mayor impacto social y la intervención del gobierno son ciertamente diferentes a los anteriores, pues en este caso no hablamos de prácticas cuestionables (hemos visto que en el caso de ENRON, alguna práctica era incluso legal) sino de lo que el autor sostiene que fue un evidente intento de fraude. Sin entrar en mayores detalles, la situación derivó por una agresiva política de expansión de la compañía tanto territorial como de actividad, a través de sucesivas adquisiciones de empresas y negocios más allá del Atlántico, que conseguían financiar por medio de deuda que se tornó en insostenible. Para paliar dicha situación de desequilibrio, se crearon sociedades instrumentales a través de las cuales se simulaban compraventas que nunca llegaron a ser efectivas ni constituir un ingreso real al objeto de generar una apariencia irreal de liquidez, con la que emitían bonos de deuda, los cuales como puede imaginarse, pronto fueron impagados, destapando así el fraude cometido. Las consecuencias en estos casos suelen ser las mismas, depreciación del valor de la compañía, pérdida reputacional, y muy especialmente, la extinción de miles de puestos de trabajo, lo que llevó a las autoridades a intervenir. Primero, por parte de la *Securities Exchange Commission* estadounidense, ya que fue en este país, consecuencia de la citada política de expansión, en la que afloraron los primeros impagos de bonos que hicieron *saltar la alarma*; y segundo por parte del Gobierno italiano, que promulgó un decreto de urgencia para salvar la compañía y especialmente todos los empleos directos e indirectos, de lo que ha de tenerse en cuenta que en ese momento no existían normas de regulación de la insolvencia. De hecho, PARMALAT sigue existiendo como entidad pues no fue extinguida[172]. Ella es una de las características especiales del caso, y tal vez de la diferenciación ante el acaecimiento de distintos sucesos respecto a Estados Unidos, pues la decisión del Gobierno italiano no nos ha de resultar de todo ajena a nivel español y europeo si lo contextualizamos con la crisis económico-financiera de 2007 en lo que a las entidades financieras se refiere, de las que en nuestro caso local se produjo una total reestructuración del mapa de entidades mediante sucesivas fusiones y concentraciones en lugar de quebrar aquellas que reputaron como insolventes, todo ello según se dijo en protección del sistema financiero, algo así como *demasiado grande para dejarlo caer*. El caso de esta compañía en concreto entendemos que es similar, ya que además puso de manifiesto algunos defectos en la supervisión del sistema financiero (pues muchas entidades sostenían a la propia compañía) o más bien

172. Al contrario, si bien se enjuició y condenó a los causantes del fraude, la nueva dirección de la compañía procedió a ejercer acciones frente a las entidades financieras y auditoras que colaboraron o contribuyeron a la situación, llegando en algunos casos a millonarios acuerdos transaccionales que permitieron la supervivencia de la entidad, hoy vendida a un grupo que ha trasladado el grueso de la actividad a Francia.

de la ausencia de supervisión, si tenemos en cuenta que el organismo regulador estaba participado precisamente por las entidades a las que debía supervisar.

Respecto a las cuestiones orgánicas, la característica más relevante en contexto a las anteriores es que la referida entidad era propiedad de forma mayoritaria de una misma familia. Ello ya evidencia un distinto modelo de los casos anteriormente referidos, la distinción entre una concentrada participación de control respecto a modelos de mayor dispersión accionarial, como de forma genérica constituye el modelo estadounidense. Supone que siendo un mismo accionista o sus personas relacionadas tenedor de más del 51% de la compañía, implica que el consejo de administración se convertirá en un mero mandatario de las directrices del accionista de control, si es que no es él mismo quien directamente participa en él. Sin embargo, y como ya hemos expuesto en el capítulo anterior, este tipo de entidades de especial concentración y tradición familiar, incluso aquellas cuyas acciones no cotizan en un mercado secundario de valores, no han de quedar al margen de las normas de buen gobierno corporativo y de la transparencia de sus procesos, siendo el caso PARMALAT seguramente uno de los mayores expositivos de esta consideración, sino el mayor.

3. Las deficiencias puestas de manifiesto

De los sucesos corporativos anteriormente expuestos, así como de otros acontecidos desde entonces que tuvieron igualmente un importante impacto socio-económico, quedó patente que la gestión de las grandes compañías adolecía de ciertos defectos que, de reproducirse en más entidades y consecuencia de la importancia y significación de las mayores sociedades de cotización bursátil en la economía de un país, podrían poner en relativo riesgo el tejido empresarial y los puestos de trabajo de miles de empleados, si no se daba una respuesta a tales sucesos. Ello no obsta a que, al final, las entidades son dirigidas por personas, es decir, que no hay una gestión automatizada, en un marco autorregulatorio, que se organizan y estructuran conforme en los términos que estime su esfera privada. Sin embargo, por la especial incidencia que este tipo de entidades representan, se hacía necesario establecer un conjunto normativo que impulsara una nueva política de gestión, casi más una cuestión de cultura empresarial que de normativa imperativa en sí, siendo ésta la forma en que nacen los primeros códigos de buen gobierno, que perduran hasta nuestros días.

No se trataba de imponer concretas normas de gestión en lo que a la llevanza empresarial se refiere, para lo cual ya existen ciertos estándares admitidos, sino de analizar cuáles eran las causas que pudieran contribuir a la proliferación de ciertos sucesos que han puesto de relieve la necesaria reforma del modelo. De los sucesos anteriores, entendemos que se desglosan en los siguientes:

– Algunos ordenamientos han evidenciado adolecer de cierta seguridad jurídica en las prácticas contables así como de la actividad de los organismos reguladores. Y es que algunos casos citados mostraron como incluso algunos de los actos cometidos se amparaban en la legalidad vigente. Por ello, dichas normas fueron reformadas en los años sucesivos, de hecho el Plan General de Contabilidad español vigente data del año 2007, que conforme a las directivas comunitarias suele ser objeto de diversas actualizaciones. Una cuestión además que queremos poner en valor es que muchas normas contables actuales, al igual que sucede con muchas normas de gobierno corporativo, no establecen concretas normas imperativas pues, de hecho, la contabilización de determinados asientos puede responder a múltiples variables[173], sino que, al contrario, delegan en el órgano de administración en cuestión la contabilidad de determinadas partidas atendiendo a sus criterios de prudencia, leal saber y entender, y sana crítica. Y ello creemos que es una cuestión muy relevante, tanto en sede contable como en los principios del gobierno corporativo, ya que éstos no pueden dar respuesta a todo si no existe por el consejo de administración una decidida apuesta por la sostenibilidad, la transparencia y el control. Por ello, para impulsarlo (pero no para asegurarlo) el modelo de buen gobierno propone sistemas de gestión basados en el equilibrio de poderes mediante la estructuración del consejo en determinada tipología de consejeros, comisiones y cargos, cada uno de los cuales con concretas funciones y deberes, además de los inherentes a su condición de consejeros.

– A colación de lo anterior, determinados sucesos corporativos pusieron de relieve la falta de ética y valores de algunas empresas. De forma lógica, ello ni mucho menos es extrapolable al resto de entidades, y además, las

173. Por ejemplo, en sede de pymes, la contabilización como activo de un derecho de crédito en favor de la sociedad, en principio, ha de contabilizarse por el valor nominal del crédito, si bien resulta cuestión distinta que la recuperabilidad de dicho crédito esté ciertamente en cuestión, sea por una aparente insolvencia del deudor, o sea por su acreditada ausencia de voluntad de pago. Misma situación a la inversa, en que una entidad ha sido demandada judicialmente al abono de un importe que, a juicio de la entidad, no es debido, motivo por el que se opondrán en dicho proceso. En tal caso, la normativa contable deja a la consideración del órgano de administración la contabilización, en su caso, de dicha partida, como una cuantía provisionada total o parcialmente, o incluso sin hacerse constar conforme a la seguridad de los administradores en el resultado del pleito. Ello no obsta a que, de finalmente ser condenada, haya de contabilizarse la pérdida, cuestiones todas ellas que, además, han de tener en cuenta las distintas contingencias fiscales.

cuestiones éticas quedan al margen de la esfera jurídica. Pero no respecto a valores de cultura empresarial, lo que ha llegado incluso a nuestros días, ya que nuestra propia legislación contiene frases como la *«administración con la diligencia de un buen padre de familia»*, cuyo contenido no pretende entrar en la esfera moral de las personas (y mucho menos en la filosófica) sino un reconocimiento a unos usos y costumbres que, bajo la sana crítica, resulten objetivamente realizables. Es difícil analizar el alcance de tal obligación, pues el lenguaje resulta más cercano a las pretensiones e intenciones que a las obligaciones en sentido material, pues el actual artículo 225 de la Ley de Sociedades de Capital[174], habla de la *«diligencia de un ordenado empresario (...) con la dedicación adecuada»*, cuestiones de las que cabría cuestionarse: ¿cómo es un ordenado empresario? ¿qué es una dedicación adecuada? Es más, esta última frase proviene de la modificación que del artículo promulgó la tantas veces citada Ley 31/2014 para la mejora del gobierno corporativo, tanto de entidades cotizadas como del resto de la generalidad de sociedades, redacción de incuestionable influencia en los anteriores códigos de buen gobierno. Por ello, resultando ahora de contenido legal y por tanto imperativo, y ya no una mera recomendación, ¿qué, cómo, o cuánto, es una dedicación adecuada? No lo dice la Ley, y así debe ser, pues resultaría imposible, ya que las circunstancias y características de cada sociedad son infinitas, de modo que trata la Ley de remitirse a criterios de valores de la persona, a cultura empresarial, a usos y costumbres que desde la objetiva sana crítica, resulten asimilables a lo que ha de entenderse como cumplimiento de los deberes del administrador.

– Se aboga, en un híbrido entre valores objetivos y gestión empresarial, por la sostenibilidad y el largo plazo de la entidad, lo que no sólo crea valor al inversor accionista a futuro (tratando de eliminar así las técnicas cortoplacistas de inflación ficticia del valor a corto) sino a la comunidad en sí, con el mantenimiento y creación de nuevos puestos de trabajo, la contribución a las haciendas locales, autonómicas y/o estatales, y el constante flujo de efectivo con acreedores, proveedores y demás sujetos relacionados, ayudando al crecimiento económico de la concreta región en que la sociedad desarrolle el grueso de su actividad, para lo cual se fomentan políticas de innovación, desarrollo e inversión.

– La falta de control y supervisión de los actos ejecutivos ha sido, sin duda, uno de los mayores defectos de los que adolecieron los referidos sucesos corporativos, lo que se materializaba en una excesiva concentración

174. En su redacción dada por la Ley 5/2021, de 12 de abril, por la que se modifica el texto refundido de la Ley de Sociedades de Capital, aprobado por el R.D. Legislativo 1/2010, de 2 de julio, y otras normas financieras, en lo que respecta al fomento de la implicación a largo plazo de los accionistas en las sociedades cotizadas.

de poder por dichos consejeros, convirtiendo así al consejo de administración en un órgano inoperante, carente de sentido y utilidad respecto de aquellos consejeros sin facultades delegadas, quienes únicamente desempeñaban sus funciones en aquellas cuestiones competencia indelegables del consejo de administración en su conjunto (como la convocatoria de la junta general o la formulación de las cuentas anuales) y en la ratificación, que no control, de los postulados de los ejecutivos. Se hizo por tanto necesario reformular el sistema, estructura y composición del consejo a fin de, sino asegurar, establecer mecanismos de efectiva supervisión.

- Consecuencia de lo anterior, se precisa la revisión del estatuto jurídico del consejero en cuanto a su cualificación e independencia, tipología, y pertenencia a determinadas comisiones, de necesaria instauración. Habiéndose puesto de manifiesto la falta de ejercicio de funciones supervisoras por los consejeros sin competencias ejecutivas, la configuración de un nuevo sistema legal en torno al consejero así como la composición del consejo, ha sido y es desde entonces una de las cuestiones de mayor interés regulatorio primero en los códigos de buen gobierno, y posteriormente en algunos textos legislativos. Fue tal el interés en dicha figura, que los primeros códigos de buen gobierno corporativo se centraban en regular tal figura casi de forma exclusiva, lo que generó la crítica de algunos autores por dejar pendientes otras cuestiones de gran interés, como la relación respecto a la junta general de accionistas. En concreto, y como primera característica, cabe destacar la presencia en el consejo de administración de consejeros independientes, calificación ésta basada en la ausencia de relación interesada con la sociedad por vía de participación accionarial o análogo vínculo de interés, que desde una perspectiva ajena pudiera evaluar determinadas decisiones de gestión desde un prisma que trascendiera la mera creación de valor para el accionista. Y es que siendo uno de los intentos del conjunto de valores la atención a los intereses de otros grupos relacionados con la sociedad, como trabajadores, acreedores, proveedores y la comunidad en general, la presencia de consejeros independientes no viene a representar a éstos pero sí a proteger los intereses colectivos. En función de los códigos de cada país así como de sus respectivas legislaciones, el consejero independiente ha pasado de ser un sujeto de recomendada a imperativa presencia, aumentando su cuota de participación con el transcurso de los años, al ser considerado como un elemento imprescindible de buen gobierno corporativo. Asimismo, su presencia se ve igualmente reflejada en las distintas comisiones del consejo, cuya imperatividad actualmente las conforman las de auditoría, nombramientos y retribuciones, donde la presencia de los independientes debe hacerse más notable en dichos comités. Sobre éstos, el gobierno corporativo ha partido de la consideración que los tamaños de los consejos de administración en sistema monista en ocasiones afloran una dificultad de funcionamiento operativo inmediato, situación que aconsejó dividir funciones mediante la creación de comisiones más reducidas con específicas competencias para desarrollar la eficaz labor de supervisión y control. En primer lugar, la que resultó de obligada instauración antes que el resto, fue la comisión de auditoría, encargada entre otras funciones, de la selección y control del auditor de cuentas y de su independencia, así como de los sistemas de auditoría interna y de control de riesgos, siendo en la actualidad muy habitual o incluso obligatorio en algunos ordenamientos, que tal comisión la presida un consejero independiente. Y en segundo lugar, las comisiones de nombramientos y retribuciones, pudiendo tener tal carácter acumulado o separado, encargadas de dos aspectos capitales en el buen gobierno corporativo: la retribución de los consejeros junto al establecimiento de los criterios o parámetros de devengo de la retribución variable; y la selección y proposición de nombramiento de consejeros, atendiendo a su especial cualificación, idoneidad e independencia para el ejercicio de sus funciones.

– De algunos concretos sucesos, devino la necesaria observancia en las políticas de control, tanto en el seno del consejo de administración con las ya citadas funciones de supervisión y vigilancia, a la trascendencia externa de dicho órgano especialmente en lo que a los accionistas se refiere, de carácter tradicionalmente más apático de aquellos que no tienen una participación de control y significativa con vocación de permanencia y gestión. Y remarcamos con vocación de gestión pues con los años la presencia de los inversores institucionales, de participación cualificada pero sin interés en la dirección, ha sido cada vez mayor. Por ello, han sido muchas las propuestas e intentos de revitalizar las competencias y funciones de la junta general para fomentar una mayor participación, lo que a su vez implica un mayor control del órgano de administración.

– Quizás una de las cuestiones también más relevantes ha sido la retribución de los administradores, y muy especialmente la de los consejeros ejecutivos, lo que a día de hoy sigue siendo objeto de análisis doctrinal y jurisprudencial. Los postulados al respecto han sido varios, desde el citado establecimiento de parámetros variables hasta el control de las mismas por el propio consejo, por la junta general, y por constancia estatutaria. Inicialmente, la cuestión radicaba en buena medida en la entrega de acciones como parte de la retribución variable, de lo que ya hemos analizado que lo que inicialmente constituía una forma de motivación añadida y alineamiento de intereses, se convirtió en una gestión de políticas cortoplacistas para elevar de forma irreal el valor de cotización. Hoy, con independencia de los mecanismos societarios de control, la cuantificación de las mismas se solicita sea establecida igualmente desde criterios más sostenibles, más de valor y cultura empresarial que de concreción, utilizando los códigos y la ley expresiones como «adecuación» a las responsabilidades, funciones y dedicación.

– Un elemento común en algunos concretos sucesos de la década de los años 90 tuvo que ver con determinadas transacciones en la compraventa de acciones de la propia entidad por parte de los consejeros ejecutivos. En concreto, en alguno de los casos mencionados las investigaciones posteriores demostraron que el primer ejecutivo de la compañía había realizado ventas de muy importantes paquetes accionariales, mientras en cambio animaba a sus propios empleados a adquirir acciones de la entidad por ser un valor seguro, ventas que realizó con carácter previo a hacerse público el escándalo financiero que tuvo como consecuencia una drástica reducción del valor de la compañía, lo que reportó ingentes ganancias al vendedor. Posiblemente, la información privilegiada de la que disponía, tal vez conocedor de una inmediata debacle en la cotización de la entidad, tuviera algo que ver en su decisión. Por ello, se han promulgado normas de transparencia al respecto que publiciten determinadas transacciones con acciones de la entidad, lo que dará al mercado cierta información sobre los movimientos de sus consejeros ejecutivos, a fin de que puedan adoptar las decisiones oportunas, mecanismos como por ejemplo la necesaria comunicación a la Comisión Nacional del Mercado de Valores de tales operaciones como hecho relevante. No es el único caso el de los consejeros ejecutivos, pues algunos de dichos sucesos corporativos también afloraron una cierta complicidad o connivencia de algunas entidades financieras acreedoras de la entidad, y a su vez, accionistas de la propia sociedad, lo que aflora un posible conflicto de interés. La situación es sencilla: una entidad financiera es acreedora de una concreta entidad, de la cual también es accionista significativa, de modo que ante algún posible impago por la sociedad, de hacerse público, traería consigo la previsible disminución de valor de cotización bursátil de la sociedad, perdiendo en consecuencia valor la propia inversión de la entidad financiera. Situación ciertamente similar ha ocurrido con el auditor externo de algunas sociedades, a las cuales dicho auditor prestaba también otros servicios complementarios y accesorios, como asesoría legal, contable o fiscal, lo que puso de manifiesto un conflicto a la hora de emitir sus dictámenes. El control y transparencia de estas situaciones son alguna de las que el buen gobierno corporativo trata de regular y publicitar.

– La confluencia de varios intereses presentes en la sociedad, además del obvio de los accionistas, es una de las cuestiones que el gobierno corporativo pretende poner en el centro del debate al objeto de prestar atención al resto de grupos de interés o *stakeholders*, abogando por una mayor gestión sostenible con visión a futuro y a largo plazo. Dicha atención puede materializarse mediante una política estratégica enfocada a largo plazo con atención al entorno comunitario de la entidad, que se pretende obtener con la entrada en los órganos de gestión de consejeros independientes y ajenos a vínculos directos con el accionariado, o incluso, con entrada de los concretos grupos de interés en el órgano de gestión, como los acreedores o los trabajadores, conforme sucede en algunos ordenamientos comparados.

– Por último, y para dar respuesta a todo cuanto antecede, la mejora de los principios de gobierno corporativo en la gestión de las grandes compañías cabe regularse por vía de códigos de conducta o por vía legislativa, resultando necesario el equilibro entre ambos de forma que quepa establecer mecanismos de control y consecución de objetivos sin que ello entrañe acceder a la esfera privada de las entidades. El debate no es sencillo, pues si bien la mayor parte de las normas de gobierno corporativo de forma inicial constituían recomendaciones de cumplimiento voluntario, muchas de ellas, en lo que a composición de órganos se refiere por ser el objeto del presente trabajo, han pasado a constituir normas de rango legal.

A todas estas cuestiones, con mayor o menor éxito, justificación, alcance y fuera coercitiva, pretenden dar respuesta los principios del *corporate governance,* de los cuales nos centramos en cuestiones relativas a los diferentes sistemas y formas de nombramiento de consejeros y su competencia, así como al estatuto jurídico del propio consejero y su encuadre entre las diferentes comisiones y funciones del órgano de administración.

B) LOS PRINCIPIOS DE BUEN GOBIERNO CORPORATIVO COMO REACCIÓN Y RESPUESTA

1. La respuesta normativa

A. Alcance normativo de las primeras reacciones

Los sucesos y acontecimientos corporativos anteriormente referidos que generaron un importante impacto a nivel socio-económico, pusieron de relieve la necesidad de establecer un conjunto de normas tanto de organización y estructura de los consejos de administración de las grandes compañías, como de funcionamiento de los mercados de valores en lo que a tránsito de información y transparencia se refiere. Por ello, ante el acaecimiento de algunos de los sucesos mencionados especialmente en Estados Unidos, a principios de los años 90 se pretendió dar una *«respuesta inmediata, más ética que jurídica»* sobre la composición de los consejos de administración, habida cuenta que en Estados Unidos, quizás la economía más representativa del ideario capitalista, no pretendía entrar en la esfera jurídico-privada de las entidades, sino al contrario, establecer unas normas de alcance voluntario con más pretensiones de corte moral o ético que de contenido estrictamente normativo[175]. Sin embargo, algunos críticos entonces sostenían que aquello corría el riesgo de convertirse en una suerte de moda pasajera (lo que ya hemos visto que también se sostuvo de la responsabilidad social corporativa de las empresas) utilizada como un mero medio de imagen, sin que ello llevara entrañado un cambio real[176]. Ello no tardó en demostrar que tales pretensiones no resultarían aplicables si no venían acompañadas de un cierto grado de coercitividad, pues continuaron proliferando algunos otros sucesos de especial magnitud corporativa, de modo que la siguiente respuesta tuvo mayor alcance normativo con la aparición de los primeros códigos de buen gobierno en Europa, influencia de algunas normas voluntarias publicadas en Estados Unidos. Ahora bien, ese cierto aumento de gradualidad normativa no desnaturalizó el carácter voluntario de esas normas éticas o de conducta, si bien sí comenzaron a imponer a las entidades que públicamente expusieran si seguían o no tales recomendaciones, y en caso negativo, cuál era el motivo, dando origen así a la mayor nota característica inicial del movimiento del *corporate governance*: nos referimos al «*comply or explain*». Es así como a ambos lados del atlántico surge una respuesta que a diferencia de la anterior, tuvo más alcance normativo. Y es que a juicio de la doctrina, esa primera fase de respuesta ética resultó prácticamente superficial, lo que exigía que en la revisión de la configuración del sistema jurídico de las grandes compañías debían confluir tales pretensiones de gestión sostenible con normas de alcance imperativo, lo que se materializó en el caso de Estados Unidos en normas voluntarias publicadas por la *Securities Exchange Commission*, y en normas imperativas dimanantes de la *Sarbanes-Oxley Act*; en Reino Unido, con los primeros códigos de buen gobierno así como la promulgación de la *Companies* Act; y en nuestro país, con también los primeros códigos de buen gobierno junto a la promulgación de normas como las denominadas Ley Financiera y Ley de Transparencia, de 2002 y 2003, que modificaban tanto la entonces vigente Ley de Sociedades Anónimas, como la Ley del Mercado de Valores.

B. *El Informe Cadbury*

Al igual que muchos otros códigos comparados, como los españoles, recibe su nombre en atención a la persona que presidió el comité designado

175. SÁNCHEZ ÁLVAREZ, M.: «Fundamentos y antecedentes del régimen de información y transparencia en las sociedades cotizadas» en VIVES RUIZ, F / PÉREZ ARDA, J.: *La Sociedad Cotizada*, Ed. Marcial Pons, Madrid, pág. 89.

176. Algunos autores, para explicar tal fenómeno, recurren a utilizar la famosa frase de la novela «Il Gatopardo» de Giuseppe Tomasi di Lampedusa: «*Cambiemos todo para que nada cambie*».

por el Gobierno para el estudio y análisis de una propuesta normativa para la mejora de la gobernanza de las grandes compañías, que en este caso fue Sir Adrian Cadbury, y que también en forma similar al resto de movimientos normativos de la Europa continental, comenzó con la emisión de un Informe detallado y explicativo que, a su vez, precedió a la elaboración de un concreto texto articulado bajo la denominación de «Código de las Mejores Prácticas en Gobierno Corporativo».

El Informe tuvo un impacto incuestionable, lo que a nuestro juicio determina el éxito de su modelo, no refiriéndonos respecto a su grado de aplicabilidad pues ello es debate aparte, sino porque su influencia tanto a nivel local en las grandes entidades británicas como en el resto de los códigos comparados europeos ha sido muy significativa. Evidentemente, con el transcurso del tiempo y un análisis exhaustivo del mismo, pueden identificarse algunas insuficiencias o cuestiones que, además, fueron revisadas en reformas posteriores, si bien sí ponemos de relieve su influencia y estructura, que hoy en día aún continúa como válido modelo, así como el análisis justificativo que el Informe realizó motivando el posterior Código, cuestiones de las que queremos destacar algunas por su cierta similitud con otras que hoy en día continúan formando parte del estudio de la buena gobernanza, habida cuenta que la versión definitiva del Informe fue publicada a finales del año 1992, lo que supone una vigencia del modelo, por un lado, y una continua réplica de las anomalidades del sistema, por otro, tras el transcurso de tres décadas. Por ello, como decíamos, una cuestión es el éxito aludido respecto de la influencia de este Informe, y otra bien distinta es hablar de la aplicabilidad y éxito de sus postulados. Es cierto que cabe cuanto menos plantearse si ha de reputarse como un fracaso de los códigos de conducta el hecho de que después de tanto tiempo del primer código, continúen hallándose en el centro del debate cuestiones relativas a la gestión, control, composición del órgano de administración, relación con accionistas y grupos de interés, y transparencia de procesos, pero lo cierto es que a nuestro juicio, los principios del gobierno corporativo no han de interpretarse como una solución concreta a un problema específico, sino un modelo de conducta perenne; no una meta sino un camino; pues como recuerda el Informe Winter, los destinatarios han de entenderse en su sentido más amplio: las sociedades, el mercado, el consejo de administración, la junta general... todos ellos entes o instituciones conformadas, al fin y al cabo, por personas, ya que por muchas medidas que se pretendan adoptar, si existe voluntad fraudulenta u omisiva de las obligaciones legales, la ley podrá establecer las consecuencias e incluso los mecanismos de evitación o minoración, pero muy difícilmente impedir de forma absoluta su comisión[177].

Reflexiona el Informe, además, que la respuesta normativa ha de ser proporcionada, pues influenciado por las primeras normas promulgadas en Estados Unidos, no cabe olvidar que las sociedades son entes privados sujetos a su propia norma autorreguladora, de modo que entrar en exceso en su regulación podría entrañar una pérdida de competitividad de las mismas, lo que redundará de forma negativa en el interés de la economía nacional. Ello constituye seguramente el sentido y significación del carácter voluntario de las normas contenidas en los códigos de conducta, no se obliga ni se establecen consecuencias derivadas de una falta de seguimiento (pues resulta más correcto que hablar de incumplimiento) si bien sí se requiere informar públicamente del grado de seguimiento y de la explicación motivada de la ausencia de seguimiento, en ocasiones vinculadas a la propia configuración o actividad de la concreta compañía, como una muestra de información transparente al mercado y a los inversores, que pasan a ser conocedores de los sistemas de control de la compañía, otorgándoles así mayor seguridad en la operación. Y es que resulta muy importante remarcar, como hace el Informe, el carácter voluntario del Código y de la ausencia de consecuencia derivada de no seguir una concreta recomendación, pues de hecho el Informe solicita a los consejos de administración atender más al espíritu del Código en lo que a buena gobernanza, transparencia, control y sostenibilidad se refiere, que a la literalidad de una norma concreta, pues como hemos visto en alguno de los concretos sucesos corporativos citados, en uno de ellos la entidad en cuestión seguía en su práctica integridad las recomendaciones que entonces promulgó el organismo regulador, lo que no evitó el acaecimiento del escándalo. Y ese postulado llega a nuestros días, cuando la propia legislación española contiene en el articulado de la Ley de Sociedades de Capital, de imperativo cumplimiento, expresiones más éticas y dogmáticas que de alcance coercitivo, tales como, por ejemplo, «adecuación», y es que la experiencia práctica de los últimos años ha evidenciado que no tiene mejor sistema de buen gobierno corporativo quien más cumple las recomendaciones de los códigos de conducta, sino aquel de cumple de forma objetiva o al menos aparente el espíritu que de dichos principios se refiere, lo que dificulta enormemente establecer criterios automáticos de evaluación de un buen gobierno, lo que nos ha llevado a la consideración de someter a auditoría periódica el concreto sistema de cada entidad, como hemos expuesto.

177. OLCESE SANTOJA, A. «*Teoría y práctica...*» cit. Pág. 71.

De forma concreta, y sin entrar en el completo contenido del Informe, sí consideramos preciso destacar algunos planteamientos específicos del mismo, que en nuestra opinión, se desglosa en tres principales pilares, los mismos que hoy en día continúan conformando el núcleo del *corporate governance:* transparencia, responsabilidad, y funcionamiento.

La transparencia de procesos en la adopción de acuerdos, de composición y estructura, de política retributiva, y del contenido de los distintos informes que la sociedad o sus auditores hayan de emitir, constituye uno de los principios de mayor énfasis en que tanto los códigos de gobierno corporativo como los distintos legisladores insisten, por representar una necesaria política y cultura empresarial a instalar en las grandes entidades, por ser vehículos de valiosa información a tres concretos destinatarios: los accionistas no vinculados a la administración social, sujetos que asumen el riesgo del negocio y cuyas competencias y facultades, aunque de pretendida ampliación, tienden a limitarse al ámbito de la celebración de una junta general; el mercado en su sentido global, entendiéndose englobado a posibles nuevos inversores, entidades con cierta vinculación por razón de la actividad, los índices bursátiles, o la contratación de suministros, así como los grupos de interés; y los organismos reguladores y supervisores tanto del mercado de valores, como de la concreta actividad si se trata de sectores regulados; interesados todos ellos en determinadas cuestiones que por razón de la actividad, tienen influencia en el ámbito de las personas y entidades en torno a la sociedad cotizada en cuestión. En el primer caso, la transparencia en torno al accionista se materializa en su derecho de información, imprescindible para el ejercicio del derecho de voto o la adopción de otro tipo de decisiones inherentes a su condición, como el aumento de la participación como forma de creencia en el proyecto, o en caso contrario, de desinversión. Similar caso respecto a los potenciales inversores, lo que como ya hemos comentado, tuvo un significativo reflejo por parte de grandes fondos financieros estadounidenses que desembarcaron en Europa que, de forma previa a materializar el desembolso, conocedores d ellos usos y costumbres norteamericanos, exigieron a las potenciales entidades receptoras la adopción de un sistema de gobierno corporativo que otorgara mayor seguridad a su inversión. Y respecto a los organismos reguladores, cuyas competencias han aumentado proporcionalmente a su responsabilidad sobre el funcionamiento del mercado, debiendo ser garantes de que el suministro de información sea veraz y habitual.

La responsabilidad, que ha de entenderse tanto en su sentido jurídico como ético. Respecto al primero, se basa en el estricto cumplimiento de las funciones asumidas en un todo, que es el consejo de administración, lo que a nuestro juicio justifica la aludida responsabilidad solidaria de todos los miembros del órgano, esto es, asumir las consecuencias derivadas de la condición, y actuar en estricto cumplimiento de la Ley para un eficaz desempeño de funciones. Con respecto a las cuestiones éticas, que si bien pueden trascender del ámbito meramente jurídico han terminado sus postulados por formar parte del ordenamiento jurídico de naturaleza imperativa, pretende establecer un modelo más de conducta que obligacional basado en comportamientos, no sólo en cumplir sino en hacer por cumplir los principios extrajurídicos del gobierno corporativo tales como la gestión sostenible, responsable, ordenada, y con atención a los grupos de interés, en crear un modelo de valores en criterios de objetiva buena fe, cuestiones todas ellas de difícil o imposible regulación normativa respecto a tales comportamientos, pero sí de plausible regulación respecto a las consecuencias derivadas del incumplimiento.

Y el funcionamiento engloba el conjunto de cuestiones relativas a la estructura, composición y relación de los órganos sociales, tales como el nombramiento de consejeros independientes, la organización del consejo de administración en distintas comisiones, las competencias y facultades asignadas a cada uno de los intervinientes, la política de control de riesgos y supervisión, el establecimiento de cláusulas retributivas adecuadas y acordes a los estándares de mercado y a la concreta situación de la sociedad, y la relación de los administradores con los accionistas de la compañía.

Al respecto, algunas de las concretas propuestas del Informe se refieren a estas cuestiones, de las que dado su valor e influencia en los sucesivos códigos europeos, destacamos:

– Sobre los consejeros independientes y otros no ejecutivos, de quienes se reconocen una doble función. La primera, la de revisión, supervisión y control de las decisiones del consejo y de los consejeros ejecutivos, debiendo hacer valer una opinión cualificada y ajena a los intereses de los ejecutivos o de los accionistas más significativos, de forma que constituyan un número relevante para que tales opiniones y labores de gestión tengan influencia práctica. La segunda, la de liderazgo ante situaciones de conflicto de interés y de las propias comisiones obligatorias del consejo relativas al control y mecanismos de supervisión, esto es, las de auditoría, nombramientos, y retribuciones.

– Sobre la figura del presidente del consejo de administración, cuya importancia a juicio del Informe es esencial por ser quien ejerce el liderazgo en la organización y funcionamiento del consejo, se considera y recomienda que no es conveniente que su nombramiento recaiga en quien ostenta también la condición de primer ejecutivo de la compañía, y que de ocurrir, se nombren suficientes consejeros independientes que equilibren tal excesiva asunción de poder. Ya lo hemos visto varias veces y veremos a lo largo del presente trabajo, que la cuestión de la confluencia de figuras o de la separación de funciones ha sido y es una cuestión que lleva años en el centro del debate del gobierno corporativo, sin que a día de hoy exista una posición concreta y definida de clara preferencia. Sin embargo, en este caso el Informe Cadbury sí se posiciona de forma clara por la recomendación de la separación de funciones, posición que los distintos códigos europeos posteriores han ido flexibilizando con el paso del tiempo al no encontrar evidencias empíricas que demostrasen que las entidades presididas por el consejero delegado incurrieren en peores prácticas, sabedores que la tendencia mayoritaria de las sociedades cotizadas era, precisamente, por la de la doble asunción de funciones, tendencia que, no obstante, en los últimos años parece evidenciar un paulatino descenso en lo que a la media se refiere.

– Sobre la estructura del consejo, tanto en la organización por medio de las citadas tres comisiones de auditoría, nombramientos y retribuciones lideradas por consejeros independientes, pero a su vez conformadas por consejeros, con independencia de su tipología, que resulten idóneos y se hallen especialmente cualificados para el desempeño del cargo dada la especial naturaleza de las funciones y responsabilidades asumidas, lo que se torna más significativo si cabe respecto a la comisión de auditoría, de la que las normas estadounidenses exigen una especial formación en contabilidad, finanzas y política fiscal. De hecho, se pone de manifiesto que por la citada influencia norteamericana, al momento de redacción del Informe, dos tercios de las compañías cotizadas británicas ya contaban en su seno con un comité de auditoría, el cual con el tiempo pasó a ser el primero de obligada constitución en el seno del consejo.

– Y sobre la relación con los accionistas, se plantean propuestas de involucrarles más en la gestión de la compañía, tanto desde la perspectiva de la mayor dotación de funciones y competencias que promuevan un mayor activismo y participación en el seno de la celebración de la junta general, como respecto a cuestiones que exceden del ámbito de tal sesión como, incluso, la constitución de comisiones de accionistas, de carácter probablemente más consultivo que competencial, como forma de comunicación estable y habitual. Si bien algunas entidades disponen de comisiones similares de forma voluntaria, con el transcurso de los años no parece que este tipo de propuesta haya tenido especial seguimiento en los distintos códigos de buen gobierno[178]. Ha de tenerse en cuenta, además, que la estructura de

178. Como el caso del «Comité Consultivo de Accionistas» de la entidad REPSOL, una de las compañías españolas más representativas del IBEZ 35, cuyas características pue-

capital en Reino Unido de por aquel entonces, tenía una amplia presencia de inversores institucionales y de entidades financieras con significativa participación accionarial que, en cambio, no materializaban con un especial activismo ni implicación. Por lo que sí aboga en cualquier caso el Informe es por establecer mecanismos de comunicación e información a accionistas de forma habitual y estable.

C. *El Informe Winter y el Plan de Acción europeo*

Consecuencia de los movimientos legislativos reguladores de las sociedades en el mercado anglosajón, la Unión Europea comenzó a principios de siglo a establecer su propio marco normativo de gobierno corporativo, no sólo por la influencia y en respuesta a la proliferación de los primeros textos comparados de buen gobierno, sino también como consecuencia de la sempiterna pretensión de armonización normativa para la creación de un mercado único y competitivo que hiciera de Europa una economía fuerte y atractiva para las inversiones extracomunitarias, pretensión que si bien se halla aún lejos de obtener seguramente como consecuencia de los diferentes marcos normativos y distintos usos entre los Estados de la Unión, hoy en día continúa presente en la agenda comunitaria en aspectos como la fiscalidad o las concentraciones bancarias. En ese marco, a comienzos de siglo, la Comisión Europea constituyó el Grupo de Alto Nivel de Expertos en Derecho de Sociedades que, al igual que los códigos de buen gobierno (como el Informe Cadbury anteriormente visto o algunos de los códigos españoles) se le conoce por el nombre del presidente del comité, que precede a su vez a la elaboración de un informe con idéntico nombre, en este caso, el Comité Winter y su correspondiente Informe[179].

De todo su contenido, además de las concretas especificaciones que regula, el Comité realiza un especial hincapié en la necesaria exigibilidad de transparencia societaria, ya sea por vía de recomendación a las propias entidades, o por vía de instancia a los Estados miembro, a profundizar en modificaciones legislativas hacia esa dirección, que hoy día continúa constituyendo un esencial pilar de la buena gobernanza societaria.

En cuanto a cuestiones más concretas, especialmente aquellas relacionadas con el presente trabajo, destacamos: (i) la regulación básica societaria, entendida respecto a la constitución y funcionamiento, buscando agilidad y operatividad desde la perspectiva burocrática y la simplificación de normas, y sostenibilidad y control desde el prisma del cumplimiento de las

den consultarse en: https://www.repsol.com/es/accionistas-inversores/comunidad-accionistas/comite-consultivo/index.cshtml

179. Que fue presidido por el profesor holandés D. Jaap Winter.

obligaciones de los consejeros; (ii) los derechos de los accionistas con especial énfasis en el voto transfronterizo como forma de reconocimiento y fomento a las concentraciones comunitarias, junto a las reestructuraciones societarias en este sentido; (iii) la regulación de los nuevos tipos societarios a nivel europeo y de naturaleza híbrida, como la sociedad anónima europea, de la que se pretende que constituya un tipo común en los Estados de la Unión, junto a la necesaria simplificación de requisitos procedimentales en cada uno de los ordenamientos locales; y (iv) más adelante, consecuencia de la ampliación del mandato a la Comisión, aspectos relativos a la buena gobernanza tales como la estructura y organización del consejo de administración; la integración y funciones de los consejeros no ejecutivos o del comité de supervisión, en su caso; la retribución del órgano; y el régimen de responsabilidad de sus integrantes[180].

Consecuencia de tales estudios, a finales de noviembre de 2002, la Comisión presentó su Informe bajo el principio de que la normativa reguladora de las sociedades mercantiles en general, y de las cotizadas en particular, debía resultar especialmente flexible a fin de garantizar la funcionalidad y operatividad de estas entidades, lo que cabe interpretarse como una apuesta por la autorregulación frente a la imposición de normas de obligado cumplimiento, seguramente como reconocimiento a la heterogeneidad de los tipos sociales en toda Europa. Pero si hay dos elementos que entendemos que definen al Informe Winter, son la decidida apuesta por la digitalización y por la transparencia de la información societaria y financiera al mercado, lo que supuso el punto de partida a los informes anualmente emitidos por las grandes compañías en los aspectos relativos al funcionamiento de los órganos sociales, la relación con partes vinculadas, el sistema de control de riesgos, y el grado de cumplimiento voluntario. Respecto a la digitalización, habida cuenta del año del Informe respecto al de escribir estas líneas, consideramos que constituyó una medida pionera cuyos efectos hoy en día continúan siendo objeto de regulación. Nos referimos a la creación de una página web corporativa junto a la inclusión en la misma de determinados aspectos relativos al ejercicio del derecho de información por los socios; o al propio ejercicio del voto de forma anticipada o por medios telemáticos, cuya necesidad se evidencia en la titularidad transfronteriza de acciones[181].

Este Informe sirvió de antecedente a nivel comunitario del posterior texto elaborado por la Comisión Europea bajo el título de *«Modernizando el*

180. SÁNCHEZ ÁLVAREZ, M.: «Fundamentos y antecedentes...» cit. Pág. 93.
181. GARRIDO GARCÍA, J. M.: «El Informe Winter y el gobierno societario en la Unión Europea» en *Revista de Derecho de Sociedades*, n.º 20. Madrid, 2003. Págs. 111-133.

Derecho de Sociedades y reforzando el gobierno corporativo de la Unión Europea» que ha sido comúnmente conocido como el Plan de Actuación, en el cual Europa insta a los Estados a establecer un régimen jurídico que, respetando la esencia de los tipos sociales locales, impulse a las grandes compañías a una forma de gestión basada en la transparencia, para lo cual se les ha de dotar de resortes flexibles y de autorregulación. Con el transcurso del tiempo y la perspectiva de la experiencia, cabe plantearse si autorregulación y transparencia han sido dos elementos que han caminado desde entonces de forma paralela. Una breve reflexión invita a una respuesta negativa, pues las normas promulgadas con el transcurso de los años junto a determinados sucesos con incidencia en las grandes entidades, como la crisis económica, refuerzan la tesis que las compañías han ido publicando e informando de determinados aspectos internos a medida que las normas eran promulgadas, lo que ha tenido un claro reflejo en el hecho de que, como ya hemos visto, lo que inicialmente constituían recomendaciones de cumplimiento voluntario, han terminado formando parte de la legislación imperativa.

En cuanto al contenido del propio Plan, lo que se pretende es construir a nivel comunitario un sistema propio de buen gobierno mediante el establecimiento de un conjunto de principios mínimos, lo que supone un importante reto a nivel europeo consecuencia de los citados diferentes usos empresariales en los diversos ordenamientos jurídicos de los Estados miembro amén de las distintas legislaciones en materia jurídico-privada de Derecho de sociedades, y pública reguladora del mercado de valores. Por ello, a juicio de algunos autores[182], el Plan pretende asentarse sobre tres principios, los derechos de los accionistas, la responsabilidad de los directivos, y el uso de nuevas tecnologías, que desarrolla a su vez en cuatro epígrafes: (i) sobre la mejora de la información, se recalca la importancia de las declaraciones anuales de gobierno corporativo por parte de las grandes compañías, que publicite la estructura y funcionamiento de los órganos sociales, el ejercicio de los derechos de los accionistas, y la explicación de los sistemas de control de riesgos; (ii) el reforzamiento de los derechos de los accionistas, que tiene su reflejo en dos importantes elementos que son el uso de las nuevas tecnologías para el ejercicio de los derechos inherentes a la condición de socio, tales como asistencia a la junta, voto e información; y en el posicionamiento en favor del *«one share, one vote»*, lo que contrasta con la posición de algunos ordenamientos continentales al respecto, si bien no termina de constituir una obligación, por lo que el documento sugiere que se analicen las consecuencias al respecto; (iii) la modernización del consejo de administración, que a su vez se sustenta sobre tres epígrafes, a saber, a) la estructura del órgano respecto a la presencia de consejeros no ejecutivos así

182. SÁNCHEZ ÁLVAREZ, M.: «Fundamentos y antecedentes...» cit. Pág. 95.

como a la propuesta de que, a diferencia del Informe Winter, la selección de consejeros parta principalmente de consejeros ejecutivos por ser éstos los que aparentemente tienen mayor conocimiento de las circunstancias y necesidades de la compañía, lo que resulta ciertamente cuestionable; b) la retribución de los consejeros, sobre lo que se insta a establecer mecanismos de transparencia tanto en la adopción del acuerdo como en la información detallada transmitida respecto a la forma consistente en la entrega de acciones, su baremo y criterios de establecimiento, así como los costes asociados a tal sistema; y c) la responsabilidad del equipo directivo, que ha de entenderse solidaria como forma de provocar en todos los miembros del órgano, con independencia de su carácter ejecutivo o no, al cumplimiento de los deberes inherentes al cargo; y finalmente; (iv) la coordinación por la Unión respecto a las medidas legislativas de cada uno de los ordenamientos jurídicos comunitarios en lo que al buen gobierno se refiere, en el sentido de, sin negar la competencia local y los distintos usos y costumbres, la Unión constituya un nexo común al objeto de generar un mercado competitivo y atractivo a la inversión, y tal vez en el futuro, bajo un mismo y único conjunto normativo.

D. *El Código Olivencia*

1. Contenido del mandato. Conforme se ha señalado respecto de otros casos similares, el Código Olivencia se asemeja a sus textos análogos en que viene precedido por su correspondiente Informe, y a que su nombre popular se refiere al jurista que presidió la Comisión, en este caso el del Profesor D. Manuel Olivencia Ruiz, Catedrático de Derecho Mercantil, entre otros muchos títulos y reconocimientos obtenidos en su larga trayectoria profesional y académica.

Resulta en primer lugar importante poner de relieve que tanto el Informe como su posterior Código que emanaron de la Comisión a tal efecto nombrada, parten del mandato gubernamental, quien recoge a su vez la orden comunitaria de adopción y promulgación de normativa reguladora de las sociedades cotizadas cuyo acogimiento resulta voluntario, cuestión ésta que parte de la doctrina ha planteado si ello no supone una cierta contradicción entre el hecho de fomentar la autorregulación y la esfera privada de las entidades, con el hecho de partir del Gobierno su redacción[183]. Sea como fuere, su promulgación parte del acuerdo del Consejo de Ministros de 28 de febrero de 1997 así como por la posterior Orden del Ministerio de

183. FERNÁNDEZ DE LA GÁNDARA, L.: «El debate actual sobre el gobierno corporativo: aspectos metodológicos y de contenido» en AA.VV.: *El gobierno de las sociedades cotizadas*, (coord..: ESTEBAN VELASCO, G.). Ed. Marcial Pons. Madrid, 1999. Pág. 75.

Economía y Hacienda de 24 de marzo de 1997, por la que se constituyó la Comisión Especial para el estudio del Código Ético de los Consejos de Administración de las Sociedades. Llama ciertamente la atención el hecho de la referencia a un código de carácter «ético», lo que a menudo supone una colisión entre interpretación literal, efectos jurídicos, y consideración casi filosófica de la ética, al menos en el ámbito empresarial. No obstante, la realidad terminaría refiriéndose más bien a modelos de conducta racionales y ponderadas con la realidad empresarial[184], pues lo contrario entrañaría no sólo exceder del ámbito positivista del Derecho, sino también una cuestionable intromisión en una cierta esfera moral.

Una segunda cuestión significativa dimanante de la propia denominación del estudio se materializa en la delimitación del objeto de análisis en torno exclusivamente al consejo de administración, lo que contrasta en primer lugar, visto con la perspectiva del tiempo, a los posteriores y actuales códigos de buen gobierno, así como a las distintas modificaciones legislativas; y en segundo lugar, con respecto a los códigos y estudios comparados. En concreto, nos referimos a la ausencia de regulación específica respecto de la junta general en cuanto a su funcionamiento como órgano, y en cuanto a su composición, lo que fruto de algunas críticas al respecto, justificó la posterior revisión del Código que se materializó en el Informe Aldama, sobre el que más adelante entraremos, el cual sí dedicó varios epígrafes al órgano soberano de la sociedad. Y es en que opinión de algunos autores[185], el Código Olivencia obvia su interés en la junta por otorgarla más un carácter casi protocolario por verse reducida a la convención anual, cuestión que contrasta con los sucesivos intentos de revitalización legislativa de sus competencias.

Efectivamente, el Código Olivencia centra su exclusiva atención en el consejo de administración, y con mayor detalle, de la sociedad cotizada en su conceptualización como sociedad anónima abierta, si bien, y esto ha sido frecuente tendencia en los años posteriores, no sin olvidar aquellas otras sociedades que por razón de su especial naturaleza, sean aconsejables destinatarias de los principios de buena gobernanza tales como sociedades de capital cerrado pero que buscan financiación externa en los mercados, o incluso aquellas que por volumen o significación, requieren de regulación específica distinta a la establecida en la por entonces vigente Ley de Sociedades Anónimas, la cual, por cierto, fue objeto de reforma en coincidencia

184. SÁNCHEZ CALERO, F.: *Los administradores en las sociedades de capital.* Ed. Thomson-Civitas. Navarra, 2005. Pág. 745.
185. ALONSO LEDESMA, C.: «El papel de la junta general en el gobierno corporativo» en AA.VV.: *El gobierno de las sociedades cotizadas*, (coord.: ESTEBAN VELASCO, G.). Ed. Marcial Pons. Madrid, 1999. Pág. 649.

temporal con la promulgación del Código, conducta que, ya hemos visto, se ha repetido recientemente con la Ley 31/2014 por la que se modifica la Ley de Sociedades de Capital para la mejora del gobierno corporativo, y el posterior Código de Buen Gobierno.

En concreto, las propuestas del Código Olivencia sobre el consejo de administración se materializan desde una triple perspectiva: control, transparencia y responsabilidad. Con respecto al primero de ellos, ha de partirse de la consideración que el sistema español ha sido y es monista, sobre lo que cabría plantearse si ello no ha sido en parte consecuencia del propio Código, pues al fin y al cabo fue el primero en nuestro país en regular los principios de buen gobierno, el cual parece posicionarse claramente por el sistema de gestión monista, no porque ello suponga a su juicio un sistema mejor o más aconsejable que el dualista, sino porque se postra ante el reconocimiento de la evidencia empírica del conjunto de las grandes compañías de nuestro país. Por ello y como decíamos, cabría plantearse qué devenir habría seguido el tiempo si por el Código se hubiera animado, apostado, o cuanto menos admitido, la posibilidad de introducir paulatinamente el sistema dual, como ocurre en algunos ordenamientos comparados. En cambio, basa su contrapeso en la propia autorregulación del consejo, entendiendo a éste como un ente cuya labor esencial consiste en la supervisión de sus propios actos, especialmente respecto de la comisión ejecutiva a la que considera que debe reflejar un reflejo en miniatura del propio consejo.

Con respecto a la transparencia, se refiere tanto en lo que respecta a la información con y para accionistas, siendo éstas de las pocas ocasiones en que los mismos parecen tener cabida en el estudio, como en la facilitada al exterior sobre la estructura, procedimientos de control, o composición del órgano, elementos muchos de los cuales pasaron a integrar con posterioridad lo que hoy es el Informe Anual de Gobierno Corporativo de las grandes compañías. Y es que en lo que al movimiento reformador en nuestro país se refiere, la transparencia informativa de las grandes compañías no sólo ha supuesto un elemento esencial de las políticas de buen gobierno, sino también un aspecto objeto de sucesivas modificaciones normativas, todas ellas encaminadas a imponer de mayores requisitos obligacionales a las compañías para tal fin, ya no sólo en cuestiones estructurales (como composición de los órganos o distribución de competencias) sino también procedimentales en aspectos como el control de riesgos o la información a accionistas y terceros. De este modo, el Código supuso, en consonancia con los modelos comparados, el punto de partida al reconocimiento de un aspecto elemental en la configuración del sistema normativo, imperativo o de voluntario cumplimiento, del gobierno corporativo, como así continúa sucediendo en la actualidad, que es la transparencia informativa societaria.

Finalmente, y con respecto a la responsabilidad, el Código se centra en primer lugar en lo que considera las facultades indelegables del consejo, sobre lo cual cabe situarnos nuevamente en la conceptualización del órgano desde el prisma del sistema monista, al objeto de configurar la estructura del consejo como un ente de revisión de sus propios actos, que traslada a cuestiones que hoy en día permanecen en el seno del debate de la mejora de los principios de gobernanza tales como el régimen de reuniones y frecuencia de las mismas del consejo de administración, el régimen del derecho de información de los consejeros con carácter previo a la celebración de una reunión, o la *sempiterna* cuestión de la retribución de administradores. Y la experiencia ha demostrado que, lejos de haber supuesto una solución definitiva, el Código se adelantó a cuestiones problemáticas que perduran en el tiempo. No se trata en este caso de una crítica, sino al contrario, del reconocimiento que entraña la dificultad de entrar a regular matices de funcionamiento del consejo de administración, que lustros después, continúan hoy resultando objeto de estudio tanto desde la perspectiva legislativa como doctrinal. Algunas de dichas cuestiones se hallan hoy materializadas en sede legal, por ejemplo, en el vigente artículo 245.3 de la Ley de Sociedades de Capital, que establece la obligatoriedad de reunión del consejo, al menos, una vez al trimestre, mandato legal de obligado alcance para la generalidad de las sociedades mercantiles de capital y no sólo para las cotizadas, lo que entraña una de las muestras a las que hacíamos referencia anteriormente sobre la trasposición al régimen legal para todas las sociedades de lo que inicialmente constituían meras recomendaciones de conducta para las anónimas cotizadas.

2. Una crítica doctrinal al Código. Sin dudar de la importancia y relevancia que el Código supuso para el movimiento del *corporate governance* en nuestro país, algunos autores han sido especialmente críticos más con lo que han entendido como algunas omisiones que por su contenido en sí[186]. En concreto, se esperaba un texto articulado más ambicioso, más innovador en lo que respectaba a los otros modelos comparados, a fin de no convertirlo en una mera adaptación a la específica situación española, probablemente, a su juicio, consecuencia de la rapidez en que se materializó el mismo en el *ínterin* entre el mandato gubernamental y la promulgación del Código. Por ello, se expone que éste se centra tal vez excesivamente en criterios de funcionamiento técnico y procedimental en detrimento de cuestiones más de índole de fondo de conducta. En concreto, se tratan cuestiones como el equilibrio en la proporción de la estructura del capital social con la relativa a la composición del consejo, en el sentido de pretender evitar una excesiva

186. Especialmente nos remitimos a SÁNCHEZ ÁLVAREZ, M.: *«Fundamentos y antecedentes...» cit.* Pág. 95.

concentración de poder en manos de los accionistas-consejeros de referencia. Al contrario, esta crítica echa en falta más mecanismos de autoevaluación, o incluso, entrar en aspectos más dogmáticos que meramente procedimentales o estructurales, de modo que el propio consejo asuma como función principal, además de la supervisión de sus propios actos, un modelo de conducta adaptado a las circunstancias de cada caso que, en esencia, transmita al mercado una imagen de transparencia y control.

La cuestión a nuestro juicio dista de resultar sencilla, pues con el transcurso de los años, se ha puesto de relieve la dificultad de establecer ciertos «medidores» de objetivo funcionamiento de buen gobierno, más allá de la valoración que puedan hacer determinadas entidades expertas. No hay un coeficiente de mejor o peor modelo, ya que el mero cumplimiento (o no) de las recomendaciones emanadas de los distintos códigos en modo alguno garantizan necesariamente como si de un método científico se tratara, que la sociedad en cuestión estará libre de incurrir en prácticas cuestionables, o cuanto menos, en conductas poco eficaces en lo que a transparencia y control se refieren, con independencia de que tales conductas supongan hechos jurídicamente punibles o no. Ya lo hemos visto en algunos sucesos corporativos anteriormente analizados, cómo el mero hecho de seguimiento de los códigos de conducta no asegura necesariamente la eficacia del modelo, si ello no va acompañado de un modelo de gestión responsable y enfocado al objetivo, cuestiones que pueden incluso partir más de la esfera personal del consejero que de una mera estructura o composición del órgano, pues precisamente ello se deduce de las continuas menciones a la conducta o a la ética empresarial. Pero lógicamente, en ello no pueden los códigos más que remitirse al carácter punitivo del Derecho en los casos de incumplimiento, por lo que se trata, en definitiva, de tratar de establecer mecanismos o resortes de control, a veces procedimentales o incluso burocráticos, que traten no de asegurar, pero sí de ayudar a cumplir los objetivos que el modelo de gestión de buen gobierno pretende.

Por otro lado, el citado autor también se centra en las cuestiones procedimentales que son objeto de regulación en el Código, sobre la que nos detenemos brevemente en cinco concretos aspectos. En el primero de ellos, critica cómo se pasa por alto el modelo dualista, casi como si de un descarte se tratara, lo que ya hemos reflexionado si precisamente tal claro posicionamiento del Código no ha terminado afectando a la posibilidad que en años posteriores algunas entidades sí apostaran por este modelo de gestión. La segunda cuestión se refiere a la nula regulación del administrador persona jurídica, hoy en día posibilidad restringida a las sociedades cotizadas, lo que muestra la esterilidad del debate en este momento, no sobre su conveniencia o no, lo que será objeto de estudio más adelante, sino sobre su falta de regulación en el Código. La tercera, relativa a la ausencia de regulación sobre los deberes fiduciarios de los consejeros en el seno de un grupo de sociedades, estructura que por aquel entonces era muy habitual, y ciertamente hoy continúa replicándose el modelo. La cuarta, sobre la parca regulación del consejero independiente, lo que ha sido sucesivamente subsanado con los códigos posteriores e incluso en sede legal. Y la quinta, la también ausencia de referencia a los inversores institucionales, probablemente influenciado por el mínimo detenimiento a casi todo cuanto acontecía a la junta general.

Sin entrar en el acierto o no de tales críticas, sí es cierto que algunas de ellas son precisamente las que han contribuido con el transcurso de los años a completar y complementar la normativa reguladora de los principios de buen gobierno, ya sea en los posteriores códigos de conducta, o ya sea incluso en sede legal. Y que precisamente esas cuestiones de las que se criticaba la ausencia de regulación en el Código, han sido posteriormente objeto de especial detenimiento, habida cuenta de la incuestionable importancia que elementos como el consejero independiente o los inversores institucionales representan hoy día para el gobierno corporativo. No puede decirse lo mismo, en cambio, de las cuestiones concernientes en sede de grupo, seguramente consecuencia de ser de manera precisa el Derecho de grupos el gran reto pendiente para gran parte de la doctrina científica en el ámbito del Derecho de sociedades.

3. Apuntes en torno a su contenido. Siguiendo un exhaustivo análisis del contenido del Código al cual nos remitimos y que a diferencia del anterior autor sí pone en valor *«el resultado de alta calidad»* aunque de limitado seguimiento[187], nos resulta relevante a efectos de este trabajo los siguientes apuntes respecto a concretos apartados de su contenido:

– De forma inicial respecto al propio objeto del Código, que como hemos dicho gira en torno a la independencia, control y transparencia, queremos poner en valor el objetivo que de ello se desprende: *«aumentar la credibilidad y la eficacia» como* un concepto casi dogmático al que se refieren esta tipología de textos normativos de cumplimiento voluntario. Y es que si bien poco habría que referir de la pretendida «eficacia» de la norma, por resultar consecuente con los propios principios de gobernanza, más nos llama la atención la referencia a la «credibilidad», especialmente analizado con la perspectiva del tiempo. Y es que a nuestro juicio, resulta muy significativo el uso de tal vocablo, pues no hablamos de mera transparencia informativa, o incluso de veracidad de la información, sino que el Código no duda en

187. OLCESE SANTOJA, A. «*Teoría y práctica...*» cit. Pág. 129.

esperar que la información publicada por las sociedades cotizadas resulte creíble, seguramente influenciado por todos los ya citados sucesos corporativos que pusieron en jaque a los mercados internacionales, y que de hecho con los años se repitieron, como es el caso de la crisis económico-financiera de 2007.

El sentido parece claro, se trata de garantizar al mercado una información veraz y un marco de seguridad jurídica que fomente o promueva los movimientos inversores en nuestro país. Pero claro, que la información resulte veraz no constituye una cuestión que pueda ser objeto de mera recomendación sino, al contrario, supone un imperativo legal de obligado cumplimiento materializado en los deberes del cargo de administrador. Por ello, el Código no se refiere a la veracidad sino a la credibilidad, lo que si bien a primera lectura puede resultar significativo, toda vez que cabría pensar en por qué no va a ser creíble la información emanada de las sociedades, con independencia de su validez o de que la inversión pueda resultar aconsejable o no, lo cierto es que de una reflexión más pausada precisamente viene a pretender fomentar la imagen de un mercado, en este caso el español, como fuerte, flexible, atractivo y seguro. No es sólo «vender» una imagen, sino una idea, pretender mostrar que las grandes compañías cotizadas españolas poseen un modelo de gestión que, adaptado a las concretas circunstancias del caso, invita a la inversión, toda vez que la compañía en cuestión tiene establecidos eficaces modelos de control, garantizan la presencia de consejeros independientes ajenos a las directrices de los accionistas de control, y son especialmente cuidadosos en la transparencia de sus procesos y estructura.

Cuestión distinta en que ello se haya conseguido o no, cuestión sobre la cual habría que preguntar al mercado en general. Y la conclusión a esta pregunta tampoco sería sencilla pues como ya hemos expuesto en varias ocasiones, el concreto modelo español puede no resultar especialmente atractivo a día de hoy si tenemos en cuenta, por un lado, la actividad desarrollada por alguna de las entidades más representativas del IBEX en cuanto al ámbito del Derecho público y sectores regulados; como a la concentración de capital en accionistas significativos, por otro[188]. Ello no quiere decir que

188. Basten dos meros ejemplos. El primero, el de INDITEX, compañía textil referencia a nivel mundial que durante muchos años ha sido la primera entidad del IBEX en volumen de cotización, se halla mayoritariamente participada por su famoso fundador D. Amancio Ortega a través de su entidad patrimonial. Por otro lado, el caso de las entidades financieras como CAIXABANK, BBVA o SANTANDER, ciertamente limitadas a día de hoy al mercado nacional, toda vez que no se han generado muchos movimientos de concentración bancaria a nivel comunitario, sino que al contrario, la reestructuración del mapa financiero con las sucesivas fusiones, se han desarrollado en su práctica totalidad a nivel nacional.

el modelo de buen gobierno en nuestro país resulte de calidad inferior al de otros países, ni mucho menos, sino que entendemos que por lo anteriormente referido, el mercado español está aún en fase de internacionalización.

– Con respecto a la misión del consejo como órgano, el Código reconoce que, a pesar de las competencias generales de gestión y administración que le corresponde al consejo en virtud de lo dispuesto en el vigente artículo 209 de la Ley de Sociedades de Capital, la situación es bien distinta en sede de cotizadas, cuya estructura y funcionamiento operativo impide al propio consejo asumir funciones que, en la práctica, tiene asignado el equipo de dirección. Por tal motivo, se otorga al propio consejo la obligación de asumir como función principal *«la supervisión, junto con la dirección estratégica»*.

Ello tiene varias aristas. En primer lugar, que tal consideración parte del ya reiterado modelo monista propio de las grandes compañías de nuestro país, lo que exige que, al carecer de un órgano propio y exclusivo de control como sucede en el modelo dual, el propio consejo unitario ha de estructurarse de forma que abarque ambas funciones, las propias de gestión, y las de supervisión. Ahora bien, sí resulta significativo que, a diferencia del conjunto general de sociedades mercantiles, se considere que la misión esencial del consejo (y más siendo mono orgánico) sea la supervisión, y no la gestión en sí, lo que, por otro lado, tampoco puede hacer olvidar que dichas funciones de gestión constituyen legalmente su facultad principal por *mor* del citado artículo 209, lo que implica que el consejo haya de estructurarse necesariamente a fin de cumplir esa doble función. Sin embargo, no se trata de partir en dos al propio órgano, pues precisamente tal y como reconoce el Código, el carácter colegiado del Consejo impide que funcionalmente sea complicado someter al escrutinio habitual las funciones de gestión, lo que supone que éstas en la práctica se hallen en manos del equipo de dirección, liderado, coordinado y supeditado al primer ejecutivo de la compañía o al comité ejecutivo. Esta situación no convierte a los directivos no consejeros en una suerte de condición de administradores, precisamente por su dependencia jerárquica del primer ejecutivo, sino en los conductores de la gestión del día a día en aquellas cuestiones que, dada su naturaleza, no constituyen funciones especialmente reservadas al consejo; como tampoco diluye la responsabilidad solidaria de todos los miembros del consejo, con independencia de la tipología o funciones asumidas.

Y en segundo lugar, que dicha supervisión no se materializa con un escrutinio diario ni como una suerte de derecho de veto ante determinadas decisiones, salvo que éstas sean competencia exclusiva del órgano en su conjunto, sino que se refieren más, en palabras del propio Código, a *«la dirección estratégica de la compañía»*, esto es, evitar incurrir en actividades paralelas o parcialmente desviadas de la política de gestión que el consejo en su conjunto ha decidido para la consecución del objeto social, cuestión que a su vez conecta con el siguiente apartado del Código sobre lo que considera por vía de recomendación que son las facultades indelegables del consejo: las propias estrategias generales; el nombramiento, retribución y destitución de la alta dirección, junto a su control; el procedimiento de contención de riesgos; y la política informativa y de transparencia.

El hecho de que tal misión de supervisión se considere como esencial del propio consejo, órgano de gestión de la compañía, implica ese reconocimiento de considerar al equipo directivo como auténtico baluarte de la gestión diaria, alta dirección en la que suelen integrarse como directores los consejeros ejecutivos, lo que hace muy interesante el funcionamiento y engranaje de este tipo de entidades, y termina en cierto modo en asimilarse a ese modelo dual al que tantas veces hemos hecho referencia, pues coexiste el órgano de gestión (representado por los consejeros ejecutivos y la alta dirección) con el de supervisión, si bien en un único ente. Por ello, en este modelo de gobierno corporativo, la cuestión no estriba, dicho coloquialmente, en quién *manda más*, sino en el equitativo y efectivo reparto de funciones de gestión y supervisión, y en el funcionamiento para asegurar la eficacia de tales funciones.

Ahora bien, con independencia de la estructura del órgano, de la consideración monista pero con dualidad de funciones, y del reparto de funciones, ello no obsta a que el consejo en sí ostente las competencias indelegables anteriormente referidas, lo que casa a su vez con el régimen de responsabilidad solidaria de todos los miembros del órgano.

– Se abraza la teoría contractualista, toda vez que el Código se posiciona en otorgar al consejo la misión de crear valor para el accionista, si bien la Comisión que elaboró el Informe y Código, a raíz de alguno de los sucesos que ya hemos analizado, solicitaba cierta cautela en la aplicación del tal principio, remitiéndose a la observancia de determinados deberes de carácter ético.

Sin duda, se trata de una cuestión que con el posterior devenir de los años se convirtió en un asunto que ha sido objeto de continuo debate, la colisión entre la primacía de maximizar el valor de la compañía como firma de satisfacción al inversor; frente a la pretendida observancia de los intereses de terceros interesados. Siendo éste el primer Código de este tipo nacido en nuestro país, resulta significativo tal posicionamiento, tal vez influenciado por el contexto socioeconómico de la época, lo que como ya es sabido, ha sido paulatinamente objeto de revisión en los códigos posteriores, no tanto por mostrar un posicionamiento contrario de manera tan evidente, sino más por suavizar su determinación en favor de cuestiones como la sostenibilidad a largo plazo.

– Se introduce en nuestro país la figura del consejero independiente, cuyo estatuto jurídico fue, ha sido y es objeto de sumo interés en lo que a los principios del gobierno corporativo se refiere. Y en este caso, resulta de sumo interés no sólo su aparición y trasposición a nuestro país de su figura, sino de su propia consideración, lo que refleja la absoluta evolución de dicha tipología de consejero desde entonces a los años venideros, hasta el punto de que su presencia ya es legalmente exigible.

Pero como decíamos, el interés radica en su entonces consideración, pues el Código le otorgaba la función de hacer valer los intereses del accionariado disperso y minoritario, el *free float*, o dicho de otra manera, de aquel que no se hallaba vinculado ni a los consejeros o directivos de control ni tampoco a los accionistas significativos. Es cierto que tal figura se continúa reflejando en cierto modo en la actualidad frente a lo que representan los tipos de consejero ejecutivo y dominical, si bien con el importante matiz que con el tiempo se ha moldeado, actualizado y concretado qué se entiende por independencia a los efectos de otorgar al consejero independiente de tal título, pues por aquel entonces, el Código ya advertía que tal independencia no entrañaba necesariamente entonces una independencia al propio capital social, al menos de forma significativa o porcentualmente relevante, sino que tal independencia debía presumirse de los accionistas mayoritarios con presencia directa o representada en el consejo. Al contrario, se limitaba a la exigencia de ostentar la necesaria experiencia, competencia y prestigio profesional para el desempeño del cargo, lo que en opinión del autor[189], tales requisitos son en realidad asimilables a cualquier tipo de consejero, con total independencia de su categoría, pues tales requisitos son exigibles, en cualquier caso, a todo administrador diligente, lo que continúa disertando que por aquel entonces la independencia se remitía sólo a un carácter ajeno a los accionistas de control.

Lo que a nuestro juicio sí es sumamente relevante es la influencia que tal introducción novedosa tuvo el Código en nuestro país respecto a los posteriores Códigos y promulgación de normas legales de imperativo cumplimiento en lo que a la estructura del consejo y a la distinta tipología de consejeros se refiere, lo que redunda en las funciones asignadas a unos y a otros. Entendemos que no cabe duda que el Código ha tenido una influencia decisiva en la construcción del modelo de buen gobierno de nuestro país,

189. OLCESE SANTOJA, A. «*Teoría y práctica...*» cit. Pág. 131.

pese a las carencias que algún autor entendió[190], pues el mismo trató de plasmar un modelo ya relevante en el mercado comparado adaptándolo a la realidad del tejido empresarial de nuestro país, y que con sus aciertos y sus carencias, introdujo elementos de composición del órgano que hoy en día no sólo siguen siendo enormemente relevantes, sino que aún continúan siendo objeto de debate. Por ello, a los efectos del presente trabajo, de composición del órgano y de nombramiento de consejeros, esta parte del Código nos resulta de sumo interés, al ser el primer texto normativo de nuestro país que trata la cuestión de la tipología de consejeros y el equilibrio de los mismos en el seno del consejo. En concreto, es precisamente el vocablo «equilibrio» el que pretende distinguir un modelo de buen gobierno respecto a otros, habida cuenta de las especiales vicisitudes que una sociedad cotizada representa respecto a otros tipos genéricos de sociedades mercantiles de capital cuyas acciones y participaciones no se hallan admitidas a negociación en un mercado secundario de valores.

Son varios los aspectos de interés que enumera el Código. En primer lugar, diserta que su consideración de equilibrio parte de la valoración del peso que, por un lado, ostenten lo que denomina *«las personas más significativas del equipo de gestión»*, esto es, los primeros ejecutivos, pues la excesiva asunción de poder por parte de éstos, y por ende, la constitución de un consejo hecho a medida de los ejecutivos, afectaría tanto a la imparcialidad del órgano en su conjunto como a las funciones de supervisión y control por parte de los consejeros ajenos a la gestión diaria de la compañía, cuya función se vería seriamente impedida; de tal manera que el Código precisamente abandera el equilibrio instando a un contrapeso debido respecto a tales consejeros ejecutivos. Es lo que el Código denomina como los «consejeros externos», esto es, lo que hoy conocemos como los consejeros dominicales e independientes, o dicho de otro modo, los que no son ejecutivos.

La primera cuestión que llama la atención es la categorización del consejero dominical, aquellos que *«representan a los titulares de paquetes accionariales»* lo que nos lleva a plantearnos algunas dudas, sobre las que profundizaremos en el apartado dedicado a esta clase de consejero. En concreto, avanzamos dos.

La primera, la difícil consideración de una suerte de «representante» de unos accionistas en sede de un consejo de administración, choca con la idea de órgano de gestión autónomo que ha de velar unitariamente por el interés social, y por tanto, por todos los accionistas en su conjunto y no por un paquete accionarial concreto. Ya el propio concepto de representante en

190. SÁNCHEZ ÁLVAREZ, M.: *«Fundamentos y antecedentes...»* cit. Pág. 95.

sede de consejeros resulta de difícil encaje, pues en lo que a la propia constitución del órgano se refiere, no cabe la representación de un consejero más que por la de otro propio consejero dado el carácter personalísimo del cargo[191]. Por ello, siendo el consejo un órgano colegiado sobre el cual no operan mayorías porcentuales de participación accionarial ni de ningún otro tipo sino exclusivamente *por cabezas,* entendemos que no cabe asimilación a representación de un accionista más que en los términos referidos en los artículos 183 y 184 de la Ley de Sociedades de Capital ante la celebración de una junta general. Es decir, en términos legalmente estrictos, el ámbito de poder de representación de un consejero opera a nivel colegiado con el de todo el consejo respecto a la sociedad en su conjunto y no respecto a un concreto número de accionistas, pues continuando en el ámbito del sentido más estrictamente legal, a un consejero no le nombran unos u otros accionistas, sino que le designa la junta general como órgano soberano y decisorio, sí, sometido al régimen de mayorías establecidas, pero sin distinción en cuanto a la voluntad que emana de dicho órgano.

Ahora bien, no tratamos de pecar de ingenuos pues con independencia de la teoría jurídica de *lo que debería ser,* la práctica evidentemente refleja auténticos modelos de representación en el órgano de administración de una sociedad respecto a los distintos grupos accionariales o de poder, pues ejemplo de ello es que la propia Ley ya hace un claro reconocimiento al respecto con el sistema de nombramiento de la representación proporcional en el consejo de administración previsto en el artículo 243 de la Ley de Sociedades de Capital. Nótese la expresa denominación, «representación proporcional», lo que ya nos avanza que en realidad, nada parece obstar a reconocer en el seno del consejo la efectiva representación, no en un sentido de hacer las veces de, sino de reconocer que un consejero lo es por voluntad de un concreto bloque accionarial.

La segunda duda nos invita a plantearnos cuál es el motivo de considerar como externos a los consejeros dominicales, toda vez que, ya se ha dicho, éstos precisamente representan a un bloque accionarial, lo que evidencia que su consideración no puede ser más interna que externa. En tal caso, tal duda, que no excede más allá de lo exclusivamente semántico, queda resuelta en el aparente carácter externo a la gestión ordinaria o a la condición ejecutiva de los consejeros que sí ostentan tal función. No obstante, ello a su vez supone plantearnos la distinción respecto a dichos consejeros ejecutivos, los cuales habitualmente también representan a grandes grupos de

191. ALFARO ÁGUILA-REAL, J.: «Caracteres, regulación y funcionamiento del Consejo de Administración» en Blog *Almacén de Derecho*. 25/06/2019. https://almacendederecho.org/caracteres-regulacion-y-funcionamiento-del-consejo-de-administracion

control accionarial, si es que no son ellos los propios accionistas de control, lo que les convertiría a su vez en otro tipo de consejeros dominicales, los que sí ostentan funciones ejecutivas y los que no, pero al fin y al cabo todos ellos designados de tal condición por voluntad de un accionista significativo o relevante de control.

En cualquiera de los casos, parece que el Código tiende a considerar que ese necesario equilibrio en el seno del consejo se refiere a la tipología de consejeros, distinguidos tanto por sus funciones respecto a la gestión ordinaria como del grupo accionarial al cual representan, o dicho de forma más concreta, que han promovido su nombramiento. Pero en cualquier caso, distinguiendo esa doble tipología de consejeros (ejecutivos de los que no) el equilibrio parece radicar a juicio del Código en la coexistencia de ambos tipos, de modo que cada una de las tres categorías (ejecutivos, dominicales e independientes) guarden un cierto reflejo de los bloques accionariales de la junta general, si bien no de manera necesariamente proporcional. Claro, que ello entonces plantea la dificultad de asimilar a los consejeros independientes precisamente con criterios de independencia, cuestión complicada si ya de por sí se les vincula con un grupo accionarial, aunque este sea disperso y muy minoritario. Tal vez por ello el Código reconocía que ese equilibrio y esas supuestas representaciones de los distintos grupos de control no debían operar necesariamente de forma matemática, sino en cambio sí promover una suficiente presencia de independientes. Tal vez por tales ciertas dificultades de asimilación a una conducta independiente es por lo que dicha tipología de consejero ha sido sucesivamente objeto de revisión normativa y doctrinal a fin de asegurar o intentar una mayor independencia por parte de consejeros ajenos a los grupos de control, y aumentando significativamente su presencia en el propio consejo y en sus distintas comisiones, como esta vez sí un efectivo resorte de equilibrio de poderes como uno de los principales principios sobre los que se asienta el buen gobierno.

– Asimismo, el Código también entra en más cuestiones estructurales en lo que al órgano de administración se refiere, concretamente respecto a los cargos, comisiones, y aspectos procedimentales, tanto en el desarrollo de las reuniones como en el propio proceso de nombramiento de sus integrantes.

En primer lugar, y con respecto a los cargos, el código reconoce gran importancia a la figura del presidente a quien le corresponden por imperativo legal determinadas facultades relativas al funcionamiento del propio consejo como la convocatoria del mismo o la dirección de los debates, pero también especiales responsabilidades como la de asegurar que todos los consejeros cuenten con la información necesaria y suficiente para el desarrollo de la reunión. Y como ya hemos ido anticipando a lo largo del presente trabajo, el Código plantea la ya clásica disyuntiva acerca de la conveniencia o no de la separación de cargos. Y tal y como sigue sucediendo a día de hoy, no se posiciona claramente por ninguna de las dos posibles alternativas, reconociendo las ventajas (y desventajas) que ambas opciones entrañan, esto es, la imagen de claro liderazgo en los casos de coexistencia, frente a la excesiva concentración de poder en una misma persona, son planteamientos de los que el Código opta por no emitir una respuesta clara, lo que ya hemos dicho que es significativo toda vez que apenas tendría coste operativo el hecho de posicionarse en una u otra opción, siempre bajo la exigencia de explicar, en su caso, el no seguimiento de tal recomendación. Lo que sí resulta en cambio novedoso es que el Código inste a las sociedades, en caso de optar por la coexistencia de cargos de presidente y primer ejecutivo en la misma persona, a nombrar a un vicepresidente que haga las funciones de coordinación entre los distintos consejeros no ejecutivos, lo que precisamente hoy ya es objeto de imperativo nombramiento conforme dispone el artículo 529 septies de la Ley de Sociedades de Capital. Asimismo, también el Código entra a valorar la figura del secretario, la cual ha sido con el transcurso de los años objeto de igual interés doctrinal y de reforma normativa de su estatuto jurídico, habida cuenta de la importancia que su figura, generalmente la de asesor procedimental (lo que en ocasiones justifica la formación jurídica de quien ostenta tal cargo) conlleva en la adopción de acuerdos del consejo así como en la de información al resto de los consejeros. En tal caso, el Código aboga por su igual independencia, lo que tiene su reflejo en la generalidad de las sociedades mercantiles de capital las cuales, salvo disposición contraria de los estatutos, tienen la facultad de designar a un secretario que no ostente a su vez la condición de consejero.

En segundo lugar, con respecto a las comisiones, cabe mencionar que por aquel entonces, no existía la obligatoriedad legal de constituir en el seno del consejo las comisiones de auditoría, nombramientos y retribuciones, como sí sucede en la actualidad. Ello no obstaba en cambio a la recomendación de su instauración, ejemplo añadido de los ya vistos sobre lo que hemos denominado como elevación a rango legal de lo que anteriormente constituían meras recomendaciones de cumplimiento voluntario. En lo que sí insistía el Código era en la necesidad de que tales comisiones se integrasen exclusivamente por consejeros externos, constituyendo en consecuencia unas verdaderas comisiones de control y supervisión en el seno de un órgano monista.

Pero con independencia de las comisiones de control, el Código también se detiene especialmente en las comisiones ejecutivas, de las que considera que han adquirido una relevancia significativa que en ocasiones dificultan su control. La experiencia, no obstante, ha reflejado que con el devenir del tiempo, estas comisiones han ido perdiendo protagonismo (concretamente, número de entidades cotizadas que tienen constituida una de ellas en sus propios consejos) en favor de consejeros delegados coordinados con los consejeros supervisores. Pero hay algunas cuestiones interesantes al respecto sobre las que el Código reflexiona, en concreto, que la existencia de tales comisiones no ha de afectar al régimen de responsabilidad solidaria de la totalidad de los miembros, pese a que aquella constituya el órgano de gestión diaria; o que dicha comisión, pese a su denominación ejecutiva, no ha de estar únicamente integrada por esta categoría de consejeros, sino al contrario, ser un reflejo casi proporcional al del propio consejo de administración en su conjunto. Es decir, se trata de que la comisión ejecutiva replique en cierto modo la estructura y equilibrio del consejo en lo que a composición e integración de ejecutivos, dominicales e independientes se refiere, constituyendo en consecuencia la comisión delegada en una suerte de «mini consejo», lo que a juicio del Código redundará en la misión de supervisión y control desde la propia estructura ejecutiva de la compañía.

Y en tercer y último lugar, respecto a cuestiones procedimentales, amén de las relativas al funcionamiento del órgano, periodicidad de las reuniones y desarrollo de las mismas, nos resultan de gran valor e interés las opiniones del Código en lo relativo al nombramiento de los consejeros.

Partimos de una premisa: el nombramiento de los consejeros es una de las competencias orgánicas reservadas exclusivamente a la junta general de accionistas, salvo el nombramiento especial por cooptación del artículo 244 de la Ley de Sociedades de Capital. Se materializa en que son los socios los que deciden quiénes integran el órgano de gestión de la compañía, siendo luego los propios consejeros los que se organizan entre sí. Pero no nos llevemos a engaño sobre la apariencia de la teoría, que la práctica en sede de cotizadas evidencia la clara participación del consejo en estos nombramientos, aunque sea por instigación más que por práctica activa. Nos explicamos. A diferencia de sociedades mercantiles pequeñas en lo que a número de socios se refiere, en las que los administradores sociales son efectivamente designados de forma directa por los distintos socios mayoritarios, en las sociedades cotizadas, y muy especialmente en las de capital más disperso, en la práctica no suele existir voto concertado, aunque sí coincidente, lo que supone que se atienda a las recomendaciones del propio consejo para el nombramiento o reelección de consejeros. Es decir, que salvo situaciones en que un socio de control y porcentaje mayoritario, generalmente en el momento de su primera junta tras su entrada en el capital social, designe directamente a los consejeros que desea que formen parte del órgano de administración, la práctica evidencia que las juntas generales que deciden sobre el cese, nombramiento o renovación de administradores, lo hacen sobre el informe previo del propio consejo de administración, sobre lo que la comisión de nombramientos y retribuciones adquiere una importancia esencial, la cual tiene encomendado el proceso de selección de candidatos para su elevación al consejo, bien porque éste los nombre por el sistema de cooptación o bien porque sea quien traslade a la junta su propuesta, además de proponer la integración de las distintas comisiones. Esta situación, a nuestro juicio, tiene dos aristas. Por un lado, resulta complicado hablar de una efectiva separación entre gestión y control si es el propio consejo de administración quien propone, y aunque la junta dispone, cabe pensar que el propio consejo se autoorganiza en base a sus propias necesidades y preferencias. Ahora bien, la segunda es precisamente esa facultad de autorregulación, tan defendida por parte de la doctrina como elemento necesariamente esencial de las sociedades cotizadas[192]. Pero todo ello invita a pensar en la posibilidad de un posible conflicto de interés en el seno del propio consejo, o de forma más particular en la comisión de nombramientos, ante la facultad de seleccionar determinados candidatos quienes a la postre compartirán consejo con los proponentes, bien para el ejercicio de funciones supervisoras o ejecutivas, lo cual nos lleva a plantearnos si alguien estaría dispuesto a proponer a un concreto candidato a consejero a sabiendas que dicho potencial consejero podría entrañar un cierto peligro o choque corporativo con los consejeros vigentes, por mucha cualificación profesional que el candidato pudiere tener. Es decir, pongamos un caso. Se plantea la posibilidad de proponer como candidato a consejero a una persona con amplio bagaje y cualificación profesional, de reconocida experiencia, conocido en el mundo empresarial por ser, no sólo estrictamente diligente en el cumplimiento de sus funciones, sino incluso más allá, alguien cuyas funciones de supervisión pueden terminar suponiendo un cierto incordio a los consejeros ejecutivos por el ímpetu con el que ejerce su cargo[193]. En tal caso ¿los consejeros ejecutivos accederían a elevar a la junta general la propuesta de nombramiento de dicho consejero, teniendo en cuenta que en caso de aprobación, puede poner en cierto peligro la forma en que dichos ejecutivos llevan gestionando la compañía? No tenemos respuesta para ello al tratarse de una cuestión más sociológica que jurídica, si bien un criterio de razonabilidad invita a pensar que difícilmente un consejero aceptará la posibilidad

192. MATEU DE ROS CEREZO, R.: «Gobierno corporativo de las sociedades cotizadas. Entre la libertad y la regulación» en *Revista de Derecho Mercantil*, n.º 303. Madrid, 2017. Pág. 69-102.

193. Lo que en la práctica jurídica y en sede de sociedades pequeñas, vendría a equivaler a ese socio minoritario, disidente y disconforme, que con su activismo termina suponiendo un problema social: constante impugnación de acuerdos sociales, ejercicio exagerado o incluso abusivo del derecho de información, solicitud de constantes convocatorias de junta general, solicitud de nombramiento de auditor de cuentas... etc.

de nombramiento de otro que pueda suponer modificar a peor la situación concreta del primero, por lo que con este ejemplo es con lo que tratamos de advertir esa situación tan paradigmática de que, siendo la junta general quien nombra a los consejeros, es el propio consejo quien propone, lo que como ya hemos dicho invita a pensar en un cierto conflicto de interés, pues pese a que tales facultades emanan de la comisión de nombramientos y retribuciones, la decisión final ha de partir del consejo en su conjunto como órgano colegiado.

Todo ello respecto al nombramiento, pero lo mismo cabría pensar en materia de cese de administradores, competencia que de igual modo corresponde a la junta y no al consejo de administración, el cual sí ostenta la capacidad de cesar internamente de un cargo concreto, como por ejemplo cambiar al presidente, secretario, consejero delegado, o los integrantes de cada una de las comisiones, pero no puede cesar a ningún consejero como miembro del órgano, competencia exclusivamente reservada a la junta general. Ahora bien, lo que sí puede es igualmente proponer dicho cese a la junta general en base a los criterios que estime por convenientes, pues al fin y al cabo, por ejemplo, el cese de un consejero delegado de tales funciones delegadas ya implica por sí misma una pérdida de confianza del consejo, lo que cabría interpretar como posible causa de cese de miembro del consejo. En tal sentido, el Código aboga por establecer algunas causas, no necesariamente automáticas, de cese de consejeros, tales como la incursión en conflicto de interés o la infracción del deber de lealtad, partiendo dicho cese del propio consejo por propuesta de la comisión de nombramientos y retribuciones. Efectivamente, el propio consejo no ha de tener la facultad de cesar a sus propios miembros, pues ello anularía por completo la facultad de censura de la gestión social por parte de la junta general, si bien sí resulta aconsejable que sea precisamente la comisión de nombramientos la que evalúe las conductas del propio consejo, de sus miembros, y del cumplimiento de los deberes inherentes a su cargo. Y precisamente por ello es de lo que de forma acertada, el Código solicita que dicha comisión se encuentre mayoritariamente participada por consejeros independientes, a fin de evitar incurrir en los conflictos de interés que entre los consejeros ejecutivos pudieran existir.

Al fin y al cabo, esa cuestión de *la independencia del independiente* ha sido una de las que más se han debatido en los años posteriores al Código, siendo objeto de sucesivas modificaciones normativas. Por ello el Código estableció algunos requisitos iniciales de evaluación de tal independencia, como la participación en el capital social o la duración del cargo bajo la categoría de independiente, siendo por ello un código que, con sus virtudes y sus carencias, constituye el primer texto normativo de buen gobierno en nuestro país, sentando las bases de un modelo que hoy en día perdura, que ha sido mejorado, adaptado a la realidad, y que tiene en el Código Olivencia su primer modelo, seguramente el más difícil por el contexto, que sirvió de base para los textos sucesivos, incluyendo sin duda alguna la modificación legislativa de la ya aludida Ley 31/2014, de 3 de diciembre, por la que se modifica la Ley de Sociedades de Capital para la mejora del gobierno corporativo[194].

E. *Las posteriores reformas españolas*

1. El Informe Aldama.

a. Consideración previa acerca de los posteriores códigos. Teniendo en consideración que el Código Olivencia fue el primer texto normativo de gobierno corporativo publicado en nuestro país, ha de tenerse en cuenta que, sin desmerecer el contenido e importancia de los que fueron posteriormente publicados, éstos venían a constituir en esencia adaptaciones, actualizaciones o matizaciones, si bien con un contenido propio. Es decir, los códigos posteriores no se limitaban a modificar puntuales recomendaciones de forma que se mantuviera el texto normativo del anterior, sino que al contrario, constituían nuevos textos completos y novedosos, lo que evidencia que no constituían meras modificaciones puntuales sino revisiones completas y novedosas, si bien como decimos manteniendo en cierto modo la esencia del anterior. Esto es, que los códigos precedentes se asentaban sobre los mismos principios que el genuino Código Olivencia en aspectos, por ejemplo, como el *«cumple o explica»*, el reconocimiento del sistema monista como el imperante en nuestro modelo nacional, o la estructura del órgano de administración en comisiones según la distinta tipología de consejeros. En conclusión, no se trataba de códigos «revolucionarios» que modificaran o derogaran por completo todo lo anterior, sino que por medio de un nuevo texto propio, venían a suplir algunas carencias del anterior, o bien a actualizar determinados aspectos. Por citar un ejemplo, al Código

194. A tales efectos, traemos a colación dos extractos de prensa. El primero, una entrevista al propio D. Manuel Olivencia en el diario económico «Cinco Días»: *«El Código Olivencia fue más liberal que el Conthe»*, en:
https: //cincodias.elpais.com/cincodias/2007/05/14/empresas/1179149991_850215.html
La segunda, un artículo escrito por D. Manuel Conthe, quien fuera presidente de la CNMV al momento de publicarse el tercer texto normativo español de buen gobierno, el Código Unificado de Buen Gobierno, recordando la figura de D. Manuel Olivencia tras su fallecimiento a comienzos de 2018, junto con el de otro insigne y muy ilustre maestro mercantilista, D. Aurelio Menéndez, publicado en el diario económico «Expansión»: *«En recuerdo de Don Aurelio y Don Manuel»*, en:
https://www.expansion.com/blogs/conthe/2018/01/05/en-recuerdo-de-don-aurelio-y-don-manuel.html

Olivencia se le achacaba su casi interés exclusivo en el estudio del órgano de administración, dejando de lado los aspectos relativos a la junta general, cuestión sobre la cual el Informe Aldama, como ahora veremos, sí entra a regular. Es por ello que en el presente trabajo analizaremos de forma más sucinta estos códigos posteriores de lo que lo hemos hecho respecto al Código Olivencia, precisamente por poner de relieve aquello que resultaba novedoso con respecto al anterior, sin necesidad de repetir instituciones jurídicas que los posteriores códigos mantenían.

b. Cuestiones procedimentales. El Informe Aldama nace de la Comisión Especial que fue constituida por acuerdo del Consejo de Ministros en su reunión de 19 de julio de 2002, al objeto de analizar *«los criterios y pautas que deben someterse a las sociedades emisoras de valores (...) con la finalidad de aumentar la transparencia y seguridad de los mercados financieros (...) y analizar el estado actual de situación y grado de asunción del Código de Buen Gobierno de las Sociedades Cotizadas»* conforme rezan sus consideraciones generales. Dicha Comisión, al igual que su antecesor, concluyó su trabajo con la presentación del «Informe de la Comisión Especial para el fomento de la transparencia y seguridad de los mercados financieros en las sociedades cotizadas» el día 8 de enero de 2003.

De igual forma que el texto precedente, su denominación coloquial responde al nombre de la persona que presidió dicha Comisión, en este caso la de D. Enrique de Aldama y Miñón[195], si bien a diferencia del anterior, en este caso no se presenta un texto articulado ni codificado, sino las referidas consideraciones por medio de informe, tratando de suplir algunas carencias del anterior o estableciendo algunas matizaciones, pues inicia su Informe reconociendo las virtudes, relevancia e influencia del precedente Código Olivencia.

c. Novedades más relevantes del Informe. De todas las cuestiones que aborda el Informe, sin ánimo en entrar en repeticiones frente a lo que supone un cierto continuismo con el texto anterior, consideramos relevante destacar los siguientes aspectos:

195. Quien no era jurista de profesión. D. Enrique Aldama era Doctor en Ingeniería de Caminos, Canales y Puertos; con amplia experiencia en el mundo empresarial especialmente en el ámbito de las constructoras, habiendo desempeñado el cargo de consejero delegado en la entidad AGROMAN, y posteriormente presidente en CONSTRUCCIONES LAIN, que posteriormente se fusionó con OBRASCÓN-HUARTE, creando así la entidad OHL. No obstante dicha Comisión sí tuvo entre sus filas a varios y muy ilustres juristas, entre ellos por citar algunos, D. Cándido Paz-Ares Rodríguez, D. Miguel Roca Junyent, D. Alberto Bercovitz Rodríguez-Cano, y D. Fernando Sánchez Calero.

– En primer lugar, de forma general, el Informe se asienta sobre el principio de transparencia como la cuestión que más pone en valor, que identifica de forma casi directamente proporcional con los estándares del buen gobierno, transparencia que materializa en la emisión de información a todos los niveles: desde la información a consejeros supervisores con anterioridad a la celebración de una sesión del consejo de administración; a la que se ofrece a los accionistas bien de forma periódica o bien en el marco de una junta general; y a la que se facilita a terceros, al mercado en general, y a organismos reguladores o supervisores. Para ello, el Informe insta a ofrecer una información *«completa, correcta, equitativa, simétrica, y en tiempo útil»*.

A mayor abundamiento, cabría concluir que buena parte del resto de novedades que ofrece el Informe Aldama se asientan o emanan precisamente de dicho principio de transparencia en la información, y que abarca cuestiones tanto estructurales, como procedimentales, lo que ha trascendido en los años posteriores al resto de textos normativos de buen gobierno en nuestro país, tanto los relativos a los códigos de cumplimiento voluntario como a las normas legales imperativas, suponiendo en consecuencia una de las mayores influencias que el Informe ha generado, constituyendo a dicha transparencia en la información como uno de los más básicos pilares de gobierno corporativo, lo que ha sucedido de igual forma en los textos de Derecho comparado.

– Promulga el Informe la forma de emisión de dicha transparencia en la información a través del *«Informe Anual de Gobierno Corporativo» que* cada entidad ha de elaborar, exponiendo la referida información estructural y procedimental de la compañía, así como el grado de seguimiento de las recomendaciones del Código, Informe que desde entonces constituye, junto a la comunicación de los Hechos Relevantes a la Comisión Nacional del Mercado de Valores, el elemento más significativo en cuanto a la información pública ofrecida por una entidad cotizada, y que hoy en día su elaboración constituye norma legal y por tanto imperativa de conformidad a lo dispuesto en el artículo 540 de la Ley de Sociedades de Capital. De hecho, este artículo establece el contenido del mismo, que resulta prácticamente coincidente con el que entonces el Informe Aldama establecía, y que como decíamos, podríamos decir que se divide en dos partes: la interna societaria en cuanto a los aspectos estructurales y procedimentales, y la parte externa sobre el grado de cumplimiento del Código de buen gobierno, bajo el aludido principio del «cumple o explica».

Con respecto a la información interna, el Informe insta a las compañías a publicar su estructura de capital a fin de ofrecer la imagen de propiedad de la entidad, lo que redunda en la necesaria información que potenciales inversores puedan ostentar con carácter previo a su entrada en la compañía en cuestión, a los efectos de evaluar, entre otros muchos aspectos, el régimen de mayorías al que se pueden encontrar. Asimismo, existen otros aspectos de interés a publicar respecto a tal estructura de propiedad como el activismo de los distintos accionistas o el reflejo de dicha estructura respecto al consejo de administración, siendo este órgano objeto de una extensa regulación respecto a la transparencia estructural y procedimental de la sociedad. En concreto, el Informe solicita que del consejo se detalle el número de consejeros que lo componen, la tipología de cada uno de ellos, las comisiones que tiene constituidas en su seno así como sus integrantes, en lo relativo a su estructura; así como la necesaria transparencia sobre cuestiones operativas y procedimentales tales como la información y detalle sobre las operaciones vinculadas en que el consejo haya podido incurrir (lo que hoy en día constituye un elemento de especial regulación legal hasta el punto de, en algunos casos ser competencia de la junta general la aprobación de determinadas operaciones); la política de retribuciones de los consejeros, con especial énfasis en aquellos que ejercen funciones ejecutivas o delegadas; así como los procesos de evaluación y contención de riesgos.

– Se aprecia una decidida apuesta por la autorregulación de las sociedades cotizadas tanto en lo relativo al funcionamiento como a la estructura de los órganos sociales, si bien con matices, que se instrumentalizan en algunos aspectos novedosos del Informe, muy especialmente en cuanto a la revisión del régimen legal de los deberes de los administradores, cuya citada revisión alcanzó incluso una modificación legal. Pero centrándonos en la estructura de los órganos, por ser el objeto del presente trabajo, el Informe se posiciona en favor de la autorregulación de las propias sociedades, tal vez en consonancia a los textos normativos de la época y al propio sentido privado de estos entes, sobre cuya evolución hacia un mayor intervencionismo legislativo ya hemos tenido ocasión de hablar. De forma concreta, se reconoce a las propias sociedades que sean éstas las que se autoorganicen en la forma que estimen por conveniente, atendiendo a sus concretas circunstancias y particularidades, lo que no es óbice a la promulgación de determinadas normas sobre la estructura de los órganos sociales por vía de recomendación. Al fin y al cabo, el Informe entiende la amplia heterogeneidad de las grandes compañías españolas, resultando en consecuencia difícil e incluso poco aconsejable la promulgación de normas imperativas cuyo efecto pudiere ser precisamente el contrario, un excesivo encorsetamiento de procedimientos, estructuras societarias o tipología de consejeros que pudieran redundar de forma negativa en las sociedades. Ahora bien, esta afirmación sí tiene sus matices pues el Informe amplía algunas de las cuestiones estructurales en las que anteriormente entró el Código Olivencia, del que se acusó un escaso seguimiento por parte de las compañías[196]. Y de todos los matices, cabe destacar la promulgación de los respectivos reglamentos de la junta general y del consejo de administración, textos hoy absolutamente consolidados en nuestro régimen legal de sociedades cotizadas por ser de obligado cumplimiento su redacción y existencia en las grandes compañías, accesorios, concordantes y adicionales a los estatutos sociales de cada entidad, cuya actual importancia queda evidenciada en el régimen legal que reconoce la impugnabilidad de los acuerdos adoptados en contravención a dichos reglamentos, sobre lo que con anterioridad a la reforma legal operada por la Ley 31/2014, de 3 de diciembre, por la que se modifica la Ley de Sociedades de Capital para la mejora del gobierno corporativo, existían amplias dudas.

En este caso, la influencia del Informe respecto al régimen normativo hoy conocido es muy significativa, ya que los reglamentos de junta y consejo, sobre los que más adelante entraremos, ejercen un papel protagonista en aspectos valorables de buen gobierno. Es cierto que su importancia fue creciente en los años posteriores, probablemente influenciado por el hecho de que, de forma inicial, las sociedades no contaban con modelos sobre los que adaptarse, teniendo de forma inicial un contenido un tanto vacío que precisamente evidenciaba al principio su carácter más ético que realmente procedimental. Incluso, como antes decíamos, se debatía doctrinalmente si la vulneración de las disposiciones reglamentarias sería causa de impugnación de acuerdos, lo que entrañaría a su vez la cierta duda sobre la fuerza coercitiva de tales reglamentos, cuestión que hoy en día queda legalmente resuelto tanto por la referida obligatoriedad de existencia de tales reglamentos conforme a lo dispuesto en los artículos 512 y 528 de la Ley de Sociedades de Capital (relativos al de la junta general, en primer caso; y del consejo de administración, en segundo) así como la impugnabilidad de los acuerdos adoptados en contravención de los mismos, según los artículos 204.1 de la misma Ley (sobre la junta general) y 251.2 (sobre el consejo de administración).

Pero por el momento de promulgación del Informe, éste instaba a las sociedades a emitir textos normativos concretos sobre el funcionamiento de sus órganos sociales en cuestiones que desarrollaren, completasen o complementasen a lo que ya constaba recogido en los estatutos sociales de cada compañía, muy especialmente en aspectos cuya regulación no resulta ser necesariamente objeto de inscripción en el Registro Mercantil, sino que

196. PATRICIA GARCÍA, A.: «El "Informe Aldama". El buen gobierno de las empresas» en *Revista Escritura Pública*, núm. 20. Madrid, 2003. Pág. 22.

entraña cuestiones especialmente procedimentales, como el caso de la facilitación de información con accionistas en el marco de una junta general, la periodicidad de las reuniones del consejo de administración junto a las menciones relativas a la información entre consejeros con carácter previo a la sesión, y cuantas medidas estimen las sociedades que sean objetivamente adecuadas para mejorar la gobernanza y la relación con accionistas, siempre dentro del marco del varias veces aludido principio de transparencia informativa que el Informe abandera.

– Finalmente, en el referido marco de información, y a fin de facilitar la entrega de la misma, el Informe supone un importante impulso a las medidas de agilización de la junta general, tanto en lo relativo a sus competencias como a su funcionamiento. Si como sostienen algunos autores, el fin último del gobierno corporativo es la defensa de los intereses de los accionistas[197], este aspecto resultaba especialmente necesario, pues como hemos analizado en el apartado dedicado al Código Olivencia, de éste se criticó muy especialmente su escasa o casi nula regulación de la junta general por enfocarse exclusivamente en el consejo de administración. Por tal motivo, el Informe sí se adentra en la junta general, y con un resultado a nuestro juicio muy significativo y relevante, teniendo en cuenta la evolución que desde entonces ha existido en nuestro país, no por el éxito de sus propuestas sino por la incuestionable tendencia que originó. Es decir, la cuestión de la revitalización de la junta general lleva muchos años en el centro del debate del estudio de las sociedades cotizadas, al haberse entendido que en grandes compañías, la eficacia de las normas reguladoras de este órgano social quedaban ciertamente estériles, pues se consideraba que en estas compañías con grandes accionistas de referencia, la importancia de los minoritarios era tan reducida, que ellos mismos asumían esa cierta inutilidad, provocando un importante absentismo en las citas anuales para reunión de los socios. Por tal motivo, legislador y autores se pusieron a trabajar a fin de ofrecer soluciones que potenciasen las competencias de este órgano a fin de revitalizar el mismo, al objeto de que su importancia fuese mayor, como forma de disuadir a los accionistas de adoptar una actitud pasiva o ausente, sino al contrario, motivarles a participar en la vida social, máxime cuando en el modelo de administración en España, de corte monista, la junta general queda como único órgano de control y censura sobre la gestión social.

En este sentido, no es que el Informe Aldama supusiera una absoluta revolución que consiguiera revitalizar por completo a la junta general, pues las propuestas a tal efecto se sucedieron varios años después, pero sí consiguió como decimos crear esa tendencia de poner el foco sobre la necesaria

197. SÁNCHEZ ÁLVAREZ, M.: «*Fundamentos y antecedentes...*» cit. Pág. 106.

revisión de su régimen legal, fuera por vía de aumentar sus competencias legales, o fuera por vía de incentivar a los accionistas a participar en las reuniones. Prueba de ello es parte del régimen legal existente al momento de escribir estas líneas: por un lado, cabría citar el actual artículo 160 de la Ley de Sociedades de Capital relativo a las competencias de la junta general, reformado por la Ley 31/2014 que amplía significativamente las materias especialmente reservadas al órgano de los accionistas; y por otro lado, al artículo 527 ter de la misma Ley, relativo a la previsión estatutaria sobre acciones con voto adicional doble por lealtad, esto es, las denominadas *loyalty shares*.

Probablemente el camino de revitalización o de (re)animación de las competencias de la junta general no haya finalizado ni tan siquiera a día de hoy tras todas las sucesivas reformas legislativas, pero en este sentido, ha de reconocerse la influencia que el Informe tuvo entonces, al suponer una negativa a conformarse con el modelo entonces imperante, el de un consejo de administración monista y sin apenas oposición, que no veía en el control de la junta general un verdadero coto a determinadas actuaciones por el entonces absentismo accionarial. Al contrario, el Informe, lejos de cometer el probable error que entonces cometió el Código Olivencia, entendió que si el fin último del gobierno corporativo es la defensa de los accionistas, éstos no han de quedar al margen de la regulación de los aspectos del buen gobierno, sino al contrario, deben ser incentivados a participar del control de los administradores.

De hecho, existe otro aspecto novedoso del Informe pero igualmente coincidente con lo manifestado anteriormente, y es la igual apuesta por el uso de las nuevas tecnologías en la relación con accionistas, ya sea en la propia convocatoria de la junta general así como en la facilitación de información. Y es que a día de hoy, cuestiones como la página web corporativa, o la relación con accionistas por medios telemáticos como el correo electrónico pueden resultar absolutamente consolidados y habituales[198], pero no

198. Y ya no sólo la convocatoria o el envío de información, sino incluso la celebración de la propia junta general o del consejo de administración, siendo admisible su celebración en ambos casos de forma íntegramente telemática (artículo 182 bis de la Ley de Sociedades de Capital), figura que ha aparecido en nuestro ordenamiento, por causa de la realidad social ocasionada por la pandemia del COVID-19. Sobre la cuestión de la celebración de reuniones de los distintos órganos sociales por medios exclusivamente telemáticos, caben destacar algunos estudios al respecto, como ÁLVAREZ ROYO-VILLANOVA, S.: «Funcionamiento de la junta por medios telemáticos. Intervención notarial» en *Derecho de sociedades y crisis de la empresa en tiempos de pandemia*. Dir. COHEN BENCHETRIT, A. Ed. Comares. Granada, 2021; y «Las juntas totalmente telemáticas previstas en estatutos» en «*Revista el Notario del Siglo XXI*» núm. 97. Madrid, 2021.

tanto por las fechas de promulgación del Informe, que pese a ello, reconociendo una realidad que poco después era incuestionable, apostó entonces por el uso de tales medios. Nos referimos a la promulgación de la página web corporativa (que con el tiempo ha tenido una importancia asimilable, guardando las obvias y significativas distancias, al domicilio social) y la inserción en la misma de la convocatoria de la página web; al citado uso de medios telemáticos en las comunicaciones y relaciones entre sociedad y accionista; a la facilitación de emitir el voto de forma anticipada o telemática; así como a facilitar igualmente la representación en la celebración de una junta general.

d. Crítica doctrinal del Informe. En líneas generales, cabe concluir que el Informe fue bien acogido por nuestra doctrina científica más autorizada, la cual aplaudió alguna de sus más importantes novedades respecto a su predecesor Código Olivencia. En este sentido, queremos destacar brevemente alguno de los adjetivos más significativos que algunos autores dedicaron al Informe:

«*Continuista*», pues no se trataba de romper con el modelo anterior, sino al contrario, reconociendo el Informe la valía del Código, se trataba de adaptar cuestiones en las que éste podía haber no previsto[199]. Precisamente en línea con lo anterior, se reconoce que «*completa al Código*», lo que redunda no sólo en que no revoca nada, sino en que añade y suma, siendo en consecuencia un texto más accesorio que independiente[200].

«*Esperanzador*», lo que resulta de especial importancia habida cuenta que tal adjetivo lo dedica uno de los insignes juristas que participaron en la comisión elaboradora del Informe, y que nosotros asimilamos precisamente en los aspectos novedosos que trajo consigo, precisamente al referirse en tales términos en el marco de un estudio dedicado a la junta general, sobre lo que a nuestro juicio supone un premonitorio acierto del autor a la vista de la influencia que tal Informe ha tenido sobre los textos normativos, tanto legales como de cumplimiento voluntario, en los años sucesivos[201].

«*Deja atrás el cortoplacismo*», lo que conforme vimos en los modelos comparados, era ello precisamente uno de los más significativos síntomas de mal gobierno en algunas entidades, suponiendo en consecuencia tal valoración del Informe, a nuestro juicio, como un aplauso del mismo[202].

199. OLCESE SANTOJA, A. «*Teoría y práctica...*» cit. Pág. 143.
200. SÁNCHEZ ÁLVAREZ, M.: «*Fundamentos y antecedentes...*» cit. Pág. 106.
201. SÁNCHEZ CALERO, F.: *La junta general en las sociedades de capital.* Ed. Thomson-Civitas. Navarra, 2007. Pág. 642.
202. PÉREZ-ARDÁ CRIADO, J.: «Informe Aldama: la transparencia en el gobierno de las sociedades cotizadas» en *Cuadernos de energía,* núm. 1. Madrid, 2003. Pág. 25.

«Coexistencia» en los dos bloques normativos defendidos en la regulación de las sociedades cotizadas, la autorregulación con respecto a alguno de esos matices de normativa societaria tanto de cumplimiento voluntario como imperativo, pues si bien el Informe reconoce esa facultad propia de las compañías de autorregular sus procedimientos y estructuras, el Informe sí supone una modulación a la absoluta libertad, instando al cumplimiento de determinados aspectos en la citada estructura de los órganos sociales que hasta entonces no tenían una regulación tan determinada, si bien en la mayoría de los casos suponen más matices al Código Olivencia que regulación nueva o novedosa[203].

«Reduce la distancia entre los buenos deseos y la realidad», afirmación, todo hay que decirlo, muy sincera y gráfica habida cuenta del carácter voluntario de este tipo de códigos, y más aún, de esas respuesta a veces más ética que normativa que se pretende emanar de estas normas llamadas «de conducta», lo que en ocasiones supone más un ánimo e intención de generar patrones de comportamiento intrínsecos a la persona natural, frente a lo que constituye un comportamiento meramente evaluable en sede jurídica, esto es, de cumplimiento o incumplimiento de la norma. En tal sentido, el autor aplaude un acercamiento, por pequeño que sea, a la realidad de la gestión de las grandes corporaciones[204].

e. Estructura de sus consideraciones. Siendo el Informe un texto complementario al Código Olivencia, y habiendo analizado en epígrafes anteriores los elementos novedosos más significativos que el Informe introduce, y limitándonos brevemente a exponer su estructura, ésta se divide en cuatro apartados o epígrafes, a saber de forma global y resumida, en: (i) la información a accionistas; (ii) el consejo de administración; (iii) el derecho de voto; y (iv) el control de los administradores mediante la revisión de sus deberes inherentes al cargo.

Sobre dichas cuestiones, amén de las novedades y cuestiones destacables que ya hemos puesto de relieve, nos remitimos a las consideraciones que los autores anteriormente nombrados han realizado. No obstante, hay alguno de dichos apuntes que queremos remarcar precisamente por la cuestión que hemos repetido varias veces a lo largo del presente trabajo sobre las diferencias significativas del modelo español sobre la realidad económica y regulación normativa de las sociedades cotizadas, con respecto a otros modelos comparados. En concreto, en el apartado relativo a la información a accionistas, alguno de dichos autores se detiene especialmente en

203. PATRICIA GARCÍA, A.: *«El Informe Aldama...» cit.* Pág. 22.
204. IGLESIAS PRADA, J. L.: «El "Informe Aldama" y el gobierno corporativo» en *Revista Escritura Pública*, núm. 20. Madrid, 2003. Pág. 23.

la información y transparencia contable y financiera, no sólo a los propios accionistas (pues ello ya constituye uno de los derechos políticos de mayor relevancia que ostentan los accionistas en el marco de la celebración de una junta general) sino al mercado y a los organismos supervisores y reguladores[205]. Lo interesante de dichas consideraciones consiste en la conexión entre tal transparencia informativa con respecto a la normativa contable española y los principios de prudencia. Nos explicamos: conforme hemos visto anteriormente en el presente capítulo en el apartado correspondiente a los hechos corporativos internacionales motivantes de la aparición de los principios del gobierno corporativo, algunos de aquellos sucesos tuvieron como origen la ficticia situación económico-financiera de alguna compañía, todo ello con la anuencia del auditor de cuentas, por cuanto se contabilizaban determinadas partidas irreales. Sin embargo, un conocimiento un tanto profundo sobre contabilidad evidencia que ésta es una rama sujeta a diversas interpretaciones y vicisitudes que trascienden la mera contabilización de ingresos o gastos (lo que popularmente se conoce como *«la cuenta de la vieja»*) sino que, al contrario, se abre a previsiones, percepciones, e incluso bienes inmateriales, como el fondo de comercio. Y a ello se le añade además otro aspecto cualitativo de proporciones inmensas, como es el valor de contabilización de determinados bienes, si éste ha de responder al valor contable conforme a la normativa concreta o de amortización, o bien a un valor digamos real o de mercado, el cual, obviamente, se halla sujeto en cambio a determinadas interpretaciones, como por ejemplo, la contabilización de un derecho de crédito de cobro dudoso[206]. Pues bien, mientras que el modelo norteamericano entonces contemplaba la contabilización a valor real o de mercado, como sostiene dicho autor, el caso español, al contrario, entraña el valor contable, el cual en ocasiones dista precisamente del anterior, del valor real. Por ello, la información económica ofrecida a accionistas

---

205. En concreto, tratan este asunto PÉREZ-ARDÁ CRIADO, J.: *«Informe Aldama...» cit.* Pág. 25; y SÁNCHEZ CALERO, F.: *«La junta general...»* cit. Pág. 642.

206. Como ejemplo, uno al que ya hemos aludido en ocasiones anteriores, se trata de la contabilización en el balance de un inmueble titularidad de la sociedad. Conforme a la normativa contable, dicho inmueble habrá de contabilizarse a su valor de adquisición, el cual será periódicamente objeto de revisión consecuencia de las amortizaciones, caso de que éstas sean aplicables en función del objeto social. Poniendo un caso afirmativo, supongamos el ejemplo de un inmueble adquirido por una entidad familiar en la década de los años 90, por lo que, por muy valioso que fuese el inmueble, en ningún caso se asemejaría a los valores actuales, ya que, para empezar, habría sido adquirido en pesetas. A ello habría que sumarle que dicho valor habría sido reducido por amortización contable, lo que entrañaría que la diferencia entre su actual valor contable con respecto a su valor real o de mercado sería aún mayor. Y ello no ha de entenderse como algo negativo, ya que al contrario de una situación ficticia, no hay perjuicio alguno a acreedores toda vez que el valor real de la compañía sería muy superior al contable, en este caso.

y terceros ha de ser especialmente exhaustiva, porque conforme recuerda dicho autor, le hecho de que un bien se halle contabilizado por un «valor en libros» sin que de ello quepa deducir de forma efectiva un valor cierto en caso de una hipotética enajenación, ello no ha de afectar a la calidad de la información, ni por supuesto debe interpretarse como un valor alejado de la imagen fiel del patrimonio, ya que amén de implicar seguramente un mayor ejercicio de prudencia contable, nuestro sistema legal que configura la elaboración de las cuentas anuales establece, junto al balance de situación, la emisión de determinadas notas explicativas, aclaratorias o complementarias que se hallan insertas en la memoria, la cual forma igual parte de dichas cuentas anuales. Por ello, resulta interesante la conexión que dicho autor realiza con respecto a la transparencia en la información y los estados contables, pues remarcando que en el modelo español resultaría más difícil la inflación indebida de determinados activos del patrimonio social en base a meras expectativas o hipotéticos valores de mercado, ello no ha de entrañar que, por ser más difícil, no puedan darse idénticas situaciones a las acontecidas en los escándalos corporativos conocidos, por lo que sobre la base de nuestro modelo contable, insta a las grandes compañías a proporcionar información veraz, explicativa y accesoria que, de forma efectiva, reflejen la imagen fiel del patrimonio que toda contabilidad debe arrojar.

Por último, cabe destacar algunas de las consideraciones que el Informe realiza en el apartado correspondiente al consejo de administración y su estructura, en relación a las novedades anteriormente analizadas con respecto al Código anterior, sobre lo que destacamos cuatro aspectos.

En primer lugar, el Informe aboga por el continuismo iniciado por el Código en el hecho de que el consejo suponga un cierto reflejo de la estructura de propiedad de la compañía, lo que redunda especialmente en la tipología de consejeros, especialmente en lo que a la presencia de consejeros independientes se refiere, por ser éstos los que por entonces se pretendía asimilar al capital social disperso o flotante. En segundo lugar, queremos destacar un principio que el Informe remarca, y que hoy en día constituye un elemento esencial en el nombramiento de consejeros de la sociedad cotizada, y es la idoneidad de la persona para el desempeño del cargo, tanto por cualificación o experiencia profesional, como para las concretas funciones para las cuales ha sido nombrado, criterio de idoneidad que de forma adicional solicita en lo que al reparto de cargos se refiere, ya que aboga por el ejercicio de un efectivo liderazgo por parte del presidente (sin que como ya hemos visto adopte una posición a favor o en contra de la asunción de poderes en el presidente, más allá del nombramiento del consejero coordinador en caso afirmativo) así como por instituir al secretario del consejo, sea consejero o no, como baluarte de velar por el cumplimiento de las normas legales, estatutarias, reglamentarias, y por los principios del buen gobierno, en lo que a procedimiento, información a consejeros y cumplimiento normativo se refiere. En tercer lugar, matiza algunas cuestiones de las comisiones en las que se divide el consejo, toda vez que por entonces, el comité de auditoría ya había pasado a ser imperativo en las grandes compañías, proponiendo algunos matices al respecto, y a su vez, reafirmando la importancia de la comisión de nombramientos y retribuciones, amén de proponer una tercera comisión dedicada a las estrategias e inversiones, la cual, sin embargo, no ha tenido seguimiento en los años posteriores, al menos como forma desarrollada en los textos normativos siguientes. Y en cuarto y último lugar, el relativo al estatuto del consejero, lo que supuso matizar y completar algunas de las consideraciones del Código Olivencia, especialmente en la tipología de los consejeros, y de forma concreta, en la del consejero independiente, como el hecho de adicionar algunos aspectos en la consideración de tal tipo, los deberes asociados a su categoría, o la introducción de una consideración temporal, cuestión que ha sido seguida en los años posteriores, toda vez que, entendemos que con gran acierto, el Informe entendió que no cabe interpretar indefinidamente a un consejero como independiente, en el sentido de resultar absolutamente ajeno a los intereses de la sociedad en su conjunto cuando éstos son confundidos con los intereses de los mayoritarios. Es decir, no nos referimos ni a que el interés social sea el interés de los mayoritarios, ni tampoco que el consejero independiente no haya de velar por el interés de la sociedad en su conjunto, sino que cuando un consejero, con independencia de su categoría, ha pasado un concreto número de años como consejero de una entidad, la cual como todas tiene de forma interna una colisión de distintos intereses, esa independencia que cabe desear de un independiente deja de ser presumida por el mero transcurso del tiempo, perdiendo así su condición de independiente, lo que en modo alguno obsta a su continuidad en la compañía si bien con otra categoría de consejero[207]. En cualquiera de los casos, dichos matices introducidos por el Informe han resultado de especial influencia en los textos normativos posteriores, lo que tiene su reflejo en el contenido legal actual operado tras la Ley 31/2014.

2. El Código Unificado de Buen Gobierno.

a. El contexto normativo. El Código Unificado tiene su origen inicial en la Orden Ministerial ECO/3722/2003, de 26 de diciembre, instando a la Comisión Nacional del Mercado de Valores a la elaboración de *«un docu-*

207. A mayor abundamiento, se reconoce la figura de los consejeros catalogados como «otros externos», esto es, que sin poder ser referido como un independiente, tampoco ostenta la condición de dominical.

mento único con las recomendaciones de gobierno corporativo existentes», teniendo en cuenta no sólo los anteriores textos normativos de cumplimiento voluntario, sino algunas disposiciones imperativas contenidas entonces de forma principal en la Ley del Mercado de Valores. De esta forma, por acuerdo del Gobierno en fecha 29 de julio de 2005 se dispuso la creación del correspondiente Grupo Especial de Trabajo, encargado de lo que posteriormente se materializó en el Informe y posterior Código, que fue publicado el 19 de mayo de 2006 en su versión definitiva[208].

Cabe apreciar un cierto lapso temporal entre la inicial Orden Ministerial y la fecha de publicación del Informe si ello lo comparamos con los informes precedentes, si bien esto no ha de interpretarse en sentido negativo, pues como ya hemos visto, algunos autores criticaron de los textos anteriores la tal vez excesiva premura y falta de reflexión que originaron los informes precedentes generando tal vez así algunas de las deficiencias que entonces se criticaron. En cambio, el proceso que desembocó en el Código Unificado parece que sí fue objeto de un análisis más exhaustivo, motivo por el cual parte de la doctrina científica aplaudió su contenido, o al menos, teniendo en cuenta también los aspectos negativos de los que se dice que adolece, sí existe un cierto grado de satisfacción con aspectos innovadores en relación a los informes precedentes. Al fin y al cabo era mucho el trabajo que el Grupo Especial de Trabajo tenía por delante, pues confluían en el mismo el mandato gubernamental, la existencia de los informes anteriores, las normas imperativas relativas al funcionamiento de los órganos sociales de las sociedades cotizadas que formaban parte de nuestro ordenamiento jurídico, y las comunicaciones de la Comisión Europea sobre *«la modernización del Derecho de sociedades y mejora de la gobernanza empresarial en la Unión Europea»*.

Por tal motivo, el Código Unificado trata de unificar, valga la redundancia, pero también de completar y armonizar la normativa societaria reguladora de los principios de buen gobierno, todo ello bajo una necesaria actualización de principios consecuencia de la adaptación a la realidad social, económica y empresarial de los años marco, lo que se materializó como veremos más adelante en la emisión de nuevas y muy relevantes recomendaciones, así como diversos matices o modificaciones a las entonces existentes. Puede decirse, que al igual que sucedió con el Informe Aldama, el Código Unificado tampoco pretendía iniciar ningún tipo de

208. Fue presidido por el entonces presidente de la Comisión Nacional del Mercado de Valores, D. Manuel Conthe Gutiérrez, jurista y economista, quien anunció su dimisión apenas unos años después, en 2007, por discrepancias con el Consejo ante la decisión de no abrir expediente sancionador en la OPA de Enel y Acciona sobre Endesa. Dicho Grupo de Trabajo contó además con otros ilustres juristas como, entre otros, D. Cándido Paz-Ares Rodríguez, o D. Aldo Olcese Santoja.

revolución normativa ni de ruptura con los anteriores, sino al contrario, servir de unificación y complemento a los anteriores, lo que explica la denominación que el Código que siguió al Informe tuviera tal denominación. Pero es esta precisamente una de las novedades de este texto con respecto al anterior, y es que en este caso sí nos encontramos con un Código, con un nuevo texto igualmente estructurado en recomendaciones, que en consecuencia, deroga los anteriores y las refunde, pero no limitándose a ello, sino incorporando significativas novedades en sus conclusiones y recomendaciones.

Asimismo, en lo que al marco normativo se refiere, hemos de tener en consideración que en la emisión del Código Unificado se debía tener en cuenta el marco legal pues algunas anteriores recomendaciones habían pasado a formar parte de la Ley, entonces de la Ley del Mercado de Valores. Es el caso, por ejemplo, del Informe Anual de Gobierno Corporativo que las sociedades cotizadas se hallaban obligadas a emitir por mor de lo dispuesto en el entonces vigente artículo 116 de dicha Ley, sirviendo en consecuencia el Código Unificado de complemento y actualización de su contenido. Pero no se queda ahí, pues a diferencia del Informe Aldama, el Código Unificado no duda en instar al legislador a sustentar sus recomendaciones bajo una modificación legislativa en determinados aspectos que, como ya sabemos, en los años posteriores se produjeron.

b. Algunas importantes novedades. Como hemos dicho, resulta novedoso con respecto al texto anterior que en este caso se promulgue un Código con posterioridad al Informe, consecuencia de la necesaria adopción de un *«documento único»* conforme solicitó expresamente el Gobierno. Es por ello que tanto el Informe como el Código adjunto se estructura en cinco partes, a saber: los principios básicos del mismo, que constituyen los cimientos sobre los que se asienta el modelo de buen gobierno en España; las propias recomendaciones, tanto las refundidas como las modificaciones, matizaciones, y todas las nuevas que este Código introduce; las definiciones, lo que a efectos de cumplimiento de dichas recomendaciones o de identificación de concretos modelos de conducta, como por ejemplo, la organización del consejo de administración en función de la tipología de consejeros, resulta muy útil; las concordancias básicas entre el Código Unificado y sus recomendaciones; y finalmente el contenido de concretas recomendaciones dirigidas al Gobierno de la Nación, a la Comisión Nacional del Mercado de Valores, y a las instituciones financieras, complemento muy útil en el entendimiento del contexto del Código, entre las cuales se incluye la referida solicitud de modificación legislativa para sustentar las recomendaciones de buen gobierno con un marco legal de contenido mínimo.

Este Código Unificado se asienta de forma general sobre el principio internacional de gobierno corporativo del *«cumple o explica»*, esto es, partiendo de la consideración del carácter voluntario de las recomendaciones recogidas en el Código sin causa o consecuencia jurídica en caso de no seguimiento (más que de incumplimiento) si bien debiéndose explicar y detallar en el Informe Anual de Gobierno Corporativo no sólo el grado de seguimiento de dichas recomendaciones, sino el motivo detallado de la falta de asunción de dichos postulados, sobre lo que el Código Unificado, al igual que los textos de Derecho comparado, remite al mercado en general la evaluación de tales explicaciones.

Ello no deja de resultar sumamente difuso, como ha recordado algún autor[209]. Al fin y al cabo se trata de una remisión tan amplia como genérica, donde no existe ningún tipo de consecuencia derivada de la calidad (o falta de la misma) sobre las explicaciones ofrecidas por la entidad en cuestión acerca de la falta de seguimiento de algunas de las recomendaciones del Código. Al fin y al cabo, la evaluación de tales explicaciones únicamente podría tener trascendencia en lo que a movimientos inversores se refiere si por parte de éstos se considerase que el modelo de buen gobierno de una entidad pudiere ser de menor valor en función de las explicaciones contenidas en los respectivos Informes Anuales. Su análisis y evaluación difícilmente puede ser realizado por la propia Comisión Nacional del Mercado de Valores (aunque como ahora veremos, la Ley en su redacción actual sí le otorga determinadas facultades), sin perjuicio de la emisión de distintas notas sobre la ausencia de requisitos procedimentales concretos. Es decir, podrá la Comisión manifestar si se cumplen o no los requisitos de información sobre el seguimiento de las recomendaciones y las explicaciones en caso de falta de asunción, pero no la calidad de las mismas ni si éstas resultan suficientes y satisfactorias, o no. Tampoco puede decirse que su evaluación sea competencia objetiva de los accionistas, sin perjuicio del análisis que por éstos quepa hacer del Informe en el marco de una junta general, entre otras cuestiones porque dicho Informe no es objeto de aprobación por parte de los accionistas.

Es precisamente ésta una de las cuestiones que tradicionalmente se han imputado a los principios del buen gobierno como de cierta carencia, y es la falta de consecuencia, o mejor dicho, de remisión a meras expectativas y confianza en las sociedades. Ahora bien, es éste precisamente el carácter voluntario de las recomendaciones de los códigos de buena gobernanza, pues de lo contrario toda su regulación formaría exclusiva parte de la normativa legal. Es cierto, no obstante, que a día de hoy el Informe Anual de

209. SÁNCHEZ CALERO, F.: *«Los administradores...»* cit. Pág. 751.

Gobierno Corporativo tiene contenido expresamente legal (artículo 540 de la Ley de Sociedades de Capital) pero cuestión muy distinta es la evaluación de la calidad de las explicaciones ofrecidas. Tiene contenido legal porque algunos aspectos de información son de imperativo cumplimiento, como por ejemplo la información sobre la estructura de propiedad del capital social, de estructura del consejo de administración, de operaciones con partes vinculadas, o de remuneración de los miembros del consejo. Pero cuestión distinta acontece respecto a dichas recomendaciones. En este caso, el apartado 4.g) del referido artículo 540 impone que el Informe Anual contenga el *«grado de seguimiento de las recomendaciones de gobierno corporativo, o, en su caso, la explicación de la falta de seguimiento de dichas recomendaciones»*, sin hacer mención a ningún contenido mínimo sobre la calidad de tales explicaciones, si bien no obstante reconoce en el apartado 5 siguiente, la competencia de la Comisión Nacional del Mercado de Valores en valorar *«el seguimiento de las reglas de gobierno corporativo, a cuyo efecto podrá recabar cuanta información precise al respecto, así como hacer pública la información que considere relevante sobre su grado efectivo de cumplimiento»*. Si en dichas facultades entran o no las de evaluación de la calidad de las explicaciones ofrecidas en caso de incumplimiento, no queda del todo claro, máxime cuando, salvo error u omisión, no conocemos precedentes por los que la Comisión haya exigido a una entidad mayor detalle en la explicación ante una ausencia de seguimiento. De la interpretación literal hemos de entender que sí, que la Comisión ostentaría tal facultad si atendemos tanto a la mención relativa a las *«reglas de gobierno corporativo»*, entra las cuales evidentemente hemos de incluir el *«cumple o explica»* en su vertiente de explicación, por ser éste un principio universal de gobierno corporativo; como la posibilidad de *«recabar cuanta información precise»* sin que parezca que exista límite alguno al respecto. Ahora bien, ello no convierte a la Comisión en una institución fiscalizadora ni auditora sobre la calidad de las explicaciones en caso de no seguimiento de las recomendaciones del Código, pues precisamente dado su carácter voluntario, habrán de ser los sujetos intervinientes en el mercado quienes evalúen en los términos que estimen por convenientes en función de lo que esperen de tal sociedad, qué implicación habrá de tener no sólo el no acogimiento de algunos preceptos del Código (pues ello puede responder a muy diversos y legítimos matices) sino la forma en la que se explica tal situación. Cuestión distinta es que el Informe Anual de Gobierno Corporativo, y el modelo de buen gobierno en general de una sociedad, pueda ser objeto de revisión por una auditora externa, como ya hemos puesto anteriormente de manifiesto.

Entrando en aspectos materiales del Código, éste presenta importantes novedades que resultan importan remarcar. Y es que en este caso, al igual que el Informe Aldama, el Código Unificado entra en materia en cuestiones relativas a la junta general cuyas novedades resultaron una clara influencia respecto del régimen legal actualmente vigente en nuestro país. Es cierto que la regulación relativa al consejo de administración es muy amplia, también novedosa en algunos aspectos, lo que ello es consecuencia lógica habida cuenta tanto de la importancia que dicho órgano tiene en los modelos de buen gobierno (siendo, en esencia, el órgano al que iban inicialmente dirigidos sus postulados, de forma exclusiva en nuestro país en el Código Olivencia, como ya hemos visto) como del carácter de unificación y refundición que el Código Unificado tuvo. Pero ello no impidió que entrara en aspectos relativos a la junta general, evitando así algunos errores del pasado, no sin antes reconocer un cierto escepticismo, incluso diríamos que pesimismo[210]. El Código no es ajeno a la crisis de la junta general, a considerar que en su entonces configuración, la utilidad práctica de la misma se encontraba en paulatino descenso consecuencia de la falta de implicación de los accionistas en asuntos de gestión, gobernanza y control de la sociedad, lo que precisamente motivó algunas recomendaciones, no a las sociedades mercantiles para su seguimiento, sino al poder legislativo, a fin de contribuir a esa revitalización de la junta general que tantos años numerosos autores venían reclamando. Pero con independencia del marco legislativo vigente o que pudiere estar por venir, y de ese pesimismo reconocido en cuanto al activismo de la junta, el Código Unificado realiza interesantes propuestas, que alcanzan un significado muy relevante en contexto con el régimen legal actual.

En primer lugar, aboga de forma clara por suprimir las limitaciones al derecho de voto, posicionándose en el *«one share, one vote»*, lo que a nuestro juicio, representa una recomendación sumamente ambiciosa. No entramos ahora en la conveniencia o no de tales cláusulas limitativas, pues ello da de sí un estudio específico, pero sí en el propio posicionamiento, por el mero hecho de hacerlo. Es decir, en ocasiones, de los textos anteriores se acusaba la falta de ambición, el uso de un lenguaje excesivamente benévolo cargado de buenas intenciones pero con poca concreción, muy ambiguo y sin ninguna contundencia. Póngase el ejemplo del famoso debate acerca de la conveniencia o no de concurrencia en el primer ejecutivo de la sociedad de la simultánea condición de presidente del consejo, cuestión sobre la que, argumentos a favor o en contra, ningún código ni informe nacional hasta la fecha se ha posicionado. Pues en este caso, el Código Unificado sí lo hace, lo que a nuestro juicio es motivo de aplauso, no por el hecho de que se posicione en este caso en contra, pues de haberlo hecho en sentido contrario siempre que motivara tal planteamiento, habría generado nuestra igual afirmación

210. SÁNCHEZ CALERO, F.: *«La junta general...»* cit. Pág. 646.

entusiasta, pues en ocasiones cabe esperar una mayor concreción y contundencia, un posicionamiento claro, lo que teniendo en cuenta que nos hallamos en sede de recomendaciones de cumplimiento voluntario, en nada afectaría a aquellas entidades que, por los motivos que fueren, optasen por no seguir tal precepto, debiendo en tal caso limitarse a explicar el motivo de la falta de asunción. Y en este caso, el Código Unificado se posiciona claramente en contra de tales cláusulas limitativas, a sabiendas que su admisibilidad o prohibición ha constituido norma de rango legal, como así se ha evidenciado en las sucesivas reformas legislativas que han optado sucesivamente por admitirlas o prohibirlas, siendo en la actualidad válidas en sede de cotizadas, con diversos matices y límites contenidos en la propia Ley. Y es que el Código Unificado se posiciona en contra de tales cláusulas, de la misma forma en que aboga por erradicar las medidas contrarias a la toma de control por un oferente en el marco de una OPA, al entender que tales medidas tienden a restar competitividad e internacionalización de nuestros mercados.

Pero no se queda ahí, pues en consonancia a ese intento de revitalización de la junta general, propone aumentar las competencias de la misma sobre aquellas materias legal o estatutariamente reservadas al órgano de los accionistas, sobre cuestiones que el Código Unificado entiende como potenciales modificaciones estructurales. Al respecto un matiz, y es que al momento de publicación del Código Unificado en el año 2006 no se había aún promulgado la Ley 3/2009, de 3 de abril, sobre modificaciones estructurales de las sociedades mercantiles, que regula como tales modificaciones estructurales de contenido personal o patrimonial la transformación, fusión, escisión total o parcial (incluyendo la modalidad de segregación), filialización, cesión global de activo y pasivo, y traslado internacional del domicilio social. No se refiere a tales operaciones el Código Unificado salvo en un caso (la filialización, o transformación de una entidad en sociedad holding mediante traspaso de la actividad a una entidad operativa filial), sino a las operaciones relativas a activos esenciales de forma que su adquisición o enajenación pudiera entrañar una modificación del objeto social, o a aquellas operaciones cuyo efecto quepa asimilar a de una liquidación social. Con la perspectiva que los años posteriores nos ofrece, la influencia del Código Unificado es incuestionable, pues introduce un concepto novedoso que, años después y por vía de la reforma legislativa operada por la Ley 31/2014, hoy conocemos como la competencia de la junta general respecto de los activos esenciales, previsto en el actual art. 160.f) de la Ley de Sociedades de Capital, con el entendemos acertado criterio de establecer una concreta cuantificación de qué se entiende por activo esencial, en este caso, un valor superior al veinticinco por ciento del activo resultante del último balance de situación aprobado por la junta general. Y ello cabe decir que fue un acierto del Código Unificado pues, pese al aludido pesimismo, tuvo el arrojo de pretender implicar en mayor medida a la junta general y a los accionistas, lo que se materializó en proponer un contenido concreto de estatutos sociales con independencia de las habilitaciones legales, fuere por vía de excluir las cláusulas limitativas del derecho de voto o por ampliar la lista de materias reservadas a la junta. Incluso, lo hace en aspectos meramente procedimentales, como la propuesta de la votación separada de asuntos, que hoy resulta de imperativo cumplimiento *ex* artículo 197 bis de la Ley de Sociedades de Capital.

A nuestro juicio, y por estas cuestiones, la valoración del Código Unificado es muy positiva, tanto por la ambición en el posicionamiento sobre algunas cuestiones objeto de debate, como por el hecho de apostar por medidas reales y concretas de revitalización de la junta general, cuyo éxito se mide precisamente por la importancia que tales propuestas han tenido al haber sido elevadas a rango de Ley en modificaciones legislativas posteriores. Y es que en tal caso, se dejan atrás las «buenas intenciones» que no se acompañan de actos o propuestas concretas, lo que en nuestra opinión supone un importante refuerzo a la utilidad práctica de los códigos de buen gobierno de cumplimiento voluntario como accesorios y complementarios a lo dispuesto en la Ley. El hecho de que varias de tales recomendaciones formen hoy parte del ordenamiento jurídico, amén de implicar ese mayor intervencionismo legislativo frente a la pérdida de la autorregulación que ya hemos visto anteriormente, evidencia que tales códigos pueden llegar a constituir, salvando las distancias, una suerte de válidos bancos de pruebas, siempre que, como es este el caso, partan de estudios meditados y debidamente motivados.

Con respecto al consejo de administración, la más importante novedad que a nuestro juicio destacaríamos es la de la supresión. En concreto, la de la supresión de algunos requisitos, denominaciones o procedimientos que los anteriores textos incluían, probablemente con el ánimo de flexibilizar algunas disposiciones relativas al órgano de gestión de la sociedad, su estructura, y la tipología de sus integrantes. Nos referimos: (i) a la supresión de las sesiones mínimas de celebración de consejo de administración, lo que en cambio entendemos que no ha tenido continuidad toda vez que la Ley 31/2014 introdujo el actual artículo 245.3 de la Ley de Sociedades de Capital, que exige la reunión del consejo *«al menos, una vez al trimestre»*; (ii) a la supresión de exigir el nombramiento de un vicepresidente de entre los consejeros independientes en caso de concurrencia en la misma persona de los cargos de presidente y primer ejecutivo de la sociedad, lo que se conoce como el «consejero coordinador», manteniéndose en la actualidad la necesidad de tal nombramiento por imperativo legal conforme a lo dispuesto en el artículo 529 septies de la Ley de Sociedades de Capital, sin que el tal caso dicho consejero coordinador deba ostentar necesariamente el cargo de vicepresidente del consejo de administración, tal y como de igual forma propone el Código Unificado; (iii) suprime la recomendación de que el secretario del consejo de administración no ostente simultáneamente la condición de consejero, al no encontrar evidencias empíricas que demuestren que las funciones del secretario pudieran verse mermadas si de forma adicional a tal cargo ostenta función administradora, y por ende, con derecho de voto en las sesiones del consejo, asignando a su vez al secretario de la función de velar por el cumplimiento de la normativa aplicable, conforme hoy en día exige el artículo 529 octies de la Ley de Sociedades de Capital; (iv) suprime la presunción temporal de pérdida de la condición de independiente respecto de aquellos consejeros que, bajo dicha tipología, mantengan su condición de consejeros en la sociedad, si bien recomienda no obstante que, pese a ello, pierdan tal carácter; (v) y suprime la total desvinculación entre los consejeros independientes con una participación relativa en el capital social, exigiendo que, en cualquier caso, se encuentre por debajo del umbral mínimo de participación significativa.

Y es precisamente la cuestión de la tipología de consejeros otro de los aspectos más novedosos del Código Unificado, pues además de matizar las consideraciones respecto de qué ha de entenderse por consejero de según qué clase (y que al igual que muchos otros aspectos que ya hemos puesto de manifiesto, tuvo su posterior reflejo en la elevación a rango de Ley, como el actual artículo 529 duodecies de la Ley de Sociedades de Capital relativo a las categorías de consejeros), hace un detenimiento especial en el estatuto jurídico del consejero dominical, lo que ha sido objeto de valoración muy positiva por parte de autorizados autores en la materia[211]. Concretamente, son dos aspectos a destacar respecto de la regulación de dicho consejero. La primera de ellas, el posicionamiento del mismo como consejero externo, esto es, no sólo ajeno a los ejecutivos, sino por ende, perteneciente a la categoría de los consejeros supervisores o de control, reconociendo que tales funciones de vigilancia no competen exclusivamente a los consejeros independientes. La segunda, la relativa al rechazo de replicar proporcionalmente en el consejo de administración la estructura de capital, lo que a juicio del Código Unificado y de dicho autor, constituye precisamente una muestra de buen gobierno, por evidenciar precisamente un mayor carácter ajeno, fomentando así las funciones de supervisión que el consejo tiene asignadas en su conjunto.

211. MATEU DE ROS CEREZO, R.: *El código unificado de gobierno corporativo.* Ed. Thomson-Aranzadi. Navarra, 2007. Pág. 75.

c. Sobre la valoración del Código Unificado. En líneas generales, el Código Unificado fue bien acogido, tratándose de una «*labor meritoria*» a juicio de destacados autores[212]. Pero de forma más específica, nos referimos al exhaustivo estudio y análisis que del mismo hizo otro reputado autor, a cuyas algunas de sus conclusiones nos remitimos[213]. En líneas generales, su valoración es positiva y reconoce su valentía en algunos aspectos. Y es que a juicio de dicho autor, el gobierno corporativo debe centrarse en evitar el abuso de poder, en no caer en la facilitación de la actividad impugnatoria que a nadie o casi nadie podría favorecer, debiendo adaptar dichos principios de buen gobierno a la realidad socio-económica y al respeto a los principios configuradores básicos de la sociedad mercantil de capital como ente privado, en lugar de adoptar una actitud que encorsete excesivamente a las entidades a determinados procedimientos o cuestiones tipológicas. Porque de la misma manera que hace una valoración positiva, no duda en criticar dichos estándares de lo que a nivel político quepa entender como buen gobierno. En sus palabras, «*no puede exigirse a una sociedad privada que nombre a determinados consejeros su esa no es su voluntad, ni presionarla para que fuerce de manera artificial las funciones de los mismos*». Por citar un ejemplo, dicho autor sí se posiciona claramente en contra de la concentración de poder en una misma persona respecto de los cargos de presidente y primer ejecutivo, lo que no duda en calificar como muestra de mal gobierno, como igualmente hace respecto de las cláusulas limitativas del derecho de voto.

Y es que pese a reconocer su carácter «*innovador*» respecto a los precedentes, también imputa esa ambigüedad que los predecesores textos tuvieron considerando que algunos de sus planteamientos generan ciertas dudas. Sin embargo, como decimos, su valoración es positiva al entender que dentro de las limitaciones que cabe presumir de todo Código, de los que no se esperan grandes revoluciones, éste en concreto sí ha tenido un carácter un tanto más ambicioso. A nuestro juicio, como ya hemos dicho, compartimos esta última apreciación al haber quedado acreditado en cierto modo su éxito por la posterior elevación a rango legal de algunas de sus entonces recomendaciones, así como por su posicionamiento respecto a cuestiones controvertidas que, lo eran entonces y hoy día lo continúan siendo.

3. El Código de Buen Gobierno. Por último, llegamos al actual y vigente Código de Buen Gobierno, sobre el cual nos detendremos brevemente consecuencia de su origen, pues éste nace del «*Estudio sobre propuestas de modificaciones normativas de la Comisión de Expertos en materia de Gobierno Corpo-*

212. SÁNCHEZ CALERO, F.: «*Los administradores...*» cit. Pág. 751.
213. MATEU DE ROS CEREZO, R.: «*El código unificado...*» cit. Pág. 13.

rativo» creada por Acuerdo del Consejo de Ministros, de 10 de mayo de 2013, publicado por Orden ECC/895/2013, de 21 de mayo, cuya composición y contenido analizaremos detenidamente en el siguiente capítulo. Esto es, de la Comisión de Expertos nace la Ley 31/2014, de 3 de diciembre, por la que se modifica la Ley de Sociedades de Capital para la mejora del gobierno corporativo; y asimismo, la modificación del Código de gobierno corporativo consecuencia de la elevación a rango legal de lo que hasta entonces constituían meras recomendaciones. No obstante, ello no resta ni mucho menos un ápice de importancia al Código, si bien sí se ha de hacer mención a su origen. Y es que en este caso, a diferencia de los predecesores, la elaboración de este Código de Buen Gobierno (o si se prefiere, la modificación del anterior Código Unificado de Buen Gobierno) no parte de un mero mandato gubernamental consecuencia de la trasposición a nuestro país de los principios de gobierno corporativo, caso del Código Olivencia, ni tampoco de la necesaria revisión, reforma, unificación o armonización de los anteriores, caso del Informe Aldama y del Código Unificado, sino que en este caso nace precisamente de la inutilidad sobrevenida de muchas de sus recomendaciones al haber sido éstas incorporadas en buena medida al texto legal de la Ley de Sociedades de Capital por medio de la citada Ley 31/2014, lo que exigía una reformulación o adaptación del mismo, o cuanto menos, la eliminación de aquello que pasaba a resultar de imperativo cumplimiento. De hecho, conforme vimos en el capítulo anterior, fue la propia Comisión de Expertos la que en sus conclusiones determinaba qué debía ser a su juicio incorporado a la Ley de Sociedades de Capital, y qué debía ser objeto de recomendación y autogobierno de las propias sociedades, motivo por el cual, con el ánimo de evitar innecesarias repeticiones sobre su origen, consejo encargado de su elaboración, contenido, y crítica doctrinal, nos remitimos a lo dispuesto en el capítulo correspondiente.

No obstante, sí haremos brevemente un repaso de alguno de los principios que emanan de este Código, que en sentido estricto, difícilmente cabe decir a nuestro juicio que constituya un código nuevo o novedoso reformador del anterior, pues de hecho no reforma el Código Unificado, sino que lo adapta. No impide no obstante sí considerarlo con autonomía propia, muy especialmente en su contextualización junto a los principios configuradores legales contenidos en la Ley de Sociedades de Capital tras la reforma operada por la Ley 31/2014. Sea como fuere, Código independiente o accesorio del anterior, en este caso se centra más en cuestiones procedimentales y complementarias a los principios del buen gobierno y elementos accesorios o conexos, amén de otras cuestiones de las que, por su relación con el objeto de este trabajo, merecen una mención.

De forma concreta, cabe recordar que este Código parte de unos principios que de forma inicial enumera, posteriormente desarrolla, y finalmente instrumentaliza por vía de concretas recomendaciones, las cuales eso no cambia, se someten al principio de cumplir o explicar. Nos referimos a principios como restringir en estatutos las medidas tendentes a evitar una OPA, lo que evidentemente asimila de forma expresa a no contemplar limitación en estatutos al derecho de voto (por ser ésta la más conocida medida de blindaje *anti-OPA*) pues tras la reforma legal se pasó a la admisibilidad de tales cláusulas, con las limitaciones y matizaciones conocidas. Tal vez por ello tiene sentido que en un mismo Informe, como el emitido por la Comisión de Expertos, se admitiera tales cláusulas en vía legal pero se recomendase por vía del Código su restricción.

En segundo destacable lugar podemos incluir la necesaria información a la junta general respecto del grado de cumplimiento de la sociedad en control respecto de dichas recomendaciones del Código, lo que se plasma en el correspondiente Informe Anual de Gobierno Corporativo, lo que supone un espaldarazo importante a este texto, pues sin ser de obligado cumplimiento, ni el contenido de dicho Informe materia de aprobación por los socios, el hecho de que los mismos deban ser debidamente informados de los cambios en materia de gobierno corporativo acontecidos en el último ejercicio, así como las explicaciones acerca del grado de cumplimiento del Código, y en su caso, de los motivos por la falta de seguimiento de otros, implica la creciente importancia que estas cuestiones ha entrañado en los últimos años.

Esta cuestión nos lleva a su vez a plantearnos la conveniencia, o no, de que el Informe Anual de Gobierno Corporativo, amén de su apoyo en asesor o auditor externo como ya hemos dicho, deba ser objeto de aprobación por parte de la junta general; y en caso afirmativo, las consecuencias de su hipotética falta de aprobación. En este caso, se nos plantean cuestiones de sentido jurídico con operatividad práctica. No hay que olvidar que el cumplimiento de estos textos resulta voluntario sometido a la potestad autorreguladora de cada una de las sociedades, como tampoco ha de perderse la perspectiva respecto de la necesaria y constante labor de revitalización de la junta general. Es cierto que ésta no va a verse reforzada por el mero hecho de añadir competencias a las que ya ostenta, pero sí puede contribuir a ello. Además, no se propondría como un mero acto de cara a la galería, sino que se justifica en su propio contenido. Es decir, si es competencia de la junta general la determinación de la cuantía máxima a percibir por el órgano de administración en su condición de tal (artículo 217 de la Ley de Sociedades de Capital) o el propio nombramiento de consejeros (artículo 160), tal vez resulte lógico que la propia junta apruebe los informes sobre los que se sustentan dichas retribuciones (informe anual sobre retribución de los consejeros *ex* artículo 541 de la Ley de Sociedades de Capital) o sobre los que se parte de base para el nombramiento de consejeros a través del supuesto cumplimiento de los requisitos de idoneidad para la selección de potenciales candidatos por parte de la comisión de nombramientos y retribuciones. Por otro lado, en cambio, si bien la junta efectivamente es la competente para la determinación de la retribución máxima a percibir por los administradores, no los es respecto a su reparto en función de las facultades conferidas, responsabilidades y dedicación, pues ello compete al propio órgano de administración. En tal caso, ello nos llevaría a una respuesta negativa en cuanto a la idoneidad de someter su aprobación a la junta general, sobre todo, como decíamos, por cuestión operativa, ya que difícilmente cabría pensar en una consecuencia más allá de la elaboración de una nueva versión, lo que se entiende sin perjuicio de las facultades legalmente atribuidas a la Comisión Nacional del Mercado de Valores ante el deficiente o engañoso contenido del Informe.

No obstante, vista la creciente importancia del texto, que en un futuro fruto de una modificación legislativa, o cuanto menos del Código, sí se establezcan los resortes necesarios para exigir, o al menos recomendar, que el Informe Anual de Gobierno Corporativo deba ser aprobado en junta general por los accionistas de la sociedad.

Lo que sí establece el Código, en línea con lo que hemos manifestado a lo largo del presente trabajo, es la de sustentar dicho Informe sobre un experto externo independiente, que en nuestro caso proponíamos ampliar a una suerte de auditoría de buen gobierno y de la calidad de las explicaciones que del mismo emanen, pues a mayor abundamiento, el Código insta a que, en función del asunto de que se trate, el presidente de la comisión de nombramientos y retribuciones, y el presidente del comité de auditoría, informen debidamente a la junta general sobre cuestiones de su competencia, de nuevo sin que ello implique objeto de aprobación, pero sí como una inequívoca forma de fomentar la transparencia normativa. Algo similar ocurre precisamente respecto de dichas comisiones, pues el Código aboga, por un lado, a separar en dos la relativa a los nombramientos y las retribuciones siempre y cuando el valor de capitalización de la entidad sea importante; así como a constituir una comisión de riesgos, funciones que pueden ser asumidas por la comisión de auditoría, como mecanismo de control, en línea con lo que proponíamos respecto de una comisión de control como forma de coexistencia dual (gestión y supervisión) en un consejo monista. La experiencia no obstante ha sido reacia a nuevas comisiones. Ya ocurrió con el Informe Aldama y su propuesta de comisión de estrategias e inversiones, cuyo seguimiento fue nulo, lo que provocó su desaparición del posterior Código Unificado.

Y es que en cuanto a la composición y estructura del consejo de administración, el Código matiza o actualiza las disposiciones del anterior, toda vez que insta a las compañías a contar con una composición equilibrada en la que la mayoría de los integrantes no ostenten la condición de ejecutivos; y en la que además, se respeten las cuotas de género, lo que de hecho fue objeto de una modificación o actualización posterior en el año 2020, mediante la modificación de algunas concretas recomendaciones del Código[214].

2. El modelo de gobierno corporativo

A. *Significación del modelo reformador*

No pueden entenderse los principios configuradores del gobierno corporativo sin su íntima relación con el contexto socioeconómico de la segunda mitad del siglo anterior, pero no sólo con respecto a los acontecimientos o sucesos corporativos ocurridos y que hemos analizado en los primeros apartados del presente capítulo, sino también a nivel global, esto es, la expansión de la economía norteamericana de forma posterior al final de la II Guerra Mundial, la creación del marco económico europeo, y los cambios producidos en determinados sectores de la producción, son sólo algunos ejemplos.

En esta tesitura, la norma reguladora de las sociedades devino insuficiente, lo que hacía necesario acometer una reforma normativa que fuera capaz de afrontar los retos a los que los nuevos tiempos se enfrentaban en lo que a las grandes compañías se refiere. Y es que en éstas, especialmente en los últimos lustros del siglo anterior, se producía un doble fenómeno, el de la privatización de algunos sectores, y el de la internacionalización de las inversiones mediante la liberalización de los mercados, muy especialmente a nivel europeo.

Esta necesaria reforma del Derecho de sociedades a nivel internacional debía resultar más ambicioso que una mera modificación de la normativa local, entendiéndose por este acotamiento a los países miembro del entorno económico europeo, es decir, debía existir un principio común consecuencia del mercado único, que si bien fuera respetuoso con los usos, costumbres,

214. PEREA ORTEGA, R.: «Principales novedades del texto revisado del "Código de buen gobierno de las sociedades cotizadas"» en *Revista Extoicos*, n.º 23. Madrid, 2020. Pág. 21.

y legislaciones económico-empresariales de cada país, constituyera una declaración de principios básicos de ese mercado único y común. Por ello, el reto era doble, se trataba de establecer un marco normativo relativo al mercado de valores que fuera consecuente con ese movimiento de apertura, de liberalización y privatización y común a las naciones europeas, a la par que las sociedades mercantiles de capital partícipes en dicho mercado fueran reguladas por una normativa adaptada a estos nuevos tiempos, que impusiera tanto obligaciones relativas a la transparencia informativa como forma de facilitación de la inversión, como relativas al funcionamiento y estructura de sus propios órganos sociales. En este caso, quedaron patentes algunas deficiencias en el entonces modelo normativo, tanto del mercado en general como de las sociedades en particular, y de forma especialmente concreta, la ausencia de seguridad jurídica: en las obligaciones, jurídicas o morales, de los administradores; en el control y supervisión; en los sistemas de retribución; en la confluencia de intereses de terceros; y en definitiva, en los modelos de gestión.

La cuestión es que de forma paralela a los acontecimientos económicos, a esa liberalización del mercado, de sectores, de privatización de empresas públicas estratégicas, y en definitiva, a la reforma del marco normativo del mercado único, se sucedieron algunos de los episodios corporativos reseñados al inicio de este capítulo. La cuestión, ya lo hemos hablado, es que alguno de dichos episodios no tenía necesariamente lugar en el marco de un concreto incumplimiento de una obligación legal o normativa, o no al menos de una forma que pudiera ser objetivamente tipificable, sin negar otras cuestiones de índole más ético. Esto es, es precisamente ese es el objeto y significación del deber de diligencia del administrador hoy consagrado en el artículo 225 de la Ley de Sociedades de Capital, pues salvo flagrante negligencia y conducta dolosa, en ocasiones resulta complicado discernir lo que es una buena gestión de una llamémosle no tan buena, que desemboque en resultados negativos. Es cierto que muchos de los casos (o escándalos) corporativos a los que hacíamos referencia sí tenían su origen en malas prácticas o cuanto menos cuestionables, sin embargo nos referimos a aquellos casos en los que habiéndose producido un daño al patrimonio social, la conducta de los administradores no siempre resulta sencilla de incardinar en un supuesto de incumplimiento legal o normativo. Por ello, esa nueva fase regulatoria exigía una respuesta que tuviera un carácter o componente más ético que jurídico[215], y que tuviera por objeto una normativa no legal tendente a crear patrones de conducta responsable y sostenible. Ese era precisamente el objeto y objetivo del movimiento del *corporate governance*, crear un marco regulatorio en equilibrio entre las normas imperativas

215. SÁNCHEZ ÁLVAREZ, M.: «*Fundamentos y antecedentes...*» cit. Pág. 89.

y las recomendaciones de conducta en cuestiones que, a los efectos del presente trabajo, supusiera alinear los intereses de los administradores con los de la sociedad en su conjunto (inicialmente, con especial mención al de los inversores institucionales) y crear un marco de tránsito de información transparente.

Pero se trataba de concretar, por lo que el primer reto consistía en identificar las deficiencias del modelo, de forma específica, evitar las concentraciones y los abusos de poder; limitar la indebida asunción de riesgos en la gerencia empresarial; solventar los problemas de agencia; atender a intereses comunes y/o globales; establecer un marco normativo consecuente; y dotar a las propias compañías, sus accionistas y al mercado en general, de resortes de control. Y todo ello, con pleno respeto a los principios configuradores de la sociedad mercantil de capital[216]. Porque ese era precisamente el segundo reto de los principios del gobierno corporativo, que la creación de ese marco regulatorio al que hacíamos referencia no implicara una indebida intromisión en la esfera privada de las entidades ni tampoco en sus propios usos empresariales locales, tarea harto complicada teniendo en cuenta que, por un lado se pretendía establecer unas normas de conducta de gestión empresarial a entidades privadas, y por otro lado se pretendía hacer en el marco del incipiente mercado europeo común, con todas las distintas peculiaridades existentes en cada uno de los países miembro. Es así como surge precisamente el modelo, como nacen los principios del gobierno corporativo a través de un muy difícil equilibrio entre la promulgación de normas legales de carácter imperativo junto a otras normas de *soft law* tendentes a establecer criterios de conducta. Y prueba de la dificultad de tales retos son las sucesivas modificaciones normativas acontecidas desde entonces hasta la fecha actual, tanto a nivel europeo e incluso internacional más allá del continente, como a nivel local, que a su vez se ha materializado en modificaciones legislativas y en la promulgación de distintos códigos de buen gobierno reformadores o actualizadores de los anteriores.

Por ello, tras haber hecho en epígrafes anteriores un análisis de los hechos acontecidos y de la distinta normativa promulgada, en el presente apartado tratamos de dar respuesta a las pretensiones del modelo de gobierno corporativo, su sentido, y su vinculación con la creación de valor del accionista.

216. MATEU DE ROS CEREZO, R.: «*El código unificado...*» cit. Pág. 15.

B. *Sentido del gobierno corporativo*

1. ¿Por qué un modelo de gobierno corporativo? Al inicio del primer capítulo, en el análisis de la configuración de la sociedad, asimilábamos la relación entre accionista y administrador con la figura del contrato de mandato, lo que en cierto modo acontece precisamente ante los denominados problemas de agencia cuando existe una disfunción o separación entre propiedad y control, lo que se traduce en la disparidad de posibles intereses a los que atender, si el contenido de dicho mandato, que es el de maximizar el valor de la participación del accionista, no se acompaña de los necesarios incentivos o desincentivos que alineen los intereses del administrador con los del inversor, y en definidas cuentas, con los de la sociedad en su conjunto. Este es precisamente el reto al que se enfrentó inicialmente no el gobierno corporativo en sí, sino el Derecho de sociedades en general, desde una doble perspectiva: la de la imposición de determinados deberes y obligaciones en el ejercicio del cargo para el cual el administrador ha sido nombrado, y la de la forma de evaluación, control o supervisión de tales actos encomendados. Por ello, en primitivos movimientos empresariales ya se apreciaban auténticos órganos de control, que por ejemplo de forma más gráfica, en el actual modelo alemán de gobernanza se traduce en el sistema dualista mediante la confluencia de un doble órgano en el consejo de administración.

Estas son, en definitiva, dos de las cuestiones que suponían un reto, como decimos, al derecho de sociedades, esto es, el alineamiento de intereses y los sistemas de control. Y queremos reincidir en que de forma primaria nos referimos al Derecho de sociedades y no al movimiento del *corporate governance* ya que en éste confluyen normas que trascienden lo legal e imperativo, que trascienden el propio Derecho privado societario, y que trascienden, incluso, al propio concepto jurídico. La Ley no es suficiente, como tantas veces se habrá repetido a lo largo de la historia en múltiples y variopintas ocasiones, porque en lo que a la gobernanza empresarial se refiere, existen elementos de conducta que no pueden o no deben ser regulados ni codificados. Pues bien, precisamente el presente trabajo versa sobre esos dos retos o problemas aludidos, y a ello es a lo que trata de dar respuesta concreta, ahora sí, el modelo de gobierno corporativo, pues en esencia se trata de la forma de gobernar las empresas desde un ámbito gerencia, funcional-estructural, y transparente.

En primer lugar, desde el ámbito gerencial, nos referimos a cuatro aspectos. El primero, al cumplimiento de las normas generales imperativas en materia de obligaciones, normas sectoriales, normativa contable, registral, y cuanta resulte legalmente aplicable, incluyendo el cumplimiento de aquellos deberes inherentes al estatuto jurídico del administrador, como lo es el de lealtad, el de evitar situaciones de conflicto de interés y de aprovechamiento de negocio en beneficio propio. Pero el ámbito gerencial entraña más cuestiones añadidas al cumplimiento de la norma, pues ello al fin y al cabo corresponde a cada ciudadano, forme parte de una entidad mercantil o no. En este caso, como segundo aspecto, el modelo gerencial de gobernanza también se proyecta sobre la diligencia del buen empresario, que pese a constituir obligación legal (artículo 225 de la Ley de Sociedades de Capital) su delimitación en ocasiones puede resultar confusa, más allá de la remisión a *«la diligencia de un buen padre de familia»*. El tercer aspecto se materializa en cuestiones de corte ético o moral, lo que nos genera una disyuntiva aún mayor que la anterior. Y el cuarto aspecto relativo al modelo gerencial entendemos que se refiere a la sostenibilidad, a la gestión social que huya del cortoplacismo y contribuya de forma comunitaria al crecimiento económico.

En segundo lugar, desde el ámbito funcional-estructural, nos referimos al equilibrio de poderes, al reparto de funciones desde un prisma tipológico, mediante la división de un órgano autogobernado que responda a un doble cometido: la gerencia a anteriormente citada, y la supervisión y control de la misma.

Y en tercer lugar, desde el ámbito de la transparencia, la información constituye el elemento de más significativo valor, un «preciado bien» cuya transparencia no responde exclusivamente a buenos usos o prácticas ni a buenos deseos, sino a una acreditada forma de generar confianza y sostenibilidad, elementos que precisamente confluyen hacia la rentabilidad económica, hito que dará cumplimiento a tanto a la creación de valor para el accionista como al crecimiento económico de la comunidad. Sirva un ejemplo. Cualquier sociedad mercantil de capital, por pequeña que sea, se halla obligada a formular sus cuentas anuales, a que las mismas sean sometidas a la junta general de socios para su aprobación, y (a esto nos referimos) a que las mismas sean depositadas en el Registro Mercantil, de forma que cualquier interesado pueda obtener copia de las mismas. Es algo más que un mero requisito procedimental o informativo. Es la forma en que los acreedores pueden tener información sobre la situación patrimonial y financiera de la compañía a fin de evaluar la viabilidad de su crédito, así como a poder hacer uso de los resortes legales en caso de ser necesario, por ejemplo, al de instar el concurso de acreedores o a interponer la acción de responsabilidad si el patrimonio neto se halla en cifra por debajo de la mitad del capital social. Pero como decimos es un mero ejemplo, pues hay más, como el hecho de conocer los cargos que un administrador pudiere ostentar en otras compañías, de modo que pudiera ser evaluable un potencial conflicto de interés. En todo ello consiste la transparencia informativa.

Porque conviene distinguir si hablamos de «gobierno corporativo» como un mero adjetivo, de la misma forma en que diríamos «gobernanza empresarial», a si hablamos de «gobierno corporativo» como nombre en base al modelo, a los principios que lo integran e inspiraron. Es cierto, como decíamos, que en el modelo confluyen normas o principios que trascienden lo estrictamente jurídico, si bien no ha de perderse la perspectiva que su origen se encuentra en el Derecho de sociedades, y sobre esta rama versa el presente trabajo. Porque como hemos expuesto, la experiencia de los años ha evidenciado que aquellos principios configuradores extramuros a la norma imperativa precisamente han terminado formando parte de la misma, y ese ha sido en consecuencia otro de los retos a los que el gobierno corporativo se enfrentaba, al difícil equilibrio entre lo que debía ser materia legal, y lo que debía ser propuesto por vía de códigos de acogimiento voluntario. Sin embargo, la experiencia ha dictado, al menos en nuestro país, una paulatina regulación normativa con rango de Ley, de lo que cabe concluir que el intervencionismo legislativo es la respuesta a la falta de asunción de determinados modelos de conducta empresarial, generando en contrapartida una paulatina pérdida del autogobierno de las sociedades.

La autorregulación debe existir, por supuesto, máxime cuando hablamos de entidades privadas, lo que no obsta a que dicho ámbito de autogobierno exista en un marco normativo de mínimos, y a que la norma conquiste cuotas anteriormente reservadas al autogobierno si éste deviene en ineficaz, si se limita a confiar en la diligencia sin exigencia, y sobre todo, como hemos repetido a lo largo de este trabajo respecto al concreto modelo español, se refiere a una actividad concerniente a sectores regulados, estratégicos, o de especial interés público.

En este sentido, de los tres ámbitos anteriormente referidos (el gerencial, el funcional-estructural, y el de transparencia) a nuestro juicio el que mayores retos plantea es el primero, muy especialmente en aquellas cuestiones que trascienden lo meramente normativo o legal, y que al final se materializa en aquello que cabe asimilar con la «cultura empresarial» y los hábitos de la misma desde un aspecto positivo[217]. Porque si una parte de la gerencia sí es evaluable en sede normativa (como por ejemplo el conflicto de interés en caso de participación en negocio que entrañe una competencia objetiva para la sociedad o que se dedique a una actividad complementaria o análoga) otra parte no lo es tanto. ¿Cómo se legisla con carácter imperativo una

217. SCHEIN, E.: *La cultura empresarial y el liderazgo*. Ed. Plaza & Janes. Barcelona, 1985.

conducta sostenible y/o a largo plazo? ¿Implica la restricción al aprovechamiento de potenciales negocios más inminentes, limitando así la creación de valor del accionista? No se puede, ni se debe, porque además ello entrañaría acceder a esferas privadas. Pues bien, ese es precisamente el objeto y a su vez el interés que tanto suscita el modelo de gobierno corporativo, que pese a tener un origen, desarrollo y objetivo preeminentemente jurídico (y más concretamente, societario), no todo puede partir necesariamente de la legislación de una norma y su esperado cumplimiento. Por tal motivo, no cabe entender el nombramiento de consejeros de la sociedad cotizada, objeto de este trabajo, sin atender a los principios del *corporate governance* ni a cuestiones que trascienden el tenor literal de la Ley, ya que al fin y al cabo, este es el verdadero sentido del gobierno corporativo, se trata de alinear intereses. Ese es, a nuestro juicio, el objetivo, lo que justifica un concreto sistema de nombramiento de consejeros extraordinario al habitual, al de mero nombramiento por parte de la junta de socios sobre quién o quiénes han de conformar el órgano de administración, pues precisamente la configuración y dimensión de la sociedad cotizada genera la confluencia de diversos intereses presentes en ella, primero una amplia heterogeneidad de base accionarial, pero también de intereses ajenos a la misma, como los acreedores, proveedores, trabajadores, afectados directos e indirectos, y la comunidad en general encabezada por el sector público. El problema, en este último aspecto, en que en materia de política legislativa, en ocasiones precisamente se confunde el interés público con el interés político.

Pero la confluencia de diversos intereses plantea a su vez la dicotomía de a cuál o cuáles se han de servir. ¿El objetivo de una sociedad mercantil de capital, cotizada o no, es el ánimo de lucro para que sus inversores se repartan sus ganancias, o en cambio lo es crear un modelo de generación de empleo? Pues bien, desde un aspecto económico basado en la economía libre de mercado, e incluso desde un aspecto puramente jurídico atendiendo a lo dispuesto en el artículo 1665 del Código Civil relativo al contrato de sociedad, la respuesta sería la primera. Pero ello no obsta a que por vía legislativa, incluso con ciertas medidas de contraprestación incentivándolas con algún tipo de bonificación por ejemplo fiscal, se puedan poner en cuestión la necesaria observancia de esos otros intereses, como por ejemplo el del mercado laboral. En conclusión, en palabras de un autor[218], la empresa se constituye en cuatro elementos para crear riqueza, mediante la prestación al mercado de bienes y servicios, generando empleo, y constituyendo un ente privado propio. Ese es por tanto el objeto y dificultad de los principios

218. NOVAK, M.: *The future of the corporation*. Ed. Rowman & Littlefield. Estados Unidos de América, 1996.

del buen gobierno, la alineación de intereses y confluencia y equilibrio de estos.

Conocemos el síntoma, pero falta por determinar la causa, y a la vista de la experiencia de los casos acontecidos y expuestos anteriormente, a nuestro juicio se puede concretar muy escuetamente en la carencia de control. Este vocablo es uno de los que más se ha repetido en los numerosos estudios de gobierno corporativo asimilándolo a la supervisión y vigilancia del órgano ejecutivo de gobierno, y hoy en día continúa siendo materia de regulación normativa, que en nuestro país se traduce en el otorgamiento al propio consejo de la esencial misión de la supervisión de sus propios actos al constituir un órgano monista.

En concreto, se trata de establecer mecanismos de control para asegurar la entrega y tránsito información en favor de los consejeros cuyas funciones son precisamente la supervisión de los ejecutivos; de establecer mecanismos de control a las retribuciones de los consejeros de forma que no sólo guarden una razonable proporción con los estándares de mercado y la marcha de la sociedad, sino que huyan de variables vinculadas al cortoplacismo; de establecer mecanismos de control de riesgos con el debido seguimiento de los procedimientos de evaluación que mitiguen los mismos; de facilitar el acceso a la información de terceros con interés legítimo, como acreedores y trabajadores, dotándoles a su vez de mecanismos legales de protección ante eventuales incumplimientos o situaciones próximas, e incluso, dándoles acceso directo a los órganos de gobierno de la sociedad, tal y como sucede en el modelo alemán mediante la presencia de los representantes de los trabajadores en el comité de vigilancia; y en definitiva, a establecer mecanismos de transparencia de forma que en la referida alineación de intereses, los sujetos intervinientes titulares de los mismos tengan resortes de ejercicio de sus derechos, pues para la debida puesta en común de la confluencia de intereses, la información ha de ser equitativa entre las partes. Por tal motivo, el gobierno corporativo no es un acontecimiento concreto sino que ha de ser una conducta, un movimiento estable y continuado que engrane todas las piezas que lo componen: normativa y conducta, entendiendo ésta por sostenible, diligente e incluso ética, no tanto desde la esfera privado-moral, sino desde la presunción de la buena fe.

2. Elementos integrantes del concepto de gobierno corporativo. Como decíamos, el modelo de gobierno corporativo, si bien nace del concreto ámbito del Derecho societario, éste no es exclusivo, pese a que la forma más habitualmente común de las entidades destinatarias de estas normas sean sociedades anónimas cotizadas. En concreto, confluyen a nuestro juicio cuatro aspectos: jurídicos, sociológicos, económicos, y políticos; en la que a

este trabajo respecta, interesa el primero. Pero la situación torna más compleja aún, pues aun ciñéndonos exclusivamente al aspecto jurídico, éste igualmente resulta muy amplio, ya que se divide en dos ámbitos: la norma de Derecho público reguladora del mercado de valores, la relación con la Administración pública, y el cumplimiento de determinadas obligaciones de alcance público; y la norma de Derecho privado mercantil, el cual, a su vez, se divide en una doble vertiente: (i) la normativa de cumplimiento voluntario, referida a recomendaciones bajo el aludido principio del *comply or explain*, amén de otras cuestiones relativas a la conducta y a la citada esfera ética; y (ii) la normativa legal o imperativa. Nuestro trabajo, lejos de resultar un imposible compendio de todo cuanto atañe al gobierno corporativo, sólo puede abarcar este último ámbito de Derecho privado societario en cuanto a los problemas y soluciones que el gobierno societario plantea em el nombramiento de consejeros de la sociedad cotizada y la estructura del consejo, tanto en su vertiente voluntaria como en la legal.

Pero que hablemos de Derecho societario, y por tanto, de norma imperativa, no es óbice para que no hablemos de autorregulación de las propias sociedades, máxime porque tales facultades de autogobierno emanan precisamente de la propia Ley en lo que a los estatutos sociales, y en su caso reglamentos de junta general y consejo de administración, se remite. Porque al tratarse precisamente de entidades privadas, éstas se hallan legitimadas para regular su propio funcionamiento y estructura, no con la misma flexibilidad que la Ley en cambio sí permite a las sociedades de responsabilidad limitada, pero sí con un margen cuanto menos relativo. Otra cuestión es que la experiencia haya supuesto una paulatina pérdida de algunas de esas facultades autorreguladoras mediante el intervencionismo del legislador bajo el escudo protector de la confluencia de intereses, pero cabe también plantearse que si el síntoma de la carencia de control al que hacíamos referencia, su saneamiento no parte de las propias sociedades, sino que dichos síntomas se agravan, la intervención legislativa se vuelve indispensable según nuestra opinión.

Hemos visto y estudiado autores que precisamente abogan en cambio por una mayor flexibilidad, que han hecho una severa crítica a la falta de pérdida de autogobierno por parte de las sociedades en beneficio de lo que llaman un excesivo encorsetamiento de estructuras, procedimientos y tipologías de consejeros y comisiones, con argumentos de interés, que se basan en los principios configuradores tanto de la propia sociedad anónima como del libre mercado de capital. Es un elemento del debate, de la misma manera que otros en cambio se han posicionado por la justificación de ese intervencionismo legislativo consecuencia de las carencias de los mecanismos de control en supuestos de autogobierno, que en nuestro casos hemos ampliado a la significación del concreto modelo español y la actividad sectorial estratégica, regulada o de interés público que ejercen alguna de nuestras más representativas compañías cotizadas, a diferencia de otros modelos comparados como el estadounidense. Lo que sí compartimos en cualquier caso es que toda regulación y reforma ha de partir de la seguridad jurídica, pues sólo así podrán concluirse no sólo los objetivos que el gobierno corporativo pretende, sino la generación de un mercado nacional fuerte y competitivo.

Sea como fuere, la delimitación del concepto de gobierno corporativo no resulta del todo sencilla máxime si tenemos en cuenta que en ella confluyen como decíamos los ámbitos jurídicos, sociológicos, económicos y políticos. Dicho de otra manera, no hay definición de gobierno corporativo, o hay muchas, o hay una. Todas las alternativas pueden ser posibles, dependiendo desde el prisma sobre el que se mire, del fin a que según qué ámbito se dirija la sociedad mercantil. No es que tratemos de hacer un juego de palabras, pues en realidad, evidentemente existen muchas y muy válidas definiciones de gobierno corporativo (el propio Informe Cadbury anteriormente estudiado lo hace), sino que a lo que nos referimos es que en la aludida confluencia de elementos que lo integran, dependiendo desde cuál de ellos se perciba a la compañía, la definición puede ser sumamente variable.

En lo que a nosotros respecta del presente trabajo, nuestra idea y percepción es que el gobierno corporativo es el conjunto de principios sociales relativos a la gobernanza empresarial desde su aspecto gerencial, funcional-estructural, e informativo, que en consideración a la confluencia de los distintos intereses presentes en la compañía, tienda a establecer mecanismos de equilibrio y coexistencia entre los mismos de forma transparente y responsable, con respeto a los principios configuradores de la sociedad mercantil, a la normativa vigente aplicable, y a los buenos hábitos de diligencia empresarial, y genere un proceso continuo, estable y controlado de actividad legítima tendente a la consecución del objeto social, rentable, eficiente, sostenible y competitivo, que cree valor al accionista, y contribuya al crecimiento económico nacional.

A tal efecto, desgranamos algunos matices de nuestra idea de definición:

– Al hablar de principios sociales, precisamente nos referimos a esa coexistencia jurídica y ética, a cuestiones imperativas y de voluntario cumplimento, al intervencionismo legislativo y el autogobierno, a lo socio-económico y lo político, pues creemos que se trata de una forma válida de aglutinar tales ámbitos de forma sintética.

– Conforme hemos expuesto unas páginas anteriores, entendemos que lo gerencial se integra tanto en las cuestiones operativas, como de cumplimiento normativo, como de diligencia y buena fe; por funcional-estructural a los elementos que integran los procedimientos y tipologías confluyentes en consideración a los intereses presentes; y la transparencia a la información a los propios consejeros de corte supervisor, accionistas, mercado en general, y organismos reguladores.

– El equilibrio de intereses ha de entenderse no en idéntica forma o proporción los unos de los otros, sino en coexistencia ponderada a las circunstancias concretas de cada caso, esto es, que no han de primar por igual los intereses accionariales de maximización de la participación con los de atención a la comunidad local en que radique la actividad principal de la compañía, lo que tampoco implica atender primero unos, y una vez satisfechos éstos, pasar a un segundo estadio. En consecuencia, dicho equilibrio debe entenderse en el reconocimiento a la confluencia de distintos intereses presentes con una ponderación determinada al caso. Es cierto que como en otros aspectos que hemos señalados, esta mera remisión a una ponderación circunstancial pueda resultar difuso o asimilable a una mera declaración de buenas intenciones más que un contenido normativo, peor amén de que ello precisamente se incardina en la autorregulación de las compañías y la teórica defensa de los intereses ajenos a los económicos de la base accionarial por parte de los consejeros ejecutivos, lo cierto es que el gobierno corporativo ni tiene ni pretende tener respuesta para todo, sino como se ha dicho, establecer un conjunto de principios.

– La transparencia informativa, necesaria para que los titulares de los legítimos intereses presentes en torno a la sociedad puedan ejercer y defender eficazmente su posición, ha de ser veraz, necesaria y suficiente, o en palabras del Informe Aldama, «*completa, correcta, equitativa, simétrica, y en tiempo útil*».

– La responsabilidad, entendida desde un doble prisma. Por un lado, la de actitud, la de ejercer el cargo de forma responsable, y en consecuencia, de forma diligente, sujeta a los principios de la buena fe y las habituales buenas prácticas empresariales. Por otro lado, la de asunción de responsabilidad ante el acaecimiento de determinados hechos o situaciones, que se materializa en la responsabilidad solidaria de todos los miembros del consejo de administración prevista en el artículo 249 de la Ley de Sociedades de Capital, y sobre la cual, nos hemos manifestado en favor de que sea entendida en sentido amplio con respecto a los consejeros supervisores, al entender que un administrador no puede o no debe escudarse en el «derecho a» obtener cierta información sobre la marcha de la sociedad, sino en el «deber de» obtenerla, toda vez que sin perjuicio de su tipología de consejero o de sus facultades de supervisión y control, su estatuto jurídico de administrador no varía, a quienes le son de aplicación los mismos deberes de diligencia y lealtad en la gestión, administración y representación de la sociedad.

– Y finalmente, el crecimiento económico, que ha de leerse tanto en clave interna (maximización del valor de la participación del accionista, resultados contables y reparto de beneficios, aumento del valor de cotización bursátil... etc.) como externa (generación de empleo, creación de riqueza, satisfacción de los acreedores, y crecimiento económico nacional). Este aspecto se liga íntimamente con el concepto de competitividad, lo que redunda en el interés público, que a su vez justifica en determinados aspectos y sectores la intervención del legislador en esos ámbitos gerencial, funcional-estructural, y de transparencia que hemos expuesto, y que se materializa en la defensa de todos los intereses presentes y confluyentes en la sociedad, sobre lo que los posteriores estudios y normas de gobierno corporativo posteriores a los iniciales entendieron que, si no era el legislador quien imponía obligaciones de atención y observancia a esos otros intereses, difícilmente lo haría la propia sociedad por sí misma. Y ello tampoco ha de entenderse en sentido negativo, sobre todo cuando, no sólo hablamos de una entidad privada, sino que en el caso español, es predominante la llamada teoría contractualista del interés social, lo que entraña que, con independencia de cuestiones extramuros a lo estrictamente jurídico, la sociedad cumple con su cometido para con sus accionistas.

Con tales ingredientes se configura, a nuestro juicio, un concreto modelo de buen gobierno, que no ha de ser igual e idéntico ni para todas las entidades cuyas acciones se hayan sometidas a negociación en un mercado secundario de valores, ni tan siquiera a todos los ordenamientos, pues ello en buena medida depende de las concretas vicisitudes pertinentes, sobre lo cual, la norma ha de otorgar esa flexibilidad en la autorregulación de las compañías que tanto se ha defendido por numerosos autores citados[219].

3. Las propuestas de solución que el gobierno corporativo ofrece. De forma directa y concisa, ante los problemas y retos a los que se enfrenta el gobierno corporativo, ante las situaciones de posible abuso de poder, falta de información, retribuciones desproporcionadas, o problemas de agencia, entre otros, el gobierno corporativo propone con carácter principal y elemental una posible forma de mitigación: la supervisión y control, que se materializa en cuatro sectores: la supervisión por parte de los propios

219. OLCESE SANTOJA, A. «*Teoría y práctica...*» cit. Pág. 50.

miembros del consejo de administración encargados de tales funciones; el control por parte de los accionistas; el ejercicio de la defensa de los legítimos intereses de los acreedores; y las funciones de control por parte del mercado en general, encabezado por el organismo regulador. Con respecto a estas dos últimas, las distintas normas de Derecho público y privado (obligaciones para con la Administración, obligaciones pecuniarias con acreedores, consecuencias en situaciones de insolvencia... etc.) ofrecen distintas alternativas, algunas de las cuales hemos expuesto en el presente trabajo de forma breve por exceder su ámbito. En nuestro caso, nos interesan los resortes de control que la norma contempla para la eficaz labor de supervisión tanto por parte de los propios administradores como por parte de los accionistas en el marco de una junta general.

En el caso de los administradores, recordando que ya el Código Olivencia asignaba al propio consejo de administración monista como labor esencial la supervisión de sus propios actos, la cuestión radica entonces en el alineamiento de los intereses de los consejeros supervisores con los de la propia sociedad, ya que se llegó inicialmente a considerar que, si un independiente no tenía a quien servir, podía no existir motivación en el desempeño de sus funciones de control. En otras palabras, que si se producía un exceso por parte de los ejecutivos con resultado no deseado, al fin y al cabo esos consejeros supervisores tampoco estaban perdiendo nada. Pues bien, a ello el Derecho sí ha de dar una respuesta normativa, ya sea mediante un sistema de incentivos que de forma efectiva coligue el interés social con la labor de estos administradores, o ya sea mediante la imposición de determinados deberes fiduciarios y la asunción de la responsabilidad solidaria conjunta, al basarse como decíamos en que, con independencia de tales funciones de control, su estatuto jurídico de administrador no varía. De esta manera, el consejero independiente sí tiene a nuestro juicio intereses que defender, que son los de la propia sociedad en su conjunto, aunque ello venga anudado a una suerte coercitiva por cuanto, de no defender el interés social, es el patrimonio personal del consejero el que pude verse perjudicado si se apreciare negligencia en sus actos. De esta forma, mediante el otorgamiento de iguales, o cuanto menos similares, obligaciones que atañen a un consejero ejecutivo, el interés social se verá protegido por consejeros ajenos a los grupos de participación accionarial significativa, de forma que queden alineados los intereses de dichos supervisores con los de la propia sociedad.

Pero precisamente la cuestión de la vinculación de los consejeros supervisores con el capital social ha sido objeto de debate, pues si en el Código Olivencia se restringía la participación accionarial por parte de los consejeros que tuvieran el título de independientes, ello se ha flexibilizado en los años posteriores hasta el Código actual, que permite una participación por debajo del umbral mínimo de participación significativa, de lo que cabe deducir que, fruto de esta flexibilización, no se han hallado evidencias empíricas que demuestren que un consejero independiente es más independiente que otro por el mero hecho de no tener participación alguna en la sociedad, sino que al contrario, siempre dentro del umbral mínimo, puede ser incluso un aspecto positivo por tratarse de una forma de eficaz alineamiento de intereses.

En el caso de los accionistas, la cuestión se torna más complicada no desde un aspecto jurídico sino operativo, habida cuenta de la «crisis» a la que varios autores han entendido que sufre el órgano de los accionistas por la falta de participación o activismo de una parte de ellos. En esa tesitura, la reforma del gobierno corporativo ha tendido a otorgar de más competencias a la junta general adicionales a las que ya tenía por Ley reservadas, como forma de incentivación a la participación, pero se requiere más. La cuestión es que en esta situación, aparece el debate sobre la conveniencia o no de las cláusulas estatutarias limitativas del derecho de voto como forma de blindaje ante una potencial OPA, que en la Ley ha sido sucesivamente admitido y restringido simultáneamente en los últimos años. Al respecto, la posición actual del Código de Buen Gobierno, que recoge el claro posicionamiento que ya inició el Código Unificado, es clara, y es la de no optar por tales cláusulas, lo que se alinea con algunos otros autores, que entienden que su admisibilidad constituye un síntoma de mal gobierno. La cuestión, por tanto, no sólo radica en la conveniencia de tales cláusulas y en su relación con el nombramiento de consejeros, objeto de este trabajo, sino en lo que a los principios del gobierno corporativo se refiere, si tales cláusulas afectan o agravan esa crisis de la junta general de la que hablábamos.

C. *Gobierno corporativo, resultado, y valor empresarial*

Analizada la importancia que los principios del gobierno corporativo tienen en la configuración de la estructura de la sociedad cotizada y en la asignación de determinadas obligaciones o recomendaciones en beneficio de la transparencia y la competitividad, cabe plantearse si realmente sirve el gobierno corporativo, y en caso afirmativo ¿cómo se mide si funciona? ¿por el mero hecho de cumplir la Ley? Obviamente no, pues ello atañe a personas físicas y jurídicas por igual. ¿Y por el hecho de seguir las recomendaciones de los códigos de conducta? Entendemos que tampoco, pues de hecho, en el análisis de los hechos y sucesos motivantes de la aparición del movimiento del *corporate governance*, conocimos el caso de una entidad que incurrió en prácticas que resultaron lesivas y dañinas, pese a dar un casi estricto cumplimiento al entonces código de buen gobierno vigente en su país de origen. Esa es la cuestión, saber si realmente existe una manera lo más objetiva posible de evaluar un buen gobierno o no, y en caso afirmativo, sobre qué cánones se asentaría tal valoración.

En un interesante estudio sobre la materia[220], un reconocido autor desgrana la historia de asentamiento de los principios de gobierno corporativo en nuestro país (en el marco de la contextualización de la aplicación de tales principios en mercados de economías emergentes) y su posterior reflejo en los resultados empresariales, como forma de evaluación de la medición de resultados en la aplicación de los principios de la buena gobernanza, destacando tres distintas fases: una primera, de rechazo al gobierno corporativo, consecuencia del lógico rechazo a los cambios y a un modelo de origen foráneo que pretendía establecer una suerte de nueva cultura empresarial, rechazo que se tradujo en el escaso seguimiento inicial de las recomendaciones contenidas en el Código Olivencia, siendo éste uno de los motivos que justificó su reforma. Una segunda fase, de resignación, en la que el seguimiento de las recomendaciones comenzaba a asentarse, al comenzar a entender las entidades que el modelo había llegado para quedarse, fase que coincide con la modificación de algunas disposiciones del Código anterior, y sobre todo, por la necesaria adaptación de las entidades en cuestiones que habían pasado a incorporarse a la legislación vigente, dejando en consecuencia de ser meras recomendaciones. Y una tercera fase, de plena asunción e incluso de convencimiento en que la dotación de un sistema de buen gobierno corporativo redundaba positivamente en la sociedad, en sus resultados, y en la competitividad.

Pero como se suele decir coloquialmente, «*que el árbol no te impida ver el bosque*», pues si se vincula buen gobierno con buenos resultados, ¿significa que antes de la aparición de tales principios no existían procedimientos de gobernanza empresarial que generaran buenos resultados? Claro que no, como tampoco puede negarse que tales procedimientos adolecían de ciertas carencias y deficiencias, las cuales son precisamente las que justifican la aparición de los principios del buen gobierno, siendo ahora la cuestión el conocer si, una vez hallándonos en esa tercera fase de asunción y convencimiento, si efectivamente el seguimiento de los principios de gobierno corporativo redundan positivamente en las compañías y en el crecimiento económico nacional, y en casi afirmativo, si existe forma de medir el buen gobierno y de correlacionarlo con algún tipo de resultado o hito.

Pues bien, a nuestro juicio, de las conclusiones que avanzamos al respecto, no existe a día de hoy un criterio de valor objetivo, solvente y cierto que pueda suponer una efectiva medida de buen gobierno. Es cierto no

220. PAZ-ARES RODRÍGUEZ, J. C.: «El gobierno corporativo como estrategia de creación de valor» en *Indret: Revista para el Análisis del Derecho*, n.º 1. Barcelona, 2004. Pág. 7.

obstante, que existen algunos *rankings* de buen gobierno publicados por algunas entidades[221], si bien, sin negar su validez, muchos de ellos se vinculan con lo económico, es decir, con algún estándar monetario, lo que a nuestro juicio se trata de un error, no el hecho de vincular gobierno corporativo con resultado económico, sino con el hecho de limitarlo a esto último.

De forma más amplia, la forma de valorar el gobierno corporativo puede abarcar una pluralidad de aspectos, que en nuestra opinión sintetizamos: (i) en elementos internos; y (ii) en elementos externos. Con respecto a los elementos internos, éstos se dividen a su vez en dos: (a) los económicos; y (b) los societarios.

Los elementos económicos a valorar son diversos, cuya mayor fortaleza es que en la mayoría de los casos pueden ser valorados de forma razonablemente objetiva. Por ejemplo, analizar el resultado contable anual, la distribución de beneficios, la variación en el valor de cotización, la incidencia sobre el crecimiento económico local, o el retorno de la inversión al accionista, son sólo algunos ejemplos que puedan ser objeto de valoración en su relación o contextualización con la aplicación de los principios de gobierno corporativo. Sin embargo, la cuestión problemática resulta no sólo de limitarse a aspectos económicos, sino si ello realmente es consecuencia o no de la asunción de un modelo de buena gobernanza.

Los elementos societarios, en cambio, son más subjetivamente valorables y no responden a patrones definidos. Por ejemplo, podrá afirmarse la existencia de un modelo adecuado de gobierno corporativo si la compañía ha sido capaz de poner coto a los conflictos de interés mediante su identificación y el establecimiento de medios que impidan una competencia objetiva con la sociedad. La cuestión estriba en cómo se valora si efectivamente se han puesto los medios de evitación de situaciones de conflicto de interés, o más concretamente, cómo se puede determinar objetivamente en base a criterios estandarizados. En nuestra opinión, no es sencillo, pues lo mismo cabe concluir de otros elementos de buena gobernanza desde el aspecto societario, como la eficacia en la transparencia de la información, la gestión de riesgos, la presencia de consejeros supervisores en el seno del consejo con un desempeño eficaz de sus funciones, la fluidez en la relación con accionistas, la adopción de medidas de revitalicen la junta general y generen una mayor participación de los socios, la generación de atracción de inversores... etc., cuestiones todas ellas de incuestionable importancia en el modelo de gobierno corporativo que, en cambio a los elementos económicos, muy difícilmente sean objetivamente evaluables.

221. Como por ejemplo, el Índice Spencer Stuart al que ya hemos hecho referencia.

Pero todo ello respecto a los elementos internos, pues respecto a los externos resulta evaluable no sólo el grado de cumplimiento normativo (legal o de los códigos de conducta) sino la fortaleza de la compañía ante el cumplimiento de sus obligaciones fiscales y ambientales, y fuera del ámbito normativo, reputacionales o incluso éticas.

Por ello, a nuestro juicio, el problema es limitar la vinculación de un modelo de buen gobierno corporativo al ámbito estrictamente económico, sobre lo cual, entendemos que no se debe «caer en la trampa fácil» de ceñirnos a lo único que a priori resulta objetivamente valorable. Y no sólo por eso, sino porque aun limitándonos en exclusividad al aspecto económico, tampoco cabe concluir que un resultado económico sea consecuencia directa de la aplicación de principios de gobierno corporativo pues, en tal caso, lo mismo cabría interpretar a la inversa. Es decir, pongamos el caso de una entidad, con buenos resultados económicos (ya sean contables, bursátiles o de creación de riqueza), plena satisfacción de acreedores y retribución al accionista, que en tal situación de bonanza económica tiene la capacidad de invertir en su propio modelo de gobierno corporativo (pues éste no se cambia de la noche a la mañana). En tal caso, cabría preguntarse ¿esa sociedad ha tenido resultados económicos positivos consecuencia de su modelo de gobierno corporativo, o en cambio tiene un modelo de gobierno corporativo adaptado a las circunstancias consecuencia de la posibilidad que le han brindado los resultados económicos positivos? A nuestro juicio, ambas alternativas pueden ser correctas, ya que todo ello podrá depender de las concretas circunstancias del caso y de las vicisitudes particulares de la compañía, sobre lo cual hemos repetido en varias ocasiones que si bien el modelo de gobierno corporativo ha de conformar un marco de mínimos, corresponde a cada una de las sociedades la tarea de adaptar dichos principios a sus concretas particularidades, ya sea volumen de capitalización, actividad que desarrolla, estructura accionarial, etc. Porque de hecho, como sostiene algún autor, se da la circunstancia que las compañías de mayor valor o más representativas del IBEX 35 tienen precisamente adaptados sistemas de buen gobierno corporativo, asegurando cumplir la mayor parte, sino todas, de las recomendaciones de los códigos de buen gobierno[222]. Y sobre ello era precisamente lo que nos preguntábamos antes, si tienen tal mayor valor por su modelo, o si éste responde a los resultados que le han otorgado tan grande valor.

222. JIMÉNEZ FERNÁNDEZ, A.: «El gobierno corporativo y los resultados empresariales» en *El sistema financiero y el gobierno corporativo,* AA.VV. Unión Nacional de Cooperativas de Crédito. Madrid, 2012. Pág. 35.

Y es que si todas las «mediciones» de buen gobierno las ciñéramos exclusivamente al ámbito económico, amén de que en tal caso los juristas de Derecho societario no tendríamos suficientes elementos de valoración en nuestro ámbito, sería a su vez incurrir en viejos errores del pasado que precisamente justificaron la aparición de los principios del gobierno corporativo, por resultar escuetos, limitados, y sujetos al cortoplacismo. Es decir, cuando en el presente capítulo analizábamos los orígenes y sucesos que motivaron el gobierno corporativo, nos referíamos a la cuestión de la retribución de los consejeros mediante entrega de acciones o participación en beneficios como forma de retribución variable, dado que entonces se entendía que ello suponía una forma de incentivar y motivar a los consejeros a la creación de valor para el accionista, dado que dichos consejeros resultarían igualmente beneficiados de esas ganancias generadas para los accionistas, constituyendo una forma de alineación de intereses. Sin embargo, la experiencia demostró que tal forma de retribución conllevaba un peligro simultáneo, y era la posibilidad de gestionar la compañía desde un punto de vista cortoplacista a fin de generar rápidos e inmediatos beneficios, sin tener en consideración la viabilidad a largo plazo y la sostenibilidad social que hoy tanto se propugna como principio de buena gobernanza. Pues bien, a ello nos referimos cuando decimos que si nos limitamos a medir el buen gobierno de las empresas en base únicamente a cuestiones objetivas de índole económica, cabe la posibilidad de incurrir en el mismo error, sobre todo cuando, como decíamos, la sostenibilidad es un principio hoy fundamental del gobierno corporativo, lo que exige una visión más amplia que la de un incremento económico. Con ello tampoco decimos lo contrario, es decir, claro que el resultado económico es muy relevante e importante, especialmente para el accionista y para la tesis contractualista, pero en lo que a medir un sistema o modelo de gobierno corporativo se refiere, entendemos que las materias de análisis deben ser más amplias.

Por tales motivos, adelantando algunas de las conclusiones al respecto que desarrollaremos a continuación, nos surgen dos reflexiones.

La primera, que no por seguir al dictado las recomendaciones de los códigos de buen gobierno (o más concretamente, no por mucho decir que se siguen y cumplen tales recomendaciones) ello asegura un mejor modelo de gobierno corporativo pues, además de algún caso ya citado que pese a su casi íntegro seguimiento devino en prácticas lesivas, cabe la posibilidad de hacer un seguimiento o cumplimiento porcentualmente muy amplio, pero en cambio no hacerlo en cuestiones de especial calado o relevancia, y todo, por supuesto, según el caso y perspectiva de quién lo observe. Pongamos un ejemplo, algún autor sostiene que cuestiones como admitir estatutariamente la limitación al derecho de voto es, directamente, un signo de mal gobierno corporativo[223]. Si se cumplen prácticamente todas las recomendaciones menos la relativa a suprimir tales cláusulas ¿hablamos de un buen o un mal gobierno corporativo? A mayor abundamiento, dicho mismo autor considera que la confluencia en una misma persona de los cargos de presidente y primer ejecutivo también es síntoma de mal gobierno, aun cuando ello, a diferencia del caso anterior, ni tan siquiera es objeto de recomendación. En el caso de una sociedad que sí tenga designado un presidente ejecutivo ¿tiene buen o mal gobierno? Pues a la vista de las distintas opiniones de los autores, básicamente depende a quién preguntes, siendo todos los argumentos válidos o cuanto menos valorables. Por ello, como decíamos, no resulta posible establecer criterios objetivos en el ámbito societario de buen modelo corporativo, más que meros indicios.

La segunda, es que es cierto que existen encuestas, publicaciones e incluso estudios doctrinales que aseguran y acreditan que es más atractivo para un inversor un buen modelo de gobierno corporativo que uno más débil, y que incluso y a mayor abundamiento, aquellos emisores que anuncian y acometen reformas en su sistema de gobernanza obtienen una recompensa del mercado, generalmente en forma de incremento del valor de cotización bursátil, y también lo contrario, esto es, que aquellas entidades que en cambio no acometen tal modelo se ven penalizados en alguno de los estándares económicos referidos[224]. Cuestión distinta es que ese incremento económico sea causa y efecto directo de la adaptación del modelo de gobierno corporativo en lugar de una consecuencia accesoria, lo que otros autores cuestionan[225].

Siguiendo a Paz-Ares, estos estudios de valoración o medición de buen gobierno se han basado en cuatro aspectos. El primero, mediante las encuestas a inversores (como la elaborada por la *London Stock Exchange* a la que varios autores se han referido) si bien no dejan de ser eso, meras encuestas y palabras más que hechos. El segundo, mediante el análisis de los *rankings* elaborados por algunas instituciones, si bien muchos de ellos se vinculan precisamente a lo económico, pues incluso, alguna de esas entidades que hacen una revisión o valoración de la gobernanza empresarial son las mismas agencias de calificación crediticia o de *rating*. La tercera, mediante en análisis de casos concretos de nueva cotización, sobre lo que se ha llegado a la conclusión, aquí sí parece haber unanimidad, que las nuevas entidades o aquellas que salen a cotización son más propensas a invertir en fuertes modelos de gobierno corporativo como forma de atracción a inversores

223. MATEU DE ROS CEREZO, R.: «*El código unificado...*» cit. Pág. 16.
224. PAZ-ARES RODRÍGUEZ, J. C.: «*El gobierno corporativo...*» cit. Pág. 7.
225. JIMÉNEZ FERNÁNDEZ, A.: «*El gobierno...*» cit. Pág. 38.

previamente consultados a través de las citadas encuestas. Y la cuarta, por medio del análisis estadístico del incremento de valor económico en correlación al estudio del modelo de gobierno corporativo de la entidad en cuestión y los cambios que hubieren podido producirse en el mismo durante el período de tal aumento de valor. Ahora bien, el mismo autor también se ha planteado la disyuntiva sobre, dicho coloquialmente, si *fue primero el huevo o la gallina* por cuanto si tal modelo de buen gobierno responde a un previo resultado concreto (pone el ejemplo de la entrada de un socio inversor de referencia que trae consigo la reformulación del sistema de gobernanza) o resulta a la inversa.

En cualquier caso, el problema sigue siendo a nuestro juicio la remisión a las cuestiones de índole económico, cuando a nosotros lo que nos interesa a los efectos de este trabajo es el buen gobierno corporativo desde el punto de vista societario, en concreto, con respecto a los objetivos que el modelo pretende. De forma más específica, si el consejo ha asumido conjuntamente la misión esencial de supervisión y control de sus propios actos por medio de los consejeros denominados externos, o ajenos a la tipología de ejecutivos, cuestión que se encuentra con la problemática de que tal supervisión parte de quien también es a su vez consejero y por tanto administrador, lo que supone a nuestro juicio la principal carencia del modelo monista. También, habrá de evaluarse si los mecanismos establecidos aseguran una eficaz transparencia en la información. O de si la relación con los accionistas es fluida, existe igualdad de trato, y se fomenta su participación. Y todo ello al final será lo que determine un análisis más global y profundo de si el modelo de buen gobierno de una entidad en particular, y de España en general, es eficaz y competitivo, lo que a los efectos de este trabajo, nos lleva a precisamente a evaluar si respecto al régimen de nombramiento de consejeros en la sociedad cotizada, se ha producido una efectiva mejora del gobierno corporativo, o no.

Al respecto, del contenido del análisis que hemos ido realizando a lo largo del presente trabajo, cabe concluir que en el caso español, se ha producido una paulatina mejora, o al menos fortalecimiento, de los principios de gobierno corporativo en las empresas, consecuencia: (i) de la adaptación del modelo desde los primeros códigos; (ii) del proceso de asunción, seguimiento y cumplimiento por parte de las empresas de tales principios; (iii) de la internacionalización y crecimiento del mercado de cotización bursátil de acciones de nuestro país; (iv) de la aparente ausencia de hechos de especial significación de carácter lesivo o de malas prácticas que, salvo algunas excepciones, hayan puesto en evidencia el modelo español; (v) de la opinión a tal efecto expuesta por numerosos y destacados autores así como por inversores institucionales y encuestas realizadas a los agentes de mercado;

y (vi) de la conversión en norma legal de lo que anteriormente representaban recomendaciones de cumplimiento voluntario en lo que a nombramiento de consejeros se refiere a fin de que pueda ejercitarse de forma efectiva y eficaz las funciones de supervisión y control.

Ahora bien, a nuestro juicio y conforme a las conclusiones expuestas, este reconocimiento a la mejora del gobierno corporativo en el nombramiento de consejeros de la sociedad cotizada no es un proceso finalizado, ni que tampoco lo hará, pues ha de estar en continuo proceso de adaptación, ya que las vicisitudes y características concretas del mercado español pueden tender al cambio, a la posible proliferación de compañías de carácter más privado que las actuales en cuanto a la actividad que desarrollan, o a la internacionalización de sus estructuras. Y sólo entonces, podrá realizarse una valoración más genérica del modelo de buen gobierno, de sus carencias y fortalezas, y de los retos a los que se enfrenta.

Pero ello desde una perspectiva lo más objetiva posible, pues por otro lado, confluyen otras cuestiones más dogmáticas sobre las que existe un debate de, sin con independencia del resultado económico o societario generado, suponen la conformación de un modelo de buen gobierno o no. Nos referimos, por ejemplo, a la aludida cuestión de la confluencia en una misma persona de los cargos de presidente y primer ejecutivo de la sociedad; o a las medidas de blindaje disuasorias de una OPA como las cláusulas limitativas del derecho de voto, el blindaje de los consejeros y alta dirección, o la limitación de facultades de la junta general, cuestiones que si por un lado son objeto de recomendación de ser eliminadas, y por otro, se debate sobre la conveniencia de admitirlas legalmente o no, al final todo ello genera un debate sobre, según qué percepción, podemos concluir que nos encontramos ante un buen o un mal gobierno corporativo, lo que refuerza la idea que manifestábamos sobre la dificultad de establecer criterios de razonable objetividad. Por ello, la cuestión termina limitándose, además de a lo económico, en si el sistema «funciona» o no, esto es, si se cumplen buena parte de los objetivos (que no de las recomendaciones) que los principios del gobierno corporativo pretenden.

2. LOS ÓRGANOS SOCIALES EN EL MODELO COMPARADO

A) LA EVOLUCIÓN DE LOS PRINCIPIOS DE GOBERNANZA EN EL DERECHO COMPARADO

1. Consideraciones en torno a los años marco de la promulgación de los primeros códigos de buen gobierno

Conforme hemos, los primeros códigos del movimiento del gobierno corporativo surgen en el seno de una situación especialmente influenciada por actuaciones y sucesos corporativos de gran relieve que exigían más que una reformulación legal, una creación de un régimen que entrase en la forma de dirigir y gestionar las grandes compañías. Ahora bien, dichos sucesos han de ser contextualizados en la situación económica y política de la época, especialmente importante en la década de los años noventa como veremos a continuación. Al respecto, lo que con ello pretendemos es analizar dicha situación y entorno, ambientarlo en el puntual momento histórico, evaluar las concretas circunstancias de alguno de los mercados comparados de mayor importancia y relevancia, y estudiar las medidas legales que fueron adoptadas, todo ello al objeto de examinar la composición del órgano de administración en dichos modelos comparados y en su relación con los accionistas y los grupos de interés, que nos ofrezca una visión en conjunto con respecto al posterior estudio del modelo español. De la misma manera que en el anterior bloque analizábamos la aparición de los primeros códigos de buena gobernanza en relación a los hechos motivadores que justificaron la promulgación de los citados códigos, en este caso pretendemos comprender la composición del consejo de administración en Derecho comparado respecto del contexto, estructura del mercado, tendencia económico-política y costumbre empresarial que explique no sólo la especial estructura de los órganos sociales de las sociedades cotizadas, sino también el reflejo que éstos puedan tener sobre las grandes corporaciones de nuestro país.

En este sentido, como decíamos, la década de los años noventa del pasado siglo adquiere una importancia muy significativa especialmente en el citado contexto económico, político y social: hablamos de los años de la caída del comunismo y de la Unión Soviética, del consecuente establecimiento mayoritario del libre mercado en los principales países occidentales, del Tratado de Maastricht con la refundación comunitaria en la Unión Europea, y en consecuencia, de los códigos de gobierno corporativo. Por ello, en cuanto a la relación con el modelo español, nos resulta de especial interés el análisis de los casos de Estados Unidos y Europa, con especial referencia de ésta al tipo alemán. Y es que como explicaremos más adelante, hemos considerado por comparar la estructura del consejo de administración español primero con el modelo estadounidense, por seguir una composición monista como nuestro país, pero significativamente diferenciado no sólo en importantes aspectos sino en la propia actividad que desarrollan sus principales grandes compañías a diferencia de nuestro mercado; y segundo con el modelo alemán pues, siendo un país europeo, de mayor cercanía tanto geográfica como de interés común al ser ambos Estados miembros de la Unión, tiene en cambio una forma de estructura del órgano de gobierno y administración especialmente diferente, esto es, el modelo dualista. Por ello, tratándose además de dos países que a nivel político y económico ejercen una gran influencia en aspectos especialmente significativos, así como por el contexto histórico de ambas naciones y su influjo en un caso, participación en el otro, en la creación del marco de la Unión Europea, entendemos necesaria su puesta en contexto previo al análisis de la composición de nuestro modelo de gobierno y administración.

Y siguiendo el orden que mantendremos en las siguientes páginas, hemos de situarnos primero al otro lado del Atlántico a principios de los años noventa, en los que Estados Unidos vivía una situación macroeconómica de cierta contención interna causada principalmente por los sucesos citados, pero que a nivel empresarial reportaba grandes beneficios[226]. Implicó que en esta situación y ante la caída del régimen soviético, los norteamericanos presumieran de sistema como el claro vencedor de los dos conocidos sistemas antagónicos, era el triunfo del capitalismo, se enorgullecían de ello, y estaban dispuestos a exportarlo si ello les podía reportar más beneficios[227]. Efectivamente, era una época donde los grandes inversores institucionales americanos gozaban de una rentabilidad entendemos que en parte ocasionada por la clara y absoluta primacía de la *shareholder value*. La posición del accionista y la creación de valor al mismo era núcleo central, precisamente un rasgo del capitalismo más exacerbado, y pese a que existió también el debate en torno a la necesidad de adoptar un tono ciertamente más institucional y de responsabilidad social ajena a la compañía, lo que durara el debate, se saldó con la clara victoria de la que en nuestro caso conoceríamos como la tesis contractual. Pero como en toda batalla (dicho sea en sentido corporativo) hay daños colaterales, y en este

226. AGUADO SEBASTIÁN, S.: «Economía de EEUU. Las tres últimas décadas» en *Boletín económico de ICE, Información Comercial Española*, n.º 3025. Madrid, 2012.

227. En este apartado, seguimos de forma sistemática el estudio del Profesor Gondra Romero, que realiza un análisis muy interesante sobre la evolución tanto de los principios del gobierno corporativo en los modelos comparados como los citados contextos internacionales, a cuyos hitos y conclusiones nos remitimos por ser de gran valor al contexto de desarrollo de esta sección del trabajo. GONDRA ROMERO, J. M.: «100 Años de debate sobre el "gobierno corporativo": La importancia del contexto» en *Revista de Derecho de Sociedades*, n.º 52. Madrid, 2018.

caso una de ellas fue la proliferación de OPAS precisamente formuladas bajo el parapeto del interés del accionista, entiéndase tanto del adquirido por la presumible venta con ganancia, como de la entidad adquirente respecto de una posible absorción de parte del mercado.

En este contexto, el consejo de administración adquiría un papel protagonista, pues eran los garantes e incluso responsables de primar la rentabilidad del accionista, época en la que la forma de retribución conforme a resultados, bonus o incluso entrega de acciones, las denominadas *stock options*, era la más común, política que la experiencia ha demostrado que se desemboca en un cortoplacismo aparentemente muy rentable a cuenta de una posible futura situación de contención, y que en el caso norteamericano se acentuó en casos de conocidos abusos empresariales ya conocidos. Esta forma de gestión es precisamente la que ha motivado que hoy en día, los códigos de buen gobierno de los principales países aboguen por una visión sostenible de la gestión que asegure o fortalezca la continuidad futura. Y es que la política de retribución sujeta a resultados tenía una consecuencia que en el momento satisfacía a todas las partes, los accionistas eran retribuidos en rentabilidad, el valor de mercado de la acción o precio de cotización se incrementaba, y los consejeros eran retribuidos conforme a una política que incentivaba el resultado inmediato, pues aunque hoy por la experiencia lo veríamos en diferente modo, ante grandes ganancias en poco tiempo, nadie podría plantearse un escenario futuro de adversidad.

No obstante, hay que aclarar que este predominio o primacía del accionista no implicaba necesariamente la ausencia de control interno y externo. En el primer caso, la aparición de los consejeros independientes se interpretó como medida suficiente de contrapeso, equilibrio y supervisión, pues al modelo norteamericano el sistema dual y de la cogestión era una música que no le afinaba. En el segundo, tanto los sistemas de auditoría como el control por los organismos públicos reguladores se entendían igualmente como lo suficientemente relevantes para proteger los intereses del mercado, pues es cierto que estas entidades gozaban de ciertas facultades de intervención mayores que al menos los que hoy conocemos en nuestro país. Esa época de creación de riqueza, de predominio del accionista, del *«US corporate governance model»* tuvo un final un tanto abrupto con los sucesos que ya hemos visto, proceso que desembocó en la total reformulación del sistema legal.

Mientras, en Europa la situación era significativamente diferente, la cual sufrió un importantísimo y definitivo giro con el Tratado de Maastricht que transformaba la Comunidad Económica Europea en los cimientos de lo que hoy es la Unión Europea. El problema es que de lo que en su día nació en el seno de las naciones europeas como forma de aunar esfuerzos, valores, mercados y suponer un contrapeso a la gran influencia norteamericana, suponía por otro lado una relación de complicada confluencia, pues sin perjuicio de las diferencias existentes entre los territorios que componen los Estados Unidos de América, en sentido práctico en un único país, frente a la comunidad europea, compuesta por naciones de siglos de historia que en consecuencia implican una significativa diferencia entre todas ellas. Esta seña heterogénea de identidad de los países europeos era a su vez un *hándicap* de la Comunidad, necesitada de encontrar una identidad propia, lo que no era sencillo ante costumbres e incluso caracteres tan dispares como por ejemplo el italiano, francés, alemán, inglés y español. Y es que en sentido corporativo, además, los inversores institucionales miraban a Estados Unidos con el ánimo de encontrar un sistema que pusiera en valor al gran inversor sin necesidad e interés en entrar a formar parte del gobierno de la compañía en cuestión. En esta tesitura, como ya ocurría desde el inicio de la Comunidad y más tarde con el Mercado Único, las tesis que abogaban por la armonización del Derecho de sociedades a nivel europeo, se fueron no diluyendo pero sí adaptando o cediendo terreno ante una política, hoy en día aún predominante, de soberanía propia de cada país sujeta a diversas normas mínimas comunes a todos los Estados miembro, precisamente imitando el modelo norteamericano que no responde a una estandarización única. No era por tanto necesario establecer un sistema jurídico único, lo que a la gobernanza de las grandes compañías habría tenido efectos que si bien es obvio que desconocemos, sí intuimos que difícilmente tendrían encaje.

Sin embargo, sí difería del modelo estadounidense la política de interés, pues especialmente influenciado por el modelo alemán posterior a la Caída del Muro de Berlín, este sistema abogaba por la *stakeholder value*, máxime teniendo en cuenta el modelo dual y de cogestión identificativo de este país. Por otro lado, la influencia británica suponía apostar por un modelo autorregulatorio de los órganos sociales de las grandes compañías, pues lo contrario podía ser interpretado como una intromisión en la esfera privada, debate que perduró (y perdura) en los años posteriores, y que fue modificándose o adaptándose conforme a los cambios políticos y económicos posteriores en la Unión, como la consolidación de la misma, la apertura de las fronteras en sentido económico con el Mercado Único, y la puesta en circulación del Euro; y en sentido empresarial con la emisión de los primeros informes y códigos de gobierno corporativo en estos países.

Al final, la sucesión de acontecimientos precisamente termina evidenciando cómo en todos estos aspectos económicos de incidencia corporativa, los influjos que Europa y América mutuamente se generan ha supuesto la transformación y globalización de ciertas normas y principios de buena gobernanza que, si bien se respeta y ha de respetar el modelo propio, tratan de establecer sobre el mapa un conjunto de mínimos comunes a todos los mercados de relevancia.

2. El proceso reformador durante el siglo XXI

Durante la primera década del siglo XXI tienen suceso dos momentos de extraordinaria importancia en Estados Unidos en el ámbito financiero y empresarial, sin contar, claro está, los atentados del once de septiembre que asolaron especialmente la ciudad de Nueva York. Nos referimos en primer lugar al «escándalo Enron», y a la crisis de las hipotecas *subprime* en segundo, punto de partida de la crisis económica de tantos años de duración, hechos sobre los que hemos entrado anteriormente. En este punto, lo que entendemos procedente es contextualizar estos sucesos con el proceso reformador que en el caso norteamericano desembocó en la *Sarbanes Oxley Act* como forma de intervencionismo y sobre todo respuesta legislativa a los sucesos de principio de siglo. Y es que a raíz de su eclosión, se formó un movimiento crítico con el sistema de gobierno corporativo que tantos beneficios habían reportado antaño a los accionistas. Esta crítica se centraba en primera instancia en el modelo del sistema de incentivos como forma natural de retribución de administradores, no sólo vinculada a determinados resultados de corte contable, sino por la mera variación e incremento del precio de cotización de la acción de la compañía, máxime cuando quedó patente que dicho precio podía en ocasiones resultar de ciertas prácticas fraudulentas tendentes a inflar su cotización, de modo que el resultado era inmediato para el cumplimiento del hito o *bonus* a percibir por los administradores. Ello a su vez ha cambiado los parámetros de valoración de las compañías, pues de la misma manera que trasladado a nuestro sistema local actual, el valor contable de la compañía resultante del patrimonio neto del último balance aprobado por la junta general no ha de coincidir (y de hecho, rara vez coincide) con el valor real o de mercado de la compañía que determina la ausencia de identidad entre ambos, lo mismo sucedía entonces respecto del valor de cotización. Por ello, muchos de los ojos fueron puestos en estos años en las denominadas agencias de calificación crediticia o de *rating*, cuya influencia en el mercado parece ser especialmente significativa si bien su naturaleza jurídica, métodos de valoración y alcance de sus dictámenes en ocasiones son muy discutidas[228].

---

228. Sobre este asunto, destacamos este interesante estudio de MUÑOZ GARCÍA, A.: «*Agencias de Rating. Finalidad de las clasificaciones no solicitadas*». (2012). Documento depositado en el archivo institucional EPrints Universidad Complutense de Madrid. https://eprints.ucm.es/15785/

El segundo elemento de crítica se refería a la ausencia de control y supervisión, no sólo de los organismos reguladores, agencias de control y supervisores del mercado de valores, sino a nivel interno, de los consejeros independientes, cuestión que se doblaba en dos vertientes, por un lado, la falta de implicación en las funciones de supervisión de este tipo de consejeros así como su excesiva connivencia con los ejecutivos, lo que ponía en cuestión su tantas veces aludida independencia y que ha provocado que hoy en día ésta sea una de las mayores exigencias de los principios del gobierno corporativo incluso a nivel legal; y por otro, la ausencia de mecanismos de control, de una estructura de gobierno que fomente la supervisión de los propios actos del consejo mediante una separación de funciones, contención del riesgo, revisión *ex ante* de determinados acuerdos, y que en esencia suponga la implicación y a su vez responsabilidad de todos los integrantes del órgano evitando así el abuso de la excesiva delegación de funciones en aquellos consejeros con funciones ejecutivas asignadas.

Y en tercer lugar, fue objeto de crítica (y en cierto modo aún hoy lo es) la excesiva pasividad de determinados accionistas, con especial hincapié en los significativos sin presencia directa en el consejo, y los accionistas institucionales, quienes durante años fueron los principales beneficiarios de los rendimientos de la *shareholder value* con una tasa de retorno a la inversión superior al crecimiento macroeconómico, cuya dejación de funciones, o de interés si resulta problemático hablar de funciones del accionista, propiciaron determinados abusos del órgano gestor por total ausencia de contrapeso, control, vigilancia ni tan siquiera exigencia de responsabilidad ni rendición de cuenta alguna. Este es tal vez uno de los retos del gobierno corporativo, la exigencia o no de implicación al accionista. Por lo pronto, se ha adoptado el camino del derecho frente al de la obligación, es decir, otorgar más y mayores competencias indelegables a la junta debiendo someterse a su imperativa consideración determinados acuerdos que por su naturaleza, enjundia o valor exigen de una especial observancia. Pero ello no obstante, no puede dejar fuera de análisis el hecho de exigencia de implicación especialmente a los inversores institucionales, máxime si son ciertamente cómplices de una política de exacerbada tesis de creación de valor al accionista, obteniendo por ello unos rendimientos significativamente superiores a estándares normales, lo que debe hacer presuponer una mayor implicación al menos en la exigencia de responsabilidad y rendición de cuentas[229].

229. Salvando las distancias por sus evidentes diferencias, el caso nos recuerda en cierto modo al conocido caso en nuestro país de las «participaciones preferentes» ofertadas por algunas entidades financieras en los años marco del estallido de la crisis financiera mundial de 2008. Y es que uno de los argumentos que en ocasiones aducían estas entidades como defensa en los múltiples procedimientos judiciales en que se vieron

Al final, el legislador opta por tomar el control, por la regulación, y aunque ello fue objeto de algunas críticas por los sectores más liberales, la experiencia nos ha demostrado como se ha repetido el mismo patrón en los últimos años, esto es, la intervención legislativa frente al fracaso en unos casos, deficiencia de modelos en otro, de los sistemas *manga ancha* de gobierno corporativo, aquellos que delegaban toda regulación interna en las propias sociedades. Y es que este movimiento de nueva regulación y mayor intervencionismo, tuvo su segundo punto de alcance apenas un lustro después con el estallido de la crisis de las hipotecas *subprime*, la caída de «*Lehman Brothers*» y el contagio a los sistemas financieros mundiales.

Mientras tanto, Europa parecía asumir que lejos de encontrar esa identidad propia en materia del Derecho societario, lo conveniente era más que imitar, adaptar el modelo norteamericano, y efectivamente entendemos que se trataba más bien de una adaptación pues pese a quedar ciertamente impactada por los sucesos que motivaron la promulgación de la *Sarbanes Oxley Act*, se hizo una mayor apuesta por la autorregulación de estas entidades, criterios que así siguieron los Informes *Winter* y *Aldama* anteriormente vistos.

En cambio, la crisis financiera de 2008 sí fue un punto de partida más diferenciador respecto a los sucesos anteriores, y si bien las primeras normas de alcance comunitario tenían a las entidades financieras como principales destinatarias, pronto este movimiento legislativo se extendió al conjunto de las sociedades cotizadas al haberse detectado que los mecanismos de funcionamiento del gobierno corporativo que habían resultado inútiles

---

inmersas eran los significativos rendimientos que los suscriptores de este producto recibían en los años de bonanza económica, rentabilidad que resultaba muy superior a la de cualquier producto meramente de ahorro, lo que a su juicio catalogaba a los preferentistas como inversores, pues los vicios en el consentimiento que los demandantes alegaban sólo fueron puestos de manifiesto cuando el mercado de este producto entró en mínimos, y no cuando sí les reportaba una alta rentabilidad. Sin embargo, las repetidas resoluciones judiciales rechazaron tales argumentos, entendiendo que debido a la complejidad del producto y a la falta de información ofrecida, entre otros argumentos, los suscriptores no podían ser considerados como inversores sino como ahorradores pues desconocían el riesgo que estaban adquiriendo. En este caso, lo hemos traído a colación sobre los altos rendimientos que obtenían los inversores institucionales en la época de la absoluta maximización del valor de la acción que les hacían desentenderse por completo de la gestión y supervisión de los administradores, si bien en este caso no ostentan obviamente la misma catalogación que los preferentistas, pero que ponemos en contexto respecto del teórico «silencio» y comprensible falta de queja cuando los resultados son beneficiosos. De entre las resoluciones judiciales respecto de las participaciones preferentes, Sentencia de 5 de abril de 2018 del Tribunal Supremo Roj: STS 1232/2018, siento Ponente el Excmo. Sr. D. Pedro José Vela Torres. Id Cendoj: 28079110012018100185.

o ineficientes eran también seña de las grandes corporaciones, lo que dio origen a todo un movimiento armonizador que veremos a continuación. Y es que los diferentes textos de la Unión Europea al respecto, pusieron de relieve en concreto las siguientes deficiencias: (i) excesiva asunción de riesgos, o en su caso, ausencia de control del mismo; (ii) falta de mecanismos de supervisión y control y detección de las debilidades para los mismos; (iii) excesiva influencia norteamericana de la *shareholder value*, y en consecuencia, falta de atención regulada de los grupos de interés; (iv) fallos en la regulación y funcionamiento de los mercados internacionales por la diversidad de Ordenamientos, lo que motivó la promulgación de normas que dotaban de mayores competencias a los organismos comunitarios[230]; y (v) al igual que el caso norteamericano, la pasividad de determinados accionistas e inversores institucionales, crítica que igualmente hizo extensible de las entidades financieras a las sociedades cotizadas en general, no sólo en la falta de toma de decisiones y participación del control, sino también en la *«falta de interés en responsabilizar a los directivos de sus decisiones y acciones»* agravado en la corta tenencia de acciones, tal y como reflexionaba el Plan de Acción de 2012 de la Unión Europea. Este último punto precisamente ha sido catalogado como una de las debilidades de los principales sistemas de gobierno corporativo, que afecta no sólo al ámbito europeo sino también al resto de mercados como el estadounidense[231]. Precisamente, parte del debate se encuentra primero nuevamente en el marco de la autorregulación frente al intervencionismo, es decir, si la exigencia de ciertas actuaciones a según qué accionistas no puede ser entendido como una indebida intromisión en su voluntad y en la desnaturalización de su figura; y en segundo lugar, si las medidas al respecto han de ser de otorgamiento de derechos o de imposición de obligaciones. La práctica de los años siguientes en sentido general (es decir, no sólo a los inversores institucionales) se ha enmarcado en el primer caso, ampliando el ámbito competencial de la junta general como forma de revitalización del órgano y de incentivación a su participación, y a través de la promulgación de las denominadas *loyalty shares*.

No obstante, la Unión Europea se enfrentaba a la dificultad legislativa por la confluencia de los intereses, valores o consideraciones de cada uno de los Estados miembro, problema al que Estados Unidos no se enfrenta pues, si bien es cierto que su política societaria no es tampoco excesivamente nuclear, la promulgación de Directivas comunitarias en cambio ha sufrido

230. El caso especial de la *Troika*, jerga de origen ruso referida a un triunvirato, que en el contexto de la crisis económica europea se refería al grupo de decisión formado por la Comisión Europea (CE), el Banco Central Europeo (BCE) y el Fondo Monetario Internacional (FMI).

231. GONDRA ROMERO, J. M.: *«100 Años de debate...»* cit. Pág. 23.

importantes demoras en su tramitación, algunas de las cuales incluso no han llegado a ser promulgadas.

3. Normas europeas de armonización en materia de gobierno corporativo

A. *La previa incidencia sobre las entidades financieras*

A raíz de la crisis económica de 2008, la Unión Europea ha promulgado diferentes normas, propuestas, consultas o resoluciones en materia de gobierno corporativo, que al igual que el caso español, han ido paulatinamente trascendiendo del ámbito de las recomendaciones a tener en según qué casos naturaleza vinculante, muy especialmente en el ámbito de las entidades financieras. Son precisamente éstas las que fueron destinatarias de las primeras normas comunitarias en el ámbito de la crisis, normas que trascendían desde lo económico y contable, como determinadas obligaciones de solvencia, test de estrés y aprovisionamientos imperativos, lo cual ha supuesto una completa reestructuración del mapa de entidades muchas de las cuales se han transformado, fusionado o absorbido, hasta cuestiones de relevancia práctica en el gobierno corporativo de la entidad y estructura de los órganos. Las normas más destacadas en estos aspectos son el Informe del Grupo de Alto Nivel sobre Supervisión Financiera en la UE: el *Informe Larosière*; la Recomendación de la Comisión 2009/384/CE; y el Libro Verde sobre el gobierno corporativo en las entidades financieras y las políticas de remuneración del año 2010, diferente al que ahora entraremos a analizar. Todos estos documentos, en materia de gobierno corporativo, pretendían incidir especialmente en dos cuestiones: el riesgo y la política de remuneraciones de los consejeros.

Con respecto al primer punto, la normativa comunitaria, y que también siguió el Comité de Basilea, establecía que las entidades financieras debían contar con una unidad de control del riesgo a través de mecanismos desarrollados reglamentariamente tales como una auditoría de los sistemas de calificación y la delimitación de las funciones de los encargados de tal contención del riesgo, sin perjuicio del resto de deberes generales de diligencia de los administradores, lo que algún autor entendió que en ese contexto temporal implicaba una cierta separación del principio de discrecionalidad empresarial[232].

232. LEÓN SANZ, F. J.: «La reforma del Derecho europeo de sociedades cotizadas» en AA.VV.: *Estudios sobre órganos de las sociedades de capital. Liber Amicorum Fernando Rodríguez Artigas y Gaudencio Esteban Velasco*, coord.: JUSTE MENCÍA, J. y ESPÍN GUTIÉRREZ, C. Vol. I. Ed. Thomson Reuters Aranzadi. Navarra, 2017. Pág. 145.

Con respecto al segundo, se pretende una compatibilidad y equivalencia de la retribución en relación a los intereses de sostenibilidad como criterio de temporalidad alargada, así como una nueva regulación de la retribución variable que huya de los estándares anteriores, exigiendo una razonable proporción tanto a la situación concreta y resultados de la compañía como con respecto a la parte fija de la remuneración, incluyendo una cláusula ciertamente interesante en comparación a los mecanismos contenidos en nuestra Ley de Sociedades de Capital, como de *retorno de la retribución*, es decir, el establecimiento de una cláusula por la cual la entidad tenga la potestad de reducir la remuneración del consejero atendiendo a determinados baremos variables, e incluso, más novedoso si cabe, instar la recuperación de la retribución variable ante el acaecimiento de malos resultados[233]. Por una cuestión de exceso del ámbito del presente trabajo no podemos prestar más atención a esta medida, si bien entendemos que resulta de especial interés dado el debate y reflexión necesario que hubiera de establecerse ante la hipotética promulgación en nuestro país por vía legal (pues difícilmente tendría aplicación por vía de códigos de recomendación) así como la aplicabilidad del mismo.

B. *Apuntes en torno a la Directiva 2017/828*

Con respecto a las sociedades cotizadas en general, el movimiento reformador comienza con el Libro Verde de gobierno corporativo de 2011, que ahora veremos, el cual desemboca en el Plan de acción de 2012 denominado *«Derecho de sociedades europeo y gobierno corporativo. Un marco jurídico moderno para una mayor participación de los accionistas y la viabilidad de las empresas»*, texto que tras las oportunas tramitaciones primero por parte de la Comisión Europea y su Propuesta de Directiva, las modificaciones acordadas por el

233. Un caso un tanto similar podemos encontrarlo fuera del ámbito de las sociedades mercantiles de capital, concretamente en algunos de los clubes de fútbol más importantes de nuestro país, como el Real Madrid, el Fútbol Club Barcelona, el Club Athletic de Bilbao, o el Club Atlético Osasuna, entidades cuya naturaleza jurídica es la de asociaciones deportivas, es decir, sin ánimo de lucro y sin una estructura de sociedad mercantil con un capital social dividido en acciones, tal y como ocurre por ejemplo con el resto de equipos de la Primera y Segunda División españolas de fútbol, que han adoptado la forma de sociedad anónima deportiva (como el Atlético de Madrid, el Sevilla o el Valencia). Con respecto a los cuatro primeros citados, y habida cuenta de su citada naturaleza jurídica, son entidades sometidas a un régimen democrático en igual o similar forma que las asociaciones civiles, compuestas por asambleas de socios quienes no ostentan parte alícuota sobre el patrimonio social, y por una junta directiva encargada de la gestión de la entidad. Al respecto y conforme establece la Ley del Deporte, y sin perjuicio del concreto contenido de los Estatutos de cada entidad, las personas que pretendan acceder a los puestos directivos en la entidad han de presentar un aval personal a calcular sobre el presupuesto anual de la entidad, el cual será ejecutado en caso de incursión en pérdidas del club deportivo en cuestión.

Consejo Europeo, y la aprobación final por parte del Parlamento Europeo, finalmente se materializó en la Directiva 2017/828.

Dicha Directiva, en materia de gobierno corporativo, establecía cuatro puntos de especial relevancia[234], que sucintamente resumimos en: (i) la identificación de los accionistas y la adopción de medidas de fomento y facilitad para el ejercicio de los derechos inherentes a su condición; (ii) el establecimiento de normas que fomenten la implicación de los inversores institucionales en las sociedades cotizadas y la regulación de las relaciones con los gestores de activos, los *proxy advisors,* y la revisión del principio del «cumple o explica» para estas entidades; (iii) la remuneración del órgano de administración; y (iv) la transparencia societaria en el ámbito de las operaciones vinculadas.

C. *El Libro Verde sobre Gobierno Corporativo*

1. Marco y alcance. El denominado «*Libro Verde. La normativa de gobierno corporativo de la UE*», de 5 de abril de 2011, es un documento elaborado por la Comisión Europea en el marco de las diferentes normas internacionales publicadas durante los años de máxima incidencia de la crisis económica, que a través de diferentes reflexiones, preguntas y cuestiones que plantea a la Comunidad en forma de audiencia pública, expresa determinadas consideraciones y recomendaciones sobre los principios que deben adoptar las grandes compañías emplazando a los Estados miembros de la Unión a legislar en dicho contenido.

Comienza el Libro Verde realizando una exposición sobre la necesaria instauración de medidas protectoras y de fortaleza del mercado único, lo que se evidencia como una declaración de principios comunitarios tan puestos de manifiesto en los últimos años por las normas que emanan de las instituciones europeas, declaración de principios que se torna más evidente si cabe cuando espera de las grandes empresas un comportamiento adecuado, además de con los accionistas y trabajadores, con la sociedad en general. Se trata al fin y al cabo de la unión y coexistencia de los principios del gobierno corporativo, por un lado, y de la responsabilidad social corporativa, por otro, siendo el objeto del presente trabajo el primero de ellos. Y es que la promulgación de normas y principios en sendos ámbitos han sido puestos de manifiesto por las citadas instituciones europeas como un mecanismo de generar confianza y competitividad de nuestras grandes empresas, para lo cual se recuerda las bondades de contar con eficaces sistemas de gobernanza y de una determinada política responsable social-

234. Un análisis pormenorizado de la Directiva 2017/828, en LEÓN SANZ, F. J.: «*La reforma del Derecho europeo...*» cit. Pág. 147.

mente, máxime en tiempos de crisis. Y es que precisamente una de las cuestiones en las que más reincide el Libro Verde, especialmente en materia de gobierno corporativo sobre el que versa el mismo, es la necesidad de establecer procedimientos de contención de riesgos, evaluación de la eficacia de los sistemas, y capacidad de información externa especialmente sobre los anteriores. Por ello, tras exponer el origen y sentido del Libro Verde así como la enumeración de los distintos agentes intervinientes de mercado que han participado en la elaboración directa o indirecta del mismo, concluye que en esencia las cuestiones problemáticas en materia de gobierno corporativo se centran primordialmente en el consejo de administración, la relación con los accionistas, y la información y aplicación de los principios de normas de carácter no vinculante.

Es cierto, no obstante, que el marco temporal en que se desarrolló el Libro Verde fue el de la crisis económica iniciada o hecho principalmente palpable en 2008, de modo que se reconoce la influencia que previamente tuvo el anterior Libro Verde sobre *el gobierno corporativo en las entidades financieras y las políticas de remuneración*, lo que expone, a nuestro juicio de forma acertada, que la especial exigibilidad de contención del riesgo a las que se someten las entidades financieras especialmente en materia de solvencia y aprovisionamiento, puede resultar en cierto modo un ejemplo o reflejo para la generalidad de las entidades cotizadas no financieras. Al fin y al cabo, la experiencia de los últimos años ha evidenciado una cierta contención de grandes corporaciones tal vez temerosas de que se reproduzcan coyunturas económicas que pongan el riesgo la planificación del negocio.

Ahora bien, con anterioridad a entrar en las tres cuestiones que entiende problemáticas, anteriormente citadas, reflexiona el Libro Verde acerca de la aplicación de los principios en materia de gobierno corporativo, primero en sede de sociedades cotizadas respecto a las de mayor y menor volumen de capitalización entre unas y otras; y posteriormente respecto a otras grandes corporaciones cuyas acciones, en cambio, no se hallan admitidas a negociación en un mercado secundario de valores, preguntándose si en ambos casos han de establecerse normas de contenido y alcance diferente, máxime cuando algunos Estados comunitarios sí han legislado de forma diferenciada. Es una cuestión sin duda interesante, pues efectivamente la diferenciación entre todas ellas es muy amplia. Comenzamos por el primer caso, todo entidades cotizadas, partiendo del ejemplo en nuestro país, que a diferencia de otros ejemplos que expone el texto comunitario, no realiza en cambio una regulación diferenciada en función del tamaño o capitalización bursátil de las entidades cotizadas sino, únicamente y en todo caso al igual que en las normas comunitarias, lo hace entre las entidades financieras, y las que comúnmente podríamos encuadrar como el resto. En nuestro país, como decimos, se ha entendido que tanto la Ley de Sociedades de Capital como el Código de Buen Gobierno resultan suficientemente exhaustivos para la regulación orgánica de las actualmente ciento veintinueve sociedades cotizadas, con independencia del mercado en que coticen, su volumen de capitalización, y su inclusión o no en el ranking de las de mayor valor. En segundo caso, tenemos a grandes corporaciones en cambio no cotizadas pero de incuestionable valor económico y social, tanto por el volumen de su cifra de negocios como por el número de trabajadores que emplea de forma directa y también indirecta[235]. Entidades de las que la catalogación de «privadas» adquiere mayor rango, si cabe. Es decir, obviamente las sociedades mercantiles, coticen o no, sean grandes o pequeñas, son entidades de naturaleza privada. Pero nos referimos a un mayor rango privado toda vez que a las entidades cotizadas le son de aplicación directa normas de Derecho público relativas al mercado de valores a las que en cambio no se someten las no cotizadas, con independencia de su tamaño económico, de ahí nuestro planteamiento. Sin embargo, precisamente por su volumen e incidencia social se ha puesto de manifiesto la necesidad de contar con eficaces sistemas de gobernanza empresarial a través de diversos estudios específicos en la materia[236]. Pero en ambos casos no obstante, recuerda el Libro Verde la dificultad de la aplicabilidad de principios entre toda la citada gama de sociedades, cotizadas grandes y pequeñas, y no cotizadas de especial envergadura. Por ello, con carácter previo a entrar en los tres puntos principales, se cuestiona: (i) si cabe la aplicación de unos mismos principios y normas para todas ellas; y (ii) si en caso de diferenciación, cómo se establecen los umbrales o criterios de separación.

No es un asunto de sencilla respuesta. Bien es cierto que del caso español, a nuestro juicio no creemos que se haya evidenciado una debilidad del sistema de gobierno corporativo de nuestro país por el mero hecho de la falta de diferenciación entre las sociedades cotizadas por razón de su tamaño. Es cierto que no podemos hacer uso de ningún estudio empírico que acredite tal opinión, pero que basamos a sensu contrario en una aparente falta de denuncia al respecto por los organismos legisladores y promulgadores de los códigos de cumplimiento voluntario. No parece, por tanto, que haya sido materia especialmente conflictiva al menos en nuestro país. No obstante, ello no es óbice para plantear la posibilidad de una diferenciación de aplicación en función de determinadas circunstancias de las

235. Los casos más conocidos en nuestro país, los de Mercadona y El Corte Inglés.
236. HIERRO ANIBARRO, S.: *Gobierno corporativo en sociedades no cotizadas*. Ed. Marcial Pons. Madrid, 2014; y GARNACHO CABANILLAS, L.: «El gobierno corporativo de las sociedades no cotizadas» en *Revista de Derecho bancario y bursátil*, n.º 154. Madrid, 2019. Pág. 85.

grandes compañías, no sólo la aludida respecto a su tamaño económico-financiero o su volumen de capitalización bursátil, sino también lo que en nuestra opinión más relevante hemos manifestado que implica el caso español, que es la actividad concreta de la sociedad. Pero al fin y al cabo los problemas que acucian en sentido general a la aplicación de los principios del gobierno corporativo en las sociedades cotizadas, hoy en día siguen reproduciéndose con respecto a lo que ya advirtió en Libro Verde en 2011, cuestiones relativas al consejo de administración (como la idoneidad como requisito de selección de consejeros), los accionistas (respecto de la implicación de los mismos como mecanismo de control), y la información externa; cuestiones todas ellas que siguen siendo actualmente destacables en el conjunto de las grandes corporaciones, y que constituyen materia de estudio en el ámbito de la mejora de la aplicación de los principios del gobierno corporativo a la realidad práctica de las sociedades cotizadas.

Otra cuestión diferente son las sociedades no cotizadas de especial envergadura y tamaño. Si como hemos visto, la elevación a rango de Ley de lo que anteriormente constituían meras recomendaciones de los códigos de buen gobierno ha sido interpretada por algún autor como una intromisión en la esfera privada de las sociedades[237], mayor argumento cabría en el caso de entidades cuyas acciones no se hallan admitidas a negociación en un mercado secundario de valores. Al respecto, su regulación siempre encontraría aparente justificación en el «interés general» del conjunto de la ciudadanía, especialmente en entidades de determinada actividad o con un número importante de trabajadores, datos que precisamente pueden ayudar en cierto modo a delimitar ese umbral que el Libro Verde plantea sobre cuál ha de ser el límite entre la aplicación de los principios de gobierno corporativo a sociedades no cotizadas. Pero ello no ha de difuminar los terrenos del ámbito jurídico, es decir, si partimos por ejemplo de la aplicabilidad de los principios sobre una sociedad no cotizada por el mero hecho del número de empleos directos que supone, en el fondo la regulación de esa sociedad en concreto despertará más interés en el ámbito del Derecho laboral que en el de sociedades mercantiles. Por ello, los citados límites, de existir, deben ser más amplios en lo que a incidencia societaria se refiere, por ejemplo, la heterogeneidad del capital social o el equilibrio de poderes en el consejo de administración. Y es que si bien los conflictos societarios pueden acontecerse en cualquier tipo de sociedad con total independencia

237. MATEU DE ROS CEREZO, R.: «Gobierno corporativo de las sociedades cotizadas. Entre la libertad y la regulación» en *Revista de Derecho Mercantil*, n.º 303. Madrid, 2017. Pág. 69-102.

de su tamaño[238], lo que sí puede ser objeto de regulación más que la imposición de normas de carácter vinculante (que sí entenderíamos como una intromisión injustificada) sería la publicación o información a accionistas, proveedores, trabajadores y terceros en general sobre el sistema de gobierno corporativo de la entidad en cuestión.

2. Esquema. Tras la introducción sobre el marco y justificación del documento, el Libro Verde entra en el detalle siguiendo un esquema respecto de los tres puntos de considera de especial significación o conflictividad para la evaluación de la eficacia de los sistemas de gobierno corporativo. En primer lugar, el consejo de administración, entendiendo que ha de ser objeto de análisis, revisión y propuesta las cuestiones relativas tanto al equilibrio de poderes y tipología de consejeros, como de la cualificación e idoneidad de los integrantes del órgano. En segundo lugar, respecto a los accionistas, reincide en el clásico debate sobre la implicación de los mismos como mecanismo de control sobre los gestores de la sociedad, especialmente en los sistemas monistas. Y en tercer y último lugar, se centra en la aplicación del principio del *«cumple o explica»* propio del gobierno corporativo, como forma de información facilitada, es decir, no cuestiona el principio en sí sino la forma de ejecución ante lo que considera por un lado una deficiente información de los emisores, y una falta de supervisión de los organismos reguladores, por otro. Por ello, entrando en dichas tres áreas, estructura su análisis en una exposición de la cuestión, un planteamiento de diversas preguntas que somete a debate, y una reflexión a modo de posible propuesta que deriva a los Estados miembros de la Unión a su regulación. No obstante, no se trata de una propuesta en sentido estricto, pues no establece ningún tipo de redacción legal concreta, ni tan siquiera un contenido mínimo, sino que la propuesta se refiere más a una invitación a la reflexión y sobre todo a la revisión de los textos legales de cada país que, en atención a sus diversas especialidades, adopten las medidas necesarias para el reforzamiento de los principios de buena gobernanza al objeto de generar mayor confianza y competitividad en los mercados.

3. El consejo de administración. Conviene en este punto matizar que el Libro Verde se refiere al consejo de administración de las grandes corpo-

238. Un reciente caso de conflicto societario en el seno de una de las mayores y más importantes entidades no cotizadas en nuestro país fue la de «El Corte Inglés», cuya especialidad radicaba tanto en el capital familiar como extranjero, y en las luchas internas entre los herederos del anterior accionista mayoritario. De ello se hace eco la noticia publicada en el diario La Vanguardia: *«Quién es quién en la lucha por el poder en El Corte Inglés»*.
https://www.lavanguardia.com/economia/20180530/443748285630/el-corte-ingles-dimas-gimeno-alvarez-junta-presidente.html

raciones desde la perspectiva de la regulación de los consejeros no ejecutivos en su función supervisora, pues incluso hace referencia explícita al sistema dual de administración, y de forma concreta, al consejo de supervisión. Ello no es óbice para que sus planteamientos no resulten interesantes y aplicables al sistema monista ya que pone de relieve determinadas cuestiones problemáticas o de necesaria revisión en la gobernanza y las relaciones orgánicas de las sociedades. Esto es, si bien expone sus argumentos bajo una notable influencia del sistema alemán, busca plantear a los Estados miembro diversas prerrogativas que sean objeto de revisión y reformulación legal, con independencia de las concretas vicisitudes de los ordenamientos locales. Prueba de ello es la primera cuestión que plantea relativa a la figura del presidente del consejo de administración respecto del clásico debate acerca de la conveniencia o no de aglutinar en torno a una misma persona dicha cualidad con la del primer ejecutivo de la sociedad, al considerar al presidente como sujeto de especial influencia y trascendencia tanto en el éxito como en el funcionamiento interno del consejo, planteando como primera cuestión si ha de garantizarse, que no recomendarse, la separación entre las figuras, debate en el cual entraremos más adelante, y sobre el que el Libro Verde en el marco de su esquema de planteamiento más que de solución o propuesta, deja a los Estados miembro su respuesta.

A continuación, entra en los cinco apartados que entiende de especial interés respecto a la estructura y funcionamiento del órgano de gestión, como hemos dicho, más desde una perspectiva de las funciones supervisoras, que analizamos a continuación.

a. La composición del consejo. En el marco de las reflexiones en forma de práctica recomendación, comienza el texto solicitando una composición del consejo en lo que a número de integrantes se refiere en adecuada proporcionalidad a la actividad de la sociedad en sí. Y es que el número de consejeros que forman el órgano de gestión a menudo ha sido una cuestión debatida en los textos de análisis de la materia, si bien entendemos que se trata de una cuestión que en ocasiones ha resultado poco problemática en cuestiones de orden práctico, ya que algunos de los problemas de sobredimensión en algunas entidades como foco problemático de los principios del gobierno corporativo se han evidenciado más en la alta dirección que en el propio consejo. Y es importante pues a nuestro juicio se trata de una cuestión a la que los principales estudios del gobierno corporativo han pasado con significativo menor interés que respecto al propio consejo, cuando se ha evidenciado que en la alta dirección no sólo se encuentra el núcleo de la gestión diaria del negocio de una compañía, en cuyos comités de dirección habitualmente se encuentran los consejeros con funciones ejecutivas, sino también buena parte de la retribución al organigrama social. Sea como fuere, entendemos que ya existen suficientes recomendaciones respecto al número máximo de consejeros de una entidad cuya determinación habitualmente se motiva o explica en los respectivos informes anuales de gobierno corporativo.

Pero en lo que a las concretas condiciones o requisitos que han de cumplir los consejeros, insistimos, siempre en el marco de los no ejecutivos o con funciones de supervisión, solicita el Libro Verde atender a criterios de mérito, experiencia, independencia y diversidad. Precisamente es esta última circunstancia la que más desarrolla y más énfasis pone al instar a consejeros seleccionados que en conjunto supongan un grupo diverso en lo profesional, en la nacionalidad de los integrantes, y en igualdad de sexos, pues a su juicio esa pluralidad o transversalidad motivará paradójicamente más oposición a los ejecutivos, y por tanto más debate y mayor supervisión. Resulta curioso, pues el propio Libro Verde reconoce que esa diversidad puede entrañar una mayor lentitud en la adopción de decisiones, si bien es un peaje que se compensa con una decisión más consensuada y teóricamente analizada. No cabe duda de que estas cuestiones pertenecen a un debate instalado en la sociedad cada vez de forma más acuciante, un lenguaje de diversidad en su sentido amplio acorde a los tiempos en los que vivimos y sobre los que existen ya diversos estudios e incluso normas específicas, especialmente en materia como la presencia de mujeres en los consejos de administración, lo que evidencia que el Libro Verde, datado en el año 2011, ya recogía unos planteamientos que hoy día continúan vigentes.

De forma concreta, y como decíamos, insta a un consejo diverso, entendiendo diversidad desde un triple ángulo. En primer lugar, respecto a la diversidad profesional, se refiere a la constitución de un consejo plural en las profesiones y estudios superiores de sus integrantes, máxime teniendo en cuenta la especial actividad desarrollada por la sociedad[239]. Tiene obvio sentido, pues un consejo, que suele estar integrado por Licenciados en Derecho, Económicas, Administración y Dirección de Empresas, y demás, es más que recomendable que cuente en su seno con otro tipo de perfil, no sólo acorde a la actividad de la sociedad que ello huelga por su obviedad, sino por la diferente estructura de análisis ante determinados acontecimientos, poniendo especial relieve el Libro Verde en la aparente ausencia en los consejos de perfiles como anteriores directores financieros o de marketing y ventas, cuestión muy interesante, porque como hemos planteado en alguna ocasión a lo largo del presente trabajo, hemos entendido que parte

239. Citando un ejemplo común, la compañía ACS, perteneciente al IBEX 35, es una entidad dedicada entre otras actividades, a la construcción, resultando que su presidente actual tiene la condición de Ingeniero de Caminos, Canales y Puertos.

de los criterios para determinar la idoneidad de la condición de un futuro consejero puede encuadrarse en su experiencia como miembro de la alta dirección de la entidad.

En segundo lugar, se refiere a la diversidad de nacionalidades en el consejo, al hacer mención que el 25% de los consejos de administración de las entidades cotizadas consultadas, al menos en el año de publicación del Libro, no contaban con ningún miembro foráneo al de la nacionalidad de la entidad. A nuestro juicio, no es un debate sencillo pues este tipo de cuestiones en ocasiones resultan conflictivas por lo que entendemos una contaminación por cuestiones más de índole política que jurídica, y que guarda un cierto paralelismo, aunque con diferencias muy significativas, respecto al de la diversidad de género. La cuestión es que si bien la pretensión de plurinacionalidades se basa al igual que en la diversidad profesional en el ánimo de encontrar nuevas respuestas provenientes de culturas diferentes, no tenemos claro que ello en un sentido estrictamente jurídico o incluso empírico tenga algún efecto palpable, máxime en entidades que, aun teniendo un volumen de capitalización muy significativo, centran su actividad al Estado al que pertenecen. Por citar un ejemplo, en la actualidad a escribir estas líneas se está viviendo lo que parece una nueva ola de fusiones bancarias, no tan significativa como la que se vivió tras la crisis económica de 2008 y la transformación de las antiguas cajas de ahorro, pero sí al menos con cierto ímpetu[240]. Sin embargo, ese movimiento que se ha generado especialmente entre las entidades más grandes, afloró una realidad respecto al mercado único europeo: si tanto por el Banco de España como por el Banco Central Europeo se animaba a dichas entidades a continuar con sus movimientos de fusión, lo cierto es que las que han sucedido se han circunscrito casi de forma exclusiva a niveles locales y no transfronterizas, pues como ha puesto de relieve alguna entidad, no se dan las condiciones jurídicas razonables que aconsejen una fusión de entidades financieras de distinta nacionalidad entre los Estados miembro de la Unión[241]. Otra cuestión sería, naturalmente, que la sociedad cotizada tenga una especial presencia en determinados países lo que motive y aconseje su presencia en el consejo de consejeros nacionales del estado en cuestión, lo que en muchas ocasiones acaba resultando automático si ha mediado previamente una fusión de entidades.

240. Por ejemplo, nos referimos a la fusión de las entidades CAIXABANK y BANKIA, que se materializó transcurridos unos meses del estallido de la pandemia mundial ocasionada por el COVID-19.

241. Al respecto, el despacho GARRIGUES emitió un informe bajo el título «*Fusiones bancarias transfronterizas en Europa: ¿por qué no llegan?*» que puede consultarse en: https://www.garrigues.com/es_ES/noticia/fusiones-bancarias-transfronterizas-europa-i-no-llegan

Y en tercer y último lugar, la referida diversidad de género, sobre lo que entraremos con mayor detalle más adelante, y sobre lo que ya hemos advertido de la dificultad de su planteamiento también a veces por cuestiones más políticas que jurídicas, pero que incuestionablemente es un debate cada vez más presente y consolidado, hasta el punto que como hemos dicho se han promulgado normas de carácter vinculante estableciendo una cuota mínima, estudios y normas que encuentran su justificación más que en una pretendida relación de igualdad ideal, sino en criterios reales tales como el constante aumento de mujeres tituladas en estudios superiores, en las escuelas de negocios, o en la judicatura. Asimismo, expone el Libro Verde que determinados estudios evidencian una correlación entre la mayor presencia de mujeres en los consejos con respecto al cumplimiento y fortaleza de los mecanismos de gobierno corporativo. No se trata de un efecto sobre los resultados sino sobre la forma de actuación, igualdad y correlación que ha de nacer desde todos los estamentos de la entidad.

b. Disponibilidad y dedicación. Planteamiento de doble vertiente, pues se refiere, por un lado, a la posibilidad de establecer normas que obliguen a una dedicación mínima de los consejeros en el desempeño de sus funciones, y por otro lado, al número máximo de mandatos que un no ejecutivo puede desempeñar de modo que no se ponga en cuestión su necesaria independencia, a lo cual se pregunta si han de establecerse medidas concretas en ambos aspectos. Efectivamente, algunos ordenamientos jurídicos como el caso español han entrado a regular de forma específica la cuestión, especialmente en lo que al número máximo de mandatos se refiere, lo que hoy en día ha quedado establecido en los artículos 529 undecies y duodecies de la Ley de Sociedades de Capital, por cuanto establece un período máximo de cuatro años para el ejercicio del cargo de administrador, prorrogable; y el período máximo de doce años para mantener la tipología de independiente. Cuestión distinta se refiere a la dedicación concreta para el cargo para el cual ha sido nombrado, que si bien en nuestro país no se establece un baremo o umbral concreto, sí se insta a una dedicación adecuada al ejercicio de la condición de consejero, ordenando una reunión trimestral mínima de la totalidad del consejo incluso en sociedades no cotizadas, conforme dispone el artículo 245.3 de la misma Ley. Al fin y al cabo, dadas las vicisitudes de la condición de administrador respecto de la de, por ejemplo, un empleado laboral por cuenta ajena, no resulta del todo factible el establecimiento de una dedicación mínima en lo que a horas o días se refiere, si bien en cuestiones relativas a la responsabilidad de los administradores, de carácter solidario para todos los miembros del consejo, termina siendo una cuestión de prueba la de acreditar el cumplimiento de las obligaciones dimanantes del cargo y la dedicación necesaria para su diligente cumplimiento.

c. Evaluación. En los diversos estudios de gobernanza empresarial así como en las diferentes recomendaciones locales o comunitarias al respecto, se ha abogado con relativa insistencia la necesidad de que el consejo de administración realice una autoevaluación de su funcionamiento, toda vez que esta función no cabe delegarse en la junta general de accionistas por cuestiones temporales, la celebración de una junta con carácter anual, y operativas, dada la dificultad o imposibilidad de establecer una efectiva supervisión más allá de la censura del órgano de administración al presentar éste los resultados anuales de la compañía. Esta pretensión de evaluación se torna más evidente y necesaria en aquellos órganos de administración configurados bajo el sistema monista, pues la autoevaluación no ha de confundirse con la supervisión de las funciones ejecutivas, sino que se trata de la revisión del funcionamiento global del órgano. Por ello, algunas recomendaciones anteriores han propuesto la evaluación por un experto externo que de forma periódica, el Libro Verde propone como ejemplo cada tres años, evalúe la política de gobierno corporativo del consejo de administración y a tenor de la práctica de otras compañías, dictamine las cuestiones que a su juicio pueden resultar mejorables para la compañía. sin embargo, se reconoce la limitada oferta de estos servicios en determinados ordenamientos nacionales.

Pero siguiendo el pulso de esta recomendación ya contenida en estudios anteriores[242], la propuesta nos parece de especial interés como método de evaluación externa frente al mercado del concreto modelo de gobierno corporativo de la compañía. y es que si bien son conocidos algunos *rankings* de los modelos de buen gobierno, en este sentido nos referimos a una completa auditoría externa que tenga por objeto el análisis y evaluación, entre otros, de la efectividad de la supervisión de las funciones ejecutivas, del equilibrio de poderes, del grado de cumplimiento de la dedicación al ejercicio de las funciones inherentes al cargo, de la revisión del cumplimiento de la obligación de información, tanto de la facilitada por los ejecutivos con carácter previo a la celebración de una reunión como de la recopilación o solicitud por los supervisores, del cumplimiento de los objetivos económico-financieros y su correlación con la retribución variable, de la independencia de los consejeros independientes, de la frecuencia de las comunicaciones entre los miembros del órgano, de la calidad de los informes emitidos como

242. «Corporate governance and the financial crisis: Conclusions and emerging good practices to enhance implementation of the Principles» publicados por la OCDE con fecha 24 de febrero de 2010.

información a terceros como el informe anual de gobierno corporativo o la política de retribuciones, de la relación con los *proxy advisors*, del fomento de implicación de los accionistas, de las políticas de tratamiento con los grupos de interés... y un largo etcétera. Una auditoría externa a cumplimentar periódicamente por entidades o profesionales de especial cualificación en la materia y reconocido prestigio, que aporte valor frente a terceros, que ponga de relieve el modelo de gobierno corporativo de la entidad, y que por supuesto identifique los puntos débiles del modelo al objeto de su regularización o subsanación. Ello entendemos que puede tener efectos positivos no sólo en la propia entidad y el mercado, sino en la comunidad en general, y es que si bien el Libro Verde reconoce la ausencia de oferta competente de estos servicios, su instauración podría suponer no sólo la especialización y profesionalización de los auditores en materia de gobierno corporativo, sino la creación de una cultura consolidada en la materia. Es decir, no se trata sólo de publicar anualmente el correspondiente informe de gobierno corporativo, sino que la auditoría externa, además de analizar dichos informes durante el período en que haya sido designada, identifique las debilidades del modelo y realice un informe detallado respecto de los ejemplos citados como la efectiva supervisión o la motivación para la implicación de los accionistas, tras haber entrevistado y valorado a cada uno de los agentes intervinientes en la sociedad. Nuestra propuesta, por tanto, consiste en establecer por vía de recomendación o norma dispositiva que las sociedades cotizadas se sometan periódicamente cada cuatro años a una auditoría externa de gobierno corporativo que tenga por objeto el análisis y evaluación de los procedimientos de buena gobernanza, relación entre consejeros, accionistas y grupos de interés, que detalle las fortalezas y debilidades encontradas, y valore si se han adoptado los medios suficientes para su regularización, lo que entendemos que ayudará a la profesionalización de los estándares de gobierno corporativo y a la instauración de una cultura general de buen gobierno. Respecto al plazo de cuatro años, para el caso español, nuestra consideración parte del período máximo por el cual los consejeros de la sociedad cotizada pueden actualmente ejercer su cargo (sin perjuicio de sus renovaciones) *ex* artículo 529 undecies de la Ley de Sociedades de Capital, plazo que no dista mucho de los tres años propuestos por el Libro Verde.

d. Remuneración. Clásica cuestión del Derecho de sociedades en general, y de los problemas del gobierno corporativo en particular, recuerda el Libro Verde los problemas a los que anteriormente hacíamos referencia respecto de las retribuciones variables, que si bien de forma inicial se configuraron como un mecanismo de asegurar una cierta dedicación y de motivar o incentivar a los consejeros frente a lo que podían representar las retribuciones fijas en las que se había instalado un cierto acomodo, la práctica ha evidenciado en cambio que terminaban por fomentar prácticas cortoplacistas poco sostenibles. Pero con independencia del mecanismo o modalidad de retribución, el Libro Verde pone su énfasis no en la forma sino en el mecanismo de adopción de esa concreta forma así como de su publicidad, a lo cual recuerda que el Foro Europeo sobre gobernanza empresarial de 2009 formuló tres recomendaciones que a la postre han tenido arraigo en la regulación normativa, en concreto: (i) establecer mecanismos de publicidad sobre la política de retribución de consejeros, que en la actualidad desemboca en los informes anuales de retribución; (ii) la participación de los accionistas en la adopción del acuerdo de retribución de los administradores, ya sea de manera vinculante o consultiva, que en nuestro país especialmente a raíz de la Ley 31/2014 de reforma de la Ley de Sociedades de Capital para la mejora del gobierno corporativo desembocó en la obligación de necesaria previsión estatutaria del método de retribución, aprobación por la junta general del importe máximo a percibir por los administradores, y aprobación en el consejo de administración del contrato de aquellos consejeros delegados o ejecutivos; y (iii) la constitución en el seno del consejo de una comisión de retribuciones con funciones detalladas, que como ya se ha dicho en nuestro país resulta de imperativo legal.

e. Gestión del riesgo. Que la actividad de una sociedad mercantil, como todo negocio, está sometida a determinados riesgos principalmente de resultados, es una cualidad inherente a la misma. Ahora bien, tradicionalmente la cuestión del riesgo ha sido objeto de especial interés por el legislador si la personalidad jurídica propia de la sociedad suponía en la práctica una elusión de las obligaciones de quienes actuaban en el tráfico por medio de las sociedades, lo que ha motivado que la actuación de los administradores deba estar presidida en todo caso por el estricto cumplimiento de los deberes de diligencia. Asimismo, en sede de entidades financieras, se evidenció cómo la crisis económica de 2008 puso de relieve la asunción desmedida o excesiva de riesgos de algunas entidades en aspectos ajenos a su actividad principal, como los casos conocidos de las entidades bancarias o antiguas cajas de ahorro respecto de su protagonismo en el mercado inmobiliario. Tal vez fruto de esta experiencia, algunos estudios han instado a la adopción en el seno del consejo de administración del establecimiento de resortes de contención o evaluación del riesgo, funciones que en ocasiones han sido encomendadas a la comisión de auditoría. Pero en este caso, el Libro Verde va más allá, y trae a colación la incidencia que las sociedades pueden tener sobre el conjunto comunitario en que se encuentran en cuestiones medioambientales, salud pública o derechos humanos, máxime cuando desde las instituciones europeas y mundiales se aboga cada vez más por una mayor apuesta por las políticas sostenibles, no sólo en términos económicos, sino especialmente en los ejemplos citados. Por ello, haciendo un conjunto global de todos los riesgos a los que se somete la actividad de la compañía, y entendiendo al consejo de administración como el órgano de máxima responsabilidad, se plantea la posibilidad que los consejeros no sólo adopten efectivas medidas de contención del riesgo, sino que se defina y detalle con meridiana claridad tanto el nivel máximo de riesgo asumible, como las concretas responsabilidades o funciones que cada uno de ellos han de asumir al respecto, lo que a buen seguro supondrá una mayor concreción de las responsabilidades de cada uno de los miembros del órgano, y una mayor implicación en el cumplimiento de su cometido.

4. Los accionistas. La cuestión del papel del accionista y de la revitalización de la junta general como órgano soberano es una vieja aspiración de los principios del *corporate governance,* lo que a menudo se ha interpretado como la justificación a determinados actos de los administradores en excesiva asunción de riesgo que ha desembocado en algún tipo de contingencia para la entidad. Esa aspiración de tratar de fortalecer el papel de la junta y de incentivar la participación de los accionistas viene justificada asimismo en solventar los tradicionales problemas de agencia de los que adolecen muchas de las grandes entidades, y a ello se refiere el Libro Verde, añadiendo una interesante reflexión, toda vez que recuerda que la falta de implicación o ejercicio de control por el accionista ya fue tratada en el previo Libro Verde sobre *el gobierno corporativo en las entidades financieras y las políticas de remuneración,* desde la perspectiva del papel meramente inversor del accionista y la limitación de su responsabilidad. Reflexiona este Libro Verde exponiendo que en el marco de elaboración del mismo, pudo advertir como era una tendencia asentada la tónica de los accionistas de grandes entidades financieras sin aversión al riesgo, hasta el punto de entender que tradicionalmente determinadas políticas de riesgo terminaban por reportar importantes beneficios. Al contrario, de obtener un resultado negativo, y habida cuenta de la responsabilidad limitada de los accionistas, su riesgo financiero se limitaba al descenso del valor de la acción en bolsa a cero, lo que implicaría la pérdida de la inversión, pero nada más, pues serán los acreedores quienes a partir de ese momento asumirán tales pérdidas, al menos en el corto plazo y sin perjuicio de las responsabilidades que en su caso se impongan a los administradores.

No obstante, bien es cierto que no cabe achacar el mismo desinterés a un mero accionista minorista con vocación lucrativa en un corto período temporal, que la de un accionista de referencia con vocación de permanencia y acceso al órgano de gestión, si bien en el conjunto de los accionistas, el Libro Verde plantea diversas cuestiones que pone de relieve, y que exponemos brevemente a continuación:

a. La falta de implicación. Reflexiona la Comisión que, a su juicio, se entiende por implicación la supervisión activa, el diálogo con el consejo, y el ejercicio de los derechos inherentes a su condición, cuestiones todas ellas que cabría esperar especialmente de los inversores a largo plazo, como aquellos institucionales como fondos de pensiones o aseguradoras, sin que ello entrañe no obstante un interés activo. En este tipo de accionista se detiene de manera especial el Libro Verde al plantearse si cabe la promulgación de normativa que tienda a establecer un conjunto de obligaciones de información y transparencia en lo que a la política de inversión de este tipo de inversores se refiere, pues no de todos ellos, ni aun en el caso de los institucionales, ha de presumirse una vocación de permanencia temporal duradera. Por ello, el Libro verde, y como ya hizo su edición de 2010 relativa a las entidades financieras, plantea la posibilidad de exigir a estos inversores la publicación de su política y registro de votación, entendiendo que ello optimizaría las decisiones del resto de inversores, como una forma de fomento de la transparencia de los mercados.

Ello no obstante nos plantea la duda acerca de si la publicación de dichas políticas o de algunas de ellas podría suponer una anticipación a los resultados de las votaciones que en su caso hayan de acordarse en la junta general, así como si ello no podría suponer una suerte de seguimiento masivo del resto de accionistas no cualificados. Por ello, una cuestión de cierta relevancia radicaría en revisar el modelo de relación entre dichos inversores institucionales, separando entre ellos a los que evidencian interés a largo plazo de los cortoplacistas, con los asesores de voto y los *proxy advisors,* lo que puede llegar a incidir no sólo en los acuerdos sociales que la junta general haya de adoptar, sino también en el seguimiento por los accionistas minoritarios. En este sentido, el Libro Verde informa que, entrevistados a grupos de inversores institucionales, éstos se han mostrado receptivos y conformes a la publicidad de sus políticas de votación.

Por ello, cuando se habla de la falta de implicación de los accionistas, y por otro lado el Libro Verde se centra en los inversores institucionales, cabe por ello preguntarse que ¿a quién se pretende incentivar?, ¿de quién se pretende o cabe esperar un mayor interés e implicación en el ejercicio de los derechos (y obligaciones) de la condición de accionista?, cuestiones a las que nos remitimos a lo expuesto anteriormente.

En cualquiera de los casos, sí parece que la experiencia tiende a mostrar un mayor interés e implicación de aquellos inversores sujetos a determinadas exigencias de transparencia en la política de gestión de sus activos societariamente hablando, es decir, en su política de votación en las entidades beneficiarias de la inversión.

b. Los planteamientos cortoplacistas. Reconoce la Comisión que la negociación automatizada de los valores es cierto que ha contribuido a dotar al mercado y a los inversores de mayor liquidez, si bien ha generado como contrapartida un recorte en los periodos de permanencia de la inversión habida cuenta de la facilidad de movimientos en el mercado que la digitalización de los medios ha traído consigo. Asimismo, pone el foco sobre en aumento de la intermediación en la negociación de valores, lo que puede conllevar un doble efecto negativo: por un lado, el ya aludido planteamiento cortoplacista dado que el intermediario en su condición de tal percibirá una comisión por razón de la ganancia obtenida en el momento de la transacción; pero adicionalmente además, una cierta alteración del precio de la acción, dado que su valor se verá afectado por las compras o ventas que en su caso se produzcan (la clásica ley de la oferta y la demanda) no como consecuencia de las contingencias o factores del mercado, sino por la mera fluctuación del precio del que se busca y obtiene una ganancia en cierto breve plazo, esto es, sin interés en la permanencia en la cotizada en cuestión.

Efectivamente, la digitalización de la sociedad en su conjunto ha incidido de manera muy significativa no sólo en los mercados de capitales sino en la vida cotidiana diaria, es un movimiento imparable y en constante movimiento, una realidad a la que la legislación normativa debe continuar adaptándose, no sólo por la regulación de los medios sino por la modificación en los modelos y pautas de conducta inversora, pues como bien advierte el Libro Verde, la facilidad de movimiento de capitales y transacciones no fomenta precisamente el ánimo de permanencia de la inversión, sino al contrario, el constante movimiento. Tampoco se puede, además, ir contra el propio sentido jurídico de la propiedad, de la capacidad de enajenación en el momento a voluntad del accionista. Ahora bien, es cierto que los planteamientos cortoplacistas han supuesto y pueden continuar suponiendo un problema por la falta de implicación de los mismos, y consecuentemente, la falta de control al órgano de gestión y administración, especialmente si ello fomenta la inestabilidad estructural de una compañía o la indebida alteración de su valor cotizado.

Por este motivo, ponemos de relieve dos medidas, sean de fomento de la inversión a largo plazo, o cuanto menos, de incentivación a evitar el cortoplacismo, más allá de la vocación de permanencia y gestión de la compañía que pretenden los grandes inversores con ánimo de entrada en el consejo de administración de la compañía. Por un lado, de carácter fiscal, la penalización impositiva de la ganancia patrimonial obtenida por la venta temprana de la inversión, es decir, la elevación del tipo impositivo sobre la ganancia bruta obtenida por la venta de la acción, superior al que se devengaría si la misma se hubiere producido en un lapso temporal mayor. Por otro lado, de carácter societario, el reconocimiento de un mayor derecho de voto para aquellos accionistas con acreditada vocación de permanencia, es decir, las ya aludidas acciones de lealtad o *loyalty shares*. La proliferación de este tipo de normas, sin perjuicio de su análisis más exhaustivo y de las conclusiones empíricas que de las mismas se extraigan, sí evidencian el interés del legislador en fomentar una política de estabilidad de inversión, es decir, de permanencia e implicación en la compañía en cuestión, al objeto de obtener una efectiva supervisión y ejercicio de los derechos propios que como accionista corresponde a este tipo de inversores.

c. La relación entre los inversores institucionales y los gestores de activos. Parte la Comisión del reconocimiento que no cabe exigir de los inversores institucionales una vocación de gestión, y ni tan siquiera de permanencia, pues de hecho, el problema radica de forma cuanto menos igual con aquellos inversores que sí permanecen pero no se implican. Son dos grupos a tener en cuenta en lo que al estudio se refiere: aquellos inversores institucionales cortoplacistas cuya política de inversión puede generar inestabilidad y desajuste del precio de la acción, como hemos visto antes, respecto a aquellos que en cambio sí permanecen y mantienen su titularidad, si bien en cambio no ejercen o no muestran interés o implicación alguna. Es aquí donde la Comisión dirige su mirada a los gestores de fondos dado que expone que, tras recabar distintas experiencias en entrevistas con determinados grupos de inversores institucionales, se evidencia una cierta tendencia a la contratación de gestores que han acreditado su éxito en estrategias cortoplacistas, o al menos en sus últimos y más inmediatos resultados. En cierto modo, los modelos de conducta inversora han variado, y asimismo, ha de tenerse en cuenta que respecto a las políticas de control ordinario, los inversores institucionales tampoco son ajenos, pues también han de rendir cuentas de su actuación, pues ellos también dan cuenta a sus propios accionistas o titulares de los concretos resultados anuales de sus estrategias inversoras[243].

243. Al respecto, traemos a colación la información publicada por la consultora «EY»: «El 91% de los inversores institucionales evalúa los factores de sostenibilidad y gobernanza de las empresas antes de invertir» que se puede consultar en: https://www.ey.com/es_es/news/2020/12/el-91-de-los-inversores-institucionales-evalua-los-factores-de-sostenibilidad-y-gobernanza-de-las-empresas-antes-de-invertir

Si ello fomenta o no el cortoplacismo, tal vez sea imputable a las conductas y tendencias del propio mercado. Por ello, el Libro se pregunta qué medidas pueden adoptarse para fomentar una implicación a largo plazo, para lo cual propone exigir de los gestores una mayor política de transparencia sobre la rotación de carteras y las estrategias inversoras.

d. Otros obstáculos a la implicación. Amén de lo anterior, el Libro Verde reconoce otras dos distintas contingencias que pueden explicar en cierto modo el fenómeno de la falta de implicación de los inversores institucionales a largo plazo, en concreto: (i) la existencia de un conflicto de interés del inversor con la propia sociedad cotizada beneficiaria a consecuencia de un vínculo contractual de prestación de servicios de aquella con la propia sociedad; y (ii) la falta de medios para la cooperación entre los accionistas, especialmente en el ámbito transfronterizo.

De ello, nos resulta especialmente relevante la cuestión del conflicto de interés que representa un aspecto de especial interés, valga la redundancia, para el legislador, que en este caso entendemos que más que ser un supuesto que pueda justificar la restricción o vigilancia ante el ejercicio de determinados derechos, en el Libro Verde se expone como una cuestión de ámbito reputacional. Es decir, que el propio inversor institucional prefiera adoptar una actitud ciertamente pasiva o de falta de implicación al objeto de no evidenciar el especial interés consecuencia de su añadida condición de proveedora y/o de acreedora de la misma.

e. Los asesores de voto. Hacíamos anteriormente referencia a que, a nuestro juicio, debía revisarse el modelo de relación entre los inversores institucionales y los *proxy advisors*, especialmente a colación de la exigibilidad de transparencia que el Libro Verde plantea imponer a los primeros respecto de su política de emisión de voto. Pues sobre lo segundo entra el Libro en este apartado, si bien sorprendentemente de forma más laxa y ambigua. Y decimos de forma sorprendente porque, si bien es cierto que su posición de asesoramiento, obviamente de carácter consultivo y voluntario para los receptores, no cabe asemejarse a quien de forma efectiva sí ejerce su voto. Sin embargo, la influencia de los *proxys* está fuera de toda duda, como expresamente reconoce el Libro, influencia que se torna más evidente si cabe en inversores institucionales titulares de acciones en una sociedad cotizada ajena a su nacionalidad. Y es que ese reconocimiento de influencia ha pasado al grado de preocupación para el consultante comunitario, lo que cabe interpretarse como un apunte en favor de la reflexión que tales agentes vienen a desempeñar, y que como decimos, materializa en cuatro concretos motivos de cierta preocupación o cuanto menos consideración, que exponemos a continuación.

El primero, porque el Libro reconoce la falta de transparencia respecto a los métodos de generación de su concreto asesoramiento, consecuencia seguramente de la falta de regulación al respecto.

En segundo lugar, porque en ocasiones estos asesores de voto han adolecido de un cierto desconocimiento respecto a la especialidad y contexto de la sociedad en cuestión, ya sea de la especial coyuntura, estructura y ámbito social de la entidad beneficiaria de la inversión; de la concreta normativa reguladora local; y del sistema concreto de gobierno corporativo que guía a los órganos sociales. Una situación que en el marco comunitario se evidencia como consecuencia de la falta de armonización europea en determinadas cuestiones, o en las diferencias clareas entre los distintos ordenamientos continentales.

En tercer lugar, y de igual modo a lo previsto en el apartado anterior, la existencia de un conflicto de interés por la adicional relación contractual que los *proxy* pueden mantener con la propia sociedad o con sus accionistas de referencia, cuestión de suma relevancia toda vez que, reconocida la significativa influencia que los asesores de voto implican, cabría interpretar una suerte de vicio en el asesoramiento si el mismo se realiza sobre la base del interés y beneficio propio sobre el de la sociedad en particular, o el mercado en general, lo que constituye el teórico objeto de este tipo de entidades.

Y en cuarto lugar, se hace referencia a la preocupación que algunos inversores institucionales han mostrado sobre la aparente falta de competencia en el sector, en principio muy reducida bien por el número de entidades de prestigio, bien por una cuestionable calidad de asesoramiento. Una cuestión, la primera de ellas, que en cierto modo resulta asimilable a las agencias de calificación crediticia o de «rating».

En esta tesitura, el Libro Verde se cuestiona si resulta procedente revisar la normativa reguladora de estas entidades respecto a dos cuestiones en particular: la transparencia en los mecanismos para la elaboración del asesoramiento en el voto; y la restricción a los vínculos contractuales con la propia sociedad cotizada en cuestión o sus entidades vinculadas de los que haga presumir un cierto conflicto de interés. Con respecto a la primera cuestión, confluyen elementos de consideración distintos a los de los inversores institucionales, quienes sí ejercen o pueden ejercer el voto de forma efectiva en los términos que, en su condición de accionistas, libremente estimen. Ahora bien, exigir transparencia a los *proxys* en los mecanismos y conclusiones para el dictamen que en concreto emitan, convertiría por otro lado a estos asesores de voto en una suerte de «opinadores» no oficiales del mercado, de ahí a que, salvando las distancias, los hayamos asemejado a las agencias de rating. Y esta publicitación podría tener resultados imprevisibles habida cuenta de la reconocida influencia que ejercen sobre el mercado, si bien ello no quiere decir seguimiento ciego de sus postulados[244]. Sí parece aparentemente más factible respecto a la segunda cuestión, una regulación normativa que limite o restrinja la coexistencia de la labor de asesoramiento del voto con la de otro tipo de prestación de servicios a la misma entidad, lo que si no asegura, sí invita a presumir una mayor independencia de criterio en la emisión del concreto asesoramiento.

f. Identificación de los accionistas. Plantea el Libro Verde la aplicación de la normativa por la cual se permite a las entidades emisoras conocer la identidad de los accionistas, que en nuestro concreto caso nacional hemos visto en el capítulo anterior, poniendo de relieve que dos terceras partes de los ordenamientos comunitarios ya han promulgado normas de este tipo. Considera que dicha facultad de facilitar la identificación de accionistas ayuda al diálogo entre los mismos, lo que podría mejorar los problemas corporativos de los que adolece este órgano social, y a su vez, conseguir una mayor implicación de dichos accionistas. Basa su consideración en entender que fomentar la comunicación, siempre y cuando se tenga conocimiento de la identidad de las partes interlocutoras, tendría efectos muy positivos en el activismo accionarial y posterior mejora de los principios del gobierno corporativo aplicados a la entidad.

En cambio, quienes abogan por una mayor opacidad al respecto defienden que las nuevas tecnologías y formas de comunicación digital resultan suficientes para entablar el diálogo entre accionistas, sin perjuicio, además, de la sempiterna cuestión de la normativa reguladora de protección de datos. Asimismo, el Libro Verde reconoce que la transparencia en este sentido puede acabar tornando en un exceso de información a utilizar por el equipo directivo quienes, conocedores de las concretas particularidades del

244. Traemos a colación un caso respecto de una de las entidades cotizadas españolas más importantes y representativas del IBEX 35: TELEFÓNICA. Con carácter previo a su Junta General Ordinaria del año 2021, los reputados *proxy advisors* ISS (de nacionalidad estadounidensey Proxinvest (de ámbito europeo, recomendaron votar en contra de la reelección de D. José María Álvarez-Pallete como consejero de la entidad, quien ostenta el cargo de Presidente del Consejo. Así lo publicó el diario «EXPANSIÓN»: *«Los grandes «proxy» discrepan de la reelección de Pallete»*, que puede consultarse en https://www.expansion.com/empresas/tecnologia/2021/04/12/60746d57e5fdeacf738b45f6.html
Sin embargo, la Junta General aprobó su reelección con el 84,6% de los votos a favor, lo que resulta significativo habida cuenta que dicho porcentaje fue incluso superior al que obtuvo en su anterior reelección, conforme publicó «OK DIARIO»: *«Pallete es reelegido presidente de Telefónica con cinco puntos más de apoyo que en 2017»*, que puede consultarse en https://okdiario.com/economia/pallete-reelegido-presidente-telefonica-cinco-puntos-mas-apoyo-que-2017-7132122

accionariado, podrían hacer uso de dicho conocimiento para asegurar una mayor permanencia en el cargo. Resulta significativo toda vez que ello, en cierto modo, choca con la concepción contractualista del interés social, la que se alinea más con los postulados de los accionistas en su conjunto.

g. Protección del accionista minoritario. Clásica cuestión en el estudio del Derecho de sociedades. En el debate para la protección del accionista minoritario convergen planteamientos de índole jurídico, ético y casuístico, de los que emanan las distintas modificaciones legislativas así como los pronunciamientos jurisprudenciales respecto del conjunto de las sociedades mercantiles de capital, al ser una situación que acontece tanto en una entidad con carácter reducido y cerrado, a la de mayor envergadura y dispersión accionarial. En el caso de las cotizadas, reflexiona el Libro Verde que la situación resulta compleja en entidades con importante presencia de mayoritarios, a la par de reconocer que es el modelo predominante en el mercado comunitario, lo que a su juicio dificulta el establecimiento de medidas de protección, de ahí a que plantee a consulta si las normas aprobadas resultan suficientes.

Y es que, conforme exponíamos, la protección al accionista minoritario se complica en presencia de accionistas de control quienes, presumiblemente, harán lo propio en el consejo de administración. Por ello, recuerda que algunos ordenamientos comunitarios reconocen a la minoría la capacidad de designar al menos a una parte de los consejeros. La cuestión añadida a nuestro juicio es que además de la dificultad en la aplicación práctica de medidas de protección al minoritario, en ocasiones también asistimos a un cierto desinterés del mismo, una falta de implicación motivada por el escaso margen de éxito de sus consideraciones habida cuenta de la presencia del mayoritario, cuyos postulados por regla general prevalecerán.

En contexto con nuestro sistema español, a diferencia de otros comunitarios, entendemos que contamos con medidas de calado, avanzadas en interesantes en la aludida protección de los minoritarios. Sirvan cuatro ejemplos al respecto: (i) el sistema de representación proporcional, como forma de acceso directo de los minoritarios al consejo de administración; (ii) el régimen de impugnación de acuerdos sociales, siendo revisados en vía judicial aquellos adoptados bajo el régimen de mayorías pero de forma abusiva y contraria al interés social; (iii) el artículo 348 bis de la Ley de Sociedades de Capital, por el que se faculta al socio a separarse de la sociedad ante la continuada ausencia de reparto de dividendos en situaciones de beneficio contable como medida de contrapeso al «ahogo» societario por la mayoría a la minoría; y (iv) el régimen de regulación de las operaciones con partes vinculadas, en lo que a transparencia y emisión de voto en determinadas circunstancias se refiere.

Precisamente al respecto de esta última cuestión se pronuncia el Libro Verde, planteándose si resultan eficaces las medidas de control de este tipo de operaciones, y recordando que ya existen normas que imponen criterios de transparencia si bien reconoce que algunos agentes han reconocido la insuficiencia de tales medidas. Efectivamente, parece un criterio acertado supervisar con mayor énfasis las operaciones con partes vinculadas, al objeto de evitar un desvío o trasvase bajo la apariencia de una operación ordinaria.

h. Participación de los empleados en el capital social. De la concepción del negocio en el aspecto temporal, si existe un grupo de interés con mayor ánimo en la sostenibilidad a largo plazo de la compañía, ese es el de los trabajadores de la misma. Su interés en tal sentido es incuestionable, motivo por el cual los principios del gobierno corporativo han planteado algunas alternativas que introduzcan a los empleados en aspectos relativos a la gestión, ya sea mediante el reconocimiento de un derecho de información en cierto modo similar a los de un accionista, por medio de la facultad de consulta respecto a cuestiones determinadas, o incluso sobre la entrada y participación de los mismos en el consejo de administración. Sin embargo, el Libro Verde plantea una cuestión añadida, y es la participación de los mismos en el capital social, esto es, invistiéndoles de la condición de accionistas, lo que a su juicio incrementaría el compromiso, productividad y motivación, si bien reconoce no obstante un riesgo inherente, y es que ante la bancarrota de la compañía, los *trabajadores «pueden perder su empleo y sus ahorros»*. Aquí hemos de hacer un matiz: si el acceso de un trabajador al capital social de una empresa se produce mediante aportación de sus ahorros, entonces su condición de accionista no emana de la relación laboral sino por una cuestión puramente ordinaria, esto es, como cualquier otro accionista. Cuestión distinta es que por la empresa se reconozca a los empleados la entrega de un determinado número de acciones bien sea como forma de retribución en especie, bien como retribución variable sujeta a la consecución de determinados parámetros, o bien como un tipo asimilable a la retribución mediante entrega de acciones de forma similar a los administradores de la compañía. En tal caso, sin perjuicio de la contingencia fiscal que ello pudiere entrañar al trabajador por la adquisición de unas acciones como rendimiento del trabajo, no habría un desembolso *stricto sensu* por el trabajador de sus ahorros, de modo que, en caso de quiebra de la entidad, es cierto que perdería su puesto de trabajo, lo que en cualquier caso sucedería igualmente, tenga o no la condición adicional de accionista de la misma.

Sea como fuere, plantea el Libro Verde si han de adoptarse medidas que promuevan la participación de los empleados bien sea en el órgano de gestión, bien en el propio capital social, o incluso en ambos, cuestión que respecto a la primera en lo que a composición del consejo de administración se refiere, entraremos más adelante.

5. El principio del «cumple o explica». Finaliza el Libro con algunas reflexiones relativas al principio en que se basó y hoy mantiene el movimiento del gobierno corporativo desde sus primeros códigos de conducta, y es que el *«comply or explain»* es el principio que dota de contenido a una norma cuyo cumplimiento resulta voluntario. Por ello, expone que su implantación a día de hoy se continúa considerando adecuada para la consecución que de la mejora del buen gobierno se pretende, exponiendo que cuenta con un muy significativo apoyo. Ahora bien, motiva el consultante su introducción en el Libro Verde al entender que del sistema han aflorado algunas deficiencias que limitan su efectividad. No en la conceptualización del sentido en sí, sino en su aplicación, lo que ha redundado en una cuestionable calidad en la emisión de algunos informes. Por ello, recuerda el Libro los efectos positivos de su implantación: permite a las entidades adaptar su estructura y circunstancias a la flexibilidad de las recomendaciones que emanan de los códigos; y a su vez favorece el tránsito de información transparente hacia el mercado. En este sentido, expone dos concretas cuestiones:

a. Mejora de la calidad de las explicaciones. Expone el Libro que, con independencia del grado de cumplimiento, las explicaciones relativas a los preceptos que no son objeto de estricto seguimiento son sumamente insuficientes, cuantificando en más del sesenta por ciento el número de casos en que los motivos esgrimidos eran vagos o limitados, o incluso, inexistentes, limitándose la entidad en cuestión a informar de la falta de cumplimiento. Por ello, recuerda que se han indo promulgando de forma paulatina distintas medidas normativas incluso mediante la implantación de modelos concretos con un contenido mínimo, como ocurre en el caso español con el Informe Anual de Gobierno Corporativo publicado por la Comisión Nacional del Mercado de Valores[245], que hoy en día y desde la publicación del Libro, entendemos que se ha avanzado significativamente. Pone el Libro como ejemplo y a modo de propuesta el modelo sueco, que insta a las entidades no sólo a motivar de forma exhaustiva el incumplimiento, sino a explicar la medida o solución alternativa adoptada en su lugar.

245. Que se puede consultar y descargar en la página web de la CNMV: https://www.cnmv.es/DocPortal/legislacion/circulares/4_07_ANEXOS.pdf

b. Mejora de la supervisión. Plantea el consultante cuestiones de competencia administrativa de revisión de los informes emitidos por las entidades sobre el seguimiento de los códigos de buen gobierno. Y es que a colación de la preocupación anteriormente referida sobre la aparente falta de calidad de los informes, el Libro se pregunta si no cabe dotar de facultades a los organismos reguladores para, muy importante, no juzgar la decisión adoptada por la sociedad en cuestión, pero sí comprobar que la información ofrecida es exhaustiva y completa. Son dos cuestiones distintas e importantes: por un lado, la calidad de la información; y por otro, el juzgado de las decisiones adoptadas. La primera parece que se ha ido solventando o adaptando con el tránsito de los años según se han ido promulgando modelos y normas al respecto. Cuestión distinta es la segunda pues, si bien es facultad del propio mercado adoptar las decisiones que estime por conveniente ante la concreta política de gobierno corporativo seguida por una entidad, sí nos hemos referido a la elaboración de una auditoría por experto independiente que evalúe el sistema de la concreta entidad, y otorgue asimismo de mayor contenido a las explicaciones ofrecidas[246]. En cualquier caso, en sede nacional, la Comisión del Mercado de Valores ostenta capacidad legal para exigir a las sociedades cuanta documentación, información o aclaración se precise.

B) IDEAS EN TORNO AL MOVIMIENTO DE BUENA GOBERNANZA A NIVEL INTERNACIONAL GLOBAL: LOS PRINCIPIOS DE LA OCDE

1. Objeto y alcance de los Principios

Es cierto que los principios del gobierno corporativo en los diferentes códigos internacionales han sido promulgados o reformados en el contexto de una concreta situación coyuntural, muchas veces influenciados por hechos de extraordinaria importancia, alcance o influencia, ya sean crisis económicas, corporativas, políticas o reputacionales, o por la aparición de nuevos movimientos, doctrinas o líneas de pensamiento que exigen una revisión o reformulación del modelo de gobernanza de las grandes compañías. En esta situación, históricamente han existido diferentes formas de entender no sólo la concepción y el papel que la compañía debía representar, la *shareholder value* frente a la *stakeholder value*, sino también en cuanto

246. Y es que como hemos hecho referencia en alguna ocasión, existen situaciones en que nos encontramos una suerte de «principio» en Derecho de sociedades del «y si no, qué» ante determinados supuestos de incumplimiento dado que la norma no establece la consecuencia directa del mismo, más allá de una remisión genérica a la responsabilidad. Por ejemplo, desde el plazo para formular y aprobar las cuentas anuales, a la asistencia de los administradores a la celebración de la junta general.

al propio modelo del órgano de gestión en cuanto a su estructura, funcionamiento interno, reparto o equilibrio de poderes, relación con accionistas, información al mercado y transparencia, y objetivos concretos a perseguir. A su vez, los diferentes modelos internacionales se distinguían entre sí también por las diferentes circunstancias marco de cada país, comenzando por los propios usos y costumbres o pasando por el diferente funcionamiento de las bolsas según la nación que se tratara, ya fuese un mercado de valores frente a aquellos de corte financiero.

No podemos afirmar que un concreto modelo se impusiere sobre otro de un diferente país, sobre todo por la propia heterogeneidad de los mercados internacionales, que de forma muy sucinta y resumida sin hacer completa justicia a la realidad, separaríamos en tres: el estadounidense, el europeo, y el asiático. Pero la realidad es obviamente mucho más amplia y compleja, pues de hecho como ya hemos visto en algunos ejemplos, el propio modelo europeo (que no podemos identificar ni denominar como «sistema europeo» en sentido propio) es asimismo diferente entre sí. Conocedora de tal circunstancia, la Unión Europea ha tratado de unificar ciertos criterios mediante la promulgación de diferentes normas comunitarias como las Directivas o los diferentes Libros en el contexto de una cierta armonización sobre sociedades cotizadas, derechos de los accionistas, transparencia, y objeto y composición del consejo de administración.

En este sentido y al igual que en el caso europeo, se produjo un cierto movimiento conciliador a nivel global, pues en un momento determinado, las diferentes potencias mundiales convinieron en la necesidad de adoptar un acuerdo de mínimos, de establecer un conjunto de principios básicos de buena gobernanza internacional con independencia de la regulación interna que cada país o cada mercado comunitario adoptara, y es así como nacen los Principios de la OCDE para el gobierno de las sociedades[247]. Si bien han sido revisados con el transcurso del tiempo, los primeros publicados datan del año 1999 que pretendían aunar determinados principios *«que englobaran los puntos de vista de los países miembros sobre este asunto»* lo que supone una declaración de intenciones, pues conocedora de las diferentes corrientes de todos los países, se trataba de establecer un punto común entre todos ellos. Y al igual que los códigos internacionales de

247. La Organización para la Cooperación y el Desarrollo Económicos1 (OCDE) se halla actualmente integrada por treinta y siete países, a saber, Australia, Austria, Bélgica, Canadá, Chile, Colombia, República Checa, Dinamarca, Estonia, Finlandia, Francia, Alemania, Grecia, Hungría, Islandia, Irlanda, Israel, Italia, Japón, Corea, Letonia, Luxemburgo, México, Holanda, Nueva Zelanda, Noruega, Polonia, Portugal, República de Eslovaquia, Eslovenia, España, Suecia, Suiza, Turquía, Reino Unido y Estados Unidos.

gobernanza, bajo la característica del *soft law*, el «cumple o explica» establecido mediante normas no vinculantes.

Resulta a nuestro juicio muy importante por varios motivos. El primero, porque entendemos que los Principios de la OCDE constituyen fuente del Derecho corporativo en su más amplia expresión, es decir, desde las legislaciones societarias de cada uno de los países integrantes de la Organización a sus códigos de conducta, pasando por los movimientos de armonización internacional, lo que entendemos que sucede precisamente por la unión en estos principios de todos los países integrantes. Prueba de la influencia de estos Principios lo encontramos en nuestro propio país, pues tanto el Informe del Comité de Expertos para la mejora del gobierno corporativo, como la Exposición de Motivos de la Ley 31/2014 hacen expresa referencia a ellos. En segundo lugar, de lo anterior la siguiente conclusión, y es que el conjunto de países que conforman la OCDE, integrantes de todos los mercados más significativos y de importancia, evidencian el ánimo común de proceder como decíamos a un acuerdo de mínimos sobre una cuestión en la que gira buena parte de la economía privada de las naciones. Y en tercer lugar por los elementos integradores del trabajo, pues no parte única y exclusivamente de los diferentes gobiernos sino que participaron en su elaboración también otras instituciones de especial importancia así como representantes del sector privado, al objeto de aunar experiencias y criterios en la pretensión de un documento único[248].

Dichos Principios, seis en su última versión, cinco en su inicial, se materializan mediante la enunciación del propio principio, un desarrollo del mismo, y una parte final de anotaciones o comentarios complementarios. En esa transición, podemos distinguir tres momentos diferentes de promulgación, la aludida versión de 1999, la revisión del año 2004, y la versión del año 2016, a la cual haremos referencia.

Esta última versión incorpora además un nuevo actor, pues se enuncian como los *Principios de Gobierno Corporativo de la OCDE y del G20*, y fueron desarrollados al albur de los distintos movimientos de modificación de los códigos de gobernanza. Curiosamente, a diferencia de otras normas promulgadas por los distintos países, las modificaciones de los principios de la OCDE no coinciden con un concreto hito o suceso sino en el *ínterin* de los

---

248. En concreto, participaron «los siguientes comités de la OCDE ron en el desarrollo de la elaboración de estos principios: el Comité de Mercados Financieros, el Comité de Inversión Internacional y Empresas Multinacionales, el Comité de Industria, y el Comité de Política de medio ambiente. Se beneficiaron también del intenso intercambio de información, datos y recomendaciones de algunos países no miembros de la OCDE, el Banco Mundial, el Fondo Monetario Internacional, el sector empresarial, inversionistas, sindicatos y otras partes interesadas».

mismos, por ejemplo, los últimos en un paulatino proceso de salida de la crisis financiera de 2008. En cualquier caso, y antes de entrar en el contenido concreto de los Principios, consideramos conveniente destacar los siguientes aspectos:

– La OCDE vincula gobierno corporativo con *«la eficiencia económica, la estabilidad financiera y el crecimiento económico sostenible»* lo que evidencia un contenido más económico-financiero que jurídico o societario, al menos en lo que a los elementos diferenciadores se refiere, cuestión que entendemos puede responder a la influencia de instituciones financieras globales, como el Banco Mundial y el Fondo Monetario Internacional.

– Entiende que es objeto de los principios del gobierno corporativo *«la transparencia, rendición de cuentas, supervisión y respeto a los derechos de los accionistas así como al papel de los principales actores interesados»* lo que trasladado al estudio de nuestro modelo de buen gobierno, implica tratar de aunar y cohabitar los intereses de los accionistas con los de los grupos de interés, bajo un marco de transparencia y supervisión de los actos de la compañía.

– Pide establecer los resortes para crear un *«ambiente de confianza que favorezcan las inversiones a largo plazo»*, al objeto de desarrollar *«sociedades más inclusivas»*, posicionamiento inequívocamente de contenido cívico y comunitario. Esta reflexión re reproduce en mayor medida si cabe cuando hace un reconocimiento a la incidencia de las grandes compañías sobre los ahorros y pensiones de un importante conjunto de la ciudadanía.

– Reconoce la necesidad de adaptar los Principios *«a la realidad del país en el que deben aplicarse»*, dada la imposibilidad, y probablemente inutilidad, de establecer un concreto sistema común. No obstante, sí entiende que los Principios pueden resultar comunes a todos los sistemas con independencia de la denominación semántica que otorgue a cada institución (por ejemplo, al hablar del consejo de administración, entiende que ha de englobar a todos los sistemas de administración admisibles).

– Delega en los gobiernos locales la responsabilidad de promulgar normas de contenido corporativo ya sean de carácter obligatorio o voluntario, entendiendo que un equilibrio de ambas puede resultar un cierto incentivo para los agentes actuantes al objeto de cumplir los Principios.

– Dibuja el recorrido de las relaciones societarias incluidas en los Principios de buena gobernanza a través del consejo de administración, alta dirección, accionistas y grupos de interés, debiendo establecerse los resortes que en el marco de estas relaciones, se determine: (i) el objetivo de la compañía; (ii) la forma o camino de obtenerlo; y (iii) los mecanismos de supervisión durante dicho camino.

– Recalca la importancia de la seguridad jurídica de los países que se acojan a los Principios, máxime cuando existe una amplia heterogeneidad en el mercado de valores, donde entidades, fondos y otros agentes de diferentes países entran a formar parte de otras entidades cotizadas dando lugar a cada vez más frecuentes operaciones transfronterizas, que en el caso europeo resulta seguramente más evidente por las normas comunitarias de libre circulación. Por ello, exige un sistema propio de gobierno corporativo que resulte creíble, entendiéndose por tal a aquel del que se deduzca la aludida seguridad jurídica como elemento indispensable para la proliferación de inversiones a largo plazo.

– Considera que dada la reciente crisis financiera, aun siendo destinatarias de los Principios todas las sociedades cotizadas, e incluso algunas que no lo son, las entidades financieras deben guardar una especial observancia, pues sus valores se hallan encuadrados en las diferentes normas promulgadas por las instituciones financieras mundiales.

En definitiva, que bajo las pretensiones que los Principios buscan obtener, resulta una indispensable fuente del Derecho corporativo tanto para los organismos internacionales (con especial referencia a los europeos, en nuestro caso) así como para la configuración del modelo de buena gobernanza de cada país, siendo imprescindible conocer el marco normativo global sobre el que han de asentarse los distintos modelos, como paso previo al estudio de la concreta composición de los órganos sociales en modelos comparados.

2. Contenido de los seis Principios

Si bien se conformaban como cinco principios en su versión inicial, las revisiones y modificaciones del documento han ampliado su contenido y alcance, que actualmente se desglosan en seis, los cuales analizaremos sucintamente a excepción del último de ellos relativo al consejo de administración en lo que a su composición se refiere. Si bien en sus versiones iniciales contenían un desarrollo de los Principios y una parte final con comentarios elaborados por los intervinientes en su redacción, la última versión contiene los citados seis Principios desarrollados cada uno de ellos por un conjunto de subapartados, que son:

A. *Consolidación de la base para un marco eficaz de gobierno corporativo*

La eficacia de las normas jurídicas ya sean de carácter imperativo o voluntario, terreno de estudio del Derecho natural, supone en el ámbito de los principios del gobierno corporativo una importante exigencia y a su vez una especialidad, pues el agente destinatario de tal norma no son las sociedades cotizadas sino los Estados miembro respecto de su poder legislativo. Es decir, es a lo que anteriormente nos referíamos como la necesaria seguridad jurídica. Lo consideramos muy importante porque en este caso la OCDE no trata de entrar en el ámbito del funcionamiento interno de las grandes corporaciones, sino de los marcos legislativos, pues presupone no son razón que parte del éxito de un modelo de gobernanza dependerá de la credibilidad, eficacia y seguridad de sus normas. Ello nos lleva en modo de ejemplo a girar la vista a nuestro caso nacional de las famosas cláusulas limitativas al derecho de voto, cuestión que ha sufrido ciertas variaciones legislativas en la última década. ¿Es un modelo de seguridad jurídica o de marco eficaz? Difícilmente puede considerarse como tal. No por el hecho de la posibilidad de cambio de la norma una vez adquirido el control sobre una entidad, modificación que no afectaría a la sociedad ya tenedora de la mayoría, sino por la falta de distinción de un modelo propio y sólido que apueste decididamente por un concreto marco regulatorio. Al fin y al cabo en eso se basa la confianza de los agentes intervinientes en el mercado, requisito de carácter imprescindible para el tránsito de inversiones en el ámbito transfronterizo. Este punto de la seguridad jurídica se refiere igualmente a los códigos de conducta bajo el principio de carácter universal del *«comply or explain»* lo que puede generar la duda acerca del establecimiento y coexistencia de un régimen eficaz, creíble y seguro con la promulgación de normas de cumplimiento voluntario. Los códigos de buen gobierno no son ajenos a esta necesaria exigencia de credibilidad con independencia del alcance de sus normas, en primer lugar por ser fiel reflejo del sistema local de gobierno corporativo, el cual ha de partir sobre los usos y costumbres empresariales y las especiales vicisitudes del mercado en cuestión. Por ello, los Principios de la OCDE reconocen a estos códigos la capacidad de regular aspectos esenciales del buen gobierno, para lo cual exige que de sus normas se pueda presumir de forma clara el ámbito de actuación de las mismas, la fuerza vinculante de sus disposiciones, y las consecuencias derivadas de un incumplimiento, aun siendo de carácter voluntario.

Y es que dentro de este punto destinado más a los legisladores que a los sujetos intervinientes, se exige la configuración de un conjunto normativo que atienda a los resultados obtenidos en su aplicación, resultado como enunciado en su sentido más amplio, no sólo en los estrictamente contables sino también en su modelo de aplicación. Es decir, con independencia del resultado económico que persiga la compañía en cuestión, sea la creación de valor al accionista a largo plazo (pues los Principios huyen del cortoplacismo) o la atención a los grupos de interés, es lógico advertir que resultados contables positivos traen consigo un beneficio común para los agentes en torno a las sociedades, de modo que lo que se solicita es poner en contexto qué relación ha tenido la promulgación de diferentes normas de gobernanza con el resultado obtenido y la aplicación de los mismos. Dicho de otra manera, evaluar si los resultados económicos, corporativos y comunitarios en sentido cívico han sufrido una variación como consecuencia del establecimiento de normas que tengan por objeto, por ejemplo, implementar mayores métodos de equilibrios de poder, dotación de mayores competencias a los accionistas, o regulación de mayores requisitos de transparencia. Una vez obtenido, qué relación tiene asimismo con la estructura de control de las sociedades, que si bien cada una presenta diferentes datos o porcentajes, la mayoría de ellas suelen responder a un patrón un tanto similar, al menos en lo que a porcentaje en manos de accionistas significativos y consejeros se refiere, como es el caso español[249]. Por último, la necesaria contextualización con los modelos comparados como forma de cotejar y equiparar las fortalezas y debilidades del sistema propio.

Resulta interesante que, como también sucede en nuestro país, los Principios reconozcan la coexistencia de normas de Derecho público y privado, exigiendo no sólo el necesario equilibrio entre ambas ramas del Ordenamiento, sino también, de la clara determinación competencial de uno y otro en lo que a la supervisión y regulación de las sociedades se refiere. Por ejemplo, mientras el Derecho privado tiene una función de revisión de actos *ex post* a su acaecimiento que puede determinar la nulidad de los mismos, o la imposición de una condena de naturaleza indemnizatoria; el público en cambio tiene carácter supervisor permanente y de revisión *ex ante* respecto de la autorización o no para determinados acuerdos, estableciendo una condena sancionadora en caso de incumplimiento. Ello nos lleva a plantearnos el papel de los organismos reguladores de los mercados de valores, de contenido público, en relación al incumplimiento de normas de contenido privado, especialmente aquellas de cumplimiento voluntario, cuestión que a menudo se trae a colación entre los debates doctrinales acerca de las consecuencias del incumplimiento en el marco del mercado público.

249. SÁNCHEZ-CALERO GUILARTE, J.: «Algunos cambios en la regulación de la junta general en el Informe de la Comisión de Expertos (y en el Anteproyecto de Ley de Modificación de la LSC» en AA.VV. (Dir. IBÁÑEZ JIMÉNEZ, J.): *Comentarios a la reforma del régimen de la junta general de accionistas en la reforma del buen gobierno de las sociedades*. Ed. Thomson Reuters Aranzadi. Navarra, 2014. Pág. 68.

En cualquier caso, con respecto a éste y al resto de cuestiones de especial calado, los Principios promulgan el necesario intercambio transfronterizo de información, no sólo en aspectos financieros cuya presencia en el mercado de valores es más que significativa, sino también respecto a los modelos de gobernanza, cuestión que como hemos visto en apartados anteriores, es habitual en el marco europeo, y lo fue también en su momento con el ordenamiento norteamericano. Si bien cabría entenderse como una tentativa globalizadora de difícil alcance e inútil aplicación por las significativas diferencias locales que consideramos se han de mantener respecto a los usos empresariales y a la distinta normativa reguladora, sí resulta en cambio importantes en cuanto a la prevención del riesgo, adopción de medidas de antelación, o prevención del fraude y el blanqueo de capitales.

B. *Derechos y tratamiento equitativo de los accionistas y funciones de propiedad clave*

El respeto a los derechos de los accionistas constituye un principio básico no sólo de nuestro Derecho de sociedades sino del resto de ordenamientos comparados del mundo occidental, lo que supone que los diferentes cuerpos normativos internacionales, con independencia del alcance y eficacia de los mismos, hagan especial hincapié en recordar tales exigencias, e incluso ampliar los apartados que necesariamente han de ser objeto de especial protección. Por ello, en paralelo a los ordenamientos continentales y occidentales, los Principios destacan la imperativa asunción fundamental de los tres prismas del derecho del accionista: el económico, el político, y el de propiedad, este último configurado en cuanto los derechos inherentes de transmisión, pero acotados en diferentes Ordenamientos respecto del uso y disposición de los mismos, como por ejemplo la posibilidad o restricción de pignorar las acciones[250]. Pero en cuanto a los Principios, resultan especialmente importantes los derechos políticos tanto en la admisibilidad de exigencia de información como en la participación activa en determinados acuerdos sociales, pues se reconocen no sólo las significativas diferencias entre los modelos comparados sino la esencia de los órganos al entender que los accionistas no pueden, y probablemente no deben, participar en

250. Al respecto, en nuestro país la Dirección General de los Registros y del Notariado admitió la cláusula estatutaria que restringía la posibilidad de constituir derechos reales sobre las participaciones sociales en la sociedad de responsabilidad limitada, Resolución comentada en MIQUEL RODRÍGUEZ, J.: «La DGRN admite cláusula estatutaria que prohíbe constituir derechos reales sobre las participaciones sociales» en Blog *Mercantilista sin ánimo de lucro*. 14/09/2018. https://merchantadventurer.wordpress.com/2018/09/14/la-dgrn-admite-clausula-estatutaria-que-prohibe-constituir-derechos-reales-sobre-las-participaciones-sociales/

determinadas cuestiones diarias u ordinarias que competen en exclusiva al propio consejo o a la alta dirección. De esta manera, se presume un cierto interés en delimitar el ámbito competencial de cada órgano partiendo de la premisa de delegar en el órgano de administración la gestión social pues lo contrario desnaturalizaría por completo su figura. Trasladado al debate sobre el interés en aumentar las competencias de la junta general, este planteamiento ha de entenderse desde una perspectiva conciliadora y equilibrada, pues ni puede quedar el más absoluto poder en manos del consejo cuya censura se remita únicamente al ámbito de una celebración anual de la junta de los accionistas, ni tampoco cabe, ni tampoco cabe someter a la consideración de los socios cada una de las decisiones que hayan de adoptarse, lo que a efectos de la pretendida seguridad jurídica, se recomienda delimitar con exactitud qué determinadas funciones pueden ser objeto de ejercicio por parte de los socios. Por ello, los Principios establecen una serie de competencias de necesaria reserva a los socios, prácticamente todas (si no la totalidad) ya contempladas en nuestra legislación y en los modelos comparados, como por ejemplo la transmisibilidad de las acciones; el ejercicio del derecho de voto en las juntas, incluyendo medios telemáticos y transfronterizos; participar en las ganancias sociales; ser vinculante su decisión ante la reforma de los estatutos o reglamentos, aumento o reducción del número de acciones, fusión o transmisión de una parte significativa del negocio; estar debida y puntualmente informados, incluyendo la posibilidad de plantear consultas al órgano de administración; nombrar y cesar a los miembros de dicho órgano; participar en las decisiones relativas a la retribución de administradores y en las operaciones con partes vinculadas; y en esencia, a ser tratados en igualdad de condiciones.

Pero en el citado y necesario equilibrio, la protección del accionista no sólo ha de circunscribirse al establecimiento de determinadas competencias, sino también a través de la imposición de una serie de deberes a los administradores como tenedores y gestores del patrimonio aportado por aquellos, es decir, que se insta a los Estados a configurar un régimen legal de protección del patrimonio a través de la imposición de obligaciones a los administradores y consecuencias derivadas del incumplimiento, como forma de garantía y seguridad para los socios, lo que a su vez desemboque en un margen de confianza para la proliferación de inversiones, que suponga que existe una seguridad para la entrada en el capital social de una sociedad radicada en un determinado territorio que penaliza comportamientos negligentes y desleales para quien no cumple una serie de deberes fiduciarios de gestión de patrimonios. En este sentido, los Principios diferencian entre los mecanismos *ex ante* y *ex post* a determinadas actuaciones, ya sea en el primer caso con referidas obligaciones y acotamiento de funciones, como en el segundo caso, la revisión de actos, exigibilidad de responsabilidades, y condena indemnizatoria en su caso. Pero todo, se insiste, desde un ámbito de necesaria proporcionalidad y equilibrio, que no suponga un excesivo encorsetamiento de la gestión social, cuestión que se relaciona con la conceptualización del riesgo. Y es que el riesgo en el ámbito empresarial tiene una connotación que ha de ser contextualizada. Si bien la propia conceptualización se relaciona con un hecho posiblemente lesivo, en el ámbito de los negocios y de los mercados financieros se relaciona con los parámetros admisibles para la adopción o no de una determinada decisión[251]. Es la vieja distinción entre ahorro e inversión, mientras que el primero implica un aprovisionamiento sin esperar pérdida o ganancia alguna o significativa, la segunda sí implica un ánimo de ganancia patrimonial, asumiendo que puede existir pérdida, siendo un principio universal que cuanto mayor sea el porcentaje admisible de pérdida, *a sensu contrario* mayor podrá ser el beneficio obtenido. Pues bien, el ámbito empresarial es naturalmente inversor, no existe término medio ni lugar a la interpretación, de modo que la adquisición de acciones ya implica como tal la asunción de un riesgo. Sin embargo, como decíamos, en el aspecto puramente lingüístico o semántico, esta palabra que se asocia al acaecimiento próximo de un posible daño, no ha de entenderse así respecto del contrato de sociedad intrínsecamente ligado a la obtención de un lucro, pues en otras palabras, el riesgo es necesario, cuestión diferente será el parámetro de admisibilidad del mismo. Por ello nos referíamos a los efectos negativos que podría tener el excesivo encorsetamiento de los deberes del órgano de administración, si prácticamente su actuación va a estar sometida a un régimen de vigilancia tan férreo como coercitivo que implicaría el nulo interés de cualquier persona en adquirir la condición de administrador, no es tampoco eso, y por ello varios ordenamientos, incluido el español desde la promulgación de la Ley 31/2014, han incluido la regla de la discrecionalidad empresarial o *business judgement rul*e. Es por tanto, reto y misión de cada Estado equilibrar las competencias, deberes y responsabilidades, para lo cual los determinados usos territoriales adquieren especial relevancia.

Una cuestión que al respecto nos parece interesante es la recomendación, solicitud o pretensión que los principios hacen respecto del necesario *«trato equitativo a los accionistas nacionales y extranjeros en materia de gobierno corporativo»*. El planteamiento es lógico, no tiene muchos matices, y de hecho, decir lo contrario puede dar lugar a erróneas interpretaciones, pues partiendo de la base del necesario tratamiento por igual a todos los accio-

251. Concretamente, el Diccionario de la Real Academia Española define riesgo como «1. m. Contingencia o proximidad de un daño; 2. m. Cada una de las contingencias que pueden ser objeto de un contrato de seguro».

nistas con independencia de su porcentaje de participación, dicha relación igualitaria no puede verse desequilibrada por una mera cuestión de nacionalidad del socio en cuestión. Pero nos planteamos (y siendo conscientes del peligro que resulta interpelar un «*pero*» en frases de este tipo que hablan de igualdad de nacionalidades) si existen ciertos matices de necesaria contextualización. De nuevo en el debate sobre la tesis contractual y la institucional, si ésta segunda trae consigo una mayor atención a los grupos de interés en torno a la sociedad, los cuales a su vez se significan con la comunidad en la que se desarrolla la actividad con especial mención respecto de los trabajadores, acreedores, proveedores, empleos indirectos, instituciones públicas y organismos recaudadores, nos planteamos si un inversor institucional que sea accionista significativo, de nacionalidad ajena al ámbito extracomunitario, si se le puede imponer una cierta visión comunitaria de la sociedad en la cual participa. Es decir, una sociedad española que se halle significativamente participada por un fondo de inversión de un país asiático. ¿Hasta qué punto puede interesar a este accionista el crecimiento social de la comunidad en que radica la compañía? Fuera de cuestiones obvias tales como que a mayor crecimiento económico del territorio, mayor volumen de negocio para la sociedad, y por tanto, mayor beneficio para el accionista, nos referimos a cuestiones de incidencia extraeconómica. Por ejemplo, apostar por las energías renovables y el respeto al medio ambiente, por la diversidad de género en los órganos de administración y alta dirección, por la conciliación familiar de los empleados así como el respeto a los derechos laborales, por el cumplimiento de las normas de la sana y leal competencia como mecanismo de crecimiento conjunto, o por la decidida apuesta por las gentes y territorios en los que se ubica determinada actividad de la empresa[252], son cuestiones que, a nuestro juicio, sólo se obtienen (o son más fáciles de obtener) desde un punto de vista comunitario, local o estatal, pero circunscrito a un determinado lugar, a una suerte de sentimiento de participación conjunto que en cambio políticas excesivamente globalizadoras no supondrían. Es necesario explicarlo, que con ello no pretendemos decir que el ejemplo del fondo de inversión asiático no tenga interés ni sentido moral respecto de una localidad española o una comunidad autónoma. Sin embargo, nos referimos a que el crecimiento económico y social ha de partir de los núcleos territoriales, máxime en un tipo de sociedad como la española, que con sus circunstancias y vicisitudes resulta diferente a otros

252. Véase como ejemplo los acuerdos que adoptan determinadas administraciones públicas de ámbito autonómico o local para promover la inversión e instauración de determinadas empresas en sus territorios, donde la administración facilita e incentiva de forma administrativa, fiscal y burocrática la instauración de la compañía, y ésta se compromete, por ejemplo, a la contratación de un determinado número de trabajadores del territorio en concreto.

modelos comparados, lo que nos motiva a establecer una decidida apuesta por la creación de un modelo propio de buena gobernanza que crezca junto a la comunidad. Una forma de tratar de evitar la salida de capitales cuando la situación devenga en menos boyante[253]. Y es que como ya hemos hecho varias veces mención, la especial naturaleza y actividad que desarrollan buena parte de nuestras grandes corporaciones, de especial interés e incidencia pública por razón de su sector e influencia en el día a día del ciudadano en general, en nuestra opinión aconseja y justifica un conjunto normativo de mayor supervisión gubernamental y de cumplimiento de determinadas obligaciones como por ejemplo la composición del consejo de administración con presencia de consejeros ajenos a los núcleos accionariales (los denominados independientes) al objeto de ser garante de un especial cuidado con la comunidad. Por ello, este sentimiento de participación conjunta, de crecimiento comunitario, de ánimo local con protección a los grupos de interés, sólo podrá obtenerse a través del establecimiento de un sistema jurídico que resulta creíble, eficaz y seguro; a través de la simplificación burocrática que facilite el tránsito de inversiones y de desarrollo de actividades; a través de la incentivación fiscal; y a través de la exigencia de observancia al crecimiento común local. Si en el ámbito europeo la promulgación de diferentes normas políticas o económicas (incluyendo la puesta en circulación del euro como moneda única) han pretendido la fortaleza de este sistema frente al resto de mercados extracomunitarios, en nuestro caso nos referimos a ámbitos más internos, como forma de apuesta de crecimiento económico y social de España, y de significación de un modelo de buen gobierno que resulte referencia internacional[254].

C. *Inversores institucionales, mercados de valores y otros intermediarios*

La presencia de los inversores institucionales en las grandes corporaciones ha venido a resultar un agente de especial interés para los estudiosos del gobierno corporativo como consecuencia de la influencia que éstas enti-

253. Se trata, en esencia, de evitar la desinversión extranjera, como ha ocurrido en casos, si bien es cierto que puntuales, pero también de importancia significativa. Sirva como ejemplo la noticia: «*Los fondos huyen de España por el impacto del Impuesto de Sociedades en los dividendos*» publicada en el Diario Expansión. https://www.elconfidencial.com/mercados/2012-04-06/los-fondos-huyen-de-espana-por-el-impacto-del-impuesto-de-sociedades-en-los-dividendos_390703/

254. En la práctica, existe una especial observancia sobre entidades ajenas al ordenamiento comunitario en lo que a prevención del fraude se refiere, especialmente respecto de los denominados «chiringuitos financieros». Igualmente, como ejemplo: «*La CNMV no descarta prohibir las operaciones de entidades extranjeras sin establecimiento permanente*» publicada en el diario digital «Law&Trends». https://www.lawandtrends.com/noticias/mercantil/la-cnmv-no-descarta-prohibir-las-operaciones-de-entidades-extranjeras-sin-establecimiento-permanente-1.html

dades pueden terminar ejerciendo en las grandes compañías más por su peso accionarial que sobre la presencia en el órgano de administración, para lo cual parece ser tendencia internacional que se les exija una cierta transparencia en el ejercicio de su condición de socios que asegure un tránsito de información adecuado para la obtención de los hitos de gobernanza esperados, máxime cuando la presencia de este tipo de entidades en el capital de las grandes compañías parece ir en significativo aumento. Por ello, y como hemos visto, la exigencia se traduce en la obligatoriedad de publicar sus políticas en el ejercicio de su condición, como los procedimientos previstos sobre el ejercicio del derecho de voto, la gestión de los eventuales conflictos de interés así como la relación con los asesores de voto, cuestiones todas ellas ya referidas anteriormente.

A lo que sí hemos de hacer mención es a la cuestión de la obligación de los inversores institucionales de ejercer el derecho de voto, como ocurre en nuestro país, especialmente en materia de nombramiento de administradores como presupuesto para la composición del consejo de administración, como por ejemplo sucede con las Instituciones de Inversión Colectiva, obligadas por el artículo 46.1 de la Ley 35/2003 «*a ejercer todos los derechos inherentes a los valores integrados en el fondo en beneficio exclusivo de los partícipes, especialmente el derecho de asistencia y voto en las juntas generales*». Si bien su incumplimiento no supone más consecuencia que la necesaria explicación en el informe anual, resulta de especial interés al objeto del estudio si el establecimiento de tal obligación, que recordemos se encuentra reglada imperativamente en la Ley un tanto *sui generis*, encuadra por un lado con la revitalización de las competencias de la junta general, y por otro, con la mejora del gobierno corporativo para el nombramiento de consejeros. Si es un hecho notorio que este tipo de instituciones no tienen especial interés en la participación en los órganos de gobierno y administración, ¿tampoco en el nombramiento? Máxime cuando su participación puede ser ciertamente relevante. Por ello, la relación con los *proxy advisors* así como la transparencia de sus canales de comunicación han adquirido especial relevancia en los últimos años, de modo que sin perjuicio de la conocida ausencia de activismo por parte de esta clase de accionistas, lo que nos interesa a estos efectos es la información referida en la emisión del voto ante el nombramiento de los consejeros respecto a qué criterios de idoneidad han tratado para adoptar una u otra decisión. Es decir, entendemos que su participación si no puede resultar más activa, sí la de los asesores de voto. Tal vez a ellos se les deba exigir más presencia en decisiones tan relevantes como el cese y nombramiento de administradores, pues lo contrario, confiar en la mera buena voluntad y saber entender del consejo de administración en su conjunto, y en el caso concreto, de la comisión de nombramientos, implicaría delegar en la práctica el voto al consejo, eliminando cualquier separación entre propiedad y control, y perdiendo un importante porcentaje de control a la censura del órgano social de administración. Finalmente, si ello no es admisible o posible, ahí es donde aparece la figura del legislador nacional conocedor del caso concreto local y de los usos empresariales de nuestro país si la gran mayoría de los inversores institucionales son poco tendentes al activismo. En tal caso, es el legislador quien ha de asegurar en lo posible no la separación entre propiedad y control, pues ello resultaría harto imposible y probablemente ineficaz, sino el establecimiento de un conjunto de normas férreas relativas a la idoneidad del cargo de consejero. Esto es, caso de que fuésemos conocedores de una situación consolidada y habitual en nuestras grandes corporaciones con especial y significativa presencia de inversores institucionales que a su vez no representaran una posición especialmente activa, ante esta situación que desembocaría en una mayor cuota de poder para los accionistas mayoritarios con presencia directa o indirecta en el propio consejo de administración y para los propios consejeros, el Estado ha de ser garante, o en su defecto defensor, de que los criterios de selección de consejeros respondan a la efectiva supervisión por parte de consejeros independientes, mayor si cabe ante determinadas composiciones del capital social, como única forma de deshacer el efecto difuminado de la propiedad y el control que en la junta general resultará estéril.

D. *El papel de los actores interesados en el ámbito del buen gobierno corporativo*

Que el papel de los grupos de interés o *stakeholders* ha supuesto tradicionalmente un punto de debate, atención e interés en el estudio de los principios del gobierno corporativo es un hecho, y al respecto los Principios de la OCDE no iban a resultar una excepción. Sin embargo, sí nos parece relevante que en dichos Principios, la relación entre sociedad y grupos de interés se pretende enmarcar en una relación de «*cooperación activa*» reincidiendo en dicha enunciación. No se refiere exclusivamente a la necesaria observancia y protección de los agentes relacionados pero externos al contrato de sociedad, sino que lo hace respecto de una relación dual, y además de manera activa. Ahora bien, es cierto que para ello los Principios distinguen entre los ordenamientos cuya legislación sí reconoce la necesaria protección y relación con estos grupos. Ello tiene varios matices que resulta más sencillo de explicar en la contextualización con la concreta situación de nuestro país. Si atendemos a la literalidad del principio, los derechos de todos los grupos de interés están en un modo u otro reconocidos y protegidos: los trabajadores laborales respecto al mantenimiento de sus puestos de trabajo, causas de resolución de los contratos, y en su caso indemnizaciones por incumplimiento; los proveedores respecto de la facultad de instar las acciones contenidas en el Código Civil de cumplimiento o resolución del contrato con indemnización de daños y perjuicios en ambos casos; los acreedores ante una situación de proximidad a la insolvencia o de estado ya insolvente, a través del procedimiento concursal bajo el principio de la *par conditio creditorum*; o los organismos públicos, mediante el otorgamiento de facultades sancionadoras por el incumplimiento de determinadas obligaciones. En cambio, si a lo que atendemos es a la interpretación amplia, la cuestión puede cambiar, es decir, sobre si se plantea que algunos ordenamientos tengan establecido como imperativo legal la necesaria observancia y protección de los grupos de interés por el hecho de su relación con las sociedades cotizadas. En nuestro país, en este sentido, sólo se nos ocurre un principio y medio, es decir, uno consolidado y otro en estudio, a saber, la determinada composición del consejo de administración en un sistema monista mediante la presencia de consejeros ajenos a los núcleos accionariales como medida de protección y contrapeso así como de supervisión y control, y por otro lado (el «medio caso» aludido) sobre los mecanismos de detección de la proximidad a la insolvencia, que conforme a las obligaciones de información de las sociedades cotizadas a la Comisión Nacional del Mercado de Valores respecto de los hechos relevantes, facilita una rápida detección de la situación y la apertura de negociaciones para la refinanciación en fase anterior a la obligación de declarar el concurso de acreedores, al contrario de lo que acontece en el resto del conjunto de sociedades no cotizadas.

Se este apartado, resultan a nuestro juicio muy interesantes dos diferentes postulados, uno el acceso a determinada información por parte de los citados grupos de interés lo que se enmarca en la exigibilidad de cumplimiento de las responsabilidades de las partes, sin atender al alcance y contenido de tal información lo que presupone dejarlo a la consideración de los diferentes Ordenamientos, y el segundo el relativo a la participación de los trabajadores en el gobierno corporativo en lo que a la presencia en los órganos sociales se refiere, tendencia que nuestro país no sigue a diferencia de otros modelos comparados, sin perjuicio de otros elementos como el comité de empresa, de contenido específicamente laboral pero no societario. Respecto a esto, los Principios reconocen las bondades que este tipo de medidas pueden suponer para las grandes compañías por la implicación y disposición que las partes pueden adoptar entre sí, ya sea mediante la citada presencia de representantes de los trabajadores en los órganos de administración o dirección, o mediante medidas de carácter más económico como la participación en los resultados de la entidad o la asignación de un determinado número de acciones, pasando por la dotación de fondos de pensiones independientes a la dirección de la empresa pero nutridos por ésta, de especial arraigo en algunas corporaciones anglosajonas.

E. *Divulgación de información y transparencia*

Al igual que otros Principios, la pretensión de transparencia informativa supone una de las mayores exigencias del movimiento del gobierno corporativo desde la promulgación de sus primeros códigos y leyes. En este sentido, las recomendaciones mínimas exigidas nos resultan de sobra conocidas toda vez que podemos observar cómo nuestro país cumple casi en su integridad con los elementos de información mínima que ha de revelarse al mercado, en concreto: resultados financieros; información no financiera; composición del capital social; retribución de administradores y directivos; currículum y experiencia del órgano de administración; operaciones con partes vinculadas; políticas de cumplimiento de los códigos de conducta, y canales de información; cuestiones sobre las que hemos entrado anteriormente. En este sentido, en lo que respecta a la perspectiva nacional con los modelos comparados, podemos concluir la fortaleza y profundidad de la normativa reguladora española.

F. *Las responsabilidades del consejo de administración*

De mayor interés y relevancia para al objeto del presente trabajo, los Principios dedican al consejo de administración su último apartado como ya ocurría con las versiones anteriores, desgranando lo que a su juicio suponen las tres principales líneas que han de guiar la actuación del mismo: orientación de la estrategia, control y supervisión de la gestión, y rendición de cuentas a los accionistas en primera instancia, y a los grupos de interés en la medida y forma que resulten procedentes, todo ello bajo el reconocimiento de la existencia en los modelos comparados de los dos sistemas existentes de gestión del consejo, el dual y el mono, siendo admisible las recomendaciones contenidas para ambos.

En esencia, los Principios destacan a menudo una evidente apuesta por el equilibrio, concepto que repite a menudo ya sea respecto al tratamiento de todos los accionistas, a la relación de éstos con el consejo y la propia sociedad, a la confluencia de varios intereses presentes en torno a la sociedad, y a los poderes, obligaciones y responsabilidades de cada uno de los miembros del consejo, siendo el citado equilibrio en su más amplia interpretación uno de los retos a los que hoy en día se siguen enfrentando los movimientos reguladores de la buena gobernanza.

Es un tema importante pues en el primer caso, el igual tratamiento a los accionistas, se ha de partir de la difícil aplicación de un trato igualitario a todos ellos, y decimos de difícil aplicación pues fuera de cuestiones puramente teóricas y dogmáticas, la práctica evidencia auténticas luchas de poder en el accionariado que evidentemente se trasladan y tienen su reflejo posterior en el órgano de administración. Por otro lado, la aparición de la figura del «accionista molesto», ese cuya participación no es determinante para el designio y rumbo de la compañía, si bien su presencia es la de un opositor de difícil aguante por su actuación de no sólo votar a todo en contra, sino por su continua exigencia de información y documentación, solicitudes de auditoría, y en último caso, impugnación judicial de los acuerdos. Ha de entenderse en tal sentido que el trato igualitario se ha de equilibrar no en cuanto a las personas detrás de los accionistas sino al conjunto del accionariado, máxime si tenemos en cuenta la conceptualización del interés social con el del conjunto de los accionistas, teoría que por mera cuestión aritmética a menudo se confunde con el interés de la mayoría.

Respecto del equilibrio en la relación de los accionistas con la sociedad, esta apreciación tiene un aspecto más económico que jurídico desde el prisma de la creación de valor para el accionista y la retribución de su inversión, en confluencia con los estándares de mercado la situación patrimonial de la compañía, y la pretendida sostenibilidad a largo plazo de la misma, equilibrio que corresponde al consejo de administración asegurar toda vez que es el órgano encargado de formular tanto las cuentas anuales como la propuesta de aplicación del resultado.

En el tercer caso, el equilibrio respecto de los grupos de interés, se reconoce la expresa salvaguarda que existe en algunos ordenamientos, de lo que en cualquier caso se insta respecto de aquellos grupos de interés unidos a la sociedad por vínculo contractual tales como trabajadores, acreedores, proveedores y clientes, lo que lo diferencia de las teorías institucionales más amplias.

Finalmente, el equilibrio de poderes en el seno del consejo entra de lleno en la composición del mismo, con independencia de su carácter unitario o doble, respecto de la presencia de externos, especialmente los independientes, y el peso que los mismos han de suponer en atención a la estructura de propiedad. Resulta relevante pues en nuestro país la presencia de consejeros independientes viene impuesta por los artículos conexos del 529 de la Ley de Sociedades de Capital sin establecer un número mínimo de esta tipología de consejeros (aunque sí que concretos cargos han de ocupar) cuestión en la que sí entra la Recomendación 17 del Código de Buen Gobierno, que solicita que al menos la mitad del consejo esté compuesto por independientes, cifra que baja al tercio en función de la reducida capitalización o de la presencia de un accionista significativo (o varios de forma concertada) que ostenten más del 30% del capital. Esta cuestión implica que el Código tiene especial observancia a la estructura de propiedad, no existiendo un criterio común para todas ellas sin tener en cuenta la amplia heterogeneidad de nuestras grandes compañías. Pero estos Principios no sólo se refieren a la concreta presencia de consejeros independientes, sino también al equilibrio de poderes y competencias en lo que a la supervisión se refiere tanto de los propios consejeros externos como de la alta dirección, para lo cual solicita una determinada concreción de facultades que deban ser competencia de los directivos con supervisión de los consejeros, en cuestiones que resulten delegables y que no pertenezcan a la gestión ordinaria de la compañía, tales como la política medioambiental, laboral o fiscal de la compañía.

Para todas estas pretensiones de equilibrio entre las partes citadas, los Principios recuerdan qué obligaciones ha de asumir el administrador que acepta el cargo, y que en paralelo a nuestra legislación nacional, se concretan en el deber de lealtad, íntimamente ligado con la prevención y resolución de los casos de conflicto de interés; y en el deber de diligencia como leal saber y entender mediante actos de protección, cuidado y diligente gestor, cuestión sobre la cual los Principios insisten en una cuestión que ya hemos alegado en varias ocasiones, y es la imposición de la premisa que un consejero se halla obligado a, en lugar de con derecho a. Nos referimos a cuestiones concernientes al acceso a la información y al conocimiento sobre los estados sociales, dado que a menudo se confunde el derecho de un consejero (esencialmente de control) a obtener determinada información que han de facilitar los ejecutivos, con la obligación de aquellos a adoptar una postura proactiva, de interés, de insistencia si se prefiere, pues lo contrario le convertiría en una suerte de accionista con pocas funciones más que la de revisión *ex post* de determinados actos, lo que desnaturalizaría por completo su figura y dejaría toda iniciativa en manos de los consejeros ejecutivos, eliminando así cualquier mecanismo de supervisión interna, apreciación que compartimos en su integridad.

En otro orden de asuntos relativos al consejo, destacamos la idea del consejero, con independencia de su concreta categoría, como un representante de toda la sociedad, y por extensión, de todos los accionistas, sobre lo cual rechaza la identificación de consejeros representantes de un determinado núcleo accionarial, considerando que *«el Consejo no debe entenderse como una asamblea de representantes individuales de distintos grupos, y tampoco actuar como tal»* afirmación que en la práctica puede quedar un tanto difuminada si atendemos tanto a criterios de lógica representatividad como de conceptualización de, por ejemplo, los consejeros dominicales, además de los propios ejecutivos. Más aún si cabe, en el conjunto de todas las sociedades anónimas sean cotizadas o no, mediante el nombramiento de consejeros a través del sistema de representación proporcional, denominación que ya de por sí entraña la aludida representación. Una cuestión, por tanto, es que los consejeros ostenten la condición de legales representantes de la persona jurídica que es la sociedad, y por tanto del patrimonio aportado por los accionistas, y otra diferente es que éstos intervengan de forma directa o indirecta en el órgano de administración en defensa de su entender sobre la política estratégica que ha de seguir la compañía, cuestión que irremediablemente se identifica con la representación. Y es que en sentido puramente estricto, los administradores no son representantes de los accionistas, lo son de la sociedad y de su patrimonio, no de los aportantes, quienes han permutado la titularidad de dichos bienes aportados por un determinado porcentaje de titularidad sobre la sociedad, pero precisamente la naturaleza de la sociedad mercantil de capital habida cuenta de su personalidad jurídica propia, a diferencia de otro tipo de entidades, evidencia que el administrador ostenta la representación sobre la entidad en sí. Otro tema se tratará en establecer mecanismos de pretensión o ánimo de representación al conjunto de los accionistas, lo que ya viene definido por la exigencia anteriormente vista del trato igualitario a todos los accionistas. Entendemos no obstante que se trate de huir de la consideración de «representante» de un determinado núcleo accionarial, pues no hacer mención a ello efectivamente convertiría al consejo no en una asamblea, sino en una junta general en miniatura, en una lucha de poderes y mayorías que a buen seguro conllevará efectos negativos. Ello no implica que no puedan existir consejeros discrepantes, es más, probablemente incluso fortalezca el gobierno corporativo de la entidad en cuestión, lo que no obsta a que una vez que el consejo haya definido la dirección estratégica (que responderá, claro está, a la voluntad de los consejeros que ostenten o representen a los núcleos mayoritarios) todos los consejeros sigan el mismo rumbo, cada cual en el ejercicio de las correspondientes funciones que tengan encomendadas. La cuestión es que respecto a esa dirección estratégica, los Principios, en consonancia con algunos códigos de buen gobierno, exigen regirse por valores éticos, lo que dificulta enormemente su determinación, valoración e interpretación. ¿Qué es ético? Si nos referimos a actuar de forma correcta, cualquier comportamiento en el marco legal, siempre y cuando no suponga un abuso de Derecho ni fraude de Ley, ¿podemos presumir que sería ético? En tal caso, y *a sensu contrario*, la infracción de tales normas sería calificada como ilícita, no haría falta escudriñar una teórica falta de ética, y aunque una lleve a la otra, no creemos que la normativa se refiera a ello cuando habla de valores éticos. Es una cuestión que trasciende lo meramente legal para situarse en la esfera intelectual de identitaria, cuya escala de valores puede resultar tremendamente diferente según quién sea el sujeto que la alegue en función de su nacionalidad, costumbres o usos, sin que una forma u otra haya de resultar objetivamente más ética que otra, cuestión que nos llevaría a una suerte de rama dedicada a la filosofía del Derecho corporativo. Al final, y como hemos promulgado en más ocasiones, entendemos que este tipo de cuestiones se resuelven en el modelo de los localismos, del entendimiento de la ética en sentido general dentro de un concreto territorio, de los usos y costumbres de una comunidad, lo que nos ha llevado a considerar que los diferentes modelos territoriales de gobierno corporativo han de ser propios, diferentes y diferenciados, y sin perjuicio del alcance y aprendizaje de los modelos comparados, huyendo de un globalismo unitario.

Sea como fuere, lo que se pretende establecer en el consejo de administración son resortes de supervisión, control y sobre todo autoevaluación, especialmente en los modelos monistas como el nuestro, lo que supone un reto importante y a la par difícil. Implica que un mismo órgano se revise, censure y vigile a sí mismo, lo que puede entrañar *un arma de doble filo* dicho sea coloquialmente. Por un lado, que un mismo órgano sea el encargado de la gestión y de la supervisión de la misma, y a su vez y en sentido contrario, que supervise *ex ante* determinados actos de gestión, además de entrar en un bucle infinito, evidencia la complejidad del proceso, cuestión que pretende solucionarse a través del reparto de funciones y tareas teniendo en cuenta que el consejo es un órgano colegiado formado en consecuencia por una pluralidad de participantes, motivo por el cual resulta exigencia legal que el órgano de administración de la sociedad cotizada se halle organizada en la forma de consejo. Pero esa primera solución, la del reparto de tareas que pueda entrañar el ejercicio efectivo de la complejidad de aunar en un mismo órgano la gestión y supervisión, a su vez entraña un segundo peligro que es el encorsetamiento de funciones en lo que a las responsabilidades se refiere, pues ya sabemos que en el sistema monista se separan las funciones pero no la responsabilidad solidaria de todos los miembros del órgano, principio consagrado en el artículo 237 de la Ley de Sociedades de Capital[255]. En concreto, algunas de las cuestiones que los Principios exigen a los consejos que sean objeto de autoevaluación son (i) los propios actos del consejo y la alta dirección por medio de un juicio de valor objetivo; (ii) la selección de los propios consejeros cuyo nombramiento será propuesto a la junta general atendiendo a criterios de idoneidad, para lo cual adquiere

255. PAZ-ARES RODRÍGUEZ, C.: «La ley, el mercado y el gobierno de las sociedades» en *IUS ET VERITAS: Revista de la Asociación IUS ET VERITAS*, n.º 24. Lima (Perú), 2002. Pág. 147.

cada vez mayor peso, importancia y ámbito competencial la comisión de nombramientos y retribuciones; (iii) derivada de la misma comisión si no tiene separadas las dos ramas, la revisión de la retribución de los consejeros atendiendo a la dedicación efectiva, competencias y responsabilidades, estándares del mercado, situación de la compañía, y proporcionalmente, retribución de los accionistas; (iv) la separación entre los cargos de presidente del consejo y de primer ejecutivo o *Gerente General* como así lo denomina, que a diferencia de algunas leyes o códigos de buen gobierno, como el caso español, la OCDE sí aboga de forma inequívoca por la segregación de figuras pues *«resulta buena práctica separar la presidencia del primer ejecutivo, pues contribuye a lograr un equilibrio adecuado de poder, mejora la rendición de cuentas y refuerza la capacidad del Consejo de tomar decisiones con independencia de la dirección»*; y (v) el papel de los consejeros independientes y el aseguramiento de su referida independencia, haciendo una reflexión acerca de lo que la presencia importante de esta tipología de consejeros puede suponer a los principios del gobierno corporativo, el equilibrio de poderes, las funciones de control y la protección de los intereses de los grupos de interés, para lo cual se torna en imprescindible establecer mecanismos a su vez de control que aseguren tal independencia, delegando en primera instancia a los Estados miembro la regulación de este tipo de figuras (como los requisitos mínimos de independencia, las concretas competencias, el número mínimo que han de integrar el consejo, o la duración máxima para la consideración de tal categoría) y en segunda a los propios consejos de administración que a través de sus reglamentos o normas de actuación, establezcan sus propios mecanismos de control.

Y es que en la cuestión relativa al nombramiento de consejeros, no sólo independientes sino de todas las tipologías, como decíamos la que en nuestro país se conoce como la comisión de nombramientos y retribuciones ha adquirido cada vez mayor importancia por los deberes de selección y criterios de idoneidad que se les impone, toda vez que siendo facultad de la junta general la del nombramiento de administradores, éste se produce en la sociedad cotizada por recomendación o presentación de candidatura avalada por dicha comisión. Sin embargo, como en otro tipo de acuerdos, hemos visto que en la práctica la junta general, seguramente por el control que sobre la misma ejerce el propio consejo, termina avalando la mayoría de propuestas, cuestión a lo que los Principios reconocen que *«cada vez más, se reclaman procesos abiertos de selección que engloben una amplia muestra de personas»*, esto es, que en lugar de avalar la candidatura de la persona que consideran más idónea, se proponga una terna mínima de candidatos, sometiendo la elección a la propia junta general, propuesta que nos parece muy interesante abordar en sede especialmente de vía de los códigos de conducta, como forma de análisis de aplicación y paso previo a su hipotética elevación a rango de Ley o de imperativa aplicación.

C) ANÁLISIS DE DOS CONCRETOS MODELOS COMPARADOS: CRITERIOS DE SELECCIÓN

A continuación, pasamos a realizar un breve análisis respecto del modelo de gobierno corporativo en lo que a nombramiento y composición del consejo de administración se refriere en dos concretos modelos comparados: el estadounidense y el alemán, entendiendo que resulta procedente en este punto explicar el motivo por el cual, a los efectos del presente trabajo, hemos optado por los señalados.

Una vez hemos contextualizado la evolución de los principios del *corporate governance* en el marco normativo global, y expuesta la diferenciación en la motivación respecto de las diferentes normas publicadas a ambos lados del atlántico, la variedad de ordenamientos sobre los que nuestro país puede mirar para comparar y fortalecer su sistema es muy amplia, consecuencia de la disparidad normativa incluso en sede comunitaria. No obstante, siendo limitado el objeto del presente trabajo (y muy amplia la cuestión de los diferentes sistemas de buen gobierno en todos los modelos comparados) nos ha parecido relevante poner en contexto el modelo español con respecto al estadounidense y el alemán en lo que a la composición del consejo se refiere. Con respecto al alemán, el modelo de administración en sistema dualista resulta de incuestionable interés, pues se trata de una forma de gobierno ajena a la estructura conocida y seguida unánimemente por nuestras grandes compañías, que en cambio diferencia de forma aparentemente más precisa las funciones de gerencia con las de supervisión y control, de modo que se nos plantea el reto de analizar sucintamente la forma dual respecto de si dicho sistema sería aplicable o aconsejable, o al menos, del que emanen elementos de interés para su posible incorporación. A mayor abundamiento, el modelo alemán en cualquier caso se encuadra dentro del sistema comunitario europeo, lo que entendemos que se aplicabilidad se contextualiza mejor con respecto al modelo español por la pretendida armonización de, al menos, un conjunto de mínimos. En cambio, el modelo norteamericano resulta, a priori, más similar al español. Sin embargo, acudimos también a él pues como ya hemos expuesto en sucesivas ocasiones a lo largo del presente trabajo, al menos en la actualidad, la actividad de buena parte de las compañías cotizadas españolas más representativas o de mayor volumen de cotización se halla dentro de un marco de interés público, sectores regulados o de especial incidencia pública, es decir, entidades financieras, energéticas, constructoras o medios de comunicación. En cambio, las mayores compañías estadounidenses no tienen esa nota distintiva, sino que en su mayoría son tecnológicas o informáticas, lo que pueda evidenciar una mayor libertad de mercado o una menor intervención legislativa frente al caso español.

Es decir, lejos de establecer modelos idénticos o muy similares al nacional, nuestra consideración ha sido la de situarnos frente a modelos que, si bien se guarda una relación bien sea geográfica o bien sea estructural con ellos, en su forma y/o fondo existen muy significativas diferencias, lo que entendemos que otorgará una visión más amplia de las fortalezas y carencias de nuestro sistema propio, y cómo tal puesta en relación puede suponer una válida forma de identificación de aquellas cuestiones en las que el modelo español ha de ser objeto de impulso o mejora, o si incluso cabría una adaptación a dichos modelos comparados que, habida cuenta de la fortaleza de sus respectivas economías, suponen un modelo de competitividad.

D) EL NOMBRAMIENTO DE CONSEJEROS EN EL DERECHO ESTADOUNIDENSE

1. El contexto jurídico

A. Ideas previas

En una economía de libre mercado como la estadounidense, quizás el lugar de máxima expresión del ideario capitalista, la importancia de las compañías y corporaciones empresariales es incuestionable. Su incidencia en la economía nacional (e internacional) se materializa en términos financieros, fiscales, laborales e incluso arancelarios, si bien su marco y contexto resulta sumamente más complejo que el español, tanto por una cuestión legislativa, consecuencia de la coexistencia de normas estatales, federales, y de los distintos organismos reguladores; como mercantil, donde existen diferentes índices de capitalización bursátil. Son aspectos relevantes: en primer lugar, el sistema territorial norteamericano junto a las competencias legislativas de cada uno de los Estados de la Unión, aflora una técnica jurídica cuyo análisis resulta más difícil que nuestro modelo local, para lo cual, lejos de acudir a las diferencias tipológicas entre los distintos Estados y sus competencias, partimos de las normas comunes que emanan de la administración federal, entendida por ésta a la que emana de su Gobierno nacional[256]. Y en segundo lugar, el funcionamiento de su mercado de valores supone a su vez un añadido en el complejo análisis de su régimen, habida

256. Una tradicional diferencia de sistema jurídico entre los diferentes Estados en lo que a la regulación de las sociedades, corporaciones y compañías se refiere, la encontramos en el Estado de Delaware, popularmente conocido por constituir una suerte de

cuenta de los distintos tipos en que se divide su actividad. No obstante, de todo ello sí extraemos notas características comunes al modelo, que trataremos de exponer, y que a los efectos del presente trabajo son dos: el primero, la ya aludida cuestión del marco de actividad de las entidades más representativas de su mercado de valores tales como informática o tecnología, de corte significativamente distinto al español; y la segunda, el modelo de gestión y administración de estas grandes corporaciones, aquí sí más similares al sistema español tanto por la propia estructura del órgano como por el hecho de haber promulgado normas o conductas que de forma posterior y hoy en día, han terminado formando parte de nuestro ordenamiento jurídico.

Es éste, por tanto, otro motivo que evidencia el interés del estudio de este modelo comparado, al emanar de él instituciones que han terminado desembocando y siendo traspuestas a la normativa reguladora en nuestro país, lo que lejos de suponer un modelo de imitación por las significativas diferencias ya citadas, sí supone un marco de continuo interés y análisis de plausible aplicación, o al menos, de valoración de la misma.

B. *La evolución del marco normativo*

De los estudios que han tenido por objeto el análisis del marco normativo estadounidense en la regulación de las grandes compañías, y casi a modo de adelanto de algunas de las conclusiones de este apartado, surgen a nuestro juicio dos notas características muy marcadas y relevantes. La primera, como hemos visto en el capítulo anterior, que la promulgación de normas ha sido habitualmente consecuencia o respuesta al acaecimiento de distintos sucesos socio-económicos o legislativos, si bien al caso americano le añadimos un componente adicional, y es el concreto contexto político y económico de la época, tanto por el signo político del partido dominante en

«paraíso» más jurídico que fiscal para las empresas por su régimen proteccionista con directivos e inversores. Si bien no podemos detenernos en exceso en su modelo, ponemos de relieve una información publicada en el Diario «Expansión» de 9 de marzo de 2019 por Clara Ruíz de Gauna, que informa que por aquel entonces se encontraban registradas 1,3 millones de entidades, frente a una población civil cuyo número en cambio no llega al millón, es decir, más empresas que personas. Se trata del lugar en que residencian gigantes como Apple, American Airlines, Coca-Cola y Google, atraídos por su modelo flexible incluso en la composición de los órganos sociales así como de las notificaciones. No se considera en cambio a Delaware un paraíso fiscal, toda vez que la tasa societaria es de ámbito federal (del 21%, a la que se añade una de carácter estatal propia de cada Estado, que en el caso de Delaware es del 8,7%, superior incluso a otros Estados, si bien íntegramente exenta si no se opera en la región. De todo ello, RUÍZ DE GAUNA, C.: «*Delaware, el estado que tiene más empresas que ciudadanos*», que puede consultarse en: https://www.expansion.com/empresas/2019/03/09/5c82d1b922601d92138b45c7.html

la cámara legislativa como por el del propio Presidente del país, máxime cuando la forma, capacidad y competencia de legislar resulta distinta a nuestro modelo nacional. La segunda, que dichos estudios han aflorado el hecho de la posterior trasposición a nuestro Ordenamiento de varios principios, normas o mecanismos que de forma previa se promulgaron en Estados Unidos, lo que nos indica que su modelo constituye un válido espejo al que mirar al menos en determinados aspectos de la estructura societaria[257].

De los citados estudios, hemos seguido el del Profesor Zavala[258], por su claridad expositiva y por su análisis de la evolución normativa hasta nuestros días, y que podemos resumir en los siguientes hitos:

1. El punto de partida que desemboca en el sistema actual. Como primer hecho de especial relevancia o magnitud a lo que el presente trabajo se refiere, destacamos la creación de la *Securities Exchange Commission* (SEC) dimanante de la «*Securities Act*» del año 1933, un organismo regulador que, salvando las distancias y sin perjuicio de las significativas diferencias, podríamos asemejar a la Comisión Nacional del Mercado de Valores, si bien con una autonomía y facultad normativa que con el transcurso del tiempo ha resultado muy influyente, la cuestión es que, como hemos dicho, la creación de este organismo y las normas reguladoras que del mismo emanan, han coexistido a su vez con las leyes societarias norteamericanas de carácter federal y/o estatal, junto a las de funcionamiento de las bolsas de valores, la NYSE y el NASDAQ frente a los modelos de mercados bancarios[259], lo

257. En el mundo económico ha sido habitual escuchar la frase coloquial de «*Cuando Estados Unidos estornuda, el mundo se resfría*» lo que venía a explicar en términos de símil la gran influencia que la economía norteamericana ostenta sobre el mundo entero. Es curioso, pues tratándose de una frase acuñada hace ya varios años, cuyo origen desconocemos, los cambios globales han matizado tal afirmación, hasta el punto que fue noticia las declaraciones de un alto directivo de la entidad JP Morgan, manifestando que «*Antes se decía que si Estados Unidos se resfriaba el resto del mundo estornudaba. Ahora cuando China estornuda el resto del mundo se resfría*», formulada por la Estratega Jefe de JP Morgan AM para EMEA, Karen Ward, en la presentación de las perspectivas de la gestora para 2020. Puede consultarse la noticia en el Diario El Economista, en: https://www.eleconomista.es/mercados-cotizaciones/noticias/10342387/02/20/JP-Morgan-AM-Ahora-cuando-China-estornuda-el-resto-del-mundo-se-resfria.html

258. ZAVALA ORTIZ DE LA TORRE, I.: *Gobierno corporativo de las sociedades cotizadas en los Estados Unidos: análisis crítico y retos pendientes*. Ed. Dykinson. Madrid, 2017; y «Antecedentes al actual modelo de gobierno corporativo en los Estados Unidos de América: de 1934 a 2014» en *Revista Deusto Estudios Cooperativos*, n.º 10. Deusto, 2018. Pág. 47.

259. La *New York Stock Exchange* y el *National Association of Securities Dealers Automated Quotation*. Respecto a la primera, se trata del mayor mercado de valores del mundo

que ha supuesto una suerte de triple fuente de derecho societario estadounidense.

En esos primeros años, la tónica general en cuanto a la regulación normativa de las sociedades, especialmente promulgadas a nivel estatal, era la de regulación de los derechos de los accionistas, con especial énfasis en la emisión del derecho de voto y la posible delegación del mismo, así como en la inclusión de nuevos puntos en el orden del día a propuesta de los accionistas, amén de la obligación de hacer público los sueldos de los directivos que superaban un concreto umbral. Es la década de los años 40, lo que advierte lo significativamente avanzada que ya era entonces la legislación norteamericana en materia de transparencia.

2. Segunda etapa: la promulgación de normas específicas. Dentro de la evolución legislativa a la que estamos haciendo referencia y que configura el sistema actual, destacamos una segunda etapa ubicada temporalmente en la década de los 70, en la cual, consecuencia de determinados hechos, se promulgan importantes normas de contenido societario, momento que algunos autores definen como el que se crea el sentido o significación del gobierno corporativo[260].

De forma concreta, se alude a la quiebra de la entidad ferroviaria *La Penn Central* consecuencia de una negligente actuación del órgano de administración al repartir cuantiosos dividendos a la par que la deuda de la compañía crecía exponencialmente, generando un desequilibrio patrimonial definitivo, lo que evidenció las deficiencias en torno a los directivos, ya fuera cualificación, interés, dedicación o sistemas de control.

A juicio del autor[261], el origen del problema radicaba en que el nombramiento de consejeros procedía casi exclusivamente del *«management» que* a la postre desembocaba en reelecciones de la lista previamente propuesta por el propio consejo. Por ello, siendo este suceso un inicio de las normas que hoy en día conocemos, en 1976 la SEC y la NYSE impusieron algunas obligaciones a estas grandes corporaciones, tales como el nombramiento de

La *en volumen monetario, siendo la segunda la siguiente en dicho escalafón a nivel nacional, y que comprende entidades de alta tecnología en electrónica, informática, telecomunicaciones, biotecnología, y demás.*

260. RANDALL K. MORCK: *A history of corporate governance around the world: family business groups to professional managers*. University of Chicago Press. Chicago, 2005. Pág. 5. Es de reseñar, además, que se trata de una época ciertamente convulsa en Estados Unidos: la Guerra de Vietnam, las protestas por los derechos civiles, cuestiones raciales o la eclosión de nuevos movimientos culturales.

261. ZAVALA ORTIZ DE LA TORRE, I.: *«Antecedentes...» cit.* Pág. 54, siguiendo a MACEY, JONATHAN, R.: *«Corporate governance»*. Princeton University Press, 2008.

consejeros independientes o la creación de un comité de auditoría en el seno del consejo. De nuevo, muy significativo, pues no ha sido hasta el siglo XXI en que nuestro país traspuso la norma de contenido obligacional a las entidades cotizadas en nuestro mercado nacional. No obstante, no fueron esas las únicas reformas normativas, ya que la SEC procedía en ocasiones a legislar por distintas vías tales como el control en la reelección de consejeros o la obligatoriedad de contratación de determinados asesores externos[262].

Unos años más tarde, en 1978, se promulgó otra norma que imponía a las empresas la obligación de facilitar información acerca de la composición y estructura del consejo, la existencia de comisiones, la independencia de los consejeros bajo dicha característica tipológica, y la asistencia a las reuniones del órgano. Es entonces cuando, a juicio de Zavala, comienza a considerarse al consejo de administración como un órgano cuya función principal en su conjunto es la de supervisión del CEO y de la alta dirección[263].

3. Las últimas décadas de siglo. Entrando ya en los años 80 asistimos a una nueva época de mayor desregulación en parte consecuencia del cambio de signo político[264], que supuso a su vez la consecuente la consecuente sucesión en la dirección de la SEC, hitos que se materializaron en la promulgación de determinadas normas que no fueron especialmente bien recibidas por algún *lobby* corporativo, toda vez que tenían por objeto fomentar el control de la dirección por parte de los accionistas, lo que chocaba con los modelos tradicionales de amplia libertad de actuación de los administradores. Fruto del recelo de algunas entidades, que ejercieron una notable presión, la SEC reculó, si bien estableció en su lugar un diferente conjunto de normas, pero esta vez de cumplimiento voluntario relativas al funcionamiento de los órganos de gobierno, que constituyó el nacimiento del *soft law*. Y es entonces cuando surge el origen del debate sobre los intereses a los que la sociedad debía servir, y que desde entonces ha estado muy presente en el derecho corporativo norteamericano: la *shareholder value* frente a la protección de los distintos grupos de interés o *stakeholders*. En este sentido, el autor expone que entonces por los partidarios de la primera posición (en paralela analogía con nuestra doctrina, equivalente a la rama contra-

262. Una de las formas conocidas de introducción de normas por la SEC era a través de distintos expedientes sancionadores o de inspección a grandes corporaciones, con las cuales en ocasiones acordaba el levantamiento del procedimiento a cambio de la asunción por la citada entidad de determinados postulados de buena gobernanza sugeridos o recomendados por el organismo regulador.

263. Denominación anglosajona en forma de anagrama que identifica al *Chief Executive Officer*, una figura que podríamos asemejar a la del consejero delegado según el sistema de nuestro país.

264. En concreto, nos referimos a la llegada del Presidente Ronald Reagan a la Casa Blanca, del Partido Republicano.

ctualista) se defendía una interesante tesis, y era considerar que ya existían mecanismos legales de protección de los grupos de interés, como por ejemplo la oferta pública de adquisición (OPA). En concreto, esta tesis defiende que si los administradores actúan únicamente en interés de la propia sociedad con el único objetivo de incrementar su valor, en realidad los propios administradores estarían actuando en su propio beneficio e interés, pues ya hemos visto que los sistemas de retribución a los consejeros basados en sistemas de entrega de acciones o *stock options* generaban estrategias cortoplacistas, lo que a la postre terminaría por reducir el valor bursátil de la entidad, es decir, que uniendo ambos extremos de la ecuación, si los administradores actúan en su propio beneficio, de una manera u otra el valor de la sociedad acabará disminuyendo, lo que dejaría a la entidad expuesta al ámbito del radar de potenciales adquirentes, lo que en el argot bursátil se conoce como estar *«a tiro de OPA»*[265]*, que* de ejecutarse, traerá consigo un cambio en el equipo directivo de la entidad, que pasará a estar previsiblemente gestionada por los nuevos adquirentes. Al contrario, una política amplia de gestión, sostenible, y en atención a los grupos de interés, generará buena imagen de mercado y un incremento o por lo menos mantenimiento del valor de la compañía, lo que mantendría alejados a potenciales adquirentes de bajos precios. Algo así como, *«o haces las cosas de manera correcta, o al final alguien vendrá a cesarte»*, forma sumamente breve de resumir esta interesante tesis, la cual vino a fortalecer la idea más adelante fortalecida de revisar el modelo de retribución de administradores de modo que se evitaran esas técnicas de incremento de valor a corto plazo. Ahora bien, lo que también ha venido ocurriendo desde entonces es que la *shareholder value* terminó por prevalecer, motivando una cierta apatía de los accionistas más preocupados por recoger los beneficios sembrados que por el control del equipo directivo.

Entrando ya en la década de los 90, acontece al igual que la anterior un cambio político en la presidencia del país, y consecuentemente, en el organigrama de la SEC[266]. Se promulgan nuevas normas relativas a los comités de auditoría de las sociedades, especialmente en lo que a sistemas de control y prácticas contables se refiere. En concreto, la NYSE y la NASDAQ imponían la obligación de contar con una comisión de auditoría a entidades que superasen un concreto umbral de capitalización, comisión que debía integrarse necesariamente por consejeros independientes con especiales conocimientos en contabilidad, habida cuenta del acaecimiento de determinados

265. Un ejemplo en nuestro mercado nacional, al que hace referencia el diario «EXPANSIÓN»: *«Diez cotizadas españolas a tiro de opa»*, que puede consultarse en: https://www.expansion.com/mercados/2021/06/18/60cbbc90e5fdeac6058b4665.html
266. Bill Clinton, del Partido Demócrata, es elegido Presidente del país.

sucesos relativos a los servicios de auditoría externa[267]. La segunda medida de calado de la época, también referida a los auditores externos, se focalizó en los servicios adicionales que éstos prestaban a las compañías (como asesoría jurídica, contable o fiscal) lo que cabría interpretarse como un conflicto de interés en la emisión de los dictámenes al guardar una relación paralela de prestación de servicios. Han transcurrido los años, y éste sigue siendo un *caballo de batalla* pues incluso hoy en día (como puso de manifiesto el Libro Verde de gobierno corporativo de la Unión Europea de 2011) se siguen proponiendo normas de control con este tipo de dobles prestaciones de servicios, o prestaciones adicionales a los de auditoría, cuya prevalencia sobre el resto es incuestionable, tanto por su importancia objetiva como por su carácter imperativo.

Continuando con la línea temporal, y en línea con el autor[268], merece realizar un paréntesis, ya que estamos en la época coetánea al origen del movimiento del gobierno corporativo en Europa con la promulgación del Informe Cadbury, al que hemos hecho referencia en el capítulo anterior, que coincidió con el desembarco de importantes fondos estadounidenses en compañías europeas, donde aquellos, como condición previa al desembolso o inversión, exigían de las entidades la creación y establecimiento de mecanismos de buen gobierno, dado el bagaje y conocimiento que esos fondos ya ostentaban. Consecuencia de ello, el gobierno corporativo comenzó a instaurarse ampliamente en Europa y Asia, lo que se reforzó con los principios de la OCDE anteriormente analizados.

4. El siglo XXI. Con el comienzo de siglo y el nuevo cambio de signo político[269], se produce el fenómeno de los inversores institucionales, cuya creciente cuota de poder conllevó importantes cambios en el sistema de retribución de directivos[270], que terminó desembocando en una amplia generalidad de las *stock options,* lo que como ya hemos analizado, si bien pretendían incentivar a los consejeros a la consecución de resultados positivos sacándoles de la «zona de confort» que representaba la retribución fija, con el tiempo tornó en estrategias a corto plazo que suponían una ganancia mayor y más rápida, lo que quiebra el principio de sostenibilidad tantas veces esgrimido por las normas de cumplimiento voluntario. Estamos

267. En concreto, se evidenciaron algunas prácticas cuestionables por parte de entidades que entonces formaban parte de las denominadas *Big Five,* concretamente por «Arthur Andersen» y por «Coopers & Lybrans», que hoy se hallan fusionadas en «Pricewaterhouse Coopers».

268. ZAVALA ORTIZ DE LA TORRE, I.: «*Antecedentes...*» *cit.* Pág. 65.

269. Nos referimos a llegada a la Casa Blanca del Presidente George W. Bush, del Partido Republicano.

270. Pasando de la «pay for size» a la «pay for performance».

hablando del momento del «Caso Enron» ya conocido, de cuya comisión de investigación afloraron los errores en el sistema de gobierno corporativo de ésta y otras entidades, dando así origen al texto normativo de incuestionable importancia en la legislación societaria estadounidense: la *Sarbanes Oxley Act.* Si bien no modificaba la estructura de los órganos de gobierno, sí imponía con carácter imperativo la publicación y transparencia de determinada información de la compañía. Esto es, además de otros relativos a la independencia de los auditores externos, la SOX tenía por objetivo mejorar y reforzar el sistema de gobierno corporativo de las compañías. No obstante, su articulado fue severamente criticado por algunos autores por no reformar el sistema de elección de consejeros en lo relativo a la participación de los accionistas[271], algo así como el sistema de representación proporcional reconocido en la legislación española. En lo que sí parece coincidir la doctrina es que esta ley otorgó mayor poder de autonomía al consejo respecto al *management*[272], si bien, como veremos a continuación, la posición del accionista se ha visto especialmente reforzada, lo que sin duda ha supuesto un hito en el derecho corporativo norteamericano que, hasta entonces, había evidenciado adolecer de mecanismos de protección de los socios.

Finalmente, consecuencia de la crisis económico-financiera iniciada en torno a 2007 tras la caída de Lehman Brothers, se promulga la conocida como la *Dodd-Frank Act,* que data del año 2010, en la cual se promulgan varias normas de contenido específico relativo a la retribución de los administradores, en concreto, se introducen mecanismos de control periódico por parte de los accionistas de tales retribuciones, si bien los resultados de las votaciones no son vinculantes; la composición del comité de retribuciones; y la obligatoriedad de devolución de remuneraciones percibidas ante el acaecimiento de diversos hechos; además de un mayor control respecto de la confluencia en una misma persona de los cargos de presidente y primer ejecutivo de la compañía. Se trata de una extensa ley que, al igual que la SOX, contiene una serie de mandatos a las agencias federales en la regulación y supervisión de los mercados, lo que supone un reto ante el ámbito competencial normativo en Estados Unidos entre lo que emana del poder federal del que ostentan los estados miembros.

C. *Algunas notas características del modelo*

Del análisis del modelo estadounidense de gobierno corporativo, existen, a nuestro juicio, determinadas características que, bien explican, bien

271. TALBOT, L.: «Polany´s embeddedness and shareholder stewardship: a contextual analysis of current anglo-american perspectives on corporate governance» en *Warwick School of Law. Research Paper,* n.º 2012/20. Pág. 458-490.
272. ZAVALA ORTIZ DE LA TORRE, I.: «*Antecedentes...*» cit. Pág. 69.

motivan, el funcionamiento de los órganos de gobierno de sus grandes compañías, en lo que confluyen la propia cultura corporativa del país, la experiencia acumulada consecuencia de determinados sucesos, y los estudios doctrinales de contenido más empírico que jurídico[273]. A tales efectos, hemos querido resaltar algunas notas características principales sobre tal modelo, lo que nos permite contextualizarlo con el concreto sistema de gobernanza de nuestro país respecto a las posibles carencias y fortalezas de los mismos, y su hipotética aplicabilidad.

En primer lugar, en el caso estadounidense en lo que a la operatividad de las sociedades cotizadas se refiere, el modelo se basa en un mercado de valores, a diferencia de otros sistemas comparados que se sustentan sobre mercados de capitales o bancarios de negociación de activos financieros, fondos y deuda pública[274]. Sin entrar en más detalle sobre la diferencia tipológica entre ambas, sí nos parece interesante poner de relieve tal circunstancia por ser análoga a nuestro sistema local, pues el funcionamiento bajo el modelo de valores supone que las transacciones se realicen en un marco que dota de mayor liquidez al mercado, si bien generando mayor incertidumbre en lo que al precio de la acción se refiere. Y es que las fluctuaciones de valor quedan al albur de un conjunto de variables y condicionantes que afectan o inciden al mercado, influyendo en consecuencia en el valor de cotización bursátil de una entidad en cuestión. Es cierto, no obstante, que se trata de una afirmación o explicación muy escasa ante lo que puede suponer las vicisitudes del mercado de valores, pues incluso el mercado bancario, cuyas contingencias son diferentes, también se expone a tales variables, si bien sí nos parece relevante exponer el contexto del mercado de valores estadounidense en lo que a funcionamiento, regulación y supervisión del mismo se refiere.

En segundo lugar, parece existir un patrón ciertamente común en las grandes sociedades norteamericanas, que es la amplia dispersión accionarial o de propiedad, quedando buena parte de las participaciones significativas en manos de inversores institucionales[275]. Ello implica, precisamente a colación de la circunstancia anterior, que el mercado sea más líquido, si

273. GONZÁLEZ VÁZQUEZ, J. C.: «El progresivo reforzamiento de la posición de los accionistas en las sociedades estadounidenses a partir de la «Sarbanes-Oxley Act» de 2002» en AA.VV.: *Junta general y consejo de administración en la sociedad cotizada*, Tomo II. Ed. Aranzadi. Navarra, 2016. Pág. 1347.

274. SAVA B. THOMAS, M.: «Gobierno corporativo en los Estados Unidos a comienzos del Siglo XXI y su posición en el ámbito global» en *Revista Chilena de Derecho*, vol. 29, n.º 3. Chile, 2002. Pág. 663.

275. OLCESE SANTOJA, A.: *Teoría y práctica del buen gobierno corporativo*. Ed. Marcial Pons. Madrid, 2005. Pág. 63.

bien conlleva una importante contrapartida, y es la ausencia de ánimo de supervisión y control por parte de los accionistas, lo que se evidencia más si cabe ante el escaso interés por parte de los inversores institucionales. Y es que la ausencia de un núcleo estable de propiedad mayoritaria o significativa supone crear una zona de confort de los administradores, quienes no sienten apenas presión de los tenedores de las acciones en que se divide el capital de la entidad, con independencia de a qué intereses se hayan de servir, modelo que en cambio resulta inversamente proporcional a nuestro actual modelo español, que sí cuenta en cierta generalidad con participaciones significativas que, bien tienen vocación de permanencia y de acceso al órgano de gestión, bien ejercen una cierta labor de control de la administración. El problema radica en que confluye el escaso control por parte de los accionistas, por un lado, con respecto a la primacía de los intereses de éstos a los que deben servir los administradores, por otro, es decir, servir a un accionista por imperativo contractual el cual tampoco ejercerá una eficaz labor de control, lo que termina desembocando en las ya tantas veces aludidas técnicas o tácticas cortoplacistas.

En efecto, esa es la tercera nota característica del modelo, la *shareholder value* junto, por otro lado, a la escasa regulación de los derechos de los accionistas, lo que ha sido criticado por buena parte de la doctrina. Es, en nuestra opinión, una suerte de «despotismo ilustrado», un «todo para el accionista pero sin el accionista», cuestión que ha traído consigo un doble efecto negativo: el alineamiento de los intereses de la sociedad con el de los administradores bajo el pretexto y paraguas de la obtención de ganancia como fin lógico de la sociedad, y la dejación de lado de la protección de los grupos de interés externos al propio contrato social. Y es que respecto de estos últimos, las sociedades han defendido que tales intereses ya estaban suficientemente cubiertos, en primer lugar por vía contractual por previsión de las consecuencias en caso de incumplimiento (es decir, consecuencias jurídicas por el impago a un acreedor), y en segundo lugar por el peligro de disminución del valor a niveles de exposición a una OPA[276]. La cuestión no es baladí, porque la ausencia de derechos del accionista estadounidense sorprende a quien, como es nuestro caso, ha dedicado su estudio exclusivo a la legislación societaria española, en cuestiones por ejemplo como que la distribución de dividendos o determinadas modificaciones estatutarias sean competencia y decisión de los administradores y no de los accionistas. Y es que, sin entrar a posicionarnos, tales postulados se basan en criterios cuanto menos razonables. Por ejemplo, respecto a la distribución de dividendos, entiende el sistema estadounidense que se trata de una política ordinaria de la compañía, y que por tanto compete a los administradores.

276. SAVA B. THOMAS, M.: «*Gobierno corporativo...*» cit. Pág. 664.

Lógico, pues precisamente el fin social es la obtención de un lucro, de modo que si se delega en los administradores la gestión del patrimonio, el destino de las ganancias obtenidas parece comprensible que se delegue también en ellos, toda vez que en muchos casos los administradores también son a su vez accionistas, limitándose la actuación de éstos al control ordinario y a la selección de quienes ostentarán esa labor de gestión. ¿Sería aplicable a nuestro país? Bueno, en primer lugar hay que tener en cuenta que el órgano de administración ya ostenta la capacidad de proponer a la junta general aplicar el resultado contable del ejercicio, siempre y cuando sea de beneficio y no existan pérdidas de ejercicios anteriores a compensar, si bien es competencia de la propia junta aceptarlo o no, lo que además no exime a la junta de acordar en cualquier otro momento el reparto de un dividendo con cargo a reservas fuera del ámbito de lo que es una junta general ordinaria para la aprobación de las cuentas anuales, aunque tal acuerdo haya de ser igualmente propuesto y convocado por los administradores, salvo solicitud por un número de socios igual o superior al cinco por ciento del capital social suscrito con derecho a voto. Con sinceridad, en el momento legislativo en materia societaria a la que asistimos en los últimos años en nuestro país, donde la tendencia legislativa e incluso jurisprudencial parece ser la de dotar de mayores competencias a la junta general a fin de evitar su apatía y reforzar sus competencias e intervencionismo, parece difícil imaginar, al menos de forma medianamente inmediata, que se promulgue una norma que arrebatara a los socios la competencia de distribuir dividendos para otorgársela al órgano de administración. A idéntica consideración llegamos respecto de las modificaciones estatutarias, competencia (en determinados aspectos) de los administradores y no de los socios en el sistema norteamericano, no así en nuestra legislación, con la única salvedad del traslado del domicilio social, cuya admisibilidad legal tiene una explicación más política que jurídica[277].

277. En concreto, el Real Decreto-ley 15/2017, de 6 de octubre, de medidas urgentes en materia de movilidad de operadores económicos dentro del territorio nacional, modificó el artículo 285 de la Ley de Sociedades de Capital relativo a la competencia orgánica de la junta general para la modificación de estatutos, estableciendo como excepción que el cambio de domicilio social será competencia del órgano de administración. Dicha norma se promulgó en el marco de las tensiones políticas ocasionadas por el independentismo en Cataluña, de modo que el entonces Gobierno central promulgó dicha norma para facilitar que las empresas pudieran trasladar de forma rápida su domicilio de Cataluña e instalarse en otras partes del territorio nacional sin tener que recurrir a la convocatoria de la junta general para acordar tal traslado (con el coste económico, temporal e incluso reputacional que ello podría conllevar), quedando a salvo de las amenazas de declaración de independencia por los entonces gobernantes autonómicos. La medida tuvo un importante efecto, pues se contabilizan en más de 7.500 las empresas que salieron de Cataluña a otras partes de España, entre las cuales

Pero volviendo a las notas del modelo norteamericano, una cuestión que la doctrina lleva poniendo de manifiesto en los últimos años es esa cierta contradicción entre la primacía de la *shareholder value* con la escasa regulación de los derechos de los accionistas en lo que a control de los administradores se refiere, lo que ha generado otorgar a éstos de mayor ámbito competencial y, sobre todo, de escaso interés en aquellos[278]. Pues no nos llevemos a engaño, que la *shareholder value* puede ser una manera elegante de decir «interés del administrador» por un motivo muy sencillo: actuar en interés del accionista podría ser, simple y llanamente, la creación de valor; y aumentar el valor de la compañía puede desembocar en mayores retribuciones variables para los administradores; ergo bajo la apariencia de actuar en pos del accionista, el administrador en realidad lo hace en su propio beneficio, sobre todo porque ante la ausencia de mecanismos de control, apenas tendrán oposición a su actuación. Es por ello que, en paralelo a las últimas modificaciones legislativas, la doctrina asiste a lo que ha denominado como la *shareholder empowerment*, la dotación de mayores y más competencias y facultades a los accionistas, lo que en el caso estadounidense está siendo un camino lento y paulatino[279]. Y todo ello, sin olvidar, que sigue quedando pendiente una regulación más profunda respecto a los otros grupos de interés, más allá de las medidas contractuales de protección.

Sin embargo, la alineación de los administradores con los accionistas tiene otra vertiente, y es la doble condición de los primeros, es decir, administrador con participación en el capital social, que parte de la doctrina ve como algo positivo de forma similar a, como hemos visto en apartados anteriores en los modelos europeos, con la análoga participación de los trabajadores en el capital, al entender que ello supone un plus de motivación, y una forma de evitar la pérdida de valor o quiebra de la compañía, al poder llevar aparejada la insolvencia del propio socio. Pero es que en el caso estadounidense, la cuestión de la participación de los administradores en el capital social tiene un componente añadido, y es la obligación de mantenimiento de la participación durante un tiempo determinado con posterioridad a la pérdida de la condición de administrador, ya sea por cese o dimisión, lo que supone una forma de evitar prácticas tendentes al tránsito de información privilegiada o de estrategias cortoplacistas. Nos parece muy interesante. No encontramos en nuestro modelo sistemas similares, más allá de la obligación de comunicación a la Comisión Nacional del Mercado de

---

se hallan algunas de las más representativas del IBEX 35 como Caixabank, Banco Sabadell, o Naturgy (antes, Gas Natural Fenosa). Lo publica el diario Expansión: «*Cataluña: ¿Volverán las 7.500 empresas?*» que puede consultarse en: https://www.expansion. com/empresas/2021/02/10/602425a8e5fdea741e8b458a.html

278. OLCESE SANTOJA, A.: «*Teoría y práctica...*» cit. Pág. 70.

279. GONZÁLEZ VÁZQUEZ, J. C.: «*El progresivo reforzamiento...*» cit. Pág. 1343.

Valores de determinadas transacciones que habrán de ser publicadas como hechos relevantes, o de las cláusulas de no competencia post contractual en el ámbito laboral o mercantil, pues la obligación de mantenimiento de una participación o de simple titularidad de un conjunto de acciones a priori colisiona con la significación jurídica de la propiedad. Pero el asunto merece ser analizado. Es cierto que la casuística es muy amplia, y son varias las circunstancias por las cuales el administrador puede dejar de serlo, así como dejar de ser socio. Por ejemplo, la venta conjunta a un adquirente por vía de OPA que previsiblemente traerá consigo el cese del consejo. Por otro lado, cabe preguntarse si, además de a los consejeros ejecutivos con participación accionarial, cómo afectaría la medida a los consejeros dominicales nombrados a instancia de un accionista significativo. Igualmente, las propias circunstancias personales (incluso económicas) del propio consejero pueden tener su peso. Pero el sentido de la norma es interesante, se trata de evitar que un consejero pretenda obtener una determinada ganancia, salir, y dejar la sociedad, en una forma cortoplacista o enfocada a un concreto objetivo o negocio, en lugar de abogar y actuar conforme a una gestión sostenible, duradera (las sociedades se constituyen, en su práctica integridad, por tiempo indefinido) y a largo plazo. O asimismo, ante su conocimiento de una próxima situación de insolvencia o disminución de valor, evitar que *salte del barco* llevándose consigo un botín, lo que a buen seguro podría ser típicamente fraudulento. Se trata en consecuencia de una cuestión de un ámbito sumamente amplio que excede del presente trabajo, pero que su establecimiento sí podría ser objeto de un análisis posterior.

En último lugar, destacamos como nota característica el modelo legislativo, es decir, la confluencia de normas federales y estatales, y cómo éstas han afectado al funcionamiento de las sociedades bajo la opinión de los estudios empíricos doctrinales, que junto a determinadas encuestas promovidas por los organismos reguladores, parecen concluir la escasa incidencia y mejora que las *Sarbanes-Oxley Act* y la *Dodd-Frank Act* han supuesto en el sistema de gobierno corporativo de las sociedades. Y es que estos estudios consideran que estas leyes no han contribuido a crear valor añadido al modelo de gobierno corporativo toda vez que, además de dejar pendiente el reforzamiento de la protección de los derechos del accionista, los textos legales se han centrado en reforzar la independencia del consejo y en la composición de sus comités auxiliares, en lugar de hacerlo en la propia estructura y composición del órgano[280]. Es cierto, no obstante, que el Derecho societario estadounidense tiene el hándicap de la citada coexistencia de normas federales y estatales, pues las primeras no pueden entrar en materia reservada a las segundas, lo que explica entre otros el *fenómeno*

280. GONZÁLEZ VÁZQUEZ, J. C.: «*El progresivo reforzamiento...*» cit. Pág. 1350.

de Delaware anteriormente aludido, lo que contrasta con la cada vez mayor armonización europea en general, y española en particular, al menos en lo que a cumplimiento voluntario se refiere. Por ello, estos autores explican que esos defectos de los que adolece el modelo tienen su explicación en la complejidad del sistema legislativo, aunque también reconocen que por parte de las normas federales se han avanzado en otros aspectos relativos a la administración de las sociedades que han desembocado en una mayor confianza del mercado, lo que se explica por la cultura corporativa norteamericana al poder comprobar una reacción del legislador ante el acaecimiento de concretos hechos (como por ejemplo, la SOX emana del «Caso Enron» o la DFA de la crisis financiera de 2007), toda vez que a nivel federal se han promulgado normas de mayor alcance coercitivo tales como la ampliación de los delitos empresariales, la obligación de devolución de ingresos o ganancias indebidas, o la prohibición de percibir préstamos de la propia entidad.

2. La estructura y composición del órgano de administración

A. *La necesaria diferenciación entre la estructura orgánica y la composición de los órganos de gestión*

En un sistema monista como el estadounidense, en comparativa con nuestro modelo español, la estructura orgánica no difiere, pues se divide en la junta general como órgano decisorio de reunión de los accionistas, y en el consejo de administración, encargado de la gestión y representación de la sociedad. Pero una cuestión es la estructura orgánica y otra la composición de la misma, en la cual sí existen diversos matices y notas características propias, entre otras cuestiones porque en el modelo de Estados Unidos en lo que a la gestión diaria de la compañía se refiere, en ocasión coexisten o se mezclan la condición de consejero con la de directivo. Por ello, resulta necesario distinguir entre los distintos tipos respecto a la traducción conceptual, pues en tal sentido no estricto pero sí aproximado diferenciamos el *board of directors*, que equivale al consejo de administración, es decir, el conjunto de administradores directamente nombrados por la junta general; y en sentido también similar, a los *officers*, quienes vendrían a equivaler a la alta dirección, si bien como hemos dicho también pueden formar parte del consejo, los cuales son los denominados *inside directors*, confluyendo aquellos encargados de la gestión del día a día como como *senior executive officers* según se denomina jurídicamente, aunque conocidos como el *management* de la sociedad que, seguramente no sea asimilable a la comisión ejecutiva del consejo de administración de nuestro modelo español pues ésta se integra necesariamente por miembros del consejo, pero sí más bien al comité de dirección, que no tiene regulación jurídica propia pero sí operativa.

La cuestión de la estructura y composición del órgano con respecto a la gestión del día a día tiene una explicación contextual que proviene de una de las características del modelo estadounidense a la que anteriormente hacíamos referencia, y es la dispersión accionarial o la ausencia de núcleos estables de participación significativa, lo que entraña un desinterés por los mismos en los asuntos societarios, que se hace más palpable ante las competencias limitadas de funciones de la junta a diferencia de nuestra legislación local, lo que ya hemos visto que ha sido objeto tanto de críticas doctrinales como de reformas normativas. Ello supone en la práctica dejar la práctica gestión de la compañía en el consejo de administración, pero no nos referimos a la gestión ordinaria, que efectivamente es competencia legal del consejo, sino a la gestión de la política estratégica. A efectos de analogía, vendría a equivaler a que el consejo de administración pudiera determinar o incluso modificar a su consideración el objeto social de la compañía y los actos tendentes a su consecución. Sin embargo, la práctica ha evidenciado que en cuanto a la actividad ordinaria de gestión, ni siquiera el propio consejo de administración la desempeñaba, pese a tener tal competencia legalmente reconocida, sino que ésta era asumida de forma casi íntegra por los principales directivos, los *officers*, lo que suponía doblar el mandato: la junta realiza la inversión y delega la gestión en los consejeros, quienes a su vez lo hacen en los directivos. La diferencia es que el cese o sustitución de un directivo resulta mucho más sencilla que la de un consejero, pues en el primer caso es competencia del propio consejo, mientras que en el segundo se requiere de la reunión de una junta, cuyos costes temporales y económicos de convocatoria son mayores en grandes compañías. Por ello, la delegación en los directivos supone una práctica habitual, consecuencia de su flexibilidad así como de la facilidad en la supervisión. Sin embargo, tal delegación tiene como contrapartida, por un lado, la sumisión *de facto* del consejo a la dirección, no real o en sentido estricto sino respecto a la aceptación de los postulados de los directivos como verdaderos gestores y controladores de la marcha de la sociedad, lo que se evidenciaba en las escasas reuniones que celebraba el consejo de administración en su conjunto, impidiendo así la eficaz supervisión que teóricamente debía acometer; y por otro lado, la ausencia de cumplimiento de las funciones de gestión legalmente reconocidas al consejo, si bien es cierto que en ocasiones por la propia dejación de funciones referida, lo que lleva a considerar a la doctrina que entonces existía una inadecuación del modelo legal respecto al modelo real[281].

281. GUERRA MARTÍN, G.: *El gobierno de las sociedades cotizadas estadounidenses. Su influen-*

No obstante, la citada delegación (o dejación) de funciones no era por el consejo en su conjunto sino por parte de aquellos consejeros que no ejercían una eficaz labor de gestión. Ella quedaba reservada a los consejeros con funciones ejecutivas, los citados *inside directors*. La denominación, aun en su término traducido, no deja de resultar curiosa, pues en contraposición a los *inside directors* se encontraban los *outside directors*, siempre hablando en sede de miembros del consejo de administración, lo que resulta como decimos curioso habida cuenta que en nuestro sistema español en cuanto a la tipología de consejeros se refiere, se distingue a los consejeros ejecutivos respecto de los consejeros «externos» bajo cuya tipología se encuadran aquellos que no son del primer grupo, es decir, dominicales, independientes y «otros», lo que como veremos más adelante, ha sido objeto de crítica ante la difícil consideración de «externo» a quien forma parte del órgano de administración de la entidad. En cualquier caso, la confluencia de los *inside directors* con los *officers* no consejeros es lo que constituye el auténtico núcleo de gestión de la compañía, el *management*, encabezado por el CEO o *chief executive officer*. Ante esta realidad práctica, separada de la legal, las reformas legislativas trataron de configurar al consejo de administración como un órgano cuya misión principal era la de supervisión del *management*, conceptualización que es la que hoy en día aún perdura en los sistemas monistas, como el español.

B. *Aspectos relativos a la composición del órgano*

1. La forma de consejo. Como decíamos antes, el término *board of directors si* bien se utiliza habitualmente para identificar al consejo de administración, no es necesariamente así su relación, pues sería más correcto en la práctica traducirlo como órgano de administración en lugar de consejo, no por una cuestión de purismo semántico, sino porque a diferencia del sistema español, el órgano de administración de las sociedades cotizadas estadounidenses no han de ser necesariamente un consejo, aunque ello sea la tónica habitual, si bien ello es una competencia estatal y no federal. Prueba de ello es el régimen flexible aludido del Estado de Delaware, que no exige que el órgano sea necesariamente un consejo. Sin embargo, dada la generalidad de seguimiento de este sistema, a los efectos de este apartado hemos optado por asimilar los conceptos de *board of directors* con el de consejo.

2. Tipología de consejeros y comisiones. Como hemos visto anteriormente, las clases de consejeros se distinguen entre los *inside directors* y los *outside directos*, los cuales estos últimos no tienen una regulación legal espe-

---

cia en el movimiento de reforma del Derecho europeo. Ed. Thomson-Aranzadi. Navarra, 2003. Pág. 197.

cífica propia, a diferencia de los consejeros ejecutivos, si bien dentro de los denominados externos encontramos a los consejeros independientes, cuya figura o conceptualización es ampliamente conocida en nuestro ordenamiento jurídico, siendo la figura del *independent outside director* la que más interés ha suscitado, y probablemente aún lo hace. Y es que el modelo de Estados Unidos ha exportado no sólo esta figura ya clásica en el Derecho de sociedades, sino de las que de la misma emanan, ya sea por la composición de las distintas comisiones en que el consejo se divide, como por la llegada a nuestro país de la figura del consejero coordinador (consejero independiente en caso de coexistencia de las figuras de presidente del consejo y consejero delegado en una misma persona) también con origen norteamericano. Lo mismo sucede con las comisiones necesarias del consejo, divididas en las de auditoría, retribuciones y nombramientos, es decir, idénticas a las de nuestro país, sobre las que más adelante entraremos.

3. Nombramientos especiales. En el Derecho estadounidense, la estructura procedimental de nombramiento de consejeros es idéntica a la de nuestro país, pues partimos del principio que la competencia corresponde a los accionistas reunidos en junta. Y de igual modo sucede con respecto a aquellos nombramientos de carácter excepcional a la norma general, al contemplar su legislación los mismos dos sistemas especiales, y asimismo, incluyendo otros dos de interesantes características:

a. Nombramiento proporcional. Equivalente al sistema de representación proporcional previsto en el artículo 243 de nuestra Ley de Sociedades de Capital, en el caso norteamericano, de mecanismo similar, supone la consecución de una vieja aspiración toda vez que varios autores llevan años abogando por dotar a los accionistas de más y mayores competencias orgánicas, más restringidas que en nuestro modelo, pues ya desde los primeros años desde la creación de la SEC, se pusieron de manifiesto el difícil acceso que tenían los socios a poder incluso proponer asuntos a debatir en el orden del día de la junta general. Con el sistema de nombramiento proporcional, se cumple por tanto una doble función: otorgar más derechos a los accionistas, y establecer mecanismos de protección y participación de los minoritarios. Ahora bien, es cierto que tal sistema ha de ser contextualizado en el concreto caso estadounidense, ya que en general, la estructura de propiedad de las grandes compañías es más dispersa como ya hemos visto antes, de forma que ello convierte en minoritarios a buena parte del tejido accionarial de la entidad, motivo por el cual este mecanismo en ocasiones resulta más idóneo en sociedades de carácter más cerrado o de mayor concreción de los umbrales de participación. No obstante, hay que matizar que este sistema no es de contenido legal en Estados Unidos al ser una cuestión delegada a los distintos Estados, esto es, que no siendo objeto de leyes federales, su establecimiento vendrá determinado por el reconocimiento, o no, de las leyes estatales. Por ejemplo, en el siempre citado caso de Delaware, dicho sistema sólo será admisible de ejecución si está expresamente previsto en los estatutos de la compañía, lo que implica que no todas lo contemplan pues, siendo un mecanismo de protección de los minoritarios, cabría pensar que los mayoritarios a través del propio órgano de administración (competente en muchos aspectos de las modificaciones estatutarias) podrían restringir tal posibilidad, si bien la amplia dispersión accionarial característica de las sociedades norteamericanas en ocasiones consigue paliar tales abusos de dominio.

b. Nombramiento por cooptación. De igual manera que el anterior, se trata de una institución jurídica conocida, por la cual el consejo de administración, ante el eventual cese de un consejero, tendrá la facultad de nombrar a otro que cubra esa vacante, cuya vigencia vendrá determinada hasta que se celebre la siguiente junta general, la cual deberá en su caso ratificar o no dicho nombramiento. Se corresponde, por tanto, con el mismo sistema conocido en nuestra legislación en el artículo 244 de la Ley de Sociedades de Capital, sobre el que entraremos más adelante.

c. Consejo por clases. Este tipo, y el siguiente que veremos a continuación, sí constituyen un modelo novedoso, y que por razón de su configuración, resulta interesante analizar su aplicabilidad a nuestro ordenamiento jurídico. En el presente caso, el nombramiento de consejeros emana de una concreta clase de acciones, esto es, dividir el capital social en distintas series de acciones cada una de la cual podrá llevar aparejada ciertos privilegios sobre las otras, ya sea por la emisión de un número de votos mayor o por la concesión de cualquier otra circunstancia que determine la diferenciación sobre aquellas que podríamos definir como de tipo ordinario. En este sentido, el «consejo por clases» o *classified boards* está compuesto por consejeros que han sido designados por las diferentes tipologías de acciones, estructurando el órgano de la misma manera en que se dividen las series de acciones. Es decir, que los titulares de un determinado número de acciones de una clase concreta procederán a nombrar al número de consejeros que los estatutos le tengan reconocido, en forma de votación separada y autónoma a la forma de nombramiento por el resto de accionistas ordinarios.

Este sistema puede resultar interesante en sociedades de carácter cerrado[282], lo que podría asegurar el acceso al órgano de administración de concretos grupos accionariales, como los socios minoritarios. Sin embargo, a juicio del autor citado, ello también podría generar un cierto abuso por

282. GUERRA MARTÍN, G.: «*El gobierno de las sociedades...*» cit. Pág. 251.

parte de la mayoría que, a través de este sistema, podía restringir los derechos de la minoría a hacer uso del sistema de representación proporcional si, como hemos visto, tiene expresa constancia estatutaria.

En nuestra opinión, este sistema nos parece de muy interesante aplicabilidad legal en nuestro ordenamiento, dado que, además, la experiencia práctica ha evidenciado que ya se conocen casos cuanto menos similares, ya sea por una misma distinción de acciones o participaciones en el capital social, o sea por vía de pacto extraestatutario. En este caso, hemos llamado varias veces la atención sobre la propuesta desarrollada en el capítulo anterior de que, en caso de que los estatutos de la sociedad cotizada en cuestión contengan una cláusula limitativa al derecho de voto, que éstas no resulten de aplicación en los casos de nombramientos de consejeros. Pues bien, la forma del *classified boards* constituye un plausible vehículo de adaptación de dicha propuesta, reconociéndose a los titulares de ciertas acciones un cierto privilegio con respecto al resto, ya sea por una condición subjetiva concreta y diferenciadora (como por ejemplo ser uno de los socios fundadores) o bien por una circunstancia que evidencie su interés de acceso al órgano de gestión (como haber sido el adquirente de un paquete accionarial significativo superior al máximo de votos posibles a emitir según el umbral estatutario).

Es un elemento importante, además, el hecho de que el nombramiento del consejo por clases ha de realizarse en la forma de votación separada, lo que casa con el actual artículo 197 bis de la Ley de Sociedades de Capital. En tal caso, se facilitan los mecanismos de transparencia en la significación, objeto y materialización de esta votación, lo que puede tener especial sentido y lógica en determinadas entidades con complejas estructuras accionariales. Claro que, cabría pensar, que la consideración de «consejo por clases» podría venir a romper la conceptualización de igualdad de trato de los accionistas, si bien en nuestra opinión, no debe caerse en tales consideraciones más políticas que jurídicas. En primer lugar, porque las acciones con privilegio ya están perfectamente reconocidas en nuestra legislación societaria, con independencia de cuál sea el concreto privilegio atribuido. Y en segundo lugar porque, como hemos dicho, la restricción a un concreto umbral del número máximo de votos que un mismo accionista puede emitir, aun ostentando una participación superior, puede y tiene efectos positivos, pero no lo compartimos tanto en lo que al nombramiento de consejeros se refiere, lo que conlleva que esa pretendida igualdad termine ocasionando el efecto contrario, es decir, que igualar el número de votos de dos accionistas con significativo distinto porcentaje accionarial puede ser, paradójicamente, una muestra de desigualdad de accionistas.

d. Consejo escalonado. Tipología que se refiere más a la duración temporal del cargo que a la propia estructura del órgano en sí. Los *staggered boards* son aquellos consejos cuyos miembros están divididos en dos o tres diferentes grupos, cada uno de los cuales ejercerá su condición durante una distinta vigencia, siendo de un año (o hasta la celebración de la siguiente junta) el del primer grupo; de dos años el del segundo; y de tres años el del tercero; no siendo admisible, en principio, que exista un mayor número de grupos. Esa división como decimos no es estructural, no implica a priori una separación de funciones, competencias ni grupos o comisiones, sino que la nota característica propia viene definida por la temporalidad. Su objeto viene determinado por un pretendido ánimo de continuidad de la política estratégica de la compañía llevada a cabo por los administradores, aun cuando una parte de ellos pueda cesar del cargo, permaneciendo en el mismo otro grupo integrante que velará por mantener la misma línea previamente aprobada, evitando así *golpes de timón* en la gestión empresarial. Consecuencia de lo anterior, se pretende además evitar un cese masivo del órgano en su conjunto por caducidad del plazo, evitando así la llegada de un nuevo equipo directivo cuya labor implicaría *empezar de cero,* con los costes operativos que ello puede acarrear. No obstante, no hay que olvidar que la medida no impide el derecho de los accionistas a cesar a cualesquiera de los miembros del órgano de administración en cualquier momento, pues al igual que sucede con el artículo 223 de la Ley de Sociedades de Capital, no ha de mediar necesariamente causa ni comunicación previa para cesar a un consejero con anterioridad al vencimiento de su cargo. No obstante, ha de hacerse mención a que la posibilidad e instaurar este sistema lleva aparejada como consecuencia el incremento del porcentaje que los socios minoritarios habrán de alcanzar para hacer uso del nombramiento por el sistema de representación proporcional.

4. La confluencia de CEO y presidente. En el Derecho corporativo estadounidense, al igual que en nuestro país y en el marco comunitario europeo, existe el clásico debate sobre la conveniencia o no de separar los cargos de presidente del consejo de administración con el de primer ejecutivo o CEO de la compañía, de cuyas conclusiones son muy similares, sino idénticas, a las que ya conocemos en nuestro país, y es que por mucho que se pretenda abogar por la separación de cargos por una cuestión de evitar la excesiva concentración de poder, no existen argumentos empíricos que evidencien una pérdida de valor corporativo en caso de confluencia, máxime cuando el sistema norteamericano promulgó medidas de contrapeso, como la figura del consejero independiente coordinador (que ha sido traspuesto a nuestro ordenamiento) que se entienden suficientes para paliar la aparente asunción relevante de funciones en una misma persona.

Algunos autores sostienen, además, que la unión de cargos responde casi a una cuestión cultural y reputacional estadounidense entendiendo que de los resultados objetivos se muestra la conveniencia de aglutinar dichas condiciones, al ser el mercado empresarial estadounidense el más competitivo a nivel internacional y que más crece[283]. Al contrario, algunas entidades defienden que la separación de cargos equivaldría a establecer dos centros de control, lo que llevaría aparejada una mayor dificultad operativa en la adopción de decisiones y acuerdos. No obstante, hay que poner de relieve que estamos hablando de estudios de hace ya un tiempo, pues la tendencia actual es claramente inversa, ya que si bien la confluencia o unificación de cargos era la opción más seguida por las grandes compañías, en los últimos años parecen encaminarse hacia la separación, pues conforme señala el Índice Spencer Stuart, se ha pasado de un 15% las entidades que en el año 1996 no tenían separados los cargos, a un porcentaje del 47% en el año 2014, incremento muy significativo en menos de una década. Esa cifra ya alcanza el 55% según el último estudio publicado[284].

5. Apuntes en torno a la diversidad en el consejo de administración. Conforme posteriormente abordaremos en lo relativo al régimen jurídico de nuestro país, la cuestión de la diversidad de género en el consejo de administración es un debate insertado tanto en el actual Código de Buen Gobierno como en la Ley de Sociedades de Capital. En este apartado, dado el espejo que hemos referido que supone el mercado estadounidense para nuestro país, queremos hacer referencia al régimen norteamericano en esta cuestión, especialmente en el Estado de California, dado que fue de los primeros en legislar esta materia, sobre lo que encontramos un análisis de parte de nuestra doctrina al que nos remitimos[285].

En concreto, la *Senate Bill 826* exigió que con anterioridad a la finalización del ejercicio 2021, el consejo de administración de las sociedades cotizadas contasen con un determinado número de mujeres, el cual resulta variable en función del número total de componentes del órgano, esto es, una mujer si el consejo está formado por cuatro o menos miembros (lo que supone un 25% del total); dos consejeras en consejo de cinco miembros (un 40% del total); o tres consejeras si el número de integrantes es igual o superior a seis miembros. La primera nota característica que encontramos al

283. OLCESE SANTOJA, A.: «*Teoría y práctica...*» cit. Pág. 68.

284. «*2020 U.S. Spencer Stuart Board Index*» Que puede consultarse en: https://www.spencerstuart.com/-/media/2020/december/ssbi2020/2020_us_spencer_stuart_board_index.pdf

285. HUERTA VIESCA, M. I. / RODRÍGUEZ RUÍZ DE VILLA, D.: «Últimas novedades californianas sobre la diversidad en los consejos de administración de las sociedades cotizadas» en *Revista Derecho de Sociedades*, n.º 65. Madrid, 2022. Pág. 299.

respecto se basa en que, a diferencia del modelo de nuestro país, el incumplimiento de tal obligación (que no recomendación de *soft law*) entrañaría la condena a una multa económica, lo que supone una clara apuesta por regular la diversidad de género, más allá de las meras expectativas y recomendaciones de algunos códigos de buen gobierno. Esta norma se relaciona, además, con la *Assembly Bill 979* que, en términos un tanto similares a la anteriormente referida, impone una concreta cuota de lo que denomina «comunidades infrarrepresentadas», en un ámbito más étnico. Pues bien, centrándonos en la norma relativa a la diversidad de género y conforme expone el citado estudio, la *Senate Bill 826* fue judicialmente impugnada, habiéndose resuelto por la *Superior Court* de California en Sentencia de 13 de mayo de 2022 la inconstitucionalidad de la norma, al no existir indicios que tal obligación pudiera impulsar la economía californiana ni la de sus ciudadanos y contribuyentes. Sin perjuicio de las consecuencias que tal resolución pueda entrañar, de la posible apelación de la misma, o de la promulgación de otra norma que la sustituya, el estudio hace mención a que, con independencia de que la cuota femenina constituya o no obligación imperativa, determinadas entidades de asesoramiento en el mercado estadounidense tienden a poner su énfasis en la necesaria presencia femenina en los consejos de administración, así como a recomendar el voto en contra del nombramiento del presidente de la comisión de nombramientos de una sociedad en concreto si ésta no cuenta con la referida diversidad o presencia femenina en el consejo.

E) LA COMPOSICIÓN DEL CONSEJO DE ADMINISTRACIÓN EN EL MODELO ALEMÁN

1. El modelo de administración dual

A. Concepto y significación

Ante el reto del estudio y análisis de las características y vicisitudes del modelo de gobierno corporativo español en lo que a la composición del consejo de administración se refiere, el modelo alemán basado en la duplicidad del órgano resulta especialmente significativo habida cuenta de su clara diferenciación estructural, máxime si analizando a su vez otros modelos comparados, como el estadounidense anteriormente, su forma de administración es coincidente con la española. No es el caso alemán, pues el sistema dual representa, sin duda, su nota característica más definitoria. En concreto, el modelo dual se basa en segregar al consejo de administración en dos entes, consejos, comités o comisiones, como prefiera decirse, siendo una la encargada de la gestión y administración ordinaria de la compañía, y la segunda la encargada del control y supervisión de la anterior. En realidad, el modelo, aun estructuralmente distinto, no ha de resultarnos del todo ajeno pues en esencia lo que conlleva es la efectiva separación del consejo precisamente en las mismas dos funciones que ostenta todo consejo de administración en sistema monista, pues como ya hemos visto y posteriormente profundizaremos sobre ello, el movimiento del gobierno corporativo lleva años reconociendo que la función esencial del consejo de administración, insistimos que en sede monista, es precisamente el control y supervisión de sus propios actos, como método de generación de confianza, valor, transparencia y sostenibilidad. Es más, tampoco nos ha de resultar absolutamente ajeno ni tan siquiera desde el prisma exclusivamente jurídico, pues recordemos que nuestra Ley de Sociedades de Capital a partir del artículo 455 regula la sociedad anónima europea, un tipo híbrido de sociedad capitalista entre la legislación y costumbre española con la de otros tipos europeos, como precisamente el alemán, la cual en su artículo 476 reconoce la posibilidad de *«optar por un sistema de administración monista o dual»* lo que deberá constar necesariamente en estatutos. No obstante, en el caso de nuestro país, la presencia de este tipo social es prácticamente residual.

Se trata por tanto, como decíamos, de estructurar el consejo de administración en dos entes distintos, el *Vorstand*, equivalente al comité ejecutivo o de dirección; y el *Aufsichtsrat*, como la comisión de supervisión o vigilancia; lo que a su vez lleva aparejado la necesaria delimitación de funciones y competencias así como las condiciones de nombramiento y composición de una y otra comisión, centrándonos en aquello que resulta a nuestro juicio en línea con varios autores como las notas características de mayor interés jurídico. Y es que precisamente esa nota característica del modelo dual resulta incluso imperativa y obligatoria para el conjunto de las sociedades cotizadas alemanas, esto es, no hablamos de un seguimiento masivo por cuestiones socioculturales (que sin duda, han tenido un incuestionable impacto en la composición del modelo) sino que es la propia legislación alemana la que impone a todas las entidades cuyas acciones cotizan que adopten este modelo, con independencia de su tamaño. Y es que hacemos referencia a la relación entre el sistema dual y las sociedades cotizadas, pues aquel también es obligatorio en sociedades que, no siendo cotizadas, cuentan con un número de trabajadores en plantilla superior a quinientos, límite que como decimos no opera en las sociedades cotizadas pues sea cual fuere su número de empleados, habrán de estructurar su administración en los citados dos comités. Asimismo, también es sumamente relevante el hecho de que el límite o umbral que determina la obligatoriedad del resto de sociedades no cotizadas a contar con un sistema dual resida exclusivamente en el número de trabajadores y no se apoye con carácter alternativo o cumulativo en otros datos tales como el valor neto contable, el de los activos, o el de facturación, y es que como veremos a continuación, seguramente influenciado por esas cuestiones socioculturales y económicas a las que hacíamos referencia, la posición y participación de los trabajadores en las sociedades alemanas constituye un elemento central. Nos referimos en concreto a la historia alemana y a los diversos hechos acontecidos en el país, ya que el comité de supervisión alemán data del siglo XIX como una respuesta a la necesidad de establecer mecanismos de control de la actuación acometida por parte de los administradores de las grandes corporaciones, lo que tuvo a su vez dos nuevos impulsos, el primero unos años más tarde de la finalización de la II Guerra Mundial, y el segundo coincidiendo con el movimiento reformador europeo y la aparición de los primeros códigos de buen gobierno.

Y es precisamente ese carácter imperativo y obligatorio es el que fomenta, a su vez, que el sistema adolezca de algunos defectos o deficiencias denunciadas por varios autores, poniendo de relieve que algunos autores alemanes defienden la configuración de su sistema aludiendo a que la forma monista no lleva necesariamente aparejada la solución a esas deficiencias de las que pueda adolecer aquel, si bien tampoco exponen que el modelo dual sea necesariamente más idóneo[286]. Por ello, como decimos, ese carácter necesario e imperativo lleva aparejada una clara ausencia de flexibilidad que, en cambio, no supone una pérdida de competitividad ni impide a las empresas alemanas desenvolverse con éxito en los mercados internacionales, siendo muy relevantes algunas entidades de aquel país que, al igual que su economía nacional, suponen una importantísima influencia en el resto de países de su entorno. No obstante, hasta tal punto alcanza el grado de complejidad del modelo y de las evidentes notas características distintas a la de otros ordenamientos internacionales, que el Índice Spencer Stuart al que henos hecho referencia en anteriores ocasiones, publica sus resultados cada dos años, cuando las publicaciones de los modelos monistas es anual[287].

Ahora bien, los resultados del modelo dualista son, a priori, irrefutables en lo que a sostenibilidad se refiere. Es decir, teniendo en cuenta que por razón de la estructura y procedimiento de nombramiento, no existe una correlación directa (sí indirecta) entre los accionistas de control y los miembros que integran el órgano de gestión y dirección de la compañía, lo que el ordenamiento alemán pretende con la dualidad de órganos y la dotación

286. MARTÍN MARTÍNEZ, V. M.: *Una comparativa internacional del gobierno corporativo: los consejos de administración en el sector de la automoción*. Universidad Nacional de Educación a Distancia. Madrid, 2016. Pág. 67.

287. Pueden consultarse los resultados del Índice de las empresas alemanas en: https://www.spencerstuart.com/locations/germany

de concretas funciones objetivas y composición subjetiva al comité de vigilancia, es en consecuencia constituir un modelo de gestión basado en la sostenibilidad y el largo plazo, en la evitación de alineamiento del interés de la sociedad con el de los administradores o los accionistas significativos, y en la especial prestación de atención a los intereses de otros grupos de interés, de forma muy especial y relevante a los trabajadores. Y ello, a juicio del legislador, generará mayor confianza de los mercados y de los inversores, mayor transparencia y sostenibilidad, y mayores mecanismos de control de riesgos y supervisión de la labor de los ejecutivos. Ha de tenerse además en cuenta que la estructura de propiedad accionarial tiene diferentes connotaciones a otros modelos comparados conocidos, ya que en Alemania proliferan en menor medida los inversores institucionales, existiendo en cambio una cierta relación entre los accionistas significativos de las grandes compañías, ya sean por vínculos contractuales o incluso familiares. Cuestión distinta es la influencia directa o indirecta que tales núcleos accionariales, seguramente menos dispersos que el modelo estadounidense, puedan ejercer sobre los dos entes en que se estructura el órgano de administración. Pero en cualquiera de los casos, como decíamos, el dato de la pretendida sostenibilidad del modelo dual alemán resulta directamente proporcional, pues algunos estudios aluden a que, mientras la media de vida de una sociedad cotizada británica es de doce años, en el caso alemán la media asciende a cincuenta años[288].

B. *La estructura del consejo de supervisión, y su relación con el comité ejecutivo*

Segregar el órgano de administración en dos comités tal y como ocurre en el sistema dual implica a su vez una diferenciación en lo que al procedimiento de nombramiento se refiere, lo que a su vez denota una nueva característica propia del modelo. Y es que en este caso, los miembros de la comisión ejecutiva o de dirección no son designados directamente por los accionistas sino por el comité de supervisión, el cual parte del mismo sí emana de los nombramientos acordados por la junta de accionistas. Es un elemento diferenciador porque en el sistema monista, todos los miembros del consejo de administración son designados por la junta general, con independencia de si los nombrados van a desempeñar funciones ejecutivas o si en cambio serán considerados como consejeros externos, sin perjuicio de que la propuesta especialmente de estos últimos si tienen la condición de independientes, parte de la comisión de nombramientos del consejo. En el modelo alemán no es el caso, los accionistas designan a los miembros del comité de supervisión, quienes a su vez y entre otras competencias, son los encargados de nombrar y apartar a los miembros del comité de dirección

288. OLCESE SANTOJA, A.: «*Teoría y práctica...*» cit. Pág. 90.

en función de determinadas circunstancias. Cabría pensar que en esencia se estaría llegando a un mismo lugar pero de forma indirecta, es decir, que al final los accionistas mayoritarios con vocación de permanencia y gestión serán los que terminen por designar a los consejeros con funciones ejecutivas, si bien por medio de un paso intermedio no existente en los modelos monistas. Pero no sucede exactamente así, ya como hemos mencionado anteriormente, el comité de supervisión no se designa de forma íntegra por los accionistas sino que una parte del mismo su nombramiento corresponde a los propios trabajadores de la entidad. Ello supone que si bien la influencia de los accionistas significativos o mayoritarios al final va a tener un lógico y habitual reflejo en el órgano de gestión, lo cierto es que el modelo dual implica una suerte de dilución de poder de los accionistas, por muy mayoritaria que sea su participación, lo que hemos visto que fue esgrimido por la parte de la doctrina defensora de las cláusulas limitativas al derecho de voto como una válida analogía acreditativa de la viabilidad del modelo.

De forma concreta, el *Aufsichtsrat*, integrado por entre nueve y veintidós miembros que se reúnen habitualmente de forma trimestral, es nombrado en las siguientes proporciones: en sociedades cotizadas con un número inferior a dos mil trabajadores, dos tercios de sus miembros son elegidos por los accionistas, correspondiendo el tercio restante a la voluntad de los trabajadores. En cambio, si el número de empleados es superior al citado, la cuota de poder de los trabajadores alcanza la mitad de la totalidad de los miembros del comité de supervisión. Ha de hacerse mención, además, que en tales casos, de la mitad designada por los accionistas, ninguno de los consejeros puede ostentar relación profesional a tiempo completo con la sociedad, lo que se configura como una total separación de condiciones que implique que no puedan verse afectados por los intereses que en tal caso podrían defender más alineados con los trabajadores que con los propios accionistas que le han designado. Por otro lado, de la mitad designada por los trabajadores, al menos uno de los designados debe proceder de la dirección, entendiéndose por ésta en su concepto amplio, ya sea de la alta dirección laboral, o incluso que sea persona que haya ostentado el cargo de consejero miembro del comité ejecutivo. De hecho, ello es una práctica habitual en los consejos alemanes, es decir, consejeros que pasan de la gestión ejecutiva a las labores de supervisión (ya que existe una obvia incompatibilidad en el sentido que una misma persona no puede formar parte de ambos comités a la vez) que tiene a su vez una doble lectura. Por un lado, un sentido de lógica continuidad, un consejero que ha formado parte de la dirección ejecutiva de la compañía, y por tanto, de la llevanza y dirección de la política estratégica de la compañía, una vez vencido su cargo o cumplido el lapso temporal máximo establecido por los estándares de buen gobierno, pasa al lado contrario y dedica sus esfuerzos a supervisar el mantenimiento de esa política de gestión sostenible bajo el bagaje y experiencia que indudablemente puede aportar a la compañía[289]. No obstante, el código alemán de gobierno corporativo limita la presencia de ex miembros del comité de dirección en la comisión de vigilancia. Por otro lado, en cambio, supone recorrer un camino a la inversa que sucede en otros ordenamientos como los que siguen el modelo monista, ya que ante la designación de un consejero categorizado como independiente, resulta preciso recordar que tal condición tiene fecha de caducidad, pues transcurrido un determinado plazo se presume *iuris et de iure que* el consejero independiente ha perdido su independencia, lo que no le convierte ni mucho menos en consejero ejecutivo (de hecho, en el caso español pasa a estar calificado bajo el grupo denominado «otros externos») si bien sí existen casos en que algunos consejeros con dicha condición extinta, consecuencia de su conocimiento y participación en determinadas decisiones, terminan accediendo a la gestión de la entidad. Esta estructura del comité de supervisión, esta forma de designación a través de dos bloques bien diferenciados entre sí como son los accionistas y los trabajadores, cuyos intereses son bien distintos, plantea ciertos problemas de operatividad dado que ostentando cada bloque del comité capacidad de veto sobre el contrario, implica la existencia de dos grupos, no necesariamente confrontados, pero sí con planteamientos distintos, lo que invita a pensar en la posibilidad de asistir a un bloqueo del órgano si no existe acuerdo ante determinadas decisiones a adoptar[290]. Precisamente ella es una de las cuestiones a las que debe dar respuesta el Derecho de sociedades, la solución y salida a situaciones que impidan el normal ejercicio de la actividad social.

Pero ese no es el único defecto del cual los autores entienden que adolece el comité de supervisión, pues en primer lugar, ponen de relieve que tanto la ley como los códigos de conducta han sido ciertamente parcos en la delimitación de funciones y competencias, ya que referirse a una mera «supervisión y control del comité de dirección» resulta un concepto tan amplio como ambiguo. Existe falta de concreción y definición, lo que dificulta la eficaz labor de control, y en consecuencia, facilita o aumenta la autonomía

289. MARTÍN MARTÍNEZ, V. M.: *«Una comparativa...»* cit. Pág. 101.

290. Continuando las analogías con respecto a nuestro ordenamiento jurídico, la práctica societaria ha puesto de relieve las severas dificultades que atraviesan las sociedades mercantiles cuya estructura de propiedad distingue dos bloques al 50% cada uno, o de un órgano de administración de número par donde existen dos posiciones contrapuestas la una de la otra, lo cual conforme a lo dispuesto en el artículo 363 de la Ley de Sociedades de Capital, constituye causa legal de disolución si, ante la ausencia de acuerdos, existe un bloqueo en la sociedad de forma que resulte imposible su funcionamiento.

de los consejeros ejecutivos para la llevanza de la compañía pues, tal es el caso que algunas decisiones estratégicas de especial importancia o calado ni tan siquiera pasaban previamente a su ejecución por el comité de supervisión, lo que suponiendo una falta de información de concretas actividades, se impide el eficaz desempeño de sus funciones[291]. Por ello, en los últimos años han se han promulgado normas que, de carácter similar a lo que conocemos en nuestro país como competencias de la junta relativas a activos esenciales, salvando las obvias distancias, han dotado al comité de control de concretas y específicas competencias, y es que al igual que sucedió con el consejo de administración monista en los primeros años de los códigos de gobierno corporativo, y con la junta general y su pretendida reactivación en los últimos años, el comité de supervisión ha sido el órgano que más interés científico ha suscitado, por razón de su composición y competencias. Y precisamente su composición en lo que a la parte reservada a los trabajadores, es otra de las cuestiones que han sido objeto de crítica, no del concepto en sí, sino de las dificultades que su aplicación entraña. En primer lugar porque, como ya hemos visto anteriormente en el estudio de las normas internacionales, la presencia de trabajadores en los órganos sociales y las políticas de co-gestión han supuesto algunas dificultades de operatividad, e incluso, de idoneidad para el desempeño del cargo. Ahora bien, ha de tenerse en cuenta que el sistema dual, y especialmente la configuración del comité de supervisión, no pretende entrar en la maximización de creación de valor para el accionista sino, teniendo presente el objeto lucrativo de la entidad, establecer resortes que lleven aparejada una gestión sostenible y a largo plazo, con especial observancia a la protección de los grupos de interés, que en el concreto caso de los trabajadores supone un plus de motivación, un alineamiento de intereses en una misma dirección, e incluso, el establecimiento de un canal estable y habitual de comunicación ante el acaecimiento de diversas contingencias a fin de evitar situaciones conflictivas, como una huelga. Es cierto que algunos autores que acogen la medida, recuerdan que ello implica, por otro lado, dejar fuera del consejo a otros grupos de interés, como sucede en el caso de los acreedores especialmente en situaciones próximas a la insolvencia, como hemos visto en apartados anteriores. Sin embargo, de los grupos de interés existentes en torno a la sociedad, los trabajadores son a nuestro juicio los de mayor identificación y vinculación con la propia sociedad y, por tanto, los que dentro de ese grupo de otros intereses quedarían encuadrados en el primer lugar en un orden de prelación o importancia. Pero es que además, la práctica de los últimos años ha traído consigo la intervención indirecta de otros grupos de interés en el comité de supervisión, especialmente la de los acreedores ban-

291. OLCESE SANTOJA, A.: «*Teoría y práctica...*» cit. Pág. 89.

carios, seguramente influenciado porque el sistema alemán se sustenta, a diferencia del modelo norteamericano, en un mercado financiero, lo que supone que de la mitad de miembros del comité de control que corresponde designar a los accionistas, sea habitual encontrar a consejeros con relación con las entidades acreedoras de la sociedad. Pero como todo lo anterior, esta situación lleva también aparejada a su vez la contrapartida de una cierta ausencia de consejeros independientes en sentido estricto, es decir, que a diferencia de los modelos monistas en que la existencia de esta tipología de consejeros es obligatoria, hasta el punto de articular en rango legal por vía de códigos de buen gobierno la conceptualización o requisitos de consideración de independencia, en el modelo alemán se adolece de la presencia de consejeros independientes en su sentido ajeno, externo, carentes de todo interés que aporten su visión independiente del negocio sin responder a los postulados de ninguno de los grupos de interés en torno a la sociedad con vinculación contractual[292]. Este es, sin duda, uno de los defectos de los que adolece este sistema si lo ponemos desde el punto de vista del sistema de consejo único o monista, la ausencia de independientes, lo cual, en cambio, no implica que necesariamente deba constituir un defecto en sí. Por ello, los defensores del sistema dual, y del comité de supervisión en particular, defienden que, aun con sus defectos, la presencia de grupos de interés en los órganos de la compañía está fuera de toda duda, lo que supone establecer un modelo de gestión sostenible (siendo éste uno de los habituales postulados que los principios del gobierno corporativo pretende) que viene avalado en principio por los datos estadísticos tanto de competitividad de las empresas alemanas como de la media de duración temporal de las más representativas de sus entidades cotizadas. Cuestión distinta ya es la gestión del día a día, cuya idoneidad para el desempeño de funciones ejecutivas es distinta, lo que exige que el comité de supervisión haya de ser especialmente diligente en el nombramiento de los miembros del *Vorstand*, cuyo tamaño, al igual que sucede con los comités ejecutivos en los sistemas monistas, es consecuentemente más reducido que el de supervisión.

2. Sistema dual y gobierno corporativo

A. *La regulación normativa de los órganos*

1. Apuntes en torno a las competencias orgánicas. La complejidad de la estructura orgánica del modelo alemán en comparación a los sistemas monistas, exige de la configuración de un régimen jurídico que delimite el ámbito competencial de cada uno de los distintos órganos, y que a su vez, amén de cumplir con los pretendidos objetivos de transparencia y sosteni-

292. MARTÍN MARTÍNEZ, V. M..: *«Una comparativa...»* cit. Pág. 102.

bilidad, equilibre los distintos modelos de relación y poderes entre sí. Y es que en el caso alemán, tenemos a la junta general de accionistas, quizás el órgano más castigado[293], conformada por los accionistas que han desembolsado el capital y asumen el riesgo inherente a la actividad; al comité de dirección, conformado por los consejeros encargados de la gestión de la compañía; y a la comisión de vigilancia y control, cuya misión principal es la de supervisión de los actos de los consejeros ejecutivos; lo que lleva todo ello al establecimiento de un sistema normativo que se basa en competencias definidas y establecidas por ley; y en lo no prevista por ella, por los estatutos sociales de la compañía; y en última instancia por los códigos de buen gobierno.

Precisamente con respecto a estos últimos, la doctrina científica ha prestado especial interés dada la dificultad de encaje del rígido sistema dual alemán con los estándares de buen gobierno por vía de normas de cumplimiento voluntario que ya eran habituales en otras naciones de la Europa continental y en los países anglosajones, pues como veremos más adelante, algunas de las notas características definitorias de su sistema han resultado en ocasiones de difícil aplicación al resto de ordenamientos, lo que impedía en cierto modo una armonización conjunta. Tal vez por ello, el *Deutscher Corporate Governance Kodex* se pone a sí mismo como objetivo, que dada la configuración del sistema dual alemán distinto al de algunos países de su entorno (aunque varios países europeos como Suiza o Italia siguen también dicho modelo) su sistema de gobierno corporativo sea comprensible al objeto de tener incidencia externa reflejada en una doble vía: que genere competitividad a las empresas alemanas en el mercado internacional; y que a su vez potencie la confianza de los inversores, que su sistema sea una referencia de seguridad jurídica que resulte atractivo para la llegada de capital inversor foráneo. Precisamente, esta ha sido una de las cuestiones que, a juicio de los autores, más ha afectado al sistema jurídico dual especialmente en el modelo de co-gestión en el comité de vigilancia consecuencia de la presencia de los representantes de los trabajadores, lo que chocaba con otros modelos ajenos a este mecanismo de participación de los grupos de interés en los órganos de gestión y control. Tal vez por ello el propio *Kodex* no sólo reconoce la existencia de otros modelos de gestión, sino que incluso, admite la validez del sistema monista. En cualquiera de los casos, la declaración de intenciones del código alemán de gobierno corporativo es muy clara, pues manifiesta pretender el establecimiento de un sistema de gestión basado en la transparencia, la supervisión y control de los actos

293. Dicho sea en términos coloquiales, pues nos referimos a que los estudios relativos a los órganos sociales de las entidades alemanas se han dedicado casi en exclusiva al comité de dirección, y muy especialmente a la comisión de supervisión.

ejecutivos, y la necesaria cooperación entre órganos, todo ello al objeto de obtener una gestión eficaz, sostenible, a largo plazo, y que tenga especial observancia con los intereses del resto de grupos relacionados directa o indirectamente con la sociedad. Todo ello casa en su integridad con los principios del gobierno corporativo a nivel global, con independencia del concreto sistema que siga cada país, esto es, que la influencia del sistema alemán respecto a los objetivos y pretensiones que el gobierno corporativo busca, es incuestionable, pues tanto los códigos internacionales, como las normas globales a escala internacional (ya sean de la OCDE o a nivel comunitario europeo) dicen querer establecer ese mismo modelo de gestión, con los mismos idénticos objetivos. La diferencia con el resto, si se nos permite la expresión a modo de *chascarrillo*, es que los alemanes lo dicen en serio. Evidentemente hemos de explicar tal afirmación. Por supuesto que todos los códigos de buen gobierno establecen mecanismos válidos, y que todos ellos, como no podía ser de otra forma, son veraces al afirmar los objetivos que buscan y pretenden, que no son otros que evitar el acaecimiento o repetición de determinados sucesos, sino que, al contrario, la gestión de las sociedades creen valor para el accionista pero también para la comunidad, se conviertan en modelos positivos, tengan una favorable influencia e impacto en las personas de su entorno, y primen la continuidad y salud financiera sobre la ganancia rápida. Ahora bien, al menos en los tres modelos que estamos estudiando en más profundidad (el español, el estadounidense, y el alemán) la diferencia de este último es que sus datos sí han evidenciado estadísticamente una mayor sostenibilidad de sus compañías, al menos en lo que a lapso temporal se refiere, y una mayor atención de algunos de los grupos de interés, instrumentada mediante la entrada de los representantes de los trabajadores en el comité de supervisión del consejo de administración. Porque esa aludida rigidez del sistema alemán tiene en cambio la condición de ser más estricto el cumplimiento de sus postulados; mientras que los sistemas más flexibles basados en el *comply or explain*, dejan más a la consideración de las propias entidades los intereses concretos a los que ha de atender, que por ejemplo en el caso estadounidense, ya hemos visto que es la primacía de la creación de valor para el accionista. Ello no implica que el código alemán de buen gobierno no sea también flexible, fomente la autorregulación y sea de voluntario cumplimiento, básicamente porque en tal caso perdería su condición de código de conducta. Al contrario, el *Kodex* sí establece un conjunto de normas de cumplimiento voluntario, distinguiendo, a diferencia del modelo español, y por un lado, entre «sugerencias y recomendaciones», y por otro, entre el establecimiento de normas que, según el caso, se distinguen entre «debe, puede, o podrá», sin perjuicio, lógicamente, de aquellas normas que sean de alcance normativo legal. Cabría pensar que los casos de sugerir o recomendar serían sinónimos, si bien el código alemán realiza esa distinción como rango de «fuerza» de la recomendación en sí, siendo la segunda de mayor grado que la primera.

En cuanto a su contenido, el código, al igual que sucede con el propio texto legal, se ha encontrado con la dificultad de delimitar el alcance del concepto de vigilancia y supervisión, para lo cual ha optado por establecer un conjunto de normas que se refieren más que al procedimiento, al objetivo en sí, lo que implica que el sistema alemán tiene, por extraño que pudiera parecer por razón de su rigidez, un importante grado de autorregulación. Al respecto, aclara que la vigilancia no se realiza sobre todo acto, pues desnaturalizaría por completo la función de la dirección, sino sobre concretos actos de especial trascendencia, lo que plantea ciertas dificultades de concreción del término[294]. Algo así como las ampliadas competencias de la junta general en el sistema español en materia de revisión de actos e incluso instrucciones en asuntos de gestión, consecuencia de la promulgación de la Ley 31/2014 para la mejora del gobierno corporativo, lo cual, en el caso alemán, implica que si tales funciones se derivan a la comisión de control, asistimos a una paulatina reducción de las competencias de la junta general, ya de por sí mermadas toda vez que ésta tiene la capacidad de nombramiento de una parte del comité de supervisión, pero no de todo, pues ello es materia reservada de la representación de los trabajadores. Tal vez por ello, también se han promulgado algunas normas relativas a dotar a la junta de competencias orgánicas, tal y como sucedió mediante la *KonTraG* del año 1998. Ahora bien, la cuestión de la efectiva supervisión tiene un componente problemático: si la labor del comité de vigilancia es el control y supervisión de los actos de los ejecutivos, y en cierto modo se asimilan las competencias de dicho comité con las de censura de la junta general, el comité de vigilancia ¿tiene derecho a ser informado, o tiene el deber de recapitular la información? Esta cuestión ha sido ampliamente analizada por nuestra doctrina más autorizada[295], pues trata de discernir entre las obligaciones legales y aquellas cuestiones que quedan al margen de las posibilidades de cada órgano. En nuestra opinión, y como ya nos hemos referido en anteriores ocasiones, si partimos de un comparativo analógico con nuestro

294. SACRISTÁN BERGIA, F.: «El Consejo de Vigilancia y el órgano de Dirección en el proceso de modernización del derecho de sociedades cotizadas alemán. Referencia a las recomendaciones del código de buen gobierno corporativo» en AA.VV.: *Junta general y consejo de administración en la sociedad cotizada*, Tomo II. Ed. Aranzadi. Navarra, 2016. Pág. 1.126.

295. De todas ellas, ESTEBAN VELASCO, G.: «¿Es oportuno introducir en España la opción dual de administración y control?» en AA.VV.: *La modernización del derecho de sociedades de capital en España. Cuestiones pendientes de reforma*, Tomo I. Ed. Thomson-Aranzadi. Navarra, 2011. Pág. 684.

ordenamiento jurídico, entendemos que no tiene encaje jurídico hablar de «derecho a» sobre aquello que constituye una obligación y competencia legal, sino que al contrario, se tiene la obligación de establecer todos los resortes necesarios que supongan poder desempeñar el cargo de supervisor de forma efectiva y práctica, quedando al margen el grado de colaboración por parte de los ejecutivos, lo que en su caso habrá de dirimirse en el foro correspondiente. Es decir, trasladándonos a la práctica societaria y a los sucesos conflictivos entre socios que se trasladan al órgano de administración, si este estuviera formado por, por ejemplo, dos miembros o dos bloques bien diferenciados, en que uno de ellos por razón de su experiencia o circunstancias adopta una posición de mayor gestión diaria, en nuestra opinión y como ya hemos defendido anteriormente, el otro bloque no puede aludir a una falta de colaboración del otro para el desempeño de sus funciones, pues como administrador se hallará investido de la obligación de diligencia. Cuestión distinta será el grado de responsabilidad solidaria de los miembros del órgano, si uno puede acreditar que hizo todo lo posible por evitar el daño, pero escudarse en que no ha sido informado, difícilmente podrá servirle de argumento, pues ello en cambio sí es un motivo de impugnación en vía de acuerdos de la junta general (no del órgano de administración) ya que los socios, estos sí, tienen el derecho a ser informados. Por ello, trasladándonos a sede del consejo de supervisión, y en línea con nuestra doctrina, la labor de supervisión ha de ser activa y proactiva[296].

2. Sobre la junta general de accionistas. Como nos referíamos anteriormente, la regulación normativa de la junta general en las diferentes versiones o revisiones del código de buen gobierno alemán ha sido más reducida, remitiéndose en la generalidad a las normas legales así como al establecimiento de determinadas sugerencias de funcionamiento. Sobre este órgano, hay dos cuestiones que queremos poner de relieve. La primera, que sus competencias se aproximan mucho más a nuestro modelo nacional que, por ejemplo, al estadounidense anteriormente analizado, ya que corresponde a la junta general de accionistas la censura de la gestión social, la aprobación de las cuentas anuales, la modificación de los estatutos sociales, la distribución de dividendos, así como aquellas decisiones que afecten a la estructura patrimonial de la entidad, ya sean ampliaciones de capital social, emisión de acciones o modificaciones estructurales como la fusión o la escisión. Y la segunda, que para la adopción de tales acuerdos, en el Derecho corporativo alemán prevalece la norma de «una acción un voto», lo que no sólo restringe la posibilidad de establecer cláusulas limitativas, sino que a mayor abundamiento, impide la creación de acciones privilegiadas, ya sea en la emisión de votos o en la concesión de cualquier tipo de ventaja o distinción

296. SACRISTÁN BERGIA, F.: *«El Consejo de Vigilancia...»* cit. Pág. 1.130.

sobre el resto de accionistas, lo que lleva a su máxima expresión la conceptualización de la igualdad de trato de todos los accionistas[297].

3. La necesaria cooperación entre los órganos de gestión y control. El *Kodex* alemán de gobierno corporativo dedica un apartado específico a establecer un conjunto de normas encaminadas a fomentar lo que, a su juicio, es la necesaria cooperación entre el *Aufsichtsrat* y el órgano de dirección, pues resultando tal dualidad de órganos y de funciones, el éxito del modelo dependerá del eficaz desempeño de funciones por parte de ambos. Se trata, al igual que el resto de códigos de buen gobierno, de regular por vía de recomendación cuestiones de plausible seguimiento, no tanto desde una perspectiva procedimental, pues la falta de concreción de la significación de vigilancia deja a su vez margen de autorregulación para que cada entidad establezca los mecanismos que considere pertinentes en función de sus determinadas circunstancias, sino desde una visión de fondo y objetivo pretendido. En concreto, el código insta a las entidades a pasar por el comité de vigilancia aquellas cuestiones de especial trascendencia operativa para la compañía, no sólo desde el prisma de la envergadura económica de una operación concreta, sino aquellas que puedan tener incidencia en el ordinario devenir de la compañía. Por ello, el código pide que en el seno del consejo en su sentido unitario, esto es, la confluencia de ambos comités, se discuta abiertamente la orientación estratégica. Es importante, pues la adición de «debate amplio» en este caso la práctica ha evidenciado algunos defectos consecuencia especialmente de la existencia de dos bloques diferenciados en el seno de la comisión de control, el designado por los accionistas, y el nombrado por los representantes de los trabajadores, lo cual en ocasiones ha llevado incluso a reuniones separadas del mismo comité, siendo éste probablemente uno de los mayores defectos de los que adolece el sistema dual, junto con los de tamaño, inoperatividad, falta de independencia, y falta de cualificación, a lo que haremos referencia a continuación. En cualquier caso, la definición de la política estratégica no es un asunto que se regule por vía de recomendación sino legal, al ser competencia de todo el consejo de administración en su conjunto, sino que lo es la necesaria cooperación para tal delimitación, para evaluar, debatir y concretar los concretos actos tendentes a la consecución del objeto social. Por ello, de lo que se encarga el código es de exigir un tránsito de información detallada, regular y puntual entre ambos órganos, ya que, con independencia de los concretos actos cometidos y de la participación de cada integrante de las comi-

297. De ahí a que hiciéramos referencia a que cuando la normativa alemana plantea determinados objetivos de su sistema, no lo hace como mera declaración de intenciones sino que trata de ir siempre un paso más allá. Sobre ello, OLCESE SANTOJA, A.: «*Teoría y práctica...*» cit. Pág. 848.

siones, la responsabilidad se entiende compartida, en forma similar a la responsabilidad solidaria del artículo 247 de nuestra Ley de Sociedades de Capital. Es cierto, no obstante, que al igual que sucede en los sistemas monistas sobre los cuales se considera que la misión esencial del consejo de administración es la supervisión de sus propios actos, en el sistema dualista la separación de funciones y actos tal vez resulta más sencilla de apreciar. Por ello, si bien las sucesivas reformas legislativas y las distintas revisiones del *Kodex* han otorgado al comité de vigilancia de mayores competencias, el límite se encuentra en no hacer de dicha comisión un órgano de gestión[298], sin perjuicio de la dotación de ciertas facultades de instrucción y asesoramiento.

4. La dirección de la compañía. Respecto a la comisión de dirección, el código distingue cuestiones competenciales de aquellas relativas al estatuto jurídico del consejero. En cuanto a las primeras, compete a los ejecutivos de la compañía dirigir la gestión de la compañía, si bien y como es obvio debiendo sujetarse al interés social, solicita el código que se realice en aras de obtener *«un aumento sostenible del valor»* lo que evidencia nuevamente el especial interés del legislador alemán es hacer de la gestión a largo plazo una nota característica del modelo casi tan reconocible como lo es la dualidad de órganos de gestión. Para tal objetivo, el comité de dirección debe contar internamente con su propio mecanismo de funcionamiento, cuya redacción del reglamento es competencia de la comisión de vigilancia, en la que se establezcan los requisitos procedimentales para la adopción de acuerdos tales como la convocatoria, los regímenes de mayorías, o la distribución de cargos.

Sin embargo, entendemos de mayor y especial interés aquellas cuestiones en las que el código entra sobre el estatuto jurídico del consejero ejecutivo, destacando en primer lugar, como también sucede en el comité de vigilancia y en nuestra propia legislación española, que el cargo debe recaer sobre persona física, la cual no se debe hallar incursa en ninguna de las causas de incompatibilidad legalmente previstas. Asimismo, se establecen en torno al consejero directivo una serie de obligaciones relativas al conflicto de interés, instrumentadas principalmente en tres concretos aspectos: la primera, la lógica prohibición de competencia, debiendo ejercer el cargo bajo los más estrictos cumplimientos de los deberes fiduciarios; la segunda, que si bien la no competencia no ha de entenderse como exclusividad a tiempo completo, ésta sí se entiende respecto a otros comités de dirección de otras entidades, pero no respecto a los comités de vigilancia de sociedades distintas a la entidad en cuestión, ya que en la misma sí existe incom-

298. ESTEBAN VELASCO, G.: *«¿Es oportuno introducir...?»* cit. Pág. 684.

patibilidad de dualidad de puestos, pudiendo formar parte del comité de control de otra compañía siempre y cuando sea expresamente autorizado a ello por el propio comité de vigilancia de la sociedad en la que desempeña funciones ejecutivas; y la tercera, que deberá informar al comité de vigilancia de cualquier situación de conflicto de interés en la que pueda hallarse incurso. Sobre esta última cuestión, y como es habitual en este trabajo haciendo un punto comparativo con respecto a nuestra legislación nacional, esa obligación de información sobre potenciales conflictos de interés es cierto que también está reconocida en los sistemas monistas, si bien en la mayoría de los casos, como el nuestro, la información del posible conflicto de interés ha de dirigirse a la junta general de accionistas, lo que consecuencia del lapso temporal en que se reúne este órgano, implica una falta de operatividad manifiesta. En cambio, establecer tal filtro en la comisión de vigilancia otorga a la sociedad de mayores resortes, de una respuesta más rápida ante la eventual situación de conflicto para uno de los consejeros, lo que implica una positiva nota característica del modelo. Y es que si en algunos casos hemos asimilado las competencias de la junta general en sede monista, a las de la comisión de control en sede dual, el establecimiento de un comité que adelante los filtros y venga a suplir alguna de las carencias de la junta general, lo entendemos como un hecho sumamente positivo, lo que otorga mayor validez a la propuesta formulada anteriormente, y desarrollada en el presente, de que el sistema monista español cuente en el seno de su consejo con un comité especial de supervisión, que a su vez se halle en permanente contacto con los socios, representantes de los trabajadores y otros grupos de interés integrados en comités consultivos. Y es que existiendo importantes matices del modelo alemán que de forma aparente han evidenciado un éxito de la sostenibilidad del modelo, y teniendo en cuenta a su vez que consecuencia de la cultura empresarial de los sistemas monistas se hace difícil el establecimiento a corto y medio plazo del sistema dual, es conveniente reformar el sistema adaptando aquellas cuestiones válidas y positivas de los modelos comparados que sean aplicables y tengan encaje en nuestra legislación.

5. Notas relativas al comité de vigilancia. Al igual que el caso anterior, el código alemán de gobierno corporativo distingue, respecto a la comisión de supervisión, en cuestiones competenciales y estructurales, a la par de definir los objetivos que ha de perseguir. Con respecto a las primeras, se recomienda otorgar al órgano de control de competencias relativas al control y al asesoramiento en cuestiones procedimentales para hacer efectiva la obligación legal de supervisión, pues como ya hemos hecho referencia, el régimen alemán fomenta la autorregulación, de modo que en lo que a la supervisión se refiere, el código reconoce que la política, estructura y cultura

empresarial de cada entidad es distinta, de modo que no indica cómo ha de realizarse el control de los actos ejecutivos, sino qué han de conseguir ambos órganos en un marco de máxima colaboración y coordinación. Y esa cuestión procedimental es precisamente la que el código delega en el comité de supervisión, deja en sus manos el establecimiento de las normas que ha de seguir la dirección de la compañía para facilitar la labor de los supervisores, siendo competencia de éstos la elaboración del reglamento de funcionamiento del consejo en su conjunto.

Otra competencia destacable es la relativa a la retribución, pero en este caso no nos referimos a la de los consejeros ejecutivos, que efectivamente es facultad del órgano de control el establecimiento de las condiciones de la misma, sino en cambio, de la retribución de los miembros de la comisión de vigilancia, que es competencia de la junta general de accionistas, y que se divide en una remuneración fija y en otra variable, la cual se halla supeditada al cumplimiento de determinados objetivos, y esto es muy importante, conseguidos a largo plazo, nueva muestra de evidencia de que el interés del legislador alemán en cuanto a la sostenibilidad de sus grandes empresas no es sólo una declaración de intenciones acorde a los estándares de otros códigos de buen gobierno, sino un firme compromiso[299].

En cuanto a su estructura, como ya hemos visto el comité de control se divide en dos bloques diferenciados, cuyo porcentaje de participación dependerá del número de trabajadores de la entidad. De esos dos bloques, sin duda la figura del presidente adquiere especial importancia habida cuenta de su voto de calidad en caso de empate, que en caso de igualdad de número de miembros de uno y otro bloque, decantará la balanza del lado de los accionistas al ser éstos los facultados a su elección. No obstante, las funciones del presidente se ven algo restringidas ya que el *Kodex* recomienda, que no impone, que el presidente de la comisión no presida a su vez el comité de auditoría. Porque en la práctica, la estructura del sistema dual no difiere en exceso del sistema monista en lo que a comisiones del consejo se refiere, pues además del comité de auditoría, de establecimiento obligatorio y competencias similares a los del resto de países de la Europa continental, la comisión de supervisión tiene capacidad de delegación en otras comisiones relativas a las retribuciones, nombramientos y ceses de la comisión directiva, lo que ha sido regulado por vía de recomendación por evidente influencia de los primeros códigos anglosajones.

Asimismo, y al igual que el caso del comité de dirección, la comisión de vigilancia ha de estar integrada por consejeros personas físicas que se hallan

299. OLCESE SANTOJA, A.: «*Teoría y práctica...*» cit. Pág. 856.

limitados a la pertenencia de un máximo de diez comisiones de control en otras entidades, consejeros de los cuales el apartado 5.4.2 del *Kodex* aboga por la presencia de consejeros independientes, figura más novedosa en el ordenamiento alemán que, al menos a día de hoy, tiene un menor peso o influencia en el consejo de administración, pues una de las mayores críticas al sistema dual se basa en la excesiva polarización del comité de control dividido entre representantes de los accionistas y de los trabajadores, lo cual implica que, de designarse un consejero independiente a todos ellos, ¿cuál de los dos bloques iba a renunciar a parte de su cuota de poder? Ese es, a nuestro juicio, el mayor defecto del que adolece el sistema, pues como han puesto de relieve muchos autores, difícilmente puede hablarse de independencia de criterio y ausencia de interés de los miembros del comité de supervisión, lo que se hace más latente, si cabe, respecto de aquellos designados por los representantes de los trabajadores, a quienes incluso se les imputa en determinados una falta de cualificación suficiente para el desempeño del cargo, y una falta de interés en aquellos asuntos, seguramente trascendentes para la entidad, pero que trascienden del ámbito de las relaciones laborales, falta de independencia y de cualificación a los que habría que añadir cierta inoperatividad del órgano por las habituales sesiones paralelas o independientes entre los dos bloques existentes en la comisión de supervisión, y el excesivo tamaño del órgano[300].

B. *Cuestiones en torno a la co-gestión*

Junto a la estructura del consejo en el sistema dual, la co-gestión o participación de los representantes de los trabajadores en el órgano de supervisión y control, es la nota característica propia del modelo alemán, lo que ha generado multitud de análisis, estudios e incluso controversias tanto a nivel nacional como respecto al proceso de armonización del Derecho societario europeo.

La co-gestión es originaria de la *Mitbestimmungsgesetz* del año 1976, momento en el cual el legislador pretende igualar posiciones e intereses en el seno del consejo de administración a la hora de adoptar determinadas decisiones relativas a la política de gestión de la compañía, equilibrando la presencia de representantes de los accionistas con la de los trabajadores. Es un modelo preeminentemente social del que se pretende deducir además un resultado empresarial, al considerar que haciendo partícipes a los trabajadores de las decisiones estratégicas, éstos tendrán un plus de motivación en el desempeño de sus funciones de forma que los intereses de todos los grupos presentes en la entidad estén alineados, más allá del pretendido

300. SACRISTÁN BERGIA, F.: «*El Consejo de Vigilancia...*» cit. Pág. 1.130.

ánimo de lucro de la compañía. No obstante, la participación de los trabajadores no será directa en la gestión de la compañía, ya que su presencia se circunscribe al comité de vigilancia, si bien sí tendrán derecho a designar a uno de los consejeros ejecutivos en el *Vorstand* con especiales conocimiento y experiencia en las relaciones laborales. Pues bien, ésta es una más de las muchas muestras que los autores que han atacado este modelo utilizan como argumento, y es la falta de independencia de los representantes de los trabajadores en el *Aufsichtsrat* pues no existe evidencia que vayan a estar interesados en cuestiones de gestión que excedan de aquello que tenga incidencia directa o indirecta en las relaciones con los trabajadores, es decir, contrataciones o despidos, política de salarios, beneficios sociales, y cualesquiera otros relativos a los derechos laborales. Y lógicamente, cabe pensar en que tiene sentido, máxime cuando otro de los argumentos de ataque a este modelo se ha basado en la falta de cualificación profesional de algunos integrantes del comité de vigilancia designados por parte de los trabajadores, pues recordemos que los integrantes de dicho órgano son los encargados de, entre otras funciones, supervisar y asesorar a los consejeros ejecutivos, y revisar las cuentas anuales formuladas de forma previa a su presentación a la junta de accionistas. ¿Puede tener interés un trabajador en alguna cuestión estratégica de la compañía que no tenga incidencia alguna sobre las relaciones laborales? Evidentemente, claro que puede, pero cuestión distinta es que la ponga en práctica, y que al final la cuota de trabajadores en la comisión de control se convierta en una suerte de sindicato con más poder que del ordinario. Claro que, en defensa de este modelo, cabría pensar que la misma falta de independencia cabría imputar a los consejeros del comité de supervisión que han sido designados directamente por los accionistas, pues el interés de éstos es más que obvio que es la creación de valor. ¿Va a interesar a un consejero representante de los accionistas cuestiones de política laboral si ello no va a repercutir sobre el retorno de la inversión? Pues al igual que antes, poder, puede. Cuestión distinta es que se ponga en práctica. A lo que nos referimos es que si bien la crítica del modelo de la co-gestión tiene argumentos que, a nuestro juicio, resultan certeros, lo mismo cabría interpretar respecto del otro bloque integrante del comité de supervisión. Pero claro, precisamente estamos hablando de los principios y objetivos del gobierno corporativo, del establecimiento de mecanismos de contrapeso y equilibrio de poderes e intereses, lo cual generó que especialmente en sistemas monistas, proliferara la figura del consejero independiente, tipología de administrador que, si bien el *Kodex* alemán de gobierno corporativo insta a su designación, aún nos encontramos lejos de los porcentajes que representan en otros modelos comparados.

Pero como decíamos, las críticas al modelo no han llegado únicamente desde el mercado interno o nacional, sino también a nivel comunitario especialmente en el seno del proceso armonizador societario europeo. Nos referimos en concreto al Proyecto de Quinta Directiva y a todo de cuanto de su fallida promulgación se ha derivado[301]. Lo que entonces se pretendió, que era crear un marco común, trajo consigo el afloramiento de diversas diferencias y falta de encuentro entre los distintos ordenamientos comunitarios, consecuencia tanto de la diferencia tipológica y estructural de los órganos de gestión, como de las distinciones socioculturales, no existiendo en algunos países precedente de intervención de los trabajadores en asuntos de gestión. Tal es el caso del desencuentro que se evidenciaron dos posiciones sumamente contrapuestas: por un lado, el Proyecto de Quinta Directiva, de preeminente influencia alemana, que pretendía hacer del sistema dual como el obligatorio para las grandes sociedades anónimas europeas; y por otro, la aparición de los primeros códigos de gobierno corporativo que llegan a Europa por vía de influencia norteamericana e inglesa, de corte monista. Ante tal situación, y por tal vez el previsible fracaso al que la Quinta Directiva podría estar condenada, el sistema se flexibilizó y admitió el modelo de órgano único, si bien debiendo dar entrada a la representación de los trabajadores en la forma que se desarrollara. Pero claro, ello trajo consigo la nueva oposición de algunos países, no sólo por la falta de precedente de ese modelo de gestión en sus sistemas de gobierno corporativo, sino incluso por lo que podía ser un tibio rechazo por parte de los representantes de los trabajadores a ingresar en el órgano de gestión de la compañía, habida cuenta de la responsabilidad solidaria que también a ellos les resultaría de aplicación. Años más tarde, y como ya hemos comentado en el apartado relativo al proceso reformador europeo, el Proyecto de Quinta Directiva finalmente se desechó.

No obstante, del fracaso del Proyecto de Quinta Directiva se extrajo una consecuencia positiva, ya que los trabajos que se desarrollaron sirvieron para configurar el estatuto jurídico de la sociedad anónima europea, de la que ya hemos comentado anteriormente que su presencia en España es casi residual, pero no así en Alemania, donde se asistió a un fenómeno de transformación de muchas sociedades anónimas ordinarias o constituidas bajo legislación alemana, al tipo híbrido y comunitario de la sociedad anónima europea. Dicho fenómeno se explica precisamente en la elusión de la co-

301. Sobre el tema, seguimos íntegramente los estudios de HIERRO ANIBARRO, S. / ZABALETA DÍAZ, M.: «Cogestión y gobierno corporativo en Europa: Un viaje de ida y vuelta» en *Revista de Derecho de Sociedades*, n.º 52. Madrid, 2018; y «La cogestión en la encrucijada europea» en AA.VV.: *Estudios sobre órganos de las sociedades de capital: liber amicorum, Fernando Rodríguez Artigas, Gaudencio Esteban Velasco*, Ed. Aranzadi. Navarra, 2017. Pág. 875-897.

-gestión, pues como hemos indicado, este modelo tiene también algunos detractores en su propio país al considerar que provoca hacer del *Aufsichtsrat* un comité excesivamente amplio, inoperante, carente de independencia y de cualificación. Y es que el estatuto actual de la sociedad anónima europea (que en nuestro país se regula a partir del artículo 455 de la Ley de Sociedades de Capital) faculta a los constituyentes a adoptar a su elección el sistema monista o dualista de administración, y que en caso de optar por este último, su forma de elección conforme dispone el artículo 486 de la misma Ley española, «*serán nombrados y revocados por la junta general, sin perjuicio de lo dispuesto en el Reglamento (CE) n.º 2157/2001, en la ley que regula la implicación de los trabajadores en las sociedades anónimas europeas y de lo establecido en el artículo 243*», que es el relativo al sistema de representación proporcional. Esa mayor flexibilidad que ofrece el modelo de la sociedad anónima europea provocó, como hemos dicho, que muchas sociedades alemanas se transformaran a ese tipo europeo, de corte más flexible que las constituidas bajo legislación alemana, lo que viene a explicar por qué ese tipo sí tiene presencia en Alemania, mientras que en nuestro país su existencia es residual.

Como decimos, las críticas al modelo dual se han concentrado de forma específica en la co-gestión, pues entienden algunos autores que la presencia de los representantes de los trabajadores ha convertido al comité de supervisión en un órgano carente de operatividad, tanto por el exceso número de miembros que lo conforman como por la ausencia de debate abierto respecto de cuestiones de relevancia para la entidad que trascienden de las relaciones laborales, lo que redunda en la crítica personalizada a los representantes de los trabajadores por su falta de independencia, de interés en cuestiones sociales que trasciendan de su mero ámbito, a lo que se añade, además, la aludida ausencia de cualificación técnica de algunos miembros para desempeñar la efectiva función de supervisión de los actos de gestión de una compañía cotizada. Y esas carencias o deficiencias del modelo, a juicio de sus críticos, ha conllevado una doble penalización para las empresas alemanas: por un lado, entienden que resultan menos atractivas para los inversores internacionales por la rigidez del modelo, lo que redunda negativamente en la economía y la competitividad de las entidades de Alemania; y por otro lado, por el difícil encaje del modelo de gestión en los estándares internacionales de buen gobierno corporativo, que se traduce en dos aspectos, la necesaria revisión de la idoneidad de selección y nombramiento de consejeros cualificados e independientes, y la atención al resto de *stakeholders* de la sociedad. De hecho, tal es la crítica que incluso el *Kodex* alemán de gobierno corporativo, en sus sucesivas revisiones, parece huir del debate de la co-gestión, y centrándose en otras cuestiones como la diversidad de género o la revisión de competencias del comité de supervisión.

No obstante, los estudios de los autores a los que seguimos[302], no comparten algunas de dichas conclusiones. Exponen que no existen evidencias empíricas que demuestren que las empresas alemanas resultan menos atractivas para la inversión internacional si se tienen en cuenta las estructuras de propiedad de las mayores entidades que cotizan en el DAX alemán, si bien tampoco comparten el entusiasmo de los defensores del modelo, que consideran que la co-gestión ha ayudado a dichas empresas a salir antes y mejor de las crisis económicas sufridas. No obstante, sí concluyen la necesaria reformulación del modelo de co-gestión, que data de hace varias décadas como ya hemos visto, pues la realidad de las propias empresas alemanas y del mercado ha variado mucho desde entonces, por lo que abogan por un nuevo marco de relaciones entre la empresa y los representantes de los trabajadores, en forma que puedan establecerse resortes que aseguren la independencia y cualificación de los miembros que integran los distintos comités, debiendo aclararse, en línea con otros autores, que no ha de entenderse necesariamente como comité de supervisión en el seno del órgano de administración, sino que han de explorarse otras vías alternativas. En este sentido, los críticos del modelo abogaron por la exclusión de los representantes de los trabajadores del comité de supervisión, si bien no desposeyéndoles por completo de sus facultades, sino estableciendo comités consultivos de permanente comunicación con los consejeros de control. Otras propuestas se basaban en que, en caso de permanecer en el órgano, se limitasen sus funciones de supervisión hacia las cuestiones de incidencia laboral, excluyéndoles de aquellas de contenido estratégico para la compañía, habida cuenta del nulo interés que parecía despertar los asuntos de gestión que no tuvieran influencia sobre los contratos de trabajo.

Si bien no es una figura aún existente en nuestro ordenamiento, la constitución de ciertos comités consultivos ha sido abordada por alguna de nuestras grandes entidades[303], y es una medida que, a nuestro juicio, resulta positiva. No es ánimo del presente trabajo valorar la conveniencia o no de reformular el sistema de co-gestión alemán, pero sí en lo referente al modelo español, del que como hemos dicho tiene la posibilidad de adoptar de otros modelos comparados aquellos elementos positivos que generen valor sostenible a las grandes compañías. Siendo un dato empírico la mayor sostenibilidad de las compañías cotizadas alemanas, y los efectos positivos de la

302. DE HIERRO ANIBARRO, S. / ZABALETA DÍAZ, M.: «*La cogestión...*» cit. Pág. 24.
303. Como el caso del «comité consultivo de accionistas» de CAIXABANK, cuyas características pueden encontrarse en: https://www.caixabank.com/es/accionistas-inversores/espacio-accionista/comite-consultivo.html

implicación de los trabajadores en la supervisión de los actos sociales, al respecto de la comisión de supervisión en sede monista que hemos defendido y desarrollamos en este capítulo, consideramos que la presencia de un comité consultivo (no miembro del órgano de administración, al menos aún) de los representantes legales de los trabajadores de permanente comunicación, con la facultad no sólo de participar en la decisión de cuestiones relativas a la política labora, sino incluso, de designar a un miembro del citado comité de supervisión. Sobre todo ello entraremos más adelante.

C. *Referencia a las últimas modificaciones del Kodex*

El *Deutscher Corporate Governance Kodex*, que data en su primera versión del año 2002, a diferencia de otros modelos continentales como el español, constituye un texto único que se va reformando sucesivamente, en lugar de derogar uno anterior y promulgar uno nuevo. De hecho, el código es revisado anualmente, lo que no ha de coincidir necesariamente con una reforma del mismo, pues se trata del período que coincide con el que las sociedades alemanas informan públicamente del grado de seguimiento de las recomendaciones de buen gobierno, de modo que el organismo regulador revisa el código para adaptarlo, mejorarlo o transponerlo a la práctica y realidad de las sociedades alemanas, previa consulta pública.

Inicialmente, existieron dudas sobre la idoneidad de promulgar un texto de este tipo en un ordenamiento jurídico como el alemán consecuencia de la rigidez de su sistema y de la mayor regulación del sistema monista en los códigos comparados. Sin embargo, entendemos que Alemania realizó un importante esfuerzo de adaptación para promulgar su propio código de gobierno corporativo por dos motivos: el primero, porque rigidez del sistema no equivale a absoluta imperatividad, pues al contrario, el modelo alemán se posiciona claramente por facilitar la autorregulación de las sociedades; y el segundo, porque se consideró que no participar de tal movimiento podría dejar atrás al grupo de empresas alemanes en la competitividad del mercado, ya que precisamente a finales de siglo pasado, algunos fondos de inversión especialmente estadounidenses imponían como condición indispensable previa a la aportación o desembolso de la inversión, que la sociedad en cuestión contara con su propio sistema de gobierno corporativo, habida cuenta de la experiencia y conocimiento que las entidades norteamericanas previamente ya ostentaban. Y de hecho, tal fue la adaptación que el código contiene un conjunto de sugerencias y recomendaciones en distinto grado sobre la estructura, composición y funcionamiento de los órganos sociales. Eso sí, conocedor del especial debate existente en cuanto a la co-gestión de la empresa, el *Kodex como* ya hemos dicho huye de ese debate, y opta por centrarse en otras cuestiones accesorias al consejo de vigilancia, sus competencias y composición, sin entrar en aquello que, tal vez, pueda acabar resolviéndose por vía legal. Pudo el código, aun sin manifestar el grado de aplicabilidad, posicionarse a favor o en contra del modelo, si bien opta por la prudencia, como también sucede en otros códigos comparados respecto a otras cuestiones[304]. Al contrario, sus revisiones anuales se han adaptado a las modificaciones legislativas, eliminando como recomendación aquello que ha pasado a ser norma imperativa de rango legal, estableciendo a su vez algunas novedosas cuestiones, algunas de las cuales por su relación con el presente trabajo, exponemos a continuación, que versan especialmente sobre mayores competencias del comité de vigilancia así como de la adaptación a la normativa legal relativa a la diversidad de género en el consejo[305].

– Amplía el concepto de los actos e intereses que han de guiar a los administradores, instando al cumplimiento de los «*principios éticos de la economía de mercado social*», lo que en el contexto en que lo establece, viene a resultar un híbrido entre la responsabilidad social corporativa y la ya clásica política de gestión sostenible, en paralelo a lo que establecen las normas internacionales de buen gobierno.

– Exige mayor transparencia en la adopción de decisiones relevantes especialmente en lo relativo al comité de vigilancia sobre el tránsito de información, solicitando asimismo la publicidad de información sobre el proceso seguido, como forma de ayudar a los inversores a adoptar las decisiones que estimen convenientes en relación a un potencial desembolso en la compañía.

– Solicita mayor presencia de consejeros independientes especialmente en el bloque del comité de vigilancia designado por los accionistas, proponiendo que la estructura del mismo replique la relativa a la propiedad del capital social; esto es, que en función de los porcentajes de accionistas de control, otros significativos, y capital flotante, ese mismo porcentaje trate de reproducirse en la parte representativa de los accionistas en el comité de supervisión con mayor presencia de consejeros independientes.

---

304. Por ejemplo, en el código español de buen gobierno, sobre la cuestión de la separación de las figuras de presidente del consejo de administración y primer ejecutivo, aun siendo especialmente conocedor que algunas normas internacionales abogan de forma tibia por la separación, reconoce que no existen evidencias empíricas que demuestren la mejor viabilidad de esa vía, por lo que siguiendo la analogía del caso alemán, también opta por guardar silencio y no posicionarse.

305. Siguiendo el análisis de CHAMORRO DOMÍNGUEZ, M. C.: «El código alemán de gobierno corporativo y su permanente adaptación a la realidad jurídico-económica. Modificaciones aprobadas en 2017» en *Revista de Derecho de Sociedades*, n.º 49. Madrid, 2017. Pág. 303-314.

– Se modifican los apartados relativos a la cualificación e idoneidad de los consejeros, solicitando que, no sólo todos ellos cumplan con un perfil adecuado para el desempeño de sus funciones, sino que además, se publiciten los currículums de aquellos que sean candidatos a entrar a formar parte del órgano.

– Se insiste en recomendar que el presidente del comité de vigilancia no ostente dicho cargo en la comisión de auditoría, la cual será la encargada, entre otras funciones, de proponer al auditor externo de la sociedad y controlar su independencia así como el cumplimiento de sus funciones.

– Se adapta el código a la reforma legislativa sobre la presencia de mujeres en el consejo de administración, que pasó a ser de obligado cumplimiento cumpliendo un concreto calendario temporal.

– Y se establecen nuevos mecanismos de comunicación entre consejeros y accionistas al objeto de fomentar la transparencia y la mayor implicación de éstos, concretándose en primer lugar en facilitar información económico-financiera y de gestión con mayor periodicidad que los informes semestrales, y asimismo, solicitando que exista una mayor atención a dichos accionistas más allá de la celebración de la junta general, mediante la creación de grupos de trabajo o comités consultivos a los que hemos hecho anteriormente referencia, delegando en el presidente del consejo tal función.

3. Sucintos datos estadísticos

Analizado el modelo, algunos estudios a los que ya hemos hecho referencia ofrecen algunos datos estadísticos que, dado su interés, reproducimos sucintamente a continuación[306].

– El número medio de integrantes del *Vorstand* en el año de la muestra ascendía a 5,0 consejeros, frente a la muestra anterior, que ascendía a 5,6 confirmando el paulatino descenso y consolidación de la cifra, que, no obstante, se ve incrementada en un punto en el caso de las sociedades que cotizan en el índice DAX, cuyo número medio de integrantes es de 6,0 consejeros.

– En cambio, el comité de vigilancia o *Aufsichtsrat* cuenta con un número significativamente mayor, siendo la media de 14 consejeros, incluyendo los designados por los accionistas y por los representantes de los trabajadores,

306. Partiendo de los datos del Índice Spencer Stuart del año 2014, expuestos por MARTÍN MARTÍNEZ, V. M.: «*Una comparativa internacional...*» cit. Pág. 104.

número que también se halla en paulatino descenso según las muestras de años anteriores.

– En cerca del 80% de las entidades cotizadas alemanas, más de la mitad de los consejeros del comité ejecutivo provienen de la propia empresa, ya sean de la alta dirección o trabajadores de la misma, siendo la parte restante consejeros fichados por el comité de vigilancia a tenor de su previa experiencia en otras entidades.

– Con respecto a la composición de la comisión de supervisión, hemos hecho referencia a que era práctica habitual que en la misma se encontraran antiguos integrantes del comité ejecutivo, si bien su presencia se hallaba restringida a un máximo de dos. Al respecto, el 67% de las entidades cuentan en su comité de control con ex miembros del consejo de dirección, si bien hay que aclarar que se trata de un dato relativo al muestreo del año referenciado al pie, pues los últimos estudios han mostrado una amplia fluctuación al alza y a la baja de dicha cifra. En cambio, sí parece más estable la cifra en entidades que cotizan en el DAX, correspondiendo al 47% de las sociedades integrantes del mismo, dato que refleja una cierta estabilización decreciente[307].

– La presencia de mujeres en el consejo de administración, que en la muestra del año consultado era de sólo el 7,3%, ha sufrido un importante impulso en los últimos años consecuencia de la promulgación con rango de ley que obliga a las sociedades cotizadas alemanas a contar en su comité de supervisión con un número de mujeres que supongan, al menos, el 30% de la composición total del comité.

– Si bien es un dato meramente orientativo dadas las diferencias tipológicas entre todas las entidades, la media de reuniones anuales del comité de vigilancia era de 6,1 veces, muy superior a su obligación legal trimestral. En el caso del comité ejecutivo, al ser de carácter interno y ordinario, no existen datos al respecto.

– La edad media de los consejeros ejecutivos es de 53 años, lo que resulta relevante toda vez que la mayoría de las sociedades cotizadas alemanas tienen estatutariamente regulada la edad máxima que puede ostentar un

307. Al respecto, ha de hacerse mención a que en ocasiones, la presencia de un ex miembro de la comisión ejecutiva en el comité de supervisión, llevaba aparejada la asunción de la presidencia por parte de alguno de estos consejeros, lo que en opinión de la consultora «Heidrick & Struggles», que también realiza muestras estadísticas, ello constituye una muestra de mal gobierno corporativo que limita la libertad e independencia del consejo, conforme expone MARTÍN MARTÍNEZ, V. M.: «*Una comparativa internacional...*» cit. Pág. 108.

miembro del comité de dirección, que suele rondar la horquilla de entre 60 y 65 años. Igualmente, también suelen establecerse la edad máxima de pertenencia al comité de supervisión, cuya media significativamente superior es de entre 70 y 75 años, lo que explica a su vez que la edad media de los integrantes de este órgano es superior a la de los consejeros ejecutivos, en concreto, de 61 años respecto a los consejeros de control designados por los accionistas, y de 53 años respecto a los consejeros nombrados por los representantes de los trabajadores, lo que explica que los mismos tratan de designar a aquellos más experimentados o que llevan mayor tiempo desempeñando sus funciones en la sociedad.

– Por último, en el caso del modelo dual alemán no procede hacer mención a la estadística relativa a la separación entre presidente y primer ejecutivo, al ser figuras que ya de por sí vienen separadas por la propia estructura doble del órgano.

3. LAS NUEVAS TENDENCIAS EN LA NORMATIVA EUROPEA SOBRE CRITERIOS DE GOBERNANZA

A) EL CONTINUO PROCESO DE ACTUALIZACIÓN

Conforme hemos expuesto a lo largo del presente trabajo, los criterios de buen gobierno corporativo han ido evolucionando desde sus orígenes, no tanto como una modificación de sus postulados, sino como una actualización y adaptación de sus principios. Efectivamente, los objetivos que el gobierno corporativo pretende no se circunscriben a un hito concreto ni al cumplimiento de las determinadas normas que lo integran, ya sean de seguimiento voluntario o sean de imperativo cumplimiento, sino a una forma de conducta, entendiendo ésta como forma de actuación continua y estable tendente al cumplimiento permanente de los preceptos pretendidos. Y es que conforme la práctica ha evidenciado respecto a determinados sucesos recordados en este capítulo, el mero seguimiento de las recomendaciones de los códigos de buen gobierno, en modo alguno supone la obtención de un sistema de buen gobierno ni la consecución de los principios que se intentan obtener, máxime si ello no va anudado a una conducta proactiva por la contención de riesgo, la transparencia informativa, o la sostenibilidad.

Por este motivo, las distintas reformas de las normas internacionales en materia de gobierno corporativo de los últimos años, con independencia del alcance obligacional de su cumplimiento, han tendido más a la actualización de preceptos, a la adaptación a las nuevas realidades sociales y económicas, y a la corrección o concreción de determinados postulados clásicos, que a suponer una profunda modificación en los planteamientos. Ello hace, por tanto, del movimiento del *corporate governance*, una cierta institución jurídica de alcance superior basada en su conjunto en elementos intangibles de corte ético, de comportamiento sujeto a valores y principios que trascienden la mera redacción de una norma jurídica. Por ello, la revisión o actualización de sus textos conforma no sólo una necesaria apuesta por mantener y fomentar los principios que se pretenden, sino que la evidencia empírica de dichas revisiones en los distintos modelos normativos comparados, suponen la acreditación de la apuesta por los distintos ordenamientos en conseguir un modelo fuerte de buen gobierno.

A ello se le añade el contexto internacional, muy especialmente en el ámbito europeo, donde se fomenta la competitividad, inversión, internacionalización y libre tránsito de nuestras pequeñas, medianas y grandes empresas. Por ello, la Unión Europea no ha sido ajena, ni a la promulgación de distintas normas de buen gobierno, como anteriormente hemos visto, ni tampoco a la actualización de sus principios. Es el caso de las dos Directivas comunitarias a las que ahora haremos referencia, ambas de finales del año 2022, que se adaptan y persiguen distintas realidades sociales, como es el caso de la igualdad de género en el consejo de administración, por un lado; y la sostenibilidad de las empresas, por otro.

Pero con independencia del contenido concreto de ambas que ahora veremos, el hecho de que por la autoridad europea se apueste con una cierta asiduidad por la actualización de los preceptos de buen gobierno corporativo, hoy más enfocados hacia los criterios «*Environmental, Social and Governance*», supone la decidida apuesta por el proceso continuo de actualización. Y el hecho de que tales preceptos vengan incorporados en distintas Directivas comunitarias suponen, a nuestro juicio, un elemento de prueba de la importancia que la Unión entiende por tales principios, no promulgándolo como una mera recomendación o decálogo de preceptos deseables, sino como una específica orden a los Estados pertenecientes a que adopten medidas y adapten sus Ordenamientos a las nuevas directrices que emanan de la institución europea.

Por tal motivo, no podemos obviar que hacer un trabajo en el que sucintamente se expongan algunos aspectos importantes de dos concretas Directivas, como ahora veremos, puede terminar resultando un tanto obsoleto en poco tiempo, consecuencia de ese referido proceso de actualización, esto es, no es para nada descartable que, ya sea a nivel nacional o internacional, se promulguen nuevas normas, principios, leyes o directrices que actualicen los preceptos del buen gobierno. Sin embargo, lejos de suponer un problema para lo que este concreto trabajo se refiere, la cuestión, como decimos, es que la conducta y tendencia de los últimos años desde que se promulgaron los primeros códigos es la de actualización, nunca la de ruptura, por lo que, bajo la consideración de los principios generales que integran los valores básicos del movimiento del *corporate governance*, las distintas reformas que estén por venir, entendemos que existen motivos suficientes para considerar que, sin perjuicio de su concreción, corrección o actualización, mantendrán la esencia primigenia.

B) SUCINTA REFERENCIA A LA DIRECTIVA DE INFORMACIÓN SOBRE SOSTENIBILIDAD

La Directiva (UE) 2022/2464 del Parlamento Europeo y del Consejo, de 14 de diciembre de 2022, por la que se modifican el Reglamento (UE) n.º. 537/2014, la Directiva 2004/109/CE, la Directiva 2006/43/CE y la Directiva 2013/34/UE, por lo que respecta a la presentación de información sobre sostenibilidad por parte de las empresas, representa un buen ejemplo del proceso actualizador al que hacíamos referencia, con un alcance mucho mayor. Porque de los principios del gobierno corporativo han surgido determinadas ramas accesorias, aunque independientes, que han ido completando un modelo de conducta que abarca cuestiones mucho más amplias que la propia gerencia y control de las grandes entidades o la estructura de sus órganos sociales. Y es que si bien en apartados anteriores hemos hecho referencia a la Responsabilidad Social Corporativa (RSC) como elemento complementario al buen gobierno corporativo, hoy en día predominan los denominados «*Criterios ESG*» cuya denominación procede de «*Environmental, Social and Governance*», de contenido y alcance amplio, conforme fue inicialmente expuesto por el Reglamento (UE) n.º 575/2023 del Parlamento y del Consejo, sobre «*los riesgos medioambientales, sociales y de gobernanza*». En este sentido, la Directiva de 14 de diciembre de 2022, relativamente extensa, supone la decidida apuesta del Parlamento Europeo y de la Comisión sobre tales criterios que, a buen seguro, irán alcanzando mayor presencia tanto en la normativa europea y nacional, como en los documentos de información emitidos por las grandes compañías. No obstante, por razones del objeto del presente trabajo, escapa a nuestro alcance entrar en profundidad sobre el contenido de la misma, si bien sí hay determinadas cuestiones que consideramos de interés poner de relieve, sobre todo en aquellas cuestiones relacionadas precisamente con los criterios de gobernanza, esto es, respecto de la última letra de los referidos Criterios que abordaremos de forma sucinta.

La pretensión principal de la Directiva, modificativa de otras anteriores, tiene un elemento común respecto de los principios de buen gobierno, y es la transparencia informativa, pilar básico de todos los textos normativos en conducta de gobernanza, que ahora conforme a los criterios de sostenibilidad, se amplía respecto a lo que inicialmente se ha denominado «información no financiera». Decimos inicialmente porque, si bien las primeras Directivas utilizaron tal denominación, que ha sido traspuesta a nuestro país, la actual citada Directiva expone que muchos grupos de interés lo calificaron como inexacto, entre otras cuestiones porque la información a la que actualmente se refieren tales criterios sí tienen cada vez mayor relevancia financiera, sea por el objeto de la propia información (como adaptación de criterios contables, o determinadas cuestiones concernientes al auditor legal) o sea por la incidencia que los aspectos referidos en dicha información terminan por ostentar sobre los propios resultados financieros, lo que ha motivado que, por ello, sea preferible utilizar el término *«información sobre sostenibilidad»*.

Parte la Directiva de dos objetivos confluyentes en uno, esto es, pretende que a través de la transparencia informativa, se genere el efecto de *«reorientar los flujos de capital hacia inversiones sostenibles a fin de lograr un crecimiento sostenible e integrador, gestionar los riesgos financieros derivados del cambio climático, el agotamiento de los recursos, la degradación medioambiental y las cuestiones sociales, y fomentar la transparencia y el largoplacismo en la actividad financiera y económica»* conforme expone en su Considerando 2.

Constituye, a nuestro juicio, una ambiciosa declaración de principios que, como hemos dicho, pretende obtener a través de la regulación de nuevas normas relativas a la información y transparencia, a fin de que por las sociedades cotizadas, sus grupos de interés, los agentes del mercado, y la ciudadanía en general, tome mayor conciencia sobre los riesgos relativos al clima, al diálogo social, y a la diversidad en los consejos de administración.

Respecto a la naturaleza de tales criterios, la Directiva se reitera en las obligaciones informativas con carácter vinculante, pues ya la Directiva del año 2023 concluyó la conveniencia de establecer normas obligatorias al respecto, bajo una presunción de entender que la mejora en la transparencia informativa sobre criterios de sostenibilidad terminará por redundar de forma positiva, indirecta, y en última instancia, en ciudadanos, ahorradores, trabajadores, inversores y agentes de la sociedad civil. Parte para tal planteamiento de que la mejor comprensión por todos los grupos de interés con relación directa o indirecta con las sociedades sobre los riesgos en materia de sostenibilidad, redunda de forma positiva en el colectivo, entendiendo en este caso cuestiones en materia de sostenibilidad aquellas relacionadas con los riesgos relacionados con el clima, la pérdida de biodiversidad, así como cuestiones sanitarias y sociales, o el respeto a los derechos humanos y la lucha contra la corrupción y el soborno. Esto es, plantea una forma de *rueda* en que entren en la misma todos los agentes intervinientes, estimando que los efectos que partan de la norma hacia las sociedades, y de la información que éstas vayan suministrando, irán redundando por escala en el resto de los sujetos y partes de la ciudadanía; de modo que, ante una mayor comprensión y asimilación de criterios, las bondades estimadas por la norma serán de mayor alcance.

En lo que respecta a determinados criterios de gobernanza, ya la Directiva 2013/34/UE exigía de las grandes compañías la presentación de información sobre el modelo de negocio, política estratégica y contención del riesgo, amén de los indicadores sobre los resultados de dichas políticas que redundaran en la actividad profesional. En concreto, conforme al Considerando 30, se exige la publicación de información sobre si dicho modelo de negocio tiene en consideración las demandas de los distintos grupos de interés a la sociedad ajenos a los accionistas y consejeros, y en qué grado; pero sobre todo, en lo que respecta al objeto de la propia Directiva, ordena la publicación de información sobre cualesquiera oportunidades de negocio en aspectos relativos a las consideraciones y criterios de sostenibilidad, así como se ven afectados por ellas. Y es que en el caso de los aspectos relativos a la gobernanza empresarial, la información ha de referirse concretamente a cuestiones de actualidad social como la igualdad de género y la igualdad retributiva en el consejo de administración, como forma de publicitar la brecha salarial que, en su caso, pueda existir. Por ello, el Considerando 50 supone, en nuestra opinión, un interesante expositivo de la situación y de los objetivos que por la Directiva se pretenden en materia de gobernanza, partiendo de la consideración de la necesidad de información que, como hemos dicho, constituye un pilar fundamental de los principios de buen gobierno corporativo. Dicha información, dice, *«debe comprender la función de los órganos de administración, dirección y supervisión en relación con las cuestiones de sostenibilidad»*, de forma concreta, sobre las capacidades y experiencia de los consejeros en tal materia, así como la política de incentivos para su cumplimiento, cuestiones todas ellas que vienen a redundar, en los términos del objeto del presente trabajo, en los criterios de adecuación para la selección y nombramiento de los consejeros de la sociedad cotizada.

C) LA DIRECTIVA SOBRE EQUILIBRIO DE GÉNERO

1. Considerandos previos

La Directiva (UE) 2022/2381 del Parlamento Europeo y del Consejo, de 23 de noviembre de 2022, relativa a un mejor equilibrio de género entre los administradores de las sociedades cotizadas, supone una firme apuesta por una cierta reciente aspiración de los códigos de buen gobierno. Efectivamente, algunos de los primeros textos normativos internacionales no abordaban explícitamente la cuestión de la diversidad de género en los consejos de administración, lo que tal vez quepa asimilar a las distintas reivindicaciones sociales de cada época. Efectivamente, los movimientos de igualdad y de promoción de presencia femenina en los distintos estamentos de la empresa, que si bien han constituido una clásica cuestión, han adquirido mayor notoriedad a nivel socioeconómico en los últimos años, sobre lo cual la Unión no ha resultado ajena, lo que motiva, como antes decíamos, su adaptación constante en la revisión de sus principios.

En el caso de esta Directiva se da la circunstancia que, de su estructura, existe un mayor esfuerzo argumentativo en los Considerandos previos (lo que vendría a suponer analógicamente, sin obviar las diferencias, a la exposición de motivos de nuestras leyes) que en el propio articulado, como una forma de exposición de antecedentes, reflexiones generales, y motivación de la norma que se promulga. Y es que comienza la Directiva recordando que la igualdad, en su sentido amplio, y específico en lo relativo a mujeres y hombres, constituye un pilar básico de la Unión que los distintos Estados deben garantizar. Por ello, se recuerda que el propio Tratado de Funcionamiento de la Unión Europea ya autoriza a los Estados a la adopción de concretas medidas tendentes a alcanzar tal igualdad que, si bien es cierto que comienza desde una perspectiva o ámbito laboral, extiende su compromiso hacia la adopción y toma de decisiones en la empresa.

No se trata sólo de una cuestión moral o de sensibilidad frente a las demandas sociales y la realidad de nuestra vida cotidiana, sino que en términos exclusivamente socioeconómicos, expone la Directiva que la adopción y consecución de medidas de fomento de la igualdad entre mujeres y hombres *«son vitales para el crecimiento económico, la prosperidad y la competitividad»*, lo que razona como una lucha contra la pobreza en las mujeres, que atribuye a una menor participación de ellas en el mercado laboral. Tal consideración carece de réplica alguna, pues asegurar la presencia de mujeres en los puestos laborales, directivos y de alta dirección, supondrá el reforzamiento de su capacidad económica, lo que, a su vez, redundará de forma positiva en el conjunto global de la población y en el crecimiento económico de un país. Porque tal presencia no puede ceñirse exclusivamente al ámbito laboral, cuya incorporación es un fenómeno consolidado, sino a los puestos relativos a la toma de decisiones y de dirección, ya que como expone la propia Directiva, la cuestión no radica sólo en la presencia de mujeres en los consejos de administración, sino dentro de los mismos, en puestos ejecutivos, tradicionalmente ocupados por consejeros varones.

Pero lejos de asimilar el mercado laboral ordinario con la presencia en los consejos de administración, la Directiva establece lo que a nuestro juicio supone un acertado paralelismo, desde una doble perspectiva.

La primera, desde un sistema de cuotas, pues recuerda que la Comisión Europea en su Comunicación «Estrategia Europa 2020» de 3 de marzo de 2020, ya se fijaba alcanzar una tasa de empleo mínima del 75% de la población entre veinte y sesenta y cuatro años; lo que como ahora veremos traslada al ámbito del consejo de administración.

Y la segunda, consecuencia de la anterior, es que razona que el establecimiento de cuotas femeninas en los más altos estamentos precisamente puede tener efectos indirectos en la consecución de cuotas en niveles estándar de la empresa en cuestión. Es decir, estaríamos hablando, con los debidos matices, de *«empezar la casa por el tejado» si* bien en este caso, curiosamente, como un elemento sumamente positivo. Es decir, considera la Directiva que no se requiere esperar un paulatino crecimiento de la presencia de la mujer en los distintos estamentos del organigrama de la sociedad para que, con el transcurso de los años, las generaciones que han ido accediendo por las partes inferiores alcancen las más altas cotas, sino que, de establecerse medidas que supongan directamente la selección y nombramiento de consejeras, especialmente en funciones ejecutivas, puede generar indirectamente el efecto de conseguir el aumento de mujeres tanto en la propia empresa en otros niveles; como en otras sociedades relacionadas, por cuestiones de responsabilidad y cumplimiento normativo. Al fin y al cabo, la experiencia ha demostrado, como ahora veremos, que los objetivos de cuotas o de mayor presencia femenina se han obtenido en aquellos Ordenamientos que han adoptado medidas vinculantes; y de forma particular, el crecimiento ha sido exponencialmente mayor en aquellas entidades que ya contaban previamente con mujeres en la toma de decisiones.

Al fin y al cabo, efectivamente no resultaría necesario esperar al paulatino crecimiento si, la propia estadística ya demuestra que es mayoría el porcentaje de mujeres en Europa que se gradúan en estudios universitarios superiores[308].

2. Autorregulación frente a intervención legislativa

Si bien los principios del gobierno corporativo nacieron como un conjunto normativo de cumplimiento voluntario, como un texto articulado sujeto al principio del «cumple o explica», la experiencia evidenció como

308. Concretamente, un 60% de las personas tituladas, porcentaje que resulta ligeramente inferior en nuestro país.

algunos Ordenamientos optaron por trasponer a norma imperativa lo que hasta entonces constituían meras recomendaciones, como forma de aseguramiento del cumplimiento de tales principios. Ello generó entonces, y hoy en día lo sigue generando, un debate sobre la conveniencia o no de la imperatividad de tales normas, cuando su fondo se refiere como hemos dicho más a normas de conducta de alcance más ético que jurídico. A día de hoy, sin embargo, es habitual encontrarnos en el ámbito internacional distintas leyes que han adoptado preceptos de lo que anteriormente constituían normas de cumplimiento voluntario. Nuestro país no ha sido ajeno a tal fenómeno, pues conforme expondremos en el capítulo siguiente, la Ley 31/2014 incorporó a la Ley de Sociedades de Capital lo que hasta entonces suponía el núcleo central del entonces vigente Código Unificado de Buen Gobierno.

Pues bien, de idéntica forma ha sucedido con la cuestión del equilibrio de género en los consejos de administración, sobre cuya regulación, la Directiva establece un recordatorio sobre las normas voluntarias promulgadas con anterioridad que, ante la falta de efectividad de las mismas, terminan por motivar el carácter vinculante de la norma que ahora ordena trasponer a los Estados miembro. Y es que ya el Considerando 8 de la Directiva recuerda que la Comisión, en los últimos años, *«ha alentado a las sociedades cotizadas a aumentar el número de miembros del sexo menos representado en sus consejos de administración mediante medidas de autorregulación y a contraer compromisos voluntarios concretos»*.

Llámese la atención dos aspectos de la redacción. El primero, la mención al *«sexo menos representado»* que, en la práctica y realidad, se refiere en todos los casos a la mujer. Sin embargo, la falta de mención expresa se entiende precisamente como un alegato en favor de la igualdad, de que, si se produjere el caso inverso, la norma aplicaría por igual. Y el segundo, la mención a las *«medidas de autorregulación y compromisos voluntarios»*, reconociendo que, en sus orígenes, los principios de gobierno corporativo no tenían contenido imperativo, sin perjuicio de la facultad de instar al cumplimiento de sus preceptos.

Sin embargo, la realidad es que, al menos en lo que al equilibrio de género se refiere, no se alcanzaron los objetivos previstos por vía de recomendación, lo que motivó que, ya en el año 2011, el Parlamento Europeo solicitase a la Comisión que en el caso de insuficiencia de las medidas voluntarias, *«considerara la adopción, para 2012, de medidas legislativas, incluyendo cuotas»* tal y como expone el Considerando 11. Ello sentó las bases del modelo actual, pues efectivamente la Directiva, como algunos Ordenamientos continentales, por vía de recomendación o incluso de norma imperativa, han impuesto a las sociedades concretos objetivos de cuotas a alcanzar en los próximos años. Y es que haber llegado a esta situación se debe a que, a juicio de la Directiva, *«la proporción de mujeres que participan en la toma de decisiones a alto nivel sigue siendo muy baja (...) ha aumentado muy lentamente en los últimos años»*, motivo por el cual, y aquí está la motivación más relevante, *«se han registrado avances mucho más significativos en los Estados miembros que han adoptado medidas vinculantes».*

Esto es, la Directiva justifica su promulgación ante lo que de forma velada reconoce como un fracaso de las normas de buen gobierno de cumplimiento voluntario en lo que a equilibrio de género se refiere, pues se manifiesta en términos de infrarrepresentación del sexo menos representado, de muy baja proporción en aquellos Estados en que han instado a sus grandes compañías por medio de normas de *soft law*. Por ello, consciente de la insuficiencia de las normas basadas más en buenas intenciones que en contenido práctico, ha advertido que los Estados que decidieron regular la cuestión por vía imperativa han alcanzado niveles más deseables, o por lo menos mayores avances frente a quienes no adoptaron la vía imperativa. Pero dicho fracaso, expone, no se refiere sólo a la falta de obligatoriedad de la norma en determinados países de la Unión, sino a la falta de transparencia en los procesos de selección y nombramiento, sobre lo que la regulación de la comisión de nombramientos del consejo de administración adquiere especial relevancia. Por estos motivos, al objeto de alcanzar un sistema de cuotas acorde a la igualdad, a la realidad social, y a los objetivos que dichos principios pretenden, la Directiva opta finalmente por una postura imperativa y vinculante en los procesos de selección de consejeras, aunque, sí hemos de advertirlo, que con un tono ciertamente más ligero en lo que el articulado se refiere respecto a los Considerandos.

3. Medidas para alcanzar los objetivos

Establece el artículo 1 de la Directiva que su finalidad de lograr una representación más equilibrada entre mujeres y hombres habrán de ser adoptadas *«mediante el establecimiento de medidas eficaces» que* aceleren el progreso. En este caso, la Directiva opta por omitir términos como medidas vinculantes o imperativas, sustituyéndolo por *«eficaces»*, lo que, como decíamos, supone un tono más ligero e incluso ambiguo que el utilizado apenas unos párrafos antes en los Considerandos, si bien no debe llevar a confusión, pues poco después, en su artículo 5, ordena a los Estados garantizar un concreto sistema de cuotas a cumplir antes del 30 de junio de 2026: en concreto, que el *«sexo menos representado»* alcance una cuota mínima del 40% en los puestos de consejero no ejecutivo; y un 33% del total, sean ejecutivos o no. Para tal consideración, la Directiva reconoce los dos distintos modelos de administración en la Europa Continental, el monista y el dualista, lo que supone que el sistema de cuotas será igualmente válido para ambos casos con independencia de la tipología de consejo de que se trate. Así consta en el artículo 2 relativo a las definiciones, al considerar al administrador ejecutivo como el miembro de un consejo de administración monista que *«intervenga en la gestión corriente de una sociedad cotizada»*; o en el caso de consejo dual, quien *«ejerce funciones de gestión»*. Esto es, en el caso dual parece separar claramente a quienes forman parte del consejo directivo respecto del comité de vigilancia, mientras que en el sistema monista se refiere a aquellos investidos de funciones de gestión del día a día investidos de la categoría de ejecutivos, tengan delegadas o no las funciones del propio consejo en su conjunto.

En cualquier caso, a nuestro juicio lo que representa mayor interés son las concretas medidas que la Directiva establece para tratan de garantizar la eficacia de las mismas y el cumplimiento del sistema de cuotas, a lo que se refieren los artículos 6 y siguientes. En primer lugar, quizás como aspecto más destacable, se refiere a la adaptación de todo el proceso de nombramiento, comenzando desde la previa selección de terna de candidatos y candidatas, hasta el final nombramiento por parte de la junta general de accionistas. En efecto, en el propio proceso de selección, como es obvio no pueden obviarse los criterios competenciales, de aptitud y de experiencia de todos los candidatos con independencia de su sexo, si bien la Directiva exige en el art. 6.2 que *«se dé preferencia al candidato del sexo menos representado»* salvo que existan determinados casos excepcionales. Por ello, la transparencia informativa adquiere especial relevancia, pues las sociedades habrán de hacer públicos sus métodos y criterios en la selección de consejeros, en la comparativa entre los distintos candidatos, y en las consideraciones que, de forma excepcional, hayan llevado a la selección del candidato del sexo más representado. A tal efecto, se establece una suerte de «segunda oportunidad» para el caso del candidato (o en este caso candidata) del sexo menos representado que, en contra de lo dispuesto en la Directiva, no haya sido seleccionado, para lo cual se establece un sistema de garantías mediante la adaptación de las normas procedimentales judiciales respecto a la carga de la prueba a fin de poder impugnar la selección, de modo que deba ser la sociedad en cuestión quien pruebe por qué motivos no ha dado cumplimiento a tal obligación.

Ello con respecto a la selección del candidato, si bien conforme es competencia legal (en nuestro país, por mor de lo dispuesto en el artículo 160 de la Ley de Sociedades de Capital) la competencia final para la elección y nombramiento del candidato como consejero de la sociedad, corresponde a la junta general de socios. A tal efecto, la Directiva, probablemente consciente de que no puede entrar en la esfera privada de las compañías ni revocar la voluntad del órgano soberano de accionistas, opta por otro tipo de medidas coercitivas. Esto es, no puede obligar a los accionistas a votar en un sentido u otro, si bien sí establece mecanismos y resortes que hagan que, de una manera u otra, los accionistas también acaben optando por la selección del candidato del sexo menos representado. Para ello, insta a los Estados miembros a que obliguen a sus respectivas sociedades cotizadas para que informen debidamente a sus accionistas sobre el contenido de la Directiva, sobre las obligaciones contraídas, y sobre las consecuencias derivadas de un incumplimiento en el sistema de cuotas, concretamente, de las sanciones aplicables que los Estados podrán imponer a las sociedades en caso de incumplimiento, conforme expresamente faculta el artículo 8 de la Directiva. De esta manera, como decimos, se pretende fomentar por vía de aviso, de que los accionistas, en el libre ejercicio de su derecho de voto, opten por el candidato del sexo menos representado como forma de cumplimiento de las normas de gobierno corporativo en materia de igualdad de género. A tal efecto, se reconoce la posibilidad de crear instituciones de control, como un observatorio, que vele por el cumplimiento de la norma traspuesta al Ordenamiento de cada país.

En cualquiera de los casos, volviendo a los Considerandos a modo de conclusión sobre la cuestión, reconoce la Directiva que la cuestión del equilibrio entre mujeres y hombres en los consejos de administración se enfrenta a mayores retos que no todos pueden ser afrontados por vía normativa, aun siendo de alcance imperativo. Esto es, reconoce que ante el actual modelo de sociedad, tal y como expondremos más adelante, la conciliación familiar guarda una íntima relación con la posibilidad de alcanzar las cuotas deseables como forma de asimilar las compañías de forma paralela a la realidad social, de modo que dichos sistemas de cuotas deben ir indefectiblemente acompañados de otros resortes, incluso *«educativos»* como lleva a manifestar expresamente el Considerando 15, para cohesionar el acceso de las mujeres a los puestos de alta dirección sin tener por ello que renunciar a su vida familiar, al ser generalmente ellas quienes, en caso de maternidad, terminan por verse más limitadas en la posibilidad de acceso a la toma de decisiones o a los puestos de alta dirección.

Capítulo III

La reforma legislativa española en materia de gobierno corporativo

1. UN RÉGIMEN JURÍDICO PROPIO

A) IDEAS PREVIAS

La amplia tipología de sociedades que nuestra legislación contempla ha supuesto un reto añadido a las vicisitudes a las que el Derecho societario ha ido enfrentándose, pero quizás de todas ellas, con mayor atención en la sociedad cotizada como subtipo de la anónima. En este sentido, resulta necesario partir de la doble problemática que entraña este tipo societario, y que hemos visto en el capítulo primero, a saber, la singular dimensión estructural e incidencia externa, y la confluencia de varios y diferentes intereses presentes en la misma. Es así como surgen infinidad de conflictos inicialmente más éticos que jurídicos habida cuenta tanto de la envergadura de estas entidades como de la dispersión de los mecanismos de control. Y es que en nuestra opinión, la historia de los diferentes conflictos societarios en las grandes compañías responde a un curioso patrón: el aumento de poder de los administradores societarios ha sido directamente proporcional a una amplia base accionarial a mayor capital y fondos a gestionar. O dicho de otra manera, que curiosamente un administrador podría ver su margen de actuación más limitado y fiscalizado en el caso de gestionar pequeños patrimonios representados en un grupo muy cerrado de personas, que a la inversa. Esta apreciación desde luego que no tiene carácter empírico, si bien nos referimos a una llamativa conducta, que se explica no en el aumento patrimonial sino en la pluralidad de sujetos intervinientes, que precisamente tiene como consecuencia lo anterior. Nos explicamos: si bien cuantitativamente a los efectos de capital social es lo mismo un único socio que aporta mil, que cien socios que aportan diez, cualitativamente a los efectos de control e interés es completamente diferente. A un único socio, o a un reducido grupo, que conforme la totalidad de la titularidad del capital, se le presume una conducta de control, férreo o no, o por lo menos de un cierto ánimo de serles rendidas cuentas. En cambio, una amplia dispersión de inversores que a título individual no tienen especial poder de trascendencia en la marcha del negocio en sentido operativo sino meramente económico, bien porque su inversión no es muy significativa, o bien porque no tiene capacidad porcentual de influencia, sería lógico pensar que únicamente se limitarían a esperar el rédito pretendido de la citada inversión, situación que extendida al resto de socios provocaría mayor libertad de movimiento para el administrador, quien no se vería continuamente auditado. Precisamente, a mayor número de socios, por pequeña que sea su aportación, mayor posibilidad que el monto total del patrimonio sea en consecuencia mayor, de ahí a que extraigamos a que por más socios, equivalente en su caso a mayor capital pero también a mayor dispersión, podríamos encontrar en consecuencia mayor libertad para el administrador. En este sentido, la salida al mercado de una sociedad mediante la admisión a cotización de sus valores tiene por objetivo entre otros la financiación de la sociedad, pero a su vez genera como consecuencia la dispersión accionarial entre lo que conforma el capital flotante, cuya cifra media en la generalidad de las cotizadas actualmente, en números redondos, se encuentra cerca de la mitad del accionariado, lo que evidencia a grandes rasgos la ausencia en muchas sociedades de esta tipología de un bloque de control, considerando a éste a los efectos previstos en el artículo 42 del Código de Comercio.

El resultado como decimos acaba siendo a mayor patrimonio, menor control sobre el gestor. Y esta situación en la práctica se ha traducido en infinidad de conflictos, de intereses opuestos, e incluso de situaciones tan dispares como el abuso de poder del consejo de administración ante una junta prácticamente inoperativa, el trasvase de información privilegiada, el aprovechamiento de oportunidades de negocio, o los resultados negativos como consecuencia de la falta de preparación y/o dedicación de los consejeros y altos ejecutivos. Todo ello conforma sólo una parte de los retos a los que pretenden enfrentarse los principios del gobierno corporativo.

Y como suele suceder en muchas ocasiones, la Ley, o en este caso los referidos principios del gobierno corporativo surgen como consecuencia de algún hecho de especial importancia que exigiera una respuesta normativa. De forma reciente y por citar un ejemplo, la crisis financiera iniciada en nuestro país en torno al año 2008 ya es sabido que ha tenido entre otras consecuencias una completa reestructuración del mapa de entidades financieras existentes, pero además con la promulgación de normas que imponía y exigía deberes u obligaciones determinadas a los miembros de los consejos de administración de este tipo de entidades. En este caso, igual podríamos decir que ha sucedido con el nacimiento de los códigos de buen gobierno, surgidos como veremos a raíz de diferentes episodios empresariales de especial calado.

El problema nace cuando el debate en torno a las grandes corporaciones, de indudable importancia para la economía de un país, traspasa el ámbito puramente jurídico, y las propuestas ya no nacen tanto de la respuesta legislativa que pudiere requerirse ante determinadas circunstancias, sino que se plantean cuestiones de índole ética e incluso política. Sin embargo, el resultado o por lo menos la vía de obtención de los resultados esperados sigue siendo la jurídica pues, pese a que se traten de adoptar soluciones políticas de consenso, o se pretenda establecer una ética corporativa sostenible, el vehículo utilizado para tal fin no deja de ser la norma[309]. Ello sitúa al Derecho de forma casi constante en el centro del debate, acerca del papel que debe cumplir ante determinados hechos o situaciones. Y en el caso de las grandes corporaciones, más si cabe ya que los principios del gobierno corporativo han sufrido una evidente evolución en nuestro país desde su nacimiento hasta la actualidad pues, si bien en aquel momento se promovía una amplia autorregulación consecuencia del contrato privado entre los socios, en nuestros días muchos de los principios que anteriormente eran recomendaciones se han convertido ahora en normas de obligado cumplimiento, seguramente provocado por el hecho de la especial naturaleza de muchas de las más importantes sociedades españolas que cotizan en el mercado de valores. Por tanto, ante el establecimiento de una regulación específica sobre la sociedad cotizada, de forma concreta en nuestro país, ha

309. La distinción de las propuestas y soluciones jurídicas con respecto a las políticas, por ejemplo, ha sido planteada por diversos políticos de «primera línea» de nuestro país a consecuencia de los acontecimientos referentes al intento de secesión de Cataluña con respecto al resto del conjunto de España, promovido por partidos de corte independentista, situación de sobra conocida. Pero lo traemos a colación precisamente por las diversas declaraciones efectuadas por importantes políticos exigiendo al Gobierno una «solución más política que jurídica» lo que se interpreta como, suponemos, entablar conversaciones y negociaciones que supongan la salida al bloqueo institucional. Sin embargo, al final el Gobierno termina adoptando decisiones jurídicas, como la ya conocida aplicación del artículo 155 de la Constitución Española y la convocatoria de elecciones autonómicas, además de la interposición por parte de la Fiscalía de diversas acciones judiciales. Con ello no estamos entrando ni mucho menos en el debate de la cuestión catalana ni en las medidas adoptadas para frenar los intentos separatistas sino constatar que en lo que sociológicamente pueda considerarse (o venderse) como política, al final son cuestiones jurídicas en defensa del imperio de la Ley. Igual caso sucedería con la «ética» especialmente en el ámbito de los negocios pues la forma en la que se pone coto a determinadas actuaciones resulta del establecimiento de un conjunto normativo, de obligado cumplimiento o mediante códigos de recomendación, pero normativo, al fin y al cabo. Una noticia en la que se habla de esas «soluciones políticas» la encontramos por ejemplo en https://elpais.com/ccaa/2017/12/22/catalunya/1513945370_397058.html

de estarse a la naturaleza de ésta, a su estructura, y a los objetivos que pretenda establecer el legislador en vista de determinados hechos pasados, para un futuro más sostenible. Y decimos sostenible de forma intencionada pues la evolución de los principios del gobierno corporativo también ha afectado incluso a determinadas expresiones, ya que si bien hace ya varios años se hablaba de cuestiones «éticas», en la actualidad la tendencia parece inclinarse hacia la sostenibilidad, conceptos que si bien semánticamente son diferentes, en realidad en el seno de las grandes sociedades representan objetivos similares.

Ética o sostenibilidad, con el paso de los años los retos en cuanto a las grandes sociedades habitualmente se han centrado principalmente en la figura de los administradores en cuestiones como la excesiva concentración de poder, el cumplimiento de sus deberes en relación a la responsabilidad del cargo, el examen de su idoneidad para el desempeño de sus funciones, y la retribución por el ejercicio de su condición, cuestiones que parecen muy amplias en relación a los aspectos relacionados con la junta general, a la que de forma paulatina se ha asistido a una pérdida de poder de decisión o influencia.

Pero como en todo problema, crisis o suceso lesivo, se trata de buscar un culpable, donde los dedos acusadores en el ámbito de las sociedades mercantiles habitualmente se han dirigido hacia los administradores, pues, es normal, la gestión y control recae en sus manos. Ahora bien, en el estudio de los principios del gobierno corporativo hemos entendido que éstos no pretenden coaccionar a los administradores pretendiéndoles sentir culpables de una determinada situación sino que, al contrario, en el ánimo de la creación de un sistema transparente y sostenible, mira en una perspectiva más amplia y trata de englobar a un conjunto, instando a una efectiva participación al grupo precisamente perjudicado de forma inicial: los socios. Y es que los códigos de buen gobierno no han sido ajenos ante lo que se considera como el desinterés de los socios, ya sea por formar parte de una junta con escaso margen de maniobra, influencia o competencia, o ya sea por su condición natural. Ese desinterés accionarial resultaría propicio para el eventual abuso de los administradores, lo que ha provocado que sea el legislador quien adopte medidas en defensa, además de los propios socios, de acreedores y terceros. Pero ello nos vuelve a situar en la cuestión acerca de la diferencia entre sociedades de utilidad pública que en aquellas de carácter netamente privado.

Por ello situamos el debate en torno a la posición del socio, y del administrador que a su vez también es socio y por tanto propietario del patrimonio por él mismo, pero en mayor sentido, con respecto a aquellas entidades de interés público. En el desinterés del accionista hay un ejemplo. ¿Qué diferencia habría entre un inversor que hace un desembolso en acciones de, por ejemplo un banco, a hacer esa misma inversión en un fondo de inversión de renta variable? Pues consideramos que a los efectos económicos, prácticamente ninguna, ya que su inversión fluctúa cada día, espera obtener unos dividendos, y puede enajenar cuando lo desee. Societariamente hablando, en un caso es titular directo y en otro indirecto, solo que en el primero puede acudir a la junta, tener voz y voto, y hacer uso de sus derechos preferentes como por ejemplo acudir a una ampliación de capital. Ese inversor representa una porción ínfima e insignificante en la sociedad, pero si sumamos todos los que ostentan esa condición, el número de ellos se multiplica, pudiendo llegar a representar una importante porción. Y al final como decíamos ello aumenta el margen de maniobra o libertad del administrador. En consecuencia, el problema sigue vigente. Pero por otro lado, establecer un conjunto normativo más intervencionista podría interpretarse como una desnaturalización de la sociedad mercantil como contrato privado de socios por autonomía de la voluntad. ¿Por qué dotar a la junta de mayores competencias si es que tal vez la junta no tiene interés en tener más competencias? ¿Acaso las últimas modificaciones legislativas responden a una corriente de reivindicación de pequeños accionistas? Es una cuestión que debemos plantear. ¿A qué responde la tendencia de elevar a rango legislativo lo que anteriormente constituían sugerencias de los códigos de buen gobierno? ¿A conceptos éticos o jurídicos? ¿Qué respuesta puede dar o ha dado el Derecho a los problemas de exceso de poder del órgano de administración y/o a la falta de activismo accionarial?[310].

Evidentemente no son cuestiones de fácil respuesta pues al fin y al cabo los numerosos estudios y sucesivas modificaciones legislativas acreditan la dificultad de regulación y establecimiento de eficaces sistemas de cumplimiento. Otra cuestión es, como decimos, si dichas modificaciones responden a sucesos concretos que aconsejen un posicionamiento del legislador, o bien a otras de un corte más moral, ya que como veremos a continuación, no deja de resultar paradigmático que el nacimiento de los principios del gobierno corporativo se produjera con posterioridad a determinados «escándalos» empresariales, suponemos que como consecuencia de los mismos. Y desde entonces, sucesos o crisis mediante, la evolución del gobierno corporativo parece tender hacia un cada vez mayor control legal. Pero ni mucho menos el gobierno corporativo trata o se ocupa ante deter-

310. Todo ello que extraemos de las cuestiones y razonamientos planteados en GOMÁ LANZÓN, I.: *Poder y dinero en las grandes sociedades: vuelta a los principios*. Documento de Trabajo del Departamento de Derecho Mercantil de la Universidad Complutense de Madrid. N.º. 83. 2014.

minados sucesos, pues ni es su cometido ni nuestra intención insinuarlo, sino al contrario, dar respuesta a situaciones que hoy en día siguen constituyendo elementos de estudio y debate en el seno de las sociedades. Dos ejemplos de los que nos ocuparemos en este trabajo y que no guardan ninguna relación con sucesos económicos concretos: en primer lugar, la idoneidad o no de que el cargo de presidente del consejo de administración recaiga en un consejero que a su vez ostente la condición de primer ejecutivo de la sociedad. Y en segundo lugar, igual planteamiento acerca de si la ley debe prohibir o no que las sociedades tengan en sus estatutos las denominadas «cláusulas anti OPA» por la que se limita el número máximo de votos que un mismo accionista puede emitir, con independencia del número de acciones que posea. Y existen más ejemplos, que veremos a lo largo del trabajo, pues lo que tratamos de manifestar es que la complejidad de la sociedad cotizada no se acredita por un hecho concreto que reduzca el valor de las mismas con independencia de su causa pues ello lo vemos a diario con las pequeñas y medianas empresas de nuestro país, por ejemplo en los numerosos concursos de acreedores declarados, sin que ellos tengan repercusión mediática por su pequeña influencia a título individual en el sistema económico nacional. El planteamiento es otro, si bien precisamente por la especial envergadura de este tipo social y por la confluencia de numerosos intereses presentes en la misma, se ha de exigir una especial atención, supervisión y control, una dedicación y cualificación diferenciada, lo que precisamente aconseja el estudio sobre las mismas. En ese punto, los órganos sociales de la sociedad cotizada, su composición, competencias y funcionamiento, suponen un reto y un hito al mismo tiempo, pues mucho de lo que se ha estudiado, propuesto e incluso aplicado a ésta, ha podido servir de base al resto de sociedades mercantiles de capital no cotizadas. Sirva como ejemplo la Ley 31/2014 de modificación de la Ley de Sociedades de Capital para la mejora del gobierno corporativo, que supuso una importante y ambiciosa reforma para la regulación de los órganos sociales del conjunto de las sociedades, con independencia de la forma que hubieren adoptado. Nos referimos a casos como el artículo 160, que amplió considerablemente las competencias de la junta general, cuando ello había constituido siempre un reto en sede de cotizadas; los artículos 217 y siguientes sobre la retribución de los administradores; 225 y siguientes sobre los deberes de los mismos; 245.3 sobre el mínimo de reuniones del consejo; 249 sobre la delegación de facultades en el seno del consejo así como el contrato de consejero delegado... etc. Cuestiones todas ellas que si bien en el pasado podían ser únicamente aplicables a las sociedades cotizadas, incluso en vía de recomendación, hoy en día constituyen obligaciones legales incluso para la más pequeña de las sociedades, lo que evidencia y acredita que el gobierno corporativo no es un campo de pruebas sino un conjunto normativo que busca contribuir (y contribuye) a la mejora efectiva del funcionamiento de nuestras sociedades, estableciendo sistemas de control y supervisión, mejorando la relación entre partes interesadas, animando a la participación, y fomentando la sostenibilidad de las mismas. Sin embargo, lo entendemos como un proceso en constante movimiento, más que una meta, una conducta.

B) LA SOCIEDAD COTIZADA. PROBLEMA Y SOLUCIÓN DESDE LA PERSPECTIVA SOCIETARIA

1. Breves notas sobre el interés legislativo

El ordenamiento jurídico español, en consonancia con otros sistemas comparados, ha tenido un especial interés sobre las grandes corporaciones, tanto las de interés público como aquellas cuyas acciones se hallan admitidas a negociación en un mercado secundario de valores, pues basta con echar un vistazo al histórico legislativo de los últimos lustros para advertir dicha circunstancia, ya sea desde una perspectiva preeminentemente societaria privatista, o desde normativa de índole pública. Se ha tratado en definitiva de un proceso, vigente a día de hoy, que ha tratado de dar una respuesta reguladora a lo que se ha considerado como, más que los problemas de los que adolece, los retos que representa una sociedad de especial complejidad jurídico-económica como lo es la sociedad anónima cotizada. En este sentido, nos vemos en la obligación de reincidir y persistir en las dos cuestiones principales citadas anteriormente y estudiadas en el primer capítulo, que son la singular dimensión estructural y económica, así como la confluencia de intereses, por ser las causantes del núcleo principal de nuestro trabajo, que es la estructura orgánica de las grandes sociedades, pues las mencionadas normas reguladoras de esta clase de entidades, como decimos, tienen tanto relevancia pública a los efectos del mercado de valores, como privada en la regulación del contrato de sociedad. Siendo objeto de nuestro estudio la segunda en el aspecto orgánico, no debemos perder la perspectiva de las causas o motivos que nos han llevado hacia la regulación actual contenida en la Ley de Sociedades de Capital: quizás no sea tan correcto hablar de mayor intervención, pero sí de mayor control y regulación.

Y es que estudiar a los órganos sociales de la sociedad cotizada implica indefectiblemente estudiar el movimiento del gobierno corporativo, sus orígenes, causas, evolución, objetivos y resultado. Y ello a su vez a situarnos al inicio y determinar de qué adolecen mutuamente la sociedad anónima cotizada y el ordenamiento jurídico, para que suscite tal interés. Trataremos de dar algunas respuestas a ello.

2. La formación de un sistema legal específico

A. *Consideraciones previas*

Hoy en día podemos afirmar que existe sin género de duda un régimen jurídico propio de la sociedad cotizada, sea un subtipo de la anónima o con una autonomía propia, lo cierto es que su regulación normativa específica es, cuanto menos, amplia. No obstante, la situación actual responde a un proceso, largo y costoso, a través de sucesivas modificaciones legislativas o codificadas, iniciados años atrás en que parte de la doctrina alertó precisamente de la ausencia de un sistema legal específico[311]. Ello seguramente motivado por la consideración de la sociedad cotizada como una extensión de la anónima, cuya salvedad, la admisión a cotización de sus valores, se hallaba legislada por la normativa pública regulatoria de los mercados. Sin embargo, la situación hoy en día se ha tornado en una regulación específica a nivel interno societariamente hablando, esto es, a los órganos, de ahí a que consideremos que la relevancia, y por ende la preocupación del legislador con respecto a la cotizada, se plantee desde la doble vertiente pública y privada. Por ello el continuo proceso de reforma se enfrentó al reto de la doble vertiente, es posible que con la perspectiva del tiempo, en una forma tal vez equivocada, pues algunas modificaciones como veremos ahora, se destinaban parcialmente a la Ley del Mercado de Valores, y otras a la entonces vigente Ley de Sociedades Anónimas, dándose incluso la circunstancia que algunas de ellas eran incluso de aplicación a las anónimas en general, lo que provocó una dispersión normativa, afortunadamente hoy ciertamente superada. No obstante, es cierto que realizamos dicha afirmación con la cautela de ligeras excepciones[312]. En cualquiera de los casos, como veremos a continuación, el proceso de construcción del sistema legal propio de la sociedad cotizada ha ido formándose a través de lo que parte de la doctrina calificó de estímulos concretos mediante modificaciones parciales no lineales[313], desembocando en el sistema actual.

311. MARTÍ LACALLE, R.: «El ejercicio de las competencias de los órganos sociales en las sociedades anónimas cotizadas» en AA.VV.: *Las competencias de los órganos sociales en las sociedades de capitales*, coord. Embid Irujo. Valencia, 2005. Pág. 101, y FERNÁNDEZ PÉREZ, N.: *La protección jurídica del accionista inversor*. Navarra, 2000. Pág. 33.

312. Véase el ejemplo del artículo 29.4 de la Ley 10/2014, de 26 de junio, de ordenación, supervisión y solvencia de entidades de crédito, que establece que «*El presidente del consejo de administración no podrá ejercer simultáneamente el cargo de consejero delegado, salvo que la entidad lo justifique y el Banco de España lo autorice*», cuestión de índole preeminentemente societaria, que supone actualmente una excepción a la libertad de elección de la que gozan las sociedades cotizadas. Bien es cierto no obstante, que es evidente que una disposición así ha de encuadrarse en la normativa sectorial, no debiendo ser la Ley de Sociedades de Capital el foro para cuestiones tan específicas o concretas en cuanto a la determinada actividad desarrollada por cada sociedad.

313. DUQUE DOMÍNGUEZ, J.: «Del texto refundido de la LSA...» cit. Pág. 254.

B. *La modificación del régimen legal de la sociedad cotizada desde una doble perspectiva de incidencia*

La regulación legal de la sociedad cotizada no puede decirse que haya resultado uniforme, no sólo en cuanto a su contenido sino también a su continente, consecuencia de las sucesivas modificaciones que el Derecho societario ha sufrido en nuestro país principalmente en las últimas dos décadas. Ello en ocasiones ha planteado problemas de descentralización de la norma, al verse separadas disposiciones relativas a la sociedad anónima ordinaria de la cotizada, amén de las de responsabilidad limitada, problemática hoy superada en la vigente Ley de Sociedades de Capital. Y es que, en vigencia de la anterior Ley de Sociedades Anónimas, en sede de cotizadas la Ley del Mercado de Valores desempeñó un importante papel en la regulación de éstas especialmente a raíz de las reformas operadas por las leyes Financiera y de Transparencia, sucesivamente. Ello responde a la doble regulación operada a través de las cotizadas, el mercado en sentido general, por un lado, y la estructura orgánica de las mismas, por otro, cuestiones diferentes entre sí que en su momento el legislador optó por regular a través de la mencionada Ley del Mercado de Valores, hoy igualmente vigente aunque reformada, pero sin entrar en cuestiones concernientes a los órganos sociales. Sin embargo, el hecho de considerar a la sociedad cotizada como un subtipo de la anónima suponemos que no aconsejaba separar normativamente diferentes elementos de ambas, máxime cuando algunos de ellos incluso eran coincidentes, lo que llevó a parte de la doctrina a considerar que las normas específicas orgánicas de las sociedades cotizadas debían verse integradas en el mismo texto normativo que para las anónimas en sentido general[314].

Si bien como decimos esa situación se ha visto hoy superada, sí nos gustaría hacer algunas menciones a lo que de forma importante supuso para la regulación orgánica la Ley 26/2003, de 17 de julio, por la que se modifican la Ley 24/1988, de 28 de julio, del Mercado de Valores, y el Texto Refundido de la Ley de Sociedades Anónimas, aprobado por el Real Decreto Legislativo 1564/1989, de 22 de diciembre, con el fin de reforzar la transparencia de las sociedades anónimas cotizadas, conocida como «Ley de Transparencia de 2003», que tenía dos artículos como bloques modificadores, el primero relativo a las cotizadas, y el segundo, a las anónimas en general.

314. DUQUE DOMÍNGUEZ, J.: «Del texto refundido de la LSA de 1989 a la Ley de Transparencia de 2003: Hitos y situación del ordenamiento español en materia de gobierno corporativo» en AA.VV.: *Derecho de sociedades anónimas cotizadas,* Tomo I. Ed. Aranzadi. Navarra, 2006. Pág. 254.

Con respecto al primero, la Ley de Transparencia ponía de relieve (i) los pactos parasociales; (ii) los órganos sociales; y (iii) la información societaria, traducida en la regulación del informe anual de gobierno corporativo. Del punto segundo, nos gustaría destacar dos elementos hoy imprescindibles en el estudio de los principios del gobierno corporativo, como son los sendos reglamentos de la junta general y el consejo de administración, sobre cuyo contenido entraremos más tarde. Sí nos gustaría hacer mención a la vinculación de las normas promulgadas con respecto a la transparencia de las sociedades. En el caso de los pactos parasociales sujetos a publicidad, o en el del informe anual de gobierno corporativo, que debe ser objeto de comunicación a la Comisión Nacional del Mercado de Valores, hay pocas dudas, pues evidentemente se configuran como acuerdos o informaciones que pasan a ser de dominio público, y por ende propicia la transparencia deseada. Más curioso es el caso de los reglamentos de los órganos de gobierno. Evidentemente no estamos poniendo en cuestión la necesidad de la publicidad de los mismos pues poco sentido tendría su omisión u ocultación, sino que lo que sobre lo que llamamos la atención es que ambos hayan sido establecidos a raíz de una norma que tenía por objeto la transparencia societaria. Transcurrido el tiempo, y con la perspectiva del paso de los años, parece evidente que se trató de un acierto pues ambos reglamentos disponen cada día de mayor peso jurídico, hasta el punto de ser incluso objeto de impugnación un acuerdo adoptado en contravención de lo dispuesto en los mismos. Pero en lo referente a la transparencia, teniendo en consideración la naturaleza actual casi estatutaria del reglamento, supone un importante avance que las sociedades muestren sus mecanismos de funcionamiento internos, ya no sólo en cuanto a la composición de sus órganos sino también en lo referente a su engranaje, lo que ha servido para evaluar, por ejemplo, las formas de ejercicio de derechos de información de los socios o las competencias del consejero externo que pueda servir de contrapeso a la figura del presidente ejecutivo en aquellas sociedades que hayan optado por la acumulación de cargos.

En consecuencia, a nuestro juicio hemos apreciado una suerte de modificación perpetua del régimen legal de la sociedad cotizada, desde una perspectiva dual, la externa y referente a la operatividad en el mercado de valores, y la interna en el aspecto estructural y orgánico. En este trabajo trataremos de desgranar el *leitmotiv* de las segundas.

C. *Modificaciones significativas desde el prisma del histórico legislativo*

La perspectiva del tiempo nos permite avistar la construcción de un sistema prolongado y complejo, pero ciertamente eficaz en cuanto a los objetivos que de la norma se esperan, de forma paralela a los principios del gobierno corporativo de cumplimiento voluntario. Un proceso reformador que ha contribuido a una efectiva mejora de las relaciones inter orgánicas en la sociedad cotizada, y en la relación de ésta con el mercado. Muchas de sus regulaciones hoy constituyen pilares centrales de los principios en que la sociedad cotizada se rige, tales como el informe anual de gobierno corporativo, el régimen de los pactos parasociales, o de forma más especial en cuanto a la hipótesis del presente trabajo, los respectivos reglamentos de la junta general y del consejo de administración. Todo ello, junto a las modificaciones posteriores (con especial mención a la Ley 31/2014) así como a las futuras y venideras, nos permiten valorar un futuro de continuo proceso en torno a este tipo societario. Evidentemente, escapan a nuestro conocimiento qué cuestiones fácticas de relevancia jurídica acaecerán en épocas posteriores a escribir estas líneas, si bien nos permite interpretar que el proceso al que hacíamos referencia, al no responder a un momento puntual concreto sino a un movimiento evolutivo, tratándose de entidades de importante calado en el tejido empresarial español y en sus derivadas sobre el sistema económico, podremos continuar asistiendo a sucesivas reformas, de gran calado o puntuales, pero importantes, en cuanto a la estructura orgánica de la sociedad cotizada. El Derecho de sociedades continúa hoy en día enfrentándose a diversos retos o cuentas pendientes, y en muchas de esas situaciones, la sociedad cotizada supone la máxima expresión de todas ellas. Algunas de esas cuestiones fueron precisamente reguladas hace ya más de tres lustros en la Ley de Transparencia de 2003, y hoy en día continúan suponiendo cuestiones de estudio, y esto es a nuestro juicio lo más importante, no circunscritas exclusivamente a las cotizadas, sino a las sociedades mercantiles de capital en general, lo que evidencia precisamente lo que veníamos a decir, y es que la cotizada no resulta ni mucho menos ajena a los problemas que acaecen en el resto de anónimas ordinarias o incluso limitadas, ni éstas ajenas a aquella. Nuestro planteamiento por tanto se basa en considerar que la formación del régimen legal de la sociedad cotizada a través de las sucesivas modificaciones legislativas, por pequeñas que fueran incluso con los citados estímulos concretos a los que hacíamos referencia, han contribuido, influenciado y resultado determinante para la construcción del Derecho societario, incluso en aplicación sobre la más pequeña sociedad, como por ejemplo una de responsabilidad limitada, con un capital social de tres mil euros, y formada por tres únicos socios. En este punto, son tres los aspectos concretos a los que nos referimos, más a título de ejemplo que destacamos por su importancia, y que han sido objeto de modificaciones puntuales en los años precedentes, y posteriormente de aplicación analógica en el resto del conjunto de sociedades. Son en consecuencia cuestiones que naciendo en su momento de un espíritu regulador para las sociedades cotizadas, hoy en día representan elementos importantes para el conjunto del ordenamiento societario, algunas de las cuales han sido revisadas bien por la práctica societaria en su contexto jurisprudencial o registral, o bien por la propia intervención legislativa. Como decimos, son tres que destacamos especialmente sobre muchas otras por su especial relevancia: deberes de los administradores, voto telemático, y valoración razonable de acciones o participaciones.

1. Los deberes inherentes al cargo de administrador. El estatuto jurídico del cargo de administrador ha contemplado y contempla un conjunto de deberes inherentes al ejercicio de su cargo, sobre lo cual han existido desde sucesivas y numerosas modificaciones legislativas, a resoluciones jurisprudenciales igualmente en amplio número de ellas, lo que a su vez ha generado diversos estudios doctrinales. En términos coloquiales, los deberes de los administradores suponen «ríos de tinta» de las que podemos extraer diversas conclusiones a tenor del régimen actual. Nos referimos a los deberes de diligencia, lealtad, y de evitar conflictos de interés, hoy consagrados en los artículos 225 y siguientes de la Ley de Sociedades de Capital. Y una de las cuestiones que hoy más podemos destacar de dicho régimen, es que en ocasiones se trata de normas de conducta más que de fuerza coercitiva, o la forma de elevar a rango de ley un decálogo de lo que debe ser un buen administrador, con independencia de las consecuencias y efectos que pueda acarrear su eventual incumplimiento, o, en segunda instancia, su falta de seguimiento. Ello se asemeja en cierto modo precisamente a los códigos de buen gobierno de las sociedades cotizadas, si bien su incumplimiento no acarrea un régimen de responsabilidad como el que sí pudiera ser objeto de aplicación ante determinadas conductas atípicas del administrador. No obstante, encontramos el referido paralelismo en la conducta que se espera de un administrador, como la de actuar *«con la diligencia de un ordenado empresario»* cumpliendo los deberes impuestos legal y estatutariamente. En ocasiones anteriores nos hemos referido a la obvia ausencia de necesidad de tener que recordar en la ley, que se ha de cumplir la ley, lo que precisamente viene a reforzar que en la práctica se trata más de normas de conducta que del establecimiento de una regulación coercitiva, de ahí a que insistamos en la idea de la aportación que el régimen de las sociedades anónimas cotizadas ha supuesto para el conjunto de la generalidad de las sociedades mercantiles de capital, esto es, limitadas o anónimas no cotizadas. No obstante, no es menos cierto que los deberes del administrador existen en la regulación legal, no antes de las sociedades cotizadas, sino incluso de la construcción del sistema legal societario, pues el administrador se torna en una suerte de mandatario de un negocio concreto, mandatario a quien le resultan de aplicación la misma exigencia de lealtad y diligencia.

Pero un elemento para nosotros capital a los efectos del presente trabajo se refiere al reconocimiento de la distinción de la diversidad tipológica de administradores, que hoy reconocen los apartados 1 y 2 del mencionado artículo 225 de la Ley de Sociedades de Capital sobre el deber de diligencia, pues ordena: (i) tener en cuenta las funciones atribuidas a cada uno de los administradores; y (ii) adoptar las medidas precisas para la dirección y control de la sociedad. En este caso, versando el presente estudio sobre el nombramiento de consejeros en la sociedad cotizada, no pueden resultarnos ajenas esas palabras toda vez que reconocen las diferentes funciones del conjunto de administradores de la sociedad, así como la esencial misión de supervisión de los propios actos del órgano de administración. Esto es, de la misma manera que el consejo de administración de la sociedad cotizada está formado por diferentes tipos de consejeros, los cuales ostentan diferentes funciones en consonancia con el tipo al que pertenecen, igualmente sucede en el resto de sociedades mercantiles, incluso con independencia de s han adoptado por un sistema de administración simple en lugar de un consejo, pues nada obsta a un órgano de administración de una sociedad limitada formada por tres administradores solidarios, donde la efectiva gestión ordinaria pueda recaer en uno solo de ellos, ostentando los otros dos las funciones de control. Dichas cuestiones son, además, especialmente significativas a los efectos del régimen de retribución de administradores, el cual la Ley establece que deba atender a las efectivas funciones de cada administrador. Pudiera defenderse que la retribución de, por ejemplo, dos administradores mancomunados, debiera ser igual para ambos dada la naturaleza agrupada de su cargo, si bien no existe impedimento legal alguno para establecer diferentes retribuciones a ambos. En este caso, igualmente sucede con los deberes de los administradores, que si bien es común a todos ellos con independencia de su función, no es ajeno a las competencias propias que cada uno pueda ostentar, ni al deber de control de la propia sociedad. En consecuencia, si como veremos más adelante, en un sistema monista del consejo de administración de la sociedad cotizada como lo es el español, donde el consejo tiene por misión fundamental la supervisión de sus propios actos, podemos entender que dicha obligación de supervisión es extendida también a los sistemas simples de administración (administrador único, y administradores solidarios o mancomunados) lo que se evidencia en el deber común a todos ellos, así como el la responsabilidad solidaria que, salvo prueba en contrario, afectará a cada uno de los integrantes de dicho órgano. Todo ello sobre el deber general de diligencia. Sin embargo, el deber de lealtad en cambio sí establece una medida coercitiva al imponer al administrador la obligación de indemnizar el daño causado al patrimonio social, y a la devolución del enriquecimiento injusto obtenido, para lo cual establece un listado de actuaciones que, de incumplirse, operaría la referida obligación de indemnización. El problema está nuevamente en la interpretación que de la norma se realiza, pues no se trata de actos de fácil encuadramiento sino, como decíamos, de conducta. Se trata en cualquier caso de obligaciones íntimamente ligadas a la obligación de evitar conflictos de interés, ya sea por un posible aprovechamiento propio o por personas vinculadas[315].

No podemos cerrar el apartado relativo a los deberes de los administradores desde la perspectiva de la contribución del régimen de las cotizadas a la generalidad de sociedades, sin referirnos a la protección de la discrecionalidad empresarial, consagrada en el artículo 226 de la Ley de Sociedades de Capital, incluida por la Ley 31/2014 para la mejora del gobierno corporativo, artículo que doctrinalmente es considerado por su origen anglosajón, la *«business judgment rule»*, sobre la que existen numerosos y muy valiosos estudios científicos de autorizados autores. Se trata de un concepto, *a priori*, novedoso en nuestra legislación, que en contraposición a los estrictos deberes impuestos a los administradores, se les reconoce la presunción de haber actuado conforme a los mismos deberes impuestos, de buena fe, y sin interés, siempre y cuando pueda probarse *«un procedimiento de decisión adecuado»*. Pero decimos *a priori* porque algún autor[316] sostiene que dicha regla ya estaba implícitamente incorporada a nuestra legislación con anterioridad a la reforma operada por la Ley 31/2014, cuestión que en cambio otro destacado autor rechaza[317]. Sea como fuere, resultan tremendamente interesantes los numerosos estudios que se han producido sobre esta materia en cuanto a su origen, aplicación y sentido crítico, de los que destacamos precisamente los citados al margen. Y en este caso, queremos destacar lo que Alfaro y Roncero califican como *«la aversión al riesgo de los administradores»*, esto es, el grado de riesgo a asumir por los administradores en función de la voluntad de los accionistas. El problema, claro está, lo encontramos en conocer de qué modo podemos conocer con detalle esa referida voluntad de los socios más allá de la Junta General y de las instrucciones que la misma puede impartir. Por ello, a fin de evitar constantes convocatorias del órgano de socios, y precisamente en pos de concesión de

315. A título meramente enunciativo, por su claridad expositiva distinguimos un estudio sobre los diferentes deberes del cargo de administrador: MEMBRADO HERRERA, I.: «Protección de la discrecionalidad empresarial y deber de lealtad de los administradores» en AA.VV.: *«Mejora del gobierno corporativo de sociedades no cotizadas (A propósito de la Ley 31/2014, de 3 de diciembre)»*, Ed. Dykinson. Madrid, 2015. Pág. 115-127.

316. RONCERO SÁNCHEZ, A.: «Protección de la discrecionalidad empresarial y cumplimiento del deber de diligencia» en AA.VV.: *Junta General y Consejo de Administración en la sociedad cotizada*, Tomo II. Ed. Aranzadi. Navarra, 2016. Pág. 383-423.

317. ALFARO ÁGUILA-REAL, J.: «Roncero sobre la *business judgment rule*» en Blog *Derecho Mercantil*. 15/03/2017. https://derechomercantilespana.blogspot.com/2017/03/roncero-sobre-la-business-judgment-rule.html

un margen de actuación de los administradores, la *business judgment rule* se configura como un sistema legal de presunción de conducta diligente por los administradores, lo que evidentemente da lugar en la práctica a un sinfín de interpretaciones en función de la determinada casuística. De ahí a que en el enjuiciamiento de tales actos, trate de evitarse la sustitución de la actuación de los administradores por decisiones judiciales, limitando así el alcance del control judicial en este tipo de actos societarios.

De nuevo en este caso, debemos recordar su cierto origen en sede de sociedades cotizadas, pues ya el Informe Aldama instaba a preservar *«el ámbito de discrecionalidad o competencia técnica de las decisiones empresariales propias de la administración de la sociedad»* tal y como nos recuerda Díaz Moreno[318], estudio que reconoce la importancia de la asunción de esta institución jurídica por nuestra legislación societaria, toda vez que la perenne auditoría de los actos del administrador y su posible incursión en negligencia, paralizaría decisiones de mayor innovación, y a su vez, teórico mayor riesgo.

2. El voto por medios telemáticos o de forma anticipada. Constituyendo el derecho de voto por parte del accionista probablemente el derecho político más importante a los inherentes a su condición de socio, o al menos el más significativo, no resulta extraño que se establezcan diversos mecanismos que faciliten en lo máximo posible su ejercicio, máxime en una era donde la tecnología y los medios telemáticos suponen una realidad a la orden del día. Por ello en los últimos años han proliferado formas diversas a fin de que los accionistas que por un motivo u otro no podían acudir a la celebración de la junta general, no se vieran privados de la posibilidad de emitir su voto. Bien es cierto que la Ley ya contemplaba para estos casos diversas opciones, tales como la delegación en un tercero, socio o no, de la asistencia a la propia junta y por ende del voto, pero ello en cierto modo podría impedir al accionista votar en un sentido u otro conforme a la exposición o explicaciones ofrecidas por el órgano de administración en cada punto del orden del día, esto es, «votar en tiempo real». Este problema se hace más latente si cabe en sede de cotizadas, donde la gran masa accionarial hace imposible una asistencia porcentual ni tan siquiera próxima a la unánime como junta universal *ex* artículo 178 de la Ley de Sociedades de Capital. En este sentido, los medios telemáticos han adquirido en los últimos años una gran importancia para las sociedades cotizadas, no sólo en lo que al ejercicio del derecho de voto se refiere, como veremos más adelante, sino también en lo que se refiere a la fase previa de la celebración de la junta

318. DÍAZ MORENO, A.: «La *business judgment rule* en el Proyecto de Ley de modificación de la Ley de Sociedades de Capital» en *Análisis GA&P*, julio 2014. Pág. 2.

general en los aspectos relativos a su propia convocatoria y al derecho de información de los accionistas. Prueba de ello son las diferentes disposiciones normativas que obligaban a este tipo societario a insertar dicha convocatoria en la página web corporativa de la sociedad, lo que ya de por sí exige diferenciar la web corporativa de la que podríamos denominar como la comercial. Sobre este asunto, baste decir que se trata de un método de convocatoria que, previa constancia estatutaria, ya resulta válido para el conjunto general de las sociedades mercantiles de capital, lo que nuevamente evidencia el caso explicado, esto es, aquellas cuestiones que naciendo en sede de cotizadas conforme a su naturaleza, han terminado siendo de utilidad para incluso la sociedad más pequeña. Centrándonos en este caso en el ejercicio del derecho de voto, vemos una igual similitud.

Como decíamos, ni es previsible ni probablemente tampoco realizable una alta asistencia porcentual de accionistas minoristas a la junta, lo que puede suplirse en la actualidad con dos mecanismos que a la vista del título del presente apartado conviene diferenciar: el voto anticipado o el voto telemático.

La diferencia entre ambas radica esencialmente en el momento de su emisión: mientras que el voto anticipado faculta al socio a pronunciarse en alguno de los tres sentidos aparentes (a favor, en contra, o abstención) con anterioridad a la celebración de la junta general pero de forma posterior a la convocatoria a la misma, el voto telemático se refiere a la asistencia virtual del propio socio a la junta, no sólo para la emisión de su voto sino también para el ejercicio de otro tipo de derechos como el de información o el de formular consultas al órgano de administración en el punto dedicado a los ruegos y preguntas. En ambos casos, la sociedad deberá establecer los mecanismos suficientes que garanticen la identidad del socio ejercitante en uno u otro caso, siendo obligación del órgano de administración el establecimiento de tales mecanismos. En caso de un deficiente sistema, sobre todo en sociedades de especial dispersión accionarial o de bloques diferenciados, a la postre terminaría siendo idóneo para que la sociedad se vea incursa en procedimientos de impugnación de acuerdos sociales.

Pero lo que queríamos llamar la atención sobre ambas formas de voto es que se trata de dos formas que la Ley de Sociedades de Capital contempla de forma exclusiva para las sociedades anónimas, a tenor de lo dispuesto en los artículos 182 (asistencia telemática) y 189 (voto a distancia). En este punto, sería lógico que surgiera el debate en torno a si dichos mecanismos podrían ser exportados a las sociedades de responsabilidad limitada, habida cuenta que aparentemente nada justificaría una interpretación tan restrictiva de la Ley, ni que tampoco se privara de estas posibilidades en las sociedades limitadas. Al contrario, entendemos que precisamente sería en sede de sociedades limitadas donde más lógico resultaría facilitar al máximo posible el voto de todos los socios pues en principio se puede presumir un menor número de socios que con respecto a las limitadas, lo que evidencia que si alguno o algunos socios no pueden (o no quieren) asistir presencialmente a la junta, es aconsejable que se les facilite en otro modo su participación. En este debate, como en otros aspectos del Derecho de sociedades, ha primado la interpretación positiva del Derecho en el sentido de que sólo está prohibido lo que la Ley expresamente manifiesta, o dicho de otro modo, que la Ley contemple esos sistemas de voto sólo para las sociedades anónimas, no implica que lo restrinja a las limitadas. Así lo ha entendido la Dirección General de los Registros y del Notariado, quien en Resoluciones de 19 de diciembre de 2012 y de 8 de enero de 2018, ha admitido como válida la cláusula estatutaria en una sociedad de responsabilidad limitada que establece los sistemas de voto anticipado y asistencia telemática, no sólo para la junta general, sino también para acuerdos del consejo de administración[319]. Evidencia nuevamente como decíamos al inicio de que algunos sistemas que nacieron en el seno de las sociedades cotizadas para resolver determinados problemas de agencia y para fomentar la participación de los accionistas como pilares básicos de los principios del gobierno corporativo, hoy en día suponen una práctica habitual para el conjunto de las sociedades mercantiles.

319. Concretamente, la RDGRN de 8 de enero de 2018, publicada en el Boletín Oficial del Estado de fecha 26 de enero de 2018, realiza una interpretación amplia del precepto, que dado el interés que nos ha suscitado por cuanto compara el ejercicio del voto entre las sociedades cotizadas con respecto a las limitadas, reproducimos a continuación: *«El registrador considera que el voto a distancia anticipado, al estar tan solo previsto para las sociedades anónimas cotizadas —artículo 521.2.c) de la Ley de Sociedades de Capital—, no es aplicable a las sociedades limitadas y ni siquiera a las sociedades anónimas en general. Además afirma que la junta general es un órgano deliberante y en su desarrollo no cabe excluir la deliberación que necesariamente es previa al derecho de voto (artículos 159 y concordantes de la Ley de Sociedades de Capital y 126 del Reglamento del Registro Mercantil).*

Sobre estas cuestiones debe recordarse que este Centro Directivo, en Resolución de 19 de diciembre de 2012 (con un criterio reiterado en las Resoluciones de 25 y 26 de abril de 2017), estimó válida la asistencia y votación telemática de los socios en la junta general de sociedades de responsabilidad limitada, pues aunque el artículo 182 Ley de Sociedades de Capital se refiere únicamente a la sociedad anónima, ello no debe llevar a entenderla prohibida en aquel tipo social, que, con base en la autonomía de la voluntad (artículo 28 de la Ley de Sociedades de Capital) ha de ser admitida siempre y cuando se asegure que los asistentes remotos tengan noticia en tiempo real de lo que ocurre y en la medida en que los socios puedan intervenir, pues no ofrece menores garantías de autenticidad que la asistencia física; por el contrario, es un medio más de que disponen los socios para regular cuestiones no contrarias a normas imperativas o prohibitivas, posibilitando a socios con domicilios lejanos al domicilio social, incluso

No obstante, este tipo de interpretaciones legalistas o no restrictivas hay que acogerlas con suma cautela pues ni mucho menos resultan universales, ya que, por citar un ejemplo a la inversa, en cuanto al nombramiento de miembros del consejo de administración, la Ley únicamente reconoce el sistema de cooptación o el de representación proporcional para las sociedades anónimas, sin que a día de hoy parezca admisible trasladar ambos sistemas a las sociedades limitadas. Así lo ha hecho saber en este sentido la propia Dirección General[320], si bien ello será objeto de estudio más adelante.

3. La determinación del valor razonable. La acción, por cuanto se trata de un valor mobiliario, constituye un bien mueble susceptible de transmisión de su propiedad e incluso de la constitución de derechos reales sobre las mismas, valores que operan diariamente en el tráfico jurídico, sobre cuya naturaleza ya nos hemos referido. Y como todo bien transmisible representativo de derechos, tal y como sucede en cualquier contrato de compraventa se supedita a los pactos de valoración económica que las partes establezcan como método de establecimiento de un precio acordado para dicha transmisión. Por razones obvias, no es objeto de este trabajo determinar las diferencias semánticas y económicas entre los conceptos de valor y precio.

---

en el extranjero, tener un conocimiento directo del modo en que transcurre la celebración de la junta, sin necesidad de costosos desplazamientos o el nombramiento de representantes en personas que, en ocasiones, resulta difícil que sean idóneas, lo cual puede ser especialmente relevante en sociedades con pocos socios, residentes en lugares dispersos.

Y lo mismo cabe entender respecto del ejercicio del derecho de voto en los términos del artículo 189 de la Ley de Sociedades de Capital, razón por la que se estimó válida la cláusula estatutaria que posibilite la asistencia a la junta por medios telemáticos, incluida la videoconferencia, siempre que garanticen debidamente la identidad del sujeto, expresándose en la convocatoria los plazos, formas y modos de ejercicio de los derechos de los socios, que permitan el ordenado desarrollo de la junta, debiendo a tal efecto determinar los administradores que las intervenciones y propuestas de acuerdos de quienes tengan intención de intervenir por medios telemáticos se remitan a la sociedad con anterioridad al momento de constitución de la junta. Como también entendió que, al exigir el artículo 183 de la Ley de Sociedades de Capital que en las sociedades de responsabilidad limitada la representación deba constar por escrito, esta expresión no excluye otras formas de constancia y prueba de que la representación ha sido otorgada, como pueden ser los medios telemáticos o incluso audiovisuales, siempre que quede constancia en soporte grabado para su ulterior prueba».

320. Sobre la denegación del sistema de cooptación en sociedades de responsabilidad limitada, la RDGRN de 30 de septiembre de 2015, publicada en el Boletín Oficial del Estado de fecha 22 de octubre de 2015: «*De acuerdo con lo expuesto, la normativa actualmente vigente es clara en cuanto a la imposibilidad de que tratándose de sociedades limitadas se pueda nombrar Consejero por cooptación, por cuanto esta posibilidad únicamente es posible tratándose de sociedades anónimas*». Resolución referenciada por SÁNCHEZ-CALERO GUILARTE, J.: «No cabe cooptación en una sociedad limitada» en Blog *Juan Sánchez-Calero Guilarte blog*. 24/11/2015. http://jsanchezcalero.com/no-cabe-cooptacion-en-una-sociedad-limitada/

Ahora bien, como en todo proceso de determinación del primero, que en todo caso conlleve al pago del segundo, es habitual que en toda transacción de bienes se haga referencia al «valor de mercado» como índice de referencia orientativo para la efectiva concreción del referido precio, y es que el Derecho de sociedades no es ajeno a estos criterios de valoración, que habitualmente la Ley de Sociedades de Capital designa expresamente como «valor razonable». Son varias de hecho las situaciones en las que la Ley exige la determinación de un precio conforme al aludido criterio de razonabilidad, supuestos tales como el ejercicio de un derecho de adquisición preferente en transmisiones *inter vivos* y *mortis causa,* la valoración de acciones y participaciones en los casos de separación y exclusión de socios si no ha mediado acuerdo con la propia sociedad, algunos supuestos relativos a la traba de un embargo, o la valoración de aportaciones no dinerarias en la sociedad anónima. Lo común a estos casos suele estar basada en la protección de un tercero interesado, ya sea el propio socio, un futurible adquirente, un ejecutante, o los acreedores en general, a fin de evitar la alteración forzada del precio, obteniendo en consecuencia una ganancia patrimonial, no desde el punto de vista específicamente fiscal sino teórico, al adquirir un bien por un precio por debajo de su valor real.

Esta situación no supone problema alguno en sede de cotizadas, pues la cotización diaria de la acción es considerada como el índice de referencia valorativa, incluso en supuestos idénticos a los anteriormente mencionados: en la adjudicación *mortis causa* de acciones cotizadas, la entidad financiera emitirá un certificado reflejando la cotización cerrada de la mercantil, en la fecha del fallecimiento del finado. Asimismo, en supuestos de embargo de participaciones sociales de una sociedad limitada, las cotizadas en cambio no se ven inmersas en el previsible procedimiento de subasta y adjudicación del artículo 109 de la Ley de Sociedades de Capital, sino que al contrario, las acciones cotizadas son liquidadas por mandato judicial, obteniendo el acreedor liquidez inmediata que satisfaga total o parcialmente la suma ejecutada, conforme a lo dispuesto en el artículo 623.2 de la Ley de Enjuiciamiento Civil, procedimiento diferente al contemplado en el apartado siguiente.

Sin embargo, la práctica habitual genera habitualmente nuevas normas a raíz de los diferentes pronunciamientos doctrinales, jurisprudenciales o registrales, y este es el caso de la comentada Resolución de la Dirección General de los Registros y del Notariado de 15 de noviembre de 2016 que, en sede de sociedades de responsabilidad limitada, vino a admitir la cláusula estatutaria que, en el procedimiento de obtención del valor razonable en según qué casos, se remitía al valor contable que resultare del último balance aprobado por la junta general[321].

Sin entrar al detalle de su contenido, para lo que nos remitimos a los comentarios citados, sí nos gustaría llamar la atención sobre dos aspectos: se trata de un sistema expresamente admitido para las sociedades de responsabilidad limitada de forma exclusiva, y excluyente en lo que a lo sociedad anónima se refiere; y asimismo, tal vez el detalle más significativo, el ejercicio del derecho de adquisición preferente realizado al amparo o en uso del sistema del valor contable como valor razonable, únicamente podrá ser ejercitado por los socios, y no por la propia sociedad para adquirir sus participaciones en régimen de autocartera, cuestión que ha sido criticada por los autores citados.

En cualquier caso, para cerrar este apartado en lo que al régimen de la sociedad cotizada se refiere en cuanto a la aplicación de varios de sus preceptos para con el resto de las sociedades, una Resolución de la Dirección General como la citada muestra un intento o suerte de inmediatez en la valoración, para la obtención de la liquidez. No se trata de establecer un mecanismo semiautomático que opere al igual que el caso de las cotizadas conforme al índice diario de cotización, si bien sí entendemos lógico este tipo de sistemas de rápida valoración habida cuenta de la naturaleza esencialmente cerrada de tipos societarios como la limitada. No parece lógico que mientras en un tipo ampliamente permeable como la cotizada, la valoración es instantánea sin que ello afecte en ninguno de los casos planteados (transmisión, separación, exclusión... etc.) al devenir diario de la sociedad, en cambio en las sociedades cerradas de núcleos definidos, la sociedad se tenga que ver abocada a largos y costosos sistemas de valoración, o incluso, a la espera de poder subrogarse en la posición del rematante en el caso de un embargo de participaciones.

D. *Un proceso de modernización*

La formación de un sistema legal específico de la sociedad cotizada se ha construido en torno a un proceso de modernización del Derecho de

321. RDGRN de 15 de noviembre de 2016, publicada en el Boletín Oficial del Estado de fecha 2 de diciembre de 2016, comentada por CAMPINS VARGAS, A.: «La DGRN abre la puerta a la libre fijación estatutaria del precio de las participaciones» en Blog *Almacén de Derecho*. 04/12/2016. https://almacendederecho.org/la-dgrn-abre-la-puerta-la-libre-fijacion-estatutaria-del-precio-las-participaciones/ y por CAZORLA GONZÁLEZ-SERRANO, L.: «La DGRN sobre la libertad estatutaria para fijar valor de liquidación/venta de participaciones sociales» en Blog *El Blog de Luis Cazorla*. http://luiscazorla.com/2016/12/la-dgrn-sobre-la-libertad-de-valor-de-liquidacionventa-de-participaciones-sociales/

sociedades, un camino que ha llevado *«del modelo tradicional a la Ley de Transparencia»*[322] *como* paradigma de un procedimiento de análisis y adecuación, de poner a la sociedad cotizada en el centro del debate y del interés legislativo que ha llevado consigo una actualización completa de la normativa societaria, por un lado, y del mercado de valores, por otro, siendo en ambos casos la transparencia el mecanismo vehicular. En este sentido, la Ley del Mercado de Valores, en general, a través de la Comisión Nacional del Mercado de Valores, en particular, ha supuesto el pilar del cumplimiento de las normas de transparencia, conducta iniciada entre finales del siglo anterior y comienzos del actual. De esta manera, la Comisión Nacional del Mercado de Valores ha adquirido una relevancia frente a terceros similar a la que ostenta el Registro Mercantil, salvando las distancias, como depositaria de información que cualquier tercero interesado puede obtener, con una importante diferencia: mientras el Registro Mercantil publicita información *ex post* a determinadas operaciones, tales como la propia constitución, modificaciones estatutarias o cambios en el órgano de administración, la Comisión es garante de información precontractual a la emisión de una oferta pública de venta mediante el anuncio y publicidad del correspondiente folleto, como mecanismo de protección del inversor.

Transparencia, elemento de capital importancia y núcleo central del proceso reformador del Derecho de Sociedades en esa época, representada en la Ley de su mismo nombre, que ha aportado cuestiones tales como la publicidad de los pactos parasociales, y sobre todo a los efectos del presente trabajo, de la estructura orgánica societaria mediante la publicación del Informe Anual de Gobierno Corporativo. Todos ellos enmarcados en el referido proceso reformador y de modernización de nuestra legislación societaria con unos destinatarios concretos beneficiarios de la citada transparencia: los socios en primer lugar a los efectos de un debido ejercicio de su derecho de voto, y el resto de terceros interesados tales como acreedores, inversores, trabajadores y el mercado en general, esto es, los *stakeholders.* Y es que en lo que a los órganos sociales se refiere, el Informe Anual ha aportado la publicitación del detalle concreto sobre la estructura orgánica, la forma de gobierno, y su funcionamiento interno, información que no sólo sirve como mecanismo de transparencia frente a terceros, sino además como el posicionamiento ante el que una sociedad se sitúa en lo que respecta al cumplimiento o no de las normas de los códigos de buen gobierno, lo que supone una suerte de control que el legislador establece para evaluar el

322. FERNÁNDEZ DE LA GÁNDARA, L.: «La sociedad cotizada: problemas de política y de técnica jurídica» en AA.VV.: *La sociedad Cotizada*. Ed. Marcial Pons, 2006. Pág. 53.

grado de seguimiento de cada sociedad concreta, dentro de los límites de sus facultades de autorregulación[323].

Resulta de gran importancia pues, si bien la estructura del órgano de administración de cualquier sociedad ya de por sí es de dominio público al ser un acto inscribible en el Registro Mercantil, en cuanto a la sociedad cotizada su estructura orgánica se somete a unas normas de transparencia que no afectan ni mucho menos por igual a la generalidad de las sociedades. Bien es cierto que, como en tantos otros casos que hemos visto, el proceso modernizador del Derecho de sociedades nos está llevando a una suerte de equiparación entre todos los tipos societarios en lo que a transparencia se refiere, si bien en algunos casos con objetivos muy diferentes. Si hacemos referencia a que la estructura e integración del órgano de administración de cualquier sociedad es totalmente público, a priori no así de su estructura accionarial o de propiedad, pues la transmisión de acciones o participaciones sociales no es un negocio jurídico que acceda *per se* al Registro Mercantil. Pero como todo en Derecho, la excepción siempre confirma la regla. Quizás la más obvia sea la del carácter unipersonal de una sociedad, adquirido por constitución o de manera sobrevenida, hecho que sí debe ser de obligada inscripción en el Registro, y que su incumplimiento acarrea graves consecuencias, tal vez excesivas, como que el socio único que no adquirió dicha unipersonalidad deberá responder de las deudas sociales de forma personal e ilimitada. Una segunda excepción la encontramos en el libro registro de socios, o de acciones nominativas, según sea el caso, que debe llevar cada sociedad, y que anualmente debe ser objeto de depósito en aquellos ejercicios en los que se haya producido variación alguna en la configuración de propiedad sobre el capital social, libro que al ser depositado en el Registro Mercantil, éste adquiere la forma de depositario público, y por tanto, de la publicidad de los índices de propiedad sobre el capital de cada sociedad. Y un tercer ejemplo, este mucho más reciente, lo encontramos en la normativa de prevención del blanqueo de capitales y de financiación del terrorismo, por el cual se obliga a las sociedades a manifestar qué personas físicas ostentan directa o indirectamente un porcentaje de titularidad superior al veinticinco por ciento del capital social, esto es, la titularidad real de las sociedades. Este tipo de manifestaciones resultaban ya habituales en determinadas transacciones contractuales, especialmente en aquellas en las que

323. SÁNCHEZ CALERO, F.: «Observaciones preliminares al proyecto de ley de modificación del régimen de las sociedades cotizadas y de las anónimas en general, tras el Informe Aldama» en *Revista de Derecho de Sociedades*, n.º 20. Madrid, 2003. Pág. 29.

intervenía un fedatario público, pero en la actualidad, esta obligación ha adquirido un peso aun mayor toda vez que los titulares reales deben ser identificados en las cuentas anuales depositadas cada año en el Registro Mercantil, según establece la Orden JUS/319/2018, de 21 de marzo, por la que se aprueban los nuevos modelos para la presentación en el Registro Mercantil de las cuentas anuales de los sujetos obligados a su publicación: *«Ha parecido conveniente implementar un nuevo formulario en el que las sociedades (...) hagan la declaración acerca del titular real. (...) deberán cumplimentarlo aquellas que tengan una titularidad real a favor de personas físicas, de forma directa o indirecta, de más del 25% de su capital social.»* No obstante, *a priori* parece que se trata de una obligación supeditada a ejercicios concretos, como los libros registro, dado que *«en ejercicios sucesivos dicho formulario solo deberá ser cumplimentado si se han producido cambios en la titularidad real»*.

Por ello, volviendo a la importancia de la transparencia societaria, la Ley de Transparencia con la implementación del Informe Anual de Gobierno Corporativo representa un elemento que responde a la doble naturaleza aludida: transparencia, en cuanto información al mercado, inversores, interesados y en definitiva *stakeholders;* y transparencia, en cuanto a control, de los organismos supervisores y de los grupos de interés designados, del cumplimiento de las obligaciones legales, estatutarias, y de *soft law.* Y tal vez resulte de mayor interés a los efectos del presente trabajo aquello que no responde estrictamente al control del organismo administrativo sobre el cumplimiento legal, sino lo que se refiere como la conclusión u opinión de los grupos de interés sobre aquello que no resultando de obligado cumplimiento legal, sí responde a criterios orientadores de buen gobierno. Es lo que la doctrina ha considerado como *«juicio del mercado»* [324] cuyo resultado es tremendamente amplio, pues puede apreciarse no sólo en los índices de capitalización de una sociedad en concreto, sino también en la confianza que puedan generar en inversores, ya sea por su nivel de transparencia o por su relación con los propios *proxy advisors*, así como en los índices de cumplimiento de las recomendaciones de los códigos de buen gobierno, que anualmente publica la Comisión Nacional del Mercado de Valores en su Informe Anual. Incluso, en lo que a buen gobierno se refiere, han proliferado eventos que premian a determinadas sociedades por lo que se considera un

324. FERNÁNDEZ DE LA GÁNDARA, L.: *«La sociedad cotizada...»* cit. Pág. 64.

buen y correcto modelo de gobierno corporativo en base a ciertos índices o indicativos, cuestión en la que entraremos en detalle[325].

Pero sí queremos hacer hincapié, en los modelos de información al mercado, en lo que nos referíamos a los índices de propiedad del capital, tanto en su nivel porcentual del *free float,* sus accionistas significativos, o la participación del consejo de administración sobre el capital social, pues al fin y al cabo la propiedad determinará en buena forma la gestión y administración, por un lado, y el control y supervisión, por otro, de la propia sociedad, y ello queda reflejado en ocasiones en operaciones vinculadas, pactos parasociales o determinadas transacciones, y al fin y al cabo podrá determinar desde el ánimo de entrada en el capital de determinados inversores, institucionales o no, a la política retributiva de la compañía, tanto al órgano de administración como por vía dividendos. Quizás por ello, el elemento inicialmente central del estudio de los principios del gobierno corporativo haya sido el consejo de administración, y todo lo que el mismo conlleva: su estructura, configuración, integración, mecanismos de autosupervisión, gestión del riesgo y funcionamiento interno en general. Muchas, muchísimas de las normas societarias en el proceso reformador y modernizador del Derecho de sociedades ha tenido al consejo de administración como destinatario, por ello la Ley 26/2003, de 17 de julio, por la que se modifican la Ley 24/1988, de 28 de julio, del Mercado de Valores, y el Texto Refundido de la Ley de Sociedades Anónimas, aprobado por el Real Decreto Legislativo 1564/1989, de 22 de diciembre, con el fin de reforzar la transparencia de las sociedades anónimas cotizada, o «Ley de Transparencia», ha supuesto un hito muy importante en lo que a la modernización de nuestra normativa societaria se refiere.

El reglamento del consejo de administración, las comisiones del mismo, o la tipología de consejeros son algunas instituciones jurídicas que, si bien algunas ya eran habituales en el habitual funcionamiento de las grandes

325. Un ejemplo es el *«Premio al Mejor Gobierno Corporativo de España» que* anualmente concede la publicación World Finance, y que en su última edición ha galardonado a la entidad Iberdrola. Puede consultarse la noticia en: https://www.elespanol.com/economia/empresas/20190325/iberdrola-galardonada-premio-mejor-gobierno-corporativo-espana/385961930_0.html. Otro ejemplo, este más reciente, es el *«Premio de Buen Gobierno Corporativo Manuel Olivencia»* que concede la Fundación Cuatrecasas, creada por el despacho de abogados de mismo nombre, y que para el premio han adoptado el nombre del insigne jurista fallecido Manuel Olivencia, catedrático de Derecho Mercantil de la Universidad de Sevilla, vicepresidente de la firma Cuatrecasas, y presidente de la Comisión que desembocó en el primer código de buen gobierno de nuestro país, que también lleva su nombre. En su primera edición ha resultado premiada la entidad International Airlines Group (IAG), pudiendo consultarse toda la información al respecto en: https://premiosolivencia.cuatrecasas.com/

corporaciones, la Ley de Transparencia pasa a regular de forma más profunda. No puede dejar de citarse otros de vital importancia en lo que a transparencia se refiere, como el reglamento de la junta general o la publicidad de los pactos parasociales, pero en lo que al consejo de administración se refiere, su composición, su nombramiento, y la tipología de sus consejeros suponen unos elementos que, años después de la entrada en vigor de la citada Ley, hoy en día nos sigue pareciendo un asunto de tal actualidad que entendemos merece el presente estudio. Por ello, a nuestro juicio dos son los hitos legislativos, por lo que excluimos a los códigos de cumplimiento voluntario, que representan los dos momentos de enorme calado en cuanto a la regulación legal del consejo de administración en los factores citados: la enunciada Ley de Transparencia de 2003, y la Ley 31/2014 de mejora del gobierno corporativo. Dos normas que podríamos calificar de familiares entre sí, pero tremendamente diferentes, pues si bien la primera parecía apostar por una mayor autorregulación de las sociedades, la segunda, como ya hemos dicho y expondremos con detalle, ha supuesto una elevación a rango de Ley de lo que anteriormente se constituía como recomendación. Por ello nos parece de un gran interés una reflexión doctrinal que reproducimos por el citado motivo, que, en un análisis de la Ley de Transparencia y en un momento previo a la crisis económica desencadenada en 2007, entendía que *«asistimos de esta suerte a un declive imparable del legislador como ingeniero social y, bajo la presión de los propios operadores económicos y jurídicos, a nuevos procesos, cuya legitimación descansa en una mayor flexibilidad de las normas.(...) La intervención del legislador tendría según esto carácter residual: sólo cuando los intereses necesitados de tutela así lo precisen, el carácter imperativo de determinadas normas legales permanecería inalterado»*[326].

Ello nos lleva a una conclusión: el Derecho de sociedades mercantiles, especialmente en lo que a las cotizadas se refiere, parece circular en paralelo a la situación económica global, o al menos, a determinados acontecimientos de índole económica o macroeconómica en las que determinadas corporaciones puedan verse involucradas en uno u otro sentido. No es por ello casual que algunos códigos internacionales de buen gobierno fueran promulgados ante determinados sucesos o «escándalos» corporativos, o que algunas Leyes se promulguen como una respuesta legislativa en determinadas coyunturas financieras. Pero no sólo se ha visto reflejado en la normativa legal, sino también en los propios códigos de buen gobierno en nuestro país, cuatro hasta la fecha, que han mostrado una clara evolución desde lo que inicialmente se establecían algunos criterios más de índole ética, hasta aquello que a día de hoy, lo que no ha pasado a constituir obli-

326. FERNÁNDEZ DE LA GÁNDARA, L.: *«La sociedad cotizada...»* cit. Pág. 69.

gación legal en la Ley sí exige una pública explicación de su falta de seguimiento.

Por tanto y en conclusión, el proceso modernizador del Derecho de sociedades lo entendemos desde una triple lectura:

En primer lugar, en la transposición de normas inicialmente previstas para las sociedades cotizadas, al resto de sociedades mercantiles de capital. Son varios los ejemplos, y así lo hemos visto, en que determinadas normas, incluso recomendaciones, cuyas destinatarias eran exclusivamente las sociedades cotizadas, hoy en día resultan de obligado cumplimiento para la totalidad de las entidades mercantiles, lo que convierte a la sociedad cotizada, no en un campo de pruebas, sino en la evidencia de que la modernización del Derecho societario es global.

En segundo lugar, en cuanto a la forma imperativa de legislar, donde el criterio prevalente en ocasiones ha sido el de la autorregulación frente a la intervención legislativa, para en cambio revertir dicha tendencia, convirtiendo en obligación legal lo que anteriormente constituían meras recomendaciones. Y es que la tendencia, en un sentido u otro, vendrá determinada por la situación económico-financiera del país, del mercado, o de determinadas entidades cotizadas, especialmente las de un ámbito concreto como son las financieras.

Y en tercer lugar, en cuanto a la transparencia. No puede entenderse la modernización del Derecho de sociedades sin tener a la transparencia como pilar fundamental, lo que ha desembocado en la imposición a las sociedades de determinadas obligaciones de publicidad con un doble destinatario: el control normativo, legislativo por un lado, administrativo por otro en cuanto al grado de seguimiento de los códigos de conducta; y el juicio del mercado, la valoración de inversores y grupos de interés sobre la información suministrada, y la estructura orgánica de las entidades.

2. SIGNIFICACIÓN DE LA COMISIÓN DE EXPERTOS DE 2013

A) IMPORTANCIA PRÁCTICA DEL INFORME DE LA COMISIÓN DE EXPERTOS

Si anteriormente nos referíamos a la Ley de Transparencia de 2003 como hito imprescindible e iniciador en el estudio de la regulación de los órganos sociales de la sociedad cotizada, en el aspecto legislativo, en el mismo sentido hemos de entender a la Ley 31/2014, de 3 de diciembre, por la que se modifica la Ley de Sociedades de Capital para la mejora del gobierno corporativo. En términos concretos, dicha Ley supone el punto de partida a nuestro trabajo, a lo que ha supuesto la mejora del gobierno corporativo en lo que al nombramiento de los miembros del consejo de administración se refiere: competencia y procedimiento de nombramiento, tipología de consejeros, comisiones del consejo y su composición, y competencias internas de los diferentes integrantes. Como hemos establecido, nuestro objetivo se basa en analizar hasta qué punto la promulgación de las diferentes normas, legales o de conducta, ha contribuido a la efectiva mejora del gobierno corporativo y a los objetivos que ésta pretende, tales como eficiencia, transparencia, o control y supervisión.

La cuestión es que la Ley 31/2014 no puede entenderse sin el «*Estudio sobre propuestas de modificaciones normativas de la Comisión de Expertos en materia de Gobierno Corporativo*» creada por Acuerdo del Consejo de Ministros, de 10 de mayo de 2013, publicado por Orden ECC/895/2013, de 21 de mayo, y a cuya composición concreta ya hemos hecho referencia. Y a dicho Estudio hemos de remitirnos pues sirve como indudable fuente de interpretación de la Ley, o al menos, de la voluntad de sus integrantes[327]. Supone el informe que propone las modificaciones legislativas que a la postre desembocaron en la Ley 31/2014, norma que ha supuesto una muy importante revisión del modelo normativo sobre el nombramiento de los consejeros, incluso de las no cotizadas, amén de una pluralidad de nuevas disposiciones de sumo interés en la mejora del gobierno corporativo de la generalidad de nuestras sociedades. Quizás por ello la denominación escogida para esta Ley reformadora de la Ley de Sociedades de Capital acierte especialmente «*para la mejora del gobierno corporativo*» toda vez que proliferan estudios tendentes a aplicar diferentes principios de este movimiento a

327. Hacemos la distinción entre interpretación y voluntad de sus integrantes dado que, si bien sus propuestas normativas fueron prácticamente calcadas a las que el legislador finalmente introdujo en la referida Ley 31/2014, no ha sido en otros aspectos con referencia a la interpretación jurisprudencial. Nos estamos refiriendo a la Sentencia del Tribunal Supremo de 26 de febrero de 2018, sobre la retribución de los consejeros ejecutivos y el principio de reserva estatutaria. El Alto Tribunal interpretó los artículos 217 y 249 de la Ley de Sociedades de Capital en el sentido de que la retribución de todos los consejeros, con independencia de su condición, debe constar en estatutos y por tanto su cuantía máxima ha de ser aprobada por la junta general, interpretación que ha generado el rechazo de parte de la doctrina más autorizada, de quien destacamos la del Profesor Cándido Paz-Ares, toda vez que el mismo era integrante de la Comisión de Expertos, y quien expone que, una simple lectura del informe de dicha Comisión, a quien incluso se remitía la Exposición de Motivos de la propia Ley 31/2014, evidenciaba que la intención de los redactores de la norma era separar los conceptos de consejero ordinario o «*administrador en su condición de tal*» con respecto a los consejeros ejecutivos o delegados.
PAZ-ARES RODRÍGUEZ, C.: «*Perseverare diabolicum* (A propósito de la STS 26-II-2018 y la retribución de los consejeros ejecutivos)» en *InDret. Revista para el análisis del Derecho*, n.º 2/2018. Barcelona, 2018.

sociedades cuyas acciones, y por supuesto participaciones sociales, no se hallan admitidas a negociación en un mercado secundario de valores[328]. Y si entendemos el gobierno corporativo como el conjunto normativo o movimiento codificador tendente a la obtención de una gestión más eficiente y transparente de las sociedades, al fomento de una mayor participación accionarial, al establecimiento de métodos de supervisión y control del riesgo, y a la debida composición de los órganos de gobierno, entre otros, la Ley 31/2014 establece una nueva regulación que al menos pretende dichos objetivos. Por ello el informe de la Comisión de Expertos se manifiesta en dicho sentido en su introducción: potenciar el papel de la junta en el control de las retribuciones; adoptar medidas que incrementen el valor de la compañía; evitar el conflicto de interés; y establecer mecanismos que aseguren que la información ofrecida por los administradores a socios y terceros interesados es veraz y comprensible. Ello en el marco de la justificación del trabajo, denominado bajo el epígrafe de los antecedentes, al reconocer que el mal gobierno corporativo ha desempeñado un papel muy importante en la crisis económica de los últimos años. Sin entrar en el grado de responsabilidad que sobre la misma haya podido tener, el informe recuerda en ese punto que la OCDE sigue no obstante confiando en dichos principios, los cuales tal vez deban ser revisados o actualizados, y que al fin y al cabo el buen gobierno corporativo, o al menos el intento del mismo, continúa siendo un agente tan válido como necesario en nuestras grandes compañías, precisamente por todos los motivos que estudiábamos en el capítulo precedente. De ahí a que nuestro interés radique en cómo estos principios y su evolución normativa, tanto en la Ley como en los códigos de conducta, reguladores de los sistemas, formas y requisitos para el nombramiento de consejeros, han podido contribuir o no a conseguir los objetivos que el movimiento del *corporate governance* pretende. No podemos quedarnos tan sólo en la transparencia, en la calidad de la información de los diferentes informes anuales o en el grado de cumplimiento de las recomendaciones, sino en cuestiones tales como el verdadero grado de participación de los accionistas en el nombramiento de consejeros, los criterios para su nombramiento, la labor de la comisión encargada de dicha misión, o la idoneidad profesional aparente para el desempeño del cargo. El informe de la Comisión de Expertos no da, porque no puede, respuesta a todo ello, pero sí nos ha dejado muy interesantes reflexiones en lo que a la mejora del gobierno corporativo se refiere, y es que como decíamos, tenemos el privilegio de contar con un documento, como es este informe, que analiza y desgrana el porqué de cada propuesta de reforma. Evidentemente sus apreciaciones son asimismo interpretables e incluso criticables, pero el hecho de

328. HIERRO ANIBARRO, S.: (Dir.) *Gobierno corporativo en sociedades no cotizadas*. Ed. Marcial Pons. Madrid, 2014.

contar con un informe como este en lo que a la mejora del gobierno corporativo se refiere, supone para nosotros un especial punto de partida, especialmente en algunos elementos capitales del presente trabajo, alguno de los cuales exponemos a continuación.

B) ALGUNOS APUNTES ACERCA DE LA JUNTA GENERAL

Comienza el apartado tercero del informe sobre determinadas cuestiones previas relativas a la junta general, y llama especialmente la atención que el propio informe reconozca como reto u objetivo, el establecer una modificación normativa tendente *«a conseguir (de la junta general) su más efectiva intervención en la actividad social y una mayor participación de los accionistas.»* Se deduce, por tanto, que la mejora del gobierno corporativo en lo que al órgano social soberano se refiere, tiene especial interés en fomentar o revitalizar las competencias de la junta al objeto de obtener una mayor actividad, incluso lo que se ha denominado como el activismo accionarial. Es, sin duda, el gran reto al que se enfrenta el movimiento del gobierno corporativo, al menos en lo que a la junta se refiere, y son varios los estudios doctrinales que aportan interesantes propuestas sobre la forma de instar a los accionistas en particular y a la junta en general a participar en la actividad social, ya sea mediante el fomento de la asistencia a la celebración de la propia junta, o ya sea dotándola de mayores competencias y facultades añadidas, máxime cuando el sistema español del órgano de administración es monista, lo que convierte a la junta general, sin perjuicio de las labores de supervisión del propio consejo, en el baluarte de defensa del interés social frente a lo que pueda entenderse como actos desleales por parte de los administradores. Aún hoy en día, siguen fomentándose nuevas modificaciones legislativas a tal efecto, pues sirva como ejemplo, las *loyalty shares* o acciones de lealtad, sobres las que entraremos en su momento, que otorgan a un mismo accionista un mayor número de votos como una suerte de complemento o gratificación como consecuencia de su permanencia duradera en la sociedad, frente a los accionistas minoristas que liquidan rápidamente su participación en busca de rápidas ganancias.

Pero existen otros mecanismos que tanto la legislación nacional como las directivas comunitarias han establecido a tal fin tales como: el fomento del derecho de voto a través de medios telemáticos para aquellos accionistas a los que no les resulte posible o asequible la asistencia a la junta; o el aumento de los canales de información como método de asegurar o facilitar el ejercicio de otro de los derechos políticos principales del socio.

Por ello, el informe de la Comisión de Expertos desgrana una serie de propuestas que, habiendo sido incorporadas a la Ley de Sociedades de

Capital a través de la Ley 31/2014, explica el sentido de dichas propuestas. Es el caso del artículo 160, de gran importancia práctica en el conjunto de nuestras sociedades especialmente en su apartado f) acerca de la necesaria aprobación por parte de la junta general con respecto a aquellas operaciones cuyo valor, en definitiva, supongan una cifra superior al veinticinco por ciento del activo resultante del último balance aprobado por la junta general, los activos esenciales. En este caso, de nuevo acudimos a un claro ejemplo que, lo que ha partido siendo una norma de *soft law* prevista para las sociedades cotizadas, hoy en día resulta de obligado cumplimiento para la totalidad de las sociedades mercantiles de capital, con independencia de su tipología.

En cualquier caso, con independencia de las competencias exclusivas que la Ley reserva a la junta general, se reconoce expresamente la posibilidad de aumentar dichas competencias vía estatutaria, todo ello en el marco de la autonomía de la voluntad del contrato de sociedad, como entendemos que acertadamente manifiesta la Comisión. Otra cuestión diferente es la posibilidad de obtenerlo en las sociedades cotizadas, pues habrá de estarse al volumen tanto de capital flotante, por un lado, como de participación en manos del consejo de administración, por otro, pues en el segundo de los casos, parece difícil que el consejo facilite dotar a la junta de mayores métodos de control. No parece asumible, en principio, que el aumento de dichas competencias pueda establecerse por vía del reglamento de la junta.

Asimismo, cabe hacer mención, según hemos estudiado en el capítulo primero, acerca del nuevo artículo 161 de la Ley de Sociedades de Capital relativo a la facultad de la junta de impartir instrucciones en asuntos de gestión. Si bien es cierto, como hemos dicho, que su operatividad en sede de cotizadas parece más bien complicada como así ha reconocido la doctrina, sí que hay que aplaudir no obstante la consideración de la comisión de expertos, en primer lugar, por al menos ampliar dichas facultades a las sociedades anónimas, pues no son pocas las que la práctica ha evidenciado que tratan de funcionar de una forma *quasicerrada* por razón de su estructura de propiedad; y en segundo lugar porque razona que no hay justificación alguna que explique limitar esas competencias a un tipo societario exclusivo, más aún si como hemos visto, se pretende ampliar o fomentar las competencias y participación de la junta.

C) SOBRE LAS CLÁUSULAS LIMITATIVAS AL DERECHO DE VOTO

Si antes aplaudíamos una consideración de la Comisión de Expertos, no podemos decir lo propio en cuanto a las cláusulas limitativas al derecho de voto, sobre las que entraremos más adelante en lo que a nombramiento de miembros del consejo se refiere. La cuestión es simple, y es que la Comisión huye por completo del debate. Dicho coloquialmente, *ni se moja, ni se mete en ningún jardín,* seguramente a sabiendas de los ríos de tinta que adoptar una u otra vía podría desembocar. Sí hay que reconocer que tampoco se le puede achacar, pues las modificaciones legislativas que han optado por establecer o derogar esta institución societaria en años precedentes ha respondido al determinado signo político del partido en el Gobierno de la Nación. Lo que sí hace en este sentido la Comisión de Expertos es reconocer abiertamente las bondades de ambos métodos pues, si bien admite como principio de buen gobierno la proporción «una acción, un voto», por otro lado estima que la práctica, incluso comunitaria, ha aconsejado algunas excepciones. Se trata, desde luego, de un debate que continúa muy presente en el ámbito del Derecho de sociedades.

D) LAS ASOCIACIONES DE ACCIONISTAS

Reflexiona el Informe que el sistema legal precedente a la reforma de regulación de esta figura, de mayor arraigo en otros modelos continentales, no ha supuesto una significativa implementación de las mismas. Tal vez sucediera precisamente por la falta de regulación específica el hecho que motivara una cierta ausencia de constitución de estas asociaciones, o bien fuera en cambio por los determinados requisitos de funcionamiento a los que se someten, mucho más rígidos que los relativos a una asociación ordinaria fundada bajo lo dispuesto en la Ley de Asociaciones, no resulta baladí la importancia que este tipo de figura puede en la práctica desempeñar en el funcionamiento y activismo de la junta general. Por ello, no resulta de extrañar que el Informe dedique un apartado específico a esta figura, y proponga una nueva redacción del actual artículo 539 de la Ley de Sociedades de Capital, en un sentido similar al contenido en la Propuesta de Código Mercantil.

E) CONSIDERACIONES EN TORNO AL CONSEJO DE ADMINISTRACIÓN

El Informe de la Comisión de Expertos, como no podía ser de otro modo, dedica varios apartados a reflexionar sobre el actual papel del consejo de administración, y cómo su estructura, composición y funcionamiento ha podido incidir en mayor o menor medida en la desembocadura y gestión de la crisis económica financiera surgida en 2007. Son varias e interesantes las consideraciones que realiza, de modo que, con independencia del contenido de la propuesta de reforma que realice, nos seguiremos centrando en las conclusiones que adopta sobre determinados aspectos relativos al consejo.

1. Estructura del órgano de administración de la sociedad cotizada

Comienza su exposición acerca de dos cuestiones unidas entre sí, pero de contenido diferente: la obligatoriedad de adoptar la forma de consejo como sistema del órgano de administración, y el seguimiento del sistema monista en este sentido. Empezando por el primero, resultaba significativo que tanto la Ley como las diferentes normas complementarias, como el Código Unificado de Buen Gobierno, tuvieran normas expresas relativas al consejo de administración, sin que a su vez resultara obligatoria la forma de consejo, al menos de una manera explícita. Desde una perspectiva eminentemente positivista, podríamos decir que a la sociedad cotizada, como un tipo más de sociedad mercantil de capital, le era de aplicación el artículo 210 de la Ley de Sociedades de Capital relativo a la libertad de forma de organización del órgano de administración, ya fuera mediante un único administrador, dos en forma mancomunada, varios de forma solidaria, o la referente a la de consejo. No obstante, no podemos negar que sí se trababa en esencia de una obligación implícita, pues por citar un ejemplo, determinadas comisiones del consejo como la de auditoría resultaban ya de obligada constitución, y cuando además, la totalidad de las sociedades cuyas acciones se hallaban admitidas a negociación en un mercado secundario de valores habían adoptado la forma de consejo. Sea como fuere, tal vez bajo el principio coloquial de *lo que abunda no daña,* la Comisión de Expertos consideró que resultaba más lógico establecer de forma expresa esa obligación legal, hoy consagrada en el artículo 529 bis apartado 1 de la Ley de Sociedades de Capital, al objeto de dotar de mayor sentido a otras normas complementarias que no se entenderían si el órgano de administración no fuera un consejo, tales como el número mínimo y máximo, las comisiones, o el papel del presidente y secretario.

Y continuando con el segundo, relativo al sistema monista del consejo, la Comisión entiende que no existe estudio ni evidencia alguna que presuma que el sistema monista pueda tener mayores deficiencias frente al sistema dual en lo que a gestión operativa, transparencia y funcionamiento sostenible se refiere, recordando además que es el mismo modelo adoptado por otras legislaciones de Derecho comparado. No obstante, el Informe se refiere a este sistema como el «obligatorio» legalmente en la actualidad respecto a las sociedades cotizadas, a lo que nuevamente nos remitimos a lo anterior con respecto a la forma de consejo previo a la reforma, y es que se trata de una obligatoriedad implícita contenida en determinadas regulaciones accesorias del consejo, no de un contenido concreto y específico.

2. La necesaria supervisión

Precisamente a colación del modelo de gobierno, continúa el Informe reconociendo que, dentro del referido sistema monista, supone misión esencial del consejo la de supervisión del mismo, hasta el punto de constituir ordinalmente la primera de las facultades indelegables del consejo hoy establecidas en los artículos 249 bis (para la totalidad de las sociedades mercantiles) y 529 ter (para las sociedades cotizadas en particular) de la Ley de Sociedades de Capital. La supervisión por parte del consejo de sus propios actos resulta uno de los principios configuradores de mayor relevancia del gobierno corporativo, y así se ha venido repitiendo desde el Código Olivencia. Sin embargo, en ocasiones se trataba más de un contenido más dogmático que jurídico, no sólo por su inserción en los diferentes códigos de buen gobierno, sino también por los numerosos estudios doctrinales que en este sentido han insistido en ello, precisamente por el arraigo del sistema monista en nuestro país. Sin embargo, como con muchas otras instituciones del gobierno corporativo, en la actualidad supone una obligación legal, una elevación a rango de Ley de un principio configurador. Por ello la calificación de sistema monista, por el órgano único de administración, sea por otro lado una denominación ciertamente errónea, si tenemos en cuenta que el consejo, a su vez, tiene una doble misión, la de gestión, y la de supervisión. No se trata de exponer cuál de las dos tiene mayor o menor importancia pues resultaría absurdo (sin gestión no hay actividad societaria) si bien, como hemos dicho, mientras que la supervisión es indelegable y compete a la totalidad de los miembros del consejo, no así la gestión, que sí es delegable, y que de hecho lo es en la práctica, a través de los consejeros con funciones ejecutivas. Por ello, entendemos que en el marco de una norma como la Ley 31/2014 encaminada a la mejora del gobierno corporativo, resulta un pleno acierto elevar a obligación legal la misión de vigilancia y supervisión, con las consecuencias que ello acarrea.

3. Tamaño del consejo y tipología de consejeros

Otro punto de especial relevancia es la referente al tamaño y la tipología de consejeros, en la que el Informe rechaza de plano las consideraciones de los artículos 283-34 y 283-36 de la Propuesta de Código Mercantil, los cuales establecen la obligatoriedad de establecer estatutariamente el número mínimo y máximo de consejeros, en el primer caso, y el número específico de consejeros independientes, en el segundo. Sin embargo, el Informe del Comité de Expertos no comparte esta obligatoriedad, y se alinea con otros modelos comparados, al considerar que ello debe ser objeto de recomendación vía *soft law* por el principio del «cumplir o explicar», pues el número concreto en uno y otro caso, responde a *«las singularidades propias de cada sociedad»*. Es un asunto que merece una reflexión concreta.

Poniendo en un modo comparativo a los actuales artículos 242 y 529 bis de la Ley de sociedades de Capital, encontramos unas diferencias que en el contexto de la mejora del gobierno corporativo no alcanzamos a comprender. Mientras el artículo 242, de aplicación a la generalidad de las sociedades mercantiles, no cotizadas en este caso, establece que el número concreto de consejeros deberá ser establecido en estatutos, o bien mediante una horquilla de mínimo y máximo correspondiendo a la junta general la determinación del número concreto (incluso establece imperativamente el máximo de consejeros posibles en las sociedades de responsabilidad limitada), el artículo 529 bis, de aplicación a las cotizadas, guarda silencio al respecto, siguiendo el referido criterio del Informe de Expertos. En este caso, no compartimos dejar el número u horquilla de consejeros como una recomendación de los códigos de buen gobierno, cuando en cambio para el resto de sociedades no cotizadas existe una mayor intervención de la junta general en uno u otro caso. La concreta Recomendación del Código de Buen Gobierno a la que se refiere el Informe es la número 13, que considera como eficaz y participativo, en función de la dimensión y otras circunstancias, un consejo de administración de entre cinco y quince miembros. No es relevante, por dos motivos: (i) porque el incumplimiento de esta recomendación sería tremendamente sencilla de explicar, pues bastaría con aludir a que el tamaño, actividad y organización directiva de la sociedad, aconseja, en según qué casos, un número inferior a cinco o superior a quince; y (ii) porque es minoría el número de sociedades que salen de estos parámetros. En concreto, de ciento cuarenta sociedades cotizadas declarantes o computables a los efectos del Informe Anual de Gobierno Corporativo, el último Informe publicado a fecha de redacción de estas líneas cifra únicamente en once las sociedades con un número diferente al recomendado[329]. Pero volviendo al sentido de nuestra consideración, decíamos que no compartimos el criterio del Informe de Expertos, y por extensión de la Ley, en no establecer imperativamente la obligación de determinar una horquilla de consejeros dejando en manos de la junta general la determinación de un número concreto, máxime cuando dicha facultad sí la ostentan el resto de sociedades. De nuevo, hemos de hacer mención a que si uno de los perennes objetivos de los principios del gobierno corporativo es el de fomentar la implicación de la junta, no encontramos sentido a privarla de dicha competencia

329. En concreto, cuatro sociedades con un consejo inferior a cinco miembros, y siete con un número superior a quince, lo que en conjunto supone el 7,5% de las sociedades declarantes. Datos: Informe Anual de Gobierno Corporativo relativo al ejercicio 2017 publicado por la Comisión nacional del Mercado de Valores.

que sí tienen reconocidas el resto de sociedades. Y es que la posible acefalía del órgano de administración como consecuencia de una baja imprevista no ha de resultar excusa si tenemos en cuenta que en las sociedades anónimas existen métodos alternativos de selección de consejeros tales como el sistema de cooptación, o el nombramiento de administradores suplentes. Por tal motivo, concluimos que al objeto de dotar a la junta de mayor implicación, sería aconsejable un artículo 529 bis de la Ley de Sociedades de Capital en sintonía con el 242 de la misma Ley, estableciendo vía estatutos la determinación de una horquilla de números, y reglamentariamente las distintas vicisitudes, alternativas y procedimientos correspondientes. O dicho de otra manera, elevar a rango de Ley las actuales Recomendaciones 15 y 17 del Código de Buen Gobierno. Al fin y al cabo, la junta general deberá estar informada precisamente de todas las cuestiones que pueden determinar o aconsejar un número concreto de consejeros, tales como tamaño, actividad u organigrama directivo, de modo que resultaría una correcta manera de implicación informarla de tales circunstancias al objeto de que pueda decidir el número concreto de consejeros.

Pero además del número concreto de consejeros en general, el Informe también evita referirse a un número mínimo (en número de miembros o en proporción con respecto al resto) de consejeros independientes, quedando su regulación en manos del Código de Buen Gobierno y su posterior grado de seguimiento. En este caso, las Recomendaciones 15 y 17 del Código recomiendan: (i) que los consejeros dominicales e independientes constituyan amplia mayoría en el consejo; y (ii) que en función del volumen de capitalización de la sociedad y de las participaciones significativas, el número de consejeros independientes suponga, al menos, entre un tercio y la mitad de todos los consejeros. De nuevo, no compartimos el criterio de no ser más expresos en vía legal, y el motivo lo hallamos tanto en el sentido y razón de ser de los principios configuradores del gobierno corporativo como en la práctica de seguimiento de este tipo de recomendaciones que informa la Comisión Nacional del Mercado de Valores, si bien para este caso aglutinaremos a los «otros consejeros» *ex* artículo 529 duocedies de la Ley de Sociedades de Capital junto a los dominicales e independientes (que conforman todos ellos el grupo de consejeros externos) establecidos por la citada Recomendación 15. Al respecto, el número de consejeros ejecutivos, esto es, no externos, de las sociedades cotizadas, se mantiene estable en los últimos años en torno al 16% lo que supone que a sensu contrario el número de consejeros externos alcanza el 84% (de los que dominicales son el 34%, independientes el 42% y otros el 8%)[330]. Esto implica que siendo la media de consejeros no ejecutivos una cifra en torno al 84% en la totalidad de las sociedades cotizadas, se cumple más que sobradamente la Recomendación 15 que solicita «*una amplia mayoría del consejo de administración*». En este caso, dicha mayoría es amplísima, y así lleva ocurriendo todos estos años precedentes, y en concreto, todos los posteriores a la promulgación de la Ley 31/2014, recomendación seguida por el 98,6% de las sociedades, prácticamente de forma unánime y con excepciones muy puntuales[331]. ¿Podría establecerse como obligación legal que el número de externos sea superior al de ejecutivos? A la vista de la aplicación práctica, no vemos impedimento alguno pues la práctica unanimidad de las sociedades cotizadas no tendría que hacer variación alguna ya que llevan cumpliendo este porcentaje varios años, y de forma bastante amplia, además. Otra cuestión es el debate que expone el Informe del Comité de Expertos al considerar que ello debe ser objeto de regulación vía recomendación en semejanza a otros ordenamientos comparados, no imponiendo una carga a las sociedades que, pese a su práctico cumplimiento unánime, puedan verse rodeadas de diversas circunstancias que puedan aconsejar en algún momento puntual una variación de dichos porcentajes. Al fin y al cabo se trata del eterno debate entre autorregulación frente a intervencionismo legislativo, lo que analizaremos en su momento correspondiente.

En cuanto a un número determinado de consejeros independientes, consagrado en la Recomendación 17 del Código de Buen Gobierno, hemos de analizar los datos que ofrece el Informe Anual de la Comisión Nacional del Mercado de Valores: asistimos a un paulatino y constante aumento de presencia de consejeros independientes, que durante el ejercicio 2014 se situaban en el 31,4% de los miembros del consejo, frente al 39,4% del ejercicio 2017, siendo un incremento sensiblemente superior incluso al del

330. Datos ofrecidos por el Informe Anual de Gobierno Corporativo relativo al ejercicio 2017 publicado por la Comisión nacional del Mercado de Valores. Estos porcentajes redondeados se mantienen en términos prácticamente similares en los ejercicios precedentes.

331. La sociedad BARON DE LEY, S.A. no cumple la Recomendación de mayoría de consejeros externos, si bien sí lo hace con respecto al porcentaje de consejeros independientes, lo que resulta significativo pudiendo dar lugar a una suerte de compensación. Analizado el informe Anual de dicha compañía, se declara un total de ocho consejeros, de los cuales tres son ejecutivos, un dominical, tres independientes y el último como «otros». Si nos damos cuenta, a priori sí se produciría un cumplimiento, si bien su Informe explica que existe un consejero persona jurídica que es representado por un consejero ejecutivo persona física, explicación que precisamente viene a reafirmar la necesidad de reforzar las definiciones legales de la tipología de consejero, a los efectos de determinar los diferentes grados de cumplimiento.

aumento del capital flotante[332]. De nuevo, hemos de reflexionar si no resultaría más útil a los principios del gobierno corporativo el establecimiento de un número o porcentaje mínimo de consejeros independientes en el consejo de administración, y de nuevo, no consideramos impedimento alguno para ello. Es una cuestión de concienciación con respecto a la sostenibilidad y transparencia que de un consejo de administración de una sociedad cotizada se esperan, pues en este caso, a diferencia de la Recomendación relativa a la mayoría de no ejecutivos, en este caso no asistimos a un porcentaje tal alto de cumplimiento, sí muy mayoritario pero no prácticamente unánime, como el otro caso. Establecer como obligación legal el nombramiento de un mínimo de consejeros independientes no puede interpretarse como un gravamen para las sociedades si en cambio sí han pasado a constituir como obligación legal otras cuestiones no tan intrínsecas a los principios configuradores del gobierno corporativo. Ese número legal puede ser ínfimo, muy puntual si se prefiere, y que luego sea objeto de aumento vía recomendación del Código, pero establecer obligatoriamente por Ley la presencia de independientes entendemos que supondría un paso de confirmación en este sentido. Además, no nos llevemos a engaño, pues la presencia de independientes ya es obligatoria por Ley en determinados sentidos. Por ejemplo, si la sociedad está presidida por un consejero ejecutivo, se deberá nombrar a un consejero coordinador de entre los independientes como contrapeso a la acumulación de cargos (artículo 529 septies, apartado 2, de la Ley de Sociedades de Capital) de modo que la Ley ya está reconociendo su nombramiento semi imperativamente. O de forma más clara, con respecto a la totalidad de las sociedades cotizadas tengan o no presidente ejecutivo, mientras el artículo 529 terdecies exige necesariamente la constitución de las comisiones de auditoría, nombramientos y retribuciones (estas dos últimas, susceptibles de fusión) los dos artículos siguientes exigen que dichas comisiones estén formadas, en determinados porcentajes, por consejeros independientes, la mayoría de miembros en el caso de la comisión

332. Si de 2014 a 2017 se ha incrementado el número de independientes del 31,4% al 39,4% (8 puntos porcentuales) el capital flotante apenas ha tenido una variación del 1,6%, lo que evidencia que el aumento de la presencia de consejeros independientes necesariamente no responde a una mayor dispersión accionarial sino a una conciencia colectiva. Y es que de forma específica, *«los consejeros independientes representaban la mayoría del consejo en el 28,1% de las sociedades analizadas»*, lo que supone una importante cifra al no tener en cuenta en esa mayoría al resto de consejeros externos. Asimismo, se evidencia el incremento de nombramientos en el hecho de que *«en 2017 se han nombrado 188 consejeros independientes (177 en 2016), 99 por primera vez y 89 por reelección»* mientras que *«durante el ejercicio han cesado 67 consejeros independientes»* lo que evidencia que, siendo muy superior el número de nombrados respecto a los cesados, estamos ante una tendencia de mayor presencia de esta tipología de consejeros. Datos ofrecidos por el Informe Anual de Gobierno Corporativo relativo al ejercicio 2017 publicado por la Comisión nacional del Mercado de Valores.

de auditoría, y al menos dos en la de nombramientos y retribuciones, uno de los cuales además deberá presidirla. En conclusión, si en determinados aspectos la Ley exige la presencia de consejeros independientes, resultaría lógico establecer legalmente su presencia general en la estructura funcional del consejo, sin aludir a las Recomendaciones del Código y a *«las singularidades propias de cada sociedad»*, motivo por el que no compartimos el silencio que el Informe de la Comisión de Expertos realiza al respecto. Desde un prisma literal, si el artículo 529 quindecies de la Ley de Sociedades de Capital relativo a la comisión de nombramientos y retribuciones exige la presencia de, al menos, dos consejeros independientes, es que ya de por sí la Ley exige un consejo de administración con al menos dos consejeros independientes, no hay otra manera de leerlo. Por ello, hablamos de una obligación implícita que no encuentra sustento en el silencio de la Comisión de Expertos al respecto, cuando más lógico sería determinar ya de por sí un número o porcentaje mínimo concreto de independientes, con independencia de la posibilidad de ampliar su número vía recomendaciones. No es la primera vez que la Ley contiene este tipo de obligaciones implícitas, que no contradicciones. De forma anterior a la reforma operada por la Ley 31/2014 de modificación de la Ley de Sociedades de Capital para la mejora del gobierno corporativo, la Ley contenía algunas otras obligaciones implícitas, hoy superadas por la citada reforma legislativa. Es el caso de la propia comisión de nombramientos y retribuciones, cuya constitución no resultaba legalmente imperativa al contrario que la comisión de auditoría, cuando en cambio la Ley sí exigía que el consejero independiente fuera nombrado a instancia de la comisión de nombramientos. O volviendo a la necesaria forma de consejo de administración, ello no resultaba expresamente regulado, como sí ocurre ahora, si bien de forma constante se aludía a las comisiones del consejo, y cuando además las entidades financieras ya estaban entonces obligadas a adoptar la forma de consejo, lo que motivó que el legislador, en base a los motivos del Comité de Expertos, se decantara por establecer como obligación explícita lo que ya lo era implícita. En el caso del consejero independiente, nos encontramos lo mismo.

4. Presidente y separación de cargos

Reconoce el Informe que la cuestión acerca de la conveniencia o no de la separación entre las figuras de presidente y primer ejecutivo de la sociedad no resulta del todo clara, no al menos de una forma que podamos definir como concluyente. En este sentido, diferentes códigos de buen gobierno precedentes, comisiones gubernamentales y estudios doctrinales han expuesto sus diferentes tesis en torno a la posibilidad de fomentar la separación de ambos cargos, al objeto de no reposar en sede de una misma persona las máximas facultades de gestión y representación de la sociedad junto al liderazgo del consejo en su conjunto. De forma más o menos dubitativa, lo que parecía claro es que había una cierta tendencia a inclinarse en pos de la separación de cargos como medida de contrapeso a la concentración de poder, si bien no de una manera contundente. A día de hoy continúa sin serlo, y ni la Ley ni el Código de Buen Gobierno exponen la obligatoriedad, en el primer caso, o recomendación, en el segundo, de separar ambos cargos, si bien sí establecen que en caso de optar por la acumulación, sea designado un consejero independiente que haga las veces de coordinador entre los no ejecutivos como un mecanismo de efectiva supervisión. Esto es precisamente lo que explica la Comisión de Expertos, en esta ocasión de una manera más específica, al recordar que si bien tanto los primeros códigos de buen gobierno promulgados en nuestro país, el Libro Verde de 2011 de la Unión Europea, y el modelo de conducta del Reino Unido, abogan por la separación, en realidad vista la experiencia «*hace que no pueda afirmarse de forma concluyente ni de general aplicación las ventajas de la acumulación o separación de cargos*» dejando su regulación en manos de los códigos de conducta. La cuestión, ya se ha dicho, es que ni tan siquiera el Código de Buen Gobierno recomienda la separación de cargos, sabedor de la actual tendencia mayoritaria en pos de la acumulación, sino que únicamente se limita a recomendar la ampliación de funciones del consejero coordinador que establece el artículo 529 septies de la Ley de Sociedades de Capital, de imperativo y obligado cumplimiento si se opta por la acumulación. Ello evidencia que la cuestión no sólo no es clara, sino que parece actualmente lejos de constituir una obligación, pues si ni tan siquiera constituye objeto de recomendación supone que no se dan argumentos sólidos para optar por una preferencia concreta, con independencia de su posterior cumplimiento o no. De forma más clara si cabe, en el caso de las entidades financieras la separación de cargos sí resulta obligatoria, al menos en apariencia, pues la Ley 10/2014, de 26 de junio, de ordenación, supervisión y solvencia de entidades de crédito, establece que «*El presidente del consejo de administración no podrá ejercer simultáneamente el cargo de consejero delegado, salvo que la entidad lo justifique y el Banco de España lo autorice*», sin que encontremos justificación a dicha norma en la Exposición de motivos de dicha Ley. Pero decíamos en apariencia porque la específica excepción que contempla la Ley, sometida a la pertinente autorización, ha sido en la práctica muy arraigada, ya que la mayoría de las entidades de mayor significación en nuestro país cuentan con un presidente primer ejecutivo[333].

333. De diez de las más importantes entidades financieras, siete de ellas (Santander, BBVA, Sabadell, Bankia, Bankinter, Unicaja y Kutxabank) cuentan con presidente ejecutivo, por tres que no (Caixabank, Liberbank e Ibercaja).

En conclusión, de forma actual la tendencia práctica es clara, que opta por la acumulación, lo que se puede explicar en cierta manera en la falta de motivo y fundamentación por parte del legislador y del organismo regulador, que reconocen que no existe justificación para optar por un sistema u otro, pese a mostrar una implícita preferencia por la separación, si bien sin mucho convencimiento.

5. El secretario del consejo

De la misma manera que sucede con la figura del presidente, con respecto a la del secretario del consejo existe una doble posibilidad, la de que dicho cargo recaiga en un consejero o no. En este caso, dicha figura ha suscitado un menor interés doctrinal a diferencia de la del presidente, si bien existen algunos estudios que analizaremos más adelante. En cualquier caso, el Informe de la Comisión de Expertos nada aduce en tal sentido, ni tan siquiera si, en el caso de secretario consejero, qué tipo de consejero debería ser, hecho que no satisface el ánimo de conocer la opinión del legislador y del regulador acerca de esta cuestión pues el Código de Buen Gobierno apenas pasa por su figura, no le dedica un especial interés, y su recomendación se basa en establecer cuestiones genéricas de diligencia imputables a cualquier administrador de cualquier tipo de sociedad mercantil.

6. Procedimiento de nombramiento de consejeros

El apartado 4.8 del Informe de la Comisión de Expertos en materia de gobierno corporativo representa el núcleo central del presente trabajo, esto es, qué mecanismos prevén el legislador y el organismo regulador a través de los códigos de conducta para que el nombramiento de los miembros del consejo de administración responda al cumplimientos de los principios configuradores del *corporate governance* al objeto de obtener una gestión más sostenible, transparente y eficaz, tanto en la creación de valor, como en la influencia sobre la comunidad, mediante el establecimiento de un proceso de nombramiento que asegure la supervisión y el control de riesgos. Y la cuestión a los efectos del presente trabajo es clara, pues mientras la competencia para el nombramiento de administradores reside en la junta general en cualquier tipo de entidad mercantil, la sociedad cotizada se halla sujeta a determinadas especialidades no sólo procedimentales sino también de idoneidad para el ejercicio del cargo. A la postre, el nombramiento de consejeros de la sociedad cotizada es un proceso, salvando las enormes distancias y dicho únicamente a efectos explicativos, que funciona de una manera un tanto similar al departamento de recursos humanos de una empresa, el cual se encarga, entre otros, de elaborar y seleccionar una lista de candidatos para un puesto vacante en atención a las circunstancias propias del candidato por su formación, experiencia académica y profesional y cualidades personales, quedando habitualmente en manos del departamento correspondiente en que se ha producido una vacante la selección del candidato finalmente electo. De una manera similar trata de funcionar el nombramiento de consejeros pues, atendiendo a la propia singularidad de cada sociedad, a las vacantes, a las obligaciones legales y a las recomendaciones de los códigos de conducta, los consejeros a nombrar deberán tener una u otra misión, ya sea de gestión ordinaria y diaria, o de supervisión y control. Incluso la propia formación académico-profesional resulta relevante, pues como veremos a continuación, por imperativo de la Ley 31/2014, se requiere que como mínimo, uno de los dos consejeros independientes nombrados para formar parte del comité de auditoría tenga especiales *«conocimientos y experiencia en materia de contabilidad, auditoría, o en ambas»* según reza el actual artículo 529 quaterdecies de la Ley de Sociedades de Capital. Parece obvio tratándose de una comisión denominada expresamente «de auditoría», si bien hasta la reforma legislativa operada por la Ley 31/2014 no se incluyó tal obligación. Cuestiones como ésta, la idoneidad del candidato y el proceso de selección es lo que nos planteamos en el presente trabajo, si dichas modificaciones normativas contribuyen a la mejora del buen gobierno de nuestras grandes corporaciones. Y es que a día de hoy, existen socialmente debates en torno a los consejeros, no sólo en cuanto a la retribución, sino en cuanto a otras cuestiones tales como las denominadas «puertas giratorias» referidas a los políticos de primer nivel que una vez cesada su actividad pública pasan a formar parte de algunos consejos de administración. Otro punto del debate se refiere a la diversidad de género en los consejos, en el marco de un movimiento social de fomento de la igualdad salarial, de derechos y de oportunidades entre hombres y mujeres. Todo ello forma parte del procedimiento de nombramiento de consejeros, el cual ha sido modificado a la luz del Informe de la Comisión de Expertos, cuyas consideraciones consideramos imprescindibles para la comprensión de la reforma legal operada.

Expone el Informe tres cuestiones al respecto: la comisión de nombramientos y retribuciones, el sistema de cooptación, y la designación de suplentes.

Al objeto de introducir la regulación de la comisión de nombramientos (que puede ser mixta, o no, junto a la de retribuciones) comienza el Informe con una afirmación de total rotundidad que precisamente entendemos que justifica la pertinencia del presente trabajo: *«Dada su trascendencia para el gobierno corporativo, es necesario regular normativamente el procedimiento para la realización de propuestas de nombramiento o reelección de consejeros»*. Con ello da entrada a justificar la suma importancia de la comisión de nombramientos que, como hemos visto anteriormente, no resultaba de obligada constitución explícita con anterioridad a la reforma de la Ley de Sociedades de Capital de 2014, pero sí de obligación implícita por las alusiones que a la misma se hacía en otros momentos de la Ley. Y es que a juicio del Informe, resulta imprescindible dotar a la comisión de nombramientos de mecanismos y resortes que garanticen su efectiva intervención, tanto en el nombramiento de consejeros, especialmente los independientes, como en la reelección de cualquiera de ellos, con un objetivo concreto y específico: que los accionistas puedan disponer de la máxima información detallada del consejero propuesto a fin de emitir su voto en un sentido u otro con todas las garantías y conocimiento posible. Lo que consideramos claro es que la posterior aprobación por parte de la junta general de nombramiento de un consejero no exime de responsabilidad ni al consejero nombrado ni a los consejeros seleccionadores de la omisión de datos de experiencia que pudieren ser relevantes para considerar la idoneidad de dicho consejero. La propia Ley de Sociedades de Capital en su artículo 236.2 recuerda que el hecho de que el acto lesivo haya sido aprobado por la junta general no exime de responsabilidad al administrador, pues el accionista decide, no enjuicia, y en el caso del nombramiento de consejeros ideales, no corresponde al accionista ser enjuiciar la validez del candidato sino evaluar el informe que a tal efecto emita la comisión de nombramientos. Si el accionista hierra en su elección al aprobar el nombramiento de un consejero cuyas expectativas eran muy superiores a las efectivamente desempeñadas, el accionista ya sufrirá el daño por una pérdida de valor de la sociedad, sea bursátil o reputacional. Por ello el Informe, al respecto de la comisión de nombramientos, propone la modificación legal en dos aspectos, el primero, que su constitución pase a ser de obligado cumplimiento explícito, y no implícito como sucedía anteriormente, y que se le dote de dos circunstancias concretas: que el nombramiento o reelección de los consejeros independientes sea exclusivamente propuesto por la comisión de nombramientos; y que para el nombramiento o reelección de cualquier otro consejero, la comisión emita un informe previo evaluando la competencia, experiencia y méritos del candidato. Al fin y al cabo, como decíamos, se produce una situación un tanto similar al departamento de recursos humanos, si bien su funcionamiento y procedimiento, así como su aplicación práctica, serán analizados en el apartado correspondiente.

En cuanto al sistema de cooptación, el Informe considera que, si bien se ha configurado como un sistema eficaz de nombramiento de consejeros entre juntas generales ante el acaecimiento de alguna vacante en el consejo, considera que para las sociedades cotizadas no debe resultar imperativo que la vacante sea cubierta necesariamente por un accionista, como sí ocurre para las sociedades anónimas en general *ex* artículo 244 de la Ley de Sociedades de Capital. Justifica dicha consideración en la libre transmisibilidad de las acciones cotizadas, sin dar más justificación. El criterio es discutible. Hay que partir de la premisa que el sistema de cooptación es un mecanismo de carácter condicionado, toda vez que queda supeditado a la ratificación del nombramiento por la propia junta general. No se trata por tanto de una condición suspensiva pues su nombramiento resulta eficaz al momento de su aceptación, no de su ratificación, siendo potestad de la junta revocar el nombramiento con efectos *ex nunc*, de modo que en tal caso hablaríamos más de una condición resolutoria. Algún autor ha designado este sistema como de carácter temporal[334], criterio que no compartimos toda vez que el nombramiento por cooptación no es temporal, más allá de la obvia temporalidad del cargo de consejero que afecta a todas las sociedades anónimas, con independencia de su posible renovación. El sistema de cooptación es eficaz, como hemos dicho, desde su aceptación, por lo que la próxima junta general decidirá entre su revocación, como puede decidir sobre la revocación de cualesquiera otros consejeros, o entre su ratificación, continuando dicho consejero en el ejercicio de su cargo. A lo que nos referíamos anteriormente con el criterio discutible es con la eliminación de la necesaria condición de accionista del consejero que sea nombrado por este sistema, como sí ocurre en cambio con las sociedades anónimas no cotizadas. Que el motivo para dicha eliminación se base en la libre transmisibilidad no nos parece suficientemente motivado. Es cierto que con carácter previo a la reforma de la Ley, algunos autores se preguntaban si la condición de accionista bastaba con que se diera al momento de nombramiento y aceptación, o si en cambio debía mantenerse dicha condición hasta el momento de ratificación por parte de la junta general, pues incluso se propuso que para su designación por este sistema, se exigiera un acuerdo de mínimos, ya fuera de participación o de antigüedad como socio[335]. Al respecto, nada establecía la Ley, de modo que siguiendo el tenor literal del artículo 244 de la Ley de Sociedades de Capital, entendemos que se refiere a la condición de accionista al momento de su aceptación, lógico si tenemos en cuenta, ahora sí, la libre transmisibilidad de las acciones cotizadas, pues no cabe prohibir a un socio transmitir o mantener una participación accionarial en contra de su voluntad, cuando nos hallamos en un mercado abierto. Pero que nada impidiera al consejero cooptado transmitir sus acciones de forma posterior a su nombramiento, entendemos que no es óbice para la exigibilidad de su

334. ROJO FERNÁNDEZ-RÍO, A.: «Artículo 244» en AAVV (dir. ROJO FERNÁNDEZ-RÍO, A. y BELTRÁN SÁNCHEZ, E.) *Comentario de la Ley de Sociedades de Capital*. Ed. Thomson-Reuters, Madrid. Pág. 1762.

335. MARTÍNEZ SANZ, F.: *Provisión de vacantes en el consejo de administración de la sociedad anónima*. Ed. Aranzadi, Madrid 2007. Pág. 413.

condición de accionista precisamente en ese momento. Hay que tener en cuenta que el sistema de cooptación es un mecanismo extraordinario de carácter especial que opera como una excepción a la inderogable competencia de la junta general de nombrar y cesar a los administradores de las sociedades de capital, de modo que a los efectos de limitar esta facultad del consejo, y asimismo, de fomentar la participación de la junta, entendemos más procedente que el nombramiento se produzca entre un miembro de la propia junta, esto es, de un accionista. No podemos negar que nuestra consideración se basa en la falta de motivación del Informe de la Comisión de Expertos de eliminar este requisito que sí es aplicable para la sociedad anónima no cotizada, de modo que cabe entender argumentos en su defensa. Sin embargo, justificarlo únicamente en la libre transmisibilidad es un criterio que no compartimos pues para acreditar la misión de creación de valor al accionista, uno de los mismos podrá ser relativamente idóneo para desempeñar dicha función. Cuestión diferente será, la idoneidad del cooptado para el desempeño del cargo, por un lado, y el cubrimiento de una vacante de una tipología especial de consejero, como el independiente, que precisamente no deba tener relación con la sociedad, por otro lado. Pero como decíamos, sí encontramos también motivos para entender el razonamiento del Informe, pues el caso de cubrir una vacante de un consejero independiente precisamente impide que se realice por medio de una persona con una determinada vinculación a la sociedad, pues precisamente perdería ese carácter independiente.

Finalmente, con respecto al nombramiento de administradores suplentes previsto únicamente para las sociedades anónimas conforme a lo previsto en el artículo 216 de la Ley de Sociedades de Capital, el Informe rechaza esta posibilidad para las sociedades cotizadas al entender que precisamente el procedimiento de nombramiento de consejeros responde a una idoneidad que ha de ser valorada en el momento efectivo del nombramiento, por lo que el nombramiento de suplentes podría no surtir los mismos efectos de idoneidad. Es un criterio sumamente interesante el de la Comisión de Expertos pues, si bien entendemos a la perfección su planteamiento, también nos preguntamos hasta qué punto la idoneidad de consejeros puede surtir excesivas modificaciones en un corto espacio temporal. Ello implica que, de producirse una vacante, el consejo únicamente podría acudir al sistema de cooptación y no al de suplentes. Por el contrario, si se admitiere válido el sistema de suplentes, el consejo rara vez acudiría al sistema de cooptación. Ello no quiere decir que ambos sistemas resulten incompatibles, si bien no ha de dejarse en cuenta que el sistema de cooptación, como un nombramiento más de consejero, habrá de seguir el mismo proceso de nombramiento mediante el informe o propuesta de la comisión de nombramientos según la tipología de la consejería a cubrir, lo que previsiblemente llevará un tiempo sensiblemente superior al de nombramiento de un suplente. Por el contrario, limitando temporalmente la vigencia de un informe de idoneidad sobre un consejero suplente, de modo que al tiempo de producirse su vacante, la comisión de nombramientos no tenga más que evaluar que no han variado las circunstancias idóneas del candidato, ratificando por tanto su propuesta de nombramiento, el tiempo resultará sensiblemente inferior.

En este sentido, a colación de la idoneidad junto a lo comentado anteriormente sobre el sistema de cooptación según finalizábamos en el anterior párrafo, entendemos que han de buscarse soluciones alternativas. Una de ellas parte de dirigir la vista al organigrama directivo de la sociedad, cuya idoneidad, la referida a los miembros de la alta dirección, debería estar acreditada. No obstante, suele ser habitual que miembros de la alta dirección de la sociedad sean retribuidos, o al menos gratificados, con acciones de la propia sociedad, lo que les invalidaría para cubrir una vacante de un consejero independiente.

7. La tipología de consejeros

En la composición del consejo de administración de la sociedad cotizada, la clase de categoría de los consejeros integrantes del mismo ha sido una cuestión de sumo interés pues en función de dicha clasificación, el consejo estará estructurado en una u otra forma, ya sea con respecto al equilibrio entre gestión y supervisión, o sea por la necesaria composición de algunas comisiones integradas por determinados consejeros. En este sentido, los principios del gobierno corporativo han distinguido cuatro clases principales de consejeros, a saber, ejecutivos, dominicales, independientes, y otros externos, siendo estos últimos aquellos que por sus concretas circunstancias no pueden ser encuadrados en ninguna de las tres clases anteriores. Sin embargo, resultaba imprescindible que al objeto de poder declarar una determinada clase de consejero, las sociedades tuvieran un resorte legal en el que basarse para definir a qué clase respondía cada uno de los integrantes de su consejo, motivo por el cual proliferaron en los distintos y anteriores códigos de buen gobierno diferentes definiciones al respecto, siendo con toda probabilidad la de consejero independiente la que más interés suscitaba, pues trababa de determinar qué criterios eran necesarios para asegurar «la independencia del independiente».

Al respecto, expone el Informe que considera necesario incorporar a la Ley las referidas definiciones, las cuales formaban parte anteriormente del ya derogado Código Unificado de Buen Gobierno, para lo cual realiza interesantes apreciaciones: (i) justifica su elevación a rango legal por las continuas remisiones que en la propia Ley se realiza a los tipos de consejeros a los efectos de composición de comisiones del consejo, proponiendo en consecuencia una nueva redacción del artículo 529 duodecies de la Ley de Sociedades de Capital; y (ii) opta por seguir el criterio de la definición de la Orden ECC/461/2013, de 20 de marzo[336], respecto al consejero independiente, frente a la elaborada por la Propuesta de Código Mercantil, manteniendo las mismas definiciones respecto a los restantes consejeros que se incluían en el citado Código Unificado.

En cuanto a la elevación o incorporación a la Ley de dichas definiciones, nos encontramos con un clásico debate acerca de algunas normas incorporadas a textos legales y no reglamentarios, pues una simple lectura del referido artículo 529 duodecies de la Ley de Sociedades de Capital nos muestra que nos encontramos ante un artículo que no tiene carácter imperativo, no dispone ningún tipo de conducta ni establece medidas coercitivas, sino que más bien se constituye como un artículo explicativo o interpretativo de la Ley, materia que nuestro ordenamiento jurídico reserva al reglamento. Bien es cierto que la Ley de Sociedades de Capital no cuenta con un desarrollo reglamentario, si bien no es menos cierto que tal vez el artículo podría ser redactado de una manera más imperativa en lo que a necesario cumplimiento se refiere, por ejemplo, en los términos que anteriormente indicábamos relativos a la necesaria obligación explícita de contar con un número mínimo de consejeros independientes en el consejo de administración. En cualquier caso, es cierto que la Ley se remite en varios momentos a la tipología de consejeros, motivo por el que no resulta extraño incorporar dichas definiciones de los códigos de conducta a los cuales, en cambio, la Ley no se refiere en ningún momento.

En cuanto a la definición legal de consejero independiente respecto a la fuente elegida para su incorporación a la Ley frente a la desestimada de la Propuesta de Código Mercantil, se trata en ambos casos de una definición en sentido negativo, esto es, en lugar de determinar qué es un consejero independiente, la norma opta por indicar en qué concretas situaciones un consejero no puede ser en ningún caso calificado como independiente. En este sentido, parece acertada la decisión de la Comisión de Expertos de optar

336. Orden ECC/461/2013, de 20 de marzo, por la que se determinan el contenido y la estructura del informe anual de gobierno corporativo, del informe anual sobre remuneraciones y de otros instrumentos de información de las sociedades anónimas cotizadas, de las cajas de ahorros y de otras entidades que emitan valores admitidos a negociación en mercados oficiales de valores. Publicado por el Ministerio de Economía y Competitividad. BOE núm. 71, de 23 de marzo de 2013. Referencia: BOE-A-2013-3212.

por las definiciones de la Orden ECC/461/2013, aunque no la siga literalmente, pues en un comparativo con la ofrecida por la Propuesta de Código Mercantil parece ligeramente más exhaustiva. Pero remarcamos que no lo sigue literalmente pues, si bien como hemos dicho entraremos más adelante en profundidad con respecto a la definición de consejero independiente, existe una importante diferencia entre el texto de la Orden y el propuesto por el Informe con respecto a en qué casos un consejero no puede ser calificado como independiente: el apartado 4.i) del artículo 529 duodecies de la Ley de Sociedades de Capital, establece que no podrán ser considerados como consejeros independientes quienes *«hayan sido consejeros durante un período continuado superior a 12 años»* mientras que el mismo apartado 4.1) pero del artículo 8 de la Orden ECC/461/2013, a la misma frase añade *«sin perjuicio de lo establecido en la letra a) de este apartado»*, el cual viene a decir que si un consejero ha sido previamente alto directivo o consejero de sociedades del grupo, deberán transcurrir tres y cinco años respectivamente para poder ser calificado como independiente. Queremos llamar la atención en dicha diferencia, pues la remisión que sí hace la Orden y que en cambio obvia la Ley puede hacer interpretar que se refiere al ejercicio de consejero durante doce años en sociedades del grupo, no en cualquier otra. Y es que una lectura del citado apartado 4.i) del artículo 529 duodecies, al hablar exclusivamente de «haber sido consejero durante doce años de forma continuada» sin indicar más, cabe interpretarse como que el hecho de haber tenido un ejercicio continuado de la condición de consejero, entendemos que en sociedad cotizada, invalida para el ejercicio del cargo de consejero independiente en cualquier otra sociedad. La Ley no lo aclara, nada dice al respecto. Sin embargo, la Orden ECC/461/2013 sí se remite a un apartado por el cual se reconoce expresamente la posibilidad de ser designado consejero independiente en la misma sociedad si ha transcurrido el plazo establecido. Por este motivo, ni compartimos ni entendemos la omisión que el Informe ha realizado al respecto, considerando que resultaría mucho más clarificador a efectos interpretativos, que precisamente es de lo que trata el artículo 529 duodecies de la Ley de Sociedades de Capital, que se incluyera la excepción objetiva temporal que sí incluye la referida Orden ECC/461/2013.

8. Las comisiones del consejo

Según hemos indicado ya, una de las novedades de la reforma operada por la Ley 31/2014 fue la de establecer la obligación legal de constituir una comisión de nombramientos y retribuciones, de forma unida o separada, en el seno del consejo de administración, lo que hasta la fecha resultaba de obligación implícita, no así la del comité de auditoría, cuya existencia ya resultaba imperativa desde la Ley 44/2002, de 22 de noviembre, de Medidas de Reforma del Sistema Financiero, conocida como la Ley Financiera», obligación que fue posteriormente reforzada por la Ley de Economía Sostenible que modificaba la Ley de Mercado de Valores estableciendo como infracción grave la omisión del deber de dicha obligación. Hay que añadir que los consejos de administración pueden contar, y de hecho suelen hacerlo, con otras comisiones no de imperativa constitución pero sí sometidas a un conjunto normativo concreto, de alcance legal o por vía de código de conducta. El caso más típico es el de la comisión ejecutiva o delegada, si bien algunos medios apuntan a una paulatina pérdida de influencia y existencia de este tipo de comisión[337]. En cualquier caso, si se constituyen nuevas comisiones adicionales a las legalmente obligatorias, a dichas comisiones le son de aplicación iguales normas tales como la disposición de todas sus actas en favor de la totalidad de los miembros del consejo.

Para la reforma legislativa de las comisiones del consejo, expone el Informe que ha tomado como base el artículo 283-41 de la Propuesta de Código Mercantil, eliminando una mención a un derecho de veto de cualquier consejero. Efectivamente, el citado artículo de la Propuesta en su apartado tercero, establecía que «*El miembro de cualquier comisión que disienta del criterio de la mayoría tendrá derecho a que el asunto se someta a la consideración del consejo de administración, quedando entre tanto en suspenso el acuerdo de la comisión*» lo que la Comisión de Expertos rechaza de plano por entenderlo innecesario, pues todos los consejeros cuentan (o han de contar) con toda la información relativa al funcionamiento de las comisiones, e inadecuado, al conceder excesivo poder a un único consejero, con independencia de su tipología. Entendemos acertado el criterio de la Comisión de Expertos pues, además de conceder efectivamente un excesivo poder a un mismo consejero, que se evidenciaría más latente si cabe entre consejeros disidentes o en batallas de luchas de poder, consideramos asimismo que desnaturalizaría por completo las funciones de las comisiones. Seguir el criterio de la Propuesta de Código Mercantil exigiría una suerte de unanimidad en todas y cada una de las comisiones del consejo de administración, pues se trata de una norma común a todas ellas, sean de obligada constitución o no, y evidentemente carece de sentido lógico, pues se trata de una cuestión que de forma analógica prohíbe expresamente el artículo 200 de la Ley de Sociedades de Capital, al impedir una modificación estatutaria que eleve la mayoría para la adopción de determinados acuerdos hasta llegar a la unanimidad. Si bien se trata de un artículo relativo a los acuerdos sociales en

337. «El poder del consejo relega a las comisiones ejecutivas». Noticia publicada en el Diario Expansión el 10/06/2019, cuyo enlace puede consultarse en: https://www.expansion.com/empresas/2019/06/10/5cfd5a20e5fdead3588b461b.html

junta general, entendemos que resulta de igual aplicación por constituir un principio general de las sociedades de capital. Asimismo, y como decíamos, someter un asunto reservado a una comisión, a la votación de la totalidad del consejo por la mera discrepancia de un consejero, supondría desnaturalizar la función de la comisión, cuando precisamente lo que los principios del gobierno corporativo buscan es un equilibrio de poderes y un reparto de asuntos. Ello no es óbice para una posterior revocación del acuerdo por parte de la totalidad del consejo, pero dejar el acuerdo en suspenso hasta la ratificación del consejo resultaría excesivo e inoperativo.

Sobre el comité de auditoría, el Informe propone trasponer el contenido de su regulación desde la Ley del Mercado de Valores a la Ley de Sociedades de Capital, cuestión lógica y comprensible que viene a confirmar el carácter cada vez más exhaustivo de esta última en lo referente a los órganos sociales, consagrado en este caso en su Título XIV sobre las *«especialidades del Consejo de Administración»*.

En cuanto a la comisión de nombramientos y retribuciones, de nuevo nos referiremos a la primera, además del interés que nos suscita a los efectos del presente trabajo, porque también lo representa para la propia Ley. Como ejemplo gráfico, de los seis subapartados del apartado tercero del artículo 529 quindecies de la Ley de Sociedades de Capital relativo a dicha comisión mixta, cinco de ellos regulan cuestiones concernientes a la comisión de nombramientos, por una de la de retribuciones, lo que evidencia el sumo interés que a los efectos del gobierno corporativo tiene el nombramiento de consejeros, su idoneidad, y su procedimiento de selección, nombramiento, reelección o cese. Para la redacción de dicho artículo, el Comité de Expertos realiza una conjunción entre la regulación establecida en la Propuesta de Código Mercantil junto a las recomendaciones del anterior Código Unificado de Buen Gobierno, dando lugar a una regulación más exhaustiva y concreta, sobre las determinadas funciones de dicha comisión, especialmente en lo que a consejeros independientes se refiere. En este sentido, hay una conexión legal en la propia Ley pues del mismo modo que se establece la propuesta de nombramiento de consejeros independientes como exclusiva de la comisión de nombramientos, el artículo concerniente a la tipología de consejeros recuerda que no podrá ser considerado como independiente aquel cuyo nombramiento no provenga de una propuesta de la comisión de nombramientos. Esta conexión refuerza sin duda la gran importancia de este comité, reforzado con su constitución por imperativo legal, que asimismo se ha visto desarrollado por las recomendaciones del Código de Buen Gobierno, Recomendaciones 47 a 51 ambas inclusive, toda vez que la redacción del anterior Código Unificado de Buen Gobierno quedó obsoleta al haber sido incorporada a la Ley.

3. AUTORREGULACIÓN FRENTE A INTERVENCIÓN LEGISLATIVA

A) LA NECESARIA SEGURIDAD JURÍDICA

Como hemos expuesto en capítulos anteriores, el Derecho societario especialmente en lo que a cotizadas se refiere, se halla en un estadio de coexistencia o confluencia normativa de diferente índole por razón de la naturaleza legislativa. No obstante, no puede perderse la perspectiva que dicha rama de nuestro Ordenamiento Jurídico se enmarca en el Derecho privado, lo que a su vez queda consagrado en el artículo 67 de la Ley de Sociedades de Capital: la libre autonomía de las partes en el otorgamiento del contrato de sociedad. Es cierto que dicha autonomía se hace quizás más significativa en las sociedades de responsabilidad limitada que con respecto a las anónimas, no digamos ya respecto de las cotizadas, sin embargo ello no obsta a la libertad autorreguladora que la Ley reconoce a las sociedades, al menos en unos límites concretos. Ahora bien, especialmente en sede de cotizadas, como hemos dicho, confluyen normas de Derecho público de obligado cumplimiento que entran en la esfera de las relaciones jurídico-privadas. No es algo novedoso. Por citar un ejemplo especialmente significativo, resulta de la responsabilidad tributaria subsidiaria de los administradores de las sociedades de capital (artículo 43 de la Ley General Tributaria), derivada con matices del ejercicio de su cargo, lo que a un jurista privatista podría sorprender si tenemos en cuenta que la responsabilidad societaria del administrador ha de ser probada y condenada judicialmente, ya sea por interposición de cualesquiera acciones civiles a tal efecto contempladas o por exigencia de la propia junta. Pues asimismo, existen otros ejemplos que, ajenos a actos derivados de la infracción o inobservancia de una norma, resultan de obligado cumplimiento, tales como la normativa reguladora del mercado de valores, o de los órganos de gobierno de las entidades financieras. Todo ello nos lleva a la consideración de la dicotomía entre autorregulación frente a intervención.

Es un debate sempiterno que, pese a las críticas de voces doctrinales muy autorizadas, al final tiene como juez y parte al legislador, que es quien decide sus propios límites al facilitar y fomentar la autorregulación, en unos casos, o al contrario, generar un intervencionismo regulatorio. En este segundo caso, no puede haber nadie que afirme que el movimiento intervencionista del legislador responda a una suerte de capricho, sino muy al contrario, viene motivado por diversos antecedentes, como es su obvia obligación, que habitualmente se explica en la correspondiente exposición de motivos de cada ley. Y en este sentido, cada normativa promulgada que ha acotado el terreno de la autorregulación ha venido precedida bien de determinados acontecimientos jurídicos o no, pero de especial calado económico-financiero, así como de la demanda de los agentes operantes del mercado.

Precisamente, a colación de nombrar al mercado en sentido genérico, para un jurista no resulta sencillo determinar qué buscan los inversores en sentido económico para el desembolso de una determinada cantidad inversora, pues ello responde a un conjunto de circunstancias que escapan a nuestros conocimientos. Pero lo que como juristas sí podemos asegurar, es que los inversores, personas físicas o jurídicas, como cualquier ciudadano de un país civilizado, buscan seguridad jurídica. No cabe en modo alguno entender el ordenamiento jurídico de ninguna nación avanzada si no cuenta con los resortes suficientes que aseguren el imperio de la Ley, como así ocurre en el mundo occidental. Lo contrario, nos lleva a inversiones de sumo riesgo en países cuyo uso de la ley queda en ocasiones al albur de la arbitraria voluntad puntual de los gobernantes, cuyo ascenso al poder o mantenimiento en el mismo puede ser cuanto menos cuestionable. En nuestro país, son sobrados los casos conocidos de algunos países al otro lado del Atlántico[338].

Evidentemente, por fortuna no es el caso de nuestro país. Pero lo que queríamos advertir con esta comparación es que cualquier inversor requiere de una cierta seguridad jurídica para la ejecución de su citada inversión, y en este caso, las sociedades cotizadas representan un vehículo imprescindible para la entrada de capital internacional a nuestro país. Lo que pretendemos decir es que resulta evidente que las continuas modificaciones y vaivenes legislativos no ayudan al fomento de la inversión, sino al contrario, a la congelación de la capitalización, pues la seguridad jurídica también es eso. No se trata únicamente de que la modificación legal responda a un procedimiento tasado con intervención del poder soberano que reside en las Cortes, sino también en que una vez promulgada una norma, no vaya a sufrir constantes variaciones casi siempre coincidentes con los cambios del signo político en el gobierno de la nación, o incluso, casi peor, mediante decretos-ley bajo la apariencia de la urgencia. En nuestra legislación societaria lo hemos comprobado de primera mano, cómo desde el año 2010, cuando se promulgó la refundición de la legislación societaria en la actual Ley de Sociedades de Capital, hasta la actualidad, se han sucedido varias, y reincidimos en el calificativo varias, modificaciones legislativas de dicha Ley, muchas de las cuales hemos repasado en los apartados precedentes.

338. «*Las empresas españolas en Venezuela: no es momento de elegir bando*». Noticia publicada en el diario El Español con fecha 6/02/2019. Puede consultarse el enlace en: https://www.elespanol.com/economia/empresas/20190206/empresas-espanolas-venezuela-no-momento-elegir-bando/373963773_0.html

Prueba de lo que hemos calificado como vaivenes legislativos es, por ejemplo, el caso de las cláusulas limitativas al derecho de voto, con varias derogaciones y posterior entrada en vigor, en apenas unos años. Entendemos que ello merece una reflexión. Y para estructurar las ideas, ha de partirse de la premisa del debate al que inicialmente hacíamos referencia: autorregulación frente a intervencionismo legislativo.

B) CRITERIOS DE DEFENSA DE LA AUTORREGULACIÓN

Para enfocar un estudio que afronte dos posiciones tan aparentemente enfrentadas como la autorregulación interna frente al intervencionismo legislativo, es obvio que debemos conocer en profundidad los planteamientos de ambas posturas, entender sus argumentos a favor, y ya, al criterio de cada uno, elaborar su propio juicio crítico. Evidentemente, en este estudio acotamos dicho debate de forma exclusiva al Derecho de las sociedades cotizadas pues, evidentemente, el debate en esferas más allá del Derecho societario resultaría tremendamente amplio, donde influirían además cuestiones históricas, políticas y económicas. Es cierto que estas mismas circunstancias son las que de igual manera afectan al legislador a la hora de regular nuestras grandes compañías, si bien nuestro análisis debe ceñirse exclusivamente a dicho ámbito.

Por ello, comenzamos con el estudio de argumentos que propugnan y defienden mayor libertad autorreguladora de las sociedades cotizadas frente a la intervención del legislador, pues ya hemos visto y repetido que la Ley 31/2014, de 3 de diciembre, por la que se modifica la Ley de Sociedades de Capital para la mejora del gobierno corporativo, pocas dudas ofrece que se ha tratado de un texto normativo preeminentemente intervencionista. Al respecto, partimos de un interesante estudio del Profesor Mateu de Ros Cerezo sobre dicha cuestión[339], quien siendo una autorizada voz en la materia se posiciona rotundamente frente al intervencionismo, trabajo al cual nos remitimos por su exhaustividad, del que nos gustaría destacar algunas concretas precisiones:

i. Parte de la premisa que, a excepción de la necesaria normativa de establecimiento de un marco regulatorio, las libres facultades de organización frente al intervencionismo son formas tan diferentes de entender el Derecho societario, que resultan completamente incompatibles entre sí, hasta el punto de afirmar que la Ley 31/2014 ha situado a la legislación

339. MATEU DE ROS CEREZO, R.: «Gobierno corporativo de las sociedades cotizadas. Entre la libertad y la regulación» en *Revista de Derecho Mercantil*, n.º 303. Madrid, 2017. Pág. 69-102.

societaria española como una de las *«más intrusivas comparado con los estándares de la Unión Europea y los sistemas anglosajones»*.

ii. Estima que la sociedad mercantil de capital en su origen ha partido de la iniciativa privada, quedando por tanto al margen de las materias reservadas a la organización gubernamental en cuanto a la gestión de recursos públicos, y que por tanto ha nacido de la libertad política y económica, lo que la intrusión del Estado desnaturalizaría su figura.

iii. Recuerda que determinados preceptos de la Ley de Sociedades de Capital, mantenidos incluso con posterioridad a la reforma operada a finales de 2014, reconocen de forma expresa la facultad de autorregulación tanto de la propia sociedad en sí, como de forma concreta, por el consejo de administración, conforme establecen los artículos 245, 23.c) y 28. Sí conviene hacer un apunte en este caso, pues nos resulta prácticamente imposible de imaginar cualquier reforma legislativa que, por muy intervencionista que pudiere llegar a ser, tuviera por objeto la derogación de los citados artículos.

iv. Cuestiona la petición del Código de Buen Gobierno de maximizar el valor de las compañías con un enfoque a largo plazo como forma de sostenibilidad del negocio, al efecto de preguntarse por qué una determinada estrategia cortoplacista, sin aclarar si ésta es puntual o no, no puede constituir un objeto legítimo, ni por qué iba a atacar los intereses de la sociedad, sus socios, y sus grupos de interés. Por ello rechaza interpretaciones dogmáticas del concepto de interés social, al entender que ello responde al caso concreto de cada sociedad. Lo significativo en este apartado es que el autor alerta de lo que entiende el peligro de *«nacionalización invisible»* al entender que si es el Estado quien determina qué ha de entenderse por interés social, nada le obstaría a determinar quién ha de ser nombrado consejero y, en esencia, a gestionar la empresa.

v. Diserta sobre algunas diferencias significativas entre artículos de la Ley de Sociedades de Capital sobre cumplimiento voluntario frente a los de contenido imperativo, con ejemplos respecto de esto último como el del consejero coordinador en caso de concurrencia en una misma persona de las figuras de presidente y ejecutivo de la sociedad, donde la Ley impone su cargo con un *«el consejo deberá nombrar...»* sin especificar las consecuencias derivadas de un hipotético incumplimiento más allá de la imagen en la información pública proyectada. Y es que este tipo de figuras a la postre vendrán reguladas por la propia regulación interna de la sociedad, ya sea desde una perspectiva normativa a través del reglamento del consejo, como de los propios «usos y costumbres» corporativos de la compañía en cuestión para el desempeño del cargo de consejero.

vi. Realiza una interesante reflexión al considerar que, siendo objeto del gobierno corporativo el equilibrio de poderes, debe resultar de mayor interés el análisis efectivo de poderes tanto de los consejeros ejecutivos como de la comisión ejecutiva, de existir, que el hecho del número concreto de consejeros de según qué tipología, cuestión que además se acentúa en la específica realidad de cada sociedad.

vii. Critica la intromisión del Derecho público en la esfera privada de las sociedades mercantiles hasta el punto de afirmar que la Ley de Sociedades de Capital, a este paso, se terminaría convirtiendo en un cuerpo normativo estrictamente procedimental pues ha pasado a entrar a regular, por ejemplo, el número de ocasiones en que ha de reunirse el consejo o qué contenido deben tener los estatutos, reglamentos e incluso el contrato de consejero delegado del artículo 249.

viii. Analiza la calificación normativa del consejero dominical, sobre el que el autor ha realizado específicos estudios[340], a los efectos de su encaje en la tipología de consejero difícilmente calificable como independiente, y su problemática respecto de las relaciones societarias con los inversores institucionales y los asesores de voto. Se trata de una cuestión problemática pues en ocasiones puede calificarse como una suerte de híbrido por sus proximidades, en según qué casos, a los ejecutivos por un lado, y a los externos, por otro.

ix. Respecto de los conflictos de interés de consejeros, entiende que la Ley se mueve en unos términos tan rígidos como «de corte metafísico» al hablar del siempre interesante tema del deber de lealtad de los administradores, y es cierto que en ocasiones parece que el consejero o administrador está en permanente sospecha. Esta cuestión entendemos que en ocasiones se debate más desde una perspectiva sociológica en términos de ética pues efectivamente el consejero no deja de ser un trabajador no en sentido de Derecho laboral sino profesional, pero por otro lado, no es menos cierto que la asunción de su cargo conlleva una serie de responsabilidades que exigen una especial observancia de los procesos internos. Un ejemplo similar lo encontramos en los representantes públicos con cargo electo ya sea en la administración local, autonómica o estatal, políticos que se hallan en su día a día a una vigilancia social permanente, a quienes la sociedad en sentido de ciudadanía reclama una intachable conducta en consonancia a sus responsabilidades y salario con cargo al erario. Pues como decimos, similar podría ocurrir con los consejeros de las grandes compañías que, sin ser entes

340. MATEU DE ROS CEREZO, R.: «Consejeros dominicales» en AAVV (dir. COHEN BENCHETRIT, A.) *Derecho de sociedades. Cuestiones sobre órganos sociales*. Ed. Tirant Lo Blanch, Madrid. Pág. 473.

públicos, sí hemos visto en el capítulo anterior el gran interés general presente en nuestras grandes corporaciones, lo que ha de añadirse a una retribución significativa en lo que al salario medio se refiere.

x. Concluye que el buen gobierno corporativo debe enmarcarse en los límites de la libertad autorreguladora como esencia de «*las raíces liberales y iusprivatistas*» al rechazar una proporción directa entre los resultados contables y el sistema de buen gobierno, al menos desde una perspectiva empírica, entendiendo que se ha perdido el punto de vista del Derecho societario como un Derecho de contratos, proponiendo suplir las lagunas de la norma imperativa con los usos corporativos del buen gobierno.

En nuestro análisis de los puntos desglosados, nos ha parecido especialmente significativa la afirmación del autor que considera que «*las empresas de mayor capitalización bursátil en los diferentes sectores de la economía suelen ser siempre aquellas que no son ni han sido nunca empresas públicas, es decir, las empresas estrictamente privadas que nacen y actúan sin interferencias políticas*». Es cierto que, conforme a una reflexión en sentido amplio y conforme a nuestro estudio, entendemos que existen ciertos matices que convierte la afirmación en, por lo menos, discutible. En el capítulo primero hacíamos referencia a la especial incidencia de las grandes compañías de nuestro país en lo que puede definirse en sentido amplio como interés general, no sólo en lo que a datos económicos y laborales se refiere, sino por la naturaleza o actividad de las grandes corporaciones nacionales. Y es que como decíamos, el caso español es significativamente diferente a otros modelos comparados como el anglosajón, en el cual las compañías tecnológicas o informáticas representan el grueso de los primeros puestos de las listas de entidades con mayor volumen de capitalización. No así en España, donde una parte significativa de las entidades habitualmente integrantes del IBEX 35 pertenecen a sectores regulados como entidades financieras o eléctricas, o tienen especial incidencia pública como constructoras. Bien es cierto que, salvo bancos que provengan de las antiguas cajas de ahorro previas a la reestructuración bancaria y al caso concreto de Telefónica, no puede decirse que ninguna de ellas hayan sido empresas públicas, pero no es menos cierto que el sector público sí está presente en las mismas, ya sea por vía de regulación normativa o por la especial incidencia que sobre la ciudadanía ostentan. El caso, ya se ha planteado, una persona puede no adquirir una prenda de ropa en la textil bursátil más importante de nuestro país, o no adquirir un teléfono móvil de última generación de una tecnológica concreta, pero sí podrá necesitar financiación bancaria para la adquisición de su vivienda habitual o contar con un suministro de energía eléctrica mínimo en un caso de precariedad económica. Esos casos son los que hacen del caso español no diferente ni especial, pero sí significativo en lo que a normas de buen gobierno se refiere.

Han de tenerse en cuenta además los denominados usos y costumbres empresariales en nuestro país en relación a la ideología económica de nuestro sistema constitucional. Es cierto que nos hallamos en un sistema de libre mercado, sin embargo, el actual sistema democrático es joven en comparación con otros modelos continentales y anglosajones, añadido a que analizados los diferentes gobiernos hasta la fecha formados, resulta un difícil encaje en el liberalismo al menos en varios de los años precedentes. Otra cuestión será debatir hacia qué camino debe dirigirse nuestro país en ese aspecto, debate que tiene connotaciones más políticas que jurídicas, y que excede del ámbito del presente trabajo. Lo que sí entendemos es que nuestro país tiene, al menos por ahora, todavía arraigada una cierta cultura reguladora, un tanto reacia socialmente a la completa libertad empresarial si ello conlleva situaciones que desequilibren o pongan en peligro la economía. Sea por insistencia de nuevos movimientos sociales, o sea por convencimiento, parece que un sector de la ciudadanía considera a las entidades financieras como responsables y causantes de la crisis económica de los últimos años, acrecentado en el denominado «rescate bancario» (afirmación que no tiene carácter empírico sino como mera apreciación) de ahí a que algunos partidos políticos de corte más alejado de posiciones centristas aboguen por un especial y más gravoso tipo impositivo a estas entidades. Insistimos, estas cuestiones y debates exceden por completo de nuestro ámbito, si bien sí queremos hacer mención a lo que entendemos que también es una realidad social, acertada o equivocada, argumentada o tergiversada, que demanda un mayor control sobre las grandes corporaciones. Por ello, el caos de nuestro país es, cuanto menos, susceptible de análisis especial.

Pero volviendo al Derecho de sociedades, nos parecen muy relevantes las reflexiones del autor especialmente en lo que al contenido y literalidad de la Ley se refiere, pues en ocasiones es cierto que se pronuncia en unos términos que suenan excesivamente rígidos, sin que en cambio proponga consecuencia derivada del incumplimiento, y ha terminado por convertir a la Ley en una suerte de «manual de instrucciones» en lugar de un libro de recetas. Nos explicamos. Considera el autor que se ha perdido un tanto de vista los principios configuradores del gobierno corporativo tales como el equilibrio de poderes o los procedimientos internos de gestión del riesgo y transparencia, y ello ha llevado a la Ley a estar más preocupada por la categorización de consejeros que por el efectivo cumplimiento de dichos principios. Efectivamente, la asunción en un único consejero de las funciones de presidente y consejero ejecutivo no ha de resultar necesariamente desequilibrante, pues ello habrá de ir acompañado de un eficaz método de control y supervisión, siendo ésta la misión esencial del consejo, situación compleja en sede de un sistema monista como es el seguido de forma exclusiva por nuestras grandes compañías.

Asimismo, la apreciación respecto a la crítica de maximizar el valor de la compañía con vista al largo plazo y la sostenibilidad tiene argumentos interesantes desde la perspectiva jurídica, pues efectivamente, parece que el legislador está entrando a determinar o a participar en el concepto del interés social, el cual viene determinado al final por la voluntad mayoritaria del conjunto de socios que esperan obtener la mayor ganancia posible. Por ello, entrar a imponer un criterio, aunque sea en el aspecto temporal, sí puede entenderse como una intromisión en tal aspecto. Ahora bien, no es menos cierto que los principios del gobierno corporativo nacen también con una voluntad de protección de terceros, de los *stakeholders* o grupos de interés, y entendemos que es a ellos a quien el legislador trata de proteger, o al menos en quién está pensando, cuando habla de la sostenibilidad a largo plazo. En este sentido, entendemos que los conceptos han de adaptarse de forma flexible a los conceptos y objetivos que del gobierno corporativo se pretende, entendiendo que no resulta admisible adoptar ciertos criterios pero no otros. Y es que la sostenibilidad a largo plazo, bien entendida o encauzada, puede no suponer una intromisión a la voluntad de los socios y a su concepto de interés social, sino más bien un establecimiento de resortes tendentes a la consecución de un bien común en sentido económico y jurídico, pues la sostenibilidad es a la propia compañía a quien en primer lugar beneficia. En este caso, consideramos que la Ley ha sido ciertamente prudente en promulgar dicha sostenibilidad, sin imponer una suerte de conducta que obligue a la vista a largo plazo ni sancionar conductas cortoplacistas, sino al contrario, exigir un establecimiento de medios de control de riesgo y transparencia que, a la postre y en beneficio de todos, conlleven un modelo de gestión consecuente a los principios de la buena gobernanza.

Con respecto al nombramiento y tipología de consejeros, núcleo central del presente trabajo, ha de analizarse si la concreta categoría de administradores fomenta los buenos usos corporativos o no. puede ser cierto que la cuestión no radique tanto en una determinada categoría sino más bien en los efectivos sistemas de control, vigilancia y supervisión, con independencia del tipo de consejero. Pero es cierto que al fin y al cabo la Ley debe establecer unos límites mínimamente exigibles[341]: un mayor número de independientes no asegura ni acredita un mayor cumplimiento de los principios del buen gobierno, y hay casos que además han evidenciado lo con-

341. Traemos a colación una comparativa exclusivamente a modo de explicación. Actualmente, la edad legal de mayoría de edad en España se encuentra en los 18 años, a

trario, pero en cualquier caso, de primeras, cabe entender que ante una mayor presencia de independientes y externos, las facultades de supervisión podrán ser cuanto menos más imparciales que si el consejo estuviera exclusivamente conformado por personas vinculadas.

Por último, acerca de los conflictos intrasocietarios y los modelos de autogestión, hemos de tener en cuenta nuevamente la situación en sede de un sistema monista: si el conflicto entre socio y sociedad resultante de los problemas de agencia queda al arbitrio de la voluntad del administrador, el socio podrá sentir una suerte de indefensión. Es decir, dejar en manos de los administradores la solución al conflicto intrasocietario, les convertiría en juez y parte del problema. ¿Quién va a establecer entonces los mecanismos de protección de la minoría? ¿Quién va a dar solución a los mismos? Si los principios del gobierno corporativo exigen la especial observancia a la protección del socio y de los grupos de interés ante lo que puede resultar una conducta abusiva por parte del socio mayoritario, que será a su vez el consejero mayoritario, hemos de establecer un mecanismo que no deje su configuración y procedimiento en manos de quien precisamente ha generado la situación lesiva. Es en este sentido donde entran los mecanismos de equilibrio de poderes que, en esencia, se acaban traduciendo en la presencia de una tipología especial de consejeros distintos de los ejecutivos, lo que como decíamos, constituye al menos una presunción de protección y vigilancia. Cuestión diferente resulta de los consejeros dominicales, cuya naturaleza y problemática será analizada más adelante.

C) ARGUMENTOS DEL INTERVENCIONISMO

Para enfocar una posición que justifique una mayor intervención legislativa respecto de las grandes sociedades mercantiles, no puede olvidarse no obstante la naturaleza jurídica de éstas ni, por supuesto, el sistema jurí-

partir de la cual se entiende plena capacidad jurídica de obrar, acceso al sufragio universal, o posibilidad de consumo de bebidas alcohólicas. Existen actualmente algunas propuestas políticas de reducir la edad de voto a los 16 años, mientras que, por otro lado, otras decisiones de tal complejidad e importancia como el aborto, actualmente no requieren de dicha mayoría de edad. Sin entrar a valorar dichas decisiones, lo que queremos decir es que el Estado al fin y al cabo ha de establecer un límite concreto para el ejercicio de determinados actos, sin que entonces se examine si al cumplir una determinada edad, la persona en cuestión tiene la madurez suficiente para adoptar determinadas decisiones. Se trata por tanto de una presunción *iuris et de iure* al considerar que un mayor de edad, por única razón de haber cumplido 18 años, tendrá una capacidad que un menor, no. Evidentemente no tiene por qué ser así, y probablemente cada cual conozca casos en que no se cumpla dicha circunstancia, pero al fin y al cabo, el límite tiene que estar en una determinada línea. Algo similar entendemos respecto a la tipología de consejeros.

dico-económico de nuestro país, pues ninguna posición a favor o en contra debe llevar a una situación que deshaga por completo los principios configuradores de la sociedad cotizada ni suponga una promulgación de normas de contenido inconstitucional. Por ello, cualquier defensa del intervencionismo, o por lo menos de una regulación normativa más específica y concreta como la Ley 31/2014 que ha elevado a rango de ley lo que anteriormente constituían algunas recomendaciones, no debe traducirse en absoluta intromisión ni desnaturalización de la libre voluntad privada dimanante del contrato de sociedad ni de las normas dimanantes de nuestro ordenamiento jurídico. Dicho lo cual, tampoco es objeto de este trabajo analizar ideologías políticas o económicas de carácter histórico respecto a la gestión de los bienes de producción, empresa y propiedad privada, pues difícilmente podrían resultar de aplicación en el contexto actual. Cuestión diferente es el análisis de diferentes posiciones político-económicas con respecto a las sociedades mercantiles, lo que ha sido objeto de un estudio específico[342], el cual interpreta en el referido contexto el intervencionismo legislativo como la presencia central de las autoridades gubernamentales en la supervisión y control tanto de los mercados financieros y de valores como en el funcionamiento concreto de los agentes intervinientes, pues se trata de garantizar un mercado abierto pero regulado capaz de producir en la senda del crecimiento económico y social, tanto desde la perspectiva económica como laboral, una suerte de mecanismos de tentativa de distribución de recursos mediante la corrección y complemento del funcionamiento de las grandes compañías. Es decir, no sólo se trata del ámbito de las grandes empresas cotizadas sino también respecto de aquellas que, por su volumen de facturación, sector de producción o número de empleados, las convierte, sin cotizar en el mercado secundario, en entidades de interés público. Pero ello desde una forma de política más supervisora que planificadora, pues es cierto que esta acepción puede resultar un tanto agresiva en sede del libre mercado. Es decir, el intervencionismo ha de entenderse desde el punto de vista del control y de la promulgación de normas especialmente de carácter público que aseguren un correcto y sostenible funcionamiento del mercado. Al fin y al cabo, el crecimiento económico es objetivo de todos los gobiernos con independencia de su sino político, tanto por las implicaciones que ello conlleva como por el modelo comunitario al que nuestro país se somete.

No obstante, la experiencia ha demostrado que el intervencionismo legislativo no se ha ceñido exclusivamente a normas de Derecho público sino que ha terminado teniendo cierto calado o acceso en la esfera privada

342. ROLDÁN BÁEZ, A.: «El papel del Estado en las sociedades capitalistas. Reflexiones en torno a los fundamentos económicos liberales e intervencionistas» en *Revista Contribuciones a la Economía*. Marzo, 2007.

de las sociedades mercantiles, tal vez por una concepción más histórica de la economía que al final las sociedades y los mercados están formados por personas físicas, por seres humanos que son quienes a través de sus actos son los que decantan el acaecimiento o variación de los ciclos económicos. Ahora bien, las diferentes visiones históricas del análisis económico han chocado en ocasiones respecto a lo que, en esencia, constituye el *leitmotiv* de la sociedad mercantil de capital, que es el beneficio y la distribución del mismo, en cuanto a si el mismo influye en el mercado, las conductas laborales y los recursos de producción. No es baladí, pues desde el aspecto fiscal, la práctica ha evidenciado la cierta aversión de la Agencia Tributaria a que una sociedad mantenga en su activo una importante suma líquida sin que la misma sea reinvertida o distribuida en dividendos, no por un concepto social sino por la posible consideración de entidad patrimonial respecto a aquellas que desarrollan una actividad en sentido estricto. Por no ir tan lejos, en unos términos similares sucede en nuestra legislación mercantil del tan comentado artículo 348 bis de la Ley de Sociedades de Capital respecto del derecho de separación del socio minoritario en caso de ausencia de distribución de dividendos, lo que se ha constituido como un mecanismo de protección de esta clase de socios, y en una suerte de obligación para las sociedades. Incluso, sucede de forma imperativa con según qué clase de tipología societaria, como las sociedades anónimas cotizadas de inversión en el mercado inmobiliario (SOCIMI), pues el artículo 6 de la Ley 11/2009, reguladora de esta clase de sociedades, obliga a la distribución de dividendos en según qué términos. Al fin y al cabo, las sociedades mercantiles, y máxime las de mayor capitalización bursátil, son agentes económicos, actores activos de una situación en la que participan, influyen e incluso deciden respecto del devenir económico de un país.

Esta rama de pensamiento choca con las visiones más neoclásicas o liberales, que entienden que el Estado debe ceñirse exclusivamente a dotar de seguridad jurídica al mercado sin entrar a influir en éste pues ello podría decantar en un sentido u otro la competitividad de los diferentes agentes actuantes, pues ese es al fin y al cabo el fundamento de este pensamiento económico, el libre mercado. Ello entendemos que no es óbice ni incompatible con nuestro actual sistema, basado en una forma de pensamiento jurídico-económico del Estado del bienestar en que la autoridad gubernamental, siguiendo alguno de los postulados de Keynes, se constituye en árbitro, en un ente supervisor y regulador de normas que aseguren un funcionamiento autónomo que, sin desnaturalizar ni desvirtuar la economía de mercado, suponga una situación que genere beneficios a la comunidad: mayores beneficios equivale a mayor reinversión y distribución, por tanto mayor empleo, y en consecuencia, crecimiento económico. Evidentemente, ello responde a una mera teoría cuya aplicación práctica tiene connotaciones diferentes, lo que responde al conocido debate entre el citado Keynes y Hayek.

Pero siguiendo el estudio citado de Roldán Báez y trasladado al ámbito del Derecho de sociedades, esta rama jurídica respecto a la política económica y fiscal tienen un curioso punto en común: la conceptualización del interés general, si ello responde a la voluntad de los intervinientes y de la suma de los integrantes de la sociedad o comunidad, o bien si ha de entenderse un criterio más abstracto, lo que equivaldría a la tesis institucionalista. Si existe el debate en Derecho societario, inimaginablemente mayor será en sentido cívico. Pero al fin y al cabo es el argumento que habrá de esgrimir la gobernanza de la sociedad o de la comunidad en la ejecución de determinadas operaciones. La cuestión está en el debate acerca de la armonización de normas que resulten plausibles con el sentido y razón de ser de la sociedad, esto es, la maximización del valor para el accionista respecto a las obligaciones de la sociedad para con la comunidad, y especialmente en materia de empleo. Existen otros factores que han adquirido especialmente importancia en los últimos años como la responsabilidad social corporativa, y que puede proyectar una imagen que sea acorde al crecimiento económico del país. Es decir, el legislador entiende que las sociedades mercantiles, sean cotizadas o PYMES, representan un importantísimo porcentaje de empleo por cuenta ajena en nuestro país y que son agentes necesarios para el crecimiento, lo que le motiva a la promulgación de normas de regulación y protección del mercado. La cuestión está en determinar si dichas normas han terminado por entrar en la esfera privada de las sociedades, o en cambio el mercado ha prevalecido respecto a las normas de Derecho público[343]. Por ello hemos insistido en la idea que cualquier criterio de defensa de posiciones legislativas intervencionistas han de situarse en el marco jurídico actual, sin que ello implique la desnaturalización de la sociedad mercantil de capital, sea cotizada, de interés público o de responsabilidad limitada de un único socio. Cuestión diferente serán los intentos respecto de las primeras de primar el interés del Estado del bienestar, el pleno empleo, el crecimiento económico y la distribución de recursos, así como otros factores más de índole ético. En nuestro caso, y en lo que al nombramiento de consejeros se refiere, el debate está en determinar si dichas normas implican una decisiva influencia normativa imperativa del legislador respecto a la clase y tipología

343. Y es que tal y como cita Roldán Báez, «ha habido un desplazamiento de poder desde los gobiernos a los mercados, cuya consecuencia es una pérdida de autonomía de las autoridades nacionales en la elaboración de la política económica.» ROJO DUQUE, L.A.: «Los mercados financieros internacionales en el mundo actual» en AAVV.: *Problemas económicos españoles en la década de los noventa*. Ed. Círculo lectores. Barcelona, 1995. Pág. 194.

de consejeros o características de los mismos, análisis que ha de realizarse desde el citado contexto concreto de nuestro país (respecto de la especial presencia de entidades de interés general por razón de su actividad o sector), de la crisis económica de los últimos años, y del sentido de la norma pretendida por la Ley 31/2014 para la mejora del gobierno corporativo.

D) EL SENTIDO DE LA REFORMA DE LA LEY 31/2014

Expuestos argumentos en uno y otro sentido, consideramos imprescindible analizar qué ha pretendido una norma de tal calado e importancia como la Ley 31/2014, de 3 de diciembre, por la que se modifica la Ley de Sociedades de Capital para la mejora del gobierno corporativo, en lo que a la regulación de los órganos sociales se refiere, cuestiones que se encuentran no sólo en su exposición de motivos sino en los análisis realizados por destacados miembros de la Comisión de Expertos que emitió el informe previo a dicha Ley.

1. Objeto y objetivo en el ámbito de la reforma legislativa

Al respecto, Fernando Vives recuerda que el mandato del Consejo de Ministros a la Comisión de Expertos tenía por objeto la revisión en sede legal de los principios del gobierno corporativo en materia especialmente relativa a órganos sociales, concretamente la potenciación del papel de la junta, la revisión del estatuto del administrador, la relación entre ambos órganos sociales, y el control de transparencia[344]. Y es que al igual que sucedió en los códigos anteriores de buen gobierno, aunque no tuvieran carácter imperativo, los órganos sociales especialmente de la sociedad cotizada han representado en sus múltiples vertientes el objeto o pilar central de estudio y análisis para los principios del gobierno corporativo, lo que en nuestro país se ha tornado en imprescindible a raíz tanto de la reciente crisis económica como de la normativa comunitaria promulgada. Ello ha sido y es también en esta ocasión un momento propicio para la regulación de sociedades mercantiles no cotizadas a través de normas que, siendo originariamente promulgadas para las sociedades anónimas cuyos valores cotizan en un mercado secundario, han terminado siendo de general aplicación. Por ello, no siendo un estudio encargado para la revisión o reformulación del entonces vigente Código Unificado de Buen Gobierno o *Código Conthe,* sino para su aplicación en sede legal, se había de partir del análisis de la Ley de

344. VIVES RUÍZ, F.: «Sentido de la propuesta de reforma en el estudio de la Comisión de Expertos en materia de Gobierno Corporativo» en AA.VV. (Dir. IBÁÑEZ JIMÉNEZ, J.): *Comentarios a la reforma del régimen de la junta general de accionistas en la reforma del buen gobierno de las sociedades.* Ed. Thomson Reuters Aranzadi. Navarra, 2014. Pág. 45.

Sociedades de Capital, de la naturaleza jurídica de la sociedad, y del contexto internacional.

2. La puesta en común con el contexto internacional

Tal y como expone el autor, los trabajos de la Comisión de Expertos se enmarcaron en el contexto global o internacional toda vez que la crisis económica afectó al modelo financiero de la práctica mayoría de los países occidentales. Y aunque las diferentes promulgaciones de nuevos códigos, recomendaciones, estudios y trabajos relativos a los principios del gobierno corporativo han estado en constante movimiento de actualización aun sin hallarse en el marco de una crisis, véanse los Principios de Gobierno Corporativo de la OCDE del año 2004, es cierto que todos ellos fueron objeto de un especial análisis a los efectos de contextualizarlo a la referida crisis económica, pues alguno de ellos puso el énfasis en una aplicación deficiente del modelo de gobernanza, como fue el caso del Plan de Acción de la Unión Europea en el año 2012.

España no fue ajena a dicho movimiento, y es así como la Comisión de Expertos tuvo por objeto *«la revisión del marco normativo y el desarrollo de las buenas prácticas en materia de gobierno corporativo»* según expone Vives. Ello no obstante merece ser contextualizado, pues como hemos visto en apartados anteriores, hemos asistido en nuestro país a ya varias reformas normativas, sean de índole legislativa societaria o de los códigos de Derecho *blando,* en muchas ocasiones como respuesta a puntuales circunstancias que podríamos circunscribir exclusivamente a dos: bien en el marco de una crisis (económica, financiera, política, o de reputación corporativa) o bien como consecuencia de la trasposición y adaptación a la normativa española de las Directivas comunitarias. El resultado es un modelo de gobierno corporativo propio, creado anteriormente y sin embargo bajo repetidas reformas o incluso puntuales parches, en lugar de responder a un movimiento armonizador completo. Es más, son conocidos los destinos de algunos proyectos codificadores como la Propuesta de Código de las Sociedades Mercantiles de 2002, a salvo del destino de la Propuesta de Código Mercantil, normativa *non nata* frente a un claro movimiento de reforma continua que parece ser el que predomina. Nuestro país no es único en ello, pues así ha ocurrido también, por ejemplo, con la quinta directiva de la Unión Europea, lo que evidencia los problemas de armonización al que en ocasiones se enfrentan los socios comunitarios, pues a cada país al fin y al cabo le afecta el diferente sector de la producción y desarrollo de sus grandes compañías; la composición de la masa accionarial desde el prisma de la propiedad de control, el *free float* y los inversores institucionales; y finalmente el modelo macroeconómico de cada nación.

Esto hace plantear la fortaleza del modelo de los principios del gobierno corporativo en nuestro país frente al resto de modelos continentales y anglosajones, a lo cual el autor realiza un interesante análisis al determinar que los diferentes Códigos de buen gobierno de nuestro país son avanzados respecto al modelo comparado, si bien no tiene en cambio un reflejo en los rankings internacionales, ya sea por la diferencia del modelo del uso empresarial o por una falta de competitividad. Y este análisis lo consideramos muy certero pues en nuestra opinión y como hemos expuesto anteriormente en varias ocasiones, la armonización comunitaria así como los usos del resto de países de la OCDE no debe confundir ni ser obstáculo a la especial naturaleza empresarial y/o de las grandes corporaciones de nuestro país, tanto por su estructura de propiedad como por la actividad y sectores de la producción que desarrollan. Esto es, España ha de tener por objetivo adaptar la normativa comunitaria a su especial significación empresarial nacional, pero adaptar no implica copiar, pues pretender imitar otros modelos por muy reputacionales corporativamente que nos parezca sin establecer previamente un filtro y control de compatibilidad puede acabar desembocando en una desnaturalización de nuestro modelo propio de gobernanza. Al contrario, los retos a los que entendemos que se debe enfrentar nuestro país en materia de grandes sociedades en general son los de la sostenibilidad económico-financiera y laboral a largo plazo, la digitalización (lo que incluye, a su vez, a los órganos sociales), la diversidad de género, la decidida apuesta por el medio ambiente y la incentivación fiscal para la atracción de inversiones[345]. Asimismo, a nivel particular respecto al nombramiento de consejeros, la auténtica profesionalización del estatus del consejero y de la alta dirección. Tenemos, en consecuencia, la oportunidad de, en el marco de la normativa comunitaria y del modelo comparado, establecer un modelo de buen gobierno propio que responda a las necesidades cívicas del mañana. Las repetidas reformas o modificaciones puntuales son obviamente positivas e incluso necesarias, si bien el liderazgo ha de adoptarse desde un punto de partida común, y eso es lo que parece haber tratado de conseguir la Comisión de Expertos antecesora de la Ley 31/2014, establecer un modelo competitivo, sostenible y eficaz.

Por ello, por obvio o sencillo de decir que parezca, la mirada al exterior ha de ser para aprender y fortalecer, pues la oportunidad del liderazgo corporativo, que reincidirá positivamente en el movimiento de los agentes

345. Al respecto, traemos a colación una interesante entrevista en el diario La Nueva España al Presidente del Círculo de Empresarios, D. Javier Vega de Seoane, respecto de determinadas propuestas para que España pueda optar a las ayudas que los fondos europeos ofrecen a determinados proyectos empresariales.
https://www.lne.es/economia/2020/08/13/fondos-europeos-deben-apoyar-proyectos/2670244.html

económicos, surgirá de un modelo propio con las especialidades propias y con capacidad de adaptación, para lo cual se exige no tanto una ideología económica sino una capacidad de consenso y decisión. Es cierto que en un mundo globalizado como el nuestro asistimos a una constante transformación: las nuevas tecnologías, los cambios políticos e incluso las necesidades sanitarias están a la orden del día, pero ello no ha de resultar necesariamente un impedimento frente a los grandes retos de las grandes sociedades. Lógicamente, las distintas tendencias comparadas así como las aportaciones doctrinales generarán cambios ni mucho menos menores, tales como la retribución de administradores, la implicación de los accionistas, la limitación del derecho de voto o cláusulas de blindaje, las acciones de lealtad, o la composición del consejo y la tipología de sus integrantes, cuestiones que forman parte del debate continuado y que ayudan a superar los retos a los que se enfrentan los principios del *corporate governance*.

3. Una decidida apuesta por la junta general

Los primeros códigos de gobierno corporativo tanto extranjeros como nacionales tenían, a juicio de la doctrina crítica, un elemento común, y era su especial y casi exclusiva dedicación a la regulación del órgano de administración como el destinatario de los principios configuradores del buen gobierno, lo que tenía su explicación en la necesidad de dar una respuesta legislativa a determinados sucesos corporativos que estaban acaeciendo en el mercado internacional, relegando a la sesión soberana de la junta general a una suerte de mera censura de la gestión social. Con el trascurso de los años, se ha hablado primero de la inactividad de la junta y finalmente de la necesidad de adoptar medidas de resurgimiento de la misma, máxime en modelos monistas de administración, tratando de adoptar medidas que impliquen al accionista en mayor medida. Resulta poco productivo analizar si antaño *fue primero el huevo o la gallina*, es decir, si los primeros códigos de buen gobierno apenas dedicaron estudio a la junta porque ésta se encontraba en estado inoperativo, o si al revés, éstas han ido paulatinamente perdiendo acción por la inicial ausencia de interés respecto a ellas. Pues bien, entendemos que esta situación se encuentra superada, son muchas las cuestiones relativas a la junta general que centran el debate societario a día de hoy, como las citadas de las acciones de lealtad, las cláusulas limitativas al ejercicio del derecho de voto, la implicación y activismo accionarial, el fomento de la participación no sólo en el acto de sesión mediante la asistencia y voto, y la dotación de cada vez mayores competencias tales como la facultad de impartir instrucciones al órgano de administración (anteriormente reservada exclusivamente a las sociedades limitadas) o la obligación de someter a su consideración determinadas decisiones como por ejemplo la transmisión o adquisición de activos esenciales. Todas ellas cuestiones relativas a la junta general, algunas aun sin consolidar legislativamente hablando, en el seno de un constante movimiento continuo de reforzar competencias y establecer medidas de mayor implicación.

En este sentido, es de justicia destacar que el Informe de la Comisión de Expertos, y por tanto la Ley 31/2014, ha supuesto una muy ambiciosa reforma del marco legal de la junta general, una decidida apuesta por el órgano social soberano hasta el punto de que se ha abandonado el lenguaje de las buenas intenciones traducido en recomendaciones de voluntario cumplimiento, para adoptar una forma imperativa y obligatoria, lo que parte de la Doctrina ha reconocido en sentido positivo[346]. Ahora bien, ello ha de contextualizarse a su vez con la clásica dicotomía de propiedad y control, pues conforme expone este autor, el modelo de sociedad cotizada española implica un importante porcentaje de titularidad de las acciones en manos de accionistas significativos y del propio consejo de administración, lo que supone que en esencia, éste controla a la junta, es decir, un bucle infinito: los accionistas mayoritarios designan a los miembros del consejo (incluso se designan a sí mismos), que no se ven limitados en su ámbito de actuación dado que éstos a su vez controlan a la propia junta[347]. Por ello, insistimos nuevamente en que el modelo de gobernanza en nuestro país, sin perjuicio de las obligatorias trasposiciones comunitarias ni del aprendizaje de los modelos comparados, ha de responder a una identidad inequívocamente propia, adaptada a nuestra realidad empresarial, a los usos y costumbres que de nuestro país se expone al exterior. Y es que la concentración de un determinado y significativo paquete accionarial en manos de un mismo accionista o núcleo familiar, integrante a su vez del consejo de administración, la experiencia ha evidenciado que no obsta a la entrada de nuevos inversores, minoristas, institucionales e incluso de capital extranjero, como en cambio sí sucedería con las denominadas cláusulas de blindaje o limitativas del derecho de voto. Parece que, si bien es una situación aparentemente menguante, el modelo español además de monista es de apa-

346. SÁNCHEZ-CALERO GUILARTE, J.: «Algunos cambios en la regulación de la junta general en el Informe de la Comisión de Expertos (y en el Anteproyecto de Ley de Modificación de la LSC» en AA.VV. (Dir. IBÁÑEZ JIMÉNEZ, J.): *Comentarios a la reforma del régimen de la junta general de accionistas en la reforma del buen gobierno de las sociedades*. Ed. Thomson Reuters Aranzadi. Navarra, 2014. Pág. 68.

347. En concreto, expone que del contenido del Informe de gobierno corporativo de las entidades emisoras de valores admitidos a negociación en mercados secundarios oficiales del ejercicio 2012 publicado por la Comisión Nacional del Mercado de Valores, en el 73% de las sociedades cotizadas (la mitad en el caso de las integrantes del IBEX) las participaciones significativas, incluidas las que obran en posesión de los consejeros, superaban la mitad del capital social de la entidad en cuestión, en SÁNCHEZ-CALERO GUILARTE, J.: «Algunos cambios en la regulación...» cit. Pág. 67.

rente concentración accionarial y consiguiente control por parte de los administradores, motivo por el cual cualquier intento de copiar modelos no adaptados podrían estar condenados al fracaso.

4. Los principales aspectos de regulación

Vista la perspectiva en que se desarrolló la emisión del Informe de la Comisión de Expertos, resulta procedente determinar algunos de los principales aspectos en que los mismos se materializaron en la posterior promulgación de la Ley 31/2014 respecto a la regulación de los órganos sociales de la sociedad cotizada, además de en otros ya comentados, relativos a la mejora del gobierno corporativo para el nombramiento de consejeros:

A. Convocatoria de junta general y deber de información

Se trata de una institución que ha ido adquiriendo cada vez mayor importancia en la práctica habitual de nuestras sociedades mercantiles, sean cotizadas o no, pues constituyendo el derecho de información un pilar central de protección al socio y accionista, la convocatoria de junta supone el punto de partida al ejercicio de tales derechos. Por ello, los empeños normativos se han preocupado no de cuestiones consolidadas como el plazo —al menos quince días de antelación en el caso de sociedades limitadas, treinta en las anónimas— o la forma —convocatoria individual y escrita en medio que asegure su recepción, frente a la tradicional publicación en el Boletín Oficial del Registro Mercantil y en un diario de máxima circulación en la provincia en que radique el domicilio social de la entidad en cuestión— sino del contenido de la propia convocatoria, que suponen textos mucho más extensos a los conocidos de antaño en que poco más que se indicaba la fecha, hora y lugar de la reunión y una breve guía de los asuntos a tratar. Ahora, la convocatoria de junta general, además de los datos obvios, ha de cumplir una exigencia de exhaustividad relativa al deber de información a los accionistas, insistimos, como punto de partida al ejercicio de sus derechos. Y es que ese deber de información, derecho desde la perspectiva del accionista, se traduce en el eficaz acceso a dicha información, no sólo a los asuntos que han de ser tratados en el orden del día en la mera enunciación del mismo, sino de los documentos, soportes o informes que avalen o justifiquen la necesidad o idoneidad de adopción del acuerdo social en cuestión. En este punto, hay que destacar que la transformación digital ha jugado un rol fundamental, no sólo en la forma de la propia convocatoria que ahora imperativamente ha de publicarse en la página web corporativa de las sociedades cotizadas (y ya se admite la convocatoria por correo electrónico en el resto de sociedades) sino por la inmediatez de dicha información, pues ha de estar disponible en dicha página web para la inmediata descarga por parte del accionista interesado. Con esto se solventa de una manera inmediata y económica la antaño puesta a disposición en el domicilio social o el envío gratuito de determinados documentos tales como las cuentas anuales del ejercicio contable anterior, todo lo cual se incrementa con los derechos de complemento de convocatoria de los accionistas.

Pero en el caso del nombramiento de consejeros, la convocatoria de la junta resulta de igual importancia, no sólo porque es la junta general la competente para el nombramiento o cese de administradores, sino porque en el caso de las cotizadas, y habida cuenta de la especialidad tipológica que han de cumplir los miembros del consejo, los accionistas han de disponer de toda la información relevante del consejero en cuestión al objeto de evaluar su idoneidad para el cargo, es decir, la identidad, el currículo y la categoría a la que pertenece, según reza el hoy apartado e) del artículo 518 de la Ley de Sociedades de Capital, el cual impone la información que necesariamente ha de incluir la sociedad cotizada en su página web corporativa al tiempo de la convocatoria de la junta. Dicho artículo, además, se remite al 529 decies del mismo texto legal, al objeto de la necesaria inclusión del informe emitido por la comisión de nombramientos y retribuciones respecto de *«la competencia, experiencia y méritos del candidato propuesto»* para ostentar el cargo de consejero.

B. *Votación separada respecto a administradores*

El hoy artículo 197 bis de la Ley de Sociedades de Capital, común a todas las sociedades mercantiles, supone un importante paso en pos de una vieja reivindicación de los principios del gobierno corporativo en lo que a transparencia se refiere, y es la votación separada de determinados acuerdos sociales, suponiendo como en tantos otros casos vistos, la elevación a rango legal de lo que anteriormente se constituía como mera recomendación. En este caso, el apartado 2.a) del referido artículo impone la votación separada respecto del *«nombramiento, la ratificación, la reelección o la separación de cada administrador»* debiendo hacerse hincapié en el *«cada administrador»*, es decir, de manera individual respecto de cada persona física o jurídica que pase a ser administrador de la sociedad, deje de serlo, o se le mantenga en el cargo. Si supone una cuestión de gran importancia en sociedades de reducida propiedad, mucho mayor lo será en sociedades cotizadas. Mientras que en las primeras pueden darse cuestiones conflictivas en la composición del órgano de administración pues cada grupo de control tendrá mayor preferencia en unos administradores frente a otros, que se evidencia más si cabe en los sistemas alternativos de nombramiento previsto únicamente para las sociedades anónimas como el de representación proporcional del artículo 243 de la Ley de Sociedades de Capital, mayor aún en las cotizadas. Y es que en éstas ya no asistimos únicamente a una cuestión de juego de mayorías y pretensión de control del órgano, sino al necesario cumplimiento de las obligaciones de composición y tipología de los consejeros. Ello exige en consecuencia un detenido análisis, valoración, evaluación y votación respecto de cada uno de los integrantes del consejo, lo que parte de la doctrina ha considerado que su establecimiento legal resulta elemental a las pretensiones de transparencia y buen gobierno[348].

C. *Modificación estatutaria*

Mismo criterio que el apartado anterior, pero respecto de las modificaciones de los estatutos sociales, con una ligera salvedad, y es que el citado artículo 197 bis de la Ley de Sociedades de Capital permite la votación conjunta de la modificación de artículos ligados entre sí por razón de la materia que regulan. Consideramos varios comentarios al respecto.

Que la modificación de los estatutos sociales requiera de una votación separada respecto del resto de acuerdos anunciados en el orden del día resulta tan positivo como obvio si se prefiere, toda vez que al constituir la norma interna esencial de funcionamiento de la sociedad, de preferente prelación a la Ley en aquellas materias de reserva estatutaria o de libre autorregulación, ha de tener un tratamiento especial. Y es que en los estatutos sociales son el fiel reflejo de muchos de los derechos de los accionistas en la sociedad y de su relación con la misma, habida cuenta que el comentado artículo se refiere no sólo a las sociedades cotizadas sino a todas las sociedades mercantiles en general, motivo por el cual ha de respetarse una especial observancia a su modificación. Es cierto no obstante que hay artículos de menor importancia, contenido o aplicación práctica, pero ello no empaña el hecho de la regulación de aspectos tan sumamente importantes tales como los propios enunciativos o identificativos de la sociedad (denominación, domicilio, objeto y capital), el régimen de transmisión de participaciones sociales, el relativo a la separación y exclusión de socios, la retribución de los administradores, la mayoría establecida para la adopción de determinados acuerdos, o la posibilidad de establecer medios telemáticos de relación social tales como la convocatoria, la asistencia telemática o la votación anticipada. Ahora bien, en nuestra opinión no compartimos la posibilidad de votación conjunta de artículos estatutarios ligados o unidos entre sí por razón de la materia, ya que ello no implica necesariamente un mismo sentido del voto en todos los casos. Nos explicamos.

348. SÁNCHEZ-CALERO GUILARTE, J.: «*Algunos cambios en la regulación...*» cit. Pág. 73.

Por ejemplo, el régimen de transmisión de acciones y participaciones sociales, que conforme a la Ley distingue tres tipos, a saber *inter vivos*, *mortis causa* y forzosa, unidos entre sí por razón de la materia. Incluso, la regulación estatutaria de las tres formas puede formar parte de un mismo artículo estatutario dividido en diferentes apartados, pues nada lo impide[349]. Ahora bien, ello no implica que el sentido del voto por parte de socios y accionistas haya de ser necesariamente el mismo en los tres casos básicamente porque el contenido de ellos no ha de ser necesariamente igual. Por ejemplo, se propone limitar transmisión voluntaria por actos *inter vivos* permitiendo la libre transmisión únicamente entre socios, pero en cambio ampliando el supuesto de libre transmisión a ascendientes o descendientes en supuestos de transmisión *mortis causa*, a lo que un socio se opone entendiendo que, si bien está de acuerdo con los supuestos de transmisión *mortis causa* sin que por la sociedad o socios se pueda interponer derecho alguno de adquisición preferente, no así con el supuesto de transmisión *inter vivos*, entendiendo que la libre transmisión debería ampliarse también a los ascendientes, descendientes o incluso cónyuge. Y no sólo en los supuestos de libre transmisión, sino en la forma procedimental ante un hipotético derecho de adquisición preferente, ya sea en la determinación de los plazos del ejercicio o en las condiciones de adquisición, pues hemos asistido a diferentes Resoluciones de la Dirección General de los Registros y del Notariado que facultan al ejercicio de tal derecho a determinados valores, ya sea el del precio de oferta de adquisición, el valor de mercado, o incluso el valor contable resultante del último balance aprobado por la junta general[350].

Otro ejemplo lo podríamos encontrar en los supuestos relativos a la separación y exclusión de socios, máxime cuando para el reflejo estatutario de nuevas causas adicionales a las contempladas expresamente en la Ley se requiere de la unanimidad de todos los socios *ex* artículos 347 y 351 de la Ley de Sociedades de Capital. Pues bien, aunque el resultado en ambos casos sea el mismo, que es la salida de un socio o accionista de la sociedad, las instituciones son tremendamente diferentes. Por ejemplo, es válida la cláusula estatutaria de separación *ad nutum* o sin causa a ejercer por parte de un socio, pero obviamente no así en el caso de la exclusión. Y es que la diferencia radica precisamente en el nacimiento de su causa, pues no es lo mismo la intención de salir de un socio que ya no se siente parte integrante

349. Véase como ejemplo, la Resolución de la Dirección General de los Registros y del Notariado de 23 de mayo de 2019 relativa a la cláusula de transmisión forzosa de participaciones sociales, publicada en el Boletín Oficial del Estado de 13 de junio de 2019.

350. Resolución de la Dirección General de los Registros y del Notariado de 15 de noviembre de 2016, publicada en el Boletín Oficial del Estado con fecha 2 de diciembre de 2016.

del proyecto empresarial o que decide desinvertir, con respecto a un socio al que por determinadas circunstancias se pretende expulsar del contrato social por el acaecimiento de un determinado hecho, situación o circunstancia, con independencia de si ello responde a una potestad sancionadora por parte de la sociedad, o en cambio a una mera consecuencia de un acto estatutariamente previsto. Y en la misma línea, ha de recordarse que la Ley de Sociedades de Capital establece un procedimiento de valoración y transmisión o enajenación de las participaciones titularidad del socio separado o excluido, a salvo de lo dispuesto en los estatutos sociales sin que se establezca que, pese a ser común el procedimiento previsto en la Ley para ambas situaciones, necesariamente haya de ser igual en los estatutos sociales.

Por tanto, por muy análoga cuestión que pueda resultar, ni el contenido ni el sentido del voto ha de resultar necesariamente el mismo, motivo por el cual entendemos que la modificación de cada artículo estatutario ha de ser sometida a votación separada, no sólo artículo por artículo, sino por cada régimen que por las facultades reconocidas en la Ley, pueda resultar diferente en función de cada institución jurídica.

Como decíamos, lo dispuesto en el artículo 197 bis de la Ley de Sociedades de Capital es común a todas las sociedades, pero en lo que respecta exclusivamente a las sociedades cotizadas, hemos de hacer mención a que esta obligación de votación separada de los artículos estatutarios, no tiene en cambio el mismo reflejo respecto de los reglamentos tanto de la junta general como del consejo de administración, ya que los artículos 512 y 528 de la Ley de Sociedades de Capital se limitan a establecer la obligatoriedad de su existencia, su necesario respeto a lo previsto en la ley y en los estatutos, y el órgano competente para su aprobación, resultando que cada órgano aprueba el suyo, sin que la junta general, sin perjuicio de su derecho de información, participe en la aprobación del reglamento del consejo. Si bien entraremos más tarde en el análisis del contenido, obligatoriedad y consecuencias del incumplimiento de lo dispuesto en ambos reglamentos, entendemos que la necesaria votación separada también debía afectar a los mismos por razón de su naturaleza quasiestatutaria tanto por, como decíamos, la obligación de su promulgación, su contenido y las consecuencias derivadas de su incumplimiento. Se trata como veremos de dos reglamentos articulados que han ido adquiriendo cada vez mayor importancia en la regulación de la transparencia y funcionamiento de los órganos sociales al objeto de cumplir los objetivos que los principios del gobierno corporativo pretende, motivo por el cual su aprobación o modificación entendemos que exige, o por lo menos aconseja, una votación separada respecto de cada uno de sus artículos, y decimos que aconseja porque ello no forma parte del actual Código de Buen Gobierno toda vez que al haber pasado a ser los reglamentos de imperativa existencia, el Código no se detiene ya a valorarlos. Por este motivo, bien sea por obligación legal o bien por vía de recomendación, entendemos que se debe establecer una votación separada respecto de cada uno de los artículos de los reglamentos de los órganos sociales de la sociedad cotizada.

D. *Cláusulas limitativas al derecho de voto y régimen de mayorías*

Uno de los más conocidos debates en el ámbito del Derecho de sociedades desde una perspectiva preeminentemente doctrinal ha sido (y seguramente aún es) la cuestión de la admisibilidad o no de las cláusulas limitativas al derecho de voto, seguramente influenciado por una conocida «batalla» corporativa que se dirimió judicialmente. Se trata de una institución jurídica que ha sufrido diversas variaciones a lo largo de los últimos años, coincidente con algunos cambios del signo político en el Gobierno de la Nación. Y hemos visto en apartados anteriores cómo el Informe de Expertos opta por el mantenimiento del régimen vigente (el de permitir este tipo de cláusulas estatutarias) sin exponer en profundidad el porqué de su decisión, pues reconociendo la existencia del debate, no argumenta su decisión. Digamos que ante tres diferentes alternativas (posicionarse a favor de las cláusulas, en contra, o no hacer nada) prefirió optar por la última, lo que fue comentado por parte de la doctrina con independencia del concreto posicionamiento respecto a dichas cláusulas[351]. Al respecto, traemos nuevamente la cuestión a colación ante la propuesta que expondremos relativa a que, de existir este tipo de cláusulas estatutarias, no sean aplicables respecto al nombramiento de consejeros, sí con respecto al resto de acuerdos que la junta deba adoptar, como un reconocimiento al derecho de los accionistas mayoritarios a ostentar el control o gestión directa de la sociedad que han adquirido o pretenden adquirir (lo que ya de por sí acabaría con las medidas disuasorias anti OPA, y sometería tanto la censura de la gestión social como el resto de acuerdos pertinentes a la totalidad de la junta sin que en tal caso se den por aprobados los citados acuerdos por una cuestión de régimen mayoritario. Ello sin perjuicio de continuar el debate acerca de la admisibilidad o no de este tipo de cláusulas, hoy vigentes pero que en cambio no se reconocen en la Propuesta de Código Mercantil, lo que resulta interesante habida cuenta que el Informe del Comité de Expertos reconoció la gran influencia que la Propuesta supuso sobre el Informe, si bien no lo fue en el caso de las cláusulas limitativas al derecho de voto.

351. Entre otras, SÁNCHEZ-CALERO GUILARTE, J.: «*Algunos cambios en la regulación...*» cit. Pág. 78.

Esta cuestión tiene asimismo su nexo con el régimen de mayorías legalmente previsto, el cual ha sido modificado no en su fondo sino más en su forma de redacción al objeto de simplificar o aclarar la voluntad del legislador. De esta manera, el artículo 201 de la Ley de Sociedades de Capital zanja la cuestión estableciendo los dos límites de adopción de acuerdos, esto es, para acuerdos ordinarios, mayoría simple o más votos a favor que en contra siempre que se cumpla el *quorum* previsto en el artículo 193 o en la disposición estatutaria que ampliare el baremo; y para acuerdos especiales o extraordinarios legalmente previstos, sin perjuicio asimismo de nueva regulación estatutaria. Más detallada resulta en cambio la mayoría reforzada para los casos especiales, pues exige poner en contexto común los artículos 194 y 201 de la Ley de Sociedades de Capital: en primera convocatoria, se exige la concurrencia de, al menos, el cincuenta por ciento del capital social suscrito con derecho a voto requiriéndose para la adopción del acuerdo la mayoría absoluta, es decir, que al menos el cincuenta y uno por ciento del capital social suscrito con derecho a voto emita su voto a favor, lo que distingue de la mayoría ordinaria o más votos a favor que en contra, no aplicable en este caso; por otro lado, en segunda convocatoria, el régimen de asistencia mínima se reduce al veinticinco por ciento, si bien en tal caso se exige una mayoría cualificada de dos tercios sobre el capital suscrito con derecho a voto que se halle presente o representado en la citada segunda convocatoria de dicha junta, siempre que la asistencia en esta segunda convocatoria no supere el cincuenta por ciento del capital. Es decir, poniendo el ejemplo de una sociedad anónima donde todo el capital social se halla suscrito y desembolsado, y cada acción da derecho a la emisión de un voto, habiendo asistido en segunda convocatoria el treinta por ciento del capital (superior al mínimo legal del veinticinco, e inferior al límite del cincuenta), el acuerdo especial o extraordinario se entenderá válidamente adoptado si votan a favor del mismo, al menos, accionistas representativos del veinte por ciento del capital social, lo que implica una mayoría absoluta no sobre el total del capital sino sobre el asistente a la junta. cuestión diferente es que en segunda convocatoria asistan accionistas con más del cincuenta por ciento del capital social que no asistieron a la primera convocatoria y en consecuencia impidieron la válida constitución de la junta. En tal caso, ha de entenderse que superado el umbral del cincuenta por ciento de asistencia, rigen las normas relativas a la primera convocatoria, es decir, basta la mayoría absoluta (más del cincuenta por ciento del capital de votos a favor) en lugar de la exigencia de los dos tercios.

Esta situación genera una curiosa paradoja. Siguiendo con el ejemplo anteriormente enunciado, partimos de una sociedad anónima, con un capital social dividido en cien mil acciones, todas suscritas y desembolsadas y con igual derecho de voto, que pretende adoptar un acuerdo de los denominados especiales del artículo 194 de la Ley de Sociedades de Capital (por ejemplo, una modificación estatutaria). Convocada la junta general extraordinaria, en primera convocatoria asisten accionistas titulares de cuarenta y cinco mil acciones (45% del capital social) motivo por el que no puede constituirse válidamente la junta. Llegamos a la segunda convocatoria, y distinguimos dos situaciones diferentes: (i) asisten los mismos accionistas que a la primera convocatoria (45%) de modo que para la adopción del acuerdo se requiere al menos el voto a favor del 30% del capital social, que no es la mayoría del capital pero sí dos tercios de los presentes; o (ii) asisten accionistas titulares del 50%, en tal caso se requiere la unanimidad de todos ellos. Como decimos, una curiosa paradoja cuando la diferencia de asistencia entre el primer y el segundo caso es muy pequeña, si bien el límite ha de establecerse en algún punto concreto.

Todo ello, no obstante, a salvo de que los estatutos sociales aumenten tanto el *quorum* de asistencia como el umbral mínimo de votos a favor, resultando significativo que, mientras en el caso de las sociedades de responsabilidad limitada se recuerda que dichos aumentos en ningún caso pueden alcanzar la exigencia de unanimidad (artículo 200.1) no se establece tan prohibición en el caso de las sociedades anónimas, sin que la modificación de la Ley de Sociedades de Capital haya incidido sobre ello. Entendemos no obstante que resultaría muy difícil la admisibilidad registral de una cláusula así en los estatutos de una sociedad anónima no sólo por la analógica aplicación de las sociedades limitadas, sino también tanto por la especial configuración abierta del tipo social de las anónimas como por los propios usos y costumbres del Derecho de sociedades, que salvo determinadas y puntuales excepciones (como la incorporaciones de nuevas causas de separación o exclusión) en principio huye de la exigencia.

E. El estatuto jurídico del administrador

Importante objeto de revisión, análisis y modificación la que adoptó la Comisión de Expertos, y en consecuencia la Ley 31/2014, en lo relativo al estatuto jurídico del administrador social, pues la práctica societaria, la influencia del modelo comparado, y los diferentes estudios doctrinales exigían una evaluación del régimen legal, lo que ha desembocado en una reformulación de los hoy llamados deberes de diligencia y lealtad de los administradores, contenidos en el Capítulo III del Título VI de la Ley de Sociedades de Capital, deberes comunes a los administradores de todas las sociedades que han de contextualizarse en función de la diferente tipología o clase de consejero para el caso de las sociedades cotizadas. Resulta importante pues en el caso del deber de diligencia, se ha incorporado a nuestro ordenamiento la figura anglosajona de la *business judgement rule* consagrada en el principio de discrecionalidad empresarial del artículo 226 de la Ley de Sociedades de Capital. Igualmente destacable resulta el nuevo régimen derivado de la infracción de los deberes de lealtad (evitar situaciones en conflicto de interés, aprovechamiento de negocio o ventajas privadas, o competencia frente a la propia sociedad en lo que anteriormente se refería como dedicación en entidades de mismo o análogo objeto social) lo que desemboca en un nuevo régimen de responsabilidad de administradores imponiendo al administrador cuya conducta sea reputada como desleal la obligación de indemnizar a la sociedad por el daño que hubiere ocasionado al patrimonio social, y asimismo, a reintegrar el enriquecimiento ilícitamente obtenido. Cuestiones todas ellas que han reformulado la regulación derivada de la responsabilidad social en lo que al ejercicio de las acciones procesales se refiere pues, además de establecer un plazo de prescripción de cuatro años a contar *«desde el día en que hubiera podido ejercitarse»* conforme reza el artículo 241 bis de la Ley de Sociedades de Capital, supone que en el caso de la interposición de la acción de responsabilidad social, siempre y cuando ésta se fundamente en la infracción del deber de lealtad, podrá ser interpuesta por cualquier socio con un porcentaje del 3% del capital social de la sociedad cotizada (5% en el resto de sociedades) sin necesidad de someter previamente la cuestión a la consideración de la junta general, lo que simplifica y acorta el procedimiento de resolución judicial, pero que en cambio no implicaría la automática destitución del administrador en cuestión.

Y es que en sede de sociedades cotizadas, el régimen de responsabilidad de los administradores adquiere una mayor enjundia si cabe conforme a la ya aludida diferente categoría o clase de consejeros, lo que a su vez determina las diferentes funciones de cada uno, ejecutivas y de gestión, o de supervisión y control. Por este motivo, los principios del gobierno corporativo tratan de establecer un conjunto de mecanismos tendentes a la obtención de un equilibrio de funciones, poderes y responsabilidades, máxime en un sistema monista como el imperante en nuestro país. Y es que la diferente clase de consejero, y por ende, la distinta función a desempeñar en el seno del consejo de administración o de sus comisiones, puede resultar un cortafuegos a la responsabilidad solidaria del artículo 237, siempre y cuando se acredite el establecimiento de los medios oportunos para evitar las situaciones lesivas al patrimonio social cometidas por alguno de los administradores, siendo objetivo del gobierno corporativo establecer alguno de esos mecanismos *ex ante* por vía de principios, recomendaciones, y normas de carácter imperativo.

Es cierto que la revisión del deber de lealtad era una reivindicación histórica de parte de nuestra doctrina mercantilista más autorizada[352], pues Paz-Ares, que formaba parte de la Comisión de Expertos, ya reclamaba hace algunos años *«tomarse en serio el deber de lealtad de quienes gobiernan la sociedad»* mediante la propuesta de algunas modificaciones normativas muchas de las cuales hoy forman parte de la legislación societaria. Sin duda, un artículo adelantado a su tiempo pues por aquel entonces ya proponía ampliar el régimen de responsabilidad de los administradores por infracción del deber de lealtad, identificar concretas conductas típicas, imponer nuevos y férreos deberes de transparencia, aumentar el *quantum* indemnizatorio por el daño ocasionado al patrimonio social, y de forma significativa, facilitar la litigación para la interposición de la acción social de responsabilidad. Decimos que de forma significativa pues a día de hoy existe una tendencia generalizada por los poderes públicos en aras de la evitación en la medida de lo posible de los conflictos litigiosos para lo cual resultan cada vez más frecuentes los mecanismos alternativos de resolución, tales como la mediación y el arbitraje, al objeto de descongestionar los ya de por sí saturados Juzgados de instancia de nuestro país, que en el caso específico de los Juzgados de lo Mercantil se torna más evidente aún, seguramente consecuencia de la tramitación de los concursos de acreedores.

F. *Organización del consejo de administración*

Tal y como recuerda el Informe de la Comisión de Expertos, resultaba paradójica la implícita obligación de constituir el órgano de administración de la sociedad cotizada en la forma colegiada de consejo, dado que pese a la existencia de normas imperativas sobre las comisiones del consejo o la tipología de consejeros, en cambio se había pasado por alto una mención expresa a una obligación que ya de por sí parecía evidente. Modificada dicha cuestión, o subsanada si se prefiere, la Comisión debía entrar a valorar y en su caso proponer la modificación respecto de elementos habituales de los principios del gobierno corporativo en lo que a la organización del consejo de administración se refiere, debiendo equilibrar aquellas cuestiones que debían continuar siendo objeto de recomendación en los códigos de buen gobierno con aquellas que la situación exigía su elevación a rango legal. Y es así como el Informe, en aquello que desembocó en la Ley 31/2014, distingue respecto de la organización del consejo en tres aspectos fundamentales: la estructura, las competencias y el funcionamiento.

---

352. PAZ-ARES RODRÍGUEZ, C.: «La ley, el mercado y el gobierno de las sociedades» en *IUS ET VERITAS: Revista de la Asociación IUS ET VERITAS*, n.º 24. Lima (Perú), 2002. Pág. 147.

Con respecto a la estructura, nuevamente hemos de hacer mención a la cuestión del modelo monista de nuestro país, si bien no parece ser una imperativa. Cuestión un tanto discutible, pues el Informe de la Comisión de Expertos manifestaba que la *«larga tradición en España (del sistema monista) justifican su mantenimiento como el sistema de administración obligatorio en sociedades cotizadas. Sobre todo, una vez que la evolución de la normativa y las recomendaciones de buen gobierno han corregido uno de sus defectos, y han enfatizado la, tal vez en algún momento, preterida función de supervisión»*[353]. Ciertamente, nos genera ciertas dudas la aseveración sobre el «sistema de administración obligatorio» por los mismos motivos que los anteriormente vistos respecto de la obligación de organizar el órgano en la forma de consejo. Podríamos en consecuencia estar hablando de una obligación implícita que se deduciría de la imposición de organizar el órgano en «un» consejo; de la tipología de consejeros de un único consejo; y de las dos comisiones actualmente obligatorias que el consejo ha de crear que son las de auditoría y la de nombramientos y retribuciones (que pueden separarse), pues es cierto que la Ley no establece de forma expresa la concreta forma de estructura. Al contrario, la Ley se refiere a los sistemas monista y dualista únicamente en el Título XIII dedicado a la sociedad anónima europea, de residual presencia en nuestro país[354]. Ello implica el reconocimiento a la labor supervisora y de control que ha de adoptar el propio consejo en su seno, para lo cual, como reconoce el Informe, se han ido adoptando diferentes medidas que garantizaran esa labor de control, algunas de las cuales en cambio continúan formando parte de los códigos de recomendaciones como el tamaño concreto del consejo, lógico habida cuenta de la diferente estructura necesaria que ha de tener unas sociedades respecto a otras por razón de su volumen, organización interna, alta dirección, y reparto de funciones. Por ello, siendo el sistema español de forma monista, el propio Código Olivencia ya manifestaba que la misión fundamental del consejo era *«la supervisión, junto con la dirección estratégica de la compañía»* lo que supone que, siendo el órgano de administración el encargado de la gestión y administración de la sociedad conforme dispone el artículo 209 de la Ley de Sociedades de Capital, enfatizar en primer lugar la supervisión como misión especial del consejo presupone la especial importancia de la necesaria adopción de medidas de control.

Sea como fuere, en lo que a estructura se refiere, lo que sí hace la Ley por recomendación de la Comisión de Expertos es la de establecer la obligatoriedad como hemos dicho de la comisión de nombramientos y de retri-

353. Página 42 del mismo.
354. Estadísticas publicadas por el Registro Mercantil, que se pueden consultar en: http://www.rmc.es/estadisticas/EstadisticaSocietaria.aspx

buciones, facultades que pueden desarrollarse en un mismo comité o bien en dos separados para cada una de las dos citadas funciones, comité que se une a la obligatoriedad de la comisión de auditoría, cuyo establecimiento ya resultaba imperativo desde la promulgación de la Ley 44/2002, de 22 de noviembre, de Medidas de Reforma del Sistema Financiero, lo que ya era antes objeto de recomendación en el Código Olivencia. Nuevamente, hemos de hablar de obligación explícita de lo que anteriormente lo era implícita pues, pese a que la Ley en su versión anterior a la reforma operada en 2014 únicamente establecía la obligatoriedad de la comisión de auditoría y no de la de nombramientos y retribuciones, en cambio sí exigía que la comisión de auditoría estuviera presidida por un consejero independiente, y que los consejeros independientes fuesen nombrados previo informe de la comisión de nombramientos y retribuciones, lo que evidentemente presumía el carácter necesario de su existencia.

Y precisamente, tanto respecto de la existencia de dicha comisión de nombramientos y de retribuciones como en cuanto a los consejeros independientes, la Ley incorpora las definiciones de las clases de consejeros (ejecutivos, dominicales, independientes, y otros externos) que hasta entonces formaban parte del anterior Código Unificado de Buen Gobierno, hoy artículo 529 duodecies de la Ley de Sociedades de Capital, que más que ser una obligación de conducta o establecimiento de medidas coercitivas, resulta un texto enunciativo aclaratorio al objeto de determinar qué ha de entenderse por según qué clase de consejero para el cumplimiento de las obligaciones establecidas de estructura, contenido y tipos en cuyo análisis entraremos más adelante.

Finalmente, sea cuestión estructural o funcional, y como ya se viene insistiendo tanto en los códigos anteriores como por la influencia de los modelos comparados, la Ley exige al consejo velar por la diversidad de consejeros permitiendo una presencia equilibrada de hombres y mujeres, sin entrar en concretas cuotas, ya que ello lo deja, al menos de momento, a los códigos de recomendaciones.

– Con respecto a las competencias, la Ley ha optado por ampliar aquellas indelegables del consejo (artículo 249 bis de la Ley de Sociedades de Capital), mayores aún en el caso de las sociedades cotizadas (artículo 529 ter), lo que, con independencia de las nuevas facultades indelegables añadidas, que ha resultado por clara influencia de la Propuesta de Código Mercantil, nos interesa más el motivo de tal ampliación, que entendemos con aspecto positivo. Y es que la pretensión de la norma no es tanto la de dotar de más competencias al órgano de administración precisamente en el marco del debate sobre la operatividad y flexibilidad funcional del consejo, sino respecto de su labor supervisora, es decir, que ampliando las competencias de todo el consejo de administración en su conjunto relativas a la gestión, se evita la excesiva delegación en la comisión ejecutiva o en los consejeros con tal condición, fomentando por ello el conocimiento, información y control del resto de integrantes del órgano[355].

– Por último, con respecto al funcionamiento, y precisamente a colación de lo anterior, pasa a ser obligatoria la reunión de todo el consejo al menos una vez al trimestre, lo que en las sociedades cotizadas se explica ante la información y declaración que ha de hacer la entidad de forma trimestral, pero que se aplica a todas las sociedades mercantiles en general aun cuando las obligaciones contables o fiscales de la misma sean anuales. Con ello, se impone una presencia y conocimiento mínimo a la totalidad de los consejeros al objeto de someter a la consideración del conjunto no sólo aquellas cuestiones que como hemos visto resulten indelegables a todo el órgano colegiado, sino también para facilitar o fomentar la citada labor supervisora. Ello no obstante tiene una contrapartida que podríamos calificar de contraproducente si con ello lo que se consigue es aumentar la retribución de los consejeros en lo relativo a las dietas de asistencia. Sí resulta importante destacar con respecto a las citadas reuniones dos cuestiones conexas y a su vez obligatorias. Por un lado, la información previa a las reuniones del consejo, configurado con cierta semejanza a los derechos de los accionistas previo a una junta general, en el caso del consejo se torna en obligación, y es que hay que partir de un principio fundamental del Derecho de sociedades que reiteradamente la jurisprudencia se ha encargado de recordar en litigios derivados de conflictos entre socios y administradores de las sociedades de capital, y que resulta de la obligación, que no derecho, de los administradores a estar debidamente informados de las cuestiones, documentos y contingencias derivadas de la actividad social. Ello resulta en esencia del anteriormente citado deber de diligencia, pues configurar el acceso a la información por parte de un administrador como un derecho y no como una obligación, desnaturalizaría por completo su figura y le asemejaría casi a un mero accionista de control. No es el caso, por lo que los deberes fiduciarios de los administradores exigen la especial observancia del cumplimiento de sus obligaciones, que en el caso de las reuniones periódicas del consejo de administración, se manifiestan en el artículo 529 quinquies de la Ley de Sociedades de Capital. Es cierto que dicho artículo impone al presidente del consejo con la colaboración del secretario la obligación de velar por dicho cumplimiento, no ayudando en nuestra opinión la exposición que el Informe de la Comisión de Expertos realizó, manifestando que *«los consejeros deben recibir con antelación suficiente el orden del día de la reunión y la*

355. VIVES RUÍZ, F.: *«Sentido de la propuesta de reforma...»* cit. Pág. 60.

información necesaria para la deliberación y la adopción de acuerdos», frase de la que destacamos «debe recibir»[356]. No nos parece acertada porque ello implica, como hemos dicho, trasladar la obligación exclusivamente al presidente del consejo y pareciendo justificar en cierto modo una actitud aparentemente pasiva de los consejeros no ejecutivos, y como hemos dicho, los deberes de diligencia de los administradores, común a todos ellos con independencia de su tipología, clase o comisión a la que pudieren pertenecer, exigen un comportamiento activo y también proactivo. No es impedimento, claro está, para que el presidente cumpla con su obligación para con el resto de consejeros, sea el primer ejecutivo o no. Pero entendemos que la redacción normativa ha de resultar más severa en dicho aspecto, imponiendo a los consejeros la obligación de exigir cuanta información sea precisa, antes o durante la sesión del consejo, y en su caso, las consecuencias derivadas de un incumplimiento tanto por su parte como por la del presidente o el resto de consejeros en caso de negar su aportación. Bien es cierto que dichas consecuencias en lo que a adopción de acuerdos se refiere se encuentran contempladas como posible causa de impugnación de acuerdos. Sin embargo, nos referimos a las consecuencias derivadas de una actitud pasiva de supervisión, motivo por el que insistimos en la proactividad de los consejeros de control, máxime si como reconoce la Ley y los códigos anteriores de buen gobierno, la misión esencial del consejo de administración en sistema monista es precisamente la de supervisión. Esta cuestión tiene además un reflejo claro en la Ley, y es el reforzamiento de la obligación de asistencia personal al consejo (artículo 529 quáter) prohibiendo la delegación de representación de los consejeros no ejecutivos en otros consejeros distintos de su referida tipología. Este artículo recuerda en cierto modo al 180 también de la Ley de Sociedades de Capital, *«los administradores deberán asistir a las juntas generales»*, de contenido tan corto como directo, pues en no pocas ocasiones se ha planteado doctrinal y jurisprudencialmente el alcance de tal obligación especialmente referente en lo relativo a un hipotético incumplimiento. Parece doctrina consolidada que la mera inasistencia del administrador no supone *per se* causa de impugnación de la junta, salvo que como consecuencia de su inasistencia se haya prescindido de información relevante, necesaria y definitiva para la adopción de un acuerdo.

También en el ámbito del funcionamiento, se han visto reformuladas cuestiones relativas al nombramiento de consejeros en este caso hablando exclusivamente se sociedades anónimas cotizadas, tales como: (i) el plazo máximo de ejercicio del cargo, que se ha visto reducido de seis a cuatro años; (ii) la prohibición de designación de administradores suplentes, que se ve en cambio compensada con la siguiente medida; y (iii) la reforma del nom-

356. Página 48 del mismo.

bramiento de consejeros por el sistema de cooptación, facultando al consejo ante una vacante producida en su seno a designar un consejero sin que éste necesariamente ostente la condición de accionista, como en cambio sí ocurre para el resto de las sociedades anónimas no cotizadas, nombramiento que en todo caso ha de ir precedido del preceptivo informe justificativo de la comisión de nombramientos y retribuciones.

Finalmente, ante la clásica cuestión de la acumulación de cargos de presidente y consejero ejecutivo en una misma persona, la Ley, por influencia de la figura anglosajona del *lead independent director*, establece la obligación de designar de entre los consejeros independientes a un consejero coordinador como mecanismo de contrapeso a la excesiva concentración de poder en un único consejero. Se trata en esencia de una solución *salomónica* respecto del conocido debate, pues el propio Informe de la Comisión de Expertos reconocía la dificultad de decantarse por una opción u otra (hasta el punto que la separación de cargos ni tan siquiera es objeto de recomendación en el Código de Buen Gobierno) motivo por el cual opta por dejarlo a la consideración de las sociedades, pragmatismo que también siguió la Ley, que únicamente exige el nombramiento del consejero independiente coordinador ante una concreta situación.

E) ELEMENTOS DEL DEBATE

Dicho todo lo cual, el análisis de los principios del gobierno corporativo y su aplicación práctica a las grandes compañías, se enmarca en la cuestión de la dicotomía entre la autorregulación frente al carácter imperativo de la norma, que a su vez desemboca en otras cuestiones de suma importancia, debate que se ha nutrido no sólo de las muchas aportaciones doctrinales sino también de la experiencia práctica de nuestro mercado interno en relación a las aportaciones foráneas y la proliferación de normas comunitarias. Esas cuestiones conexas al debate de la autorregulación frente al imperio de la Ley se refieren tanto a la conceptualización del interés social de la empresa respecto de las ya vistas tesis contractual o institucional, como al modelo de gerencia y supervisión del consejo, o forma monista o dualista. Y es que entendemos que resultan cuestiones conexas porque en esencia continuamos hablando sobre dotar de mayor libertad a las sociedades en aspectos operativos, funcionales e incluso institucionales, o en cambio establecer unas reglas determinadas en una economía de mercado como impera en Europa. Es sencillo, con independencia de los estudios doctrinales o jurisprudenciales sobre la tesis contractual frente a la institucional, y situándonos en un terreno estrictamente jurídico formando parte de los estatutos sociales el objeto social de una sociedad, cabe plantearse si obligar a una sociedad a adoptar una posición de interés institucional frente al contractual no sería en tal caso una intromisión a la esfera privada de la personalidad jurídica. No es óbice para el establecimiento de determinadas normas de *sotf law que* propugnen una gestión responsable, sostenible, solidaria si se prefiere la palabra con la comunidad en la que se ubica, lo que en cambio no casaría con que resultara una obligación para la creación de valor de la entidad. En esta línea, por ejemplo, se refería el Código Olivencia, que adoptó una posición contractual del interés social, a la par que confiaba en la propia regulación de las sociedades. Ahora bien, no son cuestiones incompatibles, es admisible la posición contractual con la defensa del establecimiento de un marco regulatorio imperativo, como así han defendido varios autores[357]. Otra cuestión podrá radicar en la intensidad o el grado coercitivo de la actividad legislativa, pero al fin y al cabo los usos y costumbres empresariales españoles, la experiencia conocida de las crisis económicas, financieras o corporativas precedentes, la situación socio-política en nuestro país, y la práctica de nuestras grandes compañías resumidas en sus respectivos informes anuales de gobierno corporativo, aconsejan el establecimiento de un sistema legal imperativo. Y asimismo, otra cuestión podrá determinar sobré qué entra la Ley, si debe ser respecto de cuestiones sustantivas, o si bien puede limitarse a meramente procedimentales en aras del aseguramiento de la transparencia[358].

Lo mismo sucede, por ejemplo, con la cuestión del sistema monista o dualista. En caso de resultar aparentemente imperativo el sistema monista en nuestro país, al menos así parece afirmarlo el Informe de la Comisión de Expertos, se obtiene con ello un régimen resultante de separación de funciones pero no de responsabilidades conforme al artículo 249 de la Ley de Sociedades de Capital. Podría ser que se valorara la admisibilidad de facultar a nuestras grandes sociedades a la adopción del sistema dualista, en su día defendido por parte de nuestra doctrina[359], sin que ello en cambio pudiera justificar un cambio del régimen de responsabilidad desde la perspectiva de la autorregulación. Es decir, que si la separación de funciones en el consejo no lo implica respecto de las responsabilidades, no puede quedar al arbitrio de la sociedad en cuestión el régimen de responsabilidad en caso de que optare por un sistema dual de administración, que probablemente pretendería separar, resultando necesario un régimen pero de contenido legal que delimitara de forma precisa la responsabilidad derivada de los

357. FERNÁNDEZ DE LA GÁNDARA, L.: «El debate actual sobre el gobierno corporativo. Aspectos metodológicos y de contenido» en ESTEBAN VELASCO, G. (dir.): *El gobierno de las sociedades cotizadas*. Ed. Marcial Pons. Madrid, 1999. Pág. 55.

358. PAZ-ARES RODRÍGUEZ, C.: *«La ley, el mercado y el gobierno...»* cit. Pág. 145.

359. ALONSO UREBA, A.: «El gobierno de las grandes empresas (Reforma legal versus códigos de conducta)» en ESTEBAN VELASCO, G. (dir.): *El gobierno de las sociedades cotizadas*. Ed. Marcial Pons. Madrid, 1999. Pág. 55.

consejeros en función de en qué órgano se ubicarían. En nuestra legislación, tenemos el caso del artículo 490 de la Ley de Sociedades de Capital respecto al sistema dual de la citada sociedad anónima europea, que establece de aplicación indirecta la responsabilidad solidaria del artículo 249 ya formen parte de los órganos de administración, de dirección y del consejo de control *«en el ámbito de sus respectivas funciones»*, es decir, que sin perjuicio de la posible modulación de la responsabilidad que afecte a cada consejero en función de su condición, la aparente voluntad es la de mantener la responsabilidad solidaria de todos ellos.

Por todo ello, concluíamos anteriormente lo que entendemos como carácter necesario de regulación imperativa en nuestro Derecho de sociedades, no sólo por la experiencia pasada sino por la concreta situación especial de nuestro país, tanto a nivel económico, político y social, como en lo relativo a las actividades y sectores de las grandes corporaciones en sentido amplio, es decir, coticen en un mercado secundario de valores o no, actividades ya hemos visto con una especial incidencia en el interés de lo público o estatal. Ahora bien, la sociedad está en continuo proceso de cambio, en una transformación y globalización que no impide que en un futuro la situación demande y resulte propicia para adaptar nuevos usos, si bien a día de hoy entendemos justificada la promulgación de normas como la Ley 31/2014 que han elevado a rango de Ley anteriores recomendaciones de los códigos de conducta, no sólo en los aspectos procedimentales como ya ocurría anteriormente (como los informes anuales de gobierno corporativo o de remuneraciones) sino también en aspectos sustantivos, en la organización, estructura y funcionalidad del consejo de administración.

Capítulo IV

Nombramiento de consejeros y estructura del consejo de administración

1. EL NOMBRAMIENTO DE CONSEJEROS POR LA JUNTA GENERAL

A) ESTADO DE LA CUESTIÓN

Conforme a lo dispuesto en el artículo 160 de la Ley de Sociedades de Capital, la junta general es el órgano social competente para, entre otras facultades, proceder al nombramiento y cese de los miembros del órgano de administración. Tal facultad emana de la similitud con el contrato de mandato al que hemos hecho referencia en algunas ocasiones a lo largo del presente trabajo, por cuanto un grupo de inversores, que ponen en común ciertos bienes, encargan la gestión de los mismos. Es la clásica separación ente quienes invierten y entre quienes gestionan, sin perjuicio de que los primeros también se encarguen de lo segundo.

Tal es el alcance de dicha facultad de nombramiento y cese, que incluso éste puede producirse en cualquier momento y aun cuando ello no sea un punto contemplado en el orden del día, conforme al tenor del artículo 223.1 de la Ley de Sociedades de Capital, lo que se justifica en el hecho de que correspondiendo al órgano de administración la convocatoria de la junta general así como el establecimiento del orden del día de la misma (sin perjuicio del derecho de los accionistas a complementar el mismo, únicamente en sociedades anónimas) cabría darse la situación de que dichos administradores, en previsión de un posible cese, no incluyeran el mismo en el orden del día a fin de evitarlo. Por ello, el legislador ofrece tal posibilidad a los accionistas, siendo éste, junto con la interposición de la acción social de responsabilidad, el único supuesto de posible debate, votación y adopción de un acuerdo que no forma parte del orden del día.

Pero además del requisito temporal-procedimental, se añade otro de contenido causal por cuanto no resulta necesario motivar el cese de un administrador o consejero, bastando para ello la mera voluntad de la junta general conforme al régimen de mayorías legal o estatutariamente aplicable. Es lo que se conoce como el cese *ad nutum*, sin perjuicio de causas de impugnación, que trascienden a los meros mecanismos legales. Ahora bien, sí conviene matizar que la posibilidad de cese *«en cualquier momento» que* reconoce el citado artículo 223, se circunscribe a la celebración de una junta general, debidamente constituida, esto es, que no cabe el cese por parte de ningún socio o accionista, por muy mayoritario que sea, en un momento distinto o ajeno a la celebración de la junta.

Hasta aquí cabría decir que el régimen legal de nombramiento de consejeros (o administradores en general) resulta sencillo, pues tal facultad corresponde en exclusiva a la junta. Sin embargo, en sede de sociedades cotizadas la cuestión resulta significativamente más compleja, por los siguientes motivos:

– Porque en el caso de cotizadas, y por imperativo legal, el órgano de administración ha de ser necesariamente un consejo de administración (artículo 529 bis de la Ley de Sociedades de Capital) lo que si bien no se encontraba explícitamente recogido en la Ley con anterioridad a la reforma operada por la Ley 31/2014, sí lo estaba de forma implícita, ya que la Ley regulaba el reglamento del consejo de administración, o la tipología de consejeros. Tal obligación restringe la posibilidad de que la junta general, a diferencia de las sociedades anónimas no cotizadas o a las de responsabilidad limitada, pueda optar por el sistema de administración única, solidaria o mancomunada. La naturaleza de la sociedad cotizada y su significación, volumen y tamaño son motivos más que suficientes para aconsejar tal obligatoriedad.

– Porque en el caso de cotizadas, no vale cualquier persona para el desempeño del cargo de consejero, en primer lugar, por la propia naturaleza jurídica del consejero. Dicho de otra forma, las sociedades cotizadas no pueden designar consejeros persona jurídica (artículo 529.1 bis), lo que sí es admisible para el resto de sociedades mercantiles cuyas acciones no se hallen admitidas a negociación en un mercado secundario de valores, a tenor del artículo 212 bis de la Ley de Sociedades de Capital. Esta restricción fue incorporada por la Ley 31/2014, lo que motivó a una cierta reestructuración de los consejos de administración de algunas sociedades cotizadas que, con carácter anterior a la reforma, sí tenían designados consejeros persona jurídica[360].

– Porque incluso dentro de las propias personas físicas, tampoco resultaría admisible cualquier persona. Lo primero, por evidentes criterios de idoneidad y objetiva cualificación y experiencia para el cargo, pero no nos referimos a ello, sino a la vinculación que dicha persona pueda tener con la sociedad. De forma concreta, el consejo de administración de la sociedad cotizada ha de estar necesariamente conformado por una concreta tipología de consejeros para asegurar las funciones de supervisión y control que tienen asignados, tarea encomendada muy especialmente a los consejeros independientes, y para ser considerados de tal categoría, habrán de cumplirse determinados requisitos. Aquí conviene hacer un matiz y una comparación entre lo dispuesto en la Ley y lo dispuesto en el Código de Buen Gobierno. Mientras que éste sí recomienda una concreta estructura o porcentaje de presencia de consejeros externos e independientes, la Ley no lo hace, si bien sí exige el nombramiento de consejeros independientes por vía de la regulación legal del comité de auditoría. Es decir, que el artículo 529 de la Ley de Sociedades de Capital (de su subapartado *bis* al *quindecies*) no exige expresamente la presencia de independientes en el consejo de administración en su conjunto ni un número determinado de los mismos, limitándose a describir qué entiende el legislador por «consejero independiente», si bien en cambio sí exige en el apartado *quaterdecies* de dicho artículo que la comisión de auditoría esté compuesta *«exclusivamente por consejeros no ejecutivos (...), la mayoría de los cuales, al menos, deberán ser consejeros independientes»*, lo que redunda en la idea que manifestábamos sobre las obligaciones implícitas de la Ley, que han de ser interpretadas en sentido amplio y apoyándose en el contenido de las recomendaciones del Código de Buen Gobierno.

Por ello, nos referíamos a que el nombramiento de consejeros se somete a ciertos requisitos que trascienden mucho más de lo que es la cualificación o experiencia para el desempeño del cargo, sino la propia vinculación del potencial consejero con la sociedad, pues en función de la misma, un consejero podrá ser investido de la condición de independiente, o no. Y si resulta necesario el nombramiento de un consejero independiente, no ya para cumplir las recomendaciones del Código sino lo dispuesto en la propia Ley, la cuestión ya resulta tremendamente más compleja que la mera facul-

360. Al respecto, traemos a colación la noticia publicada en el diario económico «Cinco Días»: *«La nueva Ley de Sociedades impedirá reelegir a decenas de consejeros de las cotizadas»*, en https://cincodias.elpais.com/cincodias/2020/07/24/mercados/1595606748_935096.html#:~:text=El%20texto%20recoge%20que%20los,buen%20gobierno%20corporativo%E2%80%9D%2C%20a%C3%B1ade

tad de la junta para el nombramiento de un concreto consejero conforme a su voluntad soberana.

– Y porque, consecuencia de todo cuanto hemos manifestado, la realidad es que la junta general de la sociedad cotizada apenas hace uso directo de la facultad conferida por el citado artículo 160 de la Ley de Sociedades de Capital, sino que el proceso de nombramiento puede responder, bien al acontecimiento de hechos extraordinarios, bien por alguno de los sistemas de nombramiento llamados especiales[361]. Conviene matizarlo, nos referimos a que ante el carácter de las sociedades cotizadas, no se produce un acto espontáneo de nombramiento y designación de un consejero con simultánea aceptación del cargo, sino que todo ello procede de un proceso más complejo, generalmente iniciado por parte de la comisión de nombramientos y retribuciones del propio consejo de administración, que eleva la propuesta al consejo, y éste a la junta general, quien tiene la competencia de votar, y en su caso aprobar, la propuesta. En otras muchas ocasiones, los nombramientos se producen por vía del sistema de cooptación del artículo 244 de la Ley de Sociedades de Capital (matizado para cotizadas por el 529 decies) consecuencia de vacantes producidas ante la restricción al nombramiento de consejeros suplentes que impone en apartado tercero de dicho último artículo citado. En este sentido, a nuestro juicio resulta una cuestión de interés por su posible implicación problemática, toda vez que siendo competencia de la junta general el nombramiento de consejeros, y ante el necesario carácter independiente que buena parte de ellos han de tener para el ejercicio de su cargo en defensa de los intereses de socios y terceros ajenos a los accionistas significativos, la propuesta de nombramiento en cambio parte del propio consejo, lo que exige que la Ley adopte medidas de aseguramiento de la idoneidad de los candidatos propuestos a la junta general para que sea ésta quien determine su elección.

Y a todas estas cuestiones o singularidades propias del nombramiento de consejeros por parte de la junta general de la sociedad cotizada ha de añadirse, además, la cierta crisis en la que dicho órgano social se encuentra, si bien con síntomas que parecen haberse reducido conforme a los últimos cambios legislativos. En concreto, se achacaba a la junta general en los orígenes del movimiento del gobierno corporativo una cierta inoperancia consecuencia de la amplia heterogeneidad de su masa accionarial si bien con accionistas de referencia que casi imposibilitaban una acción concertada por parte de los minoritarios, cayendo éstos en la inasistencia e inactividad, y

361. SÁNCHEZ-CALERO GUILARTE, J. / FERNÁNDEZ TORRES, I. / FUENTES NAHARRO, M.: *La Junta General en las Sociedades Cotizadas. (Algunas referencias empíricas sobre sus aspectos principales).* (2006). Documento depositado en el archivo institucional EPrints Universidad Complutense de Madrid. https://eprints.ucm.es/id/eprint/5878/

facilitando en consecuencia un consejo de administración su apenas oposición, dado que en la generalidad de los casos, el consejo representaba a las mismas mayorías que existían en la junta.

La cuestión de las competencias de la junta general en cuanto al nombramiento de consejeros de la sociedad cotizada, a los efectos de este trabajo y de los principios del gobierno corporativo, es sumamente relevante, pues la junta es precisamente protagonista o actor principal respecto de algunos de los problemas y carencias que el gobierno corporativo denuncia, como la transparencia en la información, la confluencia de los varios intereses presentes en la sociedad, la adopción de mecanismos de control, y el propio nombramiento de consejeros en lo que a tipología y estructura se refiere. Por ello, resulta pertinente el análisis de tal competencia de nombramiento y las formas que se materializan en la sociedad cotizada, como forma de contextualizarlo con el debate de la mejora del buen gobierno de nuestras sociedades.

B) EL IMPULSO DE LAS COMPETENCIAS DE LA JUNTA

1. Causas de la devaluación

Como decíamos antes, el estudio del gobierno corporativo ha puesto de relieve una crisis de la junta general por la falta de actividad, de mecanismos de control, y de capacidad para motivar a los accionistas especialmente minoritarios a su asistencia y ejercicio de sus derechos. Una situación de apatía, fruto de la cual, se propició que fuera el propio consejo quien asumiera una función de propia supervisión, lo que cabía plantearse si ello entrañaba una pérdida de poder y trascendencia de la junta general en las sociedades cotizadas.

Pero para entender esta crisis de la junta han de analizarse las causas que pueden haberla motivado, dado que el carácter soberano de la misma y su condición de órgano de reunión de los accionistas parecen no haber sido suficiente, al menos para el caso de las sociedades cotizadas. Y es que si bien el análisis del gobierno corporativo reclamaba su atención especialmente en la junta de cotizadas, el movimiento reformador de la Ley 31/2014 afectó a todas las sociedades por igual, cotizadas o no, pues algunos de los problemas que entrañaban se materializaban también en otras entidades anónimas o limitadas, lo que como ya hemos visto en el capítulo anterior, supuso una ambiciosa reforma normativa.

Pero centrándonos de forma concreta en las cotizadas, algunas de las causas que los estudios han detectado en la crisis de la junta general parten precisamente de la naturaleza y volumen de este tipo de compañías, pues en primer lugar, se hace referencia a la estructura atomizada de su capital social, a la dispersión y heterogeneidad de la base accionarial de la compañía, al capital flotante o *free float* de las entidades cotizadas de nuestro país, que según el último informe anual de gobierno corporativo publicado por la Comisión Nacional del Mercado de Valores al momento de escribir estas líneas[362], se sitúa en el 43%, lo que implica una cierta estabilidad en los últimos años, ya que en la década anterior tenía un porcentaje cercano al 39% en el conjunto global de las sociedades cotizadas, y en cambio, en torno la mitad del capital social en el caso de las entidades pertenecientes al selectivo IBEX 35, que entonces eran objeto de informe adicional al general[363].

La segunda causa imputada es el absentismo accionarial, la falta de asistencia de buena parte de los accionistas que, sea por causa de la crisis de la junta general, o sea dicha inasistencia la que genera tal crisis, optan por no ir y ejercer los derechos políticos que como socios les corresponden, cuestión sobre la que con el tiempo, se ha identificado por la ausencia de facilidades en la delegación de representación para la asistencia o voto. Sin embargo, el absentismo se correlaciona con la cuestión de la atomización del capital social, ya que conforme concluye el Informe Anual de Gobierno Corporativo de la Comisión Nacional del Mercado de Valores referido, el grado de participación de los accionistas en la junta general *«sigue manteniendo una relación inversa a la del capital flotante de la sociedad, de tal forma que los porcentajes máximos de participación se correlacionan con porcentajes mínimos de capital flotante»*.

Esta conclusión resulta sumamente importante pues, si bien se corresponde con un Informe actual, y por tanto posterior a todas las reformas normativas tendentes a la revitalización del órgano soberano de accionistas, conforme reconoce el propio Informe se trata de una conducta habitual. Basta leer los informes de años anteriores, incluso previos a la entrada en vigor de la Ley 31/2014, para advertir de tal circunstancia. Y, efectivamente, dichos porcentajes de capital flotante se traducen en los relativos a asistencia presente o representada en la junta general, ya que la asistencia a la junta ronda el torno al 70% de forma más o menos consolidada en los últimos años según datos del Informe, ya que según el mismo, en el 2020 se cifró en el 70%, por el 71,2% en el ejercicio 2019, haciendo referencia a que *«este porcentaje ha oscilado entre el 68 y el 72% en los últimos 5 años»*.

362. Correspondiente al ejercicio 2020, que puede consultarse en: https://www.cnmv.es/DocPortal/Publicaciones/Informes/IAGC_2020.pdf
363. De forma concreta y en sede de entidades del IBEX, del 50,7% en el ejercicio 2011, por 47,7% en el ejercicio 2010; y del 35,6% en la generalidad de las compañías en el ejercicio 2010, datos que igualmente pueden consultarse en la página web de la CNMV.

Dicha estadística añade, a nuestro juicio, un dato de incuestionable valor, y es que el hecho de que de 2019 a 2020, la asistencia a la junta general haya descendido tan solo 1,2 puntos porcentuales (que es insignificante y que casi no merece la consideración de «descenso»), teniendo en presente cuenta la pandemia ocasionada por el COVID-19 y el consiguiente cambio de nuestros modelos casi de relación humana, suponen un valiosísimo e inapelable triunfo de las medidas de revitalización e incentivación del propio órgano social, y de la asistencia a la junta, muy seguramente ayudado por el uso cada vez más habitual de medios telemáticos y la facilitación a los accionistas de la propia asistencia y emisión del derecho de voto.

Una tercera causa se ha imputado a la falta de competencias más amplias o profundas respecto del control del órgano de administración, lo que ha redundado en acusar una falta de utilidad práctica de las reuniones anuales de los accionistas, al limitarse éstas en buenas ocasiones a que por el socio mayoritario se controle su desarrollo mediante la aprobación de los puntos del orden del día que estime por convenientes[364]. Porque las competencias de la junta general caben ser interpretadas en su sentido estricto (aprobación de las cuentas anuales, censura de la gestión social, o nombramiento y cese de administradores) o en su sentido profundo, en si existen verdaderamente resortes de control al órgano de administración y si éstos se ponen en práctica o no. Por ello, cuando se habla de falta de competencias, se refieren a aquellas que entrañen algo más que la votación de los asuntos genéricos que la Ley contempla, sino en si existen o pueden existir otros de verdadero calado en lo que al objetivo de control se refiere. Y sobre tales competencias el legislador dio su respuesta con la Ley 31/2014. Y aun así, puede no ser suficiente, pues de poca utilidad servirá dotar de más competencias a la junta general si ésta continúa siendo controlada por el propio consejo de administración. Baste el dato del Informe Anual de Gobierno Corporativo de la Comisión Nacional del Mercado de Valores para advertir que *«la participación de los consejeros, incluida la participación de los accionistas significativos representados en el consejo, se situó en el 42,7%»*, identidad subjetiva en ambos órganos que complica la clásica alusión a la separación entre propiedad y control.

364. Y es la experiencia práctica, muy especialmente en sociedades de reducida dimensión no cotizadas, con un bloque accionarial definido y la confluencia de un socio disidente, demuestra que apenas se produce debate, básicamente porque a dicho socio mayoritario tal vez ni tan siquiera le interese, limitándose a recoger las manifestaciones del disidente y pasando a la votación del acuerdo que, al fin y al cabo, es lo que verdaderamente interesa para el cumplimiento de las funciones que la junta tiene asignadas.

Como cuarta causa cabría aludir a lo que alguna autora ha calificado como *«inaptitud»* para el ejercicio de las funciones de control[365], desde una perspectiva operativa y funcional, que precisamente desarrolla las causas citadas de la crisis del órgano soberano, y que vincula, entre otras causas, de forma especial respecto de la dispersión accionarial y la falta de coordinación de los mismos, sobre lo que propone interesantes alternativas como el recurso a las asociaciones de accionistas como un posible método de implicación y de facilitación a éstos del ejercicio de sus derechos en la junta general, lo que vincula de forma inexorable con un buen modelo de gobierno corporativo. Sin entrar en este trabajo en las asociaciones de accionistas por exceder de nuestro ámbito, sí recogemos algunas interesantes ideas respecto a la necesaria comunicación con los accionistas, que más adelante expondremos.

Por último, no tanto como causa, o no al menos de forma directa, nos referimos al proprio reconocimiento de tal crisis por parte del propio movimiento normativo de gobierno corporativo, ya que como hemos visto, y de forma inicial, el Código Olivencia desistió de hacer regulación y casi mención o recomendación alguna sobre la propia junta general, siendo éste uno de los motivos que mayores críticas doctrinales generó, y que fue uno de los motivos de su posterior reforma por medio del Informe Aldama. Pero no era ni mucho menos un descuido ni tampoco un desaire, sino un reconocimiento a la existencia de tal crisis, ya que en palabras del propio Código, *«el movimiento de reforma en que se inserta este Informe, orientado a impulsar el consejo como órgano de supervisión, tiene su origen en la constatación de la escasa eficacia disciplinar de la junta general»*, lo que a nuestro juicio, es un duro reconocimiento.

Pero lo más significativo no era en sí tal reconocimiento, ni si quiera la crudeza con la que admitía esa *«escasa eficacia»*, sino el derrotismo, una suerte de rendición que, en lugar de pretender revertir tal situación, opta por resignarse, de ahí a que este apartado no lo calificáramos como «causa directa» de la crisis de la junta general, sin negar una posible participación o contribución indirecta a tal crisis. Porque de forma posterior, el Código Unificado, también admitía tal falta de eficacia, ya que el Informe Aldama no había conseguido revitalizar las funciones orgánicas de la misma pese a proponerse a sí mismo *«la potenciación del papel de la Junta General de accionistas como órgano de decisión y control básico para la vida de la sociedad y tutela*

365. FERNÁNDEZ PÉREZ, N.: «Hacia un uso constructivo de las juntas generales. El recurso a las asociaciones de accionistas» en AA.VV.: *Estudios sobre Derecho de Sociedades: «Liber Amicorum» Profesor Luis Fernández de la Gándara*, coord. RODRÍGUEZ ARTIGAS, F. / ESTEBAN VELASCO, G. / SÁNCHEZ ÁLVAREZ, M. Ed. Aranzadi. Navarra, 2016. Pág. 580.

de los intereses de los accionistas», pero pese a que el Código Unificado admitiera tal crisis, éste sí se propuso una ambiciosa reactivación, y hemos de decir como ya hemos expuesto anteriormente que, a nuestro juicio, lo hizo con significativo éxito al haber sido posteriormente acogidos por el legislador en la Ley 31/2014 determinados preceptos que dicho Código promulgó por vía de recomendación.

2. Consecuencias de la crisis

Con carácter previo a exponer y analizar las consecuencias de esta crisis en la que se ha encontrado la junta general, hemos de poner de relieve que dicha crisis ha sido, incluso, existencialista, toda vez que en algunos estudios se han llegado a plantear la siguiente pregunta: ¿realmente es necesario mantener la existencia, o al menos la configuración actual procedimental y competencial de la junta general, con el coste de oportunidad que ello supone? Al fin y al cabo, si existía un reconocimiento a la inoperancia de la misma, que terminaba desembocando en falta de utilidad práctica por los problemas ya expuestos, quienes llegaron a plantear el debate sobre la conveniencia de suprimir el órgano (más técnicamente precisos, de suprimir su configuración conocida en torno a la celebración de una reunión periódica para adoptar concretos acuerdos sociales) exponían que poco sentido tenía mantener un órgano social por razones puramente estéticas. Sin embargo, destacados autores mantuvieron su apuesta no sólo por su mantenimiento sino al contrario, por su reforzamiento al constituir la junta general el único resorte de control interno con el que cuentan las sociedades[366].

Y es que en la exposición de dicho autor, que extracta y rebate esas propuestas de quienes abogaban por la supresión del órgano (bien es cierto que la práctica totalidad de ellas corresponden a estudios foráneos) consta como uno de los planteamientos era la del cese orgánico en el conjunto general de las sociedades, pero no en el de las cotizadas consecuencia de la especial significación económica de éstas. Y precisamente ésta es una propuesta que, a nuestro juicio, habría carecido aún más de sentido, pues si bien es cierto que hemos asistido a muchos años de crisis del órgano soberano, estos síntomas resultaban mucho más evidentes y extendidos en las sociedades cotizadas, precisamente por las causas anteriormente referidas: atomización del capital social, absentismo, o falta de competencias, ya que la experiencia

366. Al respecto, un estudio expuesto por SÁNCHEZ-CALERO GUILARTE, J. / TAPIA HERMIDA, A.: *«Primacía de los accionistas e ineficiencia de la junta (La reforma de la LSC y los derechos de los accionistas)»*. (2012). Documento depositado en el archivo institucional EPrints Universidad Complutense de Madrid. https://eprints.ucm.es/id/eprint/14660/

práctica demuestra que es precisamente en sociedades más pequeñas, concretamente en nuestras PYMES que cuantitativamente suponen la práctica totalidad de las sociedades mercantiles de capital constituidas en España, donde la junta general tiene un mayor sentido, utilidad práctica y funcionamiento, máxime si nos hallamos ante la confluencia de socios minoritarios disidentes, quienes precisamente ejercen su posición combativa (a través de la solicitud de convocatorias de juntas, peticiones de auditoría de cuentas, solicitud de información, examen de la contabilidad social... etc.) con carácter previo y simultáneo a la celebración de la junta general, al ser éste el único momento en que, de forma práctica y literal, tienen voz y voto. No entendemos ni compartimos, por tanto, la propuesta de supresión, pero mucho menos aún, que dicha supresión afectara a las sociedades no cotizadas, cuando el absentismo o disfuncionalidad se apreciaba, precisamente, en aquellas cuyas acciones sí se hallan admitidas a negociación en un mercado secundario de valores.

Pero asumiendo su mantenimiento, las causas que hemos expuesto y que entendemos son las que generaron esa situación de debilidad del órgano de los accionistas generaron consecuencias negativas para los principios que el buen gobierno corporativo persigue, y de entre tales efectos cabe destacar la facilitación al administrador del ejercicio de su cargo sin oposición, control ni supervisión. Una «vía libre» en la asunción de la gestión dejando el cumplimiento del contrato social a su arbitrio e interés, lo que no sólo implica una disfunción de intereses, no ya respecto al de los accionistas, sino incluso al de la sociedad en su conjunto, sino que supone la antesala al abuso de poder, elementos todos ellos que el gobierno corporativo pretende combatir, siendo el control y la supervisión uno de los resortes y pilares fundamentales de sus principios, ya sea ejercido por la junta general, por los consejeros supervisores, o por ambos.

Pero no nos llevemos a engaño, que por mucho que se hable de la clásica separación entre propiedad y control, ha existido, existe y seguramente existirá una cierta identidad subjetiva entre la junta general y el consejo de administración, que en función de cada sociedad se dará en mayor o menor medida, pero que es un fenómeno que se produce, y negarlo sólo sería dificultar la adopción de medidas de revitalización real y auténtica de las competencias de la junta general y de sus funciones de control. Lo decíamos unas líneas atrás, que la Comisión Nacional del Mercado de Valores ha informado que la participación de los consejeros junto a la de los accionistas significativos representados en el consejo, es superior al 40%. Y damos un dato más, también extraído del Informe, y es que casi un tercio de las sociedades cotizadas tienen un accionista persona física o jurídica que poseen la mayoría de los derechos de voto por sí mismos, sin contar los votos que pudiere tener concertados[367]. Accionista de control que, controlando la junta general, evidentemente también controla el consejo de administración.

En números redondos ponderados de forma media según los datos de los Informes de la Comisión Nacional del Mercado de Valores, y de forma sintética para hacernos una idea aproximada de nuestra exposición, planteamos lo siguiente: si el consejo ostenta, controla o representa el 40% de los votos de la junta general, y a ésta asiste el 70% de los accionistas, aunque todos los accionistas que no están alineados con el consejo votaran en contra de todos los acuerdos, el consejo de administración sacaría adelante todos y cada uno de los acuerdos ordinarios (y reincidimos en limitarnos ahora a los ordinarios) sin oposición, de modo que el control y supervisión sólo se podría limitar al ejercicio del derecho de información en algunos aspectos.

Y esto precisamente afecta al nombramiento de consejeros de la sociedad cotizada, acuerdo que, salvo disposición estatutaria en contra, se rige por las mayorías ordinarias. De nuevo, partimos del ejemplo anterior: si a la junta general que tenga por objeto el nombramiento de consejeros asiste el 70% del capital social según la asistencia media declarada, suponiendo en consecuencia *quorum* suficiente para la válida constitución de la junta general *ex* artículo 193 de la Ley de Sociedades de Capital; y el nombramiento de consejeros es un acuerdo que se adopta por mayoría simple conforme al artículo 201.1 de la misma Ley, basta que los accionistas-consejeros (o los accionistas vinculados a los consejeros) voten a favor del acuerdo para designar y nombrar al consejero que más convenga al propio consejo, situación que se vuelve todavía más rocambolesca si tenemos en cuenta, como hemos expuesto anteriormente, que la práctica evidencia que (i) el sistema de cooptación es habitualmente utilizado para el nombramiento de consejeros, limitándose la siguiente junta general a una mera ratificación de tal nombramiento; y (ii) que en cualquiera de los casos, sea por nombramiento directo o por cooptación, el propio nombramiento nace de la propuesta de la comisión de nombramientos y retribuciones, la cual se integra, precisamente, en el mismo consejo de administración.

Esto es precisamente un motivo que dada la situación actual de tales datos, a nuestro juicio, justifica el intervencionismo legislativo, pues en la práctica poco control puede existir si es el propio consejo (por medio de sus accionistas o de ellos mismos si ostentan la doble condición) quien se censura a sí mismo en la junta general. Sólo quedaría, por tanto, una alternativa

367. De forma concreta, el Informe señala que «en un 29,6% de las sociedades cotizadas (31,5% en 2019) existía alguna persona, física o jurídica, que poseía la mayoría de los derechos de voto o que ejercía o podía ejercer el control».

en la función de supervisión en el seno del consejo de administración, y es el nombramiento de consejeros independientes ajenos a tales núcleos accionariales, nombramiento que el legislador ha optado por imponer a las grandes compañías. Si no, la función de control y supervisión por parte de la junta general y del propio consejo de administración sería *papel mojado*.

Por ello, cuando se habla de la crisis de la junta general y de pérdida de sus funciones, destacados autores rechazan que ello deba asimilarse con «*una junta general desvalida*» pues no lo está[368], porque está protegida por el propio consejo. O en palabras de otro destacado autor[369], en el caso de la sociedad cotizada se genera una situación ciertamente contraria a la aparente pretensión, toda vez que en vez de ser la junta general quien controla al consejo de administración, es el consejo quien controla a la junta.

Por tales motivos, retornando a la senda de las consecuencias prácticas a la crisis de la junta general, nos encontramos con una disfunción de intereses, entendiendo a éstos de forma amplia, en su conceptualización social y no vinculado al de la mayoría accionarial, por mucho que la práctica tienda a equipararlos, de modo que si no hay control efectivo por parte de la junta general, el administrador no tendrá faro de guía del interés social que seguir, sino que será él mismo quien se establezca el rumbo, generalmente en base a sus propios y particulares intereses como la experiencia de determinados acontecimientos ha enseñado. Y dicha consecuencia, entraña a su vez otra consecutiva, que es la falta de confianza del mercado ante el abuso o posición inatacable de quien no es sometido al escrutinio de los accionistas, ausencia de confianza que se traduce en un carácter poco atractivo para la inversión, redundando negativamente en la competitividad de la sociedad, del mercado, y de la economía nacional por extensión, cues-

368. SÁNCHEZ-CALERO GUILARTE, J.: «Algunos cambios en la regulación de la Junta General en el Informe de la Comisión de Expertos: (Y el anteproyecto de Ley de Modificación de la LSC)» en AA.VV.: *Comentarios a la reforma del régimen de la junta general de accionistas en la reforma del buen gobierno de las sociedades. Examen del Informe de la Comisión de Expertos y del Proyecto de reforma de la Ley de Sociedades de Capital*. Ed. Aranzadi. Navarra, 2014. Pág. 67.

369. JIMÉNEZ SÁNCHEZ, G .J. / IBÁÑEZ JIMÉNEZ, J. W.: «Las competencias de la junta general» en AA.VV.: *Comentarios a la reforma del régimen de la junta general de accionistas en la reforma del buen gobierno de las sociedades. Examen del Informe de la Comisión de Expertos y del Proyecto de reforma de la Ley de Sociedades de Capital*. Ed. Aranzadi. Navarra, 2014. Pág. 153. Y no podemos negar la evidencia, pues para ello el autor utiliza el paralelismo del poder legislativo y ejecutivo a nivel político nacional, una relación que ante la concurrencia de mayorías parlamentarias se retroalimenta, es decir, el poder ejecutivo lo es porque así lo ha decidido el legislativo, poder que a su vez sirve de soporte al ejecutivo para sacar adelante las propuestas legislativas que promulga. Algo similar expone que ocurre en el modelo de relación entre la junta general y el consejo de administración.

tiones que son las que precisamente los principios del gobierno corporativo tratan de combatir. Es decir, que la consecuencia de hallarnos ante una junta general inactiva o débil es un cúmulo de acontecimientos que terminan por arrastrar a la sociedad a un mal gobierno corporativo, y esto a su vez, a facilitar el acaecimiento de sucesos jurídicamente imputables, y/o éticamente reprobables como los que hemos analizado. No se limita, por tanto, a negar una dictadura del órgano de administración por el mero hecho de que buena parte de los accionistas hayan optado por adoptar una posición de resignación y pasividad, sino a evitar tales abusos incluso en aquello sobre lo que la Ley no puede actuar o remediar. Es decir, que aunque otorguemos a la junta general competencias mucho más controladoras y supervisoras de las que ahora mismo ostenta, tales competencias de poco servirán si el consejo de administración controla a la propia junta general por medio de los mismos accionistas significativos que les nombraron consejeros, y a la vista de los datos actuales así parece que es. Y la Ley nada puede hacer contra estas medias ponderadas de participación y control accionarial pues sería atentar contra los principios configuradores de la sociedad mercantil, ya que no puede limitar que un accionista adquiera más participación de la que ya tiene (pero sí limitar el derecho de voto de ese accionista, como ya sabemos, y posteriormente entraremos). Por ello, como ante esta situación la Ley (casi) no puede hacer nada, ha de plantear otras alternativas que, pese al control que el consejo ejerce sobre la junta, traten de revertir la situación y que sea la junta la que controle al consejo, o al menos, que el propio consejo en su actual configuración como órgano monista, sea a su vez internamente controlado y supervisado, lo que sólo podrá suceder si en el mismo se hallan integrados consejeros independientes ajenos a los accionistas significativos.

3. Algunas de las propuestas de revitalización de la junta general que se plantearon

Ante los síntomas y consecuencias que la falta de efectividad ostentaba la junta general, durante años, autores, académicos y estudios normativos realizaron algunas propuestas tendentes a dotar a la junta de un papel activo y protagonista en el modelo de buen gobierno, especialmente de las sociedades cotizadas, propuestas que en nuestro país en el ámbito normativo de cumplimiento voluntario se expusieron en el Informe Aldama y en mayor medida en el Código Unificado de Gobierno Corporativo.

Sin embargo, el movimiento más ambicioso y significativo de los últimos años se materializó por medio del «*Estudio sobre propuestas de modificaciones normativas de la Comisión de Expertos en materia de Gobierno Corporativo*» analizado en el capítulo anterior, que desembocó en la Ley 31/2014, de 3 de diciembre, por la que se modifica la Ley de Sociedades de Capital para la mejora del gobierno corporativo. Lo significativo de tal reforma legislativa a los efectos de lo dispuesto en el presente epígrafe es que las medidas que en la misma se propusieron para la revitalización de la junta general afectarían a todas las sociedades mercantiles por igual, con independencia de si cotizaban o no, siendo indiferente si el tipo social era anónima o de responsabilidad limitada, lo que precisamente justifica el apelativo de ambiciosa a tal reforma. Muchas de estas propuestas partían precisamente de lo que hasta ese momento constituían recomendaciones del Código Unificado, el cual hubo de ser modificado y reformado dada la pérdida de vigencia de muchas de sus normas al haber quedado éstas incorporadas a la Ley. Es de destacar, además, que tal elevación a rango de Ley no respondía a un incumplimiento de las recomendaciones por parte de las cotizadas de forma que el legislador pretendiera imponer *«por las malas»* lo que las sociedades no aceptaron voluntariamente cumplir, ya que el grado de cumplimiento de tales recomendaciones era significativamente alto, y además en tendencia ascendente[370]. Al contrario, respondía a la necesidad de reforma de algunos aspectos problemáticos en el sistema de buen gobierno que se habían hecho especialmente visibles como consecuencia de los sucesos desencadenantes por la crisis económico-financiera iniciada en 2007 a nivel global, cuyos efectos en nuestro país tardaron algo más. En tal situación, siendo precisamente consciente del grado de cumplimiento por parte de las sociedades de buena parte de las recomendaciones del Código Unificado, el legislador optó por incorporarlas a la Ley al entender que ello no iba a suponer en la mayoría de los casos una modificación o adaptación de las estructuras de las sociedades, si bien, tal reforma como ya hemos estudiado, pretendía ir más allá, y poner los resortes que asegurasen (y no sólo aconsejasen) la dotación de medidas que fortalezcan el buen gobierno de las empresas. Sirva un ejemplo. Como ya hemos dicho en varias ocasiones, no se tiene mejor modelo de gobierno corporativo por mucho seguir las recomendaciones del Código, por muy amplio que sea el porcentaje de cumplimiento, si en cambio se dejan de cumplir algunas que, representando

370. Conforme al Informe Anual de Gobierno Corporativo publicado por la Comisión Nacional del Mercado de Valores del ejercicio 2014, último en que las sociedades se sometían al régimen legal y voluntario anterior a la reforma, *«destaca el avance continuado en el grado de seguimiento de las recomendaciones del Código Unificado durante los últimos 6 años. En 2014, las sociedades cotizadas siguieron, de media, el 85,4% de las recomendaciones (84% en 2013) y, adicionalmente, de forma parcial otro 6,3% (7% en 2013). Como en años anteriores, las sociedades del Ibex35 mantuvieron un porcentaje medio de seguimiento (93,8%) superior a la media registrada por el conjunto de sociedades cotizadas. Un total de 65 compañías siguen más del 90% de las recomendaciones del Código Unificado, de las cuales 12 declararon cumplir el 100%. Por el contrario, 3 sociedades (dos de ellas en proceso de liquidación) registraron un grado de seguimiento inferior al 50%»*.

porcentualmente un número muy bajo, tienen en cambio una importancia altísima. Así lo reconocía precisamente el Informe Anual de Gobierno Corporativo publicado por la Comisión Nacional del Mercado de Valores relativo al ejercicio 2014, último en que las sociedades se sometían al régimen legal y voluntario anterior a la reforma: «*Al igual que en años anteriores, en 2014 las recomendaciones menos seguidas han sido las relativas a la presencia de consejeros independientes en los órganos de gobierno*».

En nuestra opinión, esta afirmación no puede resultar más gráfica.

Por ello, podemos concluir que la principal propuesta para revitalizar la junta general era, precisamente, dejar de proponer y pasar a imponer, dicho sea en términos jurídicos de imperatividad de la norma legal. Ello en la forma, cuestión distinta es en el fondo. Y en el fondo, la propuesta era aparentemente sencilla de exponer, difícil de materializar: facilitar, fortalecer, e incentivar. En concreto, facilitar el ejercicio de los derechos políticos por parte de los accionistas; fortalecer las competencias de la junta para que se constituya como verdadero órgano soberano de control de los administradores; e incentivar la participación activa para fomentar la separación entre propiedad y control; lo que cristaliza en cuatro distintos aspectos:

– Lo tecnológico, como forma de facilitación del ejercicio de derechos por medio de la adaptación a los nuevos medios informáticos y telemáticos, tales como formas de comunicación con accionistas relativas al derecho de información y convocatoria de junta general, votación anticipada, seguimiento del desarrollo de la junta por medios telemáticos, o incluso asistencia íntegramente telemática a la misma, cuestión ésta que ha tenido un importante avance consecuencia de las nuevas normas dictadas con ocasión de la pandemia ocasionada por el COVID-19.

– Lo procedimental, estableciendo una nueva regulación del derecho de voto en caso del acaecimiento de conflicto de interés, un nuevo régimen de impugnación de acuerdos sociales, o a los efectos del nombramiento de consejeros objeto de este trabajo, la votación separada de asuntos, en cualquier caso, cuando tenga por objeto entre otros «*el nombramiento, la ratificación, la reelección o la separación de cada administrador*» conforme al tenor literal del artículo 197 bis de la Ley de Sociedades de Capital.

– Lo competencial, ampliando las materias reservadas a la junta de socios como forma de fortalecimiento de su posición de control para con los administradores, que de forma sintética podemos destacar cuatro de especial importancia y relevancia, a saber: (i) la competencia de la junta general sobre los activos esenciales, esto es, la adquisición o enajenación de activos cuyo valor de operación resulten en cuantía superior al veinticinco por ciento del activo resultante del último balance aprobado por la junta general; (ii) la competencia de la junta sobre operaciones que, sin entrañar una operación prevista en la Ley 3/2009, de 3 de abril, sobre modificaciones estructurales de las sociedades mercantiles, en cuyo caso se habrá de estar a lo dispuesto en la misma, sí tengan un efecto similar, o se trate de operaciones corporativas de carácter estratégico[371]; (iii) la competencia de la junta general sobre el control a la retribución de los consejeros mediante la necesaria constancia en estatutos sociales del sistema o sistemas concretos en los que se puede materializar, y la aprobación por parte de la misma junta de la cuantía máxima a percibir por los administradores en su condición de tales, cuestión que años después recibió un importante espaldarazo jurisprudencial conforme a la conocida STS 494/2018, de 26 de febrero, relativa a la retribución de los consejeros con funciones ejecutivas; y (iv) la admisibilidad de que la junta formule órdenes o directrices en asuntos relativos a la gestión, facultad que hasta entonces únicamente tenían admitidas las sociedades de responsabilidad limitada.

– Y lo material, que se proyecta, en primer lugar, sobre el derecho de información, tan básico e imprescindible para entender los derechos políticos del accionista, que en el caso de sociedades cotizadas conlleva un añadido materializado en el artículo 539 de la Ley de Sociedades de Capital, relativo a los denominados instrumentos especiales de información; en segundo lugar, sobre la cuestión de la limitación al derecho de voto, que si bien la redacción actual admite tales cláusulas limitativas (derivando al Código de Buen Gobierno la recomendación de restringirlas) en el caso de cotizadas tienen un régimen diferenciado que más tarde analizaremos; y en tercer lugar, como novedad posterior a la reforma de 2014, las acciones de lealtad consagradas en el artículo 527 de la misma ley (desde su epígrafe *ter* al *undecies*) por cuanto se admite alterar *«la proporción entre el valor nominal de la acción y el derecho de voto para conferir un voto doble a cada acción de la que haya sido titular un mismo accionista durante dos años consecutivos ininterrumpidos desde la fecha de inscripción en el libro registro especial contemplado en el artículo 527 septies»*, cuestión de sumo interés profesional, jurídico y doctrinal, a cuyos estudios especializados nos remitimos por exceder con creces el ámbito del presente trabajo[372].

371. JIMÉNEZ SÁNCHEZ, G. J. / IBÁÑEZ JIMÉNEZ, J. W.: *«Las competencias...»* cit. Pág. 157.

372. Entre otros, FERNÁNDEZ TORRES, I.: *Las «loyalty shares», cortoplacismo contra activismo accionarial.* Ed. Marcial Pons. Madrid, 2017; FERNÁNDEZ LARREA, I.: «El mecanismo de voto doble en las sociedades cotizadas» en *Revista La Ley Mercantil*, n.º 75. Madrid, 2020; y ARROYO VENDRELL, T.: «Las acciones con voto adicional

4. Una reflexión al respecto partiendo de los objetivos pretendidos

Las propuestas anteriormente analizadas tenían por objetivo general la mejora del modelo de buen gobierno, y como particular, la revitalización de la junta general. Pero de forma más profunda, se trataba de establecer un marco normativo competencial que, por medio del alineamiento de intereses de accionistas, sociedad en su conjunto, y órgano de administración, implicara una mayor participación de la junta general en el control de los consejeros y en la gestión en general por medio de la dotación de esa facultad de impartir instrucciones, fortalecimiento funcional que sólo cabría ser efectivo si ello veía anudado al activismo o participación accionarial, a dejar atrás el absentismo a fin de asumir el papel relevante y protagonista que la Ley reserva para el órgano social soberano. Pero no sólo se trataba de incentivar sino, como decimos, de alinear intereses evitando abusos de poder o de situaciones de control en que éste no se ha separado de la propiedad, especialmente con vistas a evitar la litigiosidad respecto de los acuerdos sociales. Porque si bien los acuerdos sociales adoptados en junta general se someten al escrutinio del régimen de mayorías legal o estatutariamente previsto en función de los bloques accionariales existentes, existe una cada vez mayor tendencia a la revisión judicial de algunos acuerdos que, pese a haber sido adoptados procedimentalmente conforme al proceso previsto, pueden no responder de forma objetiva al interés social, lo que se conoce como acuerdos adoptados de forma abusiva por la mayoría. Por ello, el establecimiento de normas tendentes a evitar la litigiosidad de forma que se pretendiera alinear los intereses de administradores y accionistas tratando de evitar así esas situaciones de abuso, debía traer consigo también una reforma del régimen legal de impugnación de acuerdos sociales, como así ha ocurrido, tratando de restringir, limitar o acotar los acuerdos sociales susceptibles de impugnación, lo que a su vez redundaría en evitar mayor saturación a la que ya de por sí tienen los Juzgados de lo Mercantil.

Se trata, en nuestra opinión, de una medida acertada, pues con independencia del resultado que tal medida pueda tener, resultan de elogiar las medidas de *«medicina preventiva»* dicho sea en términos análogos, esto es, medidas que procuren poner evitar una situación perjudicial, en lugar de medidas tendentes a mitigarlas una vez éstas han aflorado. Todo ello podrá conseguirse mediante la efectiva participación e implicación de los accionistas, y a la vista de los datos ofrecidos por la Comisión Nacional del Mercado de Valores anteriormente expuestos, hablar de una asistencia media y ciertamente consolidada a la junta general de porcentajes en torno al 70%

doble por lealtad o acciones de lealtad» en AA.VV.: *Implicación a largo plazo de los accionistas en sociedades cotizadas: Comentarios a la Ley 5/2021*. Ed. Titant lo Blanch. Madrid, 2022.

(cuando el capital flotante medio se encuentra en un porcentaje superior al restante) consideramos que es motivo de moderada satisfacción y valoración positiva de las medidas adoptadas.

Pero no sólo se trataba de incentivar la participación sino, una vez conformado y constituido el órgano, que éste tuviera mecanismos reales de control como forma de mejora del buen gobierno y de evitación de abusos por parte de los administradores. Por ello, el otorgamiento de nuevas e importantes facultades en materias como los activos esenciales, la retribución de los administradores, las operaciones vinculadas, las operaciones corporativas estratégicas de especial calado e incidencia con efectos similares a las modificaciones estructurales, o la propia posibilidad de participación de la junta general en asuntos de gestión, en nuestra opinión resultan medidas acertadas y adecuadas para que objetivo perseguido. Es cierto que la asignación de nuevas competencias no debe llevar consigo el establecimiento de un conjunto infinito de ellas, pues ni resultaría operativo para la gestión ordinaria de la compañía, ni tampoco sería sostenible habida cuenta del coste que supone la organización de una junta general en sociedades como las cotizadas. Por ello el equilibrio ha de ser muy medido, y sin perjuicio de la posibilidad de añadir nuevas facultades al órgano soberano, como decimos, entendemos que las que hoy en día conforman su régimen legal competencial resulta adecuado para los objetivos que la mejora del gobierno corporativo pretende.

No obstante, no sólo de competencias vive la junta general, sino también de un derecho político inherente a la condición de accionista como es el de información, con independencia de que determinadas cuestiones a tratar en la junta general deban ser objeto de votación, o no. Es el caso, por ejemplo, de las Recomendaciones 3 y 6 del Código de Buen Gobierno, que insta a las sociedades a informar a la junta general de materias relativas al gobierno corporativo, como el propio Informe Anual, los cambios producidos en el modelo desde la anterior junta ordinaria, y el informe de las comisiones de auditoría y de nombramientos y retribuciones respecto a cuestiones competenciales de ambos comités, lo que redunda tanto en la importancia del derecho de información y la transparencia informativa, como en el modelo de gobernanza que se pretende consolidar en nuestro país, lo que nos lleva a un proceso que parte de la doctrina ha calificado como de *«redefinición del papel de la junta»* en el modelo de buen gobierno[373], modelo que como decíamos se va consolidando, y que además, de forma acertada, mediante la incorporación a la Ley de lo que anteriormente constituían recomendaciones de cumplimiento voluntario que, al ser mayoritariamente seguidas por

373. FERNÁNDEZ PÉREZ, N.: *«Hacia un uso constructivo...»* cit. Pág. 579.

las grandes compañías, implicaba que su elevación a rango legal apenas iba a modificar las estructuras de gobierno de las compañías.

Pero lo que en nuestra opinión entendemos como datos positivos, no debe implicar caer en ningún tipo de euforia, pues son muchos, muchísimos, los retos a los que el modelo de buen gobierno español se enfrenta, y el primero de ellos debe ser la competitividad, situar a España y a nuestras grandes compañías en un lugar de referencia internacional y liderazgo, pues existen los ingredientes para ello. Porque la especialidad concreta del mercado español que hemos puesto varias veces de relieve (la existencia de numerosas compañías entre las más representativas dedicadas a un sector regulado, estratégico, o de íntima relación con el interés público, a diferencia de otros mercados comparados) en ocasiones puede ser a su vez su mayor lastre si confluyen en las mismas cuestiones de interés político[374]. Ello supone además que tal tendencia pueda cambiar en los años sucesivos, que proliferen grandes compañías de otros sectores distintos y no tan vinculados al sector público, como tecnológicas, informáticas, textiles... y un largo etcétera, que implicaría adaptarse a un nuevo modelo. Porque ocurra o no, los principios del gobierno corporativo no son una meta como estadio definitivo o final, sino un mecanismo en constante movimiento, actualización y adaptación, que debe nacer de forma interna desde las propias sociedades por medio de sus facultades autorregulatorias, conocedoras de la experiencia (objetiva o no) que aquellas que apuestan por fortalecer sus modelos de buen gobierno corporativo, se ven recompensadas por el mercado, resultan más atractivas para la inversión, y obtienen resultados económicos positivos.

Porque no basta con el mero hecho de cumplir aspectos procedimentales, nombrar un determinado número de consejeros independientes, y someter a la voluntad de la junta general una pluralidad de acuerdos en el orden del día, sino que los mecanismos de mejora han de partir precisamente más de gestos que de seguimiento literal de la norma, más de voluntad de efectiva supervisión y transparencia informativa que de manifestar el seguimiento de las recomendaciones. Ejemplo de ello son algunas entidades que, de forma voluntaria, van más allá o al menos lo tratan, con elementos de interés como el denominado «comité consultivo de accionistas», figura que ni tan siquiera es objeto de recomendación en el Código de Buen

374. Sirva como ejemplo la cuestión de las denominadas *«puertas giratorias»*, esto es, el nombramiento como miembros del consejo de administración de personas que con carácter anterior ha estado en la primera línea política, tales como Presidentes de Gobierno, Ministros, portavoces de partidos políticos u otros cargos análogos que, sin entrar ahora en la conveniencia y muchos matices que tienen tales nombramientos, ha generado mucho debate político.

Gobierno[375]. Y es que, antes de entrar en algunos aspectos de dicho comité, precisamente lo que queremos es poner en valor el necesario diálogo con los accionistas como forma de buen gobierno, cuestión que mientras el *UK Corporate Governance Code* promulga como aspecto esencial[376], en cambio nuestro actual Código de Buen Gobierno no menciona, no ya el citado comité consultivo que algunas entidades como las referidas han decidido constituir, sino ni tan siquiera el diálogo con los accionistas como primer grupo de interés.

Es cierto que, siendo ahora mismo muy reducido el número de entidades que cuentan con este comité, cabe asimilarse más a una cuestión estética que operativa o funcional, y mucho menos competencial, si bien también es cierto que, precisamente son los gestos más allá del mero seguimiento de las recomendaciones lo que otorga una imagen, o ayuda a tenerla, de buen gobierno corporativo. En el caso de las dos entidades aludidas, se trata de un comité cuyo funcionamiento tiene notas características comunes entre sí: (i) lo integran accionistas de la compañía (con un máximo de doce miembros en el caso de la petrolera, sin número establecido en el caso de la entidad financiera) junto a miembros permanentes pertenecientes a la propia compañía, generalmente miembros de la alta dirección especializados en las relaciones institucionales con accionistas o incluso el propio presidente del consejo, caso de la financiera; (ii) para formar parte del comité, el accionista debe titular un mínimo de mil acciones de la compañía con una antigüedad de, al menos, un año, que deben mantenerse mientras se forme parte del comité; (iii) los accionistas designados ejercerán su cargo por un período máximo de tres años, ampliable a un cuarto en el caso de la petrolera; (v) el objeto del comité es el de establecer un canal de comunicación con accionistas de forma que se mejore su diálogo[377]; (vi) en ningún caso el cargo es retribuido; y (vi) se matiza que el comité no tiene ninguna función orgánica,

375. En concreto, sabemos de dos entidades cotizadas, de las más representativas del selectivo IBEX 35, que tienen constituido dicho comité consultivo. Una es CAIXABANK, cuya información puede consultarse en su página web https://www.caixabank.com/es/accionistas-inversores/espacio-accionista/comite-consultivo.html;y otra REPSOL, cuya página web es https://www.repsol.com/es/accionistas-inversores/comunidad-accionistas/comite-consultivo/index.cshtml

376. Código de Gobierno Corporativo del Reino Unido.

377. En el caso de CAIXABANK, de forma concreta, «proponer, fomentar y valorar acciones y canales de comunicación entre CaixaBank y su accionariado, así como el contenido y la calidad de dichas comunicaciones, para poder mejorar el diálogo entre la compañía y sus accionistas, en particular, con sus accionistas minoristas», similar al de REPSOL, que es el de «permitir a Repsol mejorar su conocimiento de las expectativas de sus accionistas individuales y la valoración que éstos hacen de las acciones y de los canales de comunicación entre Repsol y su accionariado, así como del contenido y calidad de dichas comunicaciones».

de gestión ni supervisión, y sus planteamientos ni tan siquiera tendrán carácter vinculante[378].

Dicho lo cual, es lógica la asimilación a cuestiones más estéticas que realmente prácticas, si bien como decimos, algunos de estos gestos pueden llegar a ser perceptibles por el mercado[379]. Si ello supone una muestra de buen gobierno corporativo o no, al menos en la relación con accionistas, o si esos supuestos reconocimientos del mercado tienen la suficiente validez o merecen especial consideración, lo dejamos a la libre opinión de cada uno. En nuestra opinión, no se trata de plantear ese comité consultivo como una fórmula válida o inútil de buen gobierno, pues a buen seguro que existirán muchas cuestiones que puedan ser objeto de mayor regulación que desemboquen en unas competencias algo mayores que las meramente informativas, sino en la búsqueda y establecimiento de fórmulas que traten de ir más allá del mero seguimiento de las recomendaciones del Código[380].

C) EL REGLAMENTO DE LA JUNTA GENERAL

1. Regulación jurídica y contenido

Se trata de una cuestión que ya hemos tratado, a cuyo estudio nos remitimos[381]. Su regulación surge del Informe Aldama y se incorpora al orde-

---

378. De nuevo, en el caso de CAIXABANK, se expone que «el Comité no forma parte de los órganos de gobierno ni de los equipos de dirección (...) Se trata de un órgano de naturaleza consultiva, con funciones de consulta, informe y asesoramiento para fomentar el diálogo entre los accionistas y la institución. No tendrá capacidad jurídica ni de obrar ni personalidad jurídica, ni dispondrá de facultades de gestión, administración o representación ni funciones ejecutivas de ningún tipo. Los informes y recomendaciones que, en su caso, pudiera elaborar carecerán de carácter vinculante», en términos prácticamente idénticos a los expuestos por REPSOL.

379. De hecho, en el caso de CAIXABANK, la comunidad financiera *online* «RANKIA» concedió a la primera el «Premio a la mejor atención al accionista por cotizada 2021» conforme puede leerse en la noticia: https://www.caixabank.com/comunicacion/noticia/caixabank-mejor-atencion-al-accionista-por-cotizada-2021-en-los-premios-rankia-de-bolsa_es.html?id=43326

380. De hecho, podemos advertir una cierta correlación. En el caso de CAIXABANK y REPSOL (por seguir el ejemplo de las dos entidades que cuentan con un comité consultivo de accionistas) declaran un muy alto índice de cumplimiento de las recomendaciones del Código, de entre las que destacamos algunas de las más importantes a nuestro juicio como son el no establecimiento de cláusulas estatutarias limitativas del derecho de voto, la presencia y proporción respecto de los consejeros independientes, la asignación de funciones al consejero coordinador, la presencia de expertos en el comité de auditoría, la existencia de una política de control de riesgos, y la asunción del régimen de retribución variable recomendado para el caso d ellos consejeros ejecutivos.

381. Cuestión que tratamos en la publicación FERNÁNDEZ-SORDO LLANEZA, E.: *La composición del consejo de administración en la sociedad cotizada.* (2012). Documento depo-

namiento por la Ley de Transparencia, que añadió un nuevo artículo 113 a la entonces Ley del Mercado de Valores, hoy recogido en el artículo 512 de la Ley de Sociedades de Capital, que apenas ha modificado su contenido de entonces. En principio se entiende que podrá regular cualquier aspecto de la junta general, salvo aquellas disposiciones que sean materia expresamente reservada a los estatutos sociales, y obviamente a la Ley. Lo que pretende es publicitar sus prácticas en materia de gobierno corporativo, y ofrecer a sus inversores un juicio fundado de las mismas, pero esta función informativa también se dirige hacia los propios accionistas, tratando así de lograr una participación más activa de éstos. En cualquiera de los casos, entendemos que se trata de un instrumento que fortalece la autorregulación de la junta general en aquellas cuestiones para las que tenga competencia o margen normativo.

Respecto a sus formalismos, el reglamento ha de ser aprobado por la propia junta general, inscrito en el Registro Mercantil y comunicado a la Comisión Nacional del Mercado de Valores. La cuestión es que pese a ser aprobado por la junta, cabe interpretar que su redacción corresponderá al órgano de administración al no preverse un movimiento espontáneo y organizado de accionistas que, en sede de cotizadas, vayan a presentar un texto alternativo al propuesto por el consejo de administración, lo que podría llevar a aceptar la posibilidad que, siendo el consejo el redactor y proponente del mismo, se sirva del Reglamento de la junta para poder reforzar su posición de control de la sociedad[382].

En cualquier caso, el carácter imperativo de contar con un reglamento contrastaba con la escasa regulación de su contenido, lo que se pretendía entonces aproximar a las facultades de autogobierno de las propias entidades, circunstancia que no cambió con la promulgación de la Ley 31/2014, pues el actual artículo 512 de la Ley de Sociedades de Capital no impone estructura obligatoria alguna. Tal es la parquedad de la norma, que ésta se limita a señalar que podrán ser objeto reglamentario *«todas aquellas materias que atañen a la junta general, respetando lo establecido en la Ley y los estatutos»* lo que ofrece una gran amplitud de contenidos. En cualquier caso, la práctica nos muestra pocas innovaciones entre unos reglamentos y otros, pues muchos finalmente optaron por imitar el modelo que la propia Comisión Nacional del Mercado de Valores propuso, y que principalmente se refiere a cuestiones como desarrollo de la convocatoria de la junta, orden del día,

sitado en el archivo institucional EPrints Universidad Complutense de Madrid. https://eprints.ucm.es/id/eprint/39195/

382. En esta línea se manifiesta GARCÍA DE ENTERRÍA, J.: «La Junta General. El Reglamento de la Junta General» en *Régimen jurídico español de la sociedad cotizada*. Ed. Comares, Granada 2006. Pág. 108.

derecho de información, normas de asistencia y representación del accionista[383], sin que a los efectos de este trabajo tenga en principio incidencia sobre el nombramiento de consejeros al ser ésta una cuestión (tanto desde la perspectiva del ejercicio del derecho de voto como de competencia) reservada a los estatutos. No obstante, parece recomendable que el reglamento integre diversas provisiones legales y estatutarias, que sin perjuicio de su rango, supondría su refundición o al menos su constancia en un único cuerpo normativo de alcance más fácil, lo que vendría a ser un desarrollo más exhaustivo. Más problemático resultaría un eventual choque normativo, pero hay que entender que no existen materias reservadas al reglamento que por el contrario sí existe en el ámbito estatutario, sobre lo cual prima en tal caso el orden de prelación de las normas relativas al funcionamiento de la junta, en cuyo caso el reglamento se situaría en último lugar.

2. Eficacia jurídica

En el momento de nacer la figura del reglamento de la junta en el Informe Aldama así como en los textos normativos posteriores, buena parte del debate se centró en el alcance de su eficacia resulta, pues existieron diversas posiciones doctrinales ante los efectos de un posible incumplimiento del reglamento. De una parte, algunos autores sostenían que el incumplimiento no legitimaba su impugnación por acuerdo anulable, lo que sostenían en el carácter secundario y subordinado del reglamento a los estatutos. Por el contrario, otro sector doctrinal sí encontraba motivos de anulabilidad si esta contenía alguna norma de desarrollo de la Ley o los estatutos en cuanto al funcionamiento de la junta general, lo que concluían por una teoría de extensión al entender que si el acuerdo impugnado tenía su origen (con independencia del desarrollo) en una norma legal o estatutaria, ello ya justificaba por tanto su impugnabilidad en caso de incumplimiento. Sin embargo, no merece la pena detenernos en los argumentos que uno y otro sector defendían, pues la cuestión ha quedado resuelta por vía legal, ya que la Ley 31/2014, de 3 de diciembre, por la que se modifica la Ley de Sociedades de Capital para la mejora del gobierno corporativo, modificó el artículo 204 determinando impugnables los acuerdos *«que sean contrarios a la Ley, se opongan a los estatutos o al reglamento de la junta de la sociedad»*, como también sucede respecto al reglamento del consejo de administración según el artículo 251.2 de la misma Ley.

383. Al respecto, EMPARANZA SOBEJANO, A.: «El reglamento de la Junta de accionistas tras la nueva Ley 26/2003, de 17 de julio, de transparencia de las sociedades cotizadas» en *Revista Derecho de Sociedades* n.º. 21, 2003, Pág. 149; y MORALES, J. / SÁNCHEZ SOLÉ, S.: «La junta general. El reglamento de la junta general» en VIVES, F / PÉREZ ARDA, J.: *La Sociedad Cotizada*, Ed. Marcial Pons, Madrid. Pág. 240.

Cuestión distinta es que ello vaya a tener aplicación práctica, pues en opinión de algunos autores, no es de prever un número significativo o relevante de impugnaciones en contravención a lo dispuesto en el reglamento de la junta, conforme a dos principales motivos[384]. El primero, que tras un análisis de los reglamentos de algunas de las entidades cotizadas más representativas de nuestro mercado, se ha puesto de relieve un carácter meramente estético de los mismos en cumplimiento de lo que ahora es norma legal, pues en opinión de esta autora *«no aprovechan el potencial que les confiere la Ley»* al regular cuestiones de importancia menor, incluso a repetir disposiciones estatutarias, lo que entrañaría la ausencia de causa de impugnación al referirse a cuestiones de escasa o nula influencia práctica. Y el segundo nace precisamente de la reforma legislativa de 2014 que también afectó al régimen de impugnación de acuerdos sociales como forma de limitación y restricción de los acuerdos susceptibles de impugnación. Es una circunstancia cuanto menos curiosa el hecho de que la misma Ley amplíe las disposiciones cuya infracción pueden ser objeto de impugnación, si bien al mismo tiempo limita las cuestiones objeto de impugnación, y ello precisamente se evidencia en la eliminación de la clásica separación entre acuerdos nulos o anulables según fuera el texto normativo infringido. Por tal motivo, mediante la ampliación normativa pero restricción de causas el legislador precisamente viene a determinar que no importa en dónde conste el precepto infringido (si en la Ley, en los estatutos, o en el reglamento) que lo relevante será si dicho precepto es «esencial o determinante» conforme establece el artículo 204.3 de la Ley de Sociedades de Capital respecto a la cuestión de previo pronunciamiento. A nuestro juicio, a colación precisamente de este segundo motivo, añadiríamos que dado que por un lado, la práctica muestra un reglamento de junta desde una perspectiva más procedimental que práctica, ello no casa con el actual artículo en su apartado citado, que rechaza la impugnación basada en *«requisitos meramente procedimentales»*, lo que ya de por sí limitaría una acción impugnatoria, salvo que por el reglamento se profundizase en cuestiones de mayor entidad, y aprovechara ese potencial al que hacíamos referencia.

384. ALONSO LEDESMA, C.: «La naturaleza del reglamento de la Junta y su infracción como causa de impugnación de los acuerdos sociales» en AA.VV.: *Junta General y Consejo de Administración de la Sociedad cotizada,* Tomo I. Ed. Aranzadi. Navarra, 2016. Pág. 411.

D) LOS NOMBRAMIENTOS ESPECIALES

1. El sistema de representación proporcional

A. *Concepto y significación*

De la misma forma que el anterior epígrafe y partiendo de un estudio anterior realizado que reproducimos ahora en el presente trabajo[385], hemos de manifestar que pese a que se configure como una excepción a la norma general de nombramiento de administradores por parte de la junta general, el sistema de representación proporcional es un mecanismo de elección de consejeros de una sociedad anónima que se ejecuta en el seno de la propia junta como un derecho ejercitado por accionistas en la misma, de modo que dicha excepción a la norma general no cabe ser entendida como un sistema ajeno a la reunión de los accionistas. En cualquier caso, previamente debemos delimitar su concepto y significación, que a diferencia de otras cuestiones muy relevantes respecto a la mejora del buen gobierno, no ha sufrido modificación alguna como consecuencia de la promulgación de la Ley 31/2014, de 3 de diciembre, por la que se modifica la Ley de Sociedades de Capital para la mejora del gobierno corporativo, lo que supone que se trata de un régimen legal consolidado y ampliamente estudiado por la doctrina científica la cual, precisamente al advertir que su aplicación en sede de cotizadas es residual, supone que nos refiramos a dicho sistema brevemente al no entrañar mejora alguna en los principios de gobierno corporativo. Ello no implica que no sea un sistema válido para tales fines, máxime cuando precisamente su ausencia de reforma legislativa es indicativo de la validez y vigencia del sistema, sin embargo al tratarse de una forma extraordinaria de nombramiento que trasciende la necesaria estructura y funciones que debe tener el consejo de administración respecto a la mejora del gobierno corporativo, nuestro análisis al respecto será menos profundo que el de otras instituciones de las que sí entendemos que guardan mayor relación.

El sistema de representación proporcional, regulado en el artículo 243 de la Ley de Sociedades de Capital y desarrollado por el Real Decreto 821/1994, de 17 de mayo, que fue derogado junto a la anterior Ley de Sociedades Anónimas, es el derecho que ostentan los accionistas a nombrar un consejero en base a su participación en el capital social, sistema que se configura como un resorte útil para los accionistas minoritarios.

Partiendo de la premisa de que es necesario que deba existir un consejo como forma de organizar la administración de la sociedad, que así acontece imperativamente en el caso de las sociedades cotizadas, para ejercitar el

385. FERNÁNDEZ-SORDO LLANEZA, E.: «*La composición...*» cit. Pág. 38.

derecho debe de dividirse el número de consejeros entre las acciones que conforman el capital social, pudiendo el accionista ejercitar su derecho si el número de las acciones que posee es igual o superior al resultado de la división, pudiendo en consecuencia nombrar el número de consejeros equivalentes al resultado de tal sencilla operación matemática. Su origen inicial se remonta a la Ley de Sociedades Anónimas de 1951 como un mecanismo de defensa de la minoría social, lo cual no quedó entonces exento de críticas, como las del profesor Garrigues[386], que mantenía que la medida fomentaba las luchas internas, lo cual en cierto modo adquiere sentido toda vez que a menudo resulta problemático delimitar el concepto del interés social, que si bien se define como el interés de todos los socios en su conjunto, a buen seguro que cada uno de éstos tendrán su propio concepto de interés, que al final acabará coincidiendo casi por imposición con el del grupo mayoritario. Pero ese es precisamente el objetivo del sistema de representación proporcional, el de permitir representar intereses diversos al mayoritario, hablando en términos accionariales[387].

B. *Presupuesto procedimental del sistema*

El primer presupuesto para el ejercicio del derecho es la necesaria existencia de una vacante en el consejo de administración, cuestión que no viene expresamente recogida en la Ley pero sí en el Real Decreto, del que se deduce el sentido que, con acierto, impone tal condición, y que representa un límite al propio ejercicio. El motivo es que la agrupación de acciones, que puede realizarse en cualquier momento, podría conllevar el cese de un consejero nombrado por la Junta a favor del representante del grupo accionarial que ha ejercitado el derecho, lo cual resultaría un abuso de la minoría. Por tanto, la vacante es el primer requisito para el ejercicio del derecho.

En segundo lugar, ha de realizarse en el seno de la celebración de una junta general de accionistas, para lo cual, el accionista o grupo accionarial deberá notificarlo hasta cinco días antes de la Junta conforme dispone el artículo 4 del Real Decreto. Es especialmente relevante que, en el caso de existir más vacantes, el grupo que ha ejercido el derecho de representación proporcional no podrá votar en el nombramiento del resto de consejeros, lo cual pensamos que dicho límite se ajusta a evitar ese abuso de la minoría en el nombramiento de consejeros al que hacíamos referencia, y conformarse como un sistema propio de los accionistas minoritarios en su con-

386. Según expone SÁNCHEZ CALERO, F.: «*Los administradores...*» cit. Pág. 542.
387. SALELLES CLIMENT, J. R.: «Artículo 243» en AAVV (dir. ROJO FERNÁNDEZ-RÍO, A. y BELTRÁN SÁNCHEZ, E.) *Comentario de la Ley de Sociedades de Capital.* Ed. Thomson-Reuters, Madrid. Pág. 1743.

junto y de los varios grupos que de tal tipo puedan existir, en lugar de englobar a todos ellos como un único ente.

Y en tercer lugar, el ejercicio del derecho está directamente relacionado con el derecho de voto, ya que las acciones sin voto, las del accionista que ha incurrido en mora por falta de desembolso de los dividendos pasivos, o las acciones en cartera, no podrán hacer uso del sistema de representación proporcional. En cualquier caso, se vincula a la agrupación puesto que lo especialmente relevante no es el número de accionistas que se agrupan, sino el número de acciones con derecho a voto que concurren. Hay que tener en cuenta no obstante la manifestación del derecho y su alcance, porque, sin perjuicio de su regulación específica estatutaria, habría que determinar qué ocurre con la vacante anticipada (por ejemplo por dimisión) del consejero nombrado proporcionalmente, y si se ha modificado el mapa accionarial no sólo de la sociedad en general, sino de la propia agrupación[388].

C. *Cuestiones generales de valoración*

La primera cuestión que se nos plantea es la aplicabilidad del sistema. Algunos estudios empíricos nos muestran que dicho sistema no suele ejecutarse en sociedades cotizadas dada la dificultad que entrañaría para sus accionistas la agrupación, donde la dispersión resulta problemática a los efectos del consorcio accionarial, sino que por el contrario, es en las llamadas sociedades anónimas cerradas las que sí tienen la experiencia de la utilización de este sistema debido a la unión de la relación entre acción y gestión.

Sin embargo, pese a que este sistema no sea habitual en sociedades cotizadas, lo cierto es que encontramos paralelismo entre la figura del consejero nombrado proporcionalmente y la del consejero dominical de las cotizadas, hasta el punto que el Código Unificado reflexionaba que el consejero nombrado proporcionalmente, tuviera esa calificación. Otra cuestión diferente sería vincularlo a la figura del consejero independiente, como miembro vigilante de que la acción empresarial respete el interés social y a los grupos de interés. En cierto modo el consejero nombrado proporcionalmente buscaría un contrapeso a la mayoría, pero esta figura no es semejante ni asimilable al consejero nombrado proporcionalmente, toda vez que uno repre-

388. Respecto de esta situación, el profesor Sánchez Calero sostiene que ante la vacante anticipada del consejero nombrado proporcionalmente, correspondería al mismo grupo que lo designó, nombrar a otro consejero en su lugar, a lo que entendemos que como se ha dicho, habría que advertir de posibles cambios en la estructura accionarial tanto de la sociedad como del conjunto de acciones agrupadas, así como el número de consejeros con vistas a que siga siendo posible aplicar la regla matemática de la proporcionalidad. Su opinión, en SÁNCHEZ CALERO, F.: «*Los Administradores...*» cit. Pág. 561.

senta a los accionistas, mientras que el independiente se configura teóricamente con un estatuto autónomo.

La segunda cuestión que se nos plantea, y en conexión con lo que acabamos de decir, semánticamente hablar de «representación» invita a considerar al consejero nombrado proporcionalmente como un representante de un grupo de accionistas y no como un consejero en sí, aunque lo cierto es que la norma trata de resolverlo dotándole de las mismas obligaciones que al resto de consejeros. Esto es, sobre la base del estatuto jurídico del administrador, con independencia de la forma de nombramiento que le haya llevado a ostentar tal cargo, se ha de dotar al consejero nombrado proporcionalmente de los mismos deberes y obligaciones establecidos para el resto de consejeros, debiendo tutelar los intereses sociales y no los del grupo que le nombró ni de forma exclusiva ni de forma excluyente. Por ello, denominar este sistema como de «representación» quizás no haya sido del todo afortunado ya que puede dar lugar a ciertos equívocos tanto con lo que supone la institución jurídica de la representación, como con los deberes imputables a todos y cada uno de los consejeros sin que importe tipología, clase, cargo, comisión, ni forma de nombramiento.

Y la tercera, es el contrapeso que puede ejercer la junta general (en este caso, los accionistas mayoritarios) para hacer frente al derecho de representación proporcional, y son:

– El cese del consejero por acuerdo mayoritario de la junta, esto es, una vez nombrado el consejero proporcionalmente, que los mayoritarios acuerden el cese *ad nutum* de dicho consejero. Teóricamente, nada impide a la junta adoptar esta medida.

– La reducción del número de consejeros. El caso de una sociedad anónima cuyos estatutos faculten a la junta para la determinación del número concreto de consejeros, y que acaba de nombrar un consejero por el sistema de representación proporcional, acuerda reducir el número de consejeros, por lo que la agrupación podría ya no alcanzar el número de acciones resultante de la división entre el número de miembros del consejo.

– La modificación de la forma de estructurar el órgano de administración, cesando el consejo de administración y optándose por cualquiera de los métodos alternativos. Este supuesto ya de por sí anularía la posibilidad de ejercitar la representación proporcional al no existir consejo, si bien es cierto que resultaría más difícil ejecutarlo por la mayoría en el mismo acto, dado que la modificación de la forma de estructurar el órgano de administración en una sociedad anónima sí es un acuerdo que deba constar necesariamente en el orden del día a diferencia del cese de administradores, y que además, podría incluso conllevar una modificación estatutaria si éstos no facultan a la propia junta a adoptar por cualquiera de los medios legalmente previstos para conformar el órgano de administración.

– O el preventivo nombramiento de suplentes, ya que como hemos visto, el sistema opera ante una vacante, sobre lo cual cabría plantearse su admisibilidad en tal supuesto.

De cualquier manera, ha de valorarse si cada caso supusiera minar o no el derecho de la minoría, ya que la posibilidad de que la junta general, por medio de los accionistas mayoritarios y por tanto ajenos a quienes han hecho uso del sistema de nombramiento por proporción, revoque el nombramiento hecho por tal sistema, anularía el sentido de la norma, y por tanto la lógica de su contenido.

2. El sistema de cooptación

A. Concepto y fundamento

Se trata del otro mecanismo especial de nombramiento de consejeros en la sociedad anónima por el cual, al existir una vacante en el consejo de administración, el propio consejo nombra de entre los accionistas a la persona que ostentará el cargo hasta la celebración de la próxima junta general, la cual podrá confirmar el nombramiento o revocarlo. Por tanto, el ejercicio de la cooptación debe efectuarse con la existencia de tres requisitos imprescindibles: una vacante en el cargo del órgano de administración por dimisión o fallecimiento (aunque entendemos que operaría igualmente en el caso de cese del consejero por parte de la junta sin que por ésta se haya procedido a la designación de quien haya de sustituir), organizada la administración en la forma de consejo, y de una sociedad anónima. Hay que decir con respecto a la vacante, que han de darse dos circunstancias, y es que previamente la vacante haya sido cubierta (lo que imposibilita la cooptación en el acuerdo de ampliar el número de consejeros) y que dicha vacante suceda de forma anticipada y no por cargo caducado, ya que para este caso deberá de convocarse una junta a tales efectos. Asimismo, opera en el caso de que no existan consejeros suplentes designados ya que, en tal caso, serían quienes pasarían a ejercer el cargo una vez acontecida la vacante.

Estos dos últimos requisitos se basan en limitar el nombramiento por parte del consejo. No hay que olvidar que estamos hablando de una excepción a la norma general de la facultad del nombramiento de consejeros, que corresponde a la junta. Por tanto, el caso de vacante previamente no cubierta y de cargo caducado, retorna la competencia exclusiva de nombramiento a la junta, lo que se justifica en que el consejo no abuse de la cooptación, y de esta manera sean los accionistas quienes ostenten la capacidad directa de nombramiento. Cuando decimos directa, nos referimos al nombramiento en el acto, pues si bien en la cooptación la junta puede revocar tal nombramiento, en tal caso hablaríamos de una facultad ejercida de forma indirecta por vía de la ratificación posterior del consejero cooptado.

Hay que partir de la base de la teórica temporalidad del cargo de consejero nombrado por cooptación. Decimos teórica porque, pese a que su nombramiento, que produce plenos efectos, se supedita a la posterior ratificación de la junta general, rara vez ésta revoca la decisión del consejo conforme indican algunos estudios empíricos[389]. Por tanto, pese a que al final acabe recibiendo carta de naturaleza definitiva, la cooptación es un sistema de nombramiento con plena eficacia pero con una significación temporal[390].

Su origen parece encontrarse en la práctica estatutaria que buscaba la continuidad de la vida societaria, o dicho de otra manera, que no se vieran afectadas las actuaciones tendentes a la consecución del objeto social, y ese ánimo de continuidad es precisamente el fundamento que entendemos persiguió el legislador, manifestando el interés de la Ley en que el consejo pueda evitar la disfunción causada por una aparente acefalía hasta en tanto en cuando la junta general pueda otorgar su visto bueno a la solución temporal.

B. *El acuerdo de cooptación*

Al contrario que el sistema de representación proporcional, el sistema de cooptación sí resulta un mecanismo más habitual en grandes sociedades, donde las dificultades de convocar habitualmente una junta se multiplican, y que en el caso de vacante anticipada en el consejo, la cooptación a los efectos de operatividad se configura como un sistema recurrente y muy utilizado en la práctica según los citados estudios empíricos.

Ha de añadirse una cuestión relevante, y es que en el caso concreto de las sociedades cotizadas, el consejero nombrado no ha de ser necesariamente accionista de la compañía, como sí ocurre respecto de las sociedades anónimas no cotizadas, conforme dispone el artículo 529 decies de la Ley de Sociedades de Capital, lo que tiene su fundamento en el cumplimiento

389. SÁNCHEZ-CALERO GUILARTE, J. / FERNÁNDEZ TORRES, I. / FUENTES NAHARRO, M.: «*La Junta General...*» cit. Pág. 48.
390. ROJO FERNÁNDEZ-RÍO, A.: «Artículo 244» en AAVV (dir. ROJO FERNÁNDEZ-RÍO, A. y BELTRÁN SÁNCHEZ, E.)*Comentario de la Ley de Sociedades de Capital.* Ed. Thomson-Reuters, Madrid. Pág. 1762.

de determinadas normas de ámbito legal o de voluntario respecto a la estructura y composición del consejo, esto es, mediante la posibilidad de designar consejeros por el sistema de cooptación a personas que no ostenten la categoría de accionista, amplía muy significativamente la terna de posibles candidatos propuestos por la comisión de nombramientos y retribuciones, especialmente respecto de aquellos sobre los que puedan tener la categoría de independientes o resulten ajenos a los núcleos accionariales de control. Esta cuestión se refuerza, además, en que la sociedades cotizadas no pueden designar consejeros suplentes conforme al apartado tercero del mismo artículo legal citado, facultad que sí ostentan el resto de sociedades anónimas, cuestión a nuestro juicio muy acertada ya que las especiales condiciones que un potencial consejero pudiera tener en un momento determinado, no han de mantenerse necesariamente en el momento en que por una vacante en el consejo fuera necesaria su incorporación al mismo, cuestión que exige una continua revisión de la idoneidad de los posibles consejeros para el cargo, misión que corresponde a la comisión de nombramientos y retribuciones. Cabría pensar, con cierta razón, que dicha circunstancia podría darse igualmente en cualquier sociedad anónima no cotizada, si bien ello ha de leerse en una perspectiva distinta: los consejeros de sociedades anónimas no cotizadas no han de cumplir necesariamente con unos requisitos tipológicos, procedimentales ni de vinculación o no con la sociedad y con sus accionistas de control, como sí ocurre con las sociedades cotizadas, cuyos costes de convocatoria de junta general se prevén significativamente muy superiores respecto a los de una sociedad cuyas acciones no se hallan admitidas a negociación en un mercado secundario de valores. Por tal motivo, la sociedad anónima no cotizada tendría la posibilidad en un plazo más corto de revocar al consejero suplente si algunas de sus circunstancias se hubieren modificado, no así el caso de la entidad cotizada, cuya revisión por parte del mercado es continua, lo que en nuestra opinión justifica la imposibilidad de que tenga nombrados consejeros suplentes, sino que al contrario, los candidatos se sometan a un escrutinio actualizado a fin de que puedan cumplir los distintos requisitos tipológicos para la clase de consejero que se pretende nombrar.

Lo que sí es común a todas las entidades es que debe acordarse en el seno del consejo, en principio entendemos que por acuerdo de la mayoría de la totalidad de sus miembros, sin perjuicio de que los estatutos sociales amplíen dicho porcentaje. Ello resulta al plantearnos la posibilidad de que la cooptación fuese ejercida por la comisión ejecutiva o por el consejero delegado, sin embargo, siguiendo a otros autores[391], entendemos que se trata de una facultad indelegable por dos motivos: en primer lugar es una

391. SÁNCHEZ CALERO, F.: «*Los Administradores...*» cit. Pág. 580.

competencia especial y puntual que supone la excepción a la facultad de la junta en el nombramiento de consejeros, por lo que dada la excepcionalidad de la medida, y en paralelo a la que sería el acuerdo conjunto de la junta, en nuestra opinión es más lógico interpretar en que debe resultar por acuerdo de todo el consejo, lo que no afecta a las competencias de la comisión de nombramientos en la propuesta previa. Y en segundo lugar, porque dado que es el consejo quien debe de completar su constitución, no podría delegar una decisión que afectaría a la totalidad del órgano social.

Hay que incidir no obstante en el carácter facultativo y no obligatorio de la cooptación, lo que retornaría a la junta general la facultad exclusiva de nombramiento directo de consejeros, aunque no obstante, de no ejercer la cooptación, sí obligaría al consejo a la convocatoria de la pertinente junta a fin de no incurrir en la referida acefalía. No obstante, el ejercicio de la facultad del consejo de ejercitar la cooptación no se agota por su propio uso, y es que según la experiencia, en principio no pueden existir límites estatutarios a la cooptación tal y como manifiestan diferentes Resoluciones de la Dirección General de los Registros y del Notariado, lo cual chocaría al permitir elevar el porcentaje de la mayoría necesaria para el acuerdo del consejo. Sin embargo, cabría la posibilidad de plantearse la idoneidad de determinar ciertos requisitos que en opinión de parte de la doctrina pueden establecerse, tales como el reforzamiento del quórum, que el accionista deba tener un mínimo de acciones para su designación (caso de sociedades no cotizadas), o que tenga una determinada antigüedad en la sociedad.

La cuestión es que al ser comúnmente utilizado en grandes sociedades (y raramente revocado por la junta) acaba resultando al final *de facto* una competencia asignada al propio consejo, por lo que acaban decidiendo los grupos mayoritarios. Es, de nuevo, el clásico problema de la configuración estructural y tipológica de las grandes compañías, cuestión de la que el gobierno corporativo pretende dar una respuesta en forma de equitativa presencia de consejeros con funciones supervisoras. Por ello, desde un sentido práctico, en cierto modo cabe concluir que en sede de cotizadas, poca diferencia termina existiendo entre el nombramiento de un consejero por el sistema de cooptación con respecto a aquel que lo ha sido por ejercicio directo de la facultad conferida a la junta general en el artículo 160 de la Ley de Sociedades de Capital, ya que en ambos casos se trata de consejeros designados a propuesta de la comisión de nombramientos, que eleva la misma al consejo en su conjunto, siendo finalmente la junta general la que ratifica tal nombramiento (caso de la cooptación) o la que acepta la propuesta y lo nombra en el acto (caso del nombramiento directo) de modo que, al final, la diferencia radicaría únicamente en el momento en que se produzca el nombramiento. Por ello, para superar tal situación práctica sobre la cual poco o nada cabe hacer al regirse las sociedades por el régimen de mayorías, los principios del gobierno corporativo tratan de establecer normas de equilibrio de poderes mediante la necesaria presencia de consejeros independientes para la eficaz labor y consecución de la esencial función del consejo en su conjunto, la de supervisión y control de sus propios actos.

E) LAS CLÁUSULAS LIMITATIVAS AL DERECHO DE VOTO

1. Objeto y significación

A. Un apunte previo

El presente apartado no pretende entrar en excelsa profundidad en la cuestión de las cláusulas limitativas al derecho de voto, pues se trata de una cuestión que, ya de por sí, merece un trabajo exclusivamente dedicado a tal figura[392], sobre la cual ha existido un importante y animado debate doctrinal, sobre cuyos argumentos posteriormente expondremos de forma sucinta. Al contrario, nuestra intención trata de contextualizar tal figura actualmente permitida en nuestro ordenamiento jurídico con los principios del buen gobierno corporativo, por un lado, y con el nombramiento de consejeros, por otro, a fin de formarnos una idea de cómo este tipo de cláusulas pueden tener decisiva influencia en algunas instituciones societarias de gobierno corporativo reguladas por Ley o por el Código de Buen Gobierno.

En la actualidad, como fase introductoria, la Ley habilita a que las sociedades puedan establecer en sus estatutos cláusulas que limiten el número máximo de votos que un mismo accionista (o quienes actúen de forma concertada o en el marco de un grupo de sociedades) puede emitir, con independencia de las que titule, conforme le habilitan los artículos 188 y 527 de la Ley de Sociedades de Capital, el primero para sociedades anónimas en sentido general, y el segundo para las cotizadas en particular, si bien en este caso con un importante matiz, y es la ineficacia sobrevenida de tales cláusulas estatutarias de limitación en caso de que, ante la presentación de una OPA, el oferente alcance el 70% del capital social. Esto es, como un mero ejemplo gráfico, en el caso de que una sociedad anónima contenga en sus estatutos una cláusula limitativa de hasta el 10%, aquel accionista que titule un 15% verá parcialmente ejercido su derecho político.

392. De hecho, una Tesis Doctoral, como la presentada por VARELA URÍA, F.: «*Autonomía de la voluntad y derecho de voto en las sociedades anónimas. Limitación y agrupación del voto*», dirigida por D. Fernando Sacristán Bergia, presentada en 2015 en la Universidad Rey Juan Carlos de Madrid.

Como decimos, se trata de una habilitación legal conforme actualmente faculta la Ley, y reincidimos en el actualmente pues, como ahora veremos, la cuestión ha sufrido varias modificaciones legislativas, y sinceramente, no puede afirmarse que se trate de una solución definitiva. En primer lugar, por el amplio debate doctrinal existente al respecto; y en segundo lugar, porque la Propuesta de Código Mercantil de las Sociedades Mercantiles, cuya promulgación es un misterio si se producirá o no, abole en cambio la admisibilidad de estas cláusulas estatutarias. Pero a mayor abundamiento, si bien la Ley de momento sí las permite, en cambio el actual Código de Buen Gobierno aboga en la primera de sus recomendaciones por su eliminación, recomendación que, ya avanzamos, es muy mayoritariamente seguida por las sociedades cotizadas españolas.

En la actualidad, este tipo de cláusulas tienen dos lecturas, la teórica y la práctica. La teórica es la que fundamentó en su día su promulgación como forma de protección de los accionistas minoritarios, argumento que sigue a día de hoy siendo utilizado por alguna de las pocas compañías cotizadas que mantienen en sus estatutos tal cláusula. La práctica es que se asimila como una medida de blindaje *«anti OPA»*, una forma de disuadir a potenciales oferentes o adquirentes de forma que se mantenga el estatus de la compañía[393], asimilándose a otras formas de protección como las medidas de blindaje del consejo de administración o de la alta dirección para el mantenimiento de sus cargos (o la indemnización a desembolsar en caso de cese); el establecimiento de pactos relativos al voto concertado; la restricción a la transmisibilidad; las acciones privilegiadas; o en lo relativo al propio nombramiento de consejeros, la obligatoriedad estatutaria en cuestiones subjetivas tales como la necesaria tenencia de un concreto número de acciones para ser designado consejero, la antigüedad mínima de dicha tenencia, o el paso previo por la alta dirección. No obstante, es cierto que esta última cuestión, amén de producirse casi en exclusividad respecto a consejeros ejecutivos, ya hemos visto anteriormente como el sistema de cooptación es el realidad muy frecuentemente utilizado en las grandes sociedades, dándose la circunstancia añadida que el actual artículo 529 decies de la Ley de Sociedades de Capital no exige la condición de accionista para el consejero cooptado en sociedades cotizadas, lo que a juicio del tenor literal de la norma, no parece que pueda ser materia dispositiva en estatutos sociales.

393. GIRBAU PEDRAGOSA, R.: «Los Estatutos Sociales de la sociedad cotizada: especificidad y cláusulas estatutarias anti-opa» en AA.VV.: *La Sociedad Cotizada*. Ed. Marcial Pons. Madrid, 2006. Pág. 140.

B. *Breve repaso normativo*

La admisibilidad legal de las cláusulas estatutarias que limitan el derecho de voto tiene su origen en la entonces vigente Ley de Sociedades Anónimas, que adaptaba a nuestro ordenamiento un precepto del Derecho alemán, como una forma de protección de los accionistas minoritarios. Se trataba, en esencia, de evitar abusos por parte de los accionistas mayoritarios, traducidos en la imposición por parte de éstos de la adopción de cuantos acuerdos estimaren por convenientes, lo que por aquel entonces daba lugar a situaciones de «ahogamiento» societario, como por ejemplo lo era el no reparto de dividendos en caso de beneficios, que implicaba que para los minoritarios poco sentido tenía permanecer en la compañía. A tal efecto, el entonces artículo 105 de la Ley de Sociedades Anónimas facultaba a estas sociedades a adoptar en sus cláusulas determinadas limitaciones tanto a la propia asistencia a la junta general (número mínimo de acciones) como del derecho de voto, precepto que tenía su reflejo en el artículo 60 ter de la Ley del Mercado de Valores, la cual por entonces ostentaba la regulación de las sociedades anónimas cotizadas.

Sin embargo, la situación se modifica en el año 2010, antes incluso de la refundición en la Ley de Sociedades de Capital, con un intenso debate político parlamentario ante la propuesta del entonces Gobierno de prohibir este tipo de cláusulas estatutarias, lo que finalmente se materializó únicamente para las sociedades cotizadas, debate que se vio reforzado en el mundo académico, y que coincidió con algunos sucesos corporativos muy relevantes en nuestro país[394]. De esta manera, se daba un concreto plazo a las sociedades anónimas cotizadas para que, aquellas que tuvieran en sus estatutos este tipo de cláusulas, se adaptaran y las eliminaran puesto que, de transcurrir el plazo habilitado, estas cláusulas se tendrían por no puestas. No obstante, la entrada en vigor de dicha prohibición quedó aplazada unos meses, cuestión ésta que tuvo relevancia respecto a su tramitación parlamentaria, ya que en esos meses de 2010 se producía de forma coincidente con la habilitación al Gobierno para refundir en la hoy Ley de Sociedades de Capital, lo dispuesto en la Ley de Sociedades Anónimas, en la Ley de

394. Lo que se conoció como la «*Enmienda Florentino*» en alusión a Florentino Pérez Rodríguez, presidente de la constructora ACS, quien libró una batalla empresarial por hacerse con el control de IBERDROLA, o al menos de entrar en su consejo de administración, lo que le fue vetado ya que ACS también participaba en UNIÓN FENOSA, competidora de IBERDROLA, entidades a las cuales, según algunos artículos de prensa económica, Pérez pretendía fusionar. En este sentido, IBERDROLA ostentaba una limitación estatutaria del derecho de voto de hasta el 10%, mientras que ACS, que ya había superado ese umbral, pretendía llegar a controlar un 20% del capital, de modo que, con la cláusula limitativa, su potencial disminuía considerablemente. En

Sociedades de Responsabilidad Limitada, y parcialmente en la Ley del Mercado de Valores y en el Código de Comercio, sobre lo cual se dio la circunstancia que al promulgarse el Texto Refundido de la Ley de Sociedades de Capital, ésta incluía como actual artículo 188 lo que disponía el anterior artículo 105 de la Ley de Sociedades Anónimas ya con su redacción relativa a la prohibición de cláusulas limitativas del voto en sociedades cotizadas, lo que a juicio de algún autor, fue una irregularidad legislativa ya que dicho artículo 105 en dicha redacción no se hallaba aún vigente, por lo que la Ley de Sociedades de Capital debió nacer con la redacción del anterior artículo 105 de la Ley de Sociedades Anónimas, de forma que ante una hipotética modificación se exigía informe del Consejo de Estado[395]. En cualquier caso, y a efectos de situarnos debidamente, la Ley de Sociedades de Capital nace con el actual artículo 188, admitiendo la limitación del voto en sociedades anónimas, y con el artículo 515 para el caso de sociedades cotizadas con el contenido, ya se ha dicho, que tales cláusulas resultan nulas. Dicho artículo 515, por mor de la Ley 25/2011, de 1 de agosto, de reforma parcial de la Ley de Sociedades de Capital y de incorporación de la Directiva 2007/36/CE, del Parlamento Europeo y del Consejo, de 11 de julio, sobre el ejercicio de determinados derechos de los accionistas de sociedades cotizadas, pasa a renumerarse como artículo 527, que se mantiene en la actualidad.

Pero el siguiente cambio llegaría poco después, suponemos que por influencia del cambio de signo político en el Gobierno apenas unos meses antes, ya que dicho artículo 527 pasa a ser nuevamente modificado por la

---

ese escenario, surge la enmienda presentada por el PSOE para prohibir este tipo de cláusulas, lo que allanaba el camino de Pérez, enmienda que encontró su mayor oposición parlamentaria en el PNV, sea casual o no, pues IBERDROLA tiene su domicilio social en territorio vasco. Sin embargo, la enmienda fue finalmente aprobada y, en consecuencia, prohibidas las limitaciones estatutarias al voto en sociedades cotizadas, si bien su entrada en vigor quedó aplazada unos meses. La cuestión es que la crisis económica de 2007, cuyos efectos fueron más latentes en nuestro país precisamente en 2011, provocó una importante caída de valor de IBERDROLA, lo que en consecuencia también supuso un problema para ACS por la forma en que financió su «asalto» a la eléctrica. Pero la historia no termina ahí, pues en noviembre de 2011 se produce un cambio de signo político en el Gobierno con la entrada del PP, quien unos meses más tarde, revoca la Enmienda Florentino, y vuelve a permitir las limitaciones estatutarias al voto, en una redacción que se mantiene vigente en nuestro ordenamiento desde entonces. Esta situación fue la que supuso la «derrota» empresarialmente hablando de Florentino Pérez en su intento de controlar a la hoy mayor eléctrica de nuestro país.

395. CREMADES GARCÍA, J.: «Las limitaciones del ejercicio del derecho de voto en las sociedades cotizadas» en AA.VV.: *El accionista minoritario en la sociedad cotizada. (Libro Blanco del Accionista Minoritario,* dir. PEINADO GRACIA, J. I. / CREMADES GARCÍA, J. Ed. La Ley. Madrid, 2012. Pág. 284.

Ley 1/2012, de 22 de junio, de simplificación de las obligaciones de información y documentación de fusiones y escisiones de sociedades de capital, volviendo en parte a la redacción anterior y, en consecuencia, admitiendo la licitud de las cláusulas estatutarias limitativas del derecho de voto, si bien las mismas quedarán sin efecto si, ante una OPA, el oferente adquiere una participación igual o superior al 70% del capital, salvo que dicho oferente no estuviera sujeto a medidas de neutralización equivalentes o no las hubiera adoptado. De esta forma, la nulidad de tales cláusulas apenas había tenido vigencia normativa en nuestro país, retornándose a una situación que, hoy en día, permanece.

Porque con la profunda reforma legislativa posterior operada por la Ley 31/2014, de 3 de diciembre, por la que se modifica la Ley de Sociedades de Capital para la mejora del gobierno corporativo, sorprendentemente no hubo ningún cambio. Y decimos que resulta sorprendente porque el Informe de la Comisión de Expertos que fue el origen de partida para la referida Ley (y para pasar del Código Unificado al Código de Buen Gobierno) y que reformuló de forma muy amplia las competencias de la junta general, rehusó en cambio no ya la modificación en sí, sino el propio debate[396]. Reconoce que las cláusulas limitativas no tienen especial encaje en el modelo de buen gobierno, sin embargo, se limita a manifestar que no se consideró oportuno reabrir el debate por «*circunstancias coyunturales*», las cuales entendemos que se refieren al debate más político que jurídico que se formó en la prensa económica en torno a tales cláusulas por las batallas corporativas antes aludidas. En consecuencia, puede llamarse prudencia, o puede llamarse cierta ausencia de ambición normativa, que el artículo no fue objeto de modificación.

A nuestro juicio, tan omisión resulta sorprendente por tres motivos. El primero, porque se trató de una reforma muy ambiciosa en el marco del Derecho de sociedades en general, y de la revitalización de la junta general en particular. Con esto no queremos decir que no nos parezca acertado mantener la redacción anterior, sino que lo que imputamos es la huida del debate, el no posicionamiento claro por una u otra alternativa, máxime cuando precisamente hablamos de un informe elaborado por una comisión

396. Así se pronunció: «La Comisión de Expertos valora que el principio de proporcionalidad de capital y voto (one share, one vote) forma parte del corpus del buen gobierno corporativo y, sin embargo, no puede ignorar las muchas excepciones que, de forma directa o indirecta, este principio tiene en diversas instituciones del derecho comparado y en combinaciones de la práctica, ni las circunstancias coyunturales que justificaron la reforma de 2012. No obstante, no se ha considerado oportuno en este momento reabrir el debate sobre el artículo 527 de la LSC y su eventual sustitución por el artículo 282-3 de la PCM».

de expertos de quienes el legislador busca un apoyo para motivar una hipotética reforma legislativa. Es decir, habría sido deseable un posicionamiento claro en lugar de haber dejado de enfrentarse a una cuestión sumamente compleja y debatida por nuestra comunidad científica, como en cambio sí hizo con otras instituciones jurídicas. El segundo motivo se basa en el reconocimiento del contenido del artículo 282-3 de la Propuesta de Código Mercantil que, si bien es cierto que no está vigente (y no se sabe si lo estará) sí supone una suerte de guía, y este Código propuesto aboga claramente por la redacción anterior a la última reforma, esto es, la de considerar nulas las cláusulas limitativas. Y el tercero es que como ya hemos expuesto en varias ocasiones, la Ley 31/2014 trajo consigo la incorporación a la Ley de muchas cuestiones que, hasta entonces, representaban recomendaciones contenidas en el Código Unificado de Buen Gobierno, el cual como ya sabemos fue el primer texto normativo en nuestro país, aunque de cumplimiento voluntario, que se posicionó claramente en contra de las cláusulas limitativas, recomendando su supresión. Sin embargo, dicha recomendación no fue incorporada a la Ley, si bien sí se mantiene como precisamente la primera de las recomendaciones contenidas en el actual Código de Buen Gobierno.

C. *Notas características de la cláusula*

Pero como decíamos, hemos de entender el origen de la norma para comprender el debate actual, ya que en el momento de promulgarse, la norma tenía como fundamento proteger a los accionistas minoritarios del abuso de la mayoría[397]. En el ámbito de las sociedades cotizadas, se materializa en los términos porcentuales medios que antes exponíamos según el Informe Anual de Gobierno Corporativo publicado por la Comisión Nacional del Mercado de Valores, el cual, en el ejercicio 2020 (último publicado al momento de escribir estas líneas) informa una asistencia media a la junta general de en torno al 70%, a la par que se informa que el consejo de administración, por sí o por accionistas significativos que les nombraron, puede llegar a controlar en torno al 40% del capital social. En consecuencia, presumiendo la asistencia de los administradores a la junta general por mandato del artículo 180 de la Ley de Sociedades de Capital, implicaría que éstos se encontrarían en mayoría práctica para la adopción de acuerdos al prevalecer su 40% sobre el 30% restante asistente (al haber otro 30% ausente) aunque éste votara en contra. Al fin y al cabo, la Ley no puede o no debe limitar el número máximo de acciones que una persona puede llegar a ostentar, forme parte del consejo de administración o no (salvo en algunas normas sectoriales consecuencia de la especial actividad desarrollada) por

397. SÁNCHEZ CALERO, F.: «*La junta general...*» cit. Pág. 294.

lo que, si los accionistas significativos aumentan su porcentaje accionarial, es de lógica razonable que pretendan hacer valer su posición de dominio tanto en la junta general como en el consejo de administración. La cuestión radica en que, siendo éste el origen de la norma, debidamente motivada y justificada, el devenir de los años ha evidenciado que ha terminado utilizándose como una forma de abuso por protección por parte de los administradores como mecanismo de blindaje.

En cualquier caso, antes de entrar en los motivos que justifican su admisibilidad o prohibición, cabe decir que en lo que sí es pacífica la doctrina es que se trata de una limitación subjetiva al titular de la acción, y no a la acción en sí, de modo que éstas no se hallan sujetas a gravamen alguno por lo que si el titular de un conjunto de acciones excedentes del porcentaje contenido en la cláusula limitativa, enajena tales acciones, su titular no se verá privado de su voto por la mera tenencia de las mismas sino sólo si, fruto de la adquisición, también supera el límite previsto en estatutos.

2. Argumentos en favor de la cláusula limitativa

Siguiendo la exposición y estructura de un estudio al respecto[398], podemos sintetizar los argumentos que los defensores de las cláusulas limitativas defienden, en los siguientes aspectos:

– En primer lugar, se mantiene la misma motivación que ya en su día justificó la modificación de la entonces vigente Ley de Sociedades Anónimas para su necesaria constancia legal, que es la de protección del accionista minoritario. Efectivamente, se trata de una cierta equiparación entre bloques accionariales que limita y restringe la habitual y teórica *vía libre que* un mayoritario puede ejercer a modo de *rodillo* en una junta general, lo que democratiza la sociedad al situar a los accionistas en similares rangos de nivel con independencia de su posición accionarial, restricción que sólo operará en el marco del derecho de voto pero no en los económicos. Con tal limitación no sólo se pretende evitar imposiciones mayoritarias, represen-ten éstas un abuso o no, sino que se fomenta el diálogo y la necesaria adopción de acuerdos comunes. El caso quedaría materializado en el ejemplo anterior respecto de los datos medios tanto de asistencia a la junta general como de control por parte del consejo de administración, que evidencian un control práctico por parte de éste.

– En segundo lugar, porque tal protección al minoritario debe trasladarse también al órgano de administración, y no sólo la de los accionistas minoritarios sino también la de otros grupos de interés que no se ven repre-

398. CREMADES GARCÍA, J.: «*Las limitaciones del ejercicio...*» cit. Pág. 286.

sentados o protegidos en la entidad con presencia de accionistas de control. En otras palabras, el accionista que controla la junta general, hace lo propio con el órgano de administración, lo que supone derivar el interés del mayoritario a la gestión del día a día, facilitando la confusión del interés social con el particular del accionista de control.

– En tercer lugar, más que como argumento de defensa, un contraargumento a los detractores de las cláusulas, las medidas de blindaje pueden resultar positivas pues generan estabilidad en la gestión. De forma concreta, un accionista lo es porque entre otras cuestiones confía en el órgano de gobierno, de modo que facilitar los cambios de control supondría dar acceso a un cambio en la forma de gestión de la sociedad, incluso en el propio objeto social, lo que haría desaparecer el motivo por el cual un concreto accionista entró a formar parte de la entidad.

– En cuarto lugar, se pone de relieve la flexibilidad de la norma como evidencia de forma de autogobierno, es decir, que mientras los detractores de estas cláusulas abogan por suprimirlas o incluso prohibirlas por Ley en los términos de la anterior redacción del hoy vigente artículo 527 (anterior 515) de la Ley de Sociedades de Capital, los defensores de ella recuerdan que se trata de una facultad potestativa, y que la Ley no obliga a las sociedades a adoptar este tipo de cláusulas o establecer unos porcentajes máximos concretos, sino que deja a elección de las mismas su regulación o no, facultad de autorregulación que es uno de los principios por los que al inicio abogaba el gobierno corporativo. Como veremos más adelante, este argumento ha sido contraargumentado por sus detractores.

– En quinto lugar, se recuerda que a nivel comunitario, la Unión Europea nunca se ha postulado en contra de este tipo de cláusulas, sino al contrario, que ha expuesto que no existen evidencias que las mismas supongan una infracción al principio de igualdad de los accionistas.

– Y en sexto y último lugar como apéndice, se han expuesto argumentos de corte patriótico en clave nacional, esto es, la limitación del derecho de voto supone una forma de disuadir a potenciales inversores extranjeros que, con su entrada en la compañía, podrían hacer perder el carácter nacional de alguna de nuestras más representativas entidades, de forma que con esta limitación se asegura su continuidad en territorio patrio. No obstante, es cierto que tales argumentos se exponían más bien al inicio del precepto que en la actualidad, ya que la liberalización de los mercados financieros impide este tipo de normas.

3. Argumentos que abogan por suprimirlas

Por el contrario, quienes se muestran favorables a suprimir este tipo de cláusulas conforme recomienda expresamente el Código de Buen Gobierno, incluso en algunos casos a prohibirlas y declararlas nulas en los términos propuestos por la anterior redacción del artículo 527 de la Ley de Sociedades de Capital (originario 515) exponen los siguientes argumentos:

– Si bien resultaba debidamente motivada la existencia de este tipo de cláusulas cuando la norma fue promulgada en la entonces vigente Ley de Sociedades Anónimas, la realidad es que la situación hoy en día es muy distinta, y lo que comenzó como un mecanismo de protección de los accionistas minoritarios ha terminado deviniendo en una forma de blindaje de los administradores ante una eventual OPA. Por tal argumento, no tiene sentido mantener la vigencia de una norma si la motivación para la cual se redactó ha perdido su vigencia y validez.

– Se rompe la proporcionalidad de capital social y derechos políticos, y atenta contra la igualdad de los accionistas. Porque el hecho de equiparar porcentajes de voto por vía de limitación no es igualdad ni democratización, como sostienen los defensores de la norma. En este sentido, siguiendo el ejemplo que propone un autor[399], pongamos el caso de una sociedad con una cláusula limitativa del voto de hasta el 10% del capital social, con dos accionistas, entre otros, titulares cada uno de ellos de un 9% y de un 18% respectivamente. Pues bien, mientras el primero sí podrá ejercer su derecho de voto en su totalidad en base a su participación accionarial (consecuencia de su desembolso), el segundo accionista se verá limitado en prácticamente la mitad de su participación, cuestión ésta que precisamente es la que evidencia la falta de igualdad de trato a los accionistas consagrada en el artículo 97 de la Ley de Sociedades de Capital, esto es, un accionista está restringido, y otro no, y ello no es igualdad de trato. A colación de esta desigualdad, se expone a su vez la disfunción entre las acciones sin voto (artículo 98 de la misma Ley) con respecto a las acciones que exceden del umbral máximo de voto, ya que mientras las primeras se ven recompensadas mediante una retribución o dividendo preferente, que en caso de ser insatisfecho devuelve al accionista su derecho de voto, no ocurre lo mismo en el caso de las acciones ordinarias pero excedentes porcentualmente hablando del límite máximo, de modo que de nuevo asistimos a lo que parte de la doctrina entiende como un atentado contra la igualdad de los accionistas.

– Se parte de un presupuesto o presunción errónea, y es que no todo acuerdo ha de reputarse como abusivo por el mero hecho de haber sido

399. SÁNCHEZ-CALERO GUILARTE, J.: *«Algunos cambios en la regulación...»* cit. Pág. 80.

adoptado por la mayoría accionarial. Para ello, ya existe un control jurisdiccional habilitado a los accionistas minoritarios por vía de la impugnación social de los acuerdos sociales conforme a la vigente redacción del artículo 204.1 de la Ley de Sociedades de Capital al reputar impugnables los acuerdos que *«aun no causando daño al patrimonio social, se impone de manera abusiva por la mayoría (...) cuando sin responder a una necesidad razonable de la sociedad, se adopta por la mayoría en interés propio y en detrimento injustificado de los demás socios»*. En consecuencia, no tiene sentido mantener la motivación de una norma cuya solución propuesta viene dada en otro artículo, pues como decimos, partir de una presunción de abuso por la mera adopción del acuerdo resulta sumamente arbitrario.

– Al tratarse de una medida de blindaje abiertamente reconocida como *anti OPA* supone una desincentivación a la inversión y una pérdida latente de competitividad, sobre lo cual los principios del gobierno corporativo se muestran en favor de facilitar las transacciones e inversiones. Y es que de nuevo siguiendo con los casos hipotéticos, un accionista que por ejemplo ostente un porcentaje de participación igual al establecido en la cláusula limitativa al derecho de voto, poco incentivado va a estar para decidir aumentar su participación en la compañía si, dividendos económicos aparte, dicha inversión no lleva aparejada un reforzamiento de su posición significativa en la entidad. Además, recuerdan que son admisibles las OPAS condicionadas, por ejemplo, a la previa supresión de tales cláusulas, de modo que con ello decaería el argumento de suponer una defensa a tales ofertas.

– Con respecto al argumento de la falta de postulación de la Unión Europea, se expone que en cambio países como Alemania o Estados Unidos (que son precisamente los modelos comparados que ya hemos analizado) han optado por su supresión.

– Con respecto al argumento de la protección al minoritario y la facultad potestativa de la norma, se contraargumenta preguntándose los detractores de la norma que, si de proteger al minoritario se trata, no tiene sentido que dicha norma sea potestativa pues serán en consecuencia los accionistas mayoritarios quienes habrán de decidir si renuncian voluntariamente a parte de sus derechos de voto, de modo que la protección al minoritario, caso de ser necesario su refuerzo, habrá de partir por vía legal y no por la mera voluntad de las compañías.

– Al contrario de lo que se argumenta por los defensores de las cláusulas limitativas, éstas precisamente han generado en ocasiones el efecto contrario al pretendido, pues han contribuido a perpetuar a los administradores en la compañía, no sólo por impedir las tomas de control por terceros, sino porque, a juicio de algún autor[400], se daba la circunstancia que las compañías que recurrían a tales cláusulas eran las que «*curiosamente*» según indican los citados, más capital disperso tenían, tipología de accionista que se destaca por su falta de asistencia a la junta general. En consecuencia, nos encontrábamos con una situación de absentismo accionarial y capital disperso, lo que amén de dejar los acuerdos de la compañía realmente en accionistas más minoritarios, perpetuaban en el poder a los administradores.

– Por último, cabe hacer mención de su muy escaso seguimiento actual por parte de nuestras sociedades cotizadas[401]. Como hemos dicho, si bien la Ley faculta a las sociedades cotizadas al establecimiento de tales cláusulas limitativas (que quedarían sin efecto en los términos previstos en el artículo 527 de la Ley de Sociedades de Capital) en cambio el Código de Buen Gobierno, como ya hiciera el Código Unificado, recomienda la supresión de tales cláusulas en su Recomendación 1. Al respecto, la Comisión Nacional del Mercado de Valores informa que el 94,4% de las sociedades cotizadas españolas cumplen con tal recomendación, dejando en un residual 5,6% las siete compañías que aún las mantienen[402].

Por ello, cabe interpretar que el modelo del *one share, one vote* se halla ampliamente consolidado en nuestro país, pues es significativo su alto grado de cumplimiento por parte de nuestras grandes compañías, habida cuenta que su cumplimiento es una norma voluntaria. Cuestión distinta es que con el paso del tiempo el debate se vuelva a reabrir, sea consecuencia de la promulgación del Código Mercantil, o sea consecuencia de cualquier suceso político, legislativo o doctrinal que justifique volver a plantear la conveniencia o no de su admisibilidad o prohibición. De momento, con la

400. ROSETY JIMÉNEZ DE PARGA, L. / GARCÍA-OCHOA MAYOR, D.: «El derecho de voto en la sociedad anónima cotizada» Pág. 253; y BENEDITO FRANCÉS, V.: «Prohibición de las limitaciones al derecho de voto» Pág. 306; ambos en AA.VV.: *El accionista minoritario en la sociedad cotizada. (Libro Blanco del Accionista Minoritario,* dir. PEINADO GRACIA, J. I. / CREMADES GARCÍA, J. Ed. La Ley. Madrid, 2012.

401. Según datos del Informe Anual de Gobierno Corporativo del ejercicio 2020 publicado por la Comisión Nacional del Mercado de Valores.

402. Las explicaciones generales del Informe a las escasas sociedades que mantienen estas cláusulas son: «En algunos casos, estas restricciones se debieron a que las sociedades desarrollaban su actividad en un sector regulado en el que la legislación sectorial ya establecía este tipo de limitaciones. Otras defienden que estas limitaciones estatutarias se consideran una medida de tutela para los accionistas minoritarios y aseguran una continuidad en el modelo de gestión».
En concreto, las compañías que mantienen en la actualidad tales cláusulas son IBERDROLA, TELEFÓNICA, ENAGAS, CODERE, INMOBILIARIA DEL SUR, IAG y PHARMA MAR. Por la suma relevancia de algunas de estas entidades, queremos

solución actualmente conferida de admisibilidad legal, revocación en caso de acontecer concretas circunstancias, y recomendación en el Código de Buen Gobierno, se da una solución un tanto *salomónica* respecto de lo que algún autor ha sintetizado como el principio de proporcionalidad del voto, la facultad de autorregulación de las sociedades por libertad de pacto estatutario o no, y el libre funcionamiento del mercado de valores[403].

4. A modo de conclusión: propuesta de inaplicación en el nombramiento de consejeros

Con tales argumentos expuestos, siendo objeto de nuestro trabajo el nombramiento de consejeros en el ámbito de la sociedad cotizada, nos preguntamos qué encaje tienen este tipo de cláusulas limitativas al derecho de voto con respecto a la facultad de nombramiento de consejeros (o de ratificación de la cooptación) por parte de la junta general, sobre lo cual nos surgen algunas consideraciones.

Centrándonos en el ámbito exclusivo de las sociedades cotizadas, la primera conclusión parte del planteamiento de que tales cláusulas difícilmente pueden ser asimiladas como forma de buen gobierno, más bien todo

exponer algunos argumentos que las mismas explican en su respectivo Informe Anual de Gobierno Corporativo. En el caso de IBERDROLA, se argumenta que «*es una medida de tutela de los accionistas en sociedades con accionariado disperso, que ven así protegida su inversión frente a eventuales operaciones contrarias al interés social. En este sentido, la generalidad de los accionistas, especialmente, pero no únicamente, los pequeños inversores particulares, que representan cerca de la cuarta parte del capital de Iberdrola, tienen una escasa capacidad de maniobra y respuesta frente a un eventual accionista titular de una participación que, sin ser mayoritaria y sin llegar al umbral de OPA, pretenda ejercer una influencia sobre la Sociedad y cuyo interés no esté completamente alineado con el interés social. Por otra parte, debe destacarse que dicha limitación de voto permanece vigente desde el 16 de junio de 1990*». Por parte de TELEFÓNICA, se expone que «*se justifica por ser una medida que tiene por finalidad la búsqueda de un adecuado equilibrio y protección de la posición de los accionistas minoritarios, evitando una eventual concentración del voto en un número reducido de accionistas, lo que podría afectar a la consecución del interés social o interés de todos los accionistas como guía de actuación de la Junta General. Telefónica considera que esta medida no constituye un mecanismo de bloqueo de las ofertas públicas de adquisición sino más bien una garantía de que la adquisición del control necesitará un consenso suficiente entre todos los accionistas puesto que, como es natural y enseña la experiencia, los potenciales oferentes pueden condicionar su oferta al levantamiento del blindaje*». Resulta significativo pues ambas entidades muestran argumentos distintos, ya que en el caso de la segunda se pretende no negar la posibilidad de una OPA sino, al contrario, parece que se trata de un mensaje a posibles oferentes: «podéis ofertar de forma condicionada», que no es que necesiten de tal advertencia pues es sobradamente conocida, sino que se trata de una manera muy amplia y significativa de justificar la existencia de esta cláusula en los estatutos de la compañía.

403. MADRID PARRA, A.: «Cláusulas limitativas del derecho de voto en las sociedades cotizadas» en *Revista de Derecho del mercado de valores*, n.º 21. Madrid, 2007.

lo contrario, reflexión que alcanzamos tanto en virtud de los planteamientos anteriormente expuestos por destacados autores que se han posicionado contra las mismas, como por lo que entendemos que es un cierto reconocimiento de corte normativo, pues el Código de Buen Gobierno, como ya hiciera el Código Unificado, aboga por la supresión de tales cláusulas, de la misma forma que la Propuesta de Código Mercantil también se posiciona en tal sentido, con mayor contundencia aún, al declararlas nulas como ya hiciera la Ley de Sociedades de Capital con anterioridad a su reforma de 2012. En nuestra opinión, no deja de ser un mecanismo que atenta contra la igualdad de trato de los accionistas y contra los principios configuradores de la sociedad mercantil de capital respecto a la proporcionalidad entre capital social y derechos políticos y económicos. Porque pese a que se aduzca que las cláusulas limitativas no resultan de aplicación en el aspecto económico como un reparto de dividendos, sí consideramos que tiene también un componente de perjuicio económico para los titulares de acciones que exceden del umbral máximo de voto, toda vez que las mismas no son retribuidas en compensación a su restricción como sí ocurre con las acciones sin voto.

Hemos de reconocer que, sin perjuicio de los válidos argumentos expuestos por los defensores de este tipo de cláusulas, no podemos dejar de sentir una cierta desazón por cuanto el objeto por las cuales en su día fueron admitidas en nuestro ordenamiento jurídico, poco tienen que ver con el uso que hoy en día algunas entidades otorgan a estas cláusulas, lo que se traduce en la práctica según los estudios citados en una consolidación del poder de los administradores. Honestamente, los argumentos expuestos en contra de las cláusulas limitativas nos resultan más motivados y con mayor encaje práctico que los argumentos que en cambio defienden su existencia, más centrados en aspectos de teórica aplicación, pues como decimos, ni se ha de presumir que un acuerdo puede resultar abusivo por el mero hecho de haber sido adoptado por los accionistas mayoritarios, ni tampoco cabe eludir los mecanismos que hoy en día la legislación vigente reconoce a los minoritarios, tales como la impugnación de acuerdos sociales o el nombramiento de determinada tipología de consejeros para el ejercicio de funciones supervisoras, de control, y de protección del interés social en su conjunto y de los distintos grupos de interés confluyentes en la sociedad, amén del derecho de separación en caso de no reparto de dividendos, si bien en este caso excluida tal posibilidad de las sociedades cotizadas.

Lo que sí entendemos es que es un debate muy enriquecedor, y que está lejos de ser resuelto normativamente hablando, pues en primer lugar, no es descabellado pensar en una vuelta al sistema legal de nulidad de tales cláusulas en sociedades cotizadas, no sólo porque se trataría de una disposición que ya ha estado vigente y que por tanto no sería del todo novedosa, sino porque es una contundente recomendación del Código de Buen Gobierno, sobre lo que ya conocemos la experiencia de determinadas y muchas cuestiones objeto de cumplimiento voluntario que con el paso del tiempo han pasado a ser normas de imperativo legal. En segundo lugar porque si el algún momento se retoma la promulgación del Código de Sociedades Mercantiles, que como hemos dicho impone la nulidad de este tipo de limitaciones estatutarias al voto, a buen seguro la cuestión volverá a ser objeto de debate doctrinal, y seguramente también político.

Pero hasta que llegue ese momento, y partiendo de la normativa legal y voluntaria vigente, a nuestro juicio tales cláusulas, de existir, no deberían operar en el caso de ejercicio del voto para el nombramiento y cese de los miembros del consejo de administración. Desde un punto de vista procedimental, entendemos que nada obstaría a tal excepción pues siendo precisamente facultad autorreguladora de las sociedades el establecimiento estatutario, o no, de estas cláusulas, igualmente su margen de regulación cabría ampliarse a qué supuestos son susceptibles de limitación al voto, y qué supuestos no, cuestión que amén de ser admitida por autores defensores de estas cláusulas precisamente como muestra de flexibilidad autorreguladora[404], tiene también su encaje en algunas Resoluciones de la Dirección de los Registros y del Notariado sobre la flexibilidad estatutaria y la autonomía de la voluntad, si bien es cierto que en la mayoría de los casos en sociedades de responsabilidad limitada. Otra cuestión estriba en si tales cláusulas requieren del consentimiento de todos los socios al suponer una restricción de los derechos que la Ley les reconoce, problema común a todas las cláusulas limitativas del voto, apliquen o no en el nombramiento de consejeros.

Pero entrando en cuestiones de fondo respecto a nuestra consideración, encontramos en la Ley una justificación a tal posibilidad, y es la diferencia entre las acciones sin voto y las cláusulas limitativas al derecho de voto respecto del nombramiento de consejeros por el sistema de representación proporcional del artículo 243 de la Ley de Sociedades de Capital[405]. De forma concreta, anteriormente hemos expuesto las similitudes y a la vez diferencias entre las acciones sin voto y las cláusulas limitativas al derecho de voto por cuanto aquellas acciones que se ostenten por encima del umbral

---

404. CREMADES GARCÍA, J.: «*Las limitaciones del ejercicio...*» cit. Pág. 270.

405. Cuestión que ya tratamos hace algún tiempo en FERNÁNDEZ-SORDO LLANEZA, E.: «Acciones sin voto, cláusulas limitativas y representación proporcional» en el diario jurídico online *Legal Today* de 17/08/2016 que se puede consultar en: https://www.legaltoday.com/practica-juridica/derecho-mercantil/societario/acciones-sin-voto-clausulas-limitativas-y-representacion-proporcional-2016-08-17/

máximo de voto se hallan privadas de tal ejercicio, como si fueran acciones sin voto, si bien con la muy significativa diferencia que las citadas acciones sin voto reguladas en los artículos 98 y siguientes de la Ley de Sociedades de Capital se ven recompensadas mediante una remuneración anual (que en caso de insatisfacción, retorna el derecho de voto a su titular) no así en las acciones excedentes sobre el umbral previsto en los estatutos para el derecho de voto. Pero hay una diferencia añadida entre ambas figuras y es que, mientras las acciones sin voto tienen restringida la posibilidad de agrupación para el ejercicio del nombramiento de un consejero por el sistema de representación proporcional conforme dispone expresamente el artículo 102.2 de la Ley de Sociedades de Capital, no sucede lo mismo respecto de las acciones ordinarias pero sin voto práctico por exceder el umbral máximo de voto previsto en estatutos, lo cual quiere decir que un accionista titular de un concreto porcentaje de acciones representativas de un porcentaje (por ejemplo, del 22%) superior al límite máximo de votos que puede emitir según los estatutos (por ejemplo, limitados al 10%), podrá hacer uso del nombramiento por el sistema de representación proporcional en base a su 22% y no sobre el 10% máximo, al computar para este sistema todas las acciones de las que sea titular de forma agrupada.

Ello nos genera dos reflexiones. La primera es que tal facultad no cabe en ningún caso ser asimilable a una contraprestación a la retribución que perciben los titulares de acciones sin voto ya que, además de que se habría previsto tal retribución para las acciones excedente sobre el umbral estatutario, se ha de partir de la premisa que el sistema de representación proporcional opera únicamente en el caso de que el órgano de administración esté configurado en la forma de consejo, de modo que en el caso de una sociedad anónima con cualquiera de las otras formas de organización de la administración, el accionista seguiría teniendo restringido su voto sin ningún tipo de contraprestación ni posibilidad de nombrar a ningún miembro del órgano de administración.

La segunda es que, presumiendo que no se trata de un descuido del legislador, supone el reconocimiento a la importancia del nombramiento de los miembros del consejo de administración respecto al porcentaje de propiedad sobre el capital social, o dicho de otra manera, que entendemos que cabría hacer una somera distinción entre ejercicio del voto en sentido ordinario (como por ejemplo, aprobar las cuentas anuales, una modificación estatutaria, una modificación estructural, la retribución máxima a percibir por los administradores... etc.) con el nombramiento de los miembros del órgano de administración, aunque éstos sean designados por vía de ejercicio del voto. Es cierto que se trata de una libre interpretación que no encuentra sustento práctico más allá de lo ya manifestado, la facultad de los accionistas de ejercitar el nombramiento por el sistema proporcional en base a su titularidad accionarial sin computar límite estatutario alguno. Pero es cierto que ello sí nos genera esa somera distinción a la que hacíamos referencia, que una cuestión es elegir, designar y nombrar a los mandatarios encargados de la gestión social, y otra muy distinta la facultad de censura y control de tales actuaciones, lo que nos lleva a concluir la posibilidad, como decíamos, que las cláusulas limitativas al derecho de voto, en caso de existir, no operen en el nombramiento de consejeros.

Volvamos un momento a la motivación que los defensores de las cláusulas limitativas al derecho de voto esgrimen para su promulgación: la defensa del accionista minoritario frente a potenciales abusos del accionista mayoritario. Pues bien, la práctica societaria (especialmente en el ámbito judicial) muestra que ejemplos de acuerdos abusivos son aquellos que se imponen por la mayoría en su propio interés y detrimento del resto de socios *«sin responder a una necesidad razonable de la sociedad»* en casos como por ejemplo el aumento de capital social por compensación de créditos, sin teórico derecho preferente del resto de socios a fin de diluir a los minoritarios; o el establecimiento de la cuantía máxima de la retribución a percibir por los administradores, vinculados o identificados subjetivamente como los propios accionistas mayoritarios, en un importe significativamente superior a los estándares del mercado; o la autorización para la ejecución de determinadas operaciones vinculadas en beneficio de personas o entidades conexas con los accionistas mayoritarios; o la aprobación de unos estatutos sociales que fortalecen la situación de los mayoritarios y reducen la de los minoritarios... etc. La casuística es muy amplia[406]. Pero muy difícilmente pueda considerarse como acuerdo abusivo el mero nombramiento de un consejero (salvo que el propio nombramiento, por razón objetiva o subjetiva, sea causa de impugnación) entre otras cuestiones porque es uno de los acuerdos de carácter obligatorio a fin de conformar debidamente el órgano de administración. A mayor abundamiento, la protección del accionista minoritario se mantiene en este sentido toda vez que va a continuar pudiendo hacer uso del sistema de representación proporcional. En consecuencia, no vemos que la supresión de las cláusulas limitativas en el caso de nombramiento de consejeros suponga quebranto alguno a la necesaria protección de los accionistas minoritarios.

Como hemos puesto de relieve en ocasiones, el gobierno corporativo aboga por la competitividad, y establecer medidas que reduzcan o desincentiven la inversión, precisamente no ayudan a tal competitividad. Pues

406. GARCÍA-VILLARRUBIA BERNABÉ, M.: «Los grupos de casos de acuerdos abusivos» en Blog *Uría Menéndez*, disponible en https://www.uria.com

bien, si analizamos el activismo de los grandes bloques accionariales significativos de la compañía, encontramos dos distintos grupos: aquellos con vocación de permanencia y gestión, que entran a formar parte del consejo de administración; y los inversores institucionales, más ausentes de tales ambiciones. En números prácticos según el Informe Anual de Gobierno Corporativo de la Comisión Nacional del Mercado de Valores[407], distingue en números medios y redondos que el 43% del capital social se halla en manos de los propios consejeros (o accionistas significativos no consejeros pero con representación en el consejo)[408]; el 13% es titularidad de accionistas significativos sin presencia ni representación en el consejo; el 43% como capital flotante; y el 1% restante como autocartera.

Insistiendo en que se trata de números medios, son porcentajes muy importantes, pues el 43% inicial en manos de los propios consejeros (o de accionistas significativos representados en el mismo) evidencian una clara vocación de permanencia y de ánimo de gestión, lo que consideramos que debe ser premiado (o mejor dicho, no penalizado) con la facultad de designar a los miembros del consejo de administración en proporción a su participación accionarial, máxime cuando los primeros códigos de buen gobierno de nuestro país anteriormente estudiados abogaban porque el consejo precisamente fuera un cierto reflejo proporcional de la estructura de propiedad. Porque salvo los inversores institucionales, cuya naturaleza específica conocemos, tienen distintos intereses y casi que ambiciones que aquellas personas físicas o jurídicas con vocación de gestión, a las cuales no tendría sentido penalizar limitándolas el voto para al menos acceder al consejo, si precisamente su intención es la de reforzar y orientar la política estratégica de la sociedad.

A mayor abundamiento, dichos porcentajes también revelan que la suma porcentual de los accionistas significativos no consejeros y la del capital flotante es superior a la representada por los propios consejeros, cuestión que a nuestro juicio es la que justifica la protección a los minoritarios en caso de no limitarse el voto para el nombramiento de consejeros. Es decir, pongamos el caso de una sociedad cotizada que replica los mismos porcentajes de separación accionarial que las medias ponderadas anteriormente vistas, la cual tiene una cláusula limitativa al derecho de voto del 10%. Pues bien, con nuestra propuesta, al no aplicar la limitación sobre el nombramiento de consejeros, los accionistas significativos con vocación gestora representativos del 43% podrán ejercer su voto para acceder al con-

407. Según el ejercicio relativo al año 2020.
408. Dicho porcentaje, más concretamente del 42,7% se divide en: 22,3% accionistas significativos no consejeros pero con representación en el consejo; y 20,4% participación directa d ellos propios consejeros, sean accionistas significativos o no.

sejo de administración, para lo cual en la sociedad cotizada ya se encuentran con algunas limitaciones como el necesario nombramiento de consejeros independientes y de supervisión, si bien con facultad de nombrar principalmente a los ejecutivos y también miembros de la alta dirección. Pero una vez conformado el consejo de administración, de existir la limitación estatutaria al voto, ese mismo consejo se someterá al escrutinio de todos los socios para la censura de su gestión, aprobación de cuentas, y demás, sin poder hacer valer su condición de socio mayoritario, lo que precisamente elimina esa *vía libre* a su actuación que los defensores de tales cláusulas alegaban. Los accionistas mayoritarios controlarán el consejo, pero no la junta, de modo que para sacar adelante sus acuerdos deberá contar con el necesario consenso del resto de socios, especialmente con el capital flotante que sí asista a la junta general o delegue su representación. Si el consejo de administración ejerce una gestión satisfactoria para los intereses de tales grupos, contará con el voto a favor de los mismos (o incluso la delegación en ellos del voto) lo que tal vez le exija al consejo un sobreesfuerzo añadido a si no necesitara de tal escrutinio si ya contara con el control total de la junta general.

Existe además un criterio de necesaria estabilidad, la que sólo pueden garantizar aquellos accionistas que han hecho un importante desembolso económico y que tienen voluntad de gestión, pues la confluencia de varios intereses presentes en la sociedad de quienes ostentan idéntico porcentaje de derecho de voto (siguiendo el ejemplo de las medias anteriores, accionistas significativos consejeros con el 43% y no consejeros con el 13% se verían ambos limitados al 10%) pero con cuantías de desembolso para la suscripción de acciones muy diferentes, generaría a nuestro juicio inestabilidad social, inconcreción del objeto social, y dejar el futuro de la compañía en manos del capital flotante, de comportamiento imprevisible y de habitual absentismo en junta, lo que entendemos que no casa con los principios del modelo de buen gobierno.

Por ello, si bien es cierto que el número de entidades que mantienen este tipo de cláusulas estatutarias limitativas del derecho de voto es muy reducido, y que la cuestión tal vez sea finalmente resuelta en caso de promulgarse el Código Mercantil en su redacción actual, entendemos que en aras de reforzar el sentido y proporcionalidad del capital social, de los principios configuradores de la sociedad mercantil de capital, y de la no penalización a los consejeros accionistas que realizan importantes desembolsos con vocación de permanencia y gestión, tales cláusulas no pueden resultar de aplicación en el caso de nombramiento de consejeros.

2. EL MODELO DE ESTRUCTURA Y COMPOSICIÓN DEL CONSEJO DE ADMINISTRACIÓN

A) EL SISTEMA DE GESTIÓN Y SUPERVISIÓN

1. Apuntes previos

La configuración de la sociedad cotizada, consecuencia de su dimensión, naturaleza, así como por la incidencia externa motivada por la búsqueda de financiación a través de los mercados de valores, requiere del establecimiento de un régimen jurídico específico, y en este caso, especial respecto del órgano de administración[409]. Por tal motivo, es precisamente el estatuto del consejo de administración de la sociedad cotizada el que ha sufrido una continua revisión y simultánea evolución normativa, bien a través de modificaciones legislativas o bien por medio de las recomendaciones de los códigos de gobierno corporativo. Y es que el consejo de administración de las grandes compañías, en base al marco normativo que lo regula, presenta algunas especialidades con respecto a la generalidad de las sociedades no cotizadas, cuya naturaleza jurídica diferenciada se plasma en la propia configuración del órgano social. Así, en el consejo de sociedades cuyas acciones se hallan admitidas a negociación en un mercado secundario de valores encontramos elementos de diferente índole, como las diversas comisiones del consejo o las diferentes clases tipológicas de los administradores que componen el órgano, así como la admisión de normas autorreguladoras, especialmente por vía del reglamento del consejo de administración. Dicha configuración diferenciada ha sido especialmente estudiada por el movimiento del *corporate governance*, que en la construcción del régimen configurador del consejo, ha tratado de que en su marco normativo sean contemplados no sólo los intereses accionariales, sino también el de los grupos conectados a los intereses de la empresa, los denominados *stakeholders*[410]. En cualquiera de los casos, hablamos de consejo de administración como forma en que las sociedades cotizadas deciden organizar obligatoriamente su administración, conforme establece imperativamente el artículo 529 bis de la Ley de Sociedades de Capital.

Esta norma tiene no obstante algunos matices que consideramos de interés. En primer lugar, que dicha obligatoriedad emana del referido

409. Cuestión que tratamos en la publicación FERNÁNDEZ-SORDO LLANEZA, E.: «*La composición del consejo de administración en la sociedad cotizada*». (2012). Documento depositado en el archivo institucional EPrints Universidad Complutense de Madrid. https://eprints.ucm.es/id/eprint/39195/

410. ESTEBAN VELASCO, G.: «Una contribución sobre el gobierno societario: Una propuesta de normas para un mejor funcionamiento de los Consejos de Administración», en *Revista Derecho de Sociedades* núm. 8, 1997, pág. 410.

artículo, el cual fue introducido por la Ley 31/2014 que reformó la Ley de Sociedades de Capital, si bien ello no quiere decir que hasta entonces no existiera la obligación de que las cotizadas estructurasen su órgano de gestión por medio de consejo de administración, o no al menos de forma explícita, porque pese a no existir una norma de tal contenido, sí cabía entender implícitamente que existía tal obligación de consejo de administración, toda vez que las versiones anteriores de la Ley de Sociedades de Capital y de la Ley del Mercado de Valores en lo que a composición del órgano se refiere, hacían expresa mención (y obligación) a cuestiones tales como el reglamento del consejo de administración, las comisiones del consejo, o la tipología de consejeros, lo que entrañaba como decíamos una obligación de carácter implícito. Prueba de ello, además, es que hasta entonces la totalidad de las sociedades cotizadas en sus respectivos informes anuales de gobierno corporativo informaban de la estructura concerniente a su consejo, como así continúa sucediendo. El segundo matiz se refiere a la naturaleza y condición de las personas que integran el consejo, pues, a diferencia de lo dispuesto para la generalidad de las sociedades no cotizadas, las que sí lo son tienen la obligación de contar con un consejo compuesto exclusivamente por personas físicas, no resultando en consecuencia de aplicación el artículo 212 bis de la Ley de Sociedades de Capital, salvo el caso de personas jurídicas pertenecientes al sector público que, en representación de tal sector, accedan al consejo de administración. Ello requiere a nuestro juicio una breve reflexión.

La cuestión del administrador persona jurídica, especialmente a raíz de su entrada en nuestro ordenamiento jurídico tras la Ley 25/2011, de 1 de agosto, de reforma parcial de la Ley de Sociedades de Capital y de incorporación de la Directiva 2007/36/CE, del Parlamento Europeo y del Consejo, de 11 de julio, sobre el ejercicio de determinados derechos de los accionistas de sociedades cotizadas (que, curiosamente como hemos visto, se restringe precisamente a las cotizadas) ha sido analizada por nuestra doctrina científica, muy especialmente en el ámbito de la relación y régimen de responsabilidad respecto del representante persona física de dicho administrador persona jurídica[411]. Y de ellos se deducen que la prohibición de tal nombramiento en sede de cotizadas reside precisamente en el régimen de responsabilidad de los administradores, por un lado; en la participación recíproca a nivel de grupos, por otro; y finalmente por causa de evitar auténticas representaciones de accionistas en el consejo, lo que supondría alejarle de

411. Por citar algunos ejemplos, DEL VAL TALENS, P.: *El administrador persona jurídica en las sociedades de capital. Organización, estatuto y responsabilidad.* Ed. Marcial Pons. Madrid, 2017; y RODRÍGUEZ DÍAZ, I.: «El representante persona jurídica» en *Revista de Derecho Bancario y Bursátil*, n.º 128. Madrid, 2012. Pág. 35-66.

la imagen de órgano independiente que tiene en consideración los intereses de grupos ajenos al núcleo accionarial. Efectivamente, el nombramiento y aceptación del cargo de consejero, a nivel general en cualquier tipo de sociedad pero de forma particular en las cotizadas, entraña el cumplimiento de una serie de estándares de idoneidad para el cargo que determinen que una persona física no pueda parapetarse detrás de la pantalla de la persona jurídica a la que dice representar. Asimismo, la cuestión a nivel de grupo se torna más latente si cabe, pues no olvidemos que tal restricción se impone a la sociedad cotizada en sí, esto es, a aquella matriz cuyas acciones se hallen admitidas a negociación en un mercado secundario de valores, y no a las restantes del grupo, ni aun cuando la cotizada sea un instrumento de canalización de participación (como una sociedad holding) y la operativa u operativas se sitúen a un nivel inferior, lo que se muestra precisamente en que en muchas ocasiones, estas estructuras de grupo suponen precisamente que muchas filiales, además de ser unipersonales participadas exclusivamente por la matriz de forma directa o indirecta, se hallan asimismo administradas por un administrador único, que es la propia accionista única. Esto se materializa en que, restringiendo la posibilidad de que las cotizadas designen administradores persona jurídica, se impida un sistema circular cuya responsabilidad, al final, no lleve a parar a ningún concreto lugar. Igual sucede respecto al tercer motivo aludido, el impedir representaciones nominativas en el consejo por parte de accionistas de control. Al hablar de representaciones nominativas nos referimos a poner nombre y apellidos (o más bien, concretas denominaciones sociales) de inversores institucionales, entidades financieras, fondos de inversión, y en general grandes tenedores de acciones, lo que cabría interpretar una colisión de intereses. Bien es cierto que, como hemos visto anteriormente, tanto los sistemas de representación proporcional como la consideración de los consejeros dominicales no ayudan especialmente a ello. Sin embargo, el legislador ha considerado tal alternativa de restricción como forma de fomentar en el consejo, o al menos intentarlo, una conducta por y para la sociedad en cuestión y no de forma prioritaria para el accionista a quien en la práctica representa.

Lo que parece claro es que la amplia normativa con diferente rango muestra el especial interés que suscita al legislador las sociedades cotizadas, ofreciendo a las mismas la posibilidad de la autorregulación pero bajo unos principios generales y comunes a todas ellas a pesar de la heterogeneidad que en el mapa empresarial presentan[412]. La cuestión será discernir en el

412. MARTÍN DE VIDALES, M. / LÓPEZ JORRIN, A.: «El Consejo de Administración de las sociedades cotizadas» en VIVES, F. / PÉREZ ARDA, J.: *La Sociedad Cotizada,* Ed. Marcial Pons, Madrid. Pág. 262.

equilibrio entre autorregulación y norma imperativa respecto a lo que nombramiento de consejeros y composición del órgano se refiere.

2. El modelo de consejo de administración

A. La misión del consejo de administración

El consejo de administración, en sentido estricto, es una de las cuatro formas admisibles en Derecho en que una sociedad puede estructurar su órgano de administración, correspondiendo a la junta general, bien por acuerdo adoptado, bien por expresa constancia estatutaria, la elección del concreto modelo. En este caso, como ya hemos visto, en el caso de las sociedades cotizadas existe la obligación de conformar la administración en la forma de consejo. Tal obligación nace, tanto de la singular estructura y dimensión de las grandes compañías, como del cumplimiento de las obligaciones de contrapeso y equilibrios que deben existir en el seno del consejo, como forma de canalizar los diversos intereses presentes en la sociedad. Esto es, en grandes compañías resultaría, además de legalmente imposible, difícilmente imaginable una estructura conformada por un reducido número de administradores, dada la pluralidad de funciones y competencias que se deben otorgar a los propios administradores.

Pero una vez determinada la cuestión de la obligatoriedad del consejo, insistimos, a nivel legal no deja de ser una forma más de estructurar el órgano de administración conforme dispone el artículo 210 de la Ley de Sociedades de Capital, motivo por el cual, salvedades aparte, las disposiciones, obligaciones y responsabilidades imputables a los administradores se aplican de forma genérica al órgano de administración, con independencia de cuál de las cuatro formas admisibles (administración única, solidaria, mancomunada o colegiada) sea la elegida. No hablaríamos por tanto de un tipo autónomo y diferenciado en sentido genérico respecto a las otras formas de organizar la administración, sino de una forma más a la que imputar de igual forma los deberes y responsabilidades que atañen al órgano de administración. Ya avanzamos que en el caso del consejo de administración de la sociedad cotizada, no ocurre exactamente así.

Continuando con el sistema genérico, es decir, el imputable a todas las sociedades mercantiles de capital, el consejo de administración, por cuanto forma admisible de estructurar el órgano de administración, expone su diferenciación respecto a los otros tres sistemas, en primer lugar, en el carácter colegiado de su composición, que no mancomunado, pues el propio artículo 210.3 de la Ley de Sociedades de Capital restringe la posibilidad de que las sociedades anónimas tengan nombrados tres administradores mancomunados (sí siendo admisible en la sociedad de responsabilidad limitada) pues en tal caso, constituirán consejo de administración, lo que entraña que sus decisiones ya no deberán adoptarse de forma concurrente y única sino de forma colegiada. Pero como decimos, el consejo de administración, por cuanto órgano de administración, tiene en sentido genérico asumidas idénticas funciones que las otras tres formas de organización, las cuales vienen definidas en el artículo 209 de la misma Ley: *«la gestión y la representación de la sociedad»*. En consecuencia, hablamos de un órgano con una doble función o competencia, que se materializa en un aspecto interno (la gestión) y en un aspecto externo (la representación), cuestión sobre la que doctrina y jurisprudencia se han manifestado en varias ocasiones[413]. Es decir, los administradores, y por tanto el consejo de administración, tienen legalmente atribuida la competencia de gestión por cuanto facultad de organización de la sociedad a nivel interno, esto es, la competencia exclusiva de convocar a la junta de socios (lo que no ha de confundirse con el derecho de la minoría a solicitar una convocatoria, que no a convocar directamente; sin perjuicio de los casos de junta universal o de convocatoria registral o judicial), de formulación de las cuentas anuales, o de elaborar los informes o documentos legalmente necesarios en determinadas operaciones societarias tales como ampliación de capital social por aportaciones no dinerarias o por compensación de créditos, o los proyectos de modificaciones estructurales. Asimismo, tienen igualmente atribuida la competencia de representación por cuanto facultad de organización de la sociedad a nivel externo, esto es, la competencia exclusiva de ejecutar cuantos actos encuadrados en el objeto social resulte pertinentes para obtener el lucro esperado, otorgar contratos en nombre y por cuenta de la sociedad, y en general, gestionar, administrar y dirigir los recursos técnicos, humanos y materiales de la compañía. Por tanto, la referencia a la denominación de órgano de administración entraña esa doble función de gestión y representación, de organización interna y de dirección de recursos, de organizar a los socios y de administrar la compañía a nivel empresarial para la consecución de los fines para los cuales la sociedad fue constituida, si bien por su relevancia y afectación frente a terceros, la función que más interés suscita es precisamente la de representación, esto es, la vertiente externa de administración empresarial. Pues bien, partiendo de tales presupuestos genéricos, como ya hemos dicho, la situación respecto a la sociedad cotizada es bien distinta.

413. En concreto, cabe hacer mención a la Sentencia del Tribunal Supremo n.º 424/2019, de 16 de julio, comentada por JIMÉNEZ HAJDUKA, L.: «A vueltas con la disociación entre el poder de representación y el poder de gestión del órgano de administración mancomunado» en *Revista Lex Mercatoria,* n.º 13. Madrid, 2019. Pág. 22.

Ya lo decía el Informe Olivencia y su posterior Código, que hemos estudiado en el capítulo segundo, que *«la función general de supervisión es la más genuina del consejo de las sociedades cotizadas»* dado que reconocía ya entonces que *«en las sociedades que superan un mínimo de dimensión —entre las que se incluyen todas las que cotizan en Bolsa— las funciones de gestión están fundamentalmente en manos del equipo de dirección, que trabaja bajo la autoridad inmediata del primer ejecutivo de la compañía. Y así tiene que ser necesariamente, pues el consejo, por su funcionamiento discontinuo, por su estructura colegiada, y por su carácter deliberante, no es el órgano idóneo para llevar a cabo la administración de aquellas empresas».*

Hemos querido replicar de forma literal el contenido del Informe, que recordemos data de fecha 26 de febrero de 1998, precisamente por la contundencia que entonces mostró, toda vez que se trata del primer texto normativo genuino de los principios del gobierno corporativo, de lo que destacamos la investidura al consejo de una misión esencialmente supervisora; de que *«así tiene que ser necesariamente»*; y del reconocimiento a que la gestión real se encuentra en manos de la alta dirección.

Visto en perspectiva con el paso de los años, la situación poco o nada ha variado al respecto, lo que como veremos más adelante ha sido el detonante de que algunos autores hayan criticado un cierto inmovilismo legislativo en el sentido de no adaptar la regulación normativa del órgano de administración respecto a la administración real de la compañía. Pero vayamos por partes.

Hacíamos al inicio de este apartado una introducción sobre que el consejo de administración tiene en puridad y esencia las mismas facultades, competencias y responsabilidades que las otras tres formas de administración social (única, solidaria y mancomunada) distinguiéndose entre ellas respecto del número de personas que la integran así como de la forma de adopción de los acuerdos, constituyendo la forma colegiada de consejo la vía de expresión única ante la confluencia de varias y distintas voluntades. Sin embargo, la experiencia demuestra que en el caso de las sociedades cotizadas no es así, y que cualquier parecido entre el consejo de administración de una sociedad cotizada con respecto al consejo de una no cotizadas (o a cualquier otra forma de administración), es puramente nominal, pero no competencial. Ya lo dijo entonces el Informe Olivencia, y parece que la experiencia así trata de demostrarlo, que la misión esencial del consejo de administración es la de supervisión y control de sus propios actos. No obstante, esta conceptualización se ha matizado con el paso de los años, pues parecía entonces que se abandonaba la función gerencial por ese reconocimiento de gestión por parte de la alta dirección más que por el consejo en sí, lo que ha motivado que el actual Código de Buen Gobierno, en cambio, en su Principio 9, exponga que el consejo asuma *«colectiva y unitariamente, la responsabilidad directa sobre la administración social y la supervisión de la dirección de la sociedad»*.

Efectivamente, ya hubo autores que alertaron entonces que no cabía una visión única y esencialmente supervisora del propio consejo de administración pues, pese a que las vicisitudes de la sociedad cotizada impedían su asimilación a una sociedad de naturaleza cerrada o de menor volumen, ello no debía implicar desentenderse del gobierno de la compañía[414]. Por ello anteriormente hacíamos referencia a que, en la práctica, la facultad de representación del órgano de administración por su trascendencia externa y frente a terceros, suscita un interés creciente por cuanto la gestión y administración de una compañía entraña. Ello no quiere decir que las cuestiones competenciales internas no supongan interés, sino que respecto a lo que es la confluencia de intereses en la compañía así como a la trascendencia de los actos de gestión empresarial, esta facultad externa suponga la que entrañe mayor interés normativo y doctrinal. Al fin y al cabo, las deficiencias del modelo que causaron los hechos y sucesos corporativos motivantes de la reformulación del sistema y de la aparición del movimiento del *corporate governance* emanaban precisamente de esa competencia de representación y de dirección empresarial. Asimismo, en sentido puramente semántico, consejo de administración, al igual que órgano de administración de forma genérica, implica precisamente «administración», esto es, gestión, dirección, organización. Por ello, si bien es cierto que en el caso de sociedades cotizadas, su especial configuración exige de la adopción de medidas de contrapeso y equilibrio de poderes, materializadas en la constitución de comisiones de control y supervisión en el seno del consejo, así como mediante el nombramiento de una concreta tipología de consejeros, nos resultaría ciertamente llamativo y con difícil comprensión, abandonar la idea de un consejo vacío de sus competencias y facultades gerenciales.

Ello entendemos que no debe resultar óbice para que, respecto a la práctica, la gestión pueda estar de forma efectiva en manos de la alta dirección junto al primer ejecutivo de la compañía. Claro está que al final lo que determina la diferencia entre directivos no consejeros respecto a los ejecutivos que sí ostentan tal condición son en primer lugar el estatuto jurídico del directivo y del consejero; y en segundo lugar el régimen de responsabilidad de ambos. Tal vez como una forma de reconocimiento de que la gestión se halla en manos de la dirección, y como forma de equiparación de

414. SÁNCHEZ CALERO, F.: *Los administradores en las sociedades de capital*. Ed. Thomson-Civitas. Navarra, 2005. Pág. 769.

ambas figuras a nivel de responsabilidad, el legislador introdujo en la reforma operada por la Ley 31/2014, el actual artículo 236.4 de la Ley de Sociedades de Capital respecto de la extensión subjetiva de la responsabilidad, alcanzando *«a la persona, cualquiera que sea su denominación, que tenga atribuidas facultades de más alta dirección de la sociedad»*, si bien en un supuesto de falta de delegación permanente de facultades en un consejero delegado o comisión ejecutiva.

Sin embargo, como decimos, a nivel normativo en vía de los códigos de buen gobierno se insistía sobre ese consejo esencialmente supervisor. Prueba de ello es el posterior Código Unificado de Buen Gobierno, que en su recomendación séptima concluía que la misión *«más esencial e irrenunciable»* del consejo, era la *«función general de supervisión»* concretada en una responsabilidad estratégica sobre la orientación de la política empresarial; una responsabilidad de vigilancia y control sobre las instancias de control, englobando a éstas a los consejeros ejecutivos y alta dirección; y una responsabilidad comunicativa para con los accionistas. Por ello, compartimos la opinión de algunos de los citados autores que alertaban sobre la excesiva preocupación normativa respecto a la función supervisora, sin concretar además cómo se ha de materializar, dejando en consecuencia de lado las cuestiones relativas a la gestión. Prueba de ello es que muchas de las cuestiones que en los años sucesivos se han promulgado, ya sea por vía de los códigos de cumplimiento voluntario o por vía legislativa, atañen directamente a la configuración de la función de control y supervisión del consejo de administración frente a la parte gerencia, ya sea mediante el establecimiento de las comisiones de auditoría, nombramientos y retribuciones, como respecto del determinado número de consejeros no ejecutivos que debían formar parte del consejo, muy especialmente aquellos con la calificación tipológica de independientes. De hecho, en datos, el Informe Anual de Gobierno Corporativo publicado por la Comisión Nacional del Mercado de Valores[415], en concreto respecto al ejercicio 2021, informaba que sólo 32 sociedades cotizadas representativas del 26,4% del total, tenían constituida una comisión ejecutiva, porcentaje que en el caso de las entidades pertenecientes al selectivo IBEX 35 se eleva al 50%. Resulta ciertamente significativo, ya que el Código Unificado de Buen Gobierno alertaba de una excesiva delegación de funciones, la cual es cierto que puede ser desempeñada por uno o varios consejeros delegados, aun no teniendo el consejo nombrada una comisión ejecutiva.

415. Que puede descargarse en: https://www.cnmv.es/DocPortal/Publicaciones/Informes/IAGC_2021.pdf

Pero como decíamos, el problema añadido a la investidura única de función supervisora al consejo de administración, amén de perder la perspectiva de su genuina función de gestión y dirección, es la falta de concreción respecto a la propia función de control y supervisión. Las dudas, más allá de una mera declaración de intenciones, se reflejaban en cómo debe materializarse tal función de control, lo que motivó que se hiciera patente una cierta pasividad de alguno de estos consejeros de control, pasividad que sólo podía ser evitada, al menos de forma pretendida, mediante el establecimiento de un régimen de responsabilidad solidaria de todos los miembros del órgano, consagrado en el artículo 237 de la Ley de Sociedades de Capital, con los matices y excepciones que tal precepto reconoce.

Trasladándonos a sede de sociedades pequeñas, la dualidad de órganos de socios y de administración representa, por un lado, la función de gestión, y por otro, la de control por parte de quienes han depositado su inversión en manos de quienes han de acometer los actos empresariales. En este caso, cabría pensar que la función supervisora del consejo viene a suplir en cierto modo las carencias del control de la junta general, cuya competencia suele estar circunscrita a la reunión anual, lo que entraña que no pueda existir un control efectivo, sino más bien una censura a la gestión del ejercicio contable en cuestión. Por ello se encomienda tal función de supervisión al consejo en su conjunto, pues su mayor operatividad respecto a la junta permite un control más inmediato o al menos más periódico, siendo ésta una de las causas que motivaron el reformado artículo 245.3 de la Ley de Sociedades de Capital que exige al consejo reunirse, al menos, una vez al trimestre.

Porque, tal y como sostienen algunos autores[416], el hecho de que el mayor poder decisorio lo ostente la junta general como órgano soberano, no deja de ser una teoría cuya práctica, especialmente en sociedades cotizadas, tiene poca aplicación. Por ello la Ley y los códigos de cumplimiento voluntario exigen un consejo amplio, pero no sólo en cuanto al número de personas que lo integran, sino que refleje las distintas corrientes de interés que confluyen en el órgano de gestión, lo que permitirá un control más allá de la censura anual, sino la supervisión de que los miembros ejecutivos y directivos del órgano siguen la línea estratégica marcada por los consejeros supervisores dentro del mandato a tal efecto conferido por la junta general en el objeto social de la compañía, así como en las facultades adicionales conferidas, incluso, la de impartir instrucciones en materia de gestión conforme dispone el actual artículo 161 de la Ley de Sociedades de Capital, hasta antes de la reforma de 2014 sólo previsto para las sociedades de responsabilidad limitada.

416. SÁNCHEZ CALERO, F.: «*Los administradores...*» cit. Pág. 767.

En definitiva, no resulta sencillo exponer cuál es la misión esencial del consejo de administración de la sociedad cotizada de una forma breve, y desde la perspectiva de un análisis global, sino en cambio, limitarse al actual contenido normativo. Realizamos esta afirmación sobre la base de la evolución normativa a tal efecto producida, pues si bien el primitivo Código Olivencia exponía que la supervisión era *«la función genuina del consejo»*, y el Código Unificado de Buen Gobierno que dicha función supervisora era la *«más esencial e irrenunciable»*, en cambio, el actual Código de Buen Gobierno destaca la asunción de la responsabilidad *«sobre la administración social y la supervisión de la dirección de la sociedad»*, esto es, introduce, o mejor dicho recupera, la labor genuinamente gerencial del consejo.

A nivel legal, en el Título relativo a las sociedades cotizadas, no se produce una expresión formal sobre la misión del consejo, si bien sí se pueden deducir importantes matices, entendemos que porque cualquier mención a la supervisión como «misión esencial» podría suponer un cierto choque normativo con lo dispuesto en el artículo 209 sobre las competencias genéricas del órgano de gestión y representación. Pero como decimos, sí existen importantes matices, y de hecho no sólo en sociedades cotizadas. Prueba de ello es el artículo 249 bis, sobre las facultades indelegables del consejo de administración, aplicable a la totalidad de las sociedades mercantiles, el cual cita como primera facultad indelegable la de *«supervisión del efectivo funcionamiento de las comisiones y de la actuación de los órganos delegados y de los directivos»*, artículo que complementa al 529 ter de la misma Ley de Sociedades de Capital, que amplía los supuestos de competencias indelegables del consejo, pero para este último caso, de las sociedades cotizadas.

Por ello, cabría concluir que, al menos de la redacción literal y actual de la Ley y del Código de Buen Gobierno, la supervisión y control constituye «una misión» esencial del consejo, pero no «la misión» esencial, como parecía ocurrir anteriormente, tal vez por influencia de parte de la doctrina que exigía no perder la perspectiva de la misión genuina de gestión del consejo, y que por ello, el sistema español de administración de las sociedades cotizadas esté representado, a diferencia de otros modelos comparados, por un sistema monista con dualidad de funciones, un único ente con *«doble alma, gestora y vigilante»*, que confluyen todas ellas en el propio consejo[417].

417. ESTEBAN VELASCO, G.: «La renovación de la estructura de la administración en el marco del debate sobre el gobierno corporativo» en AA.VV. (coord. ESTEBAN LEVASCO, G.): *El gobierno de las sociedades cotizadas*. Ed. Marcial Pons. Madrid, 1999. Pág. 179.

B. Fundamento de la dualidad de funciones en el sistema monista

1. El posicionamiento español en el sistema monista. Dentro de las distintas formas de administración que ofrecen los modelos comparados, como decimos, España se ha posicionado, y hoy continúa haciéndolo, de forma exclusiva en el sistema monista, forma de único órgano de gestión y supervisión en el cual confluyen en el mismo las dos referidas funciones, lo que diferencia nuestro modelo local respecto de aquellos sistemas que han optado por la separación y diferenciación de dichas funciones en dos órganos independientes y autónomos, tal y como sucede en el sistema dual[418].

La justificación o fundamento de la dualidad de funciones del consejo, que no dualidad de órganos, se materializa en lo que parte de la doctrina ha calificado como la «*neutralidad funcional*» del consejo[419], esto es, que ante la previsible imposibilidad de reunir habitualmente a todos los miembros del órgano, en la práctica el equipo de dirección dirigido por el primer ejecutivo es quien asume la gestión efectiva y diaria, sin que por ello el resto del Consejo pierda tales facultades de gestión, sino en cambio asumiendo las propias de supervisión respecto a la orientación de la política estratégica de la compañía, controlar las instancias de gestión, y servir de enlace con los accionistas, tal y como muestran algunos de los reglamentos del consejo de administración de determinadas entidades, algunas de ellas de las más representativas del IBEX[420]. Ello cabría interpretarse si no supone una asunción de funciones correspondientes a otros órganos, es decir, a la asunción por parte de la alta dirección de las funciones de gestión y administración competencia del consejo *ex* artículo 209 de la Ley de Sociedades de Capital; y la asunción a su vez por parte del propio consejo de las funciones de control que, en puridad, corresponde a la junta general en el marco del acuerdo de censura de la gestión anual. Por ello, cabe interpretar un camino o tracto decisorio que, respecto a la gestión, podría considerarse que nace de la dirección, se analizan y materializan en los consejeros ejecutivos, se someten las propuestas al escrutinio del consejo de administración en su conjunto, y finalmente se exponen anualmente a la junta de accionistas. Al respecto, dentro de ese proceso, el modelo español de gobierno de las grandes compañías pretende dar una respuesta a las necesidades y vicisitudes que tal sistema entraña, a fin de cumplir la misión o misiones fundamentales del consejo de administración, lo que nos lleva al sistema monista con dua-

418. Sobre lo que ya analizamos en FERNÁNDEZ-SORDO LLANEZA, E.: «*La composición del consejo...*» cit. Pág. 63.
419. PAZ-ARES RODRIGUEZ, C.: «El Gobierno de las sociedades. Un apunte de política legislativa» en AAVV: *Derecho de sociedades. Libro Homenaje a Fernando Sánchez Calero.* Tomo II. Ed. McGraw Hill. Madrid, 2002. Pág. 225.
420. Como por ejemplo, Banco Santander, Telefónica o Iberdrola.

lidad de funciones. Esto es, el sistema nacional se ha posicionado tanto a nivel normativo como práctico por un sistema que aglutina dos funciones distintas, complementarias, y retroalimentadas la una de la otra. Y decimos que tanto a nivel normativo, pues tanto la Ley como los distintos códigos de gobierno corporativo no se han posicionado, ni tan siquiera contemplada la posibilidad, de explorar la posibilidad de avanzar hacia un sistema dual, sino también en la práctica, pues fuera del ámbito de las sociedades cotizadas, la Ley de Sociedades de Capital en su Título XIII regula la denominada como sociedad anónima europea, a cuyo régimen hemos hecho referencia anteriormente en el análisis del sistema dual alemán, tipo societario que, a diferencia de las cotizadas, sí permite en nuestro país la elección por el sistema dual de administración. Sin embargo, la realidad práctica es que se trata de un tipo social prácticamente residual en nuestro país[421].

Por ello, el análisis del modelo ha de realizarse desde la perspectiva de la materialización de la dualidad de funciones, así como de la propia gestión y supervisión.

a. Dualidad de funciones no separadas. Como decimos, el modelo español se basa en el monismo orgánico con función dual, al entender el legislador y los principales operadores jurídicos que el consejo de administración, por cuanto órgano de administración en la concepción del mismo establecida por los artículos 209 y 210 de la Ley de Sociedades de Capital, es el vehículo suficiente e idóneo para cumplir la misión esencial que ostenta dicho órgano en el caso de las sociedades cotizadas, que conforme a la redacción actual del Código de Buen Gobierno resulta de la asunción de la responsabilidad *«sobre la administración social y la supervisión de la dirección de la sociedad»*. Decíamos que se retroalimentan porque, en primer lugar, no cabe supervisión si no existe gestión. Al contrario, es cierto que en cambio sí cabría una gestión sin supervisión (entendida por ésta a un control habitual y no al ejercido anualmente por la junta general), que es el modelo genuinamente gerencial; sin embargo, como hemos visto, son los propios códigos de gobierno corporativo iniciales, y hoy en día la propia Ley en su artículo 249 bis, los que han considerado como mayor o elemental misión del consejo la de supervisión y control, quizás incluso por encima de la propiamente gerencial ante el reconocimiento del desplazamiento de ésta hacia la alta dirección. Por tanto, esa dualidad de funciones del consejo de administración implica un círculo cerrado competencial, ya que entraña que la supervisión se materialice sobre el propio órgano, esto es, vigilarse a sí mismo, circunstancia que precisamente es el ariete de crítica de quienes

421. Según datos del Instituto Nacional de Estadística publicados en: https://www.ine.es/daco/daco42/daco424/sm1022.pdf

abogan por el establecimiento del sistema dual, toda vez que la supervisión a uno mismo cabría interpretarse como ausente de independencia e imparcialidad. Y a nuestro juicio, el argumento es ciertamente válido, por dos motivos fundamentales. El primero, porque efectivamente las instancias de control en la práctica jurídica tienden a estar debidamente separadas precisamente para evitar la contaminación o colisión de intereses, como por ejemplo, la labor de control que el poder legislativo ejerce habitualmente sobre el poder ejecutivo en nuestro país a nivel estatal, autonómico o local. Y el segundo, porque la dualidad de funciones en el sistema monista no implica efectiva separación de funciones autónomas e independientes, ya que la delegación de facultades en favor de los consejeros ejecutivos o delegados no vacía de competencias gerenciales a quienes han delegado tales funciones y se dedican a supervisar su efectivo ejercicio, y esto es, a nuestro juicio, la nota característica más relevante respecto de la crítica del modelo. Es decir, un consejero de los denominados de control o supervisor, aun teniendo asignadas tales funciones de vigilancia, sigue siendo consejero, esto es, administrador a todos los efectos, persona en quien, de forma colegiada junto al resto de integrantes del órgano, descansan las funciones de gestión y representación de la sociedad. Cuestión distinta es la delegación por razones de operatividad diaria, pero la delegación de funciones no entraña delegación de la responsabilidad, siendo ésta la institución jurídica más relevante en este aspecto de dualidad de funciones: se delega la tarea, no la responsabilidad, de modo que la delegación de facultades en el consejo de administración no vacía a éste ni a sus integrantes de sus competencias legalmente asignadas[422]. En consecuencia, se trata de encajar la misión esencial asignada al consejo con la operatividad que un órgano colegiado formado por una pluralidad de personas exige, de ser capaces de establecer un modelo que, en el marco y seno de un único órgano o ente, sea capaz de funcionar por sí mismo y de cumplir las dos funciones asignadas, la gerencia y la supervisora, para lo cual la delegación de funciones adquiere especial protagonismo.

Cabría preguntarse: ¿la separación de funciones implica necesaria delegación, o la delegación es consecuencia de la separación de funciones? Pues a nuestro juicio, dicho coloquialmente y respondiendo *a la gallega*, ni una, ni otra, y ambas. El modelo español se sustenta sobre la dualidad de funciones, si bien, precisamente por tratarse de un órgano monista, dicha diferenciación de funciones se materializa de una forma más nominativa que práctica por cuanto las funciones se encomiendan a los distintos consejeros (ejecutivos o no) sin que los segundos se vean privados de competencias de gestión, lo que a la inversa tampoco sucede, pues los consejeros ejecutivos,

422. SÁNCHEZ CALERO, F.: «*Los administradores...*» cit. Pág. 758.

que forman parte de un órgano de administración sobre el cual se otorga la misión esencial de supervisión, también ostentan tal obligación, de sí mismos, y de la alta dirección. Por ello, la delegación de funciones entendemos que es consecuencia de la diferenciación de tales funciones, de la misma manera que tal pluralidad de competencias exige una necesaria delegación por razones de operatividad, lo que explica, como decíamos, que ambos planteamientos pudieren ser a la vez acertados o erróneos por igual. Y precisamente por ello es por lo que la Ley, en el ámbito del consejo de administración de las sociedades mercantiles en general, y de las sociedades cotizadas en particular, expone una serie de competencias indelegables a la totalidad del consejo, artículos 249 bis y 529 ter de la Ley de Sociedades de Capital, competencias que implica que deban ser adoptadas y ejecutadas por la totalidad del consejo en su conjunto, por ejecutivos y no ejecutivos, lo que nuevamente complica la conceptualización de un órgano monista con dualidad de funciones no separadas o delimitadas, como por ejemplo sí acontece en el modelo dual. La cuestión es que, tal y como exponen algunos autores, el establecimiento de nuevas facultades indelegables del consejo de administración de la sociedad cotizada por vía del referido artículo 529 ter, promulgado a raíz de la Ley 31/2014, ha terminado por restringir algunas competencias que hasta entonces se ejercían en la práctica por los órganos delegados o ejecutivos[423]. Ello implica, como venimos diciendo, las dificultades de un modelo del que se otorgan dos distintas funciones que, ni se encuentran perfectamente delimitadas, ni encuentran tampoco una separación práctica subjetiva, al otorgar a todo un mismo consejo, con independencia de la tipología de sus integrantes, una pluralidad de funciones de necesario acuerdo colegiado no delegable.

b. Gestión ordinaria y extraordinaria. La evolución del modelo de gobernanza en nuestro país ha llevado de un sistema monista preeminentemente gerencial, hacia el actual dual en lo funcional. Así lo exponían los primeros códigos de buen gobierno de nuestro país, que vieron en el Reglamento Tipo del Consejo de Administración publicado por la Comisión Nacional del Mercado de Valores la materialización de tales facultades. En concreto, este texto normativo que siguió de guía a muchas sociedades cotizadas españolas en la adaptación de sus estructuras al modelo de gobierno corporativo, se refería a cuestiones tales como la composición subjetiva y funcional del órgano, la retribución de los ejecutivos, el nombramiento de la alta dirección, la política de control de riesgos o la determinación de la línea

423. MATEU DE ROS CEREZO, R.: *Práctica de gobierno corporativo. La reforma de la Ley de sociedades de capital y del Código del buen gobierno*. Ed. Aranzadi. Navarra, 2015. Pág. 116.

estratégica empresarial. Es lo que distingue la gestión ordinaria, con la que podríamos denominar la extraordinaria.

Continuando en el marco de la dualidad de funciones en un órgano monista, cabe situar la gestión ordinaria como los actos habituales, estables y continuos de llevanza diaria tendentes a la consecución del objeto social, habitualmente desempeñada por los ejecutivos y directivos. La cuestión estriba en determinar qué entendemos por gestión extraordinaria, y si en ésta cabe incluir la función supervisora del consejo en su conjunto. Al respecto, siguiendo el símil comparativo de la diferenciación de juntas generales ordinarias y extraordinarias, por éstas se entienden a todas aquellas que tengan por objeto cualquier acuerdo no encuadrado en las primeras, es decir, que no se trata de un listado competencial extraordinario sino un mecanismo establecido por descarte, pues todo aquello que, siendo competencia legal y estatutaria de los accionistas, trascienda de la aprobación de las cuentas anuales, de la aplicación del resultado, y de la censura de la gestión social, se entiende materia extraordinaria. Cuestiones semánticas aparte, en cambio, no creemos que tal símil resulte válido en el ámbito competencial del consejo de administración, toda vez que «gestión diaria u ordinaria» no tiene una delimitación objetiva clara, sino más bien más práctica en función de las concretas circunstancias y actividad de cada sociedad. De igual forma, tampoco nos parece muy acertado vincular gestión ordinaria con gestión ejecutiva, y por ende, la extraordinaria a la supervisora, pues como ya hemos dicho, la función gerencial, aun en la práctica desarrollada por los ejecutivos y alta dirección, no debe resultar ajena a los consejeros no ejecutivos por el aludido motivo de que la delegación de facultades no implica vaciamiento de competencias. Es cierto, en cambio, que algunos autores sí sostienen que las funciones de gestión extraordinaria del consejo se encuentran materializadas en las funciones de control y supervisión[424], sobre lo cual, a nuestro juicio, deben enmarcarse en las funciones que atañen a la totalidad del órgano de administración de la sociedad cotizada en función de su naturaleza. Es decir, que siendo misión esencial del consejo de administración de la sociedad cotizada el control y supervisión de sus propios actos, o mejor dicho, de la línea ejecutiva integrada en el propio órgano, ésta constituye una competencia de gestión extraordinaria respecto de otros modelos que, por tratarse de sociedades de carácter más cerrado o de reducido número de socios, consejeros y valor económico (excluyendo por tanto a las propias cotizadas) la función de control sea ejercida directamente por los propios socios, centrándose el consejo en las

424. ALONSO UREBA, A.: «El modelo de consejo de administración de la sociedad cotizada tras la reforma legal de 2014 y el CBG de 2015» en *Revista de Derecho de Sociedades*, n.º 45. Madrid, 2015. Pág. 30.

funciones generales de gestión y supervisión del artículo 209 de la Ley de Sociedades de Capital. Hablamos por tanto, en línea con lo indicado por este autor, del motivo por el cual se hace patente en nuestro país la necesidad de supervisión, que siguiendo el citado estudio, cabría situar en la liberalización de los mercados financieros, en los sucesos corporativos de los modelos comparados, y en el concreto caso de nuestro país, en la privatización de empresas estratégicas hasta entonces de titularidad pública. Por tales motivos, nos resulta difícil encajar una labor supervisora como facultad de gestión extraordinaria del consejo, si dicha función de control constituye misión esencial del consejo según los primeros códigos de buen gobierno, e incluso, una facultad indelegable del consejo en su conjunto conforme dispone el artículo 249 bis de la Ley de Sociedades de Capital. Esto es, que por el hecho de considerar a la gestión habitual y diaria como «ordinaria», semánticamente no consideramos que lo extraordinario sea todo aquello que deba atañer a todo el consejo en su conjunto por el tantas veces repetido motivo de que la delegación de facultades no entraña delegación de responsabilidades ni vaciamiento de competencias. Al contrario, sí consideramos facultades de gestión extraordinaria aquellas que exceden de las habituales y propias del consejo de administración, de sociedades cotizadas o no, esto es, de la gestión, administración y representación, y que a los efectos del objeto del presente trabajo circunscribimos al nombramiento de los integrantes del propio consejo. Ya hemos visto en apartados y capítulos anteriores que, en la práctica de las sociedades cotizadas, el nombramiento de los consejeros, facultad conferida a la junta general de accionistas *ex* artículo 160 de la Ley de Sociedades de Capital, parte del propio consejo, ya sea en aplicación del sistema de cooptación ante una vacante, ya sea por propuesta emitida por la comisión de nombramientos, elevada al consejo de administración, y aprobada o ratificada posteriormente por la propia junta. Al final, ante la difícil cuestión de la separación práctica entre propiedad y control, realmente el consejo se autoorganiza, incluso se autonombra, como hemos sostenido en determinadas circunstancias, lo que, amén de ser un exponente claro de las facultades autorreguladoras del propio consejo, implica en la práctica la asunción de unas competencias que, al menos sobre la teoría legal, corresponden a otro órgano social.

2. ¿Hacia un sistema dual? Del análisis de los modelos comparados se hace palpable que no existe un modelo único de gobernanza, sino al contrario, que la experiencia jurídica de otros ordenamientos comunitarios ofrece distintas alternativas al modelo monista con dualidad de funciones que es el que nuestro país sigue tanto a nivel jurídico como en aplicación práctica. Dicho lo cual, analizado anteriormente el modelo dual, por un

lado; y la dualidad de funciones en el sistema monista, por otro; cabe preguntarse sobre la hipotética aplicabilidad en nuestro país del sistema basado en el doble consejo, el gestor y el de vigilancia. O dicho de otra manera, pasar de ese único ente con doble alma al que hacíamos referencia, a un ente doble diferenciado y efectivamente separado.

Esta cuestión ha sido tratada de una forma casi exclusivamente doctrinal, pues no cabe interpretar que ni los códigos de cumplimiento voluntario ni mucho menos la Ley (a salvo de lo dispuesto respecto a la sociedad anónima europea) se hayan planteado siquiera la opción de instaurar, incluso de admitir, la opción por el sistema dual, de modo que sólo cabe acudir a los estudios de la comunidad científica sobre la cuestión: ¿cabría explorar en España la opción de gobernanza empresarial dual? Algunos destacados autores, como veremos en adelante, se han posicionado a favor de hacerlo, pero sobre todo, por el hecho de que cuanto menos la reforma normativa de 2014 debió al menos admitirlo, esto es, la modificación normativa que desembocó tanto en la Ley 31/2014, de 3 de diciembre, por la que se modifica la Ley de Sociedades de Capital para la mejora del gobierno corporativo, como en el actual Código de Buen Gobierno que venía a sustituir al entonces obsoleto Código Unificado por razón de la elevación a rango de ley de lo que hasta entonces constituían meras recomendaciones, negaron siquiera la posibilidad de que las empresas pudieran comenzar a explorar tal alternativa, seguramente influenciados por el hecho de que el sistema monista con dualidad de funciones se hallaba suficientemente consolidado en el modelo de gobernanza empresarial de nuestro país. No obstante, precisamente la evolución del sistema monista gerencial hacia un monismo más plural en sus funciones, dual respecto a lo gerencial y de supervisión, incluso calificando los primeros códigos como esta última facultad como la más esencial respecto a la misión del consejo, supuso que alguno de estos autores lo hayan interpretado precisamente como un paulatino acercamiento natural hacia el sistema dual en el marco de un proceso que, quién sabe, si nos llevará al cabo de un tiempo a adoptar precisamente ese modelo de doble órgano de administración, por un lado, y de control, por otro[425]. Pero evidentemente, esta apreciación hay que contextualizarla, pues no es que nos hallemos de facto en un sistema dual, sino que a juicio de este autor sí existe un acercamiento a tal sistema, al haber incluido en la ecuación de la misión esencial del consejo la de supervisión y control que en el modelo dual se reserva a un órgano independiente y autónomo, cuestión que en cambio no acontece en el sistema monista donde tales competencias compartidas se encuentran delimitadas en el aspecto nominativo subjetivo, pero no por medio de una efectiva y absoluta separación de funciones, como ya

425. ESTEBAN VELASCO, G.: *«La renovación de la estructura...»* cit. Pág. 165.

hemos visto. Por tal motivo, el referido autor sí consideró la dualidad de funciones como un acercamiento, valga la redundancia, al sistema dual en lo orgánico, en línea con otro destacado autor que, ya incluso mucho antes de la reforma de 2014, abogaba por un acercamiento a dicho sistema de gobernanza[426], mantenido igualmente de forma posterior a la misma.

Sin embargo, a juicio de otro importante autor de nuestra doctrina científica más autorizada[427], el modelo dual no tuvo encaje o arraigo en nuestro país por *«factores como la vinculación del sistema dual con la participación de los trabajadores, la oposición al sistema por parte de las organizaciones empresariales, y, lo que resultó más llamativo, de las organizaciones sindicales»*. Si bien esta conclusión data de una obra de 2007, no parece que la situación haya variado mucho, pues ni los usos empresariales, ni la escasa acogida de la sociedad anónima europea que sí admite tal sistema, ni siquiera por una motivación legislativa o normativa a explorar tal sistema, evidencian interés en modificar la forma de gobernanza empresarial. No obstante, ello no implica que no quepa ver en nuestro país este sistema, establecido de forma paulatina, precisamente por los distintos usos empresariales e incluso sociales que puedan derivarse en los próximos años, máxime cuando, de la conclusión que realizaba el autor citado sobre los motivos del nulo acogimiento del sistema dual, se expone que buena parte de tal rechazo se materializa en la posible presencia de los trabajadores en el consejo de administración. Al final, precisamente por el peso que en la vida social ostentan los sindicatos en nuestro país, no sería descartable que, en el marco de la negociación del llamado diálogo social, esta cuestión termine poniéndose sobre la mesa, tal y como, al menos de forma inicialmente declarativa, ya se ha expuesto[428].

Al respecto, en nuestra opinión, compartimos alguno de los argumentos expuestos por los referidos autores. En primer lugar, porque de circunscribirse la cuestión a la presencia de los trabajadores, ya hemos expuesto en el análisis relativo al modelo dual alemán que esta situación parece haber supuesto un impulso efectivo tanto en la productividad como en la alineación de intereses, incluso, a efectos de la denominada responsabilidad social corporativa e imagen empresarial, lo que a nuestro juicio supondría la posi-

426. ALONSO UREBA, A.: «El gobierno de las grandes empresas (reforma legal versus códigos de conducta)» en AA.VV. (coord. ESTEBAN LEVASCO, G.): *El gobierno de las sociedades cotizadas*. Ed. Marcial Pons. Madrid, 1999. Pág. 133.
427. SÁNCHEZ CALERO, F.: «*Los administradores...*» cit. Pág. 782.
428. En concreto, nos referimos a unas declaraciones formuladas por quien al tiempo de escribir estas líneas, ostenta el cargo de Vicepresidenta Segunda del Gobierno y Ministra de Trabajo, Yolanda Díaz, quien anunció su intención de *«convocar a la patronal y los sindicatos para "debatir" y "abordar" el desarrollo legal de la posible participación de los repre-*

bilidad de implementar modelos basados en la confianza, la presencia directa en el consejo de uno de los grupos de interés más relevantes respecto al ámbito de la empresa, y la supervisión por quienes más allá de la creación de valor para el accionista, tienen igual aunque indirecto interés en la maximización del valor de la empresa por lo que a la política de empleo puede referirse. En segundo lugar, porque efectivamente es incuestionable que ha existido en nuestro país una evolución tendente hacia la dualidad, no orgánica pero sí funcional, huyendo de los clásicos modelos exclusivamente gerenciales que, ante la falta de posibilidad de control efectivo por parte de la junta de accionistas, no se encontraba un contrapeso idóneo para evitar tal acumulación de poder. Y en tercer lugar, porque llama efectivamente la atención que, con independencia de las ventajas e inconvenientes prácticos que respecto al concreto modelo de gobernanza pueda existir en nuestro país, resulta de difícil comprensión que, en el marco de una reforma normativa de tal calado como la operada en 2014 tanto a nivel legislativo como de código de cumplimiento voluntario, se haya restringido la posibilidad de que las sociedades tengan al menos la opción estatutaria de optar por tal modelo, en línea con lo que acontece respecto a la sociedad anónima europea, cuestión ésta que supone que, amén de reconocer las carencias que pueda también suponer el modelo dual, toda crítica se dirija en consecuencia frente al sistema monista, sobre lo que entraremos a continuación.

3. Análisis crítico del modelo

Bajo la consideración de la misión esencial del consejo de administración, y la materialización de la estructura de gobierno a través del sistema monista con dualidad de funciones no separadas, procede interrogarse si tal modelo es el idóneo para la consecución que los principios del gobierno

---

sentantes de los trabajadores en los consejos de administración y órganos de toma de decisiones de las empresas, (...) que desarrolle el artículo 129.2 de la Constitución española que dice que "los poderes públicos promoverán eficazmente las diversas formas de participación en la empresa y fomentarán, mediante una legislación adecuada, las sociedades cooperativas. También establecerán los medios que faciliten el acceso de los trabajadores a la propiedad de los medios de producción". Esto se traduciría fundamentalmente en la presencia en los consejos de administración de los trabajadores a través de su representación legal, algo que según ha recordado Díaz ya existe de forma regulada en 18 países del mundo. El modelo más antiguo de este tipo de representación es la denominada fórmula codecisión de Alemania, presente desde 1976». No obstante, al tratarse de una mera declaración de intenciones que, a fecha actual ni tan siquiera constituye un Anteproyecto de Ley, el interés que suscita se limita a la consideración de que el debate, tal vez, pueda darse en nuestro país al cabo de unos años. De ello se hace eco la noticia publicada en el diario Cinco Días: «*Díaz quiere legislar la presencia de los trabajadores en los consejos de administración de las empresas*».https://cincodias.elpais.com/cincodias/2022/05/04/economia/1651652951_308150.html

corporativo pretenden, teniendo en cuenta las concretas circunstancias de nuestro modelo económico, social y empresarial de nuestro país.

En primer lugar, a los efectos del presente trabajo respecto de la concreta institución del nombramiento de consejeros, ésta resulta afectada en su integridad por las distintas consideraciones o modificaciones que el modelo del consejo de administración sufra, pues si como hemos visto, dicho modelo ha evolucionado desde el genuino sistema exclusivamente gerencial del consejo, hacia una forma híbrida gerencial y supervisora, tal evolución, renovación y cambio conceptual del consejo sólo puede llevarse a cabo a través de su propia estructura interna y de las personas que lo integran, lo que supone que la reformulación del consejo suponga, en consecuencia, la reformulación de las especialidades del nombramiento de consejeros, ya sea por la tipología en la que integrarlos, por las funciones a desempeñar, o por su distinta vinculación o no con accionistas de referencia. Por ello, la mejora del gobierno corporativo tiene en el nombramiento de consejeros una parte imprescindible y fundamental toda vez que resulta el modo de canalización subjetiva de los principios que pretende cumplir, lo que exige una revisión del régimen legal del nombramiento de consejeros, de los sistemas y formas propuestas por los códigos de cumplimiento voluntario, y de la práctica que realmente acontece en las grandes compañías, a fin de dar una respuesta a la cuestión sobre la que llevamos hablando en este trabajo, si tales medidas de nombramiento suponen una mejora efectiva del gobierno corporativo en el modelo empresarial de nuestro país.

Por ello, cuando en la actualidad se habla de composición del consejo de administración, ya no se refiere tanto a cuestiones estructurales como el nombramiento de cargos, la delegación de facultades, o la creación de determinadas comisiones de especialización, sino de naturaleza y tipología de sus integrantes a los efectos de establecer una clasificación que determine su posible posición en uno u otro ámbito competencial del consejo, el gerencial o el supervisor, a fin de dar cumplimiento al conocido objetivo de equilibrar los poderes en el seno del consejo. Porque tal y como ya instaba el Reglamento Tipo de Consejo de Administración publicado por la Comisión Nacional del Mercado de Valores, el equilibrio accionarial que tiende a darse en la junta general de accionistas, debía tener su reflejo proporcional o no dentro del reparto de funciones y comisiones dentro del consejo. Ha de tenerse en cuenta que dicho Reglamento Tipo, resultante del Código Olivencia, tenía igualmente un sustento normativo poco tiempo después a través de la Ley 44/2002, de 22 de noviembre, de Medidas de Reforma del Sistema Financiero, conocida como la «Ley Financiera», que instauró la obligatoriedad de la comisión de auditoría, que supuso el primer reconocimiento legal a la necesaria reformulación del consejo y al obligatorio nombramiento de consejeros de control, especialmente los independientes, como forma de reconocer la supervisión y vigilancia de la alta dirección y de los ejecutivos como misión esencial del consejo. La cuestión es que precisamente el hecho de darle más importancia al menos nominativa a la misión supervisora del consejo, cuando éste constituye por su propia naturaleza el órgano de gestión y representación, si con ello no habría sido lógico apostar por el modelo dualista, en paralelo a algunos otros ordenamientos continentales. Pero la respuesta fue negativa, de modo que la dualidad se impuso en lo funcional y competencial, pero no en lo orgánico, cuestión que lleva a dos planteamientos dispares entre sí: por un lado, el establecimiento de un modelo monista orgánico pero dual de funciones supone esa pérdida de autonomía e independencia a la que hacíamos referencia, por la dificultad objetiva que entraña la supervisión de unos propios actos; pero por otro lado, se pretendió solventar dicha posible situación por vía coercitiva a través del régimen de responsabilidad solidaria de la totalidad de los miembros del órgano.

Y es ahí donde a nuestro juicio radica la cuestión más relevante y de mayor interés del régimen monista con dualidad de funciones, esto es (i) si el consejo tiene asumidas las dos citadas funciones de gerencia y supervisión; (ii) pero el órgano es único; y (iii) y se admite la delegación de facultades gerenciales, toda vez que las funciones supervisoras no son delegables *ex* artículo 249 bis de la Ley de Sociedades de Capital: ¿han de aplicarse las mismas normas relativas a los deberes y responsabilidades a todos y cada uno de los miembros del consejo? Pongamos un ejemplo, el deber de diligencia *«de un ordenado empresario»*, ¿atañe por igual a quien ejerce funciones de gerencia frente a quien cuya misión es el control y supervisión? En sentido jurídico-legal, sí; cuestión distinta es en sentido práctico y objetivo. En sentido legal, el propio artículo 225 de la Ley de Sociedades de Capital sobre el deber general de diligencia, también modificado por la reforma de 2014, reconoce implícitamente dichas funciones extra gerenciales al referirse a la tipología de administradores *«teniendo en cuenta la naturaleza del cargo y las funciones atribuidas a cada uno de ellos»*, y de forma más concreta si cabe, imponiéndole *«el deber de exigir y el derecho de recabar de la sociedad la información adecuada»*, cuestión sobre la que ya hemos dicho que discrepamos, especialmente a los efectos de responsabilidad. Como hemos manifestado, un administrador no puede permanecer en el ámbito de un derecho de información para evaluar la marcha de la sociedad, entre otras cuestiones porque ello es un derecho individual del accionista. El administrador con función de control debe hacer por informarse, pero no bajo un paraguas de un derecho sino, precisamente como efectivo deber de diligencia. Porque aunque consejero gestor y consejero supervisor no desempeñen las mismas funciones, ambos tienen la consideración a todos los efectos de administradores, lo cual implica que, de apostarse constantemente por un modelo monista de administración, ello entrañe que el monismo deba ser igualmente uniforme respecto a los deberes y responsabilidades de los integrantes del órgano. Este planteamiento lo basamos precisamente en el cumplimiento o no de las funciones desempeñadas, de modo que la omisión de las obligaciones del cargo para el cual el consejero ha sido nombrado, ha de entrañar el supuesto de incursión en responsabilidad. De forma gráfica, el artículo 237 de la Ley de Sociedades de Capital relativo al carácter solidario de la responsabilidad, imputa la misma tanto a quienes ejecutaran y adoptaran el acuerdo lesivo, como a quienes lo desconocían o, conociéndolo, hicieron lo posible por evitarlo; lo cual indica que, en cuanto al régimen de responsabilidad, lo más lógico y habitual es que el hecho o suceso determinante y lesivo para los intereses de la sociedad, de sus accionistas o de terceros, haya sido ejecutado por actos u omisiones de los consejeros ejecutivos, quienes no hayan hecho lo suficiente por impedirlo responderán solidariamente, supuesto en el cual se encontrarían los consejeros de carácter supervisor. Por ello, dicho sencillamente, quien no cumpla el cometido para el cual fue nombrado, gestionar o supervisar, es que no está actuando de forma diligente, lo que motiva y justifica el régimen de responsabilidad solidaria, lo que con respecto a los consejeros supervisores, se incentiva el cumplimiento de sus obligaciones y a no ejercer esa cierta pasividad que algunos autores acusaron de algunos consejeros no ejecutivos cuando el modelo de administración de la sociedad cotizada era preeminentemente gerencial, lo que precisamente motivó la reformulación del modelo. Caso contrario, de querer separar y delimitar de forma clara, autónoma e independiente la dualidad de funciones y las responsabilidades relativas a cada una de ellas, en tal caso no encontraríamos encaje legal en el sistema monista, y en consecuencia, deberíamos acudir al sistema dual, lo que concluimos en que, conforme al régimen normativo actual y al modelo monista del consejo de administración, supervisar también es gestionar, gestión relativa a las relaciones internas del propio consejo de administración, pues como ya hemos repetido, la delegación de funciones en los ejecutivos no entraña vaciamiento y transmisión de la función gerencial, pues el caso contrario, la propia supervisión, no resulta en cambio materia delegable, debiendo ser ejercida colegiada y conjuntamente por todo el consejo de administración.

Esta cuestión ha sido debatida doctrinalmente, sobre lo que un importante autor expuso que, en el marco del nuevo modelo del consejo de administración tras la reforma operada por la Ley 31/2014, en cambio el artículo 237 relativo a la responsabilidad solidaria de los miembros del órgano no ha sufrido en cambio variación alguna[429]. Efectivamente, el referido artículo tuvo su origen en la Ley de Sociedades Anónimas de 1989, momento en que la consideración del consejo de administración resultaba más uniforme. Sin embargo, es cierto que la propia redacción del artículo contiene como excepción al presupuesto de la responsabilidad solidaria de todos los miembros del órgano (que no del consejo en exclusiva) la exoneración a quienes *«no habiendo intervenido en la adopción y ejecución del acuerdo, desconocían su existencia»* o aun conociéndola, se opusieron e hicieron lo posible por evitar el daño, lo cual supuso que se interpretara como un reconocimiento del legislador sobre la diferenciación de funciones entre consejeros ejecutivos y supervisores. No obstante, como hemos dicho, tal presupuesto de la responsabilidad solidaria no resulta exclusivo del consejo de administración sino de la totalidad de los administradores que formen parte del órgano, con independencia de la forma en que se halla estructurado, sin distinguir tampoco entre sociedades anónimas, cotizadas o no, y las de responsabilidad limitada. Por ello, tal vez ello resulte el motivo por el cual dicho artículo no ha sufrido modificación alguna, pues el legislador ha optado por continuar aplicando el mismo régimen a la totalidad de los administradores, por ejemplo, en el supuesto de dos administradores solidarios con la exoneración prevista, por el cual el otro administrador solidario no causante del daño pudiera probar que ni fue causante del daño, ni tan siquiera lo conoció ni pudo tampoco evitarlo. Ha de tenerse en cuenta que el texto legal no sólo se refiere a la adopción o ejecución de un acuerdo en sí, lo que circunscribiría a priori la responsabilidad únicamente en los ejecutivos por cuanto son quienes ejecutan en esencia un acuerdo, sino también en quienes *«hayan realizado el acto lesivo»* lo que entraña que el régimen de responsabilidad se relaciona con los deberes de lealtad y diligencia, lo que supone que, como ya hemos defendido, la ausencia de ejercicio eficaz de las competencias de control y supervisión pueda verse igualmente prevista en ese sistema de responsabilidad solidaria. Cuestión distinta es que se estableciese un régimen exclusivo y distinto para el caso del consejo de administración, y más concretamente para el de la sociedad cotizada habida cuenta de la referida dualidad de funciones y distinta tipología de consejeros, si bien, la Comisión de Expertos no propuso modificación alguna del citado artículo 237 de la Ley de Sociedades de Capital. Por ello, algunos autores han planteado la adecuación de la responsabilidad solidaria y de las causas de exoneración al nuevo modelo del consejo, ya que, de la misma manera que la retribución deberá ser distribuida en atención a las *«funciones y responsabilidades atri-*

429. QUIJANO GONZÁLEZ, J.: «Los presupuestos de la responsabilidad de los administradores en el nuevo modelo del Consejo de Administración» en AA.VV.: *Junta general y consejo de administración en la sociedad cotizada*, Tomo II. Ed. Aranzadi. Navarra, 2016. Pág. 606.

buidas a cada consejero» de igual forma podría interpretarse la modulación de la responsabilidad imputable a los miembros del consejo. Sin embargo, en nuestra opinión, la modulación de responsabilidad no resulta incompatible con el régimen de responsabilidad solidaria de todo el consejo con independencia de que la ejecución del acto lesivo pueda provenir previsiblemente de los consejeros ejecutivos, máxime si conforme establecían los códigos de buen gobierno, la misión esencial del consejo de administración es la de supervisión, lo que se sustenta con mayor énfasis si cabe en la redacción del nuevo artículo 249 bis de la Ley de Sociedades de Capital, que establece como facultad indelegable del consejo de administración *«la supervisión del efectivo funcionamiento de las comisiones que hubiera constituido y de la actuación de los órganos delegados y de los directivos que hubiera designado»*, artículo ampliado por el 529 ter de la misma Ley, lo que al atañer a la totalidad del consejo, justificaría el régimen de solidaria responsabilidad.

No obstante, la cuestión de la dualidad de funciones tiene una nota característica que excede al propio consejo, pues conforme reconocen los códigos de gobierno corporativo y los autores que hemos estudiado, la práctica societaria parece indicar que la gestión se halla realmente en manos de la alta dirección, esto es, por las personas que, sin ostentar la condición de consejeros, dirigen determinadas áreas o departamentos estratégicos de la compañía en cuestiones relativas al día a día, en vinculación con la sociedad bajo el régimen laboral de la alta dirección, regulado por el Real Decreto 1382/1985, de 1 de agosto, por el que se regula la relación laboral de carácter especial del personal de alta dirección. Dicha dirección, normalmente autónoma, se supedita no obstante a la supervisión por parte de los consejeros ejecutivos, lo que, digamos que curiosamente, convierte al consejero gerencial en consejero supervisor de un nivel jerárquico inferior al suyo. La realidad, efectivamente, así lo muestra, pues la alta dirección se establece ante las distintas áreas de gestión de la compañía que exigen de una especialización y dedicación a la cual probablemente los consejeros ejecutivos no puedan llegar, siendo un ámbito del cual el Derecho de sociedades reconoce de su existencia e importancia, si bien su regulación excede de su ámbito al no constituir, al menos de forma teórica, un órgano social, sino que su régimen corresponde en cambio al ámbito del Derecho laboral por razón del sometimiento jerárquico a los consejeros ejecutivos, razón que explica que, en el ámbito de las sociedades cotizadas, los altos directivos no puedan ser considerados como una suerte de administradores de hecho. Pero este reconocimiento es a lo que a efectos del estudio del modelo monista con dualidad de funciones nos llama especialmente la atención, pues hemos evolucionado de un modelo monista gerencial, a un modelo de órgano único con dualidad de funciones (la gestora y la supervisora), para que finalmente parezca que en realidad el consejo ya no ostente en la práctica tal función gestora al haberse desplazado ésta hacia la alta dirección, convirtiéndose en consecuencia el consejo de administración en un órgano puramente supervisor (los consejeros de control a los consejeros ejecutivos, y éstos a la alta dirección), de modo que ya no se requeriría establecer el sistema dual sino que, en puridad, tendríamos un órgano único de supervisión. Y ello afectaría además a la propia junta general, pues siendo objeto de su competencia el del nombramiento de los administradores, entendiendo por éstos en sentido amplio a quienes ejercen funciones de gestión y representación, implicaría que tal competencia quedaría subsumida en el mero nombramiento de quienes han de supervisar a los auténticos gestores de la sociedad. Al inicio de este trabajo, en el estudio inicial de las sociedades, hacíamos una analogía entre el contrato de sociedad y el de mandato, por cuanto un inversor, que aportaba bienes y servicios, encargaba su gestión a un tercero para la organización de los mismos al objeto de obtener un lucro. Sin embargo, con este modelo citado puramente supervisor, ya no habría un nombramiento directo de gestores, sino una suerte de subcontratación, designando el accionista al consejero supervisor quien nombraría a su vez al consejero ejecutivo y a la alta dirección. Y realmente en la práctica así ocurre pues, como ya hemos visto, el nombramiento de los consejeros parte principalmente de la comisión de nombramientos y retribuciones, es decir, del seno del propio consejo de administración. Utilizando otro símil, si acudimos a las competencias de la junta general de los artículos 160 y 161 de la Ley de Sociedades de Capital, especialmente este último tras la reforma de 2014, encontramos la facultad de los accionistas en cuestiones relativas a la propia gestión o a impartir instrucciones sobre la misma, sobre lo cual, terminaría por vaciar de competencia directamente gerencial, y no subordinada, al consejo de administración.

Por tales motivos, entendemos de forma positiva que los distintos códigos de buen gobierno en nuestro país hayan evolucionado de esa «*función supervisora como la más genuina, esencial e irrenunciable*» del consejo que propugnaba el Código Olivencia, hacia una efectiva dualidad «*sobre la administración social y la supervisión de la dirección de la sociedad*» del actual Código de Buen Gobierno. Porque, puestos sobre el caso, si «la misión» (que no «una misión») única del consejo fuera el control y la supervisión, en tal caso no comprendemos que ni la Ley ni tan siquiera los códigos de conducta se hayan posicionado de forma clara y contundente a favor de la separación de los cargos de presidente con los de primer ejecutivo. No tendría sentido que siendo un órgano única y esencialmente supervisor, la presidencia de dicho órgano con lo que ello conlleva (convocatoria, dirección de las sesiones, coordinación, información a consejeros... etc.) recayera sobre una persona que precisamente fuera susceptible de supervisar. Sin embargo, ni la Ley ni los códigos se han posicionado hasta ahora de forma clara en favor de la separación de cargos sino únicamente estableciendo medidas de contrapeso en caso de coexistencia, lo que sólo cabe interpretar a nuestro juicio porque el consejo, ni ha perdido ni puede perder su función genuina gerencial.

Ello ha sido tratado con detalle por nuestros autores más autorizados, especialmente por quienes hemos visto que abogan por explorar la vía del sistema dual para nuestras grandes empresas, acusando al modelo actual de dos deficiencias particulares, cada una respecto de las dos funciones del consejo[430]. Por un lado, respecto de la supervisión, se pone de relieve la ausencia de un régimen legal diferenciado en cuanto a competencias y responsabilidad, lo que probablemente sea consecuencia de la integración de los propios supervisores en el órgano sobre el cual es precisamente objeto de control, esto es, el consejo de administración. Y por otro lado, respecto de la gestión, tanto hacer hincapié en el control y supervisión, que parece que la función gerencial ha quedado normativamente relegada u olvidada, ciñéndose en sentido negativo a cuáles son las concretas materias que no pueden ser objeto de delegación en favor de los consejeros ejecutivos o delegados. Sobre ello, nos preguntamos si, al objeto de recuperar el debate sobre la función gerencial del consejo, si sería admisible exigir legalmente, o al menos por vía de recomendación de cumplimiento voluntario, el establecimiento obligatorio de una comisión ejecutiva, y por qué.

Una primera valoración invitaría a una respuesta negativa. La delegación de facultades ni tan siquiera es obligatoria sino potestativa. Al menos en un aspecto teórico, pues en sede de sociedades cotizadas, si no existe delegación de funciones en favor de determinados consejeros ejecutivos, conformen éstos o no una comisión, no habría materia delegable a supervisar. Ha de tenerse en cuenta que, además, carecería de un sentido práctico en determinadas sociedades, por un lado, porque ya hemos visto de la práctica que son mayoría suficiente las sociedades cotizadas que no tienen conformado en su consejo una comisión de auditoría (si bien en el caso de las pertenecientes al selectivo del IBEX el porcentaje aumenta significativamente), y por otro, hallándose en la práctica como se ha dicho, la gestión en manos de la alta dirección, éstos no tendrían cabida en dicha comisión, no al menos con voto, al no ostentar la condición de consejeros. Por último, cabría decir que tal obligatoriedad atentaría con las facultades de autorre-

430. ALONSO UREBA, A.: «El modelo de consejo de administración de la sociedad cotizada tras la reforma legal de 2014 y el CBG de 2015» en *Revista de Derecho de Sociedades*, n.º 45. Madrid, 2015. Pág. 36 y 48.

gulación del consejo, si bien es cierto que en cambio las comisiones de auditoría, nombramientos y retribuciones ya son legalmente obligatorias, su ámbito, sentido y funcionalidad responden en cambio a otros aspectos. Ahora bien, establecer la obligatoriedad de esa comisión, en cambio, tendría otros efectos que en apariencia cabría identificar como valorables. En primer lugar, porque la comisión ejecutiva no se halla exclusivamente conformada por consejeros ejecutivos, lo que motiva las posibilidades de control de tal comité encargado de la misión esencialmente gerencial[431]. En segundo lugar, porque a efectos de control, la creación de un comité en sentido estricto, con las especialidades y formalismos tales como convocatoria o llevanza de actas, facilita el control sobre el mismo. Y en tercer lugar, porque al menos en apariencia, la separación de la dualidad de funciones resultaría más visible.

En cualquier caso, nos resulta realmente complicado concluir si realmente la función gerencial se halla efectivamente fuera del consejo o no, pues ello entendemos que atañe a las concretas vicisitudes y circunstancias de cada sociedad, de modo que, al no poder evitarse el desvío competencial de gestión en favor de personas ajenas al consejo, la Ley únicamente puede actuar estableciendo un régimen coercitivo de responsabilidad solidaria frente a quienes integran el consejo de administración, e incluso, frente a quienes parece ser que en la práctica gestionan realmente la compañía, tal y como hoy en día reconoce el artículo 236.4 de la Ley de Sociedades de Capital, sobre la responsabilidad de las personas *«que tengan atribuidas facultades de más alta dirección de la sociedad»*.

En nuestra opinión, realmente la cuestión gerencial es sumamente importante pues, si asumimos que la gestión real se sitúa fuera del ámbito del consejo, en tal caso ¿qué poderes hay que equilibrar? Si el consejo es esencial y puramente supervisor ¿a qué órgano gerencial (órgano social en sentido jurídico estricto) hay que controlar? Por ello, algún autor sostiene que, hallándose efectivamente la gestión real fuera del consejo, sin perjuicio de las facultades y competencias de los consejeros ejecutivos, implica que ya nos hallamos de facto de forma muy aproximada al sistema dual, a que en lugar de hallarnos ante «un cuerpo con dos almas», nos encaminamos

431. De los datos del Informe Anual de Gobierno Corporativo publicado por la Comisión Nacional del Mercado de Valores relativo al ejercicio 2021, se indica que la comisión ejecutiva se halla conformada, aproximadamente, en un 29% por consejeros ejecutivos; 33% de consejeros dominicales; 30% por consejeros independientes; y 9% por otros consejeros. Dicha participación, en cambio, no es proporcional respecto a la totalidad del consejo de administración, pues en tal caso los ejecutivos representan en torno al 15%; los dominicales un 31%; los independientes un 45%, y otros consejeros el 9%.

hacia un «doble cuerpo» de facto[432]. A colación de esto, precisamente nos referimos a ese equilibrio del que tanto insistían los primeros códigos de gobierno corporativo internacionales, equilibrio de funciones y de poderes a fin de evitar los sucesos corporativos acaecidos que motivaron la reformulación del modelo y la aparición de los primeros códigos, como era el excesivo poder de los consejeros gerenciales sin mecanismos de control ni supervisión por la dejadez e imposibilidad de control habitual por parte de los accionistas. En tal caso, si la función gerencial se desplaza hacia la alta dirección, ya no habría tal necesidad de equilibrio por una mera cuestión jerárquica, ya que los consejeros, con independencia de la tipología o clase a la que pertenezcan, son representantes de la sociedad; mientras que la vinculación de la alta dirección es, en ámbito laboral, por cuenta ajena. No existe en consecuencia equiparación de nivel, porque de existir, en tal caso de nuevo nos encaminaríamos de forma lógica hacia el sistema dual: la gestión la desempeñaría el órgano (y repetimos, órgano social en sentido jurídico estricto) de gestión y dirección; y la supervisión el consejo o comité de vigilancia.

Por ello, en el apartado anterior, nos preguntábamos si nos encaminamos en la práctica hacia un sistema dual. Algunos autores, como ya hemos visto, abogan por ello[433]. Al respecto, es cierto que las prácticas y usos empresariales en España se encuentran muy arraigados, de forma que introducir en nuestro país la vía del sistema dual supondría una completa y absoluta reformulación del modelo normativo (legal y de los códigos de cumplimiento voluntario) y de las estructuras corporativas de nuestras grandes empresas. Además, como ya hemos visto, el ejemplo de la sociedad anónima europea, que sí admite tal modelo pero que su existencia en nuestro país en cambio es residual, determina la aparente comodidad en el sistema monista en la que tanto legislador como sociedades parecen encontrarse. Ahora bien, en línea con lo que indican estos autores, de igual manera cabe concluir que no salimos del sistema monista, porque realmente no se permite opción distinta, de ahí a que se critique que en el marco de una reforma normativa tan ambiciosa y de tal calado como la operada por la Ley 31/2014, de 3 de diciembre, por la que se modifica la Ley de Sociedades de Capital para la mejora del gobierno corporativo; y la posterior promulgación del Código de Buen Gobierno, no se haya ni tan siquiera permitido

432. ALONSO UREBA, A.: «*El modelo de consejo...*» cit. Pág. 48.
433. ESTEBAN VELASCO, G.: «¿Es oportuno introducir en España la opción del sistema dual de administración y control? Algunas cuestiones de política jurídica y de régimen jurídico» en AA.VV. (ALONSO LEDESMA, C. / ALONSO UREBA, A. / ESTEBAN VELASCO, G. dir.): *La modernización del derecho de sociedades de capital en España: Cuestiones pendientes de reforma,* Vol. 1. Ed. Aranzadi Thomson Reuters. Navarra, 2011. Pág. 641-713; y ALONSO UREBA, A.: «*El modelo de consejo...*» cit. Pág. 52.

la opción de que las sociedades puedan explorar por vía estatutaria la opción de apostar por el sistema dual de gobernanza. Lo cierto es que el mundo en general, y el empresarial en particular, se encuentra en continuo proceso de transformación, donde la libertad de circulación de capitales entraña la aparición de grupos inversores tal vez acostumbrados o al menos posicionados en el sistema de administración dual. Por tal motivo, en aras de fomentar la autorregulación tantas veces esgrimida, sí cabría considerar o admitir la posibilidad de que sean las propias sociedades las que libremente puedan adoptar tal modelo, o al menos, establecer los resortes iniciales para el mismo, toda vez que en la actualidad no existe un sustento sobre el que basarse a nivel normativo.

B) LAS COMISIONES DEL CONSEJO UNITARIO COMO FORMA DE ORGANIZACIÓN DE LA DUALIDAD DE FUNCIONES

1. Cuestiones generales

La existencia de diversas comisiones en el seno de consejo es una potestad que ya contemplaba la legislación societaria, no sólo a través de diversos poderes de representación que el empresario otorgaba, sino mediante la delegación de facultades que hoy recoge el artículo 249 de la Ley de Sociedades de Capital, cuyo objetivo radica en la descentralización y reparto de competencias[434]. Objetivo que se torna en un acto imprescindible en grandes sociedades, donde el tamaño económico de estas compañías requiere de una atención diaria cuya carga ha de repartirse. No obstante, la Ley se encargó de advertir que determinadas facultades no pueden ser objeto de delegación, en concreto, la rendición de cuentas de la gestión social y la presentación de balances a la junta general, ni las facultades que ésta conceda al consejo. Sin embargo, se trata más de actos en torno a la celebración de una junta que de los propios de la gestión en sí, por lo que mientras que la rendición de cuentas en el aspecto social y en el económico se produzca por el consejo en su conjunto, parece propio pensar que el reparto de tareas se distribuirá en áreas según su contenido. Y partiendo de ese reparto de tareas es como se llega a la figura de la delegación y el apoderamiento, cuyas diferencias a menudo son difusas, pero en cualquier caso partiendo de la base que la delegación ha de conferirse necesariamente a un miembro del consejo, no así la posibilidad de conferir poder en favor de un tercero. Pero del referido al otorgado en un administrador, surge la figura del consejero delegado, cuyo poder requerirá del voto favorable de dos terceras partes del consejo, así como su inscripción en el Registro Mercantil. En sede de

434. Sobre lo que ya analizamos en FERNÁNDEZ-SORDO LLANEZA, E.: «*La composición del consejo...*» cit. Pág. 91.

cotizadas, la figura del consejero delegado en ocasiones choca con la del presidente del consejo, cuestión que determinaría en tal caso la figura del llamado primer ejecutivo de la sociedad, ya que mientras que el consejero delegado tendrá la consideración de ejecutivo, no así necesariamente la del presidente.

Cuestión diferente es que sean varios los consejeros en los que se hayan delegado funciones permanentes, lo que podrá dar origen a la comisión ejecutiva, como un grupo de administradores dentro del consejo que tiene asumidas las funciones de gestión y representación de la sociedad. Y es en las sociedades cotizadas en donde la comisión ejecutiva presenta particularidades con respecto a la generalidad de las sociedades, las cuales veremos a continuación.

Continuando en sede de cotizadas y en el repaso histórico normativo, con el tiempo surge la figura de otras dos comisiones diferentes. Hay que decir que mientras que la ejecutiva ha tenido una vigencia en el tiempo constante independientemente de la clase de sociedad, no así las que se establecen por los principios y normas del gobierno corporativo para las grandes compañías. No obstante, nada ha impedido que estas sociedades se hayan dotado de grupos o comités de expertos para labores de asesoramiento, sin que sea relevante a estos efectos si los miembros que lo conformaban resultaban o no consejeros. Sin embargo, sí han resultado tener carácter imperativo, siempre en el marco de las cotizadas, la constitución del comité de auditoría así como la comisión de nombramientos y retribuciones, que han buscado fortalecer la eficacia en el desarrollo de las funciones del consejo, así como otras de carácter potestativo, referidas especialmente a cuestiones estratégicas o de evaluación de calidad. Por tanto, surgen dentro del consejo pequeñas comisiones o comités que justifican la idea de lograr una eficacia funcional del consejo, con el fin de que las cuestiones propias de cada área sean analizadas en su conjunto por un grupo de consejeros que en función de su clase, resulten especial y profesionalmente preparados para el desempeño de la función delegada, ejerciendo un filtro como mecanismo de control, y favoreciendo las prácticas de buen gobierno[435].

De manera paralela a la constante evolución que ha supuesto el gobierno corporativo para la sociedad cotizada en general, y para su consejo de administración en especial, la normativa de las comisiones también ha evolucionado, partiendo desde su carácter consultivo y asesor, hasta quedar

435. MARTÍN DE VIDALES, M. / LÓPEZ JORRIN, A.: «El Consejo de Administración de las sociedades cotizadas» en VIVES, F / PEREZ ARDA, J.: *La Sociedad Cotizada*, Ed. Marcial Pons, Madrid, 2006. Pág. 296.

dotado de una naturaleza vinculante incluso por medios legislativos y no únicamente a través de las diferentes recomendaciones, caso concreto del comité de auditoría, que fue introducido por la Ley Financiera de 2002. En cualquiera de los casos, además de las particularidades que cada comisión conlleva, existen cuestiones relevantes en su conjunto, comunes a todas ellas, de las que podemos destacar:

– Las comisiones están formadas únicamente por consejeros, por lo que además de su participación en alguna comisión en concreto, forman parte igualmente del consejo de administración en su conjunto, lo que determina no sólo su relación orgánica con la sociedad, sino también su régimen de responsabilidad. Otra cuestión es vincular por ejemplo la comisión ejecutiva con la alta dirección, o al comité de auditoría con los auditores externos, sin embargo dicha vinculación no va más allá de un asesoramiento externo.

– De la misma manera que los órganos delegados constituyen *a priori* y en la teoría una pequeña reproducción del consejo[436], lo mismo sucede tanto con el comité de auditoría como con la comisión de nombramientos y retribuciones en cuanto a su funcionamiento interno. Es decir, cuenta con un presidente, sus reuniones deben constar en acta, y puede dotarse de una regulación específica, que generalmente contemplará el reglamento del consejo de administración.

– La formación de las comisiones variará en función de la tipología de los consejeros. Teniendo en cuenta que las comisiones no ejecutivas tienen ciertamente una misión similar a la de los consejeros de igual carácter, éstas las formarán consejeros no ejecutivos, los cuales, estarán igualmente presentes en la comisión ejecutiva, si bien en coexistencia con los miembros ejecutivos del consejo.

2. La comisión ejecutiva

A. *El carácter potestativo de la comisión ejecutiva*

Se da la circunstancia de que siendo la única comisión que se contempla para la generalidad de las sociedades, no tiene en cambio carácter imperativo, pese a que facilite una mayor operatividad y agilidad en la sociedad. Decimos que se contempla para la generalidad de las sociedades, a los efectos de la delegación de facultades admisible en toda sociedad, que en el caso de las cotizadas se torna necesario (por una cuestión operativa de asunción

436. ALONSO UREBA, A. «El modelo de administración de la sociedad anónima cotizada en el Código Unificado de Buen Gobierno español» en *Gobierno Corporativo*. Ed. La Ley, Madrid 2009. Pág. 221.

de carga de trabajo) e incluso aconsejable (por razón de la referida dualidad de funciones) Al respecto, la mayoría de las sociedades cotizadas no cuentan con una comisión ejecutiva, si bien el porcentaje se eleva hasta la mitad en el caso de compañías del IBEX conforme los datos estadísticos publicados por la Comisión Nacional del Mercado de Valores, lo que determina la concentración de poder en torno al llamado primer ejecutivo de la sociedad, que no necesariamente recae en la figura del presidente del consejo.

Hay que destacar, no obstante que dicha estadística publicada por el Informe Anual de Gobierno Corporativo de la Comisión Nacional del Mercado de Valores lleva advirtiendo el descenso de la presencia en los consejos de este tipo de comisiones, cuestión que ya fue advertida por el anterior Código Unificado: «*Aunque la disminución del tamaño de los Consejos y la mayor frecuencia de sus reuniones puede conducir a una paulatina desaparición de las Comisiones Delegadas o Ejecutivas, éstas son una realidad en buena parte de las sociedades cotizadas españolas y cumplen una función importante*».

En cualquier caso, se trata del órgano en que el consejo delega de forma permanente determinadas facultades de gestión y administración de la sociedad, siendo el titular del poder de representación. Hay que tener en cuenta que el alcance de la delegación ha de ser suficientemente amplio, no buscando el pleno poder de la comisión en cuestiones de administración, sino por el contrario, para asegurar al consejo centrarse en su labor fundamental y razón de ser, que es la supervisión. Lo cierto es que pese a que el consejo no pierda las funciones que delega, no es óbice que en la práctica supone que la comisión ejecutiva tenga un papel preponderante en la dirección gerencial[437].

B. *La réplica y relación entre la comisión ejecutiva y el consejo de administración*

La consideración de que la comisión ejecutiva reproduce en menor tamaño al propio consejo de administración[438], no se refiere únicamente a que aquella ejerza las funciones propias del órgano de administración en cuanto a la gestión social, sino también en que su composición interna ha de imitar a la estructura del consejo, no sólo en cuestiones funcionales, sino que también en la tipología de los consejeros que forman el órgano. Así, lo establecía entonces el Código Unificado de Buen Gobierno en su Recomendación 42, solicitando que la estructura de participación en la comisión ejecutiva de las diferentes clases de consejeros, sea similar a la del propio consejo. Hoy día, el actual Código de Buen Gobierno ya no solicita dicha pro-

437. De nuevo, ALONSO UREBA, A. «*El modelo de administración...*» *cit.* Pág. 232.
438. MARTÍN DE VIDALES, M. / LÓPEZ JORRIN, A.: «*El Consejo de Administración...*» cit. Pág. 300.

porción, ni tampoco lo hace la Ley, sino que en el primer caso, la actual Recomendación 37 solicita la presencia, al menos, de dos consejeros no ejecutivos, uno de los cuales ha de ser independiente; y que el secretario de dicha comisión sea el mismo que el del consejo en su conjunto.

Pero además de su composición, la comisión ejecutiva guarda otras similitudes con el propio consejo tales como su funcionamiento y su carácter colegiado. En cuanto al primero, las sociedades suelen contemplar que sea el reglamento del consejo de administración quien contemple su organización, en cuanto a cuestiones como convocatoria; presidencia, que suele coincidir con la del propio consejo; ámbito de la delegación; número de miembros, cuya media gira en torno a siete consejeros, o periodicidad de sus reuniones[439].

Se ha de partir del principio de transparencia, no sólo de cara al mercado, sino en la conexión entre el órgano delegado y el consejo en su conjunto. Lo que ocurre es que partiendo de ese principio de transparencia se desemboca en una inmediatez que al final resulta difícil la evaluación por parte del Consejo de determinados asuntos. Es decir, que poniendo por ejemplo que la comisión ejecutiva se reúna cada quince días y el consejo cada mes, esta última reunión coincidiría con una de las que realiza la comisión, y esa absoluta inmediatez provoca un escaso examen que genera habitualmente un asentimiento general a las propuestas del comité[440].

El problema de la réplica a la que hacemos referencia en ocasiones ha terminado en tornarse en absorción de las propias facultades del consejo, quedando en manos de la comisión ejecutiva no sólo la función propia de la gestión, sino igualmente la concerniente a la supervisión a través de la presencia de los consejeros no ejecutivos, que representan un alto porcentaje de la misma. Esa presencia de no ejecutivos supone un primer filtro al consejo en pleno, lo que da sentido a que el Código Unificado prefiriese hablar de *«Comisión Delegada»* en lugar de Ejecutiva, tal vez para no vincular ésta únicamente a los consejeros de dicha clase. El Código de Buen Gobierno, en cambio, no realiza tal distinción.

El filtro supone que los consejeros supervisores conozcan en primera instancia las propuestas de los ejecutivos y los miembros de la alta dirección, lo cual nos retorna a la idea de comisión ejecutiva como réplica del consejo,

439. SÁNCHEZ CALERO, F.: *«Los administradores...»* cit. Pág. 782.
440. ALONSO UREBA, A.: «Diferenciación de funciones (supervisión y dirección) y tipología de consejeros (ejecutivos y no ejecutivos) en la perspectiva de los artículos 133.3 (responsabilidad de administradores) y 141.1 (autoorganización del Consejo) del TRLSA» en AAVV: *Derecho de Sociedades Anónimas Cotizadas,* Tomo II, Ed. Thomson-Aranzadi, 1.ª edición. Navarra, 2006. Pág. 828.

en cuanto a un órgano delegado con funciones más propias de la supervisión que gerenciales. Llegados a este punto, cabe plantearse si realmente la existencia de la comisión ejecutiva tiene sentido o como hemos visto anteriormente, si en cambio debe ser de carácter obligatorio, toda vez que al estar compuesta mayoritariamente por consejeros no ejecutivos, ésta ya ejerce su propia función de supervisión, si bien es cierto que tienen la capacidad de resolver asuntos sin dilación que requieren de una rápida respuesta. Otra cuestión sería que la comisión la formen exclusivamente miembros ejecutivos, sin embargo los mecanismos de control eficaces resultarían muy difíciles de establecer.

3. El comité de auditoría

A. *Concepto y composición*

Pese a que algunas sociedades ya contaban con este órgano, su obligatoriedad fue introducida por la Ley Financiera de 2002, que añadió a la Ley del Mercado de Valores la Disposición Adicional 18.ª, estableciendo que las sociedades cotizadas así como las entidades emisoras de valores admitidos a negociación en mercados oficiales, debían constituir en el seno de su consejo de administración un comité de auditoría. Actualmente, al ser norma obligatoria, tanto los códigos de buen gobierno como la propia Ley se han encargado más de su desarrollo, lo que muestra una evolución tendente del gobierno corporativo desde las recomendaciones hacia normas de carácter imperativo[441]. Se trata de una comisión interna del consejo que ejerce una labor previa de control y vigilancia sobre lo que ha de informar al consejo, cuya misión radica en supervisar la auditoría interna y la gestión de riesgos de la sociedad, por lo que se le considera más soporte de ayuda que órgano en sí, lo cual aconsejaba que en su mayoría estuviese formado por consejeros no ejecutivos en un mínimo de tres miembros. En la actualidad, tras la reforma normativa de 2014, el artículo 529 quaterdecies de la Ley de Sociedades de Capital, su composición «*exclusivamente por consejeros no ejecutivos*» pasa a ser imperativa, de los cuales la mayoría han de ser independientes, incluido el presidente.

Pero además del tipo específico de consejeros que han de formarla, han de añadirse criterios profesionales que requieren que los miembros del comité tengan conocimientos financieros en materia de contabilidad, auditoría, o ambas, lo que llevaba en la Recomendación de la Comisión Europea de 2005 a promover un «*programa de formación continua*» y especialización

441. VELASCO SAN PEDRO, L. A.: «El Comité de Auditoría» en AAVV: *Derecho de Sociedades Anónimas Cotizadas,* Tomo II, Ed. Thomson-Aranzadi, 1.ª edición. Navarra, 2006. Pág. 1087.

en cuestiones contables, financieras y operativas de los consejeros miembros del comité de auditoría.

B. *Control previo de la gestión financiera*

En similar forma a lo que sucede con la comisión ejecutiva, el comité de auditoría representa un primer filtro a determinados aspectos que posteriormente serán debatidos en el consejo en pleno, lo cual descarta la posibilidad de considerar este comité como un órgano consultivo. En el marco de sus funciones están precisamente las de supervisar movimientos contables y financieros como un comité encargado de velar por la salud económica de la entidad, pero también por la transparencia de su información financiera. Por ello, la Directiva 2006/43/CE propuso que algunos de los miembros de esta comisión no fuesen consejeros, refiriéndose a entidades de interés público, entendiendo por tales a «*aquellas cuyos valores sean negociables en un mercado regulado de cualquier Estado miembro*». La inclusión de no consejeros no sería asimilable en cierto modo a la relación de los ejecutivos en el seno de su comité con respecto a la alta dirección, puesto que ésta no pertenece a la comisión ejecutiva. Sin embargo, nada impide asesorarse de expertos externos. Pero de ahí a plantearse su presencia en el comité resultaría más problemático.

En primer lugar, y como una cuestión de forma, la inclusión de no consejeros en el comité de auditoría extraería a ésta del consejo de administración, y por tanto, dejaría de ser un órgano o comisión del consejo para convertirse en un comité de expertos asesores y externos del órgano social, y por tanto, su régimen de responsabilidad ya no tendría carácter orgánico sino previsiblemente contractual por el vínculo que le uniría a la sociedad. Y en segundo lugar, porque a priori podría resultar problemático determinar qué personas podrán ocupar el cargo. Obviamente se tendrían en cuenta igualmente criterios de profesionalidad, sin embargo resultaría más problemática la cuestión de la independencia. Es decir, cabe preguntarse si sería viable la opción de que fuese un miembro del auditor externo[442], lo que pondría en jaque su autonomía con respecto al informe de auditoría, o bien si debería ser de una entidad diferente. Otra opción es que el nombramiento se efectuase por el Registro Mercantil, sin embargo, resultaría un innecesario corte a la autorregulación societaria. Por ello, la exigencia de criterios profesionales y una presencia de consejeros no ejecutivos presididos por un independiente, parece más que razonable.

---

442. En la actualidad, todas las compañías del IBEX 35 son auditadas por alguna de las cuatro grandes, las «*Big Four*», a saber DELOITTE, PwC, ERNST & YOUNG y KPMG.

C. *Misión, formalidades y competencias del comité de auditoría*

Posiblemente con el fin de dotar a este comité de una importancia capital en cuanto a la exhaustiva supervisión financiera que ha de desempeñar, tanto los códigos de buen gobierno como el legislador atribuyen funciones semejantes a la que representa una auditoría de cuentas, pero sin ser el comité el encargado de la misma. Por ello, a los efectos de la misión de esta comisión, así como la relación con respecto a los auditores externos, cabe hacer un repaso a las funciones de la auditoría.

Definida en la ya derogada Ley de Auditoría de Cuentas, su artículo 1.2 establecía que *«se entenderá por auditoría de cuentas la actividad consistente en la revisión y verificación de las cuentas anuales, así como de otros estados financieros o documentos contables, elaborados con arreglo al marco normativo de información financiera que resulte de aplicación, siempre que aquélla tenga por objeto la emisión de un informe sobre la fiabilidad de dichos documentos que pueda tener efectos frente a terceros».*

Uno de los principios que enumera el artículo 1.3 de la misma Ley es precisamente aplicable a los que deben regir el comité de auditoría del consejo de administración de la sociedad cotizada, y es el de expresar la *«imagen fiel»* del patrimonio. Por tanto, aplicando los principios que de la auditoría se esperan a los referentes al objeto de estudio, el comité de auditoría tiene por objetivo garantizar la fiabilidad de los estados financieros, aumentar la transparencia y proteger a terceros, bajo los requisitos de profesionalidad e independencia.

Tanto en la anterior Ley del Mercado de Valores como en el desarrollo que de la misma efectuaba el Código Unificado en esta materia, hasta llegar al contenido concreto y actual de la Ley de Sociedades de Capital, existen algunas cuestiones particulares y formales al comité de auditoría, pese a que la autorregulación le afecte en menor manera. Partiendo de su composición ya vista en cuanto a consejeros no ejecutivos así como el carácter de independiente de su presidente, resulta llamativa la regulación que de éste hace la Ley por aplicación de lo que constituyó la Disposición Adicional 18.ª de la Ley del Mercado de Valores, estableciendo que *«el presidente deberá ser sustituido cada cuatro años, pudiendo ser reelegido una vez transcurrido un plazo de un año desde su cese»* lo que ha sido entendido como un ejercicio de preservar la independencia del comité[443]. Como facultad autorreguladora del consejo, su nombramiento a éste compete en base a sus cualidades profesionales, pero en cambio, su posible cese por parte de la junta no reviste de

443. SÁNCHEZ CALERO, F.: *«Los Administradores...»* cit. Pág. 832.

especialidad alguna, por lo que ha de entenderse que el cese de consejero también llevará aparejado el de miembro de este comité.

En cuanto a sus competencias, de forma muy general se resume que la función del comité de auditoría está en la supervisión de los estados financieros de la entidad, velando por el buen funcionamiento de los sistemas de información de control interno. Sin embargo, adquiere especial relevancia la relación del comité con respecto a determinados órganos o estamentos del círculo de la sociedad. Por ello, en función de las disposiciones de ambas, lo hemos diferenciado esquemáticamente en dichas relaciones del Comité:

1. Relación respecto a la junta general. El artículo 529 quaterdecies de la Ley de Sociedades de Capital se refiere a que el comité deberá *«informar a la junta general sobre las cuestiones que se planteen en su seno en materia de su competencia»*. Esta función se fundamenta en las explicaciones de índole financiera que se manifiestan en el seno de la celebración de una junta, lo que supone reforzar el derecho de información del accionista. Resulta especialmente significativo acerca de los comentarios al informe del auditor externo, debiendo procurar que no contenga salvedad alguna, y que de tenerlas, sean explicadas detalladamente el contenido o alcance de las mismas. Hay que decir que la función del comité de auditoría conecta con la fiabilidad de la información financiera, lo que a efectos de los socios se trata de un hecho indudablemente valorable[444].

2. Relación respecto al consejo. Tal y como establece el mismo artículo legal, por influencia del anterior Código Unificado en su Recomendación 50, corresponde al comité de auditoría la propuesta de la selección, nombramiento, reelección y destitución del auditor externo, cuya propuesta será elevada al consejo de administración. Decimos propuesta porque en Derecho de sociedades se contempla la competencia de la junta general en el nombramiento de auditores para la verificación de las cuentas anuales (artículo 264 de la Ley de Sociedades de Capital), así como la posibilidad que el nombramiento se efectúe a instancias del Juez o del Registro Mercantil. Por ello, se entiendo que el comité eleva la propuesta al consejo, y éste lo sometería a aprobación de la junta, todo ello sin perjuicio de los derechos de los socios en la revocación de los auditores externos. Por otro lado, corresponde al comité de auditoría informar al consejo de determinada información que pueda menoscabar la transparencia societaria a fin de dar oportuno cumplimiento a uno de los principios más consolidados del buen gobierno corporativo.

444. VELASCO SAN PEDRO, L. A.: *«El Comité de Auditoría...»* cit. Pág. 1091.

3. Relación con respecto a auditores externos. La relación entre ambos debe estar presidida por el principio de transparencia, en que el comité deberá de establecer las relaciones oportunas con el auditor externo para conocer cuantas cuestiones fuesen relevantes a los efectos de preservar su independencia. Existe por tanto un control que ejerce el comité hacia el auditor externo con el fin de asegurar, además de su independencia, que éste respete *«las normas vigentes sobre prestación de servicios distintos a los de auditoría»* así como su eficacia. Por otro lado, debe asegurarse de poner los medios de que exista coordinación entre los auditores externos y los mecanismos de auditoría interna de la sociedad.

4. Relación respecto a las normas de gobierno corporativo. Partiendo de la base que tanto su constitución como algunos aspectos referentes a su estructura, son elementos imperativos y no sujetos a la voluntariedad de las recomendaciones, el comité de auditoría representa una pieza central en el cumplimiento de las normas de gobierno corporativo. De hecho, su denominación en el Reglamento Tipo que impulsó la Comisión Nacional del Mercado de Valores era de *«Comisión de Auditoría y Cumplimiento»* referido en su segunda denominación a los principios del *corporate governance que* seguía la sociedad. Ello ha generado que se considere al comité de auditoría en su función supervisora como el órgano, no sólo de velar por el mayor cumplimiento de las recomendaciones del Código de Buen Gobierno, sino incluso también de elaborar el correspondiente Informe Anual de Gobierno Corporativo[445], así como ser garantes de la transparencia económica de la sociedad, manifestado en la información *que* han de remitir a la Comisión Nacional del Mercado de Valores como la comunicación como hecho relevante del cambio de auditor, entre otros.

5. Relación con los servicios financieros de la empresa. La Ley habla de conocimiento del proceso de información financiera y de los sistemas de control interno de la entidad, afectándole de manera significativa el deber de *«informarse diligentemente de la marcha de la sociedad»*. Se manifiesta en una vigilancia y supervisión del sistema de auditoría interna y de la información financiera, lo que lleva a revisar de forma periódica los sistemas de control de riesgos, lo que justifica la necesidad de estar formados en conocimientos contables. Ese control, no obstante, no se traduce en gestión efectiva financiera, que es más propia de la dirección especializada, lo cual no impide que el comité adquiera especial relevancia en la formulación de las cuentas, debiendo asegurarse que éstas expresan la imagen fiel de la compañía, no

445. Afirmación no compartida por otros autores que consideran a la Comisión de Nombramientos y Retribuciones como la competente para elaborar el Informe Anual de Gobierno Corporativo.

olvidando que corresponde a todo el consejo en su conjunto la llevanza y presentación de las cuentas anuales. En este caso, se plantean algunas dudas en cuanto al régimen de responsabilidad que les afecta. Por otro lado, se introdujo en nuestro ordenamiento inicialmente por vía del Código Unificado, la recomendación de la Comisión Europea para que se establezcan los mecanismos suficientes para que los empleados puedan denunciar determinadas irregularidades de carácter financiero, debiéndose proteger la identidad del denunciante, resultando un sistema de control interno[446].

4. La comisión de nombramientos y retribuciones

A. *Origen y naturaleza*

De la promulgación normativa de esta comisión, resulta significativo que dos cuestiones tan dispares como es el nombramiento de consejeros por un lado, y la retribución de los mismos por otro, encuentren su nexo a través de una comisión inicialmente única en el consejo, y que de hecho se estudie de forma conjunta. Inicialmente el Código Olivencia aludía a que no era preciso crear una comisión delegada por cada área de responsabilidad, además de la ejecutiva, ni que por el contrario era recomendable fusionarlas todas en una, recomendando la existencia al menos de dos, una referente a la citada de auditoría y cumplimiento, y otra con respecto a nombramientos y retribuciones. Esta fusión fue igualmente recogida tanto por el Reglamento Tipo como por el Informe Aldama. Posteriormente, el Código Unificado las trató de forma diferente sin perjuicio de su unión, estableciendo concretamente que se constituya *«una Comisión, o dos comisiones separadas, de Nombramientos y Retribuciones»*, lo que termina desembocando en el actual Código de Buen Gobierno, que recomienda su expresa separación en *«sociedades de elevada capitalización»* conforme dispone la Recomendación 48.

No obstante, y a diferencia de la comisión de auditoría, su constitución no tenía carácter imperativo, hasta la reforma de 2014, que sí estableció su obligatoriedad, quizás por una cuestión de sentido lógico, pues hasta entonces sí constituía norma el hecho de que los consejeros independientes fueran designados por esta comisión, lo que entrañaba una obligación implícita.

Tal obligación, al igual que muchas otras recomendaciones del entonces Código Unificado, constituye materia legal recogida en el artículo 529 quindecies de la Ley de Sociedades de Capital, el cual establece su composición exclusivamente en consejeros no ejecutivos, al menos dos de los cuales habrán de ser independientes, entre los que habrá de estar el presidente.

446. MARTÍNEZ GARRIDO, S. «Consideraciones generales del Consejo de Administración» en *Gobierno Corporativo*. Ed. La Ley, Madrid 2009. Pág. 30.

B. *Sobre las retribuciones*

Derivando para más adelante por razón del objeto de este trabajo, la parte relativa al nombramiento, esta comisión estará encargada de proponer al consejo la política de retribuciones de los consejeros y de la alta dirección, la política de remuneraciones individuales de los consejeros, y las condiciones laborales de la alta dirección. Igualmente, en su función supervisora le compete velar por el cumplimiento de la política retributiva que emana de la junta general, de los estatutos sociales, y en el caso de los ejecutivos, del contrato de consejeros delegados o ejecutivos conforme a lo dispuesto en el reformado artículo 249 de la Ley de Sociedades de Capital.

Pero lo cierto es que todas las cuestiones acerca de la retribución de los consejeros, requieren de un amplio y exhaustivo estudio diferente al que nos ocupa[447]. No obstante, sí queremos hacer una breve mención a algunos de los sistemas de retribución más frecuentes, materia hoy de obligada publicidad por las sociedades cotizadas, quienes deben elaborar un informe anual sobre la política de las remuneraciones de sus consejeros:

– Retribución fija. Consiste en una remuneración fija que perciben los consejeros por su pertenencia tanto al consejo de administración como a las diferentes comisiones. En concreto, este sistema supone el 40% de la remuneración total media de los consejeros, porcentaje que últimamente se viene manteniendo, conforme dispone el Informe Anual. En cuanto a la clase de consejeros, son los ejecutivos los que perciben ampliamente una mayor remuneración.

– Participación en beneficios. Es el pago de un importe porcentual del beneficio de la sociedad, que contempla el artículo 218 de la Ley de Sociedades de Capital para sociedades anónimas. Dicha remuneración sólo podrá detraerse de los beneficios líquidos del año en que se presentan las cuentas, una vez que atendido las reservas legales y estatutarias, y se haya atribuido a cada accionista un dividendo de al menos el 4%. Algunas voces han solicitado que estatutariamente se establezca el porcentaje de los beneficios que se van a repartir los administradores, sin remisión a un importe máximo[448].

---

447. Al respecto, estudio monográfico acerca de esta cuestión, en DOMÍNGUEZ GARCÍA, M. A.: «Retribución de los administradores de las sociedades cotizadas. La comisión de retribuciones» en AAVV: *Derecho de Sociedades Anónimas Cotizadas,* Tomo II, Ed. Thomson-Aranzadi, 1.ª edición. Navarra, 2006. Pág. 1055 y ss.

448. ALFARO ÁGUILA-REAL, J.: «Remuneraciones y sistemas de incentivos» en *Gobierno Corporativo.* Ed. La Ley, Madrid 2009. Pág. 98.

– Opciones sobre acciones. Consiste en ligar la remuneración a la cotización de las acciones de la sociedad, por el que se atribuye a los consejeros el derecho a adquirir acciones de la compañía en un plazo concreto. Supone por tanto un sistema por el que se incentiva a los administradores a maximizar la creación de valor para los accionistas, lo que a ellos les reportaría grandes ganancias, sobre cuyos peligros ya hemos advertido en capítulos anteriores.

– Dietas de asistencia. Es el pago de una remuneración por asistir a las reuniones del consejo de administración así como a sus diferentes comisiones, por lo que la ausencia a las mismas excluye el derecho.

5. Consejo monista y dualidad de funciones, ¿comisión de supervisión?

Del análisis del modelo de gobernanza empresarial en nuestro país materializado en el sistema monista con dualidad de funciones, hemos advertido, en línea con destacados autores, algunas carencias o deficiencias de dicho modelo, especialmente en cuanto a la dificultad de tal dualidad de funciones consecuencia, en primer lugar, del cierto desplazamiento de la competencia gerencial hacia la alta dirección; en segundo lugar, por la ausencia de concreción de las facultades de supervisión; y en tercer lugar, por el propio concepto monista del consejo, toda vez que la delegación de facultades gerenciales no vacía ni extingue la competencia de los consejeros delegantes y de control, dándose en cambio la circunstancia que la segunda función del consejo, la supervisora, no es en cambio delegable, conforme establece el artículo 249 bis de la Ley de Sociedades de Capital. En esta tesitura, como ya hemos avanzado a lo largo del presente trabajo, nos planteamos la posibilidad de establecer un comité interno del consejo de administración cuya esencial misión sea efectivamente la de supervisión y control como instrumento de evaluación periódica del propio consejo en su conjunto, con determinadas competencias establecidas que, al igual que pueda ocurrir con los consejeros ejecutivos o delegados, formen o no una comisión, tenga su reflejo igualmente respecto de la función supervisora a través de los consejeros cuyas competencias no sean ejecutivas.

Tal planteamiento se realiza precisamente en base a un específico precepto legal, concretamente el artículo 529 septies de la Ley de Sociedades de Capital, redactado por la reforma operada por la Ley 31/2014, de 3 de diciembre, por la que se modifica la Ley de Sociedades de Capital para la mejora del gobierno corporativo, relativo al necesario nombramiento de un consejero coordinador para el caso de que el presidente del consejo de administración ostente carácter ejecutivo. Sobre la cuestión de la confluencia de cargos, en lo que entraremos en profundidad más adelante, cabe recordar que si bien han existido tibias manifestaciones por parte del legislador español y por el comunitario en aparente favor de la separación de cargos, no han pasado de meras intenciones que nunca han terminado por concretar un posicionamiento normativo claro en favor de tal separación. Ni tan siquiera los distintos códigos de buen gobierno en nuestro país, aun constituyendo normas de cumplimiento voluntario, han apostado por tal separación, reconociendo que la confluencia de cargos de presidente y primer ejecutivo de la sociedad en favor de una misma persona, puede incluso tener también connotaciones positivas, además de las negativas. Por ello, la Ley se limitó a que, en caso de confluencia de tales cargos en una misma persona, la sociedad debe *«nombrar necesariamente a un consejero coordinador entre los consejeros independientes»* que sirva de enlace entre los consejeros no ejecutivos, como una medida de contrapeso y equilibrio ante lo que podría ser la excesiva asunción de poder por una misma persona. Al respecto, y como decíamos, nuestra idea de la posibilidad de tal comisión de control surge precisamente de las competencias que la Ley otorga a este consejero coordinador en el citado artículo, en concreto, las de *«coordinar y reunir a los consejeros no ejecutivos»*. Por ello, al referirse la Ley literalmente a una «reunión», cabría interpretar que lo hace en un sentido estricto, esto es, la confluencia asamblearia de varias personas llamadas a cumplir el papel de supervisión que la norma otorga a esta clase de consejeros no ejecutivos, coordinados por un consejero independiente que desarrolle tal función de coordinación. Consideraba el Profesor Olivencia en un estudio sobre la figura de este tipo de consejero[449], que esas reuniones podían establecerse como un grupo de trabajo a través de un determinado texto normativo o conjunto de reglas sin requerir la promulgación de un reglamento aparte. Ello es lo que en esa línea nos genera la idea de encaminarnos hacia un sistema «dual en mono», esto es, en sede de consejo monista con un comité en el seno del mismo con exclusivas funciones de control, comisión dirigida por el consejero coordinador, y encargada de la citada misión esencial de control a los consejeros ejecutivos y al conjunto del consejo.

Con tal comisión podrían verse superadas, en nuestra opinión, algunas deficiencias del actual modelo que se acusan, en concreto, la de concretar las funciones de control y supervisión como competencia definida y separada de la función gerencial, la de personificación subjetiva de tales funciones, y la de facilitar la evaluación de la referida misión supervisora.

De forma más desarrollada. En primer lugar, nos referimos a la concreción de competencias de vigilancia, sobre lo que algún autor como ya hemos visto acusaba una ausencia legal de definición objetiva en tal material. En

449. OLIVENCIA RUIZ, M., *«El consejero coordinador...»* cit.

este caso, partimos de una consideración: si el consejo monista ostenta dualidad de competencias funcionales, la gerencial y la supervisora, y la primera de las referidas funciones se encuentra perfectamente definida en torno a los consejeros ejecutivos o delegados; en la comisión ejecutiva, en su caso; y en la gestión compartida con la alta dirección, ¿por qué la segunda de las funciones no puede verse igualmente representada en una comisión especializada? Bien es cierto, como ya hemos manifestado en varias ocasiones, que el artículo 249 bis de la Ley de Sociedades de Capital estima como competencia indelegable del consejo la propia de supervisión, sin que en cambio realice tal referencia a la gestión, seguramente por ser plenamente consciente el legislado que, en la práctica de las sociedades cotizadas, tal función gerencial se encuentra en la alta dirección. Pero a nuestro juicio, el establecimiento de tal comisión no resultaría del todo incompatible con dicho artículo pues, a diferencia de determinados actos de gestión, la supervisión no se estaría delegando en dicha comisión, sino concretando y especificando para la labor de evaluación interna anual que el consejo de administración debe acometer *ex* artículo 529 nonies. Ha de tenerse en cuenta además, que la separación entre consejeros ejecutivos y no ejecutivos, que no ha de coincidir necesariamente con gestores y supervisores, respectivamente, no implica que toda comisión distinta de la ejecutiva deba ser en cualquier caso clasificada como comisión de control. En todo caso, de ostentar alguna de las legalmente exigibles tal consideración, sería la comisión de auditoría, sobre la cual como ya hemos visto, algunos códigos de buen gobierno, algunos autores, incluso a nivel práctico, han otorgado más funciones adicionales incluso en su denominación (comisión de auditoría y cumplimiento conforme establecía el Reglamento Tipo que impulsó la Comisión Nacional del Mercado de Valores. Pero en puridad, tal comisión, por razón de las competencias profesionales que se exigen a quienes vayan a integrarla, se refiere más a las cuestiones económico-financieras de la compañía, que a otras cuestiones de las llamadas indelegables de la función supervisora, tales como el seguimiento de la política estratégica de la empresa.

Igualmente, tal comisión tendría su encaje en el Código de Buen Gobierno el cual, de forma intencionada o no, entre la concreta regulación de las tres comisiones obligatorias del consejo, introduce en el apartado III. 3.4.3, Principio 21, y Recomendaciones 45 y 46, «*que bajo la supervisión directa de la comisión de auditoría o, en su caso, de una comisión especializada del consejo de administración, exista una función interna de control y gestión de riesgos ejercida por una unidad o departamento interno de la sociedad*» con funciones específicas de control. Es más, tal Recomendación reconoce que puede someterse, bien al comité de auditoría, o lo que nos parece más relevante a estos efectos, bien por *«una comisión especializada»* dentro del propio consejo, ya que, como acabamos de decir, no nos parecen estrictamente asimilables las comisiones de nombramientos y retribuciones, a una función esencialmente supervisora, de vigilancia y control.

Al contrario, esta comisión de control y supervisión, al igual que las no ejecutivas deberán estar íntegramente conformadas por consejeros no ejecutivos y ser presidida por un independiente, quien será, en su caso, el referido consejero coordinador del artículo 529 septies de la Ley de Sociedades de Capital en caso de confluencia de cargos. Y cuyas funciones serán precisamente la de establecer con precisión las concretas funciones de control del consejo en sede monista que le imponen los textos normativos, esto es, la responsabilidad estratégica sobre la orientación de la política empresarial; la responsabilidad de vigilancia y control sobre las instancias de control, englobando a éstas a los consejeros ejecutivos y alta dirección; y la responsabilidad comunicativa para con los accionistas, conforme exponía con precisión y detalle el Código Unificado de Buen Gobierno. De esta forma, tal comisión serviría de enlace al consejo de administración en su conjunto, y establecería tanto la línea estratégica a seguir en el modelo gerencial, como una forma de instancia única y especializada de control de tales actos, en cumplimiento de la función supervisora, siendo la comisión de la que emanaría la evaluación anual del consejo, sometida a todo el órgano en su conjunto.

Incluso, vamos más allá, y planteamos la hipotética posibilidad de hacer un todavía mayor acercamiento al sistema dual alemán, mediante la posible participación indirecta en tal comisión de personas no consejeras, concretamente de la representación legal de los trabajadores, como uno de los primeros grupos de interés de la sociedad, adicional a los accionistas. Pero no en la propia comisión, pues al no ostentar la condición de consejeros se restringe tal posibilidad en el sistema monista, sino de una forma accesoria o complementaria, incluso con la posibilidad de creación de un grupo de trabajo mixto conformado por tales consejeros no ejecutivos y los representantes legales de los trabajadores. Tal consideración la hacemos, de nuevo, sobre la base analógica de lo que acontece con la misión gerencial del consejo, sobre la cual, ya se ha dicho, que en la práctica se halla situada o compartida con la alta dirección, esto es, personal directivo de la compañía que no ostenta la condición o estatuto jurídico de administrador, y que se someten jerárquicamente a los ejecutivos de la compañía[450]. Por ello, en misma

450. Pongamos un ejemplo concreto, el de una entidad muy representativa del selectivo IBEX 35: Caixabank. Si analizamos la información pública corporativa de dicha entidad en su página web, informa sobre su estructura con la identificación: (i) de quienes

línea, si de las dos misiones principales del consejo de administración, una de ellas se ejerce de manera compartida (aunque con superioridad jerárquica) con quienes no ostentan la condición *stricto sensu* de consejeros ejecutivos, ¿cabría igual posibilidad respecto a la función supervisora? Bien, en este caso nos encontraríamos nuevamente con la restricción del artículo 249 bis de la Ley de Sociedades de Capital sobre el carácter indelegable de la función supervisora, si bien, de nuevo, advertiríamos que ello no supondría un incumplimiento de tal precepto legal, ya que como hemos dicho, la participación de la representación legal de los trabajadores habría de producirse de forma indirecta, es decir, sin la consideración plena de miembros de tal comité, dado que al hallarnos en un sistema monista, para su pertenencia a un comité interno del consejo de administración se ha de tener la consideración de consejero.

Este régimen de participación indirecta encontraría su paralelismo en esa relación entre ejecutivos y alta dirección. Es cierto que existen significativas diferencias entre el comité de dirección y la comisión ejecutiva, entre otras cosas porque esta última se compone exclusivamente de consejeros, y además incluyendo consejeros que no ostentan el carácter ejecutivo. Sin embargo, de los datos estadísticos, hemos visto que no son abundantes las sociedades cotizadas que cuentan con un comité ejecutivo al no ser de establecimiento imperativo como sucede con otras[451], lo que implica que en aquellas sociedades que no cuentan con una comisión ejecutiva (las que más) los consejeros ejecutivos que gestionan la compañía cabría presumir que lo ejercen directamente con la alta dirección a través de su correspondiente comité, lo que implica que en tal caso, no estaríamos hablando de una línea de separación clara entre comité de dirección y comisión ejecutiva, al no existir esta última, sino que tal separación sería difusa, y que por tanto, ello es lo que genera el reconocimiento implícito del legislador y de la doctrina sobre dónde se halla situada en la práctica la función gerencial. En cualquier caso, en el marco de esa relación entre ejecutivos y altos directivos,

integran el consejo de administración; (ii) de quienes integran la comisión ejecutiva, formado por dos ejecutivos, un dominical, y cuatro independientes; y (iii) de quienes integran el comité de dirección, de trece miembros, de los cuales únicamente hay dos consejeros (el consejero delegado y el secretario del consejo de administración) siendo los otros once, todos ellos integrantes de la alta dirección como directores de distintas áreas tales como riesgos, medios, contabilidad, recursos humanos o sostenibilidad, entre otros. El hecho de que esta importante entidad informe sobre la estructura de su comité de dirección, y la concreta composición del mismo, es sobre lo que llamamos especialmente la atención.

451. En «números redondos» según el Informe Anual de Gobierno Corporativo publicado por la Comisión Nacional del Mercado de Valores relativo al ejercicio 2021, sólo un 25% de las sociedades cotizadas cuentan con este tipo de comisión, porcentaje que se eleva al 50% respecto de las pertenecientes al selectivo IBEX 35.

ha de partirse de la base que es jerárquica, donde los segundos, por mucho que participen en la práctica en la gestión social, ni ostentan derecho de voto en las decisiones del consejo o de la comisión ejecutiva, ni tampoco se hallan a priori sometidos al mismo régimen legal de responsabilidad, sin perjuicio de lo dispuesto en el artículo 236.4 de la Ley de Sociedades de Capital. Algo similar, por ello, se propone respecto a las funciones supervisoras por parte de quienes no forman parte del consejo, en este caso y siguiendo la analogía del modelo dual alemán, de la representación legal de los trabajadores. En este caso, hablaríamos de una participación indirecta y asistencial, asesora, consultiva, sin derecho de voto, como forma de presencia y participación indirecta de uno de los mayores exponentes de los *stakeholders* de la sociedad en determinadas cuestiones relativas a la política estratégica de la sociedad, con la correspondiente separación del régimen de responsabilidad. Es decir, no hablaríamos de un comité del consejo en el cual se integrasen tales externos, dado que el sistema monista restringe la posibilidad de formar parte de comisiones del consejo sin ostentar el cargo de consejero, sino como decíamos, de una forma accesoria y complementaria, o por medio de una comisión mixta o grupo de trabajo integrado tanto por consejeros no ejecutivos como por estos externos, en concreto la representación legal de los trabajadores, como forma de complementar la necesaria función supervisora y de control del consejo, con la participación de grupos de interés. Esta comisión externa o grupo mixto de trabajo, como decimos, tiene su reflejo como hemos visto en la parte gerencial, en esa «área gris» representada por los consejeros ejecutivos y la alta dirección en las funciones de gestión, de modo que con esta fórmula encontraríamos idéntica «área gris» en las funciones se control con la participación indirecta de quienes no forman parte del consejo, al igual que en el caso gerencial; constituyendo en consecuencia el núcleo duro de color puro y definido (blanco o negro, a gusto del lector) el de quienes ostentan el cargo de consejero, de quienes forman en su conjunto el consejo de administración. Cabe recordar, además, que existen en la práctica determinados grupos de trabajo de carácter voluntario y no vinculante, con concretos fines en lo que a estructura de gobierno corporativo de las sociedades cotizadas se refiere, y son los denominados «comités consultivos de accionistas», lo que motiva que esta propuesta encontraría un encaje ciertamente similar en este tipo de comités.

En cualquiera de los casos, esta aproximación al sistema dual ha de resultar paulatina, pues precisamente como hemos visto antes y en opinión de un importante autor, una de las oposiciones que se hicieron patentes sobre el hipotético establecimiento en nuestro país del sistema dual, fue de manera precisa por parte de los principales sindicatos de nuestro país, por motivos que ciertamente desconocemos[452]. No obstante, la vinculación en el caso de nuestro país de tales principales sindicatos a posiciones y partidos políticos determinados, puede explicar tal significativa posición. En cualquiera de los casos, se trataría de una aproximación paulatina de la que, por otro lado, entendemos que redundaría muy positivamente en la imagen corporativa de la compañía y en la denominada responsabilidad social corporativa.

Pero con independencia de la posible participación indirecta de estos externos, entendemos que en cualquier caso sí tendría encaje legal el establecimiento de la comisión de supervisión y control formada exclusivamente por consejeros no ejecutivos, liderados por un consejero independiente (que sería el consejero coordinador en caso de confluencia de cargos de presidente y primer ejecutivo) con las funciones y características reseñadas, en el marco de cumplimiento, delimitación y concreción de la función de vigilancia del propio consejo de administración en el sistema monista[453].

C) EL REGLAMENTO DEL CONSEJO DE ADMINISTRACIÓN

1. De su carácter imperativo y público

Dentro de la facultad de autorregulación de las sociedades, la necesidad de que cada consejo elabore su propio reglamento responde a principios no sólo que el gobierno corporativo ofrece a estas entidades, sino también un mecanismo de información al mercado en cuanto al funcionamiento interno de las sociedades cotizadas, lo que ha desembocado en los reglamentos tanto de la junta general como del consejo de administración, el cual adquiere si cabe mayor relevancia. Y la primera característica a destacar de este reglamento es su carácter imperativo, lo que supone de manera implícita que el órgano de administración de una sociedad cotizada ha de adoptar la forma de consejo. Sin embargo, hay que destacar que con carácter previo a su obligatoriedad, en concreto en el año 2003, algunas sociedades ya habían adoptado este reglamento posiblemente influenciadas por el ya citado modelo que a finales de la década de los noventa publicó la Comisión Nacional del Mercado de Valores bajo la denominación del Reglamento

452. SÁNCHEZ CALERO, F.: «*Los administradores...*» cit. Pág. 782.
453. Lo que además encuentra un cierto paralelismo en un modelo comparado, concretamente en el italiano, conforme exponen ALONSO UREBA, A.: «El modelo de consejo de administración de la sociedad cotizada tras la reforma legal de 2014 y el CBG de 2015» en *Revista de Derecho de Sociedades*, n.º 45. Madrid, 2015. Pág. 30; y SÁNCHEZ CALERO, F.: «*Los administradores...*» cit. Pág. 781.

Tipo del Consejo de Administración[454]. Posteriormente, este reglamento fue recogido por el Informe Aldama, cuya regulación fue posteriormente establecida por la Ley de Transparencia de 2003, modificando de esta manera el artículo 115 de la Ley del Mercado de Valores, hoy recogido por el 528 de la Ley de Sociedades de Capital.

En cualquier caso, el reglamento del consejo de administración ha de entenderse como una facultad de autorregulación para el mejor funcionamiento de esta clase de sociedades. Se trata de una compilación de reglas mínimas como la convocatoria y la constitución del consejo. Hay que decir no obstante que no alcanzan a contemplar el estatuto legal de los administradores ni la relación de éstos con la sociedad o con los socios, pero que en cualquier caso, deben ser normas de acuerdo a la Ley y a los estatutos sociales[455].

En su búsqueda de *«garantizar la mejor administración de la sociedad»* está sujeto a una serie de formalismos. En primer lugar, su redacción corresponde al propio consejo, competente igualmente para su aprobación. Y en segundo lugar, se sujeta a requisitos de publicidad al igual que sucede con el respectivo de la junta general: debe ser objeto de comunicación a la Comisión Nacional del Mercado de Valores e inscrito en el Registro Mercantil. Además, deberá publicarse en la página web de la sociedad en la pestaña dedicada a los accionistas e inversores.

2. Reglamento del consejo, y estatutos sociales

La relación entre ambos determinará en cierto modo el grado de aplicación del reglamento. Se parte de la base de que éste no puede contradecir a los estatutos ni, obviamente, a la Ley, pero hemos de atender a la función y autonomía del reglamento para comprender su alcance. Si partimos de él como un mecanismo autónomo o más individualizado, cabría plantearse su contenido en aspectos no contemplados por los estatutos. Hay que recordar que existen materias reservadas a los estatutos tales como el régimen de retribución de consejeros o el número de los mismos que han de formar el consejo (estableciendo un mínimo y un máximo en lugar de una cifra concreta) lo cual impediría que estas materias fueran reguladas exclusivamente por los reglamentos[456]. Lo mismo sucede con aspectos sobre el funcionamiento interno, que también constituyen materia reservada a los Esta-

454. GARCÍA DE ENTERRÍA, J.: «El Reglamento del Consejo» en *Régimen jurídico español de la sociedad cotizada*. Ed. Comares, Granada 2006. Pág. 154.
455. SÁNCHEZ CALERO, F.: *«Los Administradores...»* cit. Pág. 759.
456. SALELLES CLIMENT, J. R. *El funcionamiento del Consejo de administración*, Ed. Civitas, Madrid. Pág. 50.

tutos, como el régimen de mayorías reforzadas. Llegados a este punto, cabe preguntarse sobre el contenido y utilidad del reglamento. Pues bien, si consideramos al reglamento supeditado a los estatutos sociales, no podremos considerar a ambos como dos cuerpos autónomos uno del otro[457]. Otra cuestión es que los reglamentos desarrollen las normas estatutarias. Pero ello no significa que el reglamento no pueda tener su propia fuerza más allá de su función desarrolladora. En concreto, que el reglamento regule cuestiones como el equilibrio en la tipología de consejeros, supone la instrumentación de la sociedad referente al buen gobierno. Y en la práctica, el resultado es el de considerar al reglamento del consejo como mecanismo societario propio de buen gobierno. De forma más concreta, los reglamentos de algunas de las sociedades más representativas del IBEX por lo general contemplan cuestiones tales como funciones y competencias del consejo, obligaciones y deberes de los consejeros, convocatoria y sesiones del consejo, situación de conflicto de interés, régimen de retribución, cargos del consejo, comisiones, duración del mandato, información del consejero, o incompatibilidades posteriores al cargo[458].

3. Eficacia jurídica del reglamento

Al igual que lo sucedido con el propio de la junta general, se planteó con carácter previo a la reforma de 2014 un debate doctrinal acerca de la eficacia jurídica del reglamento del consejo de administración y las consecuencias derivadas de su incumplimiento, cuestión hoy resuelta por el actual artículo 251.2 de la Ley de Sociedades de Capital relativo a la impugnación de los acuerdos del consejo de administración, al establecer respecto a las causas de impugnación que *«también procederá por infracción del reglamento del consejo de administración»*.

No obstante, pese a ser materia ya resuelta, sí nos interesan los argumentos que antes de la reforma parte de la doctrina ofrecía sobre su posición a favor o en contra de la impugnabilidad de los acuerdos adoptados en contravención a una norma reglamentaria, a los efectos de exponer con mayor detalle el alcance y eficacia práctica que tal reglamento puede ostentar.

Por un lado, un sector de la doctrina rechazaba la posibilidad de la impugnar los acuerdos del consejo por infracción de las normas reglamentarias partiendo del carácter supeditado del reglamento a los estatutos sociales, estableciendo que si la infracción de éstos conlleva consecuencias

457. GARCÍA DE ENTERRÍA, J.: *«El Reglamento del Consejo...»* cit. Pág. 164.
458. En concreto, se han consultado los Reglamentos de los Consejos de Administración de Banco Santander, Banco Bilbao Vizcaya Argentaria, Iberdrola y ACS.

menos drásticas que la infracción de norma legal, esa cuantificación menor ha de aplicarse igualmente al caso del reglamento[459]. Y lo cierto es que el efecto de nulidad o anulabilidad en cualquier caso legitimaba para su impugnación, por lo que pese a aplicar ese atenuante a la infracción reglamentaria, no tendría por qué significar que no cabe su impugnación, al contrario de lo que sucede con los estatutos. Atendiendo a la redacción anterior y ya derogada del artículo 251 de la Ley de Sociedades de Capital sobre la impugnación de los acuerdos del consejo, éste diferenciaba de los acuerdos nulos o anulables, por lo que quizás por precaución, elude referirse a normas concretas, como la Ley o los estatutos, cuestión, ya sabemos, que ha quedado superada por la Ley 31/2014 al eliminar tal distinción. Otro argumento que este sector doctrinal aporta con respecto al carácter no anulable de la infracción de normas reglamentarias, es que considerando al reglamento del consejo como mecanismo propio de gobierno corporativo, se le ha de aplicar igualmente la voluntariedad bajo el principio del «cumple o explica» Sin embargo, tampoco nos parece aplicable (ni entonces, nos lo pareció[460]) toda vez que precisamente, contar con un reglamento propio del consejo es obligatorio y no voluntario. Que una sociedad decida no seguir alguna de las recomendaciones del Código de Buen Gobierno en ocasiones puede resultar hasta comprensible, puesto que como reconoce el propio código, alguna de esas recomendaciones pueden resultar poco apropiadas o excesivamente onerosas para algunas sociedades, pero en ningún caso, el no seguimiento de alguna de dichas recomendaciones, no debe en ningún caso justificar la vulneración de unas normas redactadas y aprobadas por el mismo órgano social que ha incurrido en su incumplimiento, ya que hablaríamos de un «regula, y si quieres, cumple». No puede por tanto vincularse unas recomendaciones aplicables a todas las sociedades cotizadas a unas normas propias y exclusivas de la sociedad.

Teorías de vincular el reglamento del consejo con las denominadas «normas de conducta» es cuestión igualmente debatida. Por un lado, el autor al que aludíamos considera que no se puede hablar del reglamento como norma interna de conducta pese a vincular su eficacia con las propias del gobierno corporativo, mientras que otro sector sí vincula reglamento y norma de conducta. Lo que sí nos parece acertado, por tanto, es considerar que la vulneración del reglamento es impugnable y asimismo valorable a los efectos del comportamiento de los administradores como un acto desleal y susceptible del posible ejercicio de la acción social de responsabilidad.

459. De nuevo, GARCÍA DE ENTERRÍA, J.: *«El Reglamento del Consejo...» cit.* Pág. 165.
460. FERNÁNDEZ-SORDO LLANEZA, E.: *«La composición del consejo...»* cit. Pág. 76.

Por el contrario a aquella posición, parte de la doctrina sí consideraba al reglamento del consejo de administración como vinculante y con eficacia para todos sus miembros, lo cual nos parece más propio, dotando así al reglamento de un cierto carácter imperativo en cuanto a su contenido[461].

En efecto, esta consideración vinculante del reglamento resulta más acorde a la naturaleza que del mismo se pretende, conforme ha terminado por confirmar la Ley 31/2014. En primer lugar porque difícilmente consideramos aplicable negar el reglamento como código de conducta, para sí considerar en cambio que la infracción del mismo es valorable en cuanto a la conducta del consejero. A mayor abundamiento, resultaría muy complicado ejercer la acción social de responsabilidad a los efectos probatorios en base a la infracción de una norma a la que precisamente, apenas se le está otorgando fuerza jurídica. En cualquier caso, dado que el reglamento es obligatorio legalmente, sería apropiado que hubiese una respuesta legislativa en cuanto a la eficacia del mismo, ya que su existencia no está sujeta al principio de «cumple o explica».

3. ESPECIALIDADES RELATIVAS AL NOMBRAMIENTO Y COMPOSICIÓN SUBJETIVA DEL CONSEJO

A) LA TIPOLOGÍA DE CONSEJEROS

1. Consejeros ejecutivos y no ejecutivos

En el régimen general de la sociedad anónima, se parte en un principio de la igualdad de los consejeros que forman parte del órgano de administración, cuyo vínculo orgánico con la sociedad afecta a todos sus miembros por igual. Sin embargo, las sucesivas reformas legislativas han supuesto un desarrollo de la estructura de la sociedad cotizada, afectando de manera especial a la figura del consejo, separando al efecto dentro de la propia administración las funciones de dirección y supervisión, modificando la composición del órgano en cuanto a la diferente tipología de sus miembros, y a la estructura funcional, con el establecimiento de las diferentes comisiones que integran el consejo. Y en este proceso, han adquirido especial relevancia los estatutos sociales así como los reglamentos de los consejos como mecanismos de autorregulación del gobierno corporativo de la entidad en cuestión. Pues bien, la nueva composición del consejo ha afectado en primer lugar al estatuto jurídico de sus miembros así como a su estructura. La cuestión es que una tipología se vincula con el segundo supuesto, ya que en función de la clase de consejero a la que nos refiramos, determinará su posible presencia en una comisión o en otra.

461. SÁNCHEZ CALERO, F.: «*Los Administradores...*» cit. Pág. 765.

Volviendo nuevamente a la distinción de los sistemas monista y dualista, parece claro que en cierta manera, podemos vincular la figura del consejero no ejecutivo en sede monista al consejero supervisor en el dualista. Sin embargo, adquiere relevancia la relación de todos los consejeros, sea cual sea su clase, con los accionistas, y más aún en un tipo de sociedad cotizada como la española, donde si bien la parte del capital flotante suele rondar de media el 50% de todo el capital, existe también un alto porcentaje de participaciones significativas. Y esa relación se torna en la vinculación de los administradores ejecutivos con los grupos de control accionarial, pero también en la figura de los no ejecutivos, lo que ha generado que parte de la doctrina autorizada solicite una mayor regulación legislativa para desarrollar las funciones de administración y control, y potenciar así la figura del consejero no ejecutivo[462].

Por tanto, la estructura del consejo de las sociedades cotizadas nos lleva a diferenciar entre dos clases de consejeros, los ejecutivos y los no ejecutivos, siendo los primeros aquellos que por delegación asumen las funciones propias de la gestión y dirección de la compañía, y los segundos, quienes tienen encomendada la función de supervisión de la gestión. No obstante, el actual artículo 529 duodecies de la Ley de Sociedades de Capital realiza una denominación diferente mediante un sistema por eliminación, esto es, por un lado los ejecutivos, y por otro lado todos aquellos que no ostenten la condición anterior. Anteriormente, el Código Unificado distinguía entre «internos y externos» lo que fue criticado por parte de la doctrina en cuanto a la calificación del consejero por su vinculación con la sociedad, lo que a juicio de este autor ha supuesto una supremacía de los miembros ejecutivos, privando al consejo en su conjunto de la función de dirección y administración, ya que externo se vincula con ajeno[463]. Efectivamente, resulta impropia la calificación de ajeno a un consejero como el dominical, cuya vinculación con un grupo accionarial es directa, y por tanto, representa intereses propios presentes en la sociedad, más aún si tiene la calificación de dominical por su propia participación significativa.

En este sentido, los principios del gobierno corporativo abrían el debate en torno a la actuación de los no ejecutivos, rechazando su pasividad ante la gestión social. En concreto, el Código Olivencia expresaba que de estos administradores no ejecutivos *«se espera fundamentalmente independencia de juicio, capacidad de evaluación y autoridad para dilucidar los conflictos de intereses»* pero advertía *«frente al riesgo de que esa diferencia de contribuciones se*

462. FERNÁNDEZ DE LA GÁNDARA, L.: «El debate actual sobre el gobierno corporativo: aspectos metodológicos y de contenido» en AAVV: *El gobierno de las sociedades cotizadas* (coord. por ESTEBAN VELASCO, G.) Ed. Marcial Pons, Madrid, 1999. Pág. 55.
463. SÁNCHEZ CALERO, F.: *«Los Administradores...»* cit. Pág. 793.

traduzca en una dualización del consejo». La cuestión podría entonces complicarse si otorgamos al no ejecutivo la labor de supervisión pero igualmente le incluimos en esa unidad de dirección del consejo en su conjunto, lo que a efectos de responsabilidad, podría suponer una excesiva o injusta atribución de la misma, ya que ésta tendría carácter doble, por su vertiente de gestión y por la de supervisión. Al respecto, algunos autores rechazan la aplicación de la responsabilidad solidaria por actos de gestión diaria, ya que para su aplicación debemos referirnos al daño efectivo, hablando en términos de causalidad[464]. En cualquier caso, la existencia de las diferentes clases de consejeros se basa en la necesidad del equilibrio entre gestión y control. En primer lugar porque el presumible tamaño del consejo, que el Código de Buen Gobierno cifra entre cinco y quince miembros, imposibilita teóricamente que la gestión diaria recaiga en el consejo en su conjunto, lo que se resuelve mediante la delegación de facultades, y por extensión, por la tipología de los consejeros. Y en segundo lugar, por la dificultad de salvaguardar los intereses presentes, sea cual sea la clase de sociedad, tanto si encontramos una estructura accionarial dispersa, o bien si existe mayor concentración, pudiendo imponerse en ambos casos los intereses de los administradores en el primer supuesto, o de los socios mayoritarios en el segundo. Por ello, en la diferenciación de la tipología de consejeros, la figura del independiente se ha configurado como pieza central de los usos del buen gobierno.

2. El consejero ejecutivo

A. *Concepto*

Para acercarnos al concepto de consejero ejecutivo, la modificación normativa de 2014 supuso la constancia en texto legal de preceptos que constituyen más definiciones que norma imperativa en sí, lo que sucede respecto a esta tipología de consejero según el actual artículo 529 duodecies de la Ley de Sociedades de Capital al calificarlos como *«aquellos consejeros* que *desempeñan funciones de alta dirección»* la cual se recogía, como muchos otros preceptos, del anterior Código Unificado, si bien eliminando de forma acertada la mención que la redacción anterior se refería a la condición de «empleado» por la relativa confusión que podría existir al vincular el cargo de consejero, y por tanto de administrador, con una relación laboral, lo cual, sin ser un impedimento por la posible existencia de un puesto distinto y diferente en la misma sociedad, el cargo de administrador es orgánico y no laboral. Es doctrina consolidada que la relación mercantil absorbe a la laboral en estos

464. ESTEBAN VELASCO, G.: «La renovación de la estructura de la administración en el marco del debate sobre el Gobierno Corporativo» en AAVV: *El gobierno de las sociedades cotizadas*. Marcial Pons, Madrid, 1999. Pág. 183.

casos. Ha de rechazarse igualmente que se pueda entender que el alto directivo, por ejemplo el Gerente, tenga en virtud de su cargo la función de administrador.

Quizás anteriormente el Informe Aldama definiera al consejero ejecutivo desde una perspectiva más orgánica, que al fin y al cabo es la que debe de prevalecer, designando a tal efecto a *«quienes tengan alguna capacidad de decisión en relación con alguna parte del negocio de la sociedad o del grupo mediante delegación o apoderamiento estables conferidos por el consejo de administración»* al tiempo que rechaza la consideración de ejecutivo quien reciba apoderamiento de la junta o del consejo para un determinado mandato, lo que vincularíamos con la figura del apoderado singular. Encontramos mayor sentido a la definición del Informe Aldama porque efectivamente se centra en el poder del ejecutivo, que emana del consejo en virtud de la delegación de facultades que contempla del artículo 249 de la Ley de Sociedades de Capital, ya que esa capacidad de decisión, que se traduce en la gestión efectiva, es la función propia del cargo de consejero ejecutivo[465].

B. *Funciones*

Se centra en la atribución de la gestión ordinaria de la sociedad en base a la tendencia generalizada que establece el reparto de funciones en el consejo. Bien es cierto que en determinadas sociedades de gran tamaño, se hace más referencia al órgano ejecutivo o comisión ejecutiva, que ya hemos visto, que a la propia naturaleza del consejero. Sin embargo, la comisión ejecutiva se vincula con la alta dirección, sin que los miembros de ésta sean necesariamente consejeros, por lo que la posición orgánica del ejecutivo vincula a éste con el resto de los miembros del consejo[466].

En el ámbito funcional y competencial del consejero ejecutivo, cabe destacar la delimitación establecida en la Circular de la CNMV 1/2004, de 17 de marzo, relativa al Informe Anual de Gobierno Corporativo, por la que *«se entenderán (por consejeros ejecutivos) a los que posean funciones ejecutivas o directivas»*. Resulta especialmente relevante que, lejos de la función de gestión y representación que para un administrador se contempla en la generalidad de la legislación societaria, la misión que el gobierno corporativo busca en el consejo sea primordialmente la de supervisión, ya que la gestión se reserva precisamente a los ejecutivos, lo que implícitamente nos marca sus funciones básicas. Por ello consideramos como ejecutivo al *«consejero en*

465. SÁNCHEZ CALERO, F.: *«Los Administradores...»* cit. Pág. 798.
466. ALONSO UREBA, A.: *«Diferenciación de funciones...»* cit. Pág. 822.

que el consejo ha delegado de forma permanente las funciones de dirección y administración»[467].

3. El consejero dominical

A. *Concepto y ámbito funcional*

En la delimitación del consejero dominical que señala el referido artículo 529 duodecies de la Ley de Sociedades de Capital, se extraen dos supuestos: se considera dominical al consejero que a la vez es accionista significativo, o bien al que actúa en representación de uno o varios de ellos. Por tanto, el elemento diferenciador de esta tipología de consejeros radica en la vinculación de estos con respecto a la estructura accionarial. Sin embargo, la problemática de estos consejeros a menudo se vincula con cuestiones relativas al interés social, de lo que hay que recordar que los deberes de lealtad para con la sociedad, alcanzan a todos y cada uno de los miembros del consejo. Sin embargo, la representación directa del accionista en el consejo suele responder a estrategias que dicho accionista trata de establecer. Ya el Código Olivencia promovía la adopción de las medidas oportunas para extender los deberes de lealtad a los accionistas significativos, con especial cautela para las transacciones entre éstos y la sociedad. En cualquier caso, la prevalencia del interés social frente a algunos derechos accionariales como el propio nombramiento de consejeros, es una de las bases no sólo de gobierno corporativo, sino del Derecho de sociedades en general[468].

En cualquier caso, el estatuto del consejero dominical se ha mantenido en una línea similar tanto desde la Orden ECO/3722/2003 así como en la Circular 1/2004 de la Comisión Nacional del Mercado de Valores, que destacan la vinculación del consejero con respecto a los accionistas. Ante la naturaleza del dominical, cabe preguntarse por sus funciones dentro del consejo, sin olvidar que pese a ejercer cierta representación, la lealtad al objeto social absorbe los individuales del accionista, por lo que en la delimitación de sus funciones, al igual que con el resto de consejeros, han de entenderse con respecto a la sociedad. A tal efecto, dado el modelo de administración de la sociedad cotizada en la perspectiva de la dualidad de funciones, se considera al consejero dominical como supervisor de la gestión social. En este sentido, y dada la vinculación del dominical con el accionariado, no resultaba muy propia su calificación como externo en el ya derogado Código Unificado.

467. SÁNCHEZ CALERO, F.: «*Los Administradores...*» cit. Pág. 799.
468. MARTÍN DE VIDALES, M. / LÓPEZ JORRIN, A.: «*El Consejo de Administración...» cit.* Pág. 275.

B. *Accionistas significativos, y representación proporcional*

Al definir la Ley a los consejeros dominicales con respecto al accionariado, se refiere a la figura de los accionistas significativos, por lo que la presencia de éstos podría resultar relevante a los efectos de la consideración de un consejero como dominical. En este sentido, la Ley nos define, de acuerdo al Real Decreto 377/1991, accionistas significativos a aquellos con participaciones superiores al 5%. Sin embargo, dicha norma fue derogada en diciembre de 2007, estableciéndose en su lugar el Real Decreto 1362/2007, de 19 de octubre, de desarrollo de la Ley del Mercado de Valores, reduciendo el umbral mínimo al 3%, y ya no con respecto al capital social sino sobre la proporción de los derechos de voto[469].

Con respecto al sistema de representación proporcional, se trata de un sistema de nombramiento especial de consejeros en una sociedad anónima, que ya hemos visto en apartados anteriores. Lo relevante a los efectos de la tipología de consejeros es que en sociedad cotizada, tal y como reconocía el Código Unificado de Buen Gobierno, el consejero nombrado por este sistema tendrá la consideración de dominical. Cuestión diferente es que dicho consejero asuma funciones ejecutivas, siendo ésta la tipología que habría de aplicarle a los efectos del equilibrio entre las diferentes clases. Sin embargo, en la práctica no es un mecanismo especialmente utilizado en las sociedades cotizadas dado lo cual plantea la duda acerca del número de dominicales que debe existir en el consejo[470].

4. El consejero independiente

A. *Cuestiones previas*

La figura del consejero independiente ha resultado y resulta ser un interesante objeto de estudio dentro del gobierno corporativo por la dificultad de delimitar el carácter de independiente en un miembro del consejo de administración de una sociedad cotizada, así como la de dotar al mismo de unas funciones propias en base a su clasificación[471]. Por ello, consideramos tres elementos problemáticos en torno al consejero independiente. En pri-

469. MATEU DE ROS CEREZO, R.: «Bloques accionariales, núcleos duros y accionistas significativos» en *Gobierno Corporativo.* Ed. La Ley, Madrid 2009. Pág. 117.
470. SÁNCHEZ-CALERO GUILARTE, J. / FERNÁNDEZ TORRES, I. / FUENTES NAHARRO, M.: *«La Junta General en las Sociedades Cotizadas. (Algunas referencias empíricas sobre sus aspectos principales)».* Documentos de Trabajo del Departamento de Derecho Mercantil E-print UCM 2006/4.
471. Cabe destacar estudios monográficos acerca del consejero independiente tales como SÁNCHEZ-CALERO GUILARTE, J.: *«Los Consejeros Independientes. (Análisis de su presencia en el IBEX-35)».* Documentos de Trabajo del Departamento de Derecho Mer-

mer lugar, nos enfrentamos al problema de la terminología en cuanto a qué consideramos por independencia y cómo podemos enfocarla en la perspectiva de un consejero. Es decir, que una vez que establezcamos un término conceptual de independencia, cabe preguntarse si realmente puede existir un administrador con dicha capacidad, toda vez que en una sociedad como la cotizada, además del interés social, entran en juego otros presentes. Todo ello nos conecta precisamente con el segundo de los problemas que, si bien afecta a la totalidad de la sociedad, aflora igualmente en la consideración de la independencia del consejero, y es la cuestión relativa al interés social. De un lado, la dificultad que encontramos en la práctica más allá del «interés común a todos los accionistas», y de otro lado, porque realmente todos los consejeros, con independencia de su clase, deben lealtad precisamente al interés social, y no a otros particulares, por lo que no se puede esgrimir el argumento de que el consejero independiente es salvaguarda exclusivo del interés social. Y en tercer lugar, porque la tendencia generalizada de vincular a los consejeros no ejecutivos en el sistema monista con la función supervisora, encuadra al independiente en una posición central en el juicio de las diferentes corrientes estratégicas, para lo cual habrá de valorarse, además de su independencia, su perfil profesional.

B. *El concepto de consejero independiente en los principios del gobierno corporativo*

1. Introducción. A lo largo de los diferentes códigos y recomendaciones del gobierno corporativo, se ha tratado de dar respuesta paulatinamente al concepto, estatuto y requisitos del consejero independiente. Y empezando en este caso por el final, la Ley de Sociedades de Capital realiza una definición de consejero independiente, al igual que los casos ya vistos del ejecutivo y el dominical. Cabe destacar que esta definición fue una novedosa aportación del anterior Código Unificado, aunque bien es cierto que la definición se ocupa en mayor medida de lo que no puede considerarse como independiente a definir el concepto en sí, forma no obstante que viene influenciada por el Informe Winter que aporta una lista o enumeración de situaciones que comprometería la situación de independencia. En cualquier caso, la Ley define a los consejeros independientes como «*aquellos* que, *designados en atención a sus condiciones personales y profesionales, pueden desempeñar sus funciones sin verse condicionados por relaciones con la sociedad, sus*

---

cantil E-print UCM 2006/1, y «*Los consejeros independientes y la reorganización del Consejo de Administración*». Documentos de Trabajo del Departamento de Derecho Mercantil E-print UCM 2008/21, FERNÁNDEZ ROMERO, A.: «*El consejero independiente: una figura clave en el buen gobierno de la empresa*». Ed. Díaz de Santos. Madrid, 2005 o la Tesis Doctoral de MEGÍAS LÓPEZ, J.: *El consejero independiente: estatuto y funciones.*

accionistas significativos o sus directivos» para a continuación, como decimos, exponer un listado de situaciones que impedirían tal consideración de independencia, lo que genéricamente suele referirse a los denominados como «otros consejeros».

Vemos por tanto que la Ley vincula la independencia con la ausencia de influencias de otros accionistas significativos siempre y cuando, claro está, que éstos quieran imponer un criterio diferente al que se presume común a todos los accionistas.

2. El Código Olivencia. Volviendo al inicio cronológico, este Código destacaba de la figura del consejero independiente especialmente dos caracteres, en cuanto a la naturaleza del cargo y en cuanto a sus funciones. Por un lado, y al igual que ahora la Ley, vincula independencia con la ausencia de condicionantes externos. Y por otro lado, establece un requisito para el desempeño del cargo, para lo cual, la designación de un consejero independiente requiere que se trate de una figura especialmente calificada para orientar la estrategia de la compañía y para ejercer la labor propia de supervisión, lo que al establecer criterios de profesionalidad, en cierto modo facilitaría la conceptualización del cargo de independiente.

3. El Informe Aldama. La continuación que este Informe supuso del anterior a fin de completar algunas de sus disposiciones, continuó igualmente en la línea con respecto al consejero independiente, añadiendo información a su delimitación, pero esta vez en un sentido negativo, o dicho de otra manera, mediante la enumeración de algunas características que de cumplirse, imposibilitaría la designación del consejero como independiente. En concreto, cabe destacar tres de ellas: (i) la inexistencia de una relación laboral, comercial o contractual con la sociedad; (ii) no ser consejero en otra sociedad que a su vez, tenga consejeros en la primera; y (iii) no guardar relación de parentesco con personas ligadas a los consejeros ejecutivos. Cabe destacar que el segundo requisito, que hoy mantiene la Ley, adquiere especial relevancia a los efectos de conflicto de interés por un lado, y de posible tráfico de información relevante por otro, ya que no es inhabitual la presencia de un mismo consejero en más de una sociedad del IBEX.

4. Otras recomendaciones. De un lado, el Informe Winter aportaba algunas otras características a la lista de impedimentos de independiente, si bien centra su consideración de independencia a la *«ausencia de vínculos con la sociedad»*. Por contra, la Recomendación de la Comisión Europea de 15 de febrero de 2005 se centraba más concretamente en la dualidad de funciones del consejo, siendo necesaria la presencia del consejero independiente *«para que ninguna persona o grupo de personas domine la toma de decisiones por parte*

de estos órganos». Se trata por tanto de una aproximación a la labor supervisora de los no ejecutivos». Finalmente, y volviendo al ámbito nacional, la Circular 1/2004 de la Comisión Nacional del Mercado de Valores señala con respecto a los requisitos de profesionalidad de los independientes, que éstos *«puedan aportar su experiencia y conocimientos al gobierno corporativo y que, no siendo ejecutivos ni dominicales, resulten elegidos como tales y reúnan las condiciones que aseguren su imparcialidad y objetividad de criterio».*

En consecuencia, no resultando sencillo establecer un concepto unitario de consejero independiente, las diversas aportaciones que en gobierno corporativo se han ofrecido a lo largo de los diversos códigos y estudios doctrinales, nos han acercado a la función que de los consejeros independientes se espera. Son por tanto aquellos que sin ser accionistas o representante de éstos, aportan una visión profesional a la sociedad sin estar condicionados por intereses diferentes al de la sociedad, con una labor de supervisión del buen funcionamiento de la entidad[472]. Para ello, no deberán estar incursos en la lista de características que el gobierno corporativo ha ido manifestando, siendo requisitos de imparcialidad y objetividad que permitan su consideración de independencia.

C. *Funciones del consejero independiente*

1. El papel del independiente en el consejo. La figura del consejero independiente es, probablemente, base esencial de las prácticas de buen gobierno en el consejo de las grandes sociedades junto con el principio de transparencia[473]. Y en el caso del sistema monista, adquiere una función central, puesto que al considerarse al consejo una labor fundamentalmente de supervisión, ha de entenderse que esta misión recae de manera significativa en consejeros sin aparente vinculación con grupos accionariales, lo que justifica por tanto la existencia de estos consejeros independientes[474]. Esa función supervisora se traduce en la vigilancia de la «línea ejecutiva», es decir, no sólo en el consejo en su conjunto a través de la censura de la gestión ordinaria, sino también con presencia de independientes en la comisión ejecutiva como mecanismo de buen funcionamiento del consejo[475]. Sin

472. MARTÍNEZ GARRIDO, S. «Consideraciones generales del Consejo de Administración» en *Gobierno Corporativo.* Ed. La Ley, Madrid 2009. Pág. 25.
473. MARTÍN DE VIDALES, M. / LÓPEZ JORRIN, A.: *«El Consejo de Administración...»* cit. Pág. 278.
474. SÁNCHEZ-CALERO GUILARTE, J.: *«Los Consejeros Independientes. (Análisis de su presencia en el IBEX-35)».* Documentos de Trabajo del Departamento de Derecho Mercantil E-print UCM 2006/1. Pág. 27.
475. PAZ-ARES RODRÍGUEZ, C.: «El Gobierno de las sociedades. Un apunte de política legislativa» en AAVV: *Derecho de sociedades. Libro Homenaje a Fernando Sánchez Calero.* Tomo II. Ed. McGraw Hill. Madrid, 2002. Pág. 1809.

embargo, ello hace plantearse la duda de si no se produce una repetición doble de competencias, ya que en el sistema monista el consejo es el órgano supervisor. Es decir, que al igual que sucede con la gestión social, cuya delegación no supone un vaciado de competencias del consejo, tampoco lo supondría atribuir únicamente al consejero independiente de la función de control y vigilancia[476].

En cualquier caso, las funciones del consejero independiente en el seno del consejo, venían ya impuestas por el Código Olivencia en cuanto a orientar la posición estratégica de la compañía y la vigilancia de la gestión social como parte garante del interés social y otros presentes en la sociedad. Sin embargo, el Informe Aldama advertía que su función no se limitaba únicamente a controlar al resto de consejeros, sino que en el concepto unitario de consejo, se les atribuía otras esenciales, que al fin y al cabo desembocan en la propia supervisión. Se trataba de establecer la presencia de independientes en el nombramiento y retribución de los consejeros, la verificación de la contabilidad, y la información a terceros. Así es como el gobierno corporativo, actualmente a través de la Ley de Sociedades de Capital, exige que sea un consejero independiente quien presida la comisión de nombramientos y retribuciones, para la designación de consejeros, así como el comité de auditoría, para la revisión de los estados financieros, dado que son sujetos desinteresados y desvinculados, lo que hasta entonces constituía mera recomendación.

2. La cuestión de los «otros consejeros externos». La enumeración de actos que en gobierno corporativo han contribuido a determinar qué no es un consejero independiente, han de interpretarse de forma literal, puesto que de incurrir en alguna de las situaciones descritas, estaríamos hablando entonces de «otros consejeros externos» entendiendo por tales a aquellos que sin ser ejecutivos, no pueden considerarse como dominicales ni como independientes. Ello abre un abanico de posibilidades en cuanto a la consideración de quiénes son esos «otros», lo que nos invita a pensar en consejeros que anteriormente tuvieran funciones ejecutivas, consejeros con una participación no significativa, o aquellos que ya no pueden seguir considerándose como independientes por el transcurso del tiempo. A los efectos del equilibrio de consejeros, tanto la Ley como el Código de Buen Gobierno advierten que no puede considerarse independiente a quien realmente no lo sea.

---

476. ESTEBAN VELASCO, G.: «La separación entre Dirección y Control: el sistema monista español frente a la opción entre distintos sistemas que ofrece el Derecho comparado» en AAVV: *Derecho de Sociedades Anónimas Cotizadas,* Tomo II, Ed. Thomson-Aranzadi, 1.ª edición. Navarra, 2006. Pág. 749.

3. La cuestión de la independencia. Uno de los principales problemas a los que se enfrentaban los estudios del *corporate governance* era sentar las bases que permitieran acreditar la independencia de esta clase de consejeros. Esa «independencia del independiente» es una cuestión compleja al tratarse de un concepto jurídico indeterminado[477]. Y lo cierto es que es muy lícito cuestionarse la independencia de un consejero toda vez que éstos son nombrados por los accionistas, lo que dará a pensar que los mayoritarios, como es habitual, nombrarán a personas de su confianza. Esta cuestión no obstante, ha sido precisamente resuelta en cuanto a que los independientes son propuestos y nombrados por la comisión de nombramientos del consejo, formada igualmente por consejeros no ejecutivos. Es cierto que si seguimos el rastro a los nombramientos anteriores, en algún momento llegaremos al nombramiento por parte de los accionistas, pero no cabe duda que ya de por sí representa un filtro de confianza. Por tanto, hemos de enfocar la independencia con encontrarse libre de influencia de intereses distintos al de la sociedad, lo que enlaza nuevamente con el interés social. Sin embargo en este caso nos encontraríamos ante una obviedad, porque el deber de lealtad al interés social alcanza a la totalidad de los consejeros independientemente de su clase, y por tanto, un consejero ejecutivo o uno dominical también podría esgrimir que actúa en defensa de la sociedad. De forma similar, sucede con el requisito de que para ser independiente, deba hallarse en ausencia de conflicto de intereses, lo que no sólo impediría su calificación como independiente, sino en algunos casos, como consejero en sí.

Por ello en ocasiones se alude a criterios profesionales o incluso morales, lo que no obstante nos llevaría a una casuística continua. Es probable que resulte más sencillo determinar qué no puede ser considerado como independiente, como hace actualmente la Ley, y una vez salvada la «lista negra», valorar la posibilidad de ser considerado como independiente. La independencia en cualquier caso, ha de ser un estado duradero, no sólo en el momento del nombramiento, sino que constante en el ejercicio del cargo.

4. Formalidades. Como una excepción al principio de competencia del nombramiento de administradores por parte de la junta, el nombramiento de consejeros independientes corresponde a la comisión de nombramientos, previa evaluación de las características de los posibles candidatos al cargo. Nombramiento que no obstante, habrá de ser ratificado posteriormente en junta. El hecho de que la independencia sea sometida a evaluación,

---

477. MARTÍN DE VIDALES, M. / LÓPEZ JORRIN, A.: *«El Consejo de Administración...» cit.* Pág. 278.

y que se evite el nombramiento directo por parte de los accionistas, puede calificarse como un acto congruente con el buen gobierno[478].

En cuanto a la duración del cargo, la Ley, de nuevo por aportación del Código Unificado, establece una temporalidad máxima de doce años. Algunos autores se han manifestado al respecto considerando una norma excesivamente rígida, aunque la idea de que la independencia tenga una vigencia de un único mandato, esto es, seis años, parece más razonable a los términos de asegurar y preservar la independencia del consejero y su imparcialidad[479]. Finalmente, la separación del cargo no reviste especialidad alguna por la tipología, pudiendo aplicarse al efecto la normativa societaria en cuanto al poder de la Junta de cesar del cargo al administrador en cualquier momento y sin que el asunto conste en el orden del día[480].

B) DETERMINADOS ASPECTOS DE LA SELECCIÓN Y NOMBRAMIENTO DE CONSEJEROS

1. Sobre la competencia de la comisión de nombramientos

A. Significación

Hay que tener en cuenta con respecto a la denominación de esta comisión, que la facultad de nombramiento de los administradores compete a la junta general, sin embargo este comité adquiere relevancia no sólo en las excepciones a dicha competencia sino también a los efectos de los principios del gobierno corporativo. Por ello, el hecho de que la Ley de Sociedades de Capital en su artículo 529 quindecies requiera que se integre únicamente por consejeros no ejecutivos, supone un impulso a favorecer precisamente la presencia de supervisores que sean garantes del interés social, frente a presiones accionariales mayoritarias. En cualquier caso y pese a su importancia, no tiene regulación legal, aunque no obstante su presencia ha sido habitualmente contemplada por los diferentes códigos del *corporate governance*.

B. Funciones y seguimiento de los cargos

La comisión de nombramientos tiene atribuida la función de velar por la correcta composición del Consejo, tanto en la estructura de las diferentes

478. SÁNCHEZ-CALERO GUILARTE, J.: «Los consejeros independientes...» cit. Pág. 37.
479. MATEU DE ROS CEREZO, R.: «El Código unificado de gobierno corporativo: estudios del Informe del Grupo especial de trabajo sobre buen gobierno de las sociedades cotizadas aprobado por la CNMV el 22 de mayo de 2006». Ed. Thomson-Aranzadi. Navarra, 2007. Pág. 309.
480. SÁNCHEZ CALERO, F.: «*Los Administradores...*» cit. Pág. 134.

comisiones, como en que se cumplan las disposiciones legales y las recomendaciones del Código de Buen Gobierno en cuanto al equilibrio entre la diferente tipología de consejeros. Por otro lado, es el órgano encargado de hacer un seguimiento de los supuestos de los conflictos de interés[481].

Compete a la comisión de nombramientos valorar las aptitudes necesarias de los candidatos que vayan a ocupar las vacantes producidas en el consejo, lo que se manifiesta en la facultad que los consejos de las sociedades anónimas tienen para el nombramiento de consejeros cuando se ha producido una vacante, lo que se conoce como el sistema de cooptación, y que en la práctica, resulta un medio habitualmente utilizado en las sociedades cotizadas. Del seguimiento de los diferentes cargos, no sólo del Consejo, sino también de la sociedad, destacan principalmente las siguientes:

– Consejeros independientes. Dentro de este sistema de cooptación, adquiere mayor relevancia la valoración de aquellos que van a tener la consideración de consejeros independientes, lo que requerirá un estudio previsiblemente entre una terna de candidatos, acerca de las cualidades profesionales para el desempeño del cargo, y la valoración de las circunstancias que permitan la calificación de independiente, sometiendo a examen al candidato con respecto a la *«lista negra» que* impedirían dicha consideración.

– Diversidad de género. Corresponde a esta comisión velar por una amplia presencia de mujeres en el Consejo, sobre lo que entraremos más adelante, pues conforme exponía el Código Unificado, supone irracional *«desaprovechar el talento empresarial»* del 51% de la población, que son las mujeres. Se trata de impulsar la incorporación de mujeres a los consejos de las grandes sociedades, por lo que supone una oportunidad cumplir con este requisito precisamente al existir una vacante, de ahí que el código no tenga reparo alguno en manifestar que se *«busque deliberadamente»* a mujeres que reúnan el perfil solicitado. Sin embargo, su presencia continúa siendo muy baja.

– Preparación de la sucesión del presidente. Se trata, tal y como establece la Ley, de organizar la sucesión del presidente y del primer ejecutivo con el fin de organizar el traspaso de competencias de una manera organizada. Resulta ser una medida innovadora en el ámbito legal si bien existen dos elementos a los que habría que atender. Por un lado, a la causa de la sucesión, si bien se produce por dimisión, cese o fallecimiento. Y en segundo lugar, si el presidente es a la vez el primer ejecutivo de la sociedad o no, dado que en caso afirmativo, la operación revestiría de mayor dificulta.

481. MARTÍN DE VIDALES, M. / LÓPEZ JORRIN, A.: *«El Consejo de Administración...»* cit. Pág. 303.

– Altos directivos. Es misión igualmente de esta comisión, informar al consejo acerca de los altos directivos de la entidad, sobre su nombramiento, cese, ejercicio de la actividad o particularidades de su contrato.

2. Criterios de idoneidad para la selección de consejeros

Puesta en perspectiva la importancia y significación económica de la sociedad cotizada, así como la concreta y determinada estructura funcional que el consejo de administración de dicha clase de entidades conlleva por mandato legal, ha de establecerse por tanto un régimen que determine que la selección y posterior nombramiento del consejero se ha realizado sobre criterios de idoneidad para el desempeño del cargo. Al respecto, como ya hemos visto, si bien la competencia general de nombramiento de administradores y consejeros corresponde a la junta general de accionistas, la experiencia práctica determina que termina siendo el propio consejo de administración quien en una amplia generalidad de los casos, es quien hace el nombramiento de forma directa o indirecta, esto es, en el primer caso por vía del sistema de nombramiento por cooptación, y en el segundo caso por propuesta a la junta general que de forma posterior ésta ratifica. En este aspecto, y como ya hemos visto, la comisión de nombramientos (en competencia única o compartida con la relativa a las retribuciones) adquiere especial importancia por las competencias y alcance funcional que ostenta. Por ello, en este apartado queremos detenernos brevemente en determinados criterios que dicha comisión de nombramientos ha de seguir en su proceso de selección de consejeros para su posterior nombramiento, sea por propuesta de la propia comisión en los casos de consejeros independientes *ex* artículo 529 quindecies de la Ley de Sociedades de Capital, apartado 3.c), bien sea para informar sobre las propuestas del resto de consejeros.

Partiendo de la base que por imperativo legal el consejero de la sociedad ha de ser necesariamente persona física, no siendo en consecuencia de aplicación para este tipo de entidades lo previsto en el artículo 212 bis, la Ley y el Código de Buen Gobierno establecen como criterios de idoneidad una serie de aspectos personales y profesionales del potencial consejero a evaluar, a fin de garantizar la adecuación de su perfil, en primer lugar, a la naturaleza del cargo que va a ostentar, a sus competencias, a sus deberes, y en segundo lugar respecto a su encaje en la estructura del consejo de administración. Es decir, que tales criterios de idoneidad no han de analizarse exclusivamente desde un aspecto puramente individual, sino también desde la perspectiva colectiva y de encaje en lo que al modelo del consejo de administración monista con dualidad de funciones se refiere, así como a la concreta actividad y ámbito social, económico y empresarial de la sociedad en cuestión.

Pero ¿qué se entiende por perfil adecuado o idóneo? Al respecto, el apartado 5 del artículo 529 decies relativo al nombramiento y reelección de consejeros, cita la necesaria valoración de la *«competencia, experiencia y méritos»* del potencial consejero, facultades que, aun pudiendo resultar obvias, no se exigen en el resto de sociedades no cotizadas. Insistimos en que podría resultar una cierta obviedad, pues ni la más pequeña y cerrada de las sociedades mercantiles (por ejemplo, una de responsabilidad limitada de limitado volumen y número de socios) designaría a propósito un administrador que no ostente tales facultades. No obstante, el hecho de que la Ley sí realice tal manifestación normativa, a nuestro juicio evidencia el reconocimiento del legislador por la importancia que el órgano de gobierno de la sociedad cotizada entraña, de la que se exige una mayor y especial observancia de requisitos procedimentales para la integración del órgano, lo que cabría invitar a pensar en una suerte de responsabilidad por nombramiento, esto es, la responsabilidad social derivada frente a aquellos consejeros quienes, en ejercicio negligente de las competencias de control y selección de consejeros por las que fueron nombrados, no realicen un análisis y selección que asegure, al menos el cumplimiento de tales facultades de competencia, experiencia y méritos que establece la Ley. En cambio, el Código de Buen Gobierno no establece recomendación añadida o adicional a los criterios de selección de los consejeros en general, sino exclusivamente en concreto de quienes hayan de integrar tal comisión de nombramientos, conforme expone la Recomendación 47, que insta a procurar que quienes integren tal comité *«tengan los conocimientos, aptitudes y experiencia adecuados a las funciones que estén llamados a desempeñar»*, amén de que en su mayoría sean de tipología independiente.

Tal omisión en el Código, así como la breve mención legal a la *«competencia, experiencia y méritos»* resulta a nuestro juicio, insuficiente, por cuanto como decíamos, cabría exigir a cualquier administrador de cualquier sociedad, tales facultades por mera invocación del deber legal de diligencia. En el caso del consejo de administración de la sociedad cotizada, en cambio, se trata de encajar el modelo del propio consejo, su estructura funcional, su ámbito empresarial, y el necesario equilibrio tipológico de consejeros, con el perfil del consejero candidato, cuestiones que exceden significativamente de la muy importante pero mera remisión a la *«diligencia de un ordenado empresario»*. Al consejero de la sociedad cotizada se le exige más, se le debe exigir más, pues resulta partícipe de un órgano de administración cuyo modelo entraña unas especialidades, vicisitudes y circunstancias que le diferencian del resto de las sociedades cotizadas. Por tal motivo, en nuestra opinión, la redacción legal, o al menos por vía del Código de Buen Gobierno, debería hacer una mayor regulación, que conjugando las ya existentes, cabría establecer en la necesidad de evaluación del perfil de un potencial consejero atendiendo a su competencia debidamente acreditada, experiencia y méritos, que tenga encaje por la diversidad de conocimientos, experiencias y género en el consejo de administración, analizadas sus incompatibilidades y potenciales conflictos de interés, cuyas condiciones resulten idóneas o adecuadas para el desempeño del cargo, para las funciones y competencias que va a desarrollar, para la comisión de la que pueda formar parte, y para el concreto modelo de gobernanza de la sociedad en cuestión.

En línea similar se expresa un autor, considerando que *«la idoneidad se erige como un canon apriorístico y abstracto que a modo de criterio preventivo permita el acierto en la selección de consejeros en atención a las diferentes categorías de los mismos»*, criterios que habrán de ser tenidos en consideración en la selección previa, elevada al consejo de administración para su consecuente posterior ratificación por parte de la junta general[482].

En cualquier caso, de la redacción de la Ley se concluye que será la comisión de nombramientos del consejo de administración la que determine y evalúe cuáles son las concretas condiciones, competencia, conocimientos y experiencia que se requiere para formar parte del consejo de administración. La cuestión es que de una redacción así, salvando las obvias distancias, parecería que se equipara a la comisión de nombramientos con el departamento de recursos humanos de una empresa, pues en esencia, se trata de evaluar las condiciones e idoneidad de los potenciales candidatos para el desempeño de una concreta función[483]. Esta afirmación, sobre la que insistimos en los obvios matices y las significativas diferencias, la ponemos

---

482. CAZORLA GONZÁLEZ-SERRANO, L.: «La idoneidad en la selección de consejeros en las sociedades cotizadas» en AA.VV.: (GONZÁLEZ FERNÁNDEZ, M.B. / COHEN BENCHETRIT, A. (dir.: *Derecho de sociedades. Cuestiones sobre órganos sociales*. Ed. Tirant lo Blanc. Madrid, 2019. Pág. 468.

483. Un caso al respecto. La prensa se hizo eco de la dimisión presentada por el consejero delegado de la entidad Vodafone España, la cual fue anunciada por la propia compañía mediante un comunicado en que anunciaba que *«Vodafone ya ha iniciado un proceso para seleccionar un nuevo CEO para el negocio en España»* conforme puede leerse en su nota de prensa en https://www.saladeprensa.vodafone.es/ss/Satellite?c=VF_NotaPrensa_FA&cid=1500215519846&pagename=SP%2FVF_NotaPrensa_FA%2FBasic La noticia puede leerse en el diario La voz de Galicia: «Vodafone España busca un nuevo CEO tras la salida de Colman Deegan» en https://www.lavozdegalicia.es/noticia/economia/2023/01/12/vodafone-espana-busca-nuevo-ceo-tras-salida-colman-deegan/00031673519964193757541.htm
Al respecto, llamamos la atención sobre el anuncio del inicio de un proceso de selección para un concreto cargo, en este caso, el de consejero delegado, de ahí a que hiciéramos el paralelismo con un proceso de selección laboral por parte de recursos humanos.

en contexto respecto de las breves competencias que se establecen por rango legal (y prácticamente nulas en vía del código de cumplimiento voluntario) al respecto de esta comisión en su rama relativa a los nombramientos, pues en la práctica, existen departamentos e incluso empresas especializadas en tal selección de personal, directivos e incluso consejeros, que pueden desarrollar de manera especializada tal cometido. Con ello no queremos hacer una crítica sobre la existencia de tal comisión sino, de nuevo sobre el debate del modelo monista con dualidad de funciones del consejo de administración, plantear la idoneidad de tal comisión en el seno del propio consejo, esto es, sobre el hecho de que quienes tienen como principal cometido la de evaluar las condiciones, competencias y aptitudes de quienes han de formar parte del órgano de gobierno de la sociedad, tengan a su vez la propia condición de consejeros de la sociedad, ya que por cuanto miembros de una comisión, los integrantes de la misma ostentan el estatuto jurídico de administrador, sujeto a los deberes y responsabilidades legalmente aplicables. Cuestión distinta es la evaluación del desempeño dl cargo de consejero por quien haya sido seleccionado y nombrado, lo que corresponde al propio consejo en su conjunto, a la junta general de accionistas, y al mercado en general. Pero con respecto al criterio de selección y posterior nombramiento, llamamos la atención sobre si ello constituye en la práctica acto que pudiere encuadrar en alguna de las facultades reales de gestión, representación, control y supervisión, y lo cierto es que no encontramos tal encaje. Porque la comisión de nombramientos, que sólo cabe ser encuadrada en el aspecto funcional supervisor del consejo por puro descarte al no ser en ningún caso asimilable a las funciones gerenciales, puede tener una cierta relevancia precisamente en el control y supervisión de quienes han sido nombrados, si bien como ya sabemos tal cometido corresponde al propio consejo en su conjunto, a la necesaria evaluación anual al que el mismo ha de someterse conforme dispone el artículo 529 nonies de la Ley de Sociedades de Capital. Pero por su propia denominación y competencias legales asignadas, su significación radica en la selección de consejeros a quienes se han de nombrar, bien sea por emanar de la propia comisión en los casos de consejeros independientes o los nombrados por cooptación, o bien sea por elevación al consejo de propuestas sobre el resto de tipos. Todo ello además cuando, en consonancia a la crítica que del modelo monista se realiza, se trataría de nombrar a quienes han de compartir el propio órgano que lo designa, esto es, consejeros que nombran a sus propios «compañeros» dicho coloquialmente, situación que, en cambio, no sucede en el modelo dual, donde como ya hemos visto, existe una disociación de la competencia de nombramiento de los dos órganos, el de vigilancia (nombrado por accionistas y trabajadores) y el de dirección (nombrado por el anterior).

A mayor abundamiento, el Código de Buen Gobierno establece que *«el acierto en el nombramiento y motivación posterior de los consejeros resulta decisivo para el eficaz funcionamiento del consejo de administración, para lo que resulta esencial la colaboración de una comisión especializada que auxilie al consejo de administración en el logro de este objetivo»*, afirmación que compartimos, si bien como decimos, cuestionamos la idoneidad de su condición de consejeros. Es decir, las comisiones del consejo no creemos que deban tener una configuración auxiliadora o de asesoramiento, sin perjuicio de las facultades y competencias que ostenten en el entendido mejor funcionamiento del consejo, sino que precisamente como consecuencia del sistema monista en que se encuadra, son consejeros, de modo que su función será gerencial o de supervisión sobre quien ya ostenta tal cargo y se halla ejerciendo sus funciones.

Por ello, utilidad práctica aparte de la comisión de nombramientos, como decíamos echamos en falta criterios concretos de selección de consejeros por razón de la idoneidad, más allá de la mera referencia a la *«competencia, experiencia y méritos»*, sino incluso valorar cuestiones subjetivas, además del género, como la vinculación previa del propio candidato con la sociedad, es decir, desde la posibilidad que puedan pasar a formar parte de los consejeros ejecutivos quienes hayan desarrollado una carrera con competencia acreditada en la sociedad con rango de alto directivo, lo que entraña un especial conocimiento del núcleo gerencial y particular de la propia sociedad; a que de los consejeros ejecutivos pueda trasladarse posteriormente a las funciones supervisoras, tal y como ya hemos visto, sucede en la práctica en algunas ocasiones en el modelo dual alemán. No obstante, sin perjuicio de los criterios de idoneidad que puedan ser valorables en cada circunstancia, y sobre lo cual el propio consejo ha de ser especialmente cuidadoso, tales criterios pueden en la práctica responder a la mera voluntad de aquellos accionistas que ejerzan tal competencia y procedan a su nombramiento, por su propia voluntad, por razón de hallarse representados en el consejo por dominicales, o por voluntad de gestión ante el alcance de una participación accionarial significativa. Incluso, ante el ejercicio por los accionistas del sistema de representación proporcional, tal idoneidad quedaría subsumida por la mera voluntad de los accionistas, si bien se trata de un sistema prácticamente residual en el caso de las sociedades cotizadas tal y como ya hemos visto. Por ello, en la selección y nombramiento de consejeros confluyen tanto los criterios de idoneidad subjetiva del potencial consejero, sobre lo que esperamos una mayor regulación normativa, como los de funcionamiento y significación de la comisión de nombramientos, quien en el marco de sus funciones de control y «auxilio» al consejo (conforme reza el Código de Buen Gobierno) deba velar por comprobar el especial encaje individual y colectivo del consejero en las funciones a desempeñar en el consejo de administración.

3. Diversidad de género y nombramiento de consejeras

A. *Una visión global*

La cuestión de la cuota femenina en el consejo de administración de las sociedades cotizadas puede decirse que es un debate relativamente reciente, toda vez que en el caso de nuestro país, los primeros códigos de buen gobierno no hacían mención de tal cuestión. Al contrario, nace de las diferentes medidas legislativas de carácter social en materia de igualdad de género desde varias ramas del ordenamiento jurídico, sino de todas, cuestión sobre la que el Derecho de sociedades no se ha quedado atrás, pretendiendo dar una respuesta a una demanda creciente en la ciudadanía y en la realidad práctica de la empresa, y de la sociedad española en general.

Respecto al caso que nos ocupa, el debate radica en el establecimiento de medidas que fomenten o aseguren una mayor presencia de consejeras en el consejo de administración, cuestión que trasciende lo meramente subjetivo respecto a la idoneidad para la selección del cargo, sino que se sitúa en la propia concepción de la persona, y de forma concreta, de la mujer. Por ello, no vamos a negar la complejidad de la cuestión, pues confluyen aspectos sociales e incluso éticos, con los jurídicos, lo que determina la dificultad de construir un régimen normativo encaminado a cumplir unos determinados objetivos de cuotas, situándose el debate desde la perspectiva puramente jurídica sobre si tales medidas han de constituir normas de carácter legal, o si por lo contrario deben situarse en la esfera autorreguladora de las entidades por vía de disposiciones de cumplimiento voluntario.

A nivel normativo societario, fue el Código Unificado de Buen Gobierno el primero que se adentró en la cuestión mediante el desarrollo de la que entonces constituyó la Recomendación 15, lo que abordó desde *«el plano de la ética, la política, la responsabilidad social corporativa»* por una cuestión de *«eficiencia económica»* ante lo que supondría *«desaprovechar el potencial talento empresarial del 51% de la población»*. Llámese la atención precisamente la confluencia de cuestiones extrajurídicas pero relacionadas con su ámbito, resultando especialmente difícil el clásico caso de conjugar las cuestiones de índole ética con las jurídicas. Efectivamente, como expone el Código Unificado y nosotros desarrollaremos más adelante, la preocupación por la cuota femenina se justifica por sí sola en una mera cuestión estadística, lo que encuentra su fortaleza no sólo en la presencia de las mujeres en la población nacional, sino en su destacada posición en la graduación de estudios superiores. Por ello, el Código Unificado de una forma bastante contundente, insta a las grandes corporaciones a *«un esfuerzo deliberado»*, a que *«busque deliberadamente mujeres»* para incrementar su presencia en los consejos de administración. Es precisamente la categórica orden ex profeso de buscar mujeres de forma intencionada y premeditada, lo que a efectos de la anteriormente referida idoneidad para el cargo de consejeros nos sitúa en un aspecto subjetivo relativo a la propia naturaleza humana. Tal contundencia, aun en sede de un código de cumplimiento voluntario, constituyó una clara declaración de principios que con el transcurso de los años se ha ido desarrollando. Efectivamente, sólo por una mera cuestión estadística, la presencia de la mujer en los consejos de administración debería ser significativamente superior en atención a una regla de proporcionalidad directa, máxime cuando, hoy en día, la incorporación de la mujer al mercado laboral, empresarial y directivo es un hecho que ya ni tan siquiera merece ocasión de recordar, por obvio. La cuestión radica entonces en determinar por qué causas o motivos no se cumple la regla de proporcionalidad directa población-consejo, qué medidas de carácter jurídico se han adoptado para paliar tal situación, si las mismas han surtido efecto alguno, y en caso contrario cómo cabría contribuir a impulsar la cuestión.

Así es como llegamos al marco normativo actual, desde la perspectiva imperativa de la Ley de Sociedades de Capital, y desde el cumplimiento voluntario en el Código de Buen Gobierno. Con respecto a este último apreciamos un cierto paso atrás en la cuestión, pues si bien es cierto que la cuestión de la diversidad de género ha penetrado en el ámbito legal como ahora veremos, la Recomendación 14 del actual Código se limita a instar al consejo que fomente la diversidad de género, de forma concreta, *«que la compañía cuente con un número significativo de altas directivas»*. En primer lugar, se ha de huir de los conceptos jurídicos indeterminados tales como «número significativo», que no significan nada, máxime si a nivel europeo sí tenemos precedentes que concretan y cuantifican una concreta cuota, que podrá ser significativa o no a juicio y opinión del mercado, pero que al menos apuesta por una determinación concreta. Y en segundo lugar, porque hallándonos en el debate sobre la presencia femenina en el consejo de administración, parece como que el Código huye del debate remitiéndose a la alta dirección, que sin perjuicio de la relevancia que tiene para la gestión de la compañía, no es el consejo de administración. A nuestro juicio, precisamente por las carencias o falta de concreción que sobre la cuestión tiene la Ley, el Código debió de ser más ambicioso en este sentido.

Porque en la Ley encontramos por otro lado un doble prisma, el primero ciertamente inútil, pero el segundo más concreto e imperativo. Nos referimos al artículo 529 de la Ley de Sociedades de Capital, en sus variantes bis y quindecies. En la primera, la Ley se limita a establecer que el consejo *«deberá velar»* por la selección de consejeras *«en un número que permita alcanzar una presencia equilibrada de mujeres y hombres»*. Una nota positiva y una negativa. Entendemos de forma positiva, aunque de insuficiente determinación, la mención *«equilibrada»*, que atendiendo a la literalidad del vocablo, denota igualdad de un lado y del otro, esto es, equitativo y recto por ambos extremos. En otras palabras ¿se posiciona en un 50/50 tal y como parece interpretarse? En tal caso, ¿por qué no lo dice claramente? Porque esa es precisamente la nota negativa que extraemos, que emana de la característica precisamente positiva, de la pretendida apuesta por una presencia equitativa, pero haciéndolo de forma tenue y tímida. Porque precisamente la nota característica más negativa que extraemos es la forma de instar a los consejos a la adopción de tales medidas mediante una cierta tibieza en el *«deberá velar»*, de lo que no cabe interpretar orden directa y concreta, no al menos con la contundencia que, en cambio, se manifiesta respecto a otras cuestiones de composición del órgano. Porque referirse en términos de «deber velar» en nuestra opinión, en el ámbito del buen gobierno corporativo para la composición del consejo de administración, no debería acontecer en sede legal sino por medio de recomendación en el Código de cumplimiento voluntario. No podemos extraer un imperativo sujeto a obligación normativa de una forma de expresarse que parece meramente intencional, lo cual consideramos que constituye un error pues, precisamente al no hallarse en el articulado del código de gobierno corporativo, implica que su hipotético incumplimiento, o al menos su teórico no seguimiento estricto, no va a ser objeto de detallada explicación en el Informe Anual de Gobierno Corporativo de la compañía en cuestión. Cuestión distinta acontece, en cambio, en el apartado quindecies del referido artículo 529, toda vez que en este caso sí extraemos una orden concreta y concisa a la comisión de nombramientos del consejo, al ordenar en su apartado 3.b) la doble orden de *«establecer un objetivo de representación para el sexo menos representado en el consejo de administración y elaborar orientaciones sobre cómo alcanzar dicho objetivo»*. Ha de ser analizado pormenorizadamente. Por un lado, cabría interpretar una cierta colisión con el apartado bis si entendemos que éste apuesta con la referida timidez por la presencia 50/50, cuando en cambio este apartado otorga libertad al consejo de establecer su propia cuota. Bien, es una facultad autorreguladora del consejo, pero si éste se marca a sí mismo un concreto porcentaje ¿supone eso una facultad de interpretar qué se ha de entender por «presencia equilibrada»? Esto es, si el objetivo que el consejo se pone a sí mismo fuese, por ejemplo, alcanzar una cuota femenina del 25%, pese a cumplir el mandato legal siempre que ello vaya anudado a establecer las orientaciones para conseguirlo, difícilmente podríamos hablar del pretendido equilibrio que el apartado bis solicitaba. Evidentemente, conforme a la actual estadística, ha de entenderse que cuando la Ley se refiere al *«sexo menos representado»* lo hace respecto a la cuota femenina. Pero como decimos, en este caso sí hay un pronunciamiento claro, un mandato conciso, aunque no se acompañe de un porcentaje concreto ni del plazo deseable de cumplimiento, seguramente con motivo de que ello ya fue objeto de regulación en la Ley Orgánica 3/2007, de 22 de marzo, para la igualdad efectiva de mujeres y hombres, la cual, en su artículo 75 denominado *«participación de las mujeres en los Consejos de administración de las sociedades mercantiles»*, exigía el cumplimiento *«en un plazo de ocho años a partir de la entrada en vigor de esta Ley»*, si bien, al igual que ahora sin establecer una cuota específica sino *«equilibrada»*. El plazo ha vencido sobradamente. La cuestión es que ya entonces dicha Ley se manifestaba con la misma tibieza que ahora imputamos a la Ley de Sociedades de Capital, pues igualmente se limitaba a ordenar que las sociedades procurasen incrementar la presencia femenina[484]. Ese es a nuestro juicio parte del problema, la falta de concreción y de ambición en la norma legal, pues como hemos dicho, hablar en términos de «procurar» en la Ley, y no en los códigos de buen gobierno como a priori parece que sería su sitio natural, implica que su hipotético incumplimiento ni tan siquiera sería objeto de necesaria explicación en el informe anual, dado lo ambiguo y subjetivo que entraña acreditar el cumplimiento o no de una mera pretensión o de procurar un acto.

B. Análisis de la cuestión a partir de determinados datos estadísticos

Con motivo de lo que hemos calificado como ciertas deficiencias en el modelo normativo para el fomento de la presencia femenina en los consejos de administración, precisamente es el Derecho de sociedades el que ha de ser ambicioso, genuino y pionero en la cuestión, pues tiene la capacidad de dar una respuesta jurídica a lo que tiene una connotación social, económica e incluso ética. Porque al tratar la cuestión de la idoneidad para el cargo de consejero, de los criterios que especialmente la comisión de nombramientos ha de evaluar para la propuesta y selección de una persona física para ser designada consejero, el sexo del candidato no puede resultar un obstáculo ni un criterio excluyente[485]. Y si en los años precedentes lo ha sido, entonces el Derecho habrá de dar una respuesta equilibrada y contundente, debiendo

484. Su redacción literal era: «Las sociedades obligadas a presentar cuenta de pérdidas y ganancias no abreviada procurarán incluir en su Consejo de administración un número de mujeres que permita alcanzar una presencia equilibrada de mujeres y hombres en un plazo de ocho años a partir de la entrada en vigor de esta Ley», lo que supone que «procurar», pese a ser texto legal, tiene más encaje como una norma más encuadrable en los códigos de buen gobierno.

485. CAMPUZANO LAGUILLO, A. B.: «La diversidad de género en los consejos de administración de las sociedades de capital» en AA.VV. JUSTE MENCÍA, J. / ESPÍN

analizar pormenorizadamente las causas que hayan llevado a tal situación. Es cierto, no obstante, de la dificultad de tratar la cuestión desde el prisma único del Derecho societario al cual nos hemos de circunscribir, pues precisamente el papel de la mujer a nivel global, no sólo dentro de nuestras fronteras, se estudia y regula desde una pluralidad de ámbitos normativos tales como el Derecho penal (violencia doméstica), laboral (igualdad retributiva), o desde los ámbitos sanitarios e incluso económicos, lo que implica que en la construcción de un régimen normativo sobre presencia femenina en los consejos de administración, hayamos de tratar evitar una cierta contaminación por las cuestiones que exceden al buen gobierno corporativo, de ahí a que nos refiriésemos que, desde una perspectiva social, debiéramos entender las causas que han llevado a esta situación; desde una perspectiva económica, como decía el Código Unificado implique no renunciar al potencial talento del 51% de la población; lo que nos lleve a la perspectiva jurídica de analizar posibles métodos de establecimiento normativo.

Por ello, cabe preguntarse por qué resulta necesario optar a un sistema que fomente la presencia femenina en los consejos de administración de las sociedades cotizadas, o de forma más ambiciosa, lo asegure. Como ya hemos visto, las sociedades cotizadas sólo pueden nombrar consejeros persona física, a diferencia del resto de entidades no cotizadas conforme les permite el artículo 212 bis de la Ley de Sociedades de Capital, lo cual ya de por sí debía garantizar o facilitar enormemente el acceso de la mujer al consejo, y en este caso basta con acudir a la estadística más natural del ser humano, que es la distinción prácticamente equilibrada entre hombres y mujeres. Porque ya finalizando el primer cuatro del siglo XXI, la presencia de la mujer en el mercado laboral y empresarial es un asunto más que superado, que sin embargo no encuentra aún su respaldo proporcional a nivel directivo. De hecho, sea consecuencia o sea motivado o no, las primeras normas de buen gobierno que trataban la cuestión parecía que reservasen un concreto papel a la mujer. De forma concreta, si bien el Código Unificado como hemos dicho fue el primero en adentrarse en ello, en el desarrollo de la Recomendación 15 (si bien es cierto que no dentro de la misma) reclamaba a las sociedades ese referido esfuerzo deliberado para que fueran las mujeres quienes suplieran las vacantes del consejo *«especialmente para puestos de independientes»*, lo que también encontró su referencia en la Propuesta de Directiva comunitaria. Es cierto que a estas alturas cabría plantearse el motivo del por qué tal preferencia sobre la presencia femenina en cargos no ejecutivos, si bien no creemos que deba entenderse como un aspecto nega-

GUTIÉRREZ, C. (coord.): «*Estudios sobre órganos de las sociedades de capital: liber amicorum, Fernando Rodríguez Artigas, Gaudencio Esteban Velasco*», Tomo II. Ed. Aranzadi. Navarra, 2017. Pág. 970.

tivo precisamente por el hecho de que los consejeros no ejecutivos han de suponer la mayoría del consejo. No obstante, hoy en día no se hacen tales diferencias al respecto. Pero al fin y al cabo, la norma tiene su justificación no sólo en una mera cuestión de recursos humanos, sino en aquellas capacidades de organización que la mujer ha demostrado ostentar, lo que incluso ha redundado en mejores resultados económicos, lo que al fin y al cabo constituye el núcleo del contrato de sociedad[486]. Asimismo, algunas autoras han puesto de relieve que, pese a no reportar ventajas directas, son valorables los efectos que en materia de responsabilidad social corporativa entrañan las actuaciones tendentes a fomentar o asegurar la igualdad mediante la participación de las mujeres en los consejos de administración, lo que las entidades pueden publicitar de conformidad a la legislación sobre publicidad[487].

Por ello, si a nivel social, económico y reputacional la presencia de la mujer en los puestos directivos y de máximas responsabilidades tiene un impacto positivo, y en cambio la estadística muestra unos datos alejados del pretendido equilibrio, ¿qué explica, desde lo más próximo posible al Derecho societario, esta distorsión porcentual? Se han expuesto motivos tales como *«el techo de cristal»* o determinados prejuicios a nivel global, si bien de la situación concreta de nuestro país, destacamos la dificultad en la conciliación familiar, dado que, en la generalidad de los casos, es la mujer quien tiende a renunciar a su carrera profesional con motivo de la maternidad, lo que es innegable e incuestionable que a nivel físico nunca podrá siquiera asimilarse a la paternidad[488]. Ese es a nuestro juicio el mal endémico de la cuestión, la cada vez menor apuesta por facilitar y asegurar la conciliación familiar, la maternidad, y la familia, valores todos ellos que parecen perder importancia en nuestra sociedad en favor de la ambición cortoplacista [489] . Y sobre ello el Derecho sí puede dar una respuesta ejemplar.

486. Cabe destacar el *estudio «Women in business and management: the business case for change»* publicado por la International Labour Office, el cual destaca que «tres de cada cuatro empresas del sector privado que han incluido a mujeres en su directiva han incrementado sus beneficios», amén de experimentar mejoras en la creatividad, innovación, retención de talento, y reputación. Puede leerse el contenido completo en: https://www.ilo.org/wcmsp5/groups/public/---dgreports/---dcomm/---publ/documents/publication/wcms_700953.pdf

487. CAMPUZANO LAGUILLO, A. B. / CALDERÓN PATIER, C.: *«Gobierno corporativo y prácticas tributarias»*. Ed. Juruá. Oporto (Portugal), 2018. Pág. 149.

488. SÁNCHEZ MARÍN, G.: «Gobierno corporativo y diversidad de género: el acceso de la mujer a puestos del consejo de administración» en *«Revista de la Asociación Española de Contabilidad y Administración de Empresas»*, n.º 123. Madrid, 2018. Pág. 57.

489. Prueba de ello es que a nivel europeo, no sólo en el ámbito empresarial sino también político, sean contados los casos de mujeres en las altas esferas políticas y económicas que sean madres. Casos como la excanciller alemana Angela Merkel; la ex primera

Esto es, si el problema tiene una doble vertiente (la estructural, por la dificultad en la conciliación; y la educacional, por los prejuicios aún existentes) el buen gobierno de las sociedades ha de dar un paso adelante, y fomentar, asegurar y promover la conciliación familiar, la maternidad y la familia como valores baluartes de nuestra sociedad, como primitiva atención a los grupos de interés, y como inatacable muestra de responsabilidad social corporativa.

Por tal motivo, y a colación de esa cierta tibieza legal a la que hacíamos anteriormente referencia sobre la cuestión, entendemos que el problema ha de abarcarse desde una perspectiva de rango legal y no voluntario, opinión que sustentamos por un doble motivo. El primero, porque siguiendo a la doctrina, *«los mejores resultados se han producido en aquellos países que han optado por sistemas vinculantes para (...) alcanzar una composición más equilibrada, en lo que al género se refiere, en los consejos de administración de las sociedades»*[490]. El segundo, por lo que hemos entendido como un cierto impulso de la pretendida recomendación de concreción de cuota, pues el actual Código de Buen Gobierno en su redacción inicial, en la Recomendación 14 se proponía *«el objetivo de que en el año 2020 el número de consejeras represente, al menos, el 30% del total de miembros del consejo de administración»*. Sin embargo, tal párrafo fue eliminado de la revisión del Código en junio de ese mismo 2020, trasladándose en otros términos a la Recomendación 15, la cual en su redacción actual (de previsible próxima modificación por su tenor literal) establece su objetivo en un número de consejeras del 40% antes de finalizar 2022, debiendo en cualquier caso haber llegado al anterior 30%. Esto es, lo que coloquialmente se conoce como elevar la apuesta. No se ha llegado aún a tales porcentajes, si bien sí resulta muy relevante destacar la creciente tendencia evidenciada en el Informe Anual de Gobierno Corporativo publicado por la Comisión Nacional del Mercado de Valores relativo al ejercicio 2021, último publicado al momento de escribir las presentes líneas[491]:

ministra británica Theresa May; o la actual presidenta del Banco Central Europeo Christine Lagarde, son algunos ejemplos de lideresas europeas sin descendencia. Y con ello en ningún caso pretendemos juzgar tal situación o decisión, sino poner de relieve dicha estadística significativa. A juicio de algún columnista, esta situación sin embargo no resulta igual en Estados Unidos, donde tales valores sí parecen tener más importancia, véase el ejemplo de Hillary Clinton, ex secretaria de estado y candidata demócrata a la presidencia del país. Sobre ello se publicó en el diario «La Razón» con el título *«La era "No-Mo": Gobernados por líderes sin hijos»* que puede leerse en: https://www.larazon.es/sociedad/la-era-no-mo-gobernados-por-lideres-sin-hijos-I15597379

490. CAMPUZANO LAGUILLO, A. B.: *«La diversidad de género...»* cit. Pág. 963.
491. https://www.cnmv.es/DocPortal/Publicaciones/Informes/IAGC_2021.pdf

– El número de consejeras al cierre de 2021 representaba el 29,3%, lo que le sitúa prácticamente en el umbral objetivo del Código. Este porcentaje es mayor en las entidades del IBEX, que asciende al 34,2%.

– La tendencia es significativamente creciente año tras año, pues en 2020 fue del 26,1%, en 2019 del 23,4%; en 2018 del 19,7%, y en 2017 del 18,9%.

– El mayor incremento se ha producido en el número de consejeras independientes (43,5% en 2021 frente al 39,2% en 2020) mientras que el número de ejecutivas apenas suponen actualmente el 6%, si bien también en creciente tendencia.

– El 100% de las sociedades del IBEX 35 cuenta con mujeres en su consejo de administración, si bien dicho dato no se extrapola a las cotizadas no incluidas en tal selectivo, pues el 10,2% de las cotizadas cuyo valor de capitalización es inferior a quinientos millones de euros, no cuenta con presencia femenina en el consejo.

– Sólo un 6,7% de mujeres han ostentado la presidencia del consejo, porcentaje que incluso se ha visto ligeramente disminuido con respecto a la muestra del ejercicio anterior.

– Si la cuota femenina ha sido del 29,3% en el consejo de administración, y la comisión ejecutiva debe asemejarse a un *«consejo en miniatura»* como algún autor sostiene, tal proporción no se cumple, dado que las mujeres representan el 12,5% de los miembros del comité ejecutivo.

– Con respecto a la alta dirección, la proporción es menor al suponer sólo el 19,8%, si bien en tendencia creciente, que en el caso del IBEX también resulta superior hasta suponer el 22,0% del total.

Una primera valoración de tales estadísticas redunda, matices mediante, en la proporción referida de resultados empresariales y cuota femenina, toda vez que precisamente las sociedades integrantes del IBEX son las que más y mejor cumplen los objetivos de cuota, tanto en el propio consejo de administración como en la alta dirección. La segunda valoración es que, aun no habiéndose cumplido aún los objetivos, la tendencia es ciertamente creciente. Y la tercera, quizás más preocupante, es que tales estadísticas en el consejo no encuentran en cambio su reflejo en la alta dirección, lo que indica que de poco sirve ese esfuerzo deliberado en buscar candidatas a consejeras para que ocupen puestos no ejecutivos, si la función gerencial queda en cierto modo vedada a la mujer, lo que se aprecia tanto en las estadísticas sobre la comisión ejecutiva como en la alta dirección. Al final, el cumplimiento de la cuota femenina en el consejo, si se materializa exclusivamente en puestos no ejecutivos, puede llevar a un mero maquillaje si ello no va anudado del otorgamiento de funciones reales gerenciales y ejecutivas, máxime si como hemos sostenido, el previo paso por la alta dirección de una compañía puede suponer un criterio de futura idoneidad para el cargo de consejero. Porque tal cuestión se evidencia además en una mera cuestión de edad, dado que los miembros del consejo tienden a ser de mayor edad que la alta dirección, pues de hecho la edad media del consejero en 2021 fue de 60,6 años, lo cual indica que ese esfuerzo deliberado en la búsqueda de potenciales consejeras, pueda acabar haciéndose en mujeres de más edad que las que se hallan en la alta dirección. O trasladado de nuevo al debate de la maternidad al que hacíamos referencia, cabría plantearse si las mujeres nombradas para el cargo de consejera no ejecutiva serían de aquellas que por media de edad no suelen ser madres, a diferencia de quienes estén en la alta dirección, lo que como decíamos nos haría sospechar de ese posible «maquillaje» de datos.

No puede ser objeto de satisfacción el creciente porcentaje en el consejo de administración, si ello no tiene su reflejo en la alta dirección. Y tal consideración, lejos de remitirnos a simples argumentos éticos, lo basamos en cuestiones estadísticas:

– Según el Instituto Nacional de Estadística, el 54,1% de los graduados en educación superior son mujeres, frente a un 45,9% de hombres[492].

– El segundo grupo más numeroso de mujeres graduadas en estudios superiores lo hace en el ámbito de los negocios, administración y derecho, según el mismo organismo público.

– El 42% de las pequeñas y medianas empresas están dirigidas por mujeres; mientras que el 57% de las nuevas empresas son creadas por mujeres[493].

Sin embargo, tales datos no se trasladan, como hemos dicho, a la alta dirección. Algunos estudios cifran en un 33% el número de mujeres directivas en España[494], aunque tal porcentaje se halle muy lejos de referenciarse con el 19,8% de alta dirección declarado en el Informe Anual de la Comisión de Valores. De hecho, a nivel académico, el número de mujeres en las escue-

492. https://www.ine.es/ss/Satellite?L=es_ES&c=INESeccion_C&cid=1259925481157&p=%5C&pagename=ProductosYServicios%2FPYSLayout¶m1=PYSDeta-lle¶m3=1259924822888

493. https://infombas.com/novedades/mujeres-mba-escuelas-negocios-empresas/https://

494. www.escueladenegociosydireccion.com/revista/case/8m-espana-logra-mayor-cifra-mujeres-directivas-historia/

las de negocios se sitúa en el 36% según algunos datos estadísticos[495]. Como decimos, no encontramos la debida correlación.

Si la mujer supone la mitad de la población, más de la mitad de los graduados en educación superior, y quienes constituyen la mayoría de nuevos negocios, no hay proporción directa. Y en el ámbito de las sociedades cotizadas, tal disociación se evidencia en la severa distinción porcentual entre consejeras y altas directivas, lo que supone que, o bien el primer dato es precisamente deliberado, tal y como pedía el Código Unificado, o bien es que el problema es de raíz, y ahí es donde decíamos que el Derecho de sociedades, por razón de responsabilidad social corporativa, debe dar una respuesta pionera, huyendo de las meras pretensiones tales como *«ha de procurar»*, máxime si como hemos visto, los mejores resultados acontecen en ordenamientos que regulan la cuestión por vía imperativa. Si acudimos al núcleo del problema, y parece ser que éste es educacional y de conciliación familiar, sólo un país conseguirá avanzar si apuesta por sí mismo, por su núcleo más irrenunciable que es la familia. Y ello sólo se conseguirá por vía de mandato legislativo, pues los *clichés* han de ser paulatinamente eliminados, en favor del avance y el progreso, de la maternidad y la conciliación, pues precisamente ello genera resultados económicos mejores, a tenor de la experiencia. Si una nación no apuesta por su propio desarrollo, terminará por perder su esencia natural.

C) LA CUESTIÓN DE LA SEPARACIÓN DE CARGOS ENTRE PRESIDENTE Y PRIMER EJECUTIVO

1. El presidente del consejo ante la reforma legislativa

A. Justificación del estudio

La figura del presidente del consejo de administración de la sociedad cotizada representa un elemento de especial interés para los principios del gobierno corporativo, especialmente en lo referente a la conveniencia o no de ostentar a su vez la condición de primer ejecutivo, pues en caso afirmativo, se plantea si ello pudiera entrañar una excesiva concentración de poder en torno a un mismo consejero. Esta disyuntiva, preferencias en uno u otro sentido aparte, no ha sido resuelta en nuestro país de forma contundente al menos mediante un posicionamiento claro ni en la Ley ni tampoco en los códigos de buen gobierno, sino al contrario, admitiendo ventajas e inconvenientes en función de la vía adoptada, se reconoce la dificultad de la cuestión por lo que se deja en manos del autogobierno de las sociedades la elección de su método o forma de gobernanza, si bien sí se establecen meca-

495. https://elpais.com/economia/2018/04/23/actualidad/1524485470_796056.html

nismos de contrapeso que deben adoptar aquellas sociedades que hayan optado por la concentración de poderes en la figura del presidente del consejo[496].

Esta cuestión no ha resultado ajena a las últimas e importantes novedades normativas establecidas, en primer lugar por la Ley 31/2014 de 3 de diciembre, por la que se modifica la Ley de Sociedades de Capital para la mejora del gobierno corporativo, y en segundo lugar, por el Código de Buen Gobierno de las sociedades cotizadas, aprobado en febrero de 2015. Ambos textos normativos, como veremos a continuación, mantienen la tendencia de los códigos precedentes de no posicionarse claramente en ninguna de las dos alternativas posibles, aunque sí resulta novedosa la obligación legislativa de lo que hasta entonces representaba una mera recomendación, esto es, el nombramiento de un consejero coordinador en el caso de que la sociedad opte por el sistema de doble condición del presidente, lo que lleva a plantear el estudio de la figura del denominado consejero coordinador con respecto al presidente que a su vez tenga la condición de ejecutivo.

B. *La reforma para la mejora del gobierno corporativo*

1. El artículo 529 septies de la Ley de Sociedades de Capital. La referida Ley 31/2014 de reforma de la Ley de Sociedades de Capital, ya es sabido, ha supuesto un importante y amplio cambio normativo para el conjunto de las sociedades mercantiles de capital, sean cotizadas o no, si bien con respecto a éstas se ha prestado especial atención en lo referente a la mejora de los principios del buen gobierno, algunos de los cuales de forma anterior a la reforma se constituían como meras recomendaciones bajo la regla del «cumplir o explicar», y en la actualidad forman parte del ordenamiento jurídico. Y una parte significativa de la reforma ha afectado a la regulación del consejo de administración a través del artículo 529 y subsiguientes de la Ley de Sociedades de Capital, que conforman el Capítulo VII del Título XIV, continuando en la línea de establecer como obligación legal de lo que anterior-

496. El presente apartado se corresponde en su integridad con el artículo que fue publicado en cumplimiento de las normas de la Escuela Internacional de Doctorado CEINDO de la Universidad San Pablo CEU de Madrid para el depósito de la Tesis Doctoral, consistente en la publicación de un artículo en una revista u obra científica que versara sobre una materia objeto de la Tesis, tal y como es el caso. Dicho artículo, que ahora se reproduce, fue presentado como comunicación en el II Congreso Nacional de Derecho de Sociedades organizado por la Universidad de Málaga en el año 2018, y publicado como FERNÁNDEZ-SORDO LLANEZA, E.: «Algunas consideraciones en torno al presidente ejecutivo y el consejero coordinador, a tenor del artículo 529 septies LSC y la recomendación 34 del CBG» en AA.VV. (GONZÁLEZ FERNÁNDEZ, M. B. / COHEN BENCHETRIT, A. (dir.): «*Derecho de sociedades. Cuestiones sobre órganos sociales*». Ed. Tirant lo Blanc. Madrid, 2019. Pág. 483-500.

mente resultaba implícito, como ya ocurrió antes de la reforma con la necesaria organización del órgano de administración en la forma de consejo, o el establecimiento del reglamento de éste. De forma concreta a los efectos del presente estudio, nos referimos a la promulgación del artículo 529 septies de dicha Ley, que bajo la tal vez confusa denominación de «separación de cargos», establece que salvo disposición estatutaria en contrario, no hay objeción del legislador a que el presidente del consejo ostente a su vez la condición de ejecutivo, aunque en tal caso se deberán cumplir dos requisitos, a saber, que su nombramiento responda a una mayoría cualificada de dos tercios de los miembros del consejo, y que se designe de entre los independientes un consejero denominado coordinador, cuyo nombramiento en este caso no requerirá mayoría especial pero sí la necesaria abstención de todos los ejecutivos. Decimos que tal vez resulte confusa pues, pese a que no guarde especial relevancia la denominación del artículo, no puede negarse que la propia Ley reconoce la existencia del debate, resultando curioso que pese a denominar el artículo con expresa mención a la «separación», el contenido del mismo en cambio no obligue a la citada división de funciones. Lo que sí hace es atribuir de tres competencias concretas al consejero coordinador en caso de existencia del mismo, que se establece imperativa si concurre la figura del presidente ejecutivo, concretamente las de solicitar, que no convocar, la reunión del consejo o complementar una convocatoria ya efectuada, coordinar y reunir a los consejeros no ejecutivos, y dirigir la evaluación periódica del presidente.

2. La recomendación 34 del Código de Buen Gobierno. especial pero sí la necesaria abstención de todos los ejecutivos. Decimos que tal vez resulte confusa pues, pese a que no guarde especial relevancia la denominación del artículo, no puede negarse que la propia Ley reconoce la existencia del debate, resultando curioso que pese a denominar el artículo con expresa mención a la «separación», el contenido del mismo en cambio no obligue a la citada división de funciones. Lo que sí hace es atribuir de tres competencias concretas al consejero coordinador en caso de existencia del mismo, que se establece imperativa si concurre la figura del presidente ejecutivo, concretamente las de solicitar, que no convocar, la reunión del consejo o complementar una convocatoria ya efectuada, coordinar y reunir a los consejeros no ejecutivos, y dirigir la evaluación periódica del presidente.

No debe perderse de vista asimismo las funciones que el Código atribuye al presidente del consejo en sentido general, con independencia de la categoría de consejero que represente, cuestión que entendemos que sirve de base al estudio del coordinador como medida de contrapeso a aquel si tiene potestades delegadas, pues si éste está llamado a suponer un nexo de unión entre diferentes clases de consejeros e incluso a desempeñar funciones sustitutivas en según qué casos, parece claro que en uso de sus funciones coordinadoras, o más bien supervisoras, deberá tener especial observancia al cumplimiento de las obligaciones que la norma, legal o autorreguladora, impongan al presidente.

3. Elementos del debate. Partiendo del contenido de la norma objeto de la reforma, hemos prestado especial atención a la controversia que, al igual que los referidos textos normativos, nuestra doctrina más autorizada tradicionalmente ha mantenido acerca de la separación de cargos, estudios varios que se han posicionado algunos de ellos sí de forma más determinante que el legislador español, pues incluso en determinados ordenamientos comparados existen posturas claramente reconocibles. Sin embargo, ante el debate sobre la idoneidad o no de la división de funciones en torno a la figura del presidente, que no parece de fácil pronunciamiento, hemos de tener en cuenta tanto las ventajas e inconvenientes que uno u otro método aportan, como la práctica de nuestras grandes compañías, que mantienen una cierta conducta consolidada mayoritariamente favorable a la acumulación. En nuestro caso, nos gustaría además añadir un componente y es que dentro de la posibilidad de la acumulación de cargos, no parece que la ley de forma concreta haga distinción en si, una vez concurre la doble condición, el carácter ejecutivo además confiera facultades delegadas.

Pero más allá del estudio de la figura del presidente, el consejero coordinador representa en la actualidad un papel central, si bien su figura era ya reconocida en los anteriores códigos de recomendaciones de *soft law*, con su obligatoriedad legislativa se abre un abanico de posibilidades de estudio, desde sus propias funciones supervisoras como misión central del consejero independiente, al ejercicio efectivo de su cargo como garante de la armonización y acoplamiento de los no ejecutivos, lo que llega a plantear si no estaríamos ante una nueva comisión *de facto* del consejo como veremos posteriormente.

Asimismo, el artículo 529 septies de la Ley de Sociedades de Capital supone que más en la forma que en el fondo del precepto, exista un interés en examinar los mecanismos de adopción de los acuerdos necesarios para la aplicación del artículo, tales como el deber de abstención en la votación, o si la atribución especial de facultades en la norma intrasocietaria se aconseja en vía estatutaria o en cambio reglamentaria.

C. *Algunos datos estadísticos*

1. Sobre el presidente. Más allá de los debates doctrinales en torno a la recomendación de la separación de cargos, mientras ello continúe sin cons-

tituir una obligación legal, la realidad práctica de uno u otro sistema consta en la información que las sociedades emisoras de valores admitidos a negociación en mercados secundarios oficiales ofrecen en sus respectivos informes anuales de gobierno corporativo. Hay que tener en cuenta, además, que la separación de cargos no ha llegado a ser ni tan siquiera objeto de sugerencia en los diferentes códigos de gobierno corporativo en nuestro país, pese a que sí se establecían medidas de contrapeso en el caso de la acumulación, pero ello en cualquier caso no obligaba a ser objeto de explicación si mediaba incumplimiento. Es decir, al no haber existido un posicionamiento claro en pos de la separación, las sociedades han gozado de plena libertad de elección sin necesidad de dejar patente su ausencia de adhesión. Cuestión diferente es que ello se haya traducido en la práctica en una posición claramente mayoritaria hacia uno u otro sistema.

De forma concreta, el Informe Anual de Gobierno Corporativo publicado por la Comisión Nacional del Mercado de Valores[497], relativo al ejercicio 2016, cifraba en un 54,7% las sociedades cotizadas que contaban con un presidente ejecutivo, porcentaje que aumenta al 60% en el caso de aquellas pertenecientes al selectivo del IBEX 35. Estos datos, con sus lógicas fluctuaciones interanuales, reflejan como decíamos una conducta ciertamente consolidada en favor de la acumulación de cargos pues así viene siendo de manera mayoritaria los últimos años, si bien hemos de hacer mención a un paulatino y ligero descenso de estos porcentajes[498]. Por tanto, dos son las lecturas de estos datos: i. que en España se sigue mayoritariamente la opción de la acumulación de cargos, y ii. que el reconocimiento del debate sobre la aparente preferencia comunitaria de la separación de cargos ha contribuido o parece contribuir a un gradual descenso de esta conducta.

Estos datos contrastan en cambio con los modelos comparados que, salvando las distancias o diferencias en la forma de gobernanza como implica por ejemplo el caso alemán, nos indican que en los ordenamientos conti-

497. Último ejercicio publicado por la CNMV exclusivo de las entidades del IBEX cuyo contenido puede consultarse en: https://www.cnmv.es/DocPortal/Publicaciones/Informes/IAGC_2016.pdf

498. Con la excepción de un leve repunte precisamente en el ejercicio 2016, la tendencia de los años precedentes era de continuo aunque ligero descenso, pues en el ejercicio 2013 se situó en el 58,5% (68,6% en el caso del IBEX). No obstante, el descenso es significativamente más pronunciado si tomamos como base el inicio de la década, ya que en 2010 se cifró en un 67,3% (80% en el IBEX) lo que supone una caída de 12,6 puntos con respecto a la situación actual.

nentales existe una cierta preferencia práctica en torno a la separación de cargos[499].

2. Sobre el consejero coordinador. Teniendo en cuenta que su figura es de obligatorio nombramiento en caso de concurrencia de funciones en torno al presidente, el Código de Buen Gobierno como hemos visto amplía por vía de recomendación las funciones que la ley atribuye al consejero coordinador. Sin embargo, dado el poco margen de tiempo que lleva vigente el Código y por tanto la Recomendación 34, únicamente podemos guiarnos por los dos últimos ejercicios, que establecen un seguimiento rotundamente mayoritario a la referida norma confiriendo al consejero coordinador de facultades adicionales a las establecidas en el artículo 529 septies de la Ley de Sociedades de Capital, siendo únicamente sociedades representativas de menos del 10% las que, contando con un presidente ejecutivo, no han considerado necesario otorgar funciones complementarias al coordinador[500]. Fuera de estos datos, especialmente curioso resulta el caso de aquellas sociedades que, sin tener acumuladas las funciones de presidente y primer ejecutivo en una misma persona, y por tanto, sin obligación legal de hacerlo, han optado por designar igualmente un consejero coordinador[501].

No obstante, la figura del consejero coordinador siendo novedosa en el ámbito legislativo, no lo es tanto en sede de recomendaciones, pues ya el Informe Olivencia de 1998 reflexionaba sobre la efectividad de designar de entre los independientes a un coordinador a quien incluso se le investía como vicepresidente, aunque ello no se materializara posteriormente y de forma expresa en la correspondiente Recomendación del Código[502]. En la misma línea, el anterior Código Unificado de Buen Gobierno o *Código Conthe,* en su Recomendación 16 establecía un conjunto de facultades para

499. DÍEZ ESTELLA, F., «Las figuras del Presidente y Consejero Ejecutivo; del Secretario del Consejo de Administración y del Consejero Independiente Coordinador (lead independent director)», *Gobierno Corporativo: la Estructura del Órgano de Gobierno y la Responsabilidad de los Administradores*. Cizur Menor. 2015, Pp. 235-258.

500. En concreto, el 9,6% de las sociedades (9,9% en 2015) por lo que hablamos de un seguimiento del 90,4%. No obstante, este dato merece ser desglosado, pues el cumplimiento de la Recomendación 34 no es del todo uniforme ya que mientras el 67,5% de las sociedades sí cumplen íntegramente la norma, un 22,9% lo hace de manera parcial explicándose en el Informe Anual de Gobierno Corporativo de la CNMV que, al igual que en 2015, estas sociedades han entendido que no estando involucrado el consejero coordinador con la dirección efectiva de la sociedad, tal vez no es el más idóneo para mantener contactos con inversores y accionistas, como sugiere el Código.

501. A día de hoy conocemos el caso de tres: REE, Repsol y Caixabank.

502. OLIVENCIA RUIZ, M.: «El consejero coordinador» en AA.VV. JUSTE MENCÍA, J. / ESPÍN GUTIÉRREZ, C. (coord.): *Estudios sobre órganos de las sociedades de capital: liber amicorum, Fernando Rodríguez Artigas, Gaudencio Esteban Velasco,* Tomo II. Ed. Aranzadi. Navarra, 2017. Pág. 335-351.

uno de los independientes en caso de concurrencia de cargos en torno al presidente, facultades que son precisamente las que ahora ha adoptado de forma casi idéntica el artículo 529 septies LSC, lo que supone una suerte de elevación a rango de Ley. En este sentido, el informe de la Comisión Nacional del Mercado de Valores del ejercicio 2014 como el último que recogía el seguimiento de las recomendaciones del Código Unificado de Buen Gobierno al coincidir con la finalización de su vigencia, cifraba en un 79,4% el conjunto de sociedades que ante la acumulación de funciones, habían conferido de especiales funciones de coordinación a uno de los anteriores ejercicios, y que incluso en las pertenecientes al IBEX aumentaba significativamente hasta el 90,5%, lo que evidencia que en la práctica no estamos ante una figura extraña para el conjunto de nuestras grandes compañías.

2. Presidente y carácter ejecutivo

A. *Ejecutivo o primer ejecutivo*

El principal argumento de los defensores de la estricta separación de cargos se refiere al peligro que podría entrañar la excesiva concentración de poderes en torno a una misma persona, lo que se entenderá si el presidente, como responsable del eficaz funcionamiento del consejo, ostenta a su vez funciones ejecutivas. Ahora bien, existe un debate que no deja de ser terminológico, y que el Profesor Cazorla ha reconocido que puede dar lugar a algunas confusiones[503]: cuando hablamos de presidente ejecutivo ¿nos referimos al primer ejecutivo de la sociedad? O dicho de otro modo, ¿estamos hablando del consejero delegado? La cuestión no es baladí.

El artículo 529 septies de la Ley de Sociedades de Capital, al igual que el Código de Buen Gobierno, se refieren a que el cargo de presidente podrá recaer, de forma genérica, en *«un consejero ejecutivo»*. Remárquese el indeterminado «un», pues el propio Informe Anual de Gobierno Corporativo de la Comisión Nacional del Mercado de Valores reconoce la distinción al señalar que *«el 39,2% de los presidentes ejecutivos asumía funciones de consejero delegado»*, lo que evidenciaría que estamos ante una clara diferenciación tipológica. Sin embargo, la cuestión no parece tan clara si atendemos, además de a los interesantes razonamientos del citado autor, al contenido literal de los precedentes códigos Olivencia, Aldama y Conthe, que se referían específicamente al «primer ejecutivo de la sociedad». A mayor abunda-

503. CAZORLA GONZÁLEZ-SERRANO, L.: «Algunos apuntes sobre el llamado presidente ejecutivo en el proceso de reforma del gobierno corporativo español», *Revista de Derecho Bancario y Bursátil*, núm. 136, 2014, Pp. 269-281.

miento, la normativa bancaria[504], que sí entra a resolver la cuestión de la separación, impide el ejercicio simultáneo de los cargos de *«presidente y consejero delegado»* lo que, con independencia de la excepción que supone al régimen general, evidencia la consideración de primer ejecutivo en torno a la acumulación de funciones.

La cuestión puede no ser especialmente problemática a los efectos del cumplimiento del artículo 529 septies de la Ley de Sociedades de Capital y de la Recomendación 34 del Código de Buen Gobierno por cuanto únicamente ha de atenderse a la categoría de consejero que ostente el presidente para proceder al nombramiento del independiente coordinador, con independencia de si ha de considerarse primer ejecutivo o no o si tiene competencias delegadas por expreso acuerdo del consejo y así se haga constar debidamente en el Registro Mercantil. Sin embargo, a los efectos del debate sí puede tener especial relevancia pues a nuestro juicio, no supone idéntico caso el del consejero delegado que tiene en sí aglutinadas todas las competencias del consejo, salvo las indelegables, y sobre el que por tanto se le requiere presumiblemente una mayor actividad de supervisión, que la de aquel consejero que comparte sus funciones con aparente limitación, habida cuenta que la comisión ejecutiva, a diferencia de la de auditoría, nombramientos y retribuciones, no es de obligatoria constitución. Tal vez las normas y principios de gobierno corporativo deban ejercer un control más férreo y diferenciado sobre el caso del presidente y primer ejecutivo pues propuestas en tal sentido se plasman en casos como que, si el presidente ostenta a su vez el citado cargo de consejero delegado, que no meramente ejecutivo, el consejo deba en tal caso constituir imperativamente una comisión delegada con presencia del consejero coordinador en la misma. No obstante, el legislador parece haber tenido la clara intención de dar un paso más hacia la aparente, tímida y presumible preferencia de la separación de cargos al no hacer distinción en la tipología ejecutiva para el nombramiento del coordinador, y aunque como decimos puede tratarse de un debate semántico, la experiencia que la STS de 26 de febrero de 2018 sobre la retribución de los consejeros ejecutivos con respecto al debate del artículo 217 de la Ley de Sociedades de Capital sobre los *«administradores en su condición de tales»* nos ha dado, nos aconseja no subestimar lo puramente terminológico.

504. Artículo 29.4 de la Ley 10/2014, de 26 de junio, de ordenación, supervisión y solvencia de entidades de crédito.

B. *¿Una aparente preferencia por la separación?*

Al no constituir materia con principio de reserva legal, la adopción por el sistema de separación o doble condición ha quedado a la consideración del autogobierno de las sociedades, aunque cuestión distinta es que parte de la doctrina científica o incluso los informes precedentes a las normas puedan manifestar de manera implícita una preferencia hacia un sistema concreto. El debate no es nuevo, bien es sabido, por lo que difícilmente pueden interpelarse argumentos resolutivos. Cuestión diferente será evaluar la perspectiva jurídica de los objetivos que la norma pretende alcanzar en paralelo tanto a los motivos y estudios científicos como a la realidad de la aplicación práctica en los datos estadísticos ya vistos. Nada novedoso podemos afirmar que ya desde el informe precedente al primer código de gobierno corporativo de nuestro país dirigido por el ilustre Profesor Olivencia se reconocía como argumentos en favor de una u otra forma de gobernanza presidencial del consejo, ante la ausencia de un estudio empírico que acreditase la real bondad de una concreta. Ello no es óbice para que se haya percibido una cierta preferencia por parte de algún sector de la doctrina, alguno de forma determinante, en pos de la estricta separación de cargos, como consecuencia quizás de determinados ordenamientos continentales o normativa comunitaria. De forma concreta con respecto a esta última, el Libro Verde de la Unión Europea sobre la normativa de gobierno corporativo, publicado en 2011 por la Comisión Europea, se planteaba en su pregunta tercera si la Unión debía garantizar *«que las funciones y los deberes del presidente del consejo de administración y del consejero delegado estén claramente separados»* reconociendo la esencial función de supervisión de los miembros del consejo, aunque tratando la cuestión en sede de sociedades con sistema dual. En nuestro país, la ley no se ha pronunciado y a día de hoy parece difícil que lo haga al menos a medio plazo pues, como hemos dicho, la separación de funciones no ha sido ni tan siquiera objeto de recomendación en ninguno de los hasta ahora cuatro códigos normativos vigentes de gobierno corporativo, por lo que parecería difícil de entender que hubiese un golpe de timón del legislador en este sentido en contra, no sólo de los referidos códigos, sino de la actual tendencia mayoritaria de las grandes compañías. Ello fue explicado por la Comisión de Expertos y su Propuesta para la mejora del Gobierno Corporativo cuyo informe fue el germen de la posterior Ley 31/2014, reconociendo como los códigos de buen gobierno precedentes que *«no pueda afirmarse de forma concluyente ni de general aplicación las ventajas de la acumulación o separación»* dejando su regulación al ámbito de códigos de recomendaciones, afirmación que habida cuenta de la falta de regulación anteriormente aludida en este sentido, queda un tanto vacía de contenido pues en lo único que sí parece existir unanimidad es en el establecimiento de resortes de contrapeso en caso de elección del sistema acumulativo, mecanismo que ha llegado a constituir obligación imperativa consagrada en el artículo 529 septies de la Ley de Sociedades de Capital. Ello ha planteado si no estamos ante una aparente o implícita preferencia normativa en torno a la separación que, sin ser referida de forma concreta, sí pudiera interpretarse del contenido de la norma. Pero la cuestión no tiene fácil respuesta pues en un sistema como el monista, que es el seguido, que sepamos, por la totalidad de las entidades cotizadas de nuestro país, que a su vez de forma mayoritaria tienen tradicionalmente acumuladas ambas funciones, parece que la cautela normativa se torna en imprescindible. Bien es cierto que los principios del gobierno corporativo exigen una serie de medidas que aseguren la transparencia y control, al reconocerse la supervisión de los propios actos del consejo como la esencial función del mismo, sin embargo ello no debe llevar a desnaturalizar las facultades autorreguladoras de las sociedades de capital en el ámbito del Derecho privado. Por tanto, entendemos que, de existir una implícita preferencia por parte del legislador, ésta de forma cauta no se ha manifestado claramente, lo que nos lleva a concluir que, mientras el sistema español continúe en la tendencia actual, estamos ante una neutralidad consolidada. Vendría a ser, en términos análogos y salvando las distancias, una suerte de *presunción de inocencia* o, ambos sistemas son válidos mientras no se demuestre lo contrario.

Parte de la doctrina más autorizada en cambio sí se ha manifestado de forma claramente diferenciadora en favor de la estricta separación de cargos[505]. Razonan los autores citados que no han de confundirse dos funciones completamente diferentes como son la gestión de la sociedad con el aseguramiento del eficaz funcionamiento del consejo, siendo ésta además obligación imperativa, lo que teniendo en consideración la necesaria supervisión y control de los actos del consejo, implica una labor de especial importancia. En este sentido, advierten de los riesgos que entrañaría dejar al consejo de administración como un órgano de poca operatividad al quedar al albur del presidente, concluyendo que dejar la gestión y representación ordinaria en manos de la alta dirección, con independencia de su carácter de consejeros o no, aseguraría una mayor efectividad de las labores de control al tratarse de ejecutivos aparentemente en posición jerárquica inferior.

505. SÁNCHEZ CALERO, F., *Los administradores en las sociedades de capital*. Cizur Menor. 2007; SALELLES CLIMENT, J., *El funcionamiento del consejo de administración*. Madrid. 1995; TRÍAS SAGNIER, M., «El Consejo de Administración como órgano garante del buen gobierno en la sociedad cotizada», *Revista Derecho de Sociedades*, núm. 21, 2003, Pp. 165-190.

C. *El caso de las entidades financieras*

Tal y como manifestamos anteriormente, la aparente neutralidad normativa sobre la forma de gobernanza presidencial tiene una excepción contenida en el artículo 29.4 de la Ley 10/2014, de 26 de junio, de ordenación, supervisión y solvencia de entidades de crédito, al establecer que «*El presidente del consejo de administración no podrá ejercer simultáneamente el cargo de consejero delegado, salvo que la entidad lo justifique y el Banco de España lo autorice*». No encontramos justificación concreta a esta medida en la exposición de motivos de la referida Ley si bien el contenido del propio artículo sí traza las líneas maestras de su pretensión, que concisamente podríamos resumir en: i. responsabilidad y transparencia; ii. identificación y control de riesgos; iii. retribución adecuada; y iv. supervisión de la gestión y los conflictos de interés. Teniendo en cuenta que la ley otorga al presidente la misión de asegurar el eficaz funcionamiento del consejo, y siendo la misión esencial de éste la supervisión de sus propios actos al hallarnos en sede monista, la separación de cargos resultaría aparentemente comprensible y coherente con los principios de transparencia y control del gobierno corporativo, no sólo para las entidades financieras sino para todas las cotizadas en general. Sin embargo, la norma imperativa de aparente separación únicamente afecta a las primeras, tal vez influenciado por la crisis financiera global de los últimos años que en nuestro país, casos mediáticos aparte, han provocado la completa reestructuración del mapa financiero español. No obstante, decimos de aparente separación pues el citado artículo 29.4 contiene una excepción, que es la autorización del Banco de España previa petición justificada de la entidad, la cual podemos entender ampliamente conferida pues de forma muy mayoritaria, las más importantes entidades financieras de nuestro país cuentan con un presidente con condición de consejero ejecutivo, sin entrar en este caso si ello entraña condición o no de consejero delegado como la norma establece literalmente[506]. Unos datos de tal magnitud, ante una norma que en esta ocasión sí se posiciona claramente en torno a la separación a diferencia de lo sucedido con la generalizad de entidades cuyas acciones cotizan en mercados secundarios, evidencia la todavía amplia tendencia en pos de la acumulación de cargos, lo que invita a pensar si tal vez este sistema, ventajas e inconvenientes aparte, no suponga un impedimento al cumplimiento de los principios que el gobierno corporativo pretende.

506. En un muestreo realizado a día de hoy entre diez de las más importantes entidades financieras, siete de ellas (Santander, BBVA, Sabadell, Bankia, Bankinter, Unicaja y Kutxabank) cuentan con presidente ejecutivo, por tres que no (Caixabank, Liberbank e Ibercaja). Banco Popular, salido del electivo tras su adquisición por Santander, estaría encuadrado también en el primer grupo mayoritario.

3. El consejero coordinador

A. *La supervisión como esencial misión del consejo*

Teniendo el órgano de administración asumidas las competencias de gestión y representación de la sociedad, *ex* artículo 209 de la Ley de Sociedades de Capital, el Código Olivencia establecía no obstante y como misión fundamental del consejo *«la supervisión, junto con la dirección estratégica de la compañía»*, lo que en sede de sistema monista como el mayoritariamente seguido en nuestro país implica el control sobre el propio órgano. La competencia esencialmente supervisora del consejo, que parece ser pacífica en nuestra doctrina, es paralela a la delegación de facultades del propio órgano pues dicha delegación de funciones en modo alguno vacía al propio consejo de sus propias competencias legales[507]. En una sociedad como la cotizada, la delegación habitualmente se instrumenta a través de la comisión ejecutiva, considerada como una réplica reducida del propio consejo[508], lo que lleva a la conclusión de considerar a todos aquellos consejeros sin condición ejecutiva como garantes de la referida supervisión y control, motivo por el cual la importancia del consejero coordinador se torna en central, al sentido de interpretar que el presidente ejecutivo es a los ejecutivos, como el coordinador a los externos. Es decir, si bien no nos hallamos en un sistema de gestión dualista, sí se produce una dualidad de competencias en el seno del propio órgano, la gestión, por un lado, y la supervisión, por otro.

Ello nos plantea una cuestión. Mientras que las funciones de gestión resultan delegables en los consejeros ejecutivos, más dudas nos plantean las referidas a la supervisión y control. Partiendo de los principios del gobierno corporativo y en el ámbito de las grandes compañías, ¿estamos ante una competencia implícitamente indelegable del consejo monista? Fuera del ámbito estrictamente legal, pero desde la perspectiva de los principios del gobierno corporativo parece que sí, pues en opinión de importantes autores, en la práctica nos hallamos ante un modelo del consejo esencialmente supervisor frente al modelo estrictamente gerencial[509], lo que normativamente encontró su fundamento por ejemplo en textos legislativos como la Ley Financiera y la Ley de Transparencia en 2002 y 2003 respectivamente, que diferenciaban el estatuto jurídico según la clase de consejero, en un sistema como el español con responsabilidad solidaria de todos los

507. SÁNCHEZ CALERO, F., *«Los Administradores...»* cit.
508. ALONSO UREBA, A., «El modelo de administración de la sociedad anónima cotizada en el Código Unificado de Buen Gobierno español», *Gobierno Corporativo. Cuadernos de Derecho para Ingenieros*. Madrid. 2009.
509. ESTEBAN VELASCO, G., «La renovación de la estructura de la administración en el marco del debate sobre el Gobierno Corporativo», *El gobierno de las sociedades cotizadas*. Madrid. 1999.

miembros del consejo, a tenor de lo dispuesto en el artículo 237 LSC. No obstante, este sistema ha sido criticado por parte de la doctrina calificándose como incongruente y requiriendo de una profunda revisión del modelo legal bajo el razonamiento de, si se distingue la tipología y funciones de los consejeros, asimismo habrá de ocurrir con su régimen de responsabilidad[510].

B. *Consideraciones sobre el contenido de sus competencias normativas. ¿Hacia un nuevo comité?*

Las competencias del consejero coordinador establecidas en el artículo 529 septies de la Ley de Sociedades de Capital, ampliadas en la Recomendación 34 del Código de Buen Gobierno, y que hemos visto anteriormente, vienen a nuestro juicio a tratar de dotar a este tipo de consejero de unas funciones quasipresidenciales si bien, como en ocasiones sucede en la legislación societaria, con un componente indeterminado que no establece las consecuencias y derivadas de un supuesto incumplimiento. Es el caso de la *«evaluación periódica del presidente»* pues entendemos que el examen del ejercicio su cargo y el resultado del mismo, sería información especialmente interesante para los propios consejeros, los accionistas y en última instancia el mercado en general, contenido que podría ser de obligatoria inclusión en el correspondiente informe anual de gobierno corporativo de la compañía en cuestión. Sin embargo, ni se manifiesta en dicho sentido el propio artículo ni tampoco se hace mención a ello en el artículo 540 sobre el contenido del citado informe anual. Menos dudas ofrecen las competencias referentes a la convocatoria de un consejo de administración, ya convocado o con el fin de ser convocado, aunque de nuevo nos encontramos con la ausencia de especificación del mecanismo en lo que a plazos y forma se refiere. Entendemos que todo ello podría ser objeto de regulación específica en el reglamento del consejo, sin entrar en este caso en el régimen de mayorías necesario para la aprobación o modificación del mismo, al menos en lo referente a estas competencias. En este sentido, resulta necesario destacar que otra de las novedades incorporadas por la Ley 31/2014 fue la modificación del artículo 251 LSC estableciendo la nueva redacción que la infracción del reglamento del consejo también será causa de impugnación de los acuerdos del mismo, lo que cerró un debate doctrinal existente en ese sentido[511].

510. ALONSO UREBA, A., *«El modelo de administración...» cit.*; y FERNÁNDEZ DE LA GÁNDARA, L., «El debate actual sobre el gobierno corporativo: aspectos metodológicos y de contenido», *El gobierno de las sociedades cotizadas.* Madrid. 1999.

511. Ver GARCÍA DE ENTERRÍA, J., «El Reglamento del Consejo», *Régimen jurídico español de la sociedad cotizada»*. Granada. 2006.

Sea como fuere, más allá del contenido literal de la Ley y del Código de Buen Gobierno, y considerando determinadas funciones implícitas que algún autor interpreta[512], entendemos que se busca de esta tipología de consejero un vicepresidente *de facto* en sustitución de determinadas funciones presidenciales para con el buen funcionamiento del consejo, cargo que incluso llegó a considerar el Informe Olivencia, y que algún destacado autor vuelve a proponer para el cargo, o al menos para presidir la comisión de nombramientos[513]. No se trata tanto de un contrapeso a las funciones ejecutivas, pues ello ya es función de los externos, especialmente los independientes, sino de una efectiva coordinación de los no ejecutivos, de ahí a la denominación que ha recibido, motivo por el que nos referíamos a que presidente ejecutivo sería a éstos, como el coordinador a los externos, según reza literalmente el artículo 529 septies de la Ley de Sociedades de Capital: *«coordinar y reunir a los consejeros no ejecutivos»*. Al referirse la ley a una reunión, entendemos que en sentido estricto, nos planteamos si no estaríamos ante una suerte de nuevo comité en el consejo conformado únicamente por externos, lo que, salvando las distancias, podría asemejarse al de vigilancia del sistema dual. Consideraba el Profesor Olivencia[514] que esas reuniones o funcionamiento de las mismas podrían instrumentarse y regularse como un grupo de trabajo a través de un determinado texto normativo o conjunto de reglas sin requerir la promulgación de un reglamento aparte. Es posible que en este sentido estemos encaminándonos hacia un sistema «dual en mono», o dicho de otra manera, hallándonos en sede de consejo monista, establecer un comité en el seno del mismo con exclusivas funciones de control, el cual sería dirigido por el coordinador, y en el que podrían darse lugar todos los objetivos que aparentemente la ley busca, tales como la efectiva supervisión del conjunto del consejo, la debida constancia de las determinadas inquietudes de los consejeros no ejecutivos, o la evaluación periódica y sucesión del presidente.

4. Análisis crítico del estado de la cuestión.

Argumentos a favor o en contra de la acumulación de cargos en la figura del presidente del consejo, no podemos dejar de considerar la mayoritaria tendencia en nuestro país hacia la doble función, sin que ello a día de hoy haya supuesto o se haya podido acreditar una minoración de la efectividad del funcionamiento del consejo, o un perjuicio a los principios que el

512. Siguiendo la enumeración considerada por DÍEZ ESTELLA, F., *«Las figuras del Presidente y Consejero...»* cit.
513. MATEU DE ROS CEREZO, R., Práctica de Gobierno Corporativo: La reforma de la Ley de Sociedades de Capital y del Código de Buen Gobierno. Cizur Menor. 2015.
514. OLIVENCIA RUIZ, M., *«El consejero coordinador...»* cit.

gobierno corporativo pretende. En este sentido, concluimos en la línea razonada por el Profesor Sánchez-Calero[515], al considerar que los modelos comparados no tienen por qué ser de igual aplicación que para el conjunto de nuestras coterráneas, las cuales tienen un muy alto índice de cumplimiento de las recomendaciones de los códigos de buen gobierno, estableciéndose en la actualidad en el 83,9% lo que, habida cuenta de la todavía corta vigencia temporal del actual Código, representa un porcentaje nada desdeñable[516]. Bien es cierto que en cuanto a la acumulación de cargos, se trata de una forma de gobierno en paulatino y ligero descenso si tenemos en cuenta una visión global de los últimos años, pero ello no es óbice para resaltar que a día de hoy continúan siendo mayoritarias aquellas compañías que han optado por la doble condición del presidente.

Por ello resulta difícil, y así lo han reconocido tanto los códigos de conducta como el informe de expertos previo a la reforma de la Ley de Sociedades de Capital de 2014, un estudio empírico que demuestre la inconveniencia manifiesta de este sistema, pues no puede caerse en un *«ya lo advertimos» si* nos encontramos un caso puntual, por fortuna poco habitual, que a consecuencia de un suceso o cadena de ellos perjudiciales para la sociedad y sus socios, se ponga de relieve un deficitario sistema de gobierno corporativo por el hecho de la acumulación de cargos, lo que entendemos que no sería admisible. Y es que tanto el propio informe de expertos citado como algún autor que ha realizado un específico estudio sobre la materia[517], concluyen en dejar la cuestión a la regulación de los códigos de buen gobierno. En este sentido nos gustaría insistir en que la separación de cargos a día de hoy no ha llegado ni tan siquiera a ser objeto de recomendación en los mismos, y desde luego que nada había ocurrido si así fuese habida cuenta de su carácter no imperativo pues *«cumplir o explicar no es cumplir o disculparse»*[518].

Ahora bien, es un hecho pacífico que la acumulación de cargos en modo alguno obsta al establecimiento de medidas que supongan un efectivo contrapeso ante los peligros que entraña una excesiva acumulación de poder o de competencias, por lo que la configuración y establecimiento en sede de ley del consejero coordinador parece una medida acertada en este sentido, aunque como hemos advertido, tal vez los sistemas de contrapeso pudieran

515. SÁNCHEZ-CALERO GUILARTE, J., *Sobre el presidente ejecutivo.* EPrints Complutense. Madrid. 2013.
516. *Informe Anual de Gobierno Corporativo del ejercicio 2016*, publicado por la CNMV. Pág. 20.
517. CAZORLA GONZÁLEZ-SERRANO, L.: *Presidente ejecutivo y gobierno corporativo de sociedades cotizadas en España.* Cizur Menor. 2013.
518. SÁNCHEZ-CALERO GUILARTE, J., *«Sobre el presidente ejecutivo...»* cit.

verse parcialmente diferenciados si nos encontramos ante un presidente con funciones delegadas frente a aquel que ha de compartir sus facultades ejecutivas. No obstante, habrá de estarse al examen práctico de su función pues los dos primeros ejercicios de vigencia de la Recomendación 34 del Código de Buen Gobierno parecen señalar que las facultades referidas a la relación con accionistas no tienen un seguimiento tan mayoritario como otras recomendaciones al poder implicar una competencia más propia de otra tipología de consejeros. Tal vez haya de estarse más a su relación y operatividad en el seno del consejo para asegurar un cumplimiento efectivo de sus funciones, si bien alguna de ellas, entendemos que sería interesante que fueran objeto de específica mención en el correspondiente informe anual de gobierno corporativo de la entidad afectada, especialmente en lo referente a la evaluación y sucesión del presidente, y que a su vez, sus competencias vinieran más específicamente reguladas en el reglamento del consejo, dado que su incumplimiento ya es legalmente objeto de impugnación de acuerdos.

En cualquiera de los casos, sea por vía legal o reglamentaria interna, sería interesante profundizar en la competencia de coordinar y reunir a los no ejecutivos, si ello puede terminar desembocando en una reunión en sentido estricto como si de un nuevo comité aparte se tratase pues, además de suponer valor probatorio al cumplimiento de sus funciones legales, implicaría una efectiva evaluación de las funciones de supervisión y control al propio consejo y a sus ejecutivos, como misión esencial del mismo en un sistema monista como el de nuestro país.

Bibliografía

AGUADO SEBASTIÁN, S.: «Economía de EEUU. Las tres últimas décadas» en *Boletín económico de ICE, Información Comercial Española,* n.º 3025. Madrid, 2012.

ALFARO ÁGUILA-REAL, J.: *Interés social y derecho de suscripción preferente. Una aproximación económica.* Ed. Civitas. Navarra, 1995.

– «La doctrina del capital social: recuerdos de una discusión lamentablemente cerrada» en Blog *Derecho Mercantil.* 29/01/2014.

– «El interés social: planteamiento» en Blog *Derecho Mercantil.* 22/10/2010.

– «Los acreedores financieros a largo plazo» en Blog *Almacén de Derecho.* 2/09/2016.

– «Las acciones de impugnación de acuerdos sociales son acciones de cumplimiento, no acciones de nulidad» en Blog *Derecho Mercantil* 28/11/2014.

– «La reforma del gobierno corporativo de las sociedades de capital (V). Conflictos de intereses y juntas especiales: el futuro artículo 190 LSC y la modificación del art. 293.2 LSC (I)» en Blog *Derecho Mercantil.* 27/06/2014.

– «Competencias de la Junta e instrucciones a los administradores (I)» en Blog *Derecho Mercantil.* 18/06/2014.

– «Competencias de la Junta e instrucciones a los administradores (II)» en Blog *Derecho Mercantil.* 18/06/2014.

– «Roncero sobre la *business judgment rule*» en Blog *Derecho Mercantil.* 15/03/2017.

– «El aumento de capital por compensación de créditos» en Blog *Almacén de Derecho.* 08/03/2017.

– «Caracteres, regulación y funcionamiento del Consejo de Administración» en Blog *Almacén de Derecho*. 25/06/2019.

– «Remuneraciones y sistemas de incentivos» en *Gobierno Corporativo*. Ed. La Ley, Madrid 2009.

ALONSO LEDESMA, C.: «Algunas reflexiones sobre la función (y utilidad) del capital social como técnica de protección de los acreedores» en AA.VV.: *Estudios de Derecho de sociedades y Derecho concursal. Libro Homenaje al Profesor Rafael García Villaverde*, Tomo I. Ed. Marcial Pons. Madrid, 2007.

– «El papel de la junta general en el gobierno corporativo» en AA.VV.: *El gobierno de las sociedades cotizadas* (coord.: ESTEBAN VELASCO, G.). Ed. Marcial Pons. Madrid, 1999.

– «La naturaleza del reglamento de la Junta y su infracción como causa de impugnación de los acuerdos sociales» en AA.VV.: *Junta General y Consejo de Administración de la Sociedad cotizada*, Tomo I. Ed. Aranzadi. Navarra, 2016.

ALONSO UREBA, A.: «El gobierno de las grandes empresas (Reforma legal versus códigos de conducta)» en ESTEBAN VELASCO, G. (dir.): *El gobierno de las sociedades cotizadas*. Ed. Marcial Pons. Madrid, 1999.

– «El modelo de consejo de administración de la sociedad cotizada tras la reforma legal de 2014 y el CBG de 2015» en *Revista de Derecho de Sociedades*, n.º 45. Madrid, 2015.

– «El modelo de administración de la sociedad anónima cotizada en el Código Unificado de Buen Gobierno español» en *Gobierno Corporativo* Ed. La Ley, Madrid 2009.

– «Diferenciación de funciones (supervisión y dirección) y tipología de consejeros (ejecutivos y no ejecutivos) en la perspectiva de los artículos 133.3 (responsabilidad de administradores) y 141.1 (autoorganización del Consejo) del TRLSA» en AAVV: *Derecho de Sociedades Anónimas Cotizadas*, Tomo II, Ed. Thomson-Aranzadi, 1.ª edición. Navarra, 2006.

ÁLVAREZ MARTÍNEZ, G.: «Gobierno corporativo, activismo accionarial y proximidad a la insolvencia» en *Revista de Derecho Concursal y Paraconcursal*, n.º 31. Madrid, 2019.

ÁLVAREZ OTERO, S.: «Cotización bursátil y creación de empleo: un análisis empírico para el mercado de valores español» en *Cuadernos de Economía de la Universidad de Oviedo,* n.º 103.

ÁLVAREZ ROYO-VILLANOVA, S.: «Funcionamiento de la junta por medios telemáticos. Intervención notarial» en *Derecho de sociedades y crisis de la empresa en tiempos de pandemia.* Dir. COHEN BENCHETRIT, A. Ed. Comares. Granada, 2021.

– «Las juntas totalmente telemáticas previstas en estatutos» en *Revista el Notario del Siglo XXI,* núm. 97. Madrid, 2021.

ANDRÉS DE CORES, C.: «El concepto de interés público y su incidencia en la contratación administrativa» en *Revista de Derecho. Universidad de Montevideo,* n.º 11, Montevideo (Uruguay) 2007.

ARROYO MARTÍNEZ, I.: «Reflexiones en torno al interés social» en AA.VV.: *Derecho de sociedades: Libro homenaje al profesor Fernando Sánchez Calero.* Vol. 2. Ed. McGraw-Hill. Madrid, 2008.

– *Comentarios a la Ley de Sociedades Anónimas.* Ed. Tecnos. Madrid, 2001. Con MERCADAL VIDAL, F.

ARROYO VENDRELL, T.: «Las acciones con voto adicional doble por lealtad o acciones de lealtad» en AA.VV.: *Implicación a largo plazo de los accionistas en sociedades cotizadas: Comentarios a la Ley 5/2021.* Ed. Titant lo Blanch. Madrid, 2022.

BELTRÁN SÁNCHEZ, E.: «Acciones sin voto y acciones rescatables» en BELTRÁN SÁNCHEZ, E. / ROJO, A.: *La reforma de la Ley de sociedades anónimas,* Ed. Civitas. Madrid, 1987.

– «Efectos sobre el deudor persona jurídica. Comentario del art. 48 LC» en AA.VV. coord. BELTRÁN SÁNCHEZ, E. M., CAMPUZANO LAGUILLO, A. B., ALAMEDA CASTILLO, M.T., y ROJO FERNÁNDEZ RÍO, A. J.: *Comentario de la Ley Concursal,* Vol. I. Ed. Civitas. Madrid, 2006.

BENEDITO FRANCÉS, V.: «Prohibición de las limitaciones al derecho de voto» en AA.VV.: *El accionista minoritario en la sociedad cotizada. (Libro Blanco del Accionista Minoritario,* dir. PEINADO GRACIA, J. I. / CREMADES GARCÍA, J. Ed. La Ley. Madrid, 2012.

CALDERÓN PATIER, C.: *Gobierno corporativo y prácticas tributarias.* Ed. Juruá. Oporto (Portugal), 2018. Con CAMPUZANO LAGUILLO, A. B.

CAMPUZANO LAGUILLO, A. B.: *Las clases de acciones en la sociedad anónima*. Ed. Civitas. Madrid, 2000.

– «La tutela de las acciones sin voto» en AA.VV. coord. ROJO, A. / CAMPUZANO, A. B.: *Estudios jurídicos en memoria del Profesor Emilio Beltrán*, Tomo I. Ed. Tirant lo Blanch. Madrid, 2015.

– «La diversidad de género en los consejos de administración de las sociedades de capital» en AA.VV. JUSTE MENCÍA, J. / ESPÍN GUTIÉRREZ, C. (coord.): *Estudios sobre órganos de las sociedades de capital: liber amicorum, Fernando Rodríguez Artigas, Gaudencio Esteban Velasco*, Tomo II. Ed. Aranzadi. Navarra, 2017.

CAZORLA GONZÁLEZ-SERRANO, L.: «La DGRN sobre la libertad estatutaria para fijar valor de liquidación/venta de participaciones sociales» en Blog *El Blog de Luis Cazorla*.

– «La idoneidad en la selección de consejeros en las sociedades cotizadas» en AA.VV.: GONZÁLEZ FERNÁNDEZ, M. B. / COHEN BENCHETRIT, A. (dir.): *Derecho de sociedades. Cuestiones sobre órganos sociales*. Ed. Tirant lo Blanc. Madrid, 2019.

– «Algunos apuntes sobre el llamado presidente ejecutivo en el proceso de reforma del gobierno corporativo español», *Revista de Derecho Bancario y Bursátil*, núm. 136, 2014.

– *Presidente ejecutivo y gobierno corporativo de sociedades cotizadas en España*. Cizur Menor. 2013.

CHAMORRO DOMÍNGUEZ, M. C.: «El código alemán de gobierno corporativo y su permanente adaptación a la realidad jurídico-económica. Modificaciones aprobadas en 2017» en *Revista de Derecho de Sociedades*, n.º 49. Madrid, 2017.

CREMADES GARCÍA, J.: «Las limitaciones del ejercicio del derecho de voto en las sociedades cotizadas» en AA.VV.: *El accionista minoritario en la sociedad cotizada. (Libro Blanco del Accionista Minoritario*, dir. PEINADO GRACIA, J. I. / CREMADES GARCÍA, J. Ed. La Ley. Madrid, 2012.

CUENCA MIRANDA, S.: «El derecho de las sociedades cotizadas a conocer la identidad de sus accionistas» en PEINADO GRACIA, J. I. / CREMADES GARCÍA, J.: *El accionista minoritario en la sociedad cotizada. (Libro Blanco del Accionista Minoritario)*. Ed. La Ley. Madrid, 2012.

DE CARLOS BELTRÁN, L.: «La sociedad cotizada» en *Revista Actualidad Jurídica Uría Menéndez,* n.º 39. Madrid, 2015.

DE EIZAGUIRRE BERMEJO, J. M.: *El Derecho mercantil en la codificación del siglo XIX.* Ed. Universidad del País Vasco, 1.ª Edición, 1988.

DEL VAL TALENS, P.: *El administrador persona jurídica en las sociedades de capital. Organización, estatuto y responsabilidad.* Ed. Marcial Pons. Madrid, 2017.

DÍAZ MORENO, A.: «Derecho a conocer la identidad de los accionistas: nuevo régimen en el Real Decreto 878/2015» en *Análisis GA&P,* n.º noviembre 2015. Madrid, 2015.

– «La *business judgment rule* en el Proyecto de Ley de modificación de la Ley de Sociedades de Capital» en *Análisis GA&P,* julio 2014.

DÍEZ ESTELLA, F., «Las figuras del Presidente y Consejero Ejecutivo; del Secretario del Consejo de Administración y del Consejero Independiente Coordinador (lead independent director)», *Gobierno Corporativo: la Estructura del Órgano de Gobierno y la Responsabilidad de los Administradores.* Cizur Menor. 2015.

DIVAR GARTEIZ-AURRECOA, J.: «Las Ordenanzas de Bilbao como antecedente de la Codificación Mercantil en España» en *Jado: Boletín de la Academia Vasca de Derecho,* n.º 22, 2011.

DOMÍNGUEZ GARCÍA, M. A.: «Retribución de los administradores de las sociedades cotizadas. La comisión de retribuciones» en AA.VV.: *Derecho de Sociedades Anónimas Cotizadas,* Tomo II, Ed. Thomson-Aranzadi, 1.ª edición. Navarra, 2006.

DUQUE DOMÍNGUEZ, J.F.: «El Código de Comercio y la codificación de su época» en *Centenario del Código de Comercio.* Volumen 1. Ministerio de Justicia. Madrid, 1986.

– «Del Texto Refundido de la LSA de 1989 a la Ley de transparencia de 2003. Hitos y situación actual del ordenamiento español en materia de gobierno corporativo» en AA.VV.: *Derecho de sociedades anónimas cotizadas,* Tomo I. Ed. Aranzadi. Navarra, 2006.

EMBID IRUJO, J. M. / EMPARANZA SOBEJANO, A.: «El gobierno corporativo de entidades no mercantiles. Especial referencia a las cooperativas y las fundaciones» en AAVV: *Gobierno Corporativo: la estructura del órgano de gobierno y la responsabilidad de los administradores*. Dir. Alfonso Martínez-Echevarría y García de Dueñas. Ed. Aranzadi. Navarra, 2015.

EMPARANZA SOBEJANO, A.: «El derecho de asistencia e intervención en la junta general» en PEINADO GRACIA, J. I. / CREMADES GARCÍA, J.: *El accionista minoritario en la sociedad cotizada. (Libro Blanco del Accionista Minoritario)*. Ed. La Ley. Madrid, 2012.

– «El reglamento de la Junta de accionistas tras la nueva Ley 26/2003, de 17 de julio, de transparencia de las sociedades cotizadas» en *Revista Derecho de Sociedades*, n.º. 21, 2003.

ENCISO ALONSO-MUÑUMER, M.: «Los inversores institucionales en las reglas de gobierno corporativo de las sociedades cotizadas» en AA.VV.: *Accionistas institucionales, inversores y agencias externas*. Ed. La Ley. Madrid, 2011.

– «La junta general» en AA.VV.: *Accionistas minoritarios*. Ed. La Ley. Madrid, 2011.

ESTEBAN VELASCO, G.: «¿Una nueva manera de entender e impulsar la evolución del sistema de gobierno de las sociedades cotizadas?» en ESTEBAN VELASCO, G. (coord.): *El gobierno de las sociedades cotizadas*. Ed. Marcial Pons. Madrid, 1999.

– «Distribución de competencias entre la Junta General y el órgano de Administración, en particular las nuevas facultades de la Junta sobre activos esenciales» en AA.VV.: *«Junta General y Consejo de Administración de la Sociedad cotizada»*, Tomo I. Ed. Aranzadi. Navarra, 2016.

– «¿Es oportuno introducir en España la opción dual de administración y control?» en AA.VV.: *La modernización del derecho de sociedades de capital en España. Cuestiones pendientes de reforma*, Tomo I. Ed. Thomson-Aranzadi. Navarra, 2011.

– «Una contribución sobre el gobierno societario: Una propuesta de normas para un mejor funcionamiento de los Consejos de Administración», en *Revista Derecho de Sociedades*, núm. 8, 1997.

– «La renovación de la estructura de la administración en el marco del debate sobre el gobierno corporativo» en AA.VV. (coord. ESTEBAN LEVASCO, G.): *El gobierno de las sociedades cotizadas*. Ed. Marcial Pons. Madrid, 1999.

– «La separación entre Dirección y Control: el sistema monista español frente a la opción entre distintos sistemas que ofrece el Derecho comparado» en AAVV: *Derecho de Sociedades Anónimas Cotizadas,* Tomo II, Ed. Thomson-Aranzadi, 1.ª edición. Navarra, 2006.

FERNÁNDEZ DE LA GÁNDARA, L.: «La sociedad cotizada: problemas de política y de técnica jurídica» en AA.VV.: *La sociedad Cotizada.* Ed. Marcial Pons, 2006.

– «El debate actual sobre el gobierno corporativo: aspectos metodológicos y de contenido», *El gobierno de las sociedades cotizadas.* Madrid. 1999.

FERNÁNDEZ LARREA, I.: «El mecanismo de voto doble en las sociedades cotizadas» en *Revista La Ley Mercantil,* n.º 75. Madrid, 2020.

FERNÁNDEZ PÉREZ, N.: *«La protección jurídica del accionista inversor».* Navarra, 2000.

– «Hacia un uso constructivo de las juntas generales. El recurso a las asociaciones de accionistas» en AA.VV.: *Estudios sobre Derecho de Sociedades: «Liber Amicorum» Profesor Luis Fernández de la Gándara,* coord. RODRÍGUEZ ARTIGAS, F. / ESTEBAN VELASCO, G. / SÁNCHEZ ÁLVAREZ, M. Ed. Aranzadi. Navarra, 2016.

FERNÁNDEZ ROMERO, A.: *El consejero independiente: una figura clave en el buen gobierno de la empresa.* Ed. Díaz de Santos. Madrid, 2005.

FERNÁNDEZ-SORDO LLANEZA, E.: «El artículo 348 bis LSC y el interés social» en Blog *Legal Today,* 08/02/2017.

– *«La composición del consejo de administración en la sociedad cotizada».* (2012). Documento depositado en el archivo institucional EPrints Universidad Complutense de Madrid.

– «Acciones sin voto, cláusulas limitativas y representación proporcional» en el diario jurídico online *Legal Today* de 17/08/2016.

– «Algunas consideraciones en torno al presidente ejecutivo y el consejero coordinador, a tenor del artículo 529 septies LSC y la recomendación 34 del CBG» en AA.VV. (GONZÁLEZ FERNÁNDEZ, M. B. / COHEN BENCHETRIT, A. (dir.): *Derecho de sociedades. Cuestiones sobre órganos sociales.* Ed. Tirant lo Blanc. Madrid, 2019.

FERNÁNDEZ TORRES, I.: *Las «loyalty shares», cortoplacismo contra activismo accionarial.* Ed. Marcial Pons. Madrid, 2017.

FEIJOO SÁNCHEZ, B.: *El delito corporativo en el Código Penal español,* Ed. Civitas. Navarra, 2016.

FERNÁNDEZ DE LA GÁNDARA, L.: *Derecho de sociedades.* Volumen I. Ed. Tirant lo Blanch, 1.ª edición. Valencia, 2010.

– «Cambios de control y obligación de OPA» en AA.VV. coord. RODRÍGUEZ ARTIGAS, F.: *Derecho de sociedades anónimas cotizadas,* Tomo II. Ed. Aranzadi. Navarra, 2006. Pág. 1343.

– «El debate actual sobre el gobierno corporativo. Aspectos metodológicos y de contenido» en ESTEBAN VELASCO, G. (dir.): *El gobierno de las sociedades cotizadas.* Ed. Marcial Pons. Madrid, 1999.

GALINDO VACHA, J. C.: *Derecho europeo de sociedades.* Ed. Pontificia Universidad Javeriana, 1.ª edición. Bogotá (Colombia), 2002.

GARCÍA DE ENTERRÍA, J.: «Las acciones rescatables» en *Revista La Ley,* n.º 4.847, 1999.

– «La Junta General. El Reglamento de la Junta General» en *Régimen jurídico español de la sociedad cotizada.* Ed. Comares, Granada 2006.

– «El Reglamento del Consejo» en *Régimen jurídico español de la sociedad cotizada.* Ed. Comares, Granada 2006.

GARCÍA RENEDO, C.: «Las nuevas competencias de la junta general y la intervención de ésta en asuntos de gestión» en GARCÍA DE ENTERRÍA, J.: *La reforma de la Ley de Sociedades de Capital en materia de gobierno corporativo.* Ed. Thomson Reuters Aranzadi. Navarra, 2015.

GARCÍA VIDAL, A.: *Las instrucciones de la Junta General a los administradores de la sociedad de responsabilidad limitada.* Ed. Aranzadi. Navarra, 2006.

GARCÍA-VILLARRUBIA BERNABÉ, M.: «Los grupos de casos de acuerdos abusivos» en Blog *Uría Menéndez.*

GARNACHO CABANILLAS, L.: «El gobierno corporativo de las sociedades no cotizadas» en *Revista de Derecho bancario y bursátil,* n.º 154. Madrid, 2019.

GARRIDO GARCÍA, J. M.: «El Informe Winter y el gobierno societario en la Unión Europea» en *Revista de Derecho de Sociedades,* n.º 20. Madrid, 2003.

GARRIGUES DÍAZ-CAÑABATE, J.: *Curso de Derecho mercantil*. Tomo I. Imprenta Aguirre, 7.ª edición. Madrid 1976.

GIRBAU PEDRAGOSA, R.: «Los estatutos sociales de la sociedad cotizada. Especificidad y cláusulas estatutarias anti-OPA» en VIVES RUÍZ, F. / PÉREZ ARDA, J.: *La Sociedad Cotizada*, Ed. Marcial Pons, Madrid, 2006.

GIRÓN TENA, J.: «Las sociedades mercantiles en el Código de Comercio» en *Centenario del Código de Comercio*. Volumen 1. Ministerio de Justicia. Madrid, 1986. Pág. 208.

GOMÁ LANZÓN, I.: *Poder y dinero en las grandes sociedades: vuelta a los principios*. (2014). Documento depositado en el archivo institucional EPrints Universidad Complutense de Madrid. http://eprints.ucm.es/24123

GONDRA ROMERO, J. M.: «100 Años de debate sobre el «gobierno corporativo»: La importancia del contexto» en *Revista de Derecho de Sociedades*, n.º 52. Madrid, 2018.

GONZÁLEZ VÁZQUEZ, J. C.: «El progresivo reforzamiento de la posición de los accionistas en las sociedades estadounidenses a partir de la "Sarbanes-Oxley Act" de 2002» en AA.VV.: *Junta general y consejo de administración en la sociedad cotizada*, Tomo II. Ed. Aranzadi. Navarra, 2016.

GUERRA MARTÍN, G.: *El gobierno de las sociedades cotizadas estadounidenses. Su influencia en el movimiento de reforma del Derecho europeo*. Ed. Thomson-Aranzadi. Navarra, 2003.

GUTIÉRREZ GILSANZ, A.: *La posición de los accionistas en el concurso de la sociedad cotizada*. (2007). Documento depositado en el archivo institucional EPrints Universidad Complutense de Madrid.

HERMOSILLA GIMENO, R.: «Inversores institucionales y su papel en el gobierno corporativo» en AA.VV.: *Gobierno Corporativo*. Ed. La Ley, 2009.

HIERRO ANIBARRO, S.: (Dir.) *Gobierno corporativo en sociedades no cotizadas*. Ed. Marcial Pons. Madrid, 2014.

– «Cogestión y gobierno corporativo en Europa: Un viaje de ida y vuelta» en *Revista de Derecho de Sociedades*, n.º 52. Madrid, 2018. Con ZABALETA DÍAZ, M.

– «La cogestión en la encrucijada europea» en AA.VV.: *Estudios sobre órganos de las sociedades de capital: liber amicorum, Fernando Rodríguez Artigas,*

Gaudencio Esteban Velasco, Ed. Aranzadi. Navarra, 2017. Con ZABALETA DÍAZ, M.

HUERTA VIESCA, M. I. / RODRÍGUEZ RUÍZ DE VILLA, D.: «Últimas novedades californianas sobre la diversidad en los consejos de administración de las sociedades cotizadas» en *Revista Derecho de Sociedades,* n.º 65. Madrid, 2022.

IGLESIAS PRADA, J. L.: «El "Informe Aldama" y el gobierno corporativo» en *Revista Escritura Pública,* núm. 20. Madrid, 2003.

JEQUIER LEHUEDÉ, E. «Unipersonalidad y sociedad con un solo socio». *Ius et Praxis,* vol. 17, núm. 2, 2011, pp. 189-230. Universidad de Talca (Chile).

JIMÉNEZ FERNÁNDEZ, A.: «El gobierno corporativo y los resultados empresariales» en *El sistema financiero y el gobierno corporativo,* AA.VV. Unión Nacional de Cooperativas de Crédito. Madrid, 2012.

JIMÉNEZ HAJDUKA, L.: «A vueltas con la disociación entre el poder de representación y el poder de gestión del órgano de administración mancomunado» en *Revista Lex Mercatoria,* n.º 13. Madrid, 2019.

JIMÉNEZ SÁNCHEZ, G. J. / IBÁÑEZ JIMÉNEZ, J. W.: «Las competencias de la junta general» en AA.VV.: *Comentarios a la reforma del régimen de la junta general de accionistas en la reforma del buen gobierno de las sociedades. Examen del Informe de la Comisión de Expertos y del Proyecto de reforma de la Ley de Sociedades de Capital.* Ed. Aranzadi. Navarra, 2014.

JUSTE MENCÍA, J.: «Comentario de la Disposición Final 20.ª» en AA.VV. dir. BERCOVITZ RODRÍGUEZ-CANO, R. y GUILARTE GUTIÉRREZ, V.: *Comentarios a la Ley Concursal,* Tomo II. Ed. Tecnos. Madrid, 2004.

LEÓN SANZ, F.J.: «La reforma del Derecho europeo de sociedades cotizadas» en AA.VV.: *Estudios sobre órganos de las sociedades de capital. Liber Amicorum Fernando Rodríguez Artigas y Gaudencio Esteban Velasco,* coord..: JUSTE MENCÍA, J. y ESPÍN GUTIÉRREZ, C. Vol. I. Ed. Thomson Reuters Aranzadi. Navarra, 2017.

LÓPEZ SÁNCHEZ, M. A.: «Los supuestos de conflicto de intereses sin privación del derecho de voto: la distribución de la carga de la prueba en casos de impugnación de los acuerdos sociales (art. 190.3 LSC)» en AA.VV.: *Junta general y consejo de administración en la sociedad cotizada,* Tomo I. Ed. Aranzadi. Navarra, 2016.

LOZANO GARCÍA, M. B. / DE MIGUEL HIDALGO, A. / PINDADO GARCÍA, J.: «El conflicto accionista-directivo: problemas y propuestas de solución» en *Revista ICE Tribuna de Economía,* n.º 813. Madrid, 2004.

MADRID PARRA, A.: «Cláusulas limitativas del derecho de voto en las sociedades cotizadas» en *Revista de Derecho del mercado de valores,* n.º 21. Madrid, 2007.

MARINA GARCÍA-TUÑÓN, A.: *«Gobierno corporativo, información económica y Registro Mercantil».* Colegio de Registradores de la Propiedad y Mercantiles de España, 1.ª edición. Madrid 2006.

MARTÍ LACALLE, R.: *«El ejercicio de los derechos de la minoría en la sociedad anónima cotizada».* Ed. Aranzadi. Navarra, 2003.

– «El ejercicio de las competencias de los órganos sociales en las sociedades anónimas cotizadas» en AA.VV.: *Las competencias de los órganos sociales en las sociedades de capitales,* coord. Embid Irujo. Valencia, 2005.

MARTÍN DE VIDALES, M. / LÓPEZ JORRIN, A.: «El Consejo de Administración de las sociedades cotizadas» en VIVES, F / PÉREZ ARDA, J.: *La Sociedad Cotizada,* Ed. Marcial Pons, Madrid.

MARTÍN GARCÍA, JM.: «Acciones sin voto y acciones rescatables» en VIVES, F. / PÉREZ ARDA, J: *La sociedad cotizada,* Ed. Marcial Pons. Madrid, 2006.

MARTÍN MARTÍNEZ, V. M.: *Una comparativa internacional del gobierno corporativo: los consejos de administración en el sector de la automoción.* Universidad Nacional de Educación a Distancia. Madrid, 2016.

MARTÍNEZ-ECHEVARRÍA Y GARCÍA DE DUEÑAS, A.: «La defensa del interés social y la titularidad del patrimonio social como elementos determinantes del gobierno corporativo» en AAVV: *Gobierno Corporativo: la estructura del órgano de gobierno y la responsabilidad de los administradores.* Dir. Alfonso Martínez-Echevarría y García de Dueñas. Ed. Aranzadi. Navarra, 2015.

MARTÍNEZ GARRIDO, S. «Consideraciones generales del Consejo de Administración» en *Gobierno Corporativo.* Ed. La Ley, Madrid 2009.

MARTÍNEZ LAGUNA, L.: «Acción sin voto» en AA.VV.: *Diccionario económico.* Ed. Wolters Kluwer.

MARTÍNEZ SANZ, F.: *Provisión de vacantes en el consejo de administración de la sociedad anónima.* Ed. Aranzadi, Madrid 2007.

MATEU DE ROS CEREZO, R.: *El Código Unificado de Gobierno Corporativo.* Ed. Aranzadi. Navarra, 2007.

– «Bloques accionariales, núcleos duros y accionistas significativos» en *Gobierno Corporativo* de *Cuadernos de Derecho para Ingenieros*. Ed. La Ley, Madrid 2009.

– *Práctica de gobierno corporativo. La reforma de la Ley de Sociedades de Capital y del Código de Buen Gobierno*. Ed. Aranzadi. Navarra, 2015.

– «Gobierno corporativo de las sociedades cotizadas. Entre la libertad y la regulación» en *Revista de Derecho Mercantil,* n.º 303. Madrid, 2017.

– «Consejeros dominicales» en AAVV (dir. COHEN BENCHETRIT, A.) *Derecho de sociedades. Cuestiones sobre órganos sociales*. Ed. Tirant Lo Blanch, Madrid.

MEMBRADO HERRERA, I.: «Protección de la discrecionalidad empresarial y deber de lealtad de los administradores» en AA.VV.: *Mejora del gobierno corporativo de sociedades no cotizadas (A propósito de la Ley 31/2014, de 3 de diciembre),* Ed. Dykinson. Madrid, 2015.

MENÉNDEZ MENÉNDEZ, A. y VAQUERIZO ALONSO, A. «Concepto, denominación y carácter mercantil de la sociedad anónima» en AAVV: *Comentario al régimen legal de las sociedades mercantiles.* Ed. Thomson Civitas. Madrid, 2010.

MIQUEL RODRÍGUEZ, J.: «Aumento de capital por compensación de créditos y derecho de asunción preferente en SL: la RDGSJFP de 7-2-2020» en Blog *Mercantilista sin ánimo de lucro*. 26/06/2020.

– «La DGRN admite cláusula estatutaria que prohíbe constituir derechos reales sobre las participaciones sociales» en Blog *Mercantilista sin ánimo de lucro*. 14/09/2018.

MORALES, J. / SÁNCHEZ SOLÉ, S.: «La junta general. El reglamento de la junta general» en VIVES, F. / PÉREZ ARDA, J.: *La Sociedad Cotizada,* Ed. Marcial Pons, Madrid.

MUÑOZ GARCÍA, A.: *Agencias de Rating. Finalidad de las clasificaciones no solicitadas*. (2012). Documento depositado en el archivo institucional EPrints Universidad Complutense de Madrid.

NÁJERA PASCUAL, A.: «Derecho a conocer la identidad de los accionistas» en *Comentario práctico a la nueva normativa de gobierno corporativo*. Ed. Dykinson. Madrid, 2015.

NAVARRO LÉRIDA, S.: «Los "covenants": ¿sustitución del régimen de capital social o modificación del derecho concursal?» en AA.VV. dir. ALONSO UREBA, A. y ESTEBAN VELASCO, G.: *La modernización del derecho de sociedades de capital en España: Cuestiones pendientes de reforma*. Vol. II. Ed. Aranzadi Thomson Reuters. Madrid, 2011.

NOVAK, M.: *The future of the corporation*. Ed. Rowman & Littlefield. Estados Unidos de América, 1996.

OLCESE SANTOJA, A.: *Teoría y práctica del buen Gobierno Corporativo*. Ed. Marcial Pons. Madrid, 2005.

OLIVENCIA RUÍZ, M.: «El gobierno corporativo como instrumento al servicio del accionista minoritario» en AA.VV.: *Accionistas minoritarios*. Ed. La Ley. Madrid, 2011.

– «El consejero coordinador», *Estudios sobre órganos de las sociedades de capital. Liber Amicorum Fernando Rodríguez Artigas y Gaudencio Esteban Velasco, Vol. II*. Cizur Menor. 2017.

PATRICIA GARCÍA, A.: «El «Informe Aldama». El buen gobierno de las empresas» en *Revista Escritura Pública*, núm. 20. Madrid, 2003.

PAZ-ARES RODRÍGUEZ, C.: «Negocios sobre las propias acciones» en AA.VV.: *La reforma del Derecho español de sociedades de capital*, Colegio Nacional de Registradores de la Propiedad y Mercantiles de España.

– *Responsabilidad de los administradores y gobierno corporativo*. Ed. Colegio de Registradores de la Propiedad y Mercantiles de España. Madrid, 2007.

– «Perseverare diabolicum (A propósito de la STS 26-II-2018 y la retribución de los consejeros ejecutivos)» en *InDret. Revista para el análisis del Derecho*, n.º 2/2018. Barcelona, 2018.

– «La ley, el mercado y el gobierno de las sociedades» en *IUS ET VERITAS: Revista de la Asociación IUS ET VERITAS*, n.º 24. Lima (Perú), 2002.

– «El gobierno corporativo como estrategia de creación de valor» en *Indret: Revista para el Análisis del Derecho*, n.º 1. Barcelona, 2004.

– «El Gobierno de las sociedades. Un apunte de política legislativa» en AAVV: *Derecho de sociedades. Libro Homenaje a Fernando Sánchez Calero.* Tomo II. Ed. McGraw Hill. Madrid, 2002.

PEREA ORTEGA, R.: «Principales novedades del texto revisado del "Código de buen gobierno de las sociedades cotizadas"» en *Revista Extoicos,* n.º 23. Madrid, 2020.

PÉREZ-ARDÁ CRIADO, J.: «Informe Aldama: la transparencia en el gobierno de las sociedades cotizadas» en *Cuadernos de energía,* núm. 1. Madrid, 2003.

– «Régimen jurídico de la autocartera en la sociedad cotizada» en VIVES, F. / PÉREZ ARDA, J.: *«La sociedad cotizada»,* Ed. Marcial Pons. Madrid, 2006. Con SAN GIL LÓPEZ-QUESADA, P.

PÉREZ-CRUZ MARTÍN, A. J. / NEIRA PENA, A.: *Proceso penal, y responsabilidad penal de personas jurídicas.* Ed. Thomson Reuters-Aranzadi. Navarra, 2017.

PETIT CALVO, C.: «El Código de Comercio de Sainz de Andino (1829). Algunos antecedentes y bastantes críticas» en *Revista de Derecho mercantil,* n.º 289, 2013.

PONS ALBENTOSA, L. y PASTOR GARCÍA, D.: «Las sociedades cotizadas y la insolvencia. La solución concursal española» en Blog *Elderecho.com Lefebvre*. 09/03/2002.

PULGAR EZQUERRA, J.: «A propósito del órgano legitimado en las sociedades de capital para decidir sobre la solicitud de concurso de acreedores» en *Revista de Derecho de Sociedades,* n.º 24. Madrid, 2005.

– «Gobierno corporativo, sociedades cotizadas y proximidad de la insolvencia: Administradores, accionistas y acreedores» en *Revista de Derecho Concursal y Paraconcursal,* n.º 30. Madrid, 2019.

QUIJANO GONZÁLEZ, J.: «Los presupuestos de la responsabilidad de los administradores en el nuevo modelo del Consejo de Administración» en AA.VV.: *Junta general y consejo de administración en la sociedad cotizada,* Tomo II. Ed. Aranzadi. Navarra, 2016.

RANDALL K. MORCK: *A history of corporate governance around the world: family business groups to professional managers.* University of Chicago Press. Chicago, 2005.

RECALDE CASTELLS, A.: «Representación de las acciones» en AAVV: *Comentarios a la Ley de sociedades anónimas*. Vol. I. Ed. Tecnos. Madrid, 2009.

RODRÍGUEZ DÍAZ, I.: «El representante persona jurídica» en *Revista de Derecho Bancario y Bursátil*, n.º 128. Madrid, 2012.

ROJO DUQUE, L. A.: «Los mercados financieros internacionales en el mundo actual» en AAVV.: *Problemas económicos españoles en la década de los noventa*. Ed. Círculo lectores. Barcelona, 1995.

ROJO FERNÁNDEZ-RÍO, A.: «La Codificación Mercantil Española». En *Centenario del Código de Comercio*. Universidad Autónoma de México. México D.F., 1991.

– «Legitimación» en AA.VV. coord. BELTRÁN SÁNCHEZ, E. M., CAMPUZANO LAGUILLO, A. B., ALAMEDA CASTILLO, M. T. y ROJO FERNÁNDEZ RÍO, A. J.: *Comentario de la Ley Concursal*, Vol. I. Ed. Civitas. Madrid, 2006.

– «Artículo 244» en AA.VV. (dir. ROJO FERNÁNDEZ-RÍO, A. y BELTRÁN SÁNCHEZ, E.) *Comentario de la Ley de Sociedades de Capital*. Ed. Thomson-Reuters, Madrid. Pág. 1762.

ROLDÁN BÁEZ, A.: «El papel del Estado en las sociedades capitalistas. Reflexiones en torno a los fundamentos económicos liberales e intervencionistas» en *Revista Contribuciones a la Economía*. marzo, 2007.

RONCERO SÁNCHEZ, A.: «Inversores institucionales y el denominado gobierno corporativo» en AAVV: *El gobierno de las sociedades cotizadas*. Ed. Marcial Pons. Madrid, 2009.

– «Protección de la discrecionalidad empresarial y cumplimiento del deber de diligencia» en AA.VV.: *Junta General y Consejo de Administración en la sociedad cotizada*, Tomo II. Ed. Aranzadi. Navarra, 2016.

ROSETY JIMÉNEZ DE PARGA, L. / GARCÍA-OCHOA MAYOR, D.: «El derecho de voto en la sociedad anónima cotizada» en AA.VV.: *El accionista minoritario en la sociedad cotizada. (Libro Blanco del Accionista Minoritario*, dir. PEINADO GRACIA, J. I. / CREMADES GARCÍA, J. Ed. La Ley. Madrid, 2012.

SEGURA DE LASSALETTA, R.: «Conflictos entre socios (y, en especial, derecho al dividendo)» en VÁZQUEZ ALBERT, D. / CALAVIA MOLINERO, J. M.: *Reforma de las sociedades de capital y mejora del gobierno cor-*

porativo. Revista Jurídica de Catalunya. Barcelona / Ed. Aranzadi. Navarra, 2015.

SACRISTÁN BERGIA, F.: «El Consejo de Vigilancia y el órgano de Dirección en el proceso de modernización del derecho de sociedades cotizadas alemán. Referencia a las recomendaciones del código de buen gobierno corporativo» en AA.VV.: *Junta general y consejo de administración en la sociedad cotizada,* Tomo II. Ed. Aranzadi. Navarra, 2016.

SALELLES CLIMENT, J. R.: «Artículo 243» en AAVV (dir. ROJO FERNÁNDEZ-RÍO, A. y BELTRÁN SÁNCHEZ, E.) *Comentario de la Ley de Sociedades de Capital.* Ed. Thomson-Reuters, Madrid.

– *El funcionamiento del Consejo de administración,* Ed. Civitas, Madrid.

SÁNCHEZ ÁLVAREZ, M.: «Fundamentos y antecedentes del régimen de información y transparencia en las sociedades cotizadas» en VIVES, F. / PÉREZ ARDA, J.: *La Sociedad Cotizada,* Ed. Marcial Pons. Madrid, 2006.

SÁNCHEZ CALERO, F.: «La división del capital en acciones» en AAVV.: *Derecho de sociedades anónimas. Libro Homenaje a José Girón Tena.* Ed. Civitas. Madrid, 1991. Pág. 18.

– *La junta general en las sociedades de capital.* Ed. Thomson-Civitas. Navarra, 2007.

– «Observaciones preliminares al proyecto de ley de modificación del régimen de las sociedades cotizadas y de las anónimas en general, tras el Informe Aldama» en *Revista de Derecho de Sociedades,* n.º 20. Madrid, 2003.

– *Ofertas públicas de adquisición de acciones (OPAS).* Ed. Civitas. Navarra, 2009.

– *Los administradores en las sociedades de capital.* Ed. Thomson-Civitas. Navarra, 2005.

SÁNCHEZ-CALERO GUILARTE, J.: «Creación de valor, interés social, y responsabilidad social corporativa» en AA.VV.: *Derecho de sociedades anónimas cotizadas,* Tomo II. Ed. Aranzadi. Navarra, 2006.

– «¿El supervisor en el consejo?» en Blog *El Blog de Juan Sánchez-Calero Guilarte.* 05/05/2015.

– «El interés social y los varios intereses presentes en la sociedad anónima cotizada» en *Revista de Derecho Mercantil,* n.º 246. Madrid, 2002.

– *La primacía de los accionistas y la RSC: ¿Una compatibilidad posible?*. Documento depositado en el archivo institucional EPrints Universidad Complutense de Madrid. Con FUENTES NAHARRO, M. / FERNÁNDEZ TORRES, I.

– «Entrada en vigor del artículo 348 bis LSC» en Blog *El Blog de Juan Sánchez-Calero Guilarte*. 02/02/2017.

– «Artículo 348 bis LSC: Proposición de Ley para su modificación» en Blog *El Blog de Juan Sánchez-Calero Guilarte*. 13/12/2017.

– «No cabe cooptación en una sociedad limitada» en Blog *Juan Sánchez-Calero Guilarte blog*. 24/11/2015.

– «Concurso de sociedades cotizadas y nombramiento de administrador concursal» en Blog *El Blog de Juan Sánchez-Calero*. 09/06/2015.

– «Algunos cambios en la regulación de la junta general en el Informe de la Comisión de Expertos (y en el Anteproyecto de Ley de Modificación de la LSC» en AA.VV. (Dir. IBÁÑEZ JIMÉNEZ, J.): *Comentarios a la reforma del régimen de la junta general de accionistas en la reforma del buen gobierno de las sociedades*. Ed. Thomson Reuters Aranzadi. Navarra, 2014.

– *La Junta General en las Sociedades Cotizadas. (Algunas referencias empíricas sobre sus aspectos principales)*. (2006). Documento depositado en el archivo institucional EPrints Universidad Complutense de Madrid. Con FUENTES NAHARRO, M. / FERNÁNDEZ TORRES, I.

– *Primacía de los accionistas e ineficiencia de la junta (La reforma de la LSC y los derechos de los accionistas)*. (2012). Documento depositado en el archivo institucional EPrints Universidad Complutense de Madrid. Con TAPIA HERMIDA, A.

– *Los Consejeros Independientes. (Análisis de su presencia en el IBEX-35)*. Documentos de Trabajo del Departamento de Derecho Mercantil E-print UCM.

– *Los consejeros independientes y la reorganización del Consejo de Administración*. Documentos de Trabajo del Departamento de Derecho Mercantil E-print UCM.

SÁNCHEZ MARÍN, G.: «Gobierno corporativo y diversidad de género: el acceso de la mujer a puestos del consejo de administración» en *Revista de la Asociación Española de Contabilidad y Administración de Empresas*, n.º 123. Madrid, 2018.

SAVA B. THOMAS, M.: «Gobierno corporativo en los Estados Unidos a comienzos del Siglo XXI y su posición en el ámbito global» en *Revista Chilena de Derecho*, vol. 29, n.º 3. Chile, 2002.

SCHEIN, E.: *La cultura empresarial y el liderazgo*. Ed. Plaza & Janes. Barcelona, 1985.

TALBOT, L.: «Polany's embeddedness and shareholder stewardship: a contextual analysis of current anglo-american perspectives on corporate governance» en *Warwick School of Law. Research Paper*, n.º 2012/20.

TAPIA HERMIDA, A. J.: *Sociedades anónimas cotizadas y ofertas públicas de adquisición*. Ed. Wolters Kluwer España, 1.ª edición. Madrid 2012.

– «Las acciones sin voto» en *Revista de derecho bancario y bursátil*, n.º 40. Madrid, 1990.

– «Concepto y tipología de inversores institucionales» en AAVV: *Accionistas institucionales, inversores y agencias externas*. Ed. La Ley, 2011.

TRÍAS SAGNIER, M.: «Los inversores y accionistas institucionales en relación con la junta general de accionistas y el consejo de administración de las sociedades cotizadas» en AAVV: *Accionistas institucionales, inversores y agencias externas*. Ed. La Ley. Madrid, 2009.

– «El Consejo de Administración como órgano garante del buen gobierno en la sociedad cotizada», *Revista Derecho de Sociedades*, núm. 21, 2003.

USANDIZAGA USANDIZAGA, P.: «Conflicto de intereses y derecho de voto en la junta general» en VÁZQUEZ ALBERT, D. / CALAVIA MOLINERO, J. M.: *Reforma de las sociedades de capital y mejora del gobierno corporativo. Revista Jurídica de Catalunya*. Barcelona / Ed. Aranzadi. Navarra, 2015.

VALENZUELA GARACH, F. / VALENZUELA GARACH, J.: «Derecho de información del socio» en PEINADO GRACIA, J. I. / CREMADES GARCÍA, J.: *El accionista minoritario en la sociedad cotizada. (Libro Blanco del Accionista Minoritario)*. Ed. La Ley. Madrid, 2012.

VALPUESTA GASTAMINZA, E.: *Sociedades anónimas y de responsabilidad limitada: Legislación concordada, jurisprudencia y bibliografía*. Ed Thomson Civitas. Madrid. Madrid, 2007.

VARGAS VASSEROT, C.: *La evolución histórica del Derecho mercantil y su concepto*. Repositorio Institucional Universidad de Almería. 2012.

VELASCO SAN PEDRO, L. A.: «Acciones propias e igualdad de los accionistas (Cuestiones de Derecho de sociedades y de Derecho del mercado de valores» en *Revista de Derecho de sociedades*, n.º 2. Madrid, 1994.

– «El Comité de Auditoría» en AA.VV.: *Derecho de Sociedades Anónimas Cotizadas,* Tomo II, Ed. Thomson-Aranzadi, 1.ª edición. Navarra, 2006.

VIVES RUÍZ, F.: «Sentido de la propuesta de reforma en el estudio de la Comisión de Expertos en materia de Gobierno Corporativo» en AA.VV. (Dir. IBÁÑEZ JIMÉNEZ, J.): *Comentarios a la reforma del régimen de la junta general de accionistas en la reforma del buen gobierno de las sociedades*. Ed. Thomson Reuters Aranzadi. Navarra, 2014.

VILLACORTA HERNÁNDEZ, M. A.: «La financiación por medio de Acciones Privilegiadas. Una reflexión sobre su aplicación en algunas empresas ferroviarias españolas durante el siglo XX» en *Pecvnia. Revista de la Facultad de Ciencias Económicas y Empresariales, Universidad de León*, n.º 9. León, 2009.

YANES YANES, P.: *Las acciones rescatables en la sociedad cotizada.* Ed. Aranzadi. Navarra, 2004.

ZAVALA ORTIZ DE LA TORRE, I.: *Gobierno corporativo de las sociedades cotizadas en los Estados Unidos: análisis crítico y retos pendientes*. Ed. Dykinson. Madrid, 2017.

– «Antecedentes al actual modelo de gobierno corporativo en los Estados Unidos de América: de 1934 a 2014» en *Revista Deusto Estudios Cooperativos*, n.º 10. Deusto, 2018.

FUNCIONALIDADES

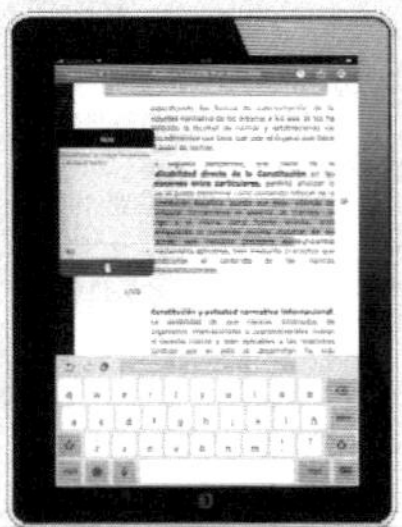

SELECCIONA Y DESTACA TEXTOS

Crea anotaciones y escoge los colores para organizar tus notas y subrayados.

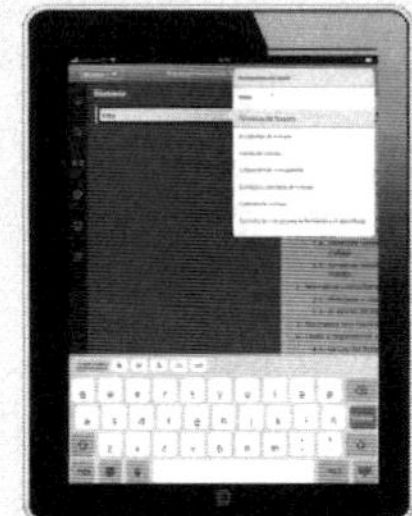

USA EL TESAURO PARA ENCONTRAR INFORMACIÓN

Al comenzar a escribir un término, aparecerán las distintas coincidencias del índice del Tesauro relacionadas con el término buscado.

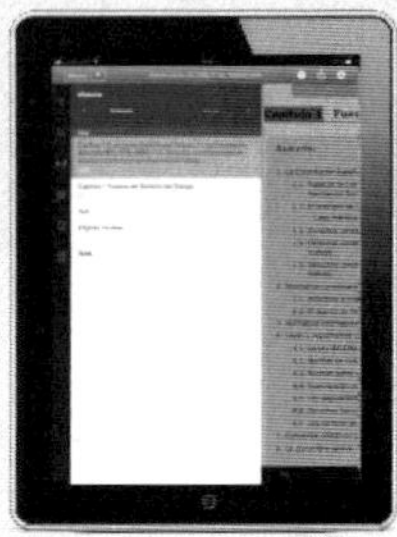

HISTÓRICO DE NAVEGACIÓN

Vuelve a las páginas por las que ya has navegado.

ORDENAR

Ordena tu biblioteca por:
Título (orden alfabético),
tipo (libros y revistas), editorial,
jurisdicción o área del Derecho.

CONFIGURACIÓN Y PREFERENCIAS

Escoge la apariencia de tus libros y revistas cambiando la fuente del texto, el tamaño de los caracteres, el espaciado entre líneas o la relación de colores.

MARCADORES DE PÁGINA

Crea un marcador de página en el libro tocando en el icono de Marcador de página situado en el extremo superior derecho de la página.

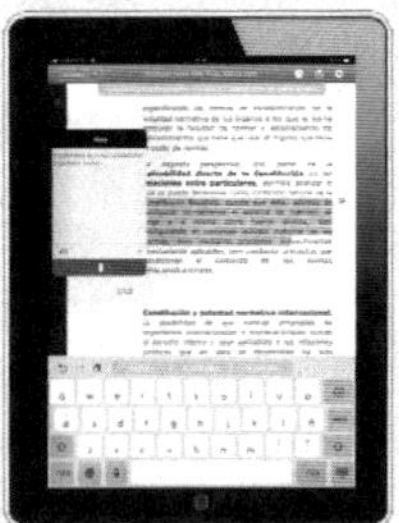

BÚSQUEDA EN LA BIBLIOTECA

Busca en todos tus libros y obtén resultados con los libros y revistas donde los términos fueron encontrados y las veces que aparecen en cada obra.

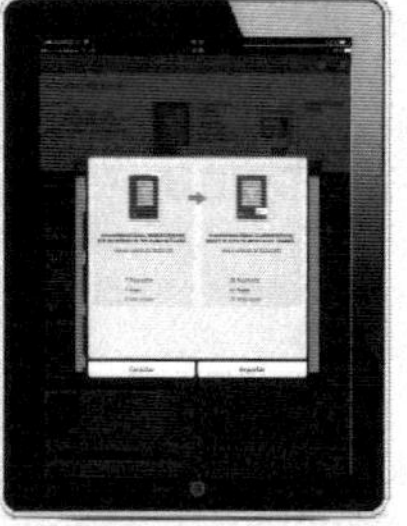

IMPORTACIÓN DE ANOTACIONES A UNA NUEVA EDICIÓN

Transfiere todas sus anotaciones y marcadores de manera automática a través de esta funcionalidad.

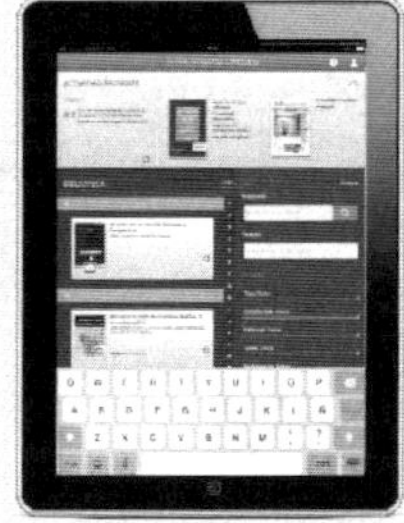

SUMARIO NAVEGABLE

Sumario con accesos directos al contenido.

INFORMACIÓN IMPORTANTE: Si has recibido previamente un correo electrónico deberás seguir los pasos que en él se detallan.

Estimado/a cliente/a,

Para acceder a la versión electrónica de este libro, por favor, accede a **http://onepass.aranzadi.es** Tras acceder a la página citada, introduce tu dirección de correo electrónico (*) y el código que encontrarás en el interior de la cubierta del libro.

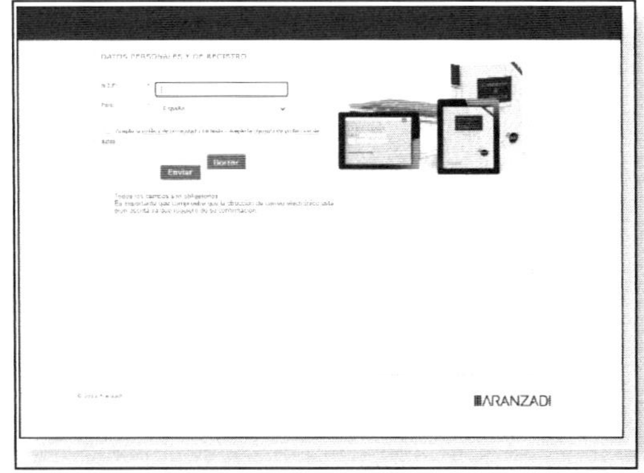

A continuación pulsa enviar.

Si te has registrado anteriormente en OnePass, en la siguiente pantalla se te pedirá que introduzcas el NIF asociado al correo electrónico.

Finalmente, te aparecerá un mensaje de confirmación y recibirás un correo electrónico confirmando la disponibilidad de la obra en tu biblioteca.

Si es la primera vez que te registras en **OnePass,** deberás cumplimentar los datos para crear tu cuenta y poder acceder a tu libro electrónico.

- Los campos **"Nombre de usuario"** y **"Contraseña"** son los datos que utilizarás para acceder a las obras que tienes disponibles a través del navegador en la ruta www.proview.thomsonreuters.com

Servicio de Atención al Cliente

Ante cualquier incidencia en el proceso de registro de la obra no dudes en ponerte en contacto con nuestro Servicio de Atención al Cliente. Para ello accede a nuestro Portal Corporativo y una vez allí en el apartado del Centro de Atención al Cliente selecciona la opción de Acceso a Soporte para no Suscriptores (compra de Publicaciones).